Metodologia Paretiana

European University Studies
Europäische Hochschulschriften
Publications Universitaires Européennes

Series XXII
Sociology

Reihe XXII Série XXII
Soziologie
Sociologie

Vol./Band 415

PETER LANG
Bern · Berlin · Bruxelles · Frankfurt am Main · New York · Oxford · Wien

Mino B. C. Garzia

Metodologia Paretiana

Tomo I: Differenziazione, non linearità, equilibrio

PETER LANG
Bern · Berlin · Bruxelles · Frankfurt am Main · New York · Oxford · Wien

Bibliographic information published by Die Deutsche Bibliothek
Die Deutsche Bibliothek lists this publication in the Deutsche Nationalbibliografie;
detailed bibliographic data is available on the Internet at ‹http://dnb.ddb.de›.

Published with the contribution of the Italian Ministero dell'Istruzione
dell'Università e della Ricerca – COFIN 2003 – prot. 2003148032

ISSN 0721-3379
ISBN 978-3-03911-243-2

Hochfeldstrasse 32, Postfach 746, CH-3000 Bern 9, Switzerland
info@peterlang.com, www.peterlang.com, www.peterlang.net

Indice

Elenco delle figure

Avvertenza

Al fine di evitare ripetizioni nella citazione delle opere di Vilfredo Pareto diamo qui i riferimenti completi e le corrispondenti abbreviazioni usate nel corso del testo:

Corso di economia politica, a cura di G. Palomba, Utet, Torino, 1987 (abbr. *Corso* o *Cours*).

I sistemi socialisti, a cura di G. Busino, Utet, Torino, 1987 (abbr. *Sistemi* o *Systèmes*).

Manuale di economia politica con una introduzione alla scienza sociale, a cura di E. Morselli, Cedam, Padova, 1973 (abbr. *Manuale*).

Trattato di sociologia generale, a cura di N. Bobbio, 2 voll., Edizioni di Comunità, Milano, 1964; oppure, a cura di G. Busino, 4 voll., Utet, Torino, 1988 (abbr. *Trattato*).

Scritti sociologici minori, a cura di G. Busino, Utet, Torino, 1980 (abbr. *Scritti sociologici*).

Lettres d'Italie, a cura di G. De Rosa, Edizioni di Storia e Letteratura, Roma, 1973 (abbr. *Lettres*).

Scritti politici, 2 voll., a cura di G. Busino, Utet, Torino, 1980 (abbr. *Scritti politici*).

Lettere a Maffeo Pantaleoni 1890-1923, 3 voll., a cura di G. De Rosa, Edizioni di Storia e Letteratura, Roma, 1964 (abbr. *LMP*).

Lettere ad Arturo Linaker, 1885-1923, a cura di M. Luchetti, Edizioni di Storia e Letteratura, Roma, 1972 (abbr. *LAL*).

Epistolario 1890-1923, 2 voll., a cura di G. Busino, Accademia Nazionale dei Lincei, Roma, 1973 (abbr. *Epistolario*).

A
Federico, Isabella, Eleonora
con amore

Introduzione

> I fatti umani sono dominati dall'occasione e dalla scelta, che sono incertissime, e poiché a guidarle valgono per lo più la simulazione e la dissimulazione, cose ingannevolissime [...] dunque, i fatti umani non possono misurarsi con il criterio di [una] rettilinea e rigida regola mentale. [...] gli uomini [...] non si regolano secondo decisioni razionali, ma secondo il capriccio e il caso.[1]

> I fatti [...] non stanno su una linea diretta e continua, ma stanno ai nodi od agli estremi.[2]

1. Differenziazione, non linearità ed equilibrio. Tre concetti cardine della scienza sociologica oggi, ma tali anche alle origini vichiane della 'scienza nuova' *more sociologico demonstrata*: "Le cose fuori del loro stato naturale né vi si adagiano né vi durano (degnità o assioma VIII) [Equilibrio]. [...] Questa medesima degnità, congionta con la settima e 'l di lei corollario, pruova che l'uomo abbia libero arbitrio, però debole, di fare delle passioni virtù." [...] [Non linearità]. "[...] tutti [gli uomini sono] attenuti alle loro private utilità (corollario dell'assioma VII)."[3] [Differenziazione].

---

1 G. Vico, *De nostri temporis studiorum ratione*, [1708]; in *Opere*, a cura di A. Battistini, Mondadori, Milano, 1990, vol. I, pp. 131, 133.

2 *Trattato*, § 344. Non dimentichiamo Botero o Machiavelli. Quest'ultimo scriveva: "ed in tutte le cose umane si vede questo, chi le esaminerà bene, che non si può mai cancellare uno inconveniente, che non ne surga un altro. [...] E però, in ogni nostra diliberazione si debbe considerare dove sono meno inconvenienti, e pigliare quello per migliore partito, perché tutto netto, tutto sanza sospetto non si truova mai." (*Discorsi sopra la prima deca di Tito Livio* , libro I, cap. VI).

3 G. Vico, *La scienza nuova* [1744], 'Degli elementi'. Opera, come dice Vico stesso, e siamo pienamente d'accordo, "ordita con metodo mattematico, che da pochi principi tragge infinità di conseguenze" (*Vita scritta da se medesimo* [1723-1728], in *Opere*, op. cit., vol. I, pp. 52-53). Dunque, non una bellettristica o filosofia della storia, come è stata per lo più ritenuta, ma opera di scienza che pone i fondamenti metodologici e applicativi della sociologia e delle scienze sociali. Di questo lo stesso Vico era pienamente convinto: "non potemmo noi far a meno di non dar a quest'opera

Tre concetti che informano qualsiasi scienza odierna, tre concetti che saranno centrali anche in futuro. Il volume che qui presentiamo non vuole essere un lavoro di indagine storica, anche se le nostre ricerche storiche ne costituiscono un supporto importante con riferimenti puntuali. È, prima di tutto, una messa a punto, oggi, di fondamenti metodologici ed espistemologici nel senso dato da H. J. Poincaré (1908)[4] per le scienze fisiche e matematiche e da Pareto per le scienze sociali.[5] Usiamo il termine 'metodologia' e non 'teoria' perché vogliamo situarci qui, momentaneamente, un passo indietro, in una dimensione di linguaggio che riflette i fatti esterni (l'uomo è mente e linguaggio) e che quindi permette di organizzare i dati dell'esperienza (detto nel lessico vichiano, la 'critica' e la 'topica'),[6] frutto delle situazioni più eterogenee. Dunque, sia detto con il rispetto dovuto, niente di più lontano dagli innumerevoli manuali di metodologia delle scienze sociali. Il lavoro – come del resto i precedenti – si è svolto avendo di mira, attra-

---

l'invidioso titolo di Scienza nuova, perch'era un troppo ingiustamente defraudarla di un suo diritto e ragione, ch'aveva sopra un argomento universale quanto lo è d'intorno alla comune natura delle nazioni." (*La scienza nuova*, in *Opere*, op. cit., vol. I, p. 957).

4 *Opere epistemologiche*, 2 voll., Piovan ed., Abano Terme, 1989: "[...] ho cercato di spiegare come deve comportarsi uno scienziato per scegliere tra gli innumerevoli fatti che si offrono alla sua curiosità, poiché la naturale debolezza della sua mente lo obbliga a fare delle scelte, anche se una scelta resta comunque un sacrificio. Dapprima l'ho spiegato per mezzo di considerazioni generali, ricordando da una parte la natura del problema da risolvere, e cercando dall'altra di capire meglio quella della mente umana, che resta lo strumento principale della soluzione. Poi l'ho spiegato con degli esempi; non li ho moltiplicati all'infinito; anch'io ho dovuto fare delle scelte, ed ho scelto naturalmente le questioni che avevo studiato più a fondo." (vol. II, *Scienza e metodo*, p. 195).

5 *Manuale*; si veda specialmente il cap. II, 'Introduzione alla scienza sociale'.

6 "Il metodo degli studi [...] appare contenuto in tre cose: strumenti, sussidi, e fine. Gli strumenti [la critica preceduta però dalla topica] comprendono l'ordine [...] secondo le regole [...] i sussidi [università, istituti di ricerca, ecc.] li accompagnano, quanto poi al fine [la verità], sebbene venga dopo, deve essere tenuto d'occhio dagli studiosi, sia all'inizio, sia per tutto lo svolgimento metodico degli studi." (G. Vico, *Opere*, op. cit., vol. I, *De nostri temporis studiorum ratione* [1708], pp. 87-215; *Le Accademie e i rapporti tra la filosofia e l'eloquenza* [1737], pp. 405-409).

verso la considerazione delle esperienze passate, la spiegazione dei fatti sociologici odierni anche in proiezione futura.

2. Compito di ogni scienza, come si sa, è quello di spiegare qualunque fatto e in questo senso si possono operare retrovisioni, come anche previsioni. Non fa differenza dal punto di vista scientifico. Alcune discipline fisiche e tanta parte delle scienze sociali producono per lo più retrovisioni e molto più difficilmente previsioni (peraltro, in geofisica la legge di Gutenberg-Richter[7] e in sociologia la legge di Pareto sono un esempio di teorie retrovisive con capacità previsive). La difficoltà è data dalla complessità dell'oggetto d'indagine, più precisamente del sistema indagato. Se n'era già accorto – superando così l'idealizzazione di P. S. Laplace[8] – tra pochissimi, H. J. Poincaré[9] quando osservava che "piccole differenze nelle condizioni iniziali ne generano di

---

7 "Benché l'energia liberata da ciascun terremoto specifico vari in misura notevole, i dati statistici relativi a tutti i sismi rivelano l'esistenza di una legge [...] Se si usa come parametro l'energia liberata, i dati indicano che, al raddoppiare dell'intensità, i terremoti diventano quattro volte meno frequenti. [...] si definisce il rapporto tra dimensioni e frequenza 'legge di potenza'." (M. Buchanan, *Ubiquità. Dai terremoti al crollo dei mercati: la nuova legge universale dei cambiamenti*, Mondadori, Milano, 2003, pp. 42-43).

8 Laplace argomentava, ne la *Théorie analytique des probabilitès* (1820), che un'intelligenza, conoscendo tutte le forze della natura e la corrispondente situazione dei componenti di essa in rapporto a un dato istante e che fosse inoltre così ampia da poter trattare l'intera serie di simili dati per mezzo dell'analisi matematica, sarebbe in grado di abbracciare in una sola formula i movimenti sia dell'infinitamente grande che dell'infinitamente piccolo. Nulla sarebbe incerto ai suoi occhi, ed entrambi presenti le risulterebbero il passato e l'avvenire. L'astronomia, ai suoi occhi, offriva un limitato esempio di tale intelligenza.

9 In altri termini già il nostro Vico aveva anticipato la critica a simili posizioni – critica che sarà poi reiterata da Poincaré e confermata successivamente dai principi di indeterminazione, indecidibilità, ecc. – quando affermava che "il mondo fisico, materiale non è opera nostra, ma di Dio, e soltanto Dio – l'autore del mondo – può comprendere la sua opera in una maniera perfetta ed adeguata" (dunque, a noi non potranno mai essere presenti passato e avvenire, come postulava Laplace); solo "in Dio il conoscere e 'l fare è una medesima cosa" (*Scienza nuova*, IV Del metodo, in *Opere*, op. cit., vol. I, p. 552). Dunque, Dio è un'ipotesi necessaria, al contrario di quanto pensava Laplace. Anzi, secondo Vico, non un'ipotesi, ma una certezza.

grandissime nei fenomeni finali [...] la predizione diventa impossibile";[10] o Pareto, quando estesamente argomenta che sfortunatamente – per i fenomeni sociali, e anche per parecchi fenomeni biologici – l'ipotesi di un'evoluzione secondo una linea continua non si accorda con i fatti. L'evoluzione segue piuttosto una linea con molti rami: "I fatti [...] non stanno su una linea diretta e continua, ma stanno ai nodi od agli estremi [...]". Queste considerazioni ci portano "nel campo della *logica dei sentimenti.* [...] I fenomeni non hanno una forma uniformemente crescente o decrescente [...] ma seguono una linea che è oscillante".[11] E nel *Manuale* aveva già, tra l'altro, osservato: "Le società umane hanno una fortissima tendenza a dare rigidità ad ogni nuovo ordinamento, a cristallizzarsi in ogni nuova forma". E perciò capita che spesso "si passi da una forma ad un'altra, non già con moto continuo, ma con salti: una forma si spezza, ed è sostituita da un'altra; che a sua volta si spezza, e così di seguito. Ciò si osserva in tutte le manifestazioni dell'attività umana; per esempio, nella lingua, nel diritto, nell'arte, ecc."[12]

Diversamente da quanto sembrano ritenere alcuni teorici della attuale teoria della complessità, per i quali sono non lineari quei sistemi agenti lontano dall'equilibrio, la non linearità, la discontinuità, i fenomeni emergenti, le variazioni non sono in contraddizione con l'idea di equilibrio, come definito da Pareto. Anzi, questo e quelli – nella concezione sistemica paretiana – costituiscono l'effettiva realtà dei fenomeni sociologici e non solo.

3. Non avremmo speso un minuto del nostro tempo se non avessimo avuto la certezza, almeno per noi stessi, di approntare, sulla scorta del pensiero paretiano, categorie utili all'interpretazione e alla comprensione del mondo in cui viviamo e vivranno i nostri figli. Dunque, niente di più lontano da noi degli intenti agiografici. La sociologia ha già da tempo prodotto un sistema teorico di tipo deduttivo e in questo sen-

---

10 *Opere epistemologiche*, op. cit., vol. II, p. 49.
11 *Trattato*, §§ 344, 480, 513, 724.
12 *Manuale*, VII, § 109.

so riteniamo che la sociologia paretiana occupi il primo posto ed è a disposizione da ormai cent'anni.[13] Sappiamo che ideale della scienza è quello di passare dall'analisi qualitativa ad una quantitativa. Le categorie approntate ci pare si prestino a questo scopo. Senza illusioni. Perché – come ci avvisava Pareto – se volessimo per un momento liberamente dare sfogo alla fantasia e ipotizzassimo che le nostre conoscenze scientifiche fossero in grado di delineare o, addirittura, riuscissero a produrre stati psichici, se cioè la nostra sognante megalomania, prodotto di sonni disturbati (spesso da interessi di denaro, di potere, ecc.) giungesse a controllare quella 'ragione' che da tre secoli in quanto Ragione, Lume, ecc. non dà pace; se questa ipotesi frutto di sogni folli dovesse avverarsi, allora non avremmo risolto, sociologicamente, un bel nulla. Sarebbe venuto meno l'oggetto delle nostre ricerche: le ragioni che determinano le azioni, la libertà e la volontà individuale o di gruppo. Chi o che cosa, dunque, è all'origine dell'azione? La risposta a questa domanda, allo stato di cose ipotizzato, ci riporterebbe, una volta svegli, ai vecchi termini delle nostre indagini: ora gli stati psichici si dovrebbero produrre artificialmente, secondo i gusti dei potenti tecnocrati di turno, i quali non saprebbero fare altro che riaffidarsi alle passioni, ai sentimenti, ai gusti per imprimere sempre nuovi impulsi all'azione. Vecchi termini di un antico problema – oggi dati in pasto al

---

13 Con Pareto abbiamo un sistema deduttivo completo, ma già Romagnosi faceva notare giustamente: "Chi ha letto le cose mie mi lusingo che avrà veduto che *io* (dirò collo Stellini): [...] *poste alcune leggi per esperienza note, ne deduco le conseguenze senza né indagare né determinare la ragion delle medesime.* Indi stabilisco la teoria del praticabile sociale. Così facendo ho professato e professo di nuovo *continuare* la moderna scuola *italiana,* la quale per la filosofia naturale fondata da Galilei e da' suoi continuatori, e per la civile dal *Vico,* dallo *Stellini,* dal *Genovesi* e dai buoni economisti, fa camminare di conserva le due grandi parti della universale filosofia. Possa questa scuola continuare a gloria e a beneficio nostro e degli stranieri." (Gian Domenico Romagnosi, "Sull'indole e la portata della civile filosofia", in *Studi Romagnosi,* II, a cura di E. A. Albertoni, Giuffrè, Milano, 1990, pp. 220-221. Costituisce la prima di tre lettere scritte a G. P. Vieusseux e pubblicate su "Antologia. Giornale di Scienze, Lettere ed Arti", Firenze, vol. XLIX, gennaio-marzo 1833, pp. 3-16).

grande pubblico, e non solo, famelico di 'novità'[14] – spesso presentati con termini à la page. Infatti, si sente dissertare sulla base di una letteratura per lo più estera (dunque, per ciò stesso 'scientifica'!) di 'decisioni e neuroni', di indagini di 'scienziati e psicologi' che confermano "la doppia natura del cervello umano" e quindi ciò che sappiamo da sempre, cioè "il conflitto tra la componente più emotiva e inconscia con quella più portata a seguire il calcolo dei propri interessi" (si vedano le teorie dell'azione di Pareto e M. Weber). E questo sulla base degli apporti delle neuroscienze alla 'neuroeconomia' (non alla 'econofisica' e neanche all''econometica'!). Per il momento. Poi, per via dei movimenti ondulatori entusiastici anche nelle scienze, arriverà presto – se non sono già arrivate – la 'neurosociologia' e la 'sociofisica'. Non è in discussione lo strumento principe usato, cioè la matematica superiore – che peraltro non abbiamo mai sottovalutato, come anche mai sopravvalutato – quanto la pretesa di poter fare a meno dei risultati finora raggiunti dalla sociologia.

4. Anzi, a questo proposito non dobbiamo dimenticare che la sociologia, prima ancora che qualitativa è nata quantitativa. Ci piace ricordare che il tratto distintivo (in controtendenza rispetto ad un imperante idealismo di opposte ed estreme direzioni) della prima facoltà di sociologia in Italia – dall'inizio, 1962, chiamato Istituto Universitario di Scienze Sociali[15] – fu quello di annoverare tra i suoi insegnamenti materie

---

14 "Le novità sono così affascinanti, ed è così brutto sembrare sorpassati!" ironizza Poincaré, in op. cit. vol. II, p. 172.

15 Che qualcuno poi tentò di trasformare in 'scienze politiche' (una disciplina e un corso di laurea già esauriti all'epoca), ricevendo però la ferma e lungimirante opposizione degli studenti. Agli occhi di noi studenti diciottenni – ansiosi di studiare sociologia e scienze sociali – 'scienze politiche' appariva soffocata da un eccesso di insegnamenti di diritto e, ciò che è peggio, spiccava l'assenza di insegnamenti quantitativi (lo stesso primo direttore M. Volpato scrive anche a nome del Collegio commissariale: "abbiamo ravvisato nel corso di laurea in scienze politiche, istituito in un periodo di predominio della filosofia idealistica, un accostamento quasi esclusivo a filosofi e moralisti"), che, invece, sebbene didatticamente invecchiati, non mancavano nelle facoltà di economia. Peraltro, la scienza economica, occupandosi di un *homo œconomicus* irreale, suscitava una gran tristezza. Due strade, dunque, completamente insoddisfacenti. Sociologia, in termini scientifici, era per

"humanae societati utilissimas",[16] e dunque anche utili alla scienza che la studia, come matematica generale, matematica per le scienze sociali, modelli matematici per sociologi, statistica generale, statistica per le scienze sociali, ed altri insegnamenti di metodologia della ricerca a base statistico-matematica, come l'insegnamento detto allora 'elaborazione automatica dei dati', ciò che oggi va sotto il nome di informatica (fu la presenza di questi insegnamenti, una novità nel panorama italiano e mondiale, ad entusiasmarmi tanto da prendere contatti due anni prima della fine degli studi secondari, con quella che poi sarebbe divenuta la facoltà di sociologia);[17] e di avere come primo direttore, fino al

---

noi il futuro. E così è stato, nonostante le stravaganze del '68. Infatti, scriveva ancora Volpato, nella "nuova facoltà non vi saranno [e non vi furono] tradizioni o presunti miti di classicità, e tutte le giovani e fresche energie, libere da fardelli reverenziali, potranno esplicare con tutto l'entusiasmo la loro prorompente vitalità" (M. Volpato, *Alcune scelte per un corso di laurea in sociologia*, Trento, 1964, p. 10-11). Questo volumetto di 27 pagine costituisce il discorso pronunciato al convegno di Torino del 16 febbraio 1964, organizzato dall'Associazione Italiana di Scienze Sociali e avente come tema l'ordinamento e la funzione di una facoltà di scienze sociali. Così Volpato concludeva il suo intervento: "Mi è gradita l'occasione per ricordare che in questo lavoro di istantanea rappresentazione e interpretazione della realtà sociale hanno prestato la loro preziosa collaborazione, in ordine di tempo, il prof. Sandro Faedo, Rettore dell'Università di Pisa; il dott. Franco Demarchi, dell'Università di Pavia; il Prof. Camillo Pellizzi, dell'Università di Firenze; il Prof. Leone Diena, dell'Università di Milano; il prof. Luigi Rosa, dell'Ateneo Aloysianum di Gallarate; il Prof. Sabino Acquaviva, dell'Università di Padova; il prof. René König, dell'Università di Colonia."

16 G. Vico, *L'antichissima sapienza degli italici*, Edizioni Glaux, Napoli, 1960, p. 43. "L'umano desiderio di sapere, ricercando il vero che la natura gli impedisce di conoscere, crea due scienze utilissime all'umana società; l'aritmetica e la geometria, dalle quali poi si genera la meccanica, fonte di tutte le scienze necessarie all'uomo."

17 Ricordo la grande gioia intellettuale nel vedere esposti nell'atrio della facoltà in via Verdi, tra gli altri, i seguenti volumetti che immediatamente, quella mattina dell'11 Ottobre 1968, acquistai e che gelosamente conservo, primi volumi della mia ora vasta e specialistica biblioteca: S. Faedo, *La matematica nello studio dei fenomeni economici*, Trento, 1963; M. Baldassarri, *Matematica e sociologia*, Trento, 1964; M. Volpato, *Alcune scelte per un corso di laurea in sociologia*, Trento, 1964; L. Daboni, *Catene di Markoff. Applicazioni alle scienze sociali*, Trento, 1965; G. Zanardi, *L'efficienza del campionamento in blocco di grappoli equiprobabili*, I e II, Trento, 1965 e 1966; B. de Finetti, *La probabilità: guida nel pensare e nell'agire*,

1968, il matematico M. Volpato. Una tradizione portata a Trento da M. Boldrini.[18] Non potevamo non innamorarci della nostra facoltà e disciplina partendo dalla concezione che fin dall'inizio si è voluta particolarmente sviluppare a Trento. Secondo le parole di Volpato: "si affida alla sociologia un ruolo di formazione tecnica, apparentabile a quello delle discipline ingegneristiche." E subito dopo non poteva non citare Pareto, in quanto esponente dell'alta tradizione scientifica italiana, affermando esplicitamente in linguaggio paretiano che a Trento gli insegnamenti avevano "uno spiccato accostamento alla concezione logico-sperimentale".[19] Quanto avesse ragione è dimostrato dal fatto che oggi

---

Trento, 1965; M. Volpato, *Avviamento allo studio delle disuguaglianze elementari*, Trento, 1967; id., *Funzioni empiriche ed algoritmiche, generalità*, Trento, 1968.

18 Marcello Boldrini, Accademico dei Lincei, Presidente dell'Associazione Internazionale di Statistica, fu primo presidente del Comitato ordinatore; proveniva dal Laboratorio di Statistica della Università Cattolica e dalla scuola di Corrado Gini. Questi, a sua volta e contemporaneamente ad altri, tra i quali A. Niceforo (che teneva corsi di teoria della probabilità negli anni '20 del sec. scorso agli studenti di scienze sociali), continuava la tradizione paretiana e la statistica universitaria italiana che risaliva alla fine del Medioevo e al Rinascimento. Ricordiamo qui ciò che scriveva J. Burckhardt: "Endlich kennen die Regierungen, als gebildete Despoten, ihr eigenes Land und die Länder ihrer Nachbarn umgleich genauer, als ihre nordischen Zeitgenossen die ihrigen, und berechnen die Leistungsfähigkeit von Freund und Feind in ökonomischer wie in moralischer Hinsicht bis ins Einzelste; sie erscheinen, trotz den schwersten Irrtümern, als geborene Statistiker" (J. Burckhardt, *Die Kultur der Renaissance in Italien*, Frankfurt am Main, 1989, p. 104); e P. F. Lazarsfeld: "The Italians have an empirical tradition of their own. Not knowing their language, I had to leave their side of the story to other students; Niceforo's books provide many leads to historical sources. Americans came later into the scene of course. Nothing is stranger than the idea often expressed by European colleagues that quantification is a U.S. export endangering their tradition. It is true that when this country took over the European empirical research techniques, it did so on a large scale." (P. F. Lazarsfeld, "Notes on the History of Quantification in Sociology – Trends, Sources and Problems", in *Quantification. A History of the Meaning of Measurement in the Natural and Social Sciences*, edited by H. Woolf, Indianapolis, 1961, p. 202).

19 M. Volpato, *Alcune scelte per un corso di laurea in sociologia*, op. cit. p. 11. Significativo anche il fatto che F. Barbano citi nella prima pagina del *Progetto di sviluppo del piano di studi per la Facoltà di Sociologia*, Trento 1964 ("lavoro che ha dato la possibilità al Collegio commissariale della Facoltà trentina di aprire un più

molta conoscenza sociologica è stata fatta propria da certi ambiti dell'ingegneria, ma anche dell'aziendalistica economica, spesso senza citarne l'origine.

5. Ma torniamo, dopo questa digressione, al nostro tema. Apprendiamo ancora che "i risultati della psicologia clinica hanno permesso di proporre un modello con un eterodosso assunto di base per l'economia [non eterodosso per l'economia paretiana] e cioè quello che la mente sia scissa in parti imperfettamente [anche qui 'imperfettamente' ha la stessa valenza della 'scoperta' che la razionalità è limitata] comunicanti tra di loro". Altra novità 'neuro' è che "nell'animo umano convivono due componenti con interessi non coincidenti" (Freud e la psicoanalisi, Pareto e le azioni non logiche e tanti altri sembrano passati invano) e che nel "cervello in quanto organizzazione gerarchica, l'interazione tra le sue due parti principali, è quella tra la parte razionale che guarda al futuro [la paretiana utilità futura] e la parte agente, emotiva, che pensa solo all'oggi [la paretiana ofelimità o utilità attuale]". Siamo così in presenza di un'"asimmetria informativa" (anche con la razionalità limitata si era 'scoperta' un'asimmetria informativa!). Non neghiamo che queste affannate ricerche e tardive riscoperte, lautamente e volentieri finanziate anche con denaro pubblico, non abbiano una qualche ricaduta su determinati ristretti settori (non certamente quelli sociologici teoreticamente forti), per i quali vediamo applicazioni e considerazioni poche e di una primitività disarmante.[20] Seppur critici e scettici, in

---

ampio discorso proprio in tema di piano degli studi e di piano di sviluppo", dice Volpato, op. cit. p. 17) oltre a T. Parsons e E. Durkheim anche l'ingegnere Gino Martinoli, che nella relazione al congresso dell'Associazione nazionale Ingegneri esortava a dotarsi di conoscenze sociologiche quanto mai indispensabili alla futura classe dirigente. Ci piace ricordare qui che non a caso la nostra prima opera organica concepita nello stimolante ambiente della nostra Facoltà, porta il titolo di *Sociologica. Introduzione logico-matematica alla sociologia*, Franco Angeli, Milano, 1984, pagine 448 (in coll. con M. Ravelli).

20 Del resto se si guarda alla 'thematic list of entries' della *Encyclopedia of Nonlinear Science*, Routledge 2004, su 439 voci e 25 raggruppamenti, a quello della Social science appartengono solo 6 voci (economic dynamics, epidemiology, game theory, hierarchies of nonlinear systems, population dynamics, traffic flow), niente in

quanto sociologi, dobbiamo tener d'occhio queste 'fads and foibles'[21] e lo strumento principe che ci permette di operare accurate valutazioni dà il titolo a questo volume: la metodologia paretiana.

---

confronto ad altri raggruppamenti tutti appartenenti – ad eccezione di biology e chemistry, earth science, neuroscience con le relative voci poco più numerose di social science – alla fisica e alla matematica con prevalenza di quelle matematiche. Anche qui si conferma la scala di crescente complessità di Comte. Le discipline 'meno complesse' sono quelle che hanno più voci e dunque le più frequentate. Così si hanno più mezzi matematici sempre meno applicabili, man mano che i fenomeni da studiare diventano più complessi. Il risultato è che si conferma ciò che già è successo in passato, quando tutta l'area della statistica metodologica e matematica si è sviluppata sulla base delle richieste delle scienze sociali e al di fuori della comunità matematica e anche parzialmente della fisica. Nell'introduzione all'*Encyclopedia* si sostiene che "by the early 1980s, non linear science had become recognized as a key component of modern inquiry, playing a central role in a wide spectrum of activities the terminology introduced by Thomas Kuhn, a new paradigm had been established". Per la precisione, se il paradigma è nuovo lo sarà per le scienze naturali non certamente per quelle sociali, come abbiamo visto fin dall'inizio di questa prefazione e nel corso di tutto il volume. La dimostrazione è data dal fatto che nella stessa introduzione si dice che "in simple terms, nonlinear science recognizes that the 'whole is more than a sum of its parts", un'espressione durkheimiana, già familiare agli studenti del primo anno del corso di sociologia: "un tutto non è identico alla somma delle sue parti, ma è qualcosa d'altro, le cui proprietà differiscono da quelle che presentano le parti dalle quali è composto" (E. Durkheim, *Le regole del metodo sociologico* [1895], Edizioni di Comunità, Milano, 1963, p. 101).

21 Definizione di P. A. Sorokin. Ci pare doveroso precisare con Vico: "[...] come tu, o lettore equanime, hai visto, quando ho criticato i difetti, ho taciuto gli autori; e se qualche volta fu necessario nominarli, li ho nominati non senza i sensi di stima [...]. Sin da fanciullo mi imposi quella norma, sancita dalla debolezza dell'umano genere, di considerare i difetti altrui con quella medesima equanimità con la quale avrei bramato che gli altri giudicassero i miei [...]. Non ho nemmeno esaltato le mie considerazioni [...] con magnifiche parole, per non sembrare di offendere te, o dotto lettore, che sei guidato dal tuo buon senso e sai che è tuo diritto giudicare il pro e il contro di ogni scrittore. [...] se poi qualcuno [...] vorrà censurare singolarmente le mie considerazioni, ove mi toglierà da qualche errore, gliene sarò gratissimo [...]." (*De nostri temporis studiorum ratione*, in *Opere*, op. cit., vol. I, pp. 213-215).

6. Un pensiero unico tra i classici della sociologia, in grado di misurarsi con i classici di altre discipline e con i loro sviluppi, specialmente con la matematica, la fisica, la biologia, la biochimica. E con quelle discipline posteriori a Pareto, come l'etologia, la sociobiologia e, da ultimo, come abbiamo detto, con le discipline dell'informazione, dell'intelligenza artificiale, delle neuroscienze e della complessità. In sostanza, noi oggi siamo in grado, attraverso le categorie paretiane, di interagire con tutto l'universo matematico e fisico-ingegneristico.[22] Se le due formazioni – sociologica e matematica – si incontrassero su un piano di parità, se nello stesso studioso potessero convivere in modo indistinto, sicuramente saremmo in presenza della scienza del futuro. Perché la scienza del futuro è già qui, ma i suoi migliori interpreti non si conoscono o sono ancora molto distanti.

Ci siamo accostati all'orientamento paretiano poco per volta, insoddisfatti di altri pur importanti punti di vista. E col tempo abbiamo concordato con quanto osservava, nel 1964, N. Bobbio nell'introduzione al *Trattato*, che definiva una miniera inesplorata; da parte nostra, riteniamo che tale giudizio debba essere esteso a tutta l'opera. Quarant'anni dopo possiamo dire la stessa cosa, con l'aggiunta che noi abbiamo tentato di esplorarla. A Pareto è stato fatto dire di tutto e il suo contrario ed ha goduto e gode dei giudizi più disparati.[23] Perciò abbiamo abbondato – dopo aver compulsato l'intera opera e confrontate con assoluta acribia, nel tempo e nelle diverse opere, nell'epistolario e negli interventi giornalistici – con le citazioni, a scanso di equivoci ed anche per insegnare alle nuove generazioni, ai nostri studenti, l'esattezza e la

---

22 Riteniamo che per la sociologia in quanto professione non ci sarà futuro se non porrà a base della propria influenza il confronto e la sfida con quelle professioni ingegneristiche (come lucidamente prevedeva Volpato), che le sono più vicine e dunque ritornando a porre a base della formazione tutto l'universo quantitativo, che fortunatamente non si è ancora perso (e che dovrebbe essere potenziato) nella prima facoltà italiana di sociologia.

23 Pochissimi lettori, come ad es. B. B. Mandelbrot, *Il disordine dei mercati. Una visione frattale di rischio, rovina e redditività*, Einaudi, Torino, 2005, p. 166 la pensano diversamente: "I libri di Pareto sono ancora un modello di lucidità di pensiero e di scrittura efficace."

precisione nel commentare il pensiero altrui. Anche in questo Pareto era maestro. Ma niente di più estraneo a noi degli intenti esegetici.

La ragione del titolo – del sottotitolo abbiamo detto – è data dal fatto che noi riteniamo esserci una connessione ineludibile tra le considerazioni metodologiche ed i problemi empirici che la nostra scienza è andata via via affrontando. Del resto, lo si può vedere nelle questioni trattate nei dieci capitoli di questo primo volume, in cui ci siamo sforzati, a partire dalle acquisizioni paretiane, di legare sempre le questioni teoriche a quelle operative, considerando in primis l'azione individuale (in relazione agli altri e in relazione al sistema socioculturale) secondo lo schema mezzi-fine che è alla base della razionalità sociologica.

7. Su sollecitazione dei nostri studenti abbiamo trasformato le dispense – cresciute anno dopo anno anche grazie all'interesse suscitato – nella progettazione di tre volumi che delle dispense vogliono conservare lo spirito che le ha animate in tutti questi anni di proficuo lavoro con tanti giovani provenienti da varie parti d'Italia e da ogni continente e cioè di essere sempre un *work in progress*. Se guardiamo alla prima consistenza del lavoro, oltre dieci anni fa, vediamo che esso si è quintuplicato, per cui abbiamo pensato di dividerlo in tre volumi, ognuno dei quali pressoché autonomo rispetto agli altri, ma tutti insieme costituenti un corso completo di scienza sociologica.

Diciamo subito che se la distribuzione della materia non è di natura didattica, certamente nell'esposizione abbiamo tenuto conto di avere come interlocutore uno studente degli ultimi anni di corso universitario, se non proprio dell'ultimo anno, quali del resto sono stati e sono i miei studenti. Dunque, i colleghi troveranno varie parti descrittive ormai consolidate nella letteratura e che certamente avremmo solo di passaggio indicato, se non avessimo avuto anche la preoccupazione di essere completamente chiari di fronte al nostro attentissimo uditorio.[24]

---

24 Come osserva H. J. Poincaré (op. cit. vol. II, p. 8): "Le questioni riguardanti l'insegnamento hanno una loro importanza di per se stesse, ma anche perché riflettere sulla maniera migliore di far penetrare nozioni nuove in cervelli vergini significa contemporaneamente riflettere sul modo in cui queste nozioni sono state acquisite

Ai miei studenti dico qui, come tante volte in aula, di essere sempre aperti nella scienza come nella vita a qualsiasi ipotesi reputata feconda, a percorrere ogni possibile via, a compulsare ogni idea; ma poi, fermarsi, scegliere, e approfondire alcune ipotesi fino allo stremo delle forze, esaltando le proprie imprescindibili e incoercibili singolarità di studioso nella millenaria tradizione della scienza e conoscenza occidentali. Perché la vera ricerca, il vero amore per la conoscenza, come ogni vero amore, è fatica alla ricerca dell'equilibrio (un concetto cardine di tutto il nostro lavoro sulla scia paretiana).[25]

Dunque, questo è il primo volume di una trilogia che verrà completata nei prossimi mesi: I. Differenziazione, non linearità, equilibrio; II. Costanti dell'azione; III. Variabili dell'azione.

La disposizione dei capitoli di questo volume segue in qualche modo l'evoluzione dello stesso pensiero paretiano nella sua prima fase, che possiamo datare fine Ottocento primi anni del Novecento. Infatti, concludiamo nel decimo capitolo con l'esposizione dei concetti di azione logica e non logica e di residuo e derivazione; questi ultimi saranno poi oggetto di ampio approfondimento nei prossimi volumi.

In sostanza, questo primo tratta dell'economia paretiana e specialmente della sua sociologia economica o economia applicata, come la

---

dai nostri antenati, e di conseguenza sulla loro vera origine, cioè in fondo sulla loro vera natura."

25 Dopo l'apertura vi è l'approfondimento e mi piace ricordare ai miei studenti le parole di "Seneca al suo Lucilio": "Da ciò che mi scrivi e che sento ripongo in te buone speranze. Tu non ti affaccendi eccessivamente e non provi angoscia movendoti continuamente da un luogo all'altro. Quest'agitarsi è il segno di un animo malato; il primo indizio di uno spirito equilibrato è che sa stare tranquillo ed essere contento della compagnia di se stesso. È certo, inoltre, che leggere molti autori e libri di ogni genere è pure segno di irrequietezza e instabilità. Vi sono opere di genio sulle quali dovresti soffermarti, delle quali dovresti nutrirti e che si insedino stabilmente e fedelmente nel tuo animo. Chi è dappertutto non è in nessun luogo. Coloro che passano da un luogo all'altro finiscono con l'aver molti conoscenti con cui intrattenersi, ma nessun vero amico. Lo stesso accade se non acquisisci una conoscenza vera e profonda di qualche uomo di genio ma passi in rassegna ogni cosa senza soffermarti su alcuna [...]." (Seneca, *Lettere morali a Lucilio*, a cura di F. Solinas, Mondadori, Milano, 1995, vol. I, p. 5).

chiamava per differenziarla dall'economia pura. Anch'essa, comunque, non tanto 'pura', a leggere bene: l'elemento sociologico è sempre lì pronto a guastare la festa o a complicarla, a testimonianza che è ineludibile. Ma, trattando di economia, in realtà Pareto si occupava della mente, del soggetto che decide, che sceglie, le cui scelte aggregate a quelle di altri soggetti assumono valenze diverse con effetti emergenti o anche perversi, comunque quasi sempre non lineari e spesso non logici. La loro dinamica non periodica – per dirla con la cosiddetta teoria della caos-complessità – produce un 'caos deterministico', o meglio, fluttuazioni, turbolenze, laddove si pongano in secondo piano variabili casuali o aleatorie, cioè nei sistemi studiati dalla sociologia altamente regolati e autoregolati, come dimostrato dalla paretiana teoria deduttiva dei residui e delle derivazioni. È quello che abbiamo voluto anche noi mettere in risalto con questo lavoro e i due volumi che seguiranno. Nella speranza di suscitare ulteriori studi sul pensiero paretiano e proficui confronti e sfide con le recenti discipline della mente, porgiamo un saluto deferente al nostro Lettore.

Dedica, riconoscimenti e ringraziamenti

Quest'opera, come le ultime due, è dedicata ai miei figli Federico, Isabella, Eleonora. E non potrebbe essere altrimenti: l'opera è cresciuta insieme a loro. Eleonora era appena nata e Federico ed Isabella iniziavano le scuole elementari. Ora Federico ha concluso il Liceo classico ed ha iniziato gli studi ingegneristici nello Studio di Pavia, Isabella è all'ultimo anno dello stesso Liceo e già si prepara a proseguire gli studi là dove si compenetrano la matematica e le attività umane ed Eleonora frequenta il Ginnasio di pari passo con gli interessi musicali al pianoforte.

In questi tredici anni siamo cresciuti insieme: sono cresciuti i miei figli negli studi primari e secondari ed anch'io nello studio approfondito del pensiero paretiano (ormai in casa nostra il nome e la figura di Vilfredo Pareto è quella di un caro vecchio zio, di un antenato il cui ritratto sta bene insieme a quelli degli altri), anche con il diuturno confronto sull'interpretazione delle non facili pagine paretiane con mia moglie Mariarosa Ravelli Garzia – docente di Sociologia e di Storia del pensiero sociologico presso l'Università degli Studi di Trento – cui devo anche la decifrazione di tante mie frasi e pensieri e le molte decine, anzi centinaia di riletture con la mitigazione di alcune punte polemiche tipiche di chi è preda del proprio demone; anche se, certo, devo dire, che, come il grande fiorentino, pur "ingegnato, [...] non maculando la verità, di satisfare a ciascuno; e forse non arò satisfatto a persona; né, quando questo fusse, me ne meraviglierei, perché io giudico che sia impossibile, senza offendere molti, descrivere le cose [...] Nondimeno io vengo allegro in campo [...]" (Machiavelli, *Istorie fiorentine*, Dedica). Al mio Federico devo la scrupolosa sistemazione tipografica in ogni sua parte con una pazienza, un'accuratezza e un'attenzione che ha alleviato la fatica in un momento in cui la vanga paurosamente andava piegandosi; impaziente invece era da piccolo quando sulle mie gambe nello studio all'Università picchiettava col primo Mac e s'arrabbiava sbattendo il mouse sul tavolo se i giochini che trovava non riusciva a farli funzionare come s'aspettava.

A conclusione di questa prima parte dell'opera un ricordo commosso e riconoscente va a coloro che ora non sono più – i miei genitori Fernando e Ada Cataldi Garzia, che sempre hanno accompagnato con attenzione e amore i miei studi e il Prof. Franco Demarchi, Scienziato, Maestro, Amico: di più "cara e buona imagine paterna / [...] quando nel mondo, ad ora ad ora, / m'insegnava [...] come l'uom s'eterna; /e quanto io l'abbia in grado, mentr'io vivo/ convien che ne la mia lingua si scerna" (Dante, *Inf.*, XV, 83-87).

PARTE PRIMA

I. Del metodo logico-sperimentale

> La *méthode expérimentale* va de la chose au nom.[1]

> Lasciamo stare i nomi e occupiamoci delle cose. [...] Occupiamoci di ricercare le relazioni tra i fatti sociali, e poi lasciamo che a tale studio si dia il nome che si vuole, e che con qualsiasi metodo la conoscenza di queste relazioni si ottenga. A noi preme il fine, molto meno e anche niente i mezzi che ad esso adducono.[2]

Il pensiero e l'opera scientifica di Vilfredo Pareto costituiscono un'impresa originale, complessa e difficile; contraddistinta da una capacità di analisi della mente superiore alla psicoanalisi freudiana che, pressoché negli stessi anni, indipendentemente, si andava costituendo. Pareto era cosciente che la sfida nelle nostre scienze consistesse nella spiegazione dei meccanismi mentali per dare fondamento ad una teoria dell'azione. Infatti, proprio in quegli anni scriveva nel *Manuale*: "Fondamento dell'economia politica ed in generale di ogni scienza sociale è evidentemente la psicologia. Verrà forse un giorno in cui potremo dedurre dai

---

1 Lettera a A. Naville 9 mai 1917; ora in *Epistolario*, vol. II, pp. 962-963.

2 *Trattato*, § 2. Pareto produsse quattro grandi opere: *Cours d'économie politique*, 1896; *Les systèmes socialistes*, 1902-1903; *Manuale di economia politica con una introduzione alla scienza sociale*, 1906; *Trattato di sociologia generale*, 1916. Altri scritti notevoli sono i cinque saggi: "Il compito della sociologia fra le scienze sociali", 1897; "I problemi della sociologia", 1899; "Un'applicazione di teorie sociologiche", 1900; "Le azioni non logiche", 1910; "Alcune relazioni tra lo stato sociale e le variazioni della prosperità economica", 1913 tutti per la *Rivista Italiana di Sociologia*; la prima lezione tenuta all'Università di Bologna su "Il metodo della sociologia", 1906; l'articolo per la *Rivista di scienze* su "L'economie et la sociologie au point de vue scientifique", 1907; il volume *Le mythe vertuiste et la littérature immorale*, 1911 e due raccolte di articoli *Fatti e teorie*, 1920 e *Trasformazione della democrazia*, 1921. Di notevolissimo valore scientifico è tutto l'epistolario (lettere a Maffeo Pantaleoni, ad Arturo Linaker, a Guido Sensini e a molti altri corrispondenti e amici), così come i numerosissimi articoli per giornali e riviste dove spiega, chiarisce, approfondisce le sue teorie e prese di posizione scientifiche.

principi della psicologia le leggi della scienza sociale [...]. In avvenire, la psicologia, allungando ognora più a catena le sue deduzioni, la sociologia, risalendo a principi ognora più generali, potranno congiungersi e costituire una scienza deduttiva."[3] Di fatto, egli era già intento a costruire una scienza della mente fin dal 1890, quotidianamente, ad esempio nelle discussioni epistolari con l'amico Pantaleoni. Perciò le affermazioni del *Manuale* non sono in contraddizione con quanto scriveva nello stesso periodo,[4] anzi ne sono un deciso chiarimento:

> [...] se qualcuno vorrà credere che esistono solo stati psichici, si serva pure; ma l'esperienza ci insegna che di tali stati vi sono categorie ben diverse, che, per intenderci, diremo A e B. Nella categoria A porremo quegli stati che divengono propri di tutti gli uomini che ad essi pongono mente, ed in cui si osservano legami invariabili per modo che uno di essi trae seco sicuramente certi altri; nella categoria B porremo quelli che sono propri di un uomo o di alcuni uomini, e che non presentano i legami invariabili della categoria A.

E prosegue proponendo alcuni esempi, due dei quali sono riportati in nota.[5] Che la sociologia sia e debba essere una scienza è l'assunto fon-

---

3 *Manuale*, II, § 1. Questo aspetto è colto bene da P. L. Berger e T. Luckmann, quando fanno notare che "Pareto probabilmente rappresenta, nella sociologia, la formulazione più complessa fra quelle orientate verso il polo 'psicologico'" (*La realtà come costruzione sociale*, Il Mulino, Bologna, 1969, p. 79). Noi toglieremmo il 'probabilmente' e correggeremmo 'psicologico' con sociologia della mente, dispiegata pienamente nella teoria dei residui e delle derivazioni.

4 "Il metodo della sociologia", lezione inaugurale (13 marzo 1906) presso la Facoltà di Giurisprudenza dell'Università di Bologna; ora in *Scritti sociologici*, p. 284.

5 "Non contendo che lo scudo col quale un individuo paga il trattore che gli ha dato un pranzo sia cosa reale, o uno stato psichico; dico che, per contentare sicuramente il trattore, occorre che sia almeno uno stato psichico della categoria A; e chi ha a sua disposizione stati psichici della categoria B, può fare a meno di pranzare. Può darsi che il diamante sia solo uno stato psichico; ma è ben certo che non è da confondersi con lo stato psichico di chi, avendo un pezzo di vetro, crede di avere un diamante. Il primo stato appartiene alla categoria A, esso è invariabilmente congiunto con certi fatti – o se vuolsi con certi altri fatti psichici – di proprietà fisiche e chimiche, con i quali non è congiunto il secondo stato. Tali considerazioni sperimentali e pratiche bastano per farci persuasi che è indispensabile il distinguere con cura le cose A dalle cose B e per il nostro studio questa distinzione è sufficiente e

damentale; intendendo il concetto di scienza nel suo significato più rigoroso, come attività intellettuale che "si occupa di constatare i rapporti delle cose, dei fenomeni, e di scoprire le uniformità che questi rapporti presentano".[6] Fin qui è certamente una posizione avanzata per l'epoca, se si pensa alle varie concezioni circolanti – umanitarie, metafisiche, positiviste, ecc., del resto inevitabilmente presenti ancora oggi – dalle quali Pareto prese le debite distanze puntigliosamente in ogni suo scritto. Mentre, Pareto è figlio del suo tempo quando tenta di suffragare una tesi giusta con esempi tratti dalle scienze naturali, nelle quali risiederebbe il modello di scientificità. Nel discorso tenuto in occasione del suo Giubileo (1917) all'Università di Losanna ricorda, come tante altre volte, del resto che: "lo scopo principale dei miei studi è sempre stato quello di applicare alle scienze sociali [...] il metodo sperimentale che ha dato sì brillanti risultati nelle scienze naturali." Perciò, il pensiero è chiaro e non può essere frainteso il riferimento alle scienze naturali. Già nell'indice degli argomenti particolari del *Trattato* è preciso quanto alle relazioni tra metodo sperimentale e metodo storico: non debbono essere confusi, in quanto questo poteva solo avviare a quello.[7] Un classico esempio è la curva di distribuzione dei redditi. Si

---

non occorre che ci spingiamo oltre nelle sublimi quanto oscure regioni della metafisica."

6 *Sistemi*, p. 126.

7 "Tutti gli studi della *Sociologia* [del *Trattato*] e di questo volume sono studi di scienza sperimentale." (*Fatti e teorie*, Vallecchi, Firenze, 1920; ora in *Scritti sociologici*, p. 859). Ancora, due anni prima: "Potrei dire solo sperimentali, poiché, per me, la logica è scienza sperimentale come tutte le altre scienze; ma per non principiare con una contesa, che è poi inutile per lo scopo che ho in vista, pongo distinte logica ed esperienza. Il termine logica qui non richiede spiegazioni; bensì ne occorrono per il termine esperienza. Esso indicherà esclusivamente descrizioni di fatti, e non si estenderà meramente ai sentimenti che si volessero sostituire ai fatti." ("Economia sperimentale", *Giornale degli economisti*, luglio 1918, pp. 1-18; ora in *Scritti sociologici*, p. 719). Non è diversa la posizione di M. Weber quando afferma: "La sociologia elabora – e ciò è già stato più volte assunto come evidente – concetti di tipi e cerca regole generali del divenire, in antitesi alla storia [...]. L'elaborazione concettuale della sociologia trae il suo materiale – in forma di modelli – essenzialmente, anche se non esclusivamente, dalle realtà dell'agire che sono rilevanti pure

parte con metodologia storica e quantitativa e si conclude con quella matematica e significativa, cioè logico-sperimentale.

Scienza e verità

Occorre, tuttavia, dire subito che Pareto andò molto oltre il cosiddetto metodo delle scienze naturali, praticandone uno di gran lunga più complesso e articolato, adatto ad una scienza, ed ai suoi oggetti, appunto più complessa e difficile. E la complessità non è asserita solo da noi, ma è riconosciuta, oggi, anche dai nuovi orientamenti fisico-matematici i quali stanno permettendo nuovi progressi alle loro discipline, secondo la direzione da sempre battuta dalla sociologia e cioè di superare il cosiddetto principio di continuità e andare verso una concezione discontinua, non lineare dei fenomeni naturali come di quelli sociali. Ma la mentalità dell'epoca era permeata di positivismo (talora un positivismo rozzo di tipo fisicista) e Pareto a volte non sfuggiva, ma solo per scopi polemici, anche nel linguaggio, a quel tipo di retorica. Potremmo dire che seppe interpretarne le aspirazioni migliori, sottolineando spesso come occorresse una certa elasticità nella scelta dei metodi, con ciò sfuggendo al pericolo scientista. Del resto, vi sono luoghi della sua opera che lo confermano; ad esempio, quando rileva opportunamente (e i successivi cento anni gli hanno dato ragione) che stava formandosi "una religione pseudo-scientifica [...] esclusiva e intollerante. Si divinizza la *Scienza* e si dogmatizza il suo nome, violando oltraggiosamente le migliori regole vigenti delle ricerche sperimentali e scientifiche".[8]

---

dal punto di vista della ricerca storica." (*Economia e società*, Edizioni di Comunità, Milano, 1981, vol. I, p. 17).

8 *Sistemi*, p. 359. È incredibile che ancora oggi illustri studiosi di Pareto prendano alla lettera il suo linguaggio, giustamente polemico, per asserire che volesse pedissequamente applicare il paradigma delle scienze naturali a quelle sociali.

In un periodo in cui tanta parte delle scienze sociali – sociologia compresa – era invischiata in riferimenti a varie fedi,[9] o in punti di vista metafisici alla ricerca della natura delle cose, o, ancora, in teorie onnicomprensive come il marxismo,[10] o era impegnata nella risoluzione di problemi pur gravi ma contingenti, si può, dunque, spiegare l'uso polemico del linguaggio 'positivista'. È normale, dice Pareto, che ogni autore cerchi di 'persuadere', nella convinzione di fare cosa 'utile', perché, ovviamente, è convinto di conoscere la 'verità' e questa è sempre buona, utile, ecc. Quanto alla sua opera, era deciso nell'affermare di "non voler persuadere nessuno", del resto dubitando molto "che ciò sarebbe stato utile". Riteneva da un lato di non conoscere una verità assoluta, definitiva e dall'altro di non credere che la verità sperimentale fosse sempre utile, men che meno buona e di ignorare il significato di tale termine. È questo uno dei punti cruciali[11] del pensiero paretiano, allorché distingue nettamente tra teoria vera, in quanto confermata dall'esperienza e teoria utile, dove l'utilità dipende non da criteri scien-

---

9 Era il tempo in cui, non diversamente da oggi, Pareto doveva spesso ribadire che una proposizione di economia politica o di sociologia è vera se è confermata dai fatti, e non perché conforme ad una delle numerose dottrine (peraltro rispettabilissime), come le liberali, socialiste, ecc.

10 Anche Bertrand Russell, non meno irrealisticamente, ha le medesime posizioni antiscientifiche, per quanto come matematico ritenga di interpretare al meglio i caratteri della scienza. Purtroppo, i *Principia* non danno il passaporto per fare altrettanto in altri campi più complessi, come del resto la sua opera in questioni politico-sociali dimostra. Si veda B. Russell, *Storia della filosofia occidentale*, Mondadori, Milano, 1979; vol. II cap. XIV 'La filosofia dell'analisi logica', p. 789 e ss.: "Rimane, però, un vasto campo, tradizionalmente incluso nella filosofia, per il quale i metodi scientifici sono inadeguati. Questo campo comprende questioni di fondamentale importanza: la sola scienza, per esempio, non può dimostrare che sia cosa cattiva godere nell'infliggere crudeli pene. Tutto ciò che si può *sapere*, si può sapere per mezzo della scienza; ma ciò che è legittimamente materia di sentimento resta al di fuori del suo terreno." Non immaginava che ci potesse essere una 'scienza del sentimento', della mente, meglio, cioè delle azioni non logiche.

11 "Parmi che tra le più importanti leggi della sociologia stia quella che disgiunge l'utilità sociale di una dottrina, dalla sua verità sperimentale." ("L'economia e i presenti fenomeni", *La libertà economica,* 15 ottobre 1917, poi in *Fatti e teorie*, ora in *Scritti sociologici*, p. 684).

tifici, ma da attribuzioni di valore e da credenze soggettive o da interessi.[12] Sinteticamente, ciò che è vero non è necessariamente utile e ciò che è utile non è necessariamente vero:

> Prego dunque il lettore di avere ognora presente che, ove affermo l'assurdità di una dottrina, non intendo niente affatto affermare implicitamente che è nociva alla società; anzi può essere utilissima. Viceversa, ove affermo che una teoria è utile alla società, non intendo per nulla affermare in modo implicito che è vera sperimentalmente. Insomma una stessa dottrina può essere derisa sotto l'aspetto sperimentale, e rispettata sotto l'aspetto dell'utilità sociale, e viceversa.[13]

Qualche anno dopo torna a ribadire – si vede così chiaramente come la sua posizione sia lontana dallo scientismo fisicista e matematicista – "un principio che mi pare fondamentale" della nostra scienza, quello cioè "della utilità delle credenze, per l'operare" e, al contrario, "del danno che possono recare per la conoscenza del vero sperimentale". Si può ben dire che ancora oggi non si è capito che è errato contrapporre la fede allo scetticismo scientifico, "poiché quella e questo giovano egualmente, secondo lo scopo a cui si mira".[14]

L'unico fondamento dell'indagine e il solo criterio di verifica consiste nei fatti.[15] I sentimenti e le loro manifestazioni teologiche, metafisi-

---

12 L'economia politica e la sociologia possono avere – secondo Pareto – tre importanti scopi: 1) Possono essere una raccolta di ricette utili ai privati ed alle autorità pubbliche, nelle vicende economiche e sociali di cui tratta. 2) Possono avere come scopo ancora l'utilità, ma una utilità molto più generale, per cui il fine principale è quello di conseguire il bene dell'umanità. 3) Possono investigare e cercare le uniformità che presentano i fenomeni e trovarne le leggi che li regolano. In questo caso lo scopo è puramente scientifico, e cioè quello di conoscere e di sapere. Pareto intende limitarsi con la sua opera a questo terzo scopo, ricercando le uniformità dei fenomeni e utilizzando solo termini che corrispondono a cose reali, e non quei termini che servono ad influenzare le idee di chi legge. Peraltro, in quasi tutti i campi dello scibile umano sono stati usati tutti e tre i modi. Spesso, il primo si mescola con il secondo (*Manuale*, I, §§ 1-3).

13 *Trattato*, § 73.

14 *Fatti e teorie*; ora in *Scritti sociologici*, p. 855.

15 È bene sottolineare che in Pareto non c'è un feticismo dei *fatti*. Egli precisa che fatti approssimati sono utili per avere una media e che sotto l'aspetto logico-sperimentale non ha senso distinguerli in più o meno confacenti alla 'dignità' della

che, letterarie, o che traggono origine dall'amore, dall'odio, o da altre passioni non possono far parte dell'argomentazione logico-sperimentale (non è altro che il concetto di avalutatività di M. Weber), ci ricorda continuamente Pareto; così, col ridimensionare il valore annesso al metodo dai suoi contemporanei, definisce 'proposizioni scientifiche' le uniformità di fatti empirici acquisite e controllate con l'osservazione induttiva (diretta, storica, statistico-matematica), confermate dall'esperienza, le deduzioni rigorose da premesse o ipotesi sufficienti e rigorose (matematiche e logiche), "escludendo le proposizioni precettive, gli imperativi categorici, le conseguenze tratte da principi arbitrari, ecc. Conoscere il più approssimativamente che si può il fenomeno empirico: ecco la ragione del metodo".[16]

Sperimentazione e logica

Il metodo logico-sperimentale è contraddistinto da due procedimenti a volte combinati, a volte distinti: a) la *sperimentazione* che ammette come valide scientificamente soltanto le proposizioni e le teorie verificate dai fatti; b) la *logica* che, partendo dalle relazioni osservate e verificabili, deduce le conseguenze (per questo si userà la logica classica o quella matematica). Qui è in questione l'intenzione dell'autore, lo scopo a cui tende e che egli può raggiungere più o meno bene. In qualsiasi indagine, infatti, sono possibili interferenze delle scelte sentimentali, utilitaristiche, ecc. del ricercatore e ciò si può dire per tutte le scienze, comprese la matematica o la fisica.[17] I ricercatori, in quanto esseri u-

---

scienza. Si deve andare dal noto al meno noto, così come è bene interpretare il passato col presente, ma anche viceversa. Ancora, nella sociologia dati certi fatti, il problema di trarne una teoria non ha un'unica soluzione. Per semplificare possiamo dire con l'efficace espressione di C. Wright Mills: "I fatti disciplinano la ragione, ma la ragione è all'avanguardia in ogni settore del sapere." (*L'immaginazione sociologica*, Il Saggiatore, Milano, 1973, p. 217).

16 G. Borgatta, "Vilfredo Pareto", in *La Riforma Sociale*, Torino-Roma, 1923, p. 388.

17 Dice bene B. B. Mandelbrot: "[...] le origini astronomiche dell'analisi gaussiana condizionarono gli scienziati a presupporre che, nel mondo reale, disordinato e confuso, vi sarebbero sempre stati valori erratici e informazioni anomale e che gli erro-

mani, hanno dei sentimenti: una persona con capacità esclusivamente logico-sperimentale non esiste. Anche Galileo e Newton, se si va oltre gli aspetti agiografici, non sono riusciti a liberarsi del tutto dalla metafisica, perché non è possibile. La metafisica non è assente neppure nelle opere di Laplace, 'ma ad essa già sono mozzati gli artigli'; occorre giungere alle opere di Poincaré, per "lasciare ogni potere all'esperienza".

Lo stesso percorso si ritrova in Pareto: nel *Cours* vi sono alcune manifestazioni di sentimenti; "[...] spero che simili espressioni di sentimenti siano sparite quasi interamente dal *Trattato di sociologia generale.*" Comunque, la ricerca non finisce mai e "altri verranno e faranno meglio".[18] L'insistenza sull'importanza del rigore scientifico e dell'attenersi ai fatti, senza lasciarsi influenzare da ciò che egli chiama sentimento,[19] non gli impedisce, dunque, di essere conscio della particolare condizione del ricercatore – nel campo delle scienze naturali, ma ancor più in quello delle scienze sociali – che non è mai completamente libero dai suoi pregiudizi:

> Il fatto che, scrivendo un libro scientifico, io mi tenga naturalmente e necessariamente nel campo del ragionamento, non vuol dire ch'io neghi l'esistenza del campo del sentimento e della fede. Il lettore, al contrario, vedrà che ad esso attribuisco un'estensione che molti troveranno forse esagerata. Ciò che desidero evitare sono le dissertazioni, fin troppo usate nelle scienze sociali, in cui il ragionamento si unisce al sentimento in strano miscuglio. [...] Segnalando questo difetto in generale, io so bene di non esserne immune. I miei sentimenti mi portano verso la libertà; ho dun-

---

ri sperimentali o una natura capricciosa avrebbero provveduto a sciupare le immagini ordinate e precise degli scienziati." (*Il disordine dei mercati. Una visione frattale di rischio, rovina e redditività*, Einaudi, Torino, 2005, p. 93).

18 *Fatti e teorie*; ora in *Scritti sociologici*, p. 860.

19 Una posizione questa facilmente condivisa oggi, ma non ai suoi tempi, come sappiamo dagli aspri dibattiti sul metodo di inizio sec. XX. Ha fatto bene il Prof. G. De Rosa, nella sua straordinaria cura, a riportare l'interessante considerazione di Boninsegni, un allievo di Pareto e successore alla cattedra di Losanna, nella sua recensione su *La vita internazionale* (1903) del secondo volume dei *Systèmes socialistes*, quando insiste nell'affermare che Pareto ha semplicemente scritto "la storia naturale dei sistemi socialisti e procede nella stessa guisa dello zoologo nella descrizione degli animali, senza idee e scopi preconcetti" (*LMP*, vol. II, p. 415).

que avuto cura di reagire contro di essi, ma ciò facendo può darsi che abbia superato la misura e che, per tema di dare troppo peso agli argomenti in favore della libertà, io non ne abbia dato loro abbastanza. Parimenti, è possibile che per tema di troppo svalutare sentimenti che non condivido, io abbia dato loro, al contrario, troppo valore. In ogni caso, non essendo perfettamente sicuro che questa fonte di errori non esista, avevo il dovere di segnalarla al lettore.[20]

L'esperienza, l'analisi dei fatti (e nei fatti sono inclusi valori, credenze, sentimenti, ecc.) costituisce la sola garanzia di obiettività. Tale criterio non è stato introdotto nell'epistemologia dalle scienze naturali – come comunemente si sostiene – ma era noto e praticato nelle scienze sociali fin dai tempi di Machiavelli e Botero, e cioè dal XVI secolo, perché si era già capito che i fatti e i dati non parlano da soli. Si deve mirare unicamente a stabilire relazioni oggettive e verificabili tra i fatti, non a conoscere il fatto in se stesso, la sua natura, la sua essenza o necessità, dato che: "i rapporti che i fatti hanno tra di loro coincidono raramente con i rapporti che, per la maggioranza degli uomini, si stabiliscono tra le impressioni che producono quei fatti. È necessario studiare quali sono gli effetti sociali di tale divergenza."[21] È la questione della oggettività e soggettività che vedremo nel cap. II. Ma si badi bene che anche qui non vi è niente di dogmatico, giacché la scienza sperimentale non ha dogmi, "neppur quello che i fatti sperimentali si possono solo spiegare con l'esperienza".[22]

Esplicitando i punti di vista dai quali si può considerare la dinamica sociale (evoluzione, dice Pareto), indica i seguenti: α) la semplice descrizione del fenomeno e delle sue regolarità:[23] si raccolgono i dati, si classificano e si cerca di ricavarne leggi empiriche (come fa l'astronomia, o la storia secondo le modalità di Sorokin o di Toynbee); β) la ricerca degli effetti ipotetici di certe cause, oppure delle condizioni necessarie per ottenere certi risultati (come l'economia che si chiede:

---

20 *Sistemi*, pp. 128-129.

21 "L'economia e la sociologia dal punto di vista scientifico", *Rivista di Scienza*, 1907; ora in *Scritti sociologici*, p. 342.

22 *Trattato*, § 50.

23 Anche nelle recenti concezioni della non linearità, della discontinuità, in fisica e in matematica si vanno in definitiva a cercare regolarità.

quali sono le condizioni che assicurano il massimo di benessere materiale al maggior numero di uomini?).[24] Questa categoria è suddivisa da Pareto in β': i fatti ipotetici si deducono dai fatti osservati, come fanno tutte le scienze sperimentali (si vedano i lavori di Ricardo, J. Stuart Mill, C. Juglar, F. Ferrara ed altri, nell'antichità Aristotele e poi il nostro Vico); β'': i fatti ipotetici si deducono da principi a priori (teologici, metafisici, da pretesi diritti naturali, teleologici, ecc., come ad es. il *Contrat social* di Rousseau e nell'antichità la *Repubblica* di Platone; o dalle nuove metafisiche)[25]. "Per parte nostra ci varremo dei metodi di cui in α e in β', lasciando del tutto da parte i metodi β''." La fig. 1 esemplifica la forma assunta da un fenomeno sociale suscettibile di essere misurato. "Sia *ot* l'asse del tempo; *oq* l'asse delle quantità. Noi siamo giunti al tempo *on*; l'avvenire è rappresentato dalla parte ombreggiata della figura, a destra di *nm*. Si tenta di indovinare la forma che avrà il fenomeno in questa parte della figura. Se la curva avesse una forma simile a quella di *α β γ*, potremmo, dal fatto che le ordinate di *α β* sono andate aumentando, dedurre, con grande probabilità, l'illazione che andranno ulteriormente aumentando da *β* in *γ*. Ma, se la curva ha la forma *abc*, non possiamo più concluderne nulla, giacché, come si vede, le ordinate, dopo essere andate aumentando sino in *c*, vanno poi diminuendo. Ora, i fenomeni sociali hanno generalmente la

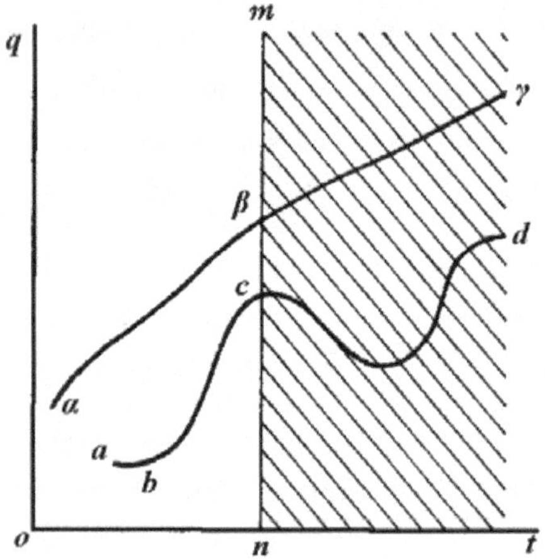

Fig. 1 Forma dei fenomeni sociali

24 Si veda il cap. VII su ofelimità e utilità.

25 Nel corso di questo volume daremo cenni delle nuove metafisiche come scaturiscono dalla fisica, matematica, biochimica, ecc. Ne discuteremo ampiamente nel terzo volume della nostra trilogia e precisamente nella quinta classe delle derivazioni da noi aggiunta alle quattro paretiane.

forma *abcd*. Il metodo empirico, che giudica soltanto *post hoc*, non serve a nulla."[26]

Pareto a questo punto fa un riferimento alla 'scuola storica', cui riconosce il merito di aver prodotto una parte descrittiva pregevole e molto preziosa per le teorie economiche, mentre considera estremamente debole la parte deduttiva, soprattutto quando mira a stabilire principi generali. Ancora più negativamente valuta il ricorso al metodo empirico puro e semplice, basato sul sofisma *post hoc, ergo propter hoc*, col proposito di evitare l'uso del metodo deduttivo, a torto confuso col metodo metafisico. Si vede come con queste considerazioni Pareto si ponga con certezza sulla via di superare una metodologia fisicista e matematica certa, determinista, lineare[27] per ribadirne una, quella di sempre con cui ha dovuto operare la scienza sociale, provvisoria, discontinua, non lineare e che considera in primo luogo la significatività e la rilevanza dei fatti da osservare.

---

26 *Cours*, §§ 574, 578. Il desiderio di prendere medicinali è probabilmente analogo al bisogno di trovare spiegazioni. Da sempre guaritori di ogni tipo si sono affermati perché né loro né i loro clienti erano in grado di distinguere fra una semplice associazione e un rapporto di causa-effetto, cioè a distinguere tra una coincidenza e una causa. Questo errore è detto appunto *post hoc ergo propter hoc*: ossia ero malato, sono guarito, ergo la cura è stata causa della mia guarigione. Il bisogno di capire, spiegare e curare (residuo paretiano I-ε), la tentazione d'interpretare un'associazione come rapporto di causalità è grande ed è difficile resisterle. Si tratta della più importante causa di errore nei giudizi sociali e scientifici e quindi anche in medicina.

27 Certo, non dimentichiamo l'opera di L. Boltzmann (1872), che introdusse la statistica in fisica. O la comparsa delle geometrie non euclidiane (così si esprime Pareto) che pongono le basi per superare l'angusta visione galileiana e cartesiana (gli oggetti empirici e gli oggetti matematici direttamente corrispondenti) già a suo tempo efficacemente criticata da Vico. Ma ci permettiamo di rimandare – per tutto ciò che concerne il rapporto tra matematica e sociologia da un punto di vista storico e da quello operativo con modelli matematici per la sociologia – ai nostri lavori: *Sociologica. Introduzione logico-matematica alla sociologia*, Franco Angeli, Milano, 1984, pp. 448; *Political Communities and Calculus. Sociological Analysis in the Italian Scientific Tradition* (*1924-1943*), Peter Lang, Bern, 1998, pp. 324.

Per una geometria dei fatti

Il titolo di questo paragrafo ci è stato suggerito da una espressione paretiana,[28] che ci pare riassuma bene anche i nostri intenti. L'ambizione di porsi esclusivamente nel campo della scienza sperimentale, lo indusse a ricorrere a "molte citazioni [...] mirando esse appunto a recare l'impressione dei fatti dinanzi al lettore". Prevedendo le possibili critiche, precisava che si trattava di un'opera scientifica e non di un'opera letteraria (che come tale si rivolge ai sentimenti dei lettori) e perciò i fatti citati "non tutti convengono alla dignità dell'elocuzione retorica[29] o della storia":

> Vi è un'aristocrazia di fatti, di cui l'uso è sempre lodevole; vi è un volgo di fatti, di cui l'uso è indifferente; vi è una vil plebe di fatti, di cui biasimevole e sconveniente è l'uso. Così per chi si diletta di raccogliere insetti, è bello prendere farfalle dagli splendidi colori, indifferente catturare mosche e vespe, disgustoso il porre mano su insetti che vivono nello sterco o in altre lordure. Per il naturalista, queste distinzioni non hanno luogo; e del pari, per noi, analoghe distinzioni non hanno luogo per la scienza sociale.[30]

Ma ci fu qualcuno che non tenne conto dell'avvertenza e credette – sulla base di una presunta aristocrazia intellettuale – di degradare l'opera paretiana con l'osservazione che troppi fatti erano stati presi dai giornali o dalla vita quotidiana, con ciò rendendola non degna della stessa attenzione dovuta alle loro opere. Ci pensò Stanislao Scalfati[31] a rispondere a tali osservazioni:

---

28 Si veda la lettera a E. Bignami del 12 settembre 1918; in V. Pareto, (*1848-1923*) *L'uomo e lo scienziato*, a cura di G. Manca, Libri Scheiwiller, Milano, 2002, p. 411.

29 Perciò, da questo punto vista, cioè di chi cerca un'opera letteraria, qualcuno ha ragione quando dice di trovare il *Trattato* oscuro, contraddittorio, disordinato, noioso. In realtà più che un'opera scientifica cercava un romanzo. Ritenendo, in fondo la sociologia una bellettristica, non poteva non essere sopraffatto dalle argomentazioni paretiane prima ancora di finire di leggere i Preliminari.

30 *Trattato*, § 80.

31 S. G. Scalfati, *Studi paretiani*, Roma, 1932, p. 84. Del resto lo stesso Roberto Michels nella prefazione alla prima edizione della magistrale opera *La sociologia del partito politico nella democrazia moderna* (1911) dichiara: "Analizzando la leader-

Pareto è stato, dopo la morte, rimproverato con asprezza di questo suo desiderio di esplorare il mondo vissuto. Il fatto che egli non si è limitato a quella che i francesi chiamano *culture libresque*, cioè la cultura fatta solo sui libri, ma ha voluto osservare le vicende di questo grande laboratorio della vita – il che per i tempi moderni non può in gran parte farsi se non attraverso la stampa periodica. Questa critica non è nuova; essa fu rivolta anni or sono in Francia a Gustave Le Bon dalla *Revue philosophique*, ma il compianto scienziato rispose esaurientemente ai suoi critici nel volume "La Révolution française et la Psychologie des Révolutions" (ed. 1925) in un punto della seconda parte, libro I, cap. I, § 3, p. 120, nota. Ritengo metta conto di riprodurre brevemente la conclusione di tale paragrafo.

Le Bon, dopo aver messo in rilievo le incertezze dei recenti storici sulla Rivoluzione, così conclude: "Les psychologiques surtout tireront parti d'une histoire si peu étudiée par eux jusqu'ici. Ils finiron par découvrir sans doute que la psychologie ne peut progresser qu'en renonçant aux théories chimériques et aux expériences de laboratoire, pour étudier les événements et les êtres qui nous entourent." E la nota aggiunge: "cette recommandation est loin d'être banale. Les psychologues étudient fort peu le monde qui les entoure et ils s'étonnent même qu'on cherche à l'étudier. J'ai trouvé une intéressante preuve de ce médiocre état d'esprit dans la critique d'un de mes livres parue dans la Revue philosophique. L'auteur m'y reproche 'd'explorer plutôt le monde et les journaux que les livres'".

"J'accepte très volentiers ce reproche. Les faits divers des journaux et la vue des réalités du monde sont autrement instructifs que les élucubrations métaphysiques comme celles dont sont bourrées les *Revues de Philosophie et de Métaphysique*."

L'eminente studioso, dopo aver così giustamente risposto ai suoi critici, terminava la nota col seguente giudizio [...] che reputo utile di riprodurre, per quanto pare che esso non possa estendersi a certi metafisici nostrani: "Les philosophes commencent à sentir la puérilité de tels bavardages. C'est certainement aux volumes de ces fastidieuses publications que songeait M. William James quand il écrivait que toutes ces dissertations représentent simplement 'une enfilade de faits grossièrement observés et quelques discussions querelleuses'."

Bien qu'auteur du meilleur traité de Psychologie connu, l'éminent penseur reconnaissait 'la fragilité d'une science qui suinte la critique métaphysique à toutes ses articulations'. Depuis plus de vingt ans, j'ai essayé d'engager la psychologie dans l'étude des réalités, mais le courant de la métaphysique universitaire est à peine dévié, bien qu'ayant perdu toute influence.

---

ship nella struttura dei partiti della democrazia moderna abbiamo percorso un cammino certamente non agevole: la quantità e la straordinaria eterogeneità del materiale, costituito da opuscoli e articoli di quotidiani [...] poneva problemi [...] quasi insuperabili."

L'analisi dei fatti si può basare su relazioni storiche, osservazioni dirette, esperimenti di laboratorio, rilevazioni di serie statistiche, ecc. A proposito di statistica, Pareto metteva in guardia nell'uso delle medie che egli diceva, essere in parte arbitrarie. Una convinzione che lo porterà a porre le basi di una diversa distribuzione rispetto a quella gaussiana (si veda il cap. VIII). Così Weber: "S'intende che la sociologia impiega [...] all'occasione, anche il tipo di media, vale a dire tipi di carattere empirico-statistico" con l'accortezza "che 'medie', e 'tipi di media' si possono formare con qualche precisione soltanto là dove si tratti di differenze di grado di un determinato atteggiamento dotato di senso e qualitativamente omogeneo", e sapendo che nella maggior parte dei casi "l'agire storicamente o sociologicamente rilevante è influenzato da motivi eterogenei per qualità, tra cui non si può tracciare una 'media' in senso vero e proprio."[32] Si devono classificare i fatti[33] al fine di scoprire i rapporti ed eventualmente le uniformità o leggi,[34] "il

32 M. Weber, *Economia e società*, vol. I, op. cit., p. 18. Come esempio richiama "quelle costruzioni tipico-ideali di un agire sociale che, fornisce la teoria economica, sono quindi 'estranei alla realtà' nel senso che – in questo caso – cercano senza eccezione di stabilire come si sarebbe svolta l'azione nel caso di una razionalità rispetto allo scopo di carattere ideale, e perciò orientata in senso puramente economico."

33 Le classificazioni nei *Systèmes* ammontano a circa 20, nel *Trattato* a oltre 100. Anche da ciò si evince come i *Systèmes* siano opera preparatoria rispetto al *Trattato.*

34 Le *leggi,* ribadisce Pareto, sono uniformità sperimentali, semplici uniformità contingenti, non sono 'necessarie'. Di alcune, mediante l'esperienza (qui diversa dall'osservazione), si possono separare gli effetti, di altre non si può. Sono eguali in sociologia e in economia, come in chimica, in fisica, in astronomia, ecc. La distinzione che taluni vogliono fare è simile, benché meno ragionevole, di quella che nel passato si faceva tra le leggi della meccanica terrestre e quelle della meccanica celeste. Non hanno 'eccezioni'. Tale nome indica solo il sovrapporsi di effetti di altre leggi agli effetti della legge che li considera (*Trattato*, p. 24, e § 144 edizione Utet). Una posizione già presente nel *Cours* (§ 315): "Quando si tratta di ricercare i fatti che valgono a confermare una data legge economica, s'incontrano spesso delle difficoltà per trovare in pratica dei casi in cui gli effetti della legge in questione non siano mascherati da altri effetti." Si veda Weber: "Le 'leggi' – così si designano di solito parecchi principi della sociologia comprendente, ad esempio la legge di Gresham – rappresentano possibilità tipiche, confermate dall'osservazione di un certo corso dell'agire sociale che è possibile attendersi in base alla presenza di determi-

solo ed unico scopo che ci proponiamo, cioè la scoperta delle *uniformità* (leggi) delle relazioni tra quei fatti" per verificare deduttivamente, dopo questa fase induttiva, la validità di tali uniformità e delle conseguenze che se ne possono trarre, confrontandole con i fatti. Anche in relazione alla questione 'qualità-quantità', occorre innanzitutto classificare i fatti sociali. In generale, dice Pareto, noi ci occupiamo di "cose che variano per gradi insensibili" e perciò la rappresentazione così prodotta "si avvicinerà tanto più alla realtà quanto più sarà quantitativa". In altri termini, quando, in un fenomeno sociologico, si troverà una certa cosa, si dirà che "questa è una proposizione qualitativa; quando potremo indicare la quantità di questa cosa, sia pure molto sommariamente, diremo che è una proposizione quantitativa".[35]

Difficoltà oggettive e soggettive nell'analisi

I ragionamenti sono fatti e come tali devono essere verificati dall'esperienza. Il loro studio comporta, dunque, una descrizione e una classificazione e questo in parte lo fa la logica usuale; ma, ai fini dell'analisi sociologica, occorre aggiungere altre descrizioni e classificazioni. L'osservazione rivela che certi ragionamenti, chiamati da Pareto logi-

---

nati fenomeni – possibilità le quali risultano intelligibili in rapporto ai motivi tipici e al senso tipico intenzionato da coloro che agiscono." (*Economia e società*, vol. I, op. cit., p. 16).

35 La questione della scelta dei fatti e della loro analisi problematica per tutte le scienze e altamente problematica per la sociologia è ben messa in evidenza da H. J. Poincaré, che dopo aver passato in rassegna le difficoltà dei vari scienziati si sofferma sul sociologo: "Il sociologo è più in difficoltà: gli elementi, che per lui sono gli uomini, sono troppo dissimili, troppo variabili, troppo capricciosi, in una parola troppo complessi essi stessi; inoltre la storia non ricomincia; come scegliere allora il fatto interessante, ossia quello che ricomincia? Dato che il metodo consiste nel saper scegliere i fatti, bisogna innanzitutto immaginarsene uno, e ne sono stati pensati talmente tanti che nessuno è riuscito a imporsi; [...] così la sociologia è diventata la scienza con il maggior numero di metodi e con meno risultati." (*Opere epistemologiche*, voll. II, 'Scienza e metodo', capitolo primo, La scelta dei fatti, Piovan editore, Abano Terme, 1989, pp. 15-16).

co-sperimentali, portano a risultati d'accordo con i fatti; altri, designati col nome di derivazioni, a risultati discordi.

Problemi dello stesso tipo si pongono per tutte le azioni dell'uomo,[36] per cui li ritroviamo in economia politica, in sociologia e, in generale, nelle scienze sociali. Ne derivano difficoltà in parte oggettive e in parte soggettive per costruire valide teorie in queste scienze. Tra le difficoltà oggettive, Pareto segnala che: 1) i fenomeni avvengono molto lentamente, e non presentano quindi quella frequenza necessaria per poter costituire una teoria, con prove e riprove; 2) i fenomeni attinenti al sentimento non si possono misurare con precisione, in quanto non sono continui ma discreti; quindi spesso il sussidio della statistica, anche con il recente imponente sviluppo, è insufficiente; 3) i fenomeni sono molto più complessi, in quanto sono la risultante di un maggior numero di cause, o, meglio, sono in 'mutua relazione' con molti più altri; 4) molto spesso si tratta di fenomeni non logici; 5) è difficile conoscere i sentimenti altrui e persino i propri.[37]

---

36 E quindi anche per quelle che sono oggetto della politica in senso lato, cioè tutte le attività espletate nella *polis*: "Ognuno cerca di trarre l'acqua al suo mulino, lodando e lusingando Demos. Presso molti popoli il ragionamento su cose sociali si ferma al punto in cui certi fatti sono, o non sono, accettati dai sentimenti religiosi. Oggi, presso i popoli civili, quel punto si trova quando appare che i fatti concordano, o non concordano, con i sentimenti umanitari; ma tali sentimenti non vengono esaminati, come si dovrebbe fare, scientificamente." (*Manuale*, II, §§ 100-01).

37 C'è ancora chi ritiene che questi cinque punti, oggi riassunti sotto i nomi di non linearità, caso, imprevedibilità, catastrofi, caos, complessità, ecc., siano acquisizioni risalenti a poco più di cinquant'anni fa, forse perché fanno capolino in fisica e in matematica press'a poco verso la metà del sec. XX, per divenire in seguito oggetti di moda. Ma è lo stesso Pareto che ci ricorda come H. J. Poincaré (*Science et méthode*, 1908) avesse già cognizione di questi problemi. Si leggano le belle pagine sul 'caso' (capitolo quarto, di 'Scienza e metodo', *Opere epistemologiche*, vol. II, op. cit., p. 47 e ss.) da cui estrapoliamo un passaggio: "Una causa trascurabile, che ci sfugge, determina un effetto considerevole che non possiamo non vedere, e allora diciamo che questo effetto è dovuto al caso. Se noi conoscessimo esattamente le leggi della natura e la situazione dell'universo all'istante iniziale, potremmo predire esattamente la situazione di questo stesso universo in un istante successivo. Ma, quand'anche le leggi naturali non avessero più segreti per noi, non potremmo conoscere la situazione iniziale se non approssimativamente [con queste considerazioni Poincaré va oltre Laplace]. Se ciò ci permette di prevedere la situazione successiva

Tra le difficoltà soggettive, osserva, invece, che: 1) gli autori non sono interessati quasi mai alla verità, ma cercano argomenti per difendere ciò che già ritengono verità e che per loro costituisce articolo di fede; 2) infiniti sono i pregiudizi e i concetti a priori derivanti dalla religione, dalla morale, dall'amor patrio, ecc., che intralciano il ragionamento scientifico nelle materie sociologiche; 3) agli uomini riesce assai difficile non giudicare le azioni altrui con i propri sentimenti (tale difficoltà soggettiva è in relazione con la difficoltà oggettiva indicata al punto 5); 4) solo la fede in senso lato (qualunque fede, scientifica, religiosa, 'illuminista', ecc.) spinge gli uomini ad operare.[38] Vi è quindi un contrasto tra le condizioni per 'operare' e quelle per 'sapere': nel primo caso, si seguono certe norme del costume e della morale; nel secondo, per conoscere le relazioni tra le cose, occorre discutere proprio quei principi; 5) per persuadere gli altri in materia di scienza, occorre esporre fatti quanto più è possibile certi e porli in relazione logica con le conseguenze che se ne vogliono trarre. Quando invece si tratta di sentimenti – e di questo tipo sono quasi tutti i ragionamenti che si fanno sulla società, sulle istituzioni umane, scientifiche, ecc. – occorre esporre fatti capaci di coinvolgere i sentimenti, in modo che da essi sia suggerita la conclusione che se ne vuole trarre. È evidente che i due modi di ragionare sono completamente diversi.

L'elaborazione metodologica paretiana incomincia a volgere verso una puntualizzazione con il saggio sulla *Rivista Italiana di Sociologia* di Guido Cavaglieri ("I problemi della sociologia", 1899), dove viene

---

con la stessa approssimazione, questo è tutto ciò di cui abbiamo bisogno, e diciamo allora che il fenomeno è stato previsto, che è regolato da certe leggi; ma questo non succede sempre, può succedere infatti che piccole differenze nelle condizioni iniziali ne generino di grandissime nei fenomeni finali; un piccolo errore nelle prime produrrebbe un enorme errore sugli ultimi. La predizione diventa impossibile e noi siamo di fronte ad un fenomeno fortuito." Ciò che oggi si dice 'effetto farfalla'.

38 Per questo non è auspicabile per il bene della società – dice Pareto – che i più, o anche che solo molti di essi, trattino scientificamente le materie sociologiche. Infatti a nostro parere non dovrebbe esistere una facoltà di sociologia così denominata, bensì una di scienze statistiche e sociali in cui la sociologia dovrebbe occupare lo stesso posto che occupa, nella facoltà di fisica la meccanica quantistica o la fisica relativistica.

detto in maniera netta che tra i vari ostacoli in cui la sociologia si imbatte, uno dei più nefasti si può individuare nell'ansia di proporre applicazioni pratiche ed operative. A questo proposito, poco tempo prima, aveva vergato una serie di appunti ad una lettera di Pantaleoni, che gli chiedeva di poter far comparire talune sue precedenti osservazioni, fatte per lettera, in appendice ad un libretto che voleva pubblicare. Pantaleoni riteneva la pubblicazione molto istruttiva per due motivi: "*a*) perché si risente della tua teoria delle azioni illogiche [così si esprime Pantaleoni, non Pareto: siamo ancora distanti dalla definitiva sistematizzazione anche terminologica]; *b*) perché vi formuli nettamente la differenza tra la concezione dell'economia come teoria del valore e come teoria dell'equilibrio. Queste sono cose interessantissime e mi duole di dovermele tenere per me."[39]

Induzione e deduzione

La scienza – osservava Pareto, cogliendo l'occasione per riflettere sui problemi della sociologia e della scienza in generale – ha come obiettivo la ricerca della verità, ma nessuna dimostrazione può essere mai considerata definitiva e pienamente soddisfacente. Questo vale nella matematica (come del resto aveva ampiamente argomentato Vico in contrapposizione decisa ai cartesiani), che è una disciplina astratta, priva di contenuto, ma ancor più nell'analisi dei fenomeni concreti. Il metodo sperimentale va applicato anche nel rapporto tra le diverse scienze: si dovrà partire dal modo di ragionare di una specifica scienza e da studi analoghi in altre scienze (fase induttiva) per trarne teorie generali (fase deduttiva), che potranno poi essere applicate a quella scienza e così via di seguito. Infatti, "le scienze concrete non sono mica come le scienze astratte, ove vi sono teoremi che sono assolutamente veri".[40] Per la molteplicità delle cause i teoremi delle scienze concre-

39 Lettera di Pantaleoni a Pareto, 23 ottobre 1898, in *LMP*, vol. I, pp. 332-33.

40 Una conferma è la nota la posizione di A. Einstein: "le proposizioni della matematica, nella misura in cui si riferiscono alla realtà non sono certe e nella misura in cui sono certe, non si riferiscono alla realtà." (cit. in H. Meschkowski, *I mutamenti del*

te sono da considerare veri soltanto sotto *molte* condizioni, quasi mai completamente note: "da ciò segue che nell'errore vi è sempre una parte (talvolta piccolissima) vera, e nelle verità una parte falsa". Si conosce tanto poco la causa dell'errore, che, ad esempio, "io sto ora cercando, *spesso invano*, il filo conduttore per trovare quelle ragioni in tutti i sistemi socialisti". Ricorda che in una lezione agli studenti, ha citato il fatto seguente: "Pitagora vuole governata la società dai 'migliori'. Ripete la stessa cosa Socrate, Platone, ecc. e via sino ad Auguste Comte e i suoi seguaci. Problema: come nasce quel sentimento, perché non corrisponde al fenomeno reale? dove è l'errore di quelle persone che credono che in quel modo il *mondo* sarebbe felice?"[41] È chiaro che qui il calcolo non c'entra. Di un problema "si può ragionare con la logica ordinaria o con quella matematica; non confondere il mezzo col fine. Tu hai fame, ecco il fatto; puoi sfamarti con patate (logica ordinaria) o con carne (logica matematica): ciò non muta il *fatto*".[42]

---

pensiero matematico, Boringhieri, Torino, 1973, p. 84). Ancora, nel 1932 il matematico austriaco K. Gödel provò che in qualsiasi sistema assiomatico, formato da insiemi finiti di assiomi non contradditori, esiste sempre un'asserzione che non può essere provata né non provata; pertanto nessun sistema assiomatico può essere nel medesimo tempo consistente e completo. Per i rapporti tra matematica e sociologia si veda la nostra ampia ricerca e riflessione: *Sociologica. Introduzione logico-matematica alla sociologia*, op. cit.

41 C'è ancora chi crede che se al posto dei politici ci fossero i matematici a governare la cosa pubblica il mondo andrebbe meglio come spesso recita un divulgatore matematico nostrano che si definisce impertinente. Costui però in quanto curatore di una collana di una nota casa editrice non si accorge pubblicando un volume di "uno scienziato-poeta che canta la bellezza delle molecole, e descrive la chimica come se fosse una delle arti classiche", ebbene, non si accorge che questo scienziato-poeta nel suo volume pone un capitolo: "Antiplatone, ovvero perché gli scienziati e gli ingegneri non dovrebbero governare il mondo", appunto perché, dice, non sono né migliori né peggiori di altri, anzi, laddove volessero adottare la prassi scientifica alla pratica di governo, probabilmente sarebbero peggiori (si veda R. Hoffmann, *La chimica allo specchio*, Longanesi, Milano, 2005, pp. 255-258). Un esempio di come i luoghi comuni siano provvidenzialmente o democraticamente distribuiti all'interno della società, senza distinzione per matematici, salumieri, sociologi, ecc.

42 *LMP*, vol. III, pp. 339-40.

Tali quesiti saranno analiticamente sviscerati in tutte le pagine de *Les Systèmes socialistes*, che, peraltro, proseguono e completano il *Cours*, riprendendo il discorso proprio dal punto in cui quest'ultimo si era interrotto e cioè dalla fisiologia sociale.[43] Nei dieci anni che intercorrono tra il *Cours* e il *Manuale*, mentre impartisce i suoi corsi di economia e sociologia,[44] con la pubblicazione, nel 1902-1903, dei *Systèmes socialistes*,[45] Pareto presenta una seria critica scientifica – ancora oggi preziosa a cento anni dalla loro pubblicazione – del socialismo marxista. Sulla scorta di quanto aveva scritto nella prima grande opera, il *Cours*, e di quanto oggi si può leggere nel vasto epistolario – specie nella ricchissima corrispondenza con Pantaleoni e con Linaker[46] – possiamo comprendere come fosse indilazionabile esaminare i modi e le ragioni per cui si erano immaginate e diffuse le varie utopie socialiste, da Platone a Marx, per far risaltare la grande importanza che hanno da sempre i ragionamenti pseudologici tra le forze che spingono l'uomo ad agire, e dunque per compiere un'analisi minuziosa e avvincente – rilevata subito sul *Giornale degli economisti* da Francesco Papafava[47] – dei sentimenti nascosti sotto le più varie manifestazioni umane, prose-

43 Il terzo libro del *Cours*, dedicato a 'la ripartizione e il consumo', è diviso in due capitoli, che si occupano: della 'curva dei redditi' il primo e della 'fisiologia sociale' il secondo. Nelle prime pagine dell'introduzione ai *Systèmes* si avverte che: "le ricerche critiche contenute in questo libro suppongono noti certi principi di fisiologia sociale, in parte già esposti nel mio *Cours d'économie politique.*" (*Sistemi*, p. 129).

44 Pareto è nominato, a quarantacinque anni, nel mese di aprile 1893, professore straordinario di economia politica nell'Università di Losanna – in cui arriva il 10 maggio – succedendo a L. Walras. Le prime lezioni furono riassunte e distribuite il 22 maggio dallo stesso Pareto ai ventidue studenti iscritti e agli amici, tra i quali Maffeo Pantaleoni. Sarà per qualche tempo preside della facoltà di giurisprudenza nell'autunno del 1896. Per sette anni vivrà a Losanna. Dal dicembre del 1900 si trasferirà a Céligny, in una villa con ampio parco in riva al lago Lemano.

45 Il primo volume è pubblicato a Parigi nel mese di maggio 1902. Il lavoro era stato compiuto tra il 1897 e il 1901. All'inizio del 1903 esce il secondo volume.

46 *LMP* e *LAL*.

47 Francesco Papafava, "Il nuovo libro di Vilfredo Pareto" e "Il secondo volume dei 'Systèmes socialistes' del Pareto", *Giornale degli economisti*, luglio 1902, pp. 84-92 e novembre 1903, pp. 460-469.

guendo un'indagine, iniziata appunto con il *Cours,* e che non si concluderà col *Trattato*, ma andrà oltre, fino agli ultimi scritti.[48]

Dopo le ricerche condotte anche impiegando all'occorrenza la matematica,[49] verificate, come sempre, per mezzo di un grande numero di fatti, egli era in grado di poter determinare quali sarebbero stati i fenomeni in una società in cui i gusti degli uomini non fossero stati sot-

---

48 "Nel nostro saggio su *Les systèmes socialistes*, ci siamo proposti di fare uno studio delle derivazioni conosciute sotto il nome di questi sistemi. Un critico ha osservato che l'autore si era arrestato alla forma, senza arrivare sino in fondo; [...] L'imperfezione di *Les systèmes socialistes* [...] è la conseguenza del fatto che l'autore non possedeva allora la teoria delle derivazioni, che è stata sviluppata nel presente Trattato; la ha applicata in anticipazione, senza averne una concezione ben rigorosa e ne è risultato un certo ondeggiamento. Ora si dovrebbe rifondere quello studio, tenendo conto delle teorie più precise che abbiamo esposte." (*Trattato*, § 2142, nota 1). Pochi mesi prima della morte Pareto scriveva a un corrispondente: "I *Systèmes* saranno ristampati tostoché trovi il tempo per comporre una prefazione dove indicherò come siano stati composti mentre compivo gli studi che misero poi capo al *Trattato di sociologia.*" (Lettera a Vincenzo Fani, 5 febbraio 1923; ora in *Epistolario*, II vol., p. 1131).

49 Pareto, pur essendo un profondo conoscitore della matematica e collaboratore di una importante rivista tedesca di matematica, non era un fanatico di questa disciplina: "Caro mio, non basta fare uso di simboli algebrici per esprimere sciocchezze economiche, per essere un economista matematico." (Lettera a M. Pantaleoni, 22 luglio 1904; in *LMP*, vol. II, p. 432). "L'uso della matematica è un fatto accidentale e non può essere fondamento di una classificazione. C'è maggior differenza tra gli economisti detti matematici, che tra essi e quelli di altre scuole. La differenza fondamentale sta nell'uso più o meno esteso del metodo sperimentale. Ad esempio, io sono più vicino ad Adam Smith che al Walras, dal quale pure ho ricavato il primo concetto dell'equilibrio economico. Sono poi più lontano dal Marshall, che da molti altri economisti che non adoperano la matematica. [...] È dunque ridicolo [...] pormi insieme al Walras e ad altri simili, mentre il dissidio tra noi è fondamentale. [...] L'economia non è che una parte delle scienze sociali." (Lettera a F. Vinci, 16 gennaio 1912; ora in *Epistolario*, vol. II, p. 757). Già nel *Cours* (§ 426) era stato esplicito: "Il rigore del ragionamento matematico non ci deve indurre in illusioni. La logica matematica, ed anche la logica ordinaria, non possono ricavare dalle premesse che quel che vi abbiamo messo. Se le premesse sono erronee o incomplete, il risultato è del pari erroneo o incompleto."

toposti a certi vincoli esistenti in regime di proprietà privata.[50] Discernere, con questo mezzo, se e fino a qual punto i vari sistemi immaginati per fondare un qualunque regime socialista tenessero conto delle incoercibili forze economiche; determinare, così, la loro base oggettiva; spiegare l'enorme diffusione sociale raggiunta da questi sistemi in relazione al livello di verità sperimentale in essi contenuta, è l'affascinante indagine dei *Systèmes* che, una volta iniziata, spingerà Vilfredo Pareto verso quell'immortale monumento che è il *Trattato*.

Uniformità o leggi

Le azioni umane presentano uniformità, ricorrenze ed è solo per mezzo di tali proprietà che possono essere oggetto di uno studio scientifico capace di produrre ciò che si dice volgarmente 'leggi', vere soltanto in certe condizioni che indicano quali fenomeni si intendono selezionare rispetto ad altri. In breve, possiamo dire che le azioni degli uomini presentano *uniformità*, le cosiddette *leggi naturali,* che nella formulazione dello scienziato altro non sono che ipotesi in forma di enunciati, i quali "riassumono un numero più o meno grande di fatti" riguardo a relazioni di equilibrio tra i vari elementi che compongono un gruppo o una società. Se queste uniformità non esistessero, non esisterebbe la scienza sociale e lo stesso studio della storia avrebbe scarsa utilità.[51] Se, in-

50 Secondo Pareto (*Cours*, pp. 1088-1090) si hanno più economie. Ma ne individua tre a cui, dice, conviene dedicare uno studio particolare: la libera concorrenza, i monopoli privati e fiscali, i monopoli collettivi, tutte e tre per prodotti, capitali, imprese. Della terza economia sarà poi E. Barone a tracciarne la struttura nel celebre saggio "Il ministro della produzione dello stato collettivista" sul *Giornale degli economisti* (1906).

51 Medesima è la posizione di Max Weber, il quale, dopo aver affermato che "quanto più le leggi sono 'generali', cioè astratte, tanto meno esse servono ai bisogni dell'imputazione causale di fenomeni individuali, e quindi indirettamente per la comprensione del significato dei processi culturali", si chiede a scanso di equivoci: "Che cosa ne deriva da tutto ciò?" La risposta è in consonanza con la posizione paretiana: "Naturalmente non ne deriva affatto che la conoscenza del generale, la formazione di concetti astratti di genere, la conoscenza di regolarità e il tentativo di

fatti, le azioni future degli uomini non avessero nulla in comune con le azioni passate, la loro conoscenza potrebbe unicamente soddisfare la curiosità, così come fa un romanzo, ma sarebbe completamente inutile come guida nella vita: passato e futuro sono uniti – e non può essere diversamente – in quanto si ipotizzano uniformità, le quali si possono scoprire solo attraverso l'indagine scientifica.

Nessuna legge scientifica – sia essa economica, sociale o di altro tipo – è soggetta ad eccezioni, dal momento che un'uniformità che non sia 'uniforme' non ha alcun senso. Ma, nello stesso tempo, non bisogna mai dimenticare che le leggi scientifiche non hanno un'esistenza oggettiva: è l'imperfezione della nostra mente che non ci consente di considerare i fenomeni nel loro insieme. Quindi, invece di uniformità generali, che sono e rimarranno sempre sconosciute, siamo costretti a considerare in modo distinto infinite uniformità parziali, che reciprocamente s'intersecano, s'intrecciano, si sovrappongono, si contrastano. Quando, esaminando una di queste uniformità, si osserva che i suoi effetti sono alterati o mascherati da effetti di altre uniformità, che non erano state prese in considerazione, si usa dire – anche se impropriamente – che tale uniformità o legge subisce un'eccezione. In questo caso, va peraltro ricordato che tutte le leggi, comprese quelle fisiche, chimiche ed anche le matematiche[52] subiscono eccezioni, esattamente

---

formulazione di connessioni 'legali' non abbiano, nel campo delle scienze della cultura, alcuna giustificazione scientifica. Al contrario, se la conoscenza causale dello storico è un'imputazione di effetti concreti a cause concrete, l'imputazione valida di un qualsiasi effetto individuale non è possibile, in generale, senza l'impiego di una conoscenza 'nomologica' – cioè della conoscenza delle regolarità delle connessioni causali." ("L''oggettività' conoscitiva della scienza sociale e della politica sociale", in *Saggi sul metodo delle scienze storico-sociali*, a cura di Pietro Rossi, Edizioni di Comunità, Torino, 2001, p. 177).

52 *Manuale*, I, §§ 4, 7, 8, 30. Per portare un esempio, Pareto suppone che un matematico possa osservare contemporaneamente spazi euclidei e spazi non-euclidei: nei secondi vedrà che i teoremi di geometria che dipendono dal postulato di Euclide non sono veri e che quindi, in questo caso subiscono un'eccezione. Così B. B. Mandelbrot: "Nella fisica vi è un limite chiaro tra ciò che è molto grande e ciò che è molto piccolo. All'enorme scala del cosmo, si applicano le leggi relativistiche dello spazio-tempo di Einstein; alla scala media del nostro mondo quotidiano, vale la meccanica newtoniana. Nel mondo subatomico degli elettroni e dei quark, si ap-

come le leggi economiche, sociologiche, ecc. Ne consegue che ogni legge o uniformità è vera soltanto in certe condizioni e queste condizioni determinano i fenomeni da prendere in considerazione. La semplice descrizione dei fenomeni – che pure costituisce il primo momento del processo scientifico – è del tutto insufficiente, proprio perché siamo d'accordo che la storia non si ripete mai, come si dice. Perciò, occorre scomporre i fenomeni concreti in altri 'ideali' più semplici, per cercare di individuare attraverso la scomposizione analitica "qualche cosa di maggiormente costante del fenomeno molto complesso e variabile che abbiamo nel concreto. [...] È tanto certo che 'la storia non si ripete mai' identicamente quanto è certo che si 'ripete sempre' in certe parti che possiamo dire principali".[53]

A partire dalle uniformità è possibile fare la scelta dei fatti accaduti in un certo periodo di tempo, separando quelli che si ritengono importanti da quelli che si vogliono trascurare. In generale, si può dire che l'empirismo ha salde fondamenta nei fatti, ma risulta insufficiente nel momento della deduzione, poiché nelle deduzioni l'empirista puro sembra ritenere "implicitamente che il futuro debba somigliare al passato, il che è vero solo in parte, e talvolta falso, spesso si riduce ad indicare semplicemente la possibilità". Viceversa, le leggi generali – o, dette altrimenti, uniformità – hanno spesso deboli legami con i fatti, perché questi non sono mai sufficientemente numerosi, o perché le stesse leggi sono inficiate da divagazioni metafisiche, teologiche, o prodotte dall'immaginazione. Se "hanno più fermo il modo di dedurre, [...] spesso – non sempre – è rigorosamente logico. Segue da ciò che, per raggiungere un più alto grado di probabilità, l'empirismo cede il posto al metodo delle leggi generali, man mano che queste fanno più sicure le fondamenta estendendole".[54]

---

plicano le leggi della meccanica quantistica, che sono completamente diverse. Tre diversi regimi, tre scale, tutti distinti. Le leggi della fisica non si applicano in maniera indipendente dalla scala." (*Il disordine dei mercati*, op. cit., p. 162).

53 *Trattato*, § 2410.

54 "Previsione di fenomeni sociali", *Rivista d'Italia*, 15 aprile 1922; ora in *Scritti sociologici*, p. 1111.

Complessi cognitivi e interpolazione

L'aver intravisto che certe opinioni e certi atti umani sono conseguenza di sentimenti che costringono gli uomini ad operare e pensare in quel certo modo e che ogni credenza poggia su un relativamente piccolo numero di principi indiscutibili, spesso nettamente contrari alla verità sperimentale, indusse Pareto ad esaminare questo patrimonio cognitivo presente in ogni uomo e in ogni società. Ma con quali criteri è possibile studiare i fatti più diversi nel tempo e nello spazio? La logica, secondo Pareto, trae la sua efficacia solo dall'esperienza: così egli studia i sistemi di pensiero dall'*esterno*, senza indagare il loro merito intrinseco, come agglomerati di elementi più semplici, a loro volta ancora scomponibili. E nei *Systèmes*, per oltre quattrocento pagine, confronta le più diverse teorie, metafisiche, teologie politiche ed i fatti più significativi nella storia universale, estraendone le uniformità ricorrenti.

Come in laboratorio studia i sistemi teorici e, tra l'altro, le applicazioni delle teorie socialiste, per rilevare – come dice giustamente Francesco Papafava – attraverso la varietà grandissima delle forme, i tratti comuni, che si riscontrano e si riconnettono a certi sentimenti umani, che spiegano l'origine e, volta a volta, i successi e gli insuccessi dei diversi sistemi del socialismo nelle diverse forme, in tempi e luoghi diversi e specialmente nel tempo più recente. Si tratta della medesima metodologia adottata nella ricerca della legge di distribuzione dei redditi e che in seguito continuerà ad utilizzare, mettendo a punto la teoria dei residui e delle derivazioni. Attraverso l'indagine in profondità di una notevole quantità di azioni e teorie vengono, dunque, messe al centro dell'attenzione un particolare gruppo di derivazioni (ancora non chiamate così) – che nel *Trattato* costituiranno la classe III, detta dell''accordo con sentimenti e con principi'. Una pagina del *Manuale*, che Pareto aveva già cominciato a comporre mentre pubblicava i due volumi dei *Systèmes,* ne sintetizza efficacemente lo spirito.[55] Analizzando una fonte di errori frequente nell'enunciazione di proposizioni,

---

55 *Manuale*, p. 6.

osserva come queste siano considerate esclusivamente sotto l'aspetto oggettivo, mentre viene trascurato quello soggettivo.

Così, il teorico (diversamente dall'empirico che è portato naturalmente ad evitare tale errore) in generale ritiene che l'impatto di una proposizione (ad es. *A è B*) su una società, un gruppo, una comunità "dipende solo dall'essere vera, o falsa, oggettivamente, e dall'essere nota, od ignota, al maggior numero degli uomini che fanno parte di questa società". La conseguenza è che, avendo trovato ciò che lui crede essere la verità, non resta altro compito se non quello di divulgare tale convincimento.

Un esempio di ciò si può trovare negli scritti dei filosofi francesi (gli illuministi) della fine del secolo XVIII[56] ed in molti degli scritti degli economisti classici. Se posizioni di questo tipo sono manifestamente in sintonia con i sentimenti di umanità e di filantropia (e da questo punto di vista chiunque desidererebbe che fossero vere), purtroppo, osserva Pareto, "non c'è forse, in tutta la scienza sociale, opinione che maggiormente ripugni ai fatti e ad essi contrasti". I 'filosofi francesi' e tutti i loro seguaci non si sottraggono all'evidenza che è la fede o le varie credenze, "per virtù propria ed indipendentemente dal contenuto oggettivo, a spingere gli uomini ad operare in certo modo".[57] Ecco perché è ineludibile ricercare l'effetto che certe credenze hanno sugli uomini, come nascono e si divulgano: operazioni che non sono necessariamente congiunte con la realtà oggettiva della proposizione *A è B*.

Nei *Systèmes,* dunque, viene ampiamente utilizzato, come nel *Cours* e nel *Manuale,* il metodo logico-sperimentale, che verrà poi esteso e ampiamente applicato nel *Trattato di sociologia generale.*[58] Se il

---

56 Si veda il capitolo VI di questo volume.

57 *Manuale*, pp. 5-6.

58 "La ricerca delle teorie scientifiche è, sotto certi aspetti, analoga ad un problema d'interpolazione. In questo abbiamo, per esempio, un certo numero di punti fissi su d'un piano; si tratta di far passare attraverso quei punti una curva la cui equazione racchiuda il minor numero di parametri possibili. Nella ricerca delle teorie scientifiche abbiamo un certo numero di fatti, ottenuti con l'osservazione o con l'esperienza, e si tratta di trovare una teoria, la più semplice possibile, che unisca tali fatti, che permetta di ritrovare mercé il ragionamento ciò che l'osservazione e l'espe-

Cours costituisce la base dei *Systèmes*, allo stesso modo questi costituiscono la base per la teoria dei residui e delle derivazioni e, in generale, del *Trattato*.[59] Pareto, infatti, pone le basi per la distinzione tra azioni logiche e non logiche, fondamentali poi per il *Trattato*, compie un'analisi secondo la teoria della *circolazione delle élites*, rileva il movimento ondulatorio ritmico della società umana, che costituirà la conclusione delle acute, minuziose analisi esposte nel *Trattato* e tiene ben distinta la considerazione della inconsistenza sperimentale delle teorie metafisiche e teologiche dalla loro maggiore o minore utilità sociale.

Precisione e approssimazione

L'epistemologia paretiana – come abbiamo detto – non è positivista nella pratica scientifica e nei risultati. È quindi errato attribuirgli l'idea che la scienza sia soltanto una copia del reale (come prevalentemente veniva e viene concepita nelle scienze naturali). Di fatto, Pareto riconosce che una teoria scientifica è un orientamento ricostruito concettualmente ed afferma più volte che è impossibile giungere ad impadronirsi completamente di un fenomeno qualsiasi, men che meno di ogni suo particolare: si possono solo avere idee approssimate, astratte di fenomeni concreti. Dato che una teoria non può mai comprendere tutti i particolari di un fenomeno, le divergenze tra gli studiosi sono inevitabili e, dunque, lo sforzo deve essere quello di ridurre al minimo i contrasti. La teologia e la metafisica contemplano l'assoluto, il 'precisissimo',[60] il necessario; al contrario le scienze sperimentali conoscono

---

rienza ci hanno dato." ("L'economia e la sociologia dal punto di vista scientifico", *Rivista di Scienza*, 1907; ora in *Scritti sociologici*, p. 325).

59 Al riguardo, siamo pienamente d'accordo con De Pietri-Tonelli: "[...] i *Systèmes socialistes*, che videro la luce tredici anni prima del *Trattato*, espongono nell'introduzione e nei successivi capitoli idee e teorie, che poi vengono riprese, sviluppate e inquadrate nel sistema sociologico del *Trattato*." (*Scritti paretiani*, a cura di Pietro De Pietri-Tonelli, Cedam, Padova, 1961, p. 36).

60 In riferimento all'ossessione della precisione bisogna apparentare alla teologia e metafisica tanta parte della scienza moderna, matematica compresa. Aveva ben compreso la questione T. Parsons quando rilevava, nel 1937: "l'assenza dal pensie-

solo il relativo, l'approssimato, il contingente, sono incompiute e in perpetuo divenire e procedono per approssimazioni successive. Tuttavia – dice Pareto – la precisione della metafisica è una illusione, l'approssimazione della scienza sperimentale è realtà.[61] Già nel *Manuale* avvertiva che le teorie sui fenomeni studiati sono solo approssimate, dato che non si può conoscere completamente nessun fenomeno concreto: "noi conosciamo solo fenomeni ideali che più o meno si avvicinano al fenomeno concreto." Occorre ricercare quanto la teoria si discosti dalla realtà e poi dall'indagine qualitativa passare a quella quantitativa. Infine, tra due teorie si opta ovviamente per quella che meno diverge dalla realtà, così come viene percepita; tenendo sempre presente però che la teoria che oggi si ritiene vera, dovrà in seguito essere messa da parte, se un'altra dovesse avvicinarsi un poco più alla realtà: "la scienza è in perpetuo divenire."[62]

Ogni teoria, dunque, è provvisoria: la legge o uniformità che ne scaturisce non ha carattere di necessità, ma è relativa alle condizioni date

---

ro di Pareto di qualsiasi dogmatismo metodologico fondato su assunti filosofici." (*La struttura dell'azione sociale*, Il Mulino, Bologna, 1986, p. 515).

61 "La *méthaphysique* va du nom à la chose. Un nom étant donné, elle admet qu'une chose doit lui correspondre, et elle la cherche. Elle ne se trompe pas entièrement; il y a, en effet, toujours une *chose*, mais celle-ci est souvent une nébuleuse de sentiments, que les hommes du plus grand talent ne réussissent pas à délimiter rigoureusement. Depuis plus de 1.200 ans, des esprits supérieurs disputent pour savoir ce que c'est que le bien, le mal, le beau, le juste, l'injuste [...] et la liberté. Ils disputeront encore pendant des siècles et des siècles. La *méthode expérimentale* va de la chose au nom, qui pour elle est arbitraire, n'est qu'une étiquette pour désigner la chose. Il est de ces choses qui sont passablement bien délimitées, tels la terre, le soleil, les corps chimiques, les animaux, etc.; il en est d'autres qui sont vagues, très vagues même, tels sont les sentiments, tels sont ces amas nuageux qui sont désignés par le nom de *bien, mal, beau,* etc. Le définir exactement est une entreprise tout aussi difficile que celle de donner une forme géométrique aux nuages que chasse le vent." (Lettera a A. Naville 9 mai 1917; ora in *Epistolario,* vol. II, pp. 962-963).

62 *Manuale*, I, § 11. Qui, come si vede, non vi è altro che il 'fallibilismo' di Popper: "La conoscenza scientifica [...] è conoscenza congetturale [...] essa è fallibile." ("Perché siamo liberi? Computer, mente, razionalità", in A. M. Petroni, R. Viale, eds., *Individale e collettivo. Decisione e razionalità*, R. Cortina, Milano, 1997, p. 5).

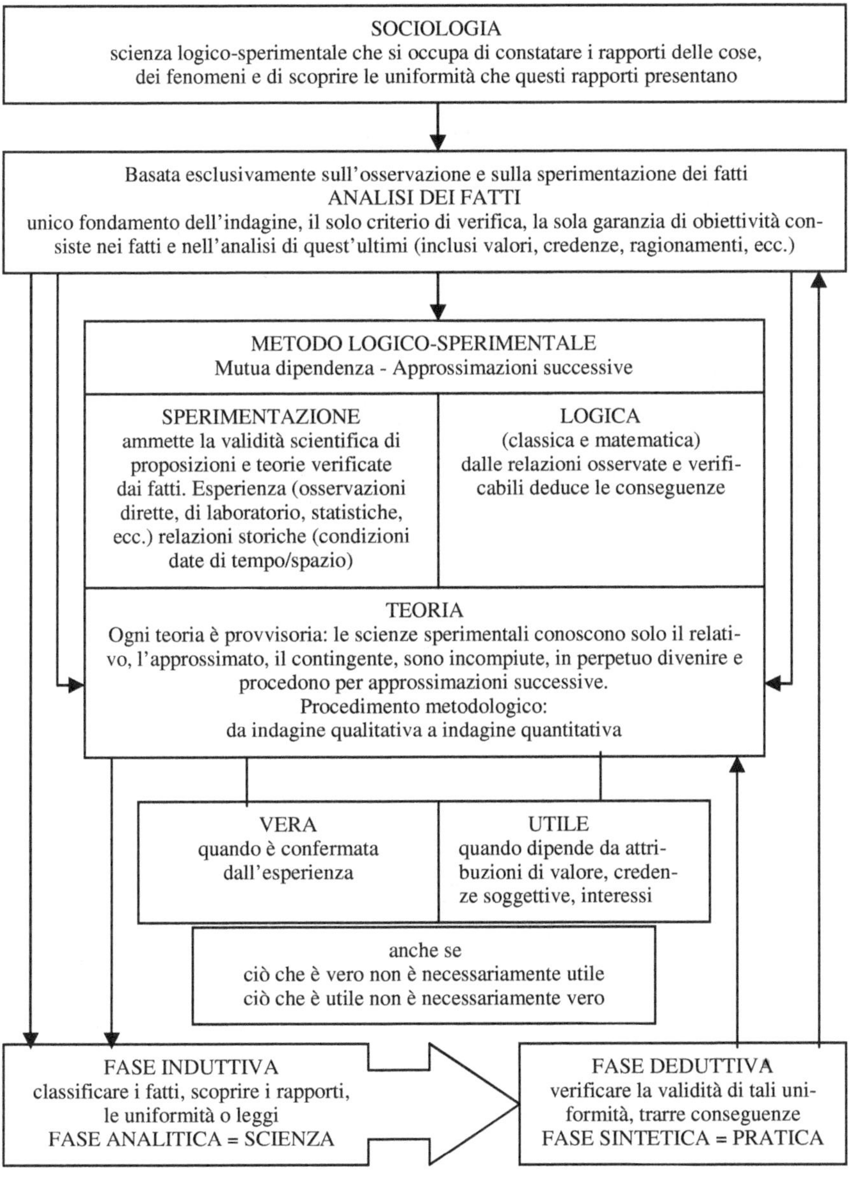

Fig. 2 Fasi del metodo logico-sperimentale

di spazio e di tempo. Da un punto di vista scientifico, nessuna teoria deve essere respinta a priori. Occorre sempre sottometterla ai fatti: se si accorda con essi, la si accoglie, altrimenti, la si respinge.[63] E questo vale – è bene ripeterlo – per le leggi dell'economia e della sociologia, come per le altre scienze. I fatti sociali dimostrano certe uniformità con vincoli di interdipendenza fra queste,[64] e una cosiddetta legge scientifica – come abbiamo già visto – altro non è se non un'uniformità:

> [si può] seguitare a ripetere come pappagalli che le leggi economiche e sociali patiscono 'eccezioni', mentre – si dice – ciò non accade per le leggi scientifiche. Non sanno, non sospettano neppure, che le loro 'eccezioni' altro non sono se non fenomeni che nascono dall'interno di cause estranee a quelle che, per astrazione, considera la scienza, e che tale intervento esiste nella chimica, nella fisica, nella geologia, ed in tutte le scienze, come in economia e in sociologia. Le differenze sono tutt'altre di quelle che si figurano. Esse stanno nel grado di difficoltà per separare in astratto, oppure materialmente, certi fenomeni da certi altri. Tra queste differenze giova notare che le scienze che, come la geologia, debbono ricorrere principalmente all'osservazione (diversa dall'esperienza), non possono disgiungere materialmente un fenomeno dagli altri, come possono fare le scienze, come la chimica, le quali hanno modo di largamente ricorrere all'esperienza (diversa dalla semplice osservazione). Sotto tale aspetto, l'economia politica e la sociologia si accostano alla geologia e si allontanano dalla chimica.[65]

---

63 Circa la questione del rapporto tra teorie e verità, così leggiamo nel *Trattato*: "Per stimare vera sperimentalmente una teoria è quasi necessario che si possa liberamente oppugnare." Vari decenni dopo questa posizione sarà resa volgare dall'opera di K. R. Popper con l'espressione 'falsificare' al posto di 'oppugnare'.

64 *Manuale*, I, §§ 6-8; "L'economia e la sociologia dal punto di vista scientifico", in *Rivista di Scienza*, 1907; ora in *Scritti sociologici*, p. 324); *Trattato*, § 96. "Accresce difficoltà alle previsioni un fatto singolare, ed è che nei fenomeni economici e sociali, spesso l'intensità non passa a grado a grado dal crescere al decrescere, e viceversa, ma invece muta repentinamente. Per tal modo il crescere presente d'intensità non presagisce un aumento futuro ma può invece presagire un decrescere." ("Il futuro delle finanze di stato", *L'economista*, 13 ottobre 1918, poi in *Fatti e teorie*; ora in *Scritti sociologici*, p. 768).

65 *Trattato*, § 1792. In seguito, come sappiamo, nacquero anche in sociologia le procedure strettamente sperimentali e tutta la vasta area di studi che va sotto il nome di sociometria. E questo già a partire dagli anni Venti del XX secolo.

Secondo Pareto, il compito di semplificare la complessa realtà, considerando isolatamente gli elementi più semplici ai fini di uno studio analitico, è proprio dell'economia politica pura: "è questa una scienza, che, a causa appunto del suo oggetto, ha grandi rassomiglianze con la meccanica razionale, dalla quale ha dovuto prendere a prestito l'uso di un genere speciale di logica, l'uso cioè della matematica." Alla fase analitica segue una fase sintetica, in cui i dati dell'economia pura e delle altre scienze devono essere riuniti per spiegare il fenomeno sociale reale. Infatti, "di quasi nessun fenomeno concreto si può avere la teoria con la sola economia"; la moneta, ad esempio, sembra un fenomeno essenzialmente economico, eppure, in concreto, non si può tracciarne la teoria senza la sociologia: "come nei fenomeni che presentano i corpi materiali hanno parte la chimica e la fisica, similmente nei fenomeni sociali hanno parte l'etica e l'economia. Nel costituire le teorie, la chimica si studia separatamente dalla fisica, l'etica dall'economia, né ci è dato di fare altrimenti se interamente non muta la mente umana. Nello studiare un fenomeno reale occorre riunire le notizie avute dalla chimica, dalla fisica e da altre scienze simili, come pure quelle avute dall'etica, dall'economia, dalla politica, ecc."[66] La scienza che riunisce i risultati dell'economia pura e delle altre scienze sociali, operando una sintesi, è la sociologia intesa come scienza "logico-sperimentale", basata esclusivamente sull'osservazione e sulla sperimentazione dei fatti

66 *Manuale*, I, §§ 23-26: "L'uomo reale compie azioni economiche, morali, religiose, estetiche, ecc. Lo stesso uomo che per scopo di studio economico, considero come *homo œconomicus*, posso considerarlo come *homo ethicus*, per scopo di studio morale; come *homo religiosus*, per scopo di studio religioso. Sbaglia chi biasima l'economia politica di non tener conto della morale; tanto varrebbe accusare il gioco degli scacchi di non tener conto dell'arte culinaria. Chi studia l'economia politica separatamente dalla morale, non intende minimamente e affermare la preminenza di essa sulle altre scienze. Chi studia A separatamente da B, cede semplicemente ad un'assoluta necessità dello spirito umano. Quando dall'astratto si torna al concreto, occorre nuovamente riunire le parti che, per scopo di studio, si erano disgiunte. La scienza è essenzialmente analitica; la pratica, essenzialmente sintetica. L'economia politica non deve tener conto della morale; ma chi propugna un provvedimento pratico deve tener conto non solo dei risvolti economici, ma morali, religiosi, politici, ecc."

(oggi noi diciamo verifica empirica, ma anche – utilizzando opportuni procedimenti – sperimentazione): "dove diremo che una cosa alcuna ci è manifestata dall'esperienza, si dovrà intendere: e dall'osservazione; e dove discorreremo di scienze sperimentali, si dovrà intendere: e di osservazione, e via di seguito."

Quasi contemporaneamente all'italiano Pareto, M. Weber professava in Germania idee analoghe[67] intorno ai compiti della scienza. Si trattava – e si tratta – cioè, se la scienza, con mezzi adeguati allo scopo, sia in grado di valutare i molteplici fenomeni della vita sociale e di pronunciarsi sugli stessi, addirittura valutando i fini che orientano le azioni dei diversi gruppi sociali. Come Pareto, anche Weber era convinto che la scienza dovesse astenersi da qualsiasi valutazione pratica,[68] etica o religiosa perché, scriveva, "fra tutte le specie di profezie sarebbe la più insopportabile quella dei professori". Questi non dovrebbero abusare della loro posizione preminente per cercare di influenzare gli studenti ad accettare la propria visione del mondo. Per Weber non esiste un'etica scientifica che possa insegnare ciò che è giusto, valido ("eine Ethik [...], welche über das Geltensollende etwas aussagen könnte"). Studiando un determinato 'valore', dal punto di vista empirico-sociologico o storico, non si può raggiungere altro risultato se non quello di comprenderlo e di spiegarlo ("ihn verstehend zu erklären"). Non esiste alcun procedimento scientifico logico o empirico atto a decidere questioni come le seguenti: se un certo scopo giustifichi i mezzi per raggiungerlo, oppure se si debbano accettare anche gli eventi non voluti, però necessariamente congiunti al fine voluto o, ancora, come si debba decidere in caso di contrasto tra più fini che si vogliono perseguire.

---

67 Si veda *Der Sinn der 'Wertfreiheit' der soziologischen und ökonomischen Wissenschaften,* poi in *Gesammelte Aufsätze zur Wissenschaftslehre*, Tübingen, 1912; ora in *Saggi sul metodo delle scienze storico-sociali*, op. cit., pp. 541 e ss.

68 Dice bene Pareto che la ricerca di premature applicazioni pratiche nuoce all'indagine scientifica.

Principi metodologici

In conclusione, possiamo sinteticamente compendiare quattordici principi (i primi nove esplicitati dallo stesso Pareto nel § 69 del *Trattato*) ispiratori del metodo o ipotesi di ricerca fondamentali:

1) Non intendiamo occuparci in alcun modo della 'verità' intrinseca di qualsiasi religione, fede, credenza metafisica o morale, od altro [...] le consideriamo solo dal di fuori, in quanto sono fatti sociali, fatta astrazione interamente dal loro valore intrinseco [...] studiamo come una credenza è nata e cresciuta, e in quale relazione si trovi con gli altri fatti sociali.
2) Il campo in cui ci muoviamo è dunque esclusivamente quello dell'esperienza e dell'osservazione [...].
3) Come non invadiamo il campo altrui, non vogliamo concedere che sia invaso il nostro. Stimiamo opera stolta e vana l'opporre l'esperienza ai principi che dall'esperienza trascendono; ma egualmente rifiutiamo la signoria di quei principi sull'esperienza.
4) Moviamo dai fatti per comporre teorie, e procuriamo sempre di allontanarci dai fatti quanto meno è possibile. Non sappiamo cosa sia l'*essenza* delle cose, e non ce ne curiamo, perché tale ricerca esce dal nostro campo. Ricerchiamo le uniformità che presentano i fatti, alle quali uniformità diamo altresì il nome di leggi. Ma i fatti non sono sottomessi alle leggi, bensì le leggi ai fatti; le leggi non sono 'necessarie', sono ipotesi che valgono a compendiare un numero più o meno grande di fatti, e che valgono solo sin quando non sono sostituite da altre migliori.
5) Ogni nostra ricerca è dunque contingente, relativa, e dà risultati che sono solo più o meno probabili, e al più al più probabilissimi. [...] Ogni e qualsiasi proposizione da noi affermata, non escluse le proposizioni di pura logica, si deve intendere enunciata con la restrizione: *nei limiti del tempo e dell'esperienza a noi noti.*
6) Ragioniamo esclusivamente sulle cose, e non sui sentimenti che i nomi delle cose destano in noi. Quei sentimenti li studiamo solo come fatti esterni. Quindi, ad esempio, rifiutiamo di discutere se un atto è *giusto*, o non è *giusto*, *morale* od *immorale*, se prima non si sono bene poste in chiaro le cose alle quali si vogliono fare corrispondere quei termini. [...] Ma quei ragionamenti li studieremo come fatti sociali, ed avremo anzi in proposito da sciogliere un problema singolare, quello cioè di sapere come da premesse interamente fuori della realtà sono tratte conclusioni che dalla realtà troppo non si discostano.
7) Le prove delle nostre proposizioni le cerchiamo solo nell'esperienza e nell'osservazione, con le conseguenze logiche che comportano, escludendo ogni prova per accordo con i sentimenti, per evidenza interna, per dettato della coscienza.
8) Appunto per ciò useremo solo vocaboli che corrispondano a cose [...].

9) Procediamo per *approssimazioni successive*; cioè da prima considerando il fenomeno nel complesso e trascurando volontariamente i particolari, di cui terremo poi conto nelle approssimazioni successive.

Ci sembra molto pertinente l'osservazione di T. Parsons, quando fa notare che "dei quattro autori qui considerati[69] Pareto, nell'esposizione dei requisiti metodologici di una teoria scientifica, è quello che più si avvicina a una formulazione che si può considerare accettabile dal punto di vista di questo studio. Soprattutto Pareto ha completamente liberato il campo dall'errore della concretezza mal riposta".[70] Possiamo ancora aggiungere, avendoli desunti da altro scritto di Pareto,[71] i seguenti punti che completano i nove principi enumerati nel *Trattato*:

10) I fatti economici ed i sociali hanno in genere forma ad onde. Da questo semplice fatto seguono numerose ed importanti conseguenze [...]: abbiamo fatto vedere come si possano distinguere le oscillazioni di varie classi, cioè piccole, medie, grandi, grandissime, ecc., e come queste classi manifestano varie classi di forze operanti sui fenomeni sociali.
11) Altro fatto importantissimo è che le stesse circostanze, gli stessi eventi possono essere in relazione tanto con l'onda della prosperità come quella della decadenza;
12) Occorre, nello studio di molti fenomeni, considerare l'eterogeneità della popolazione quindi le varie classi di cui si compone.
13) In generale, le teorie scientifiche non sono un prodotto arbitrario dell'umana mente, sono determinate da due generi di forze, cioè dall'accordo coi sentimenti dell'autore e della collettività di cui fa parte, e dall'accordo con l'esperienza.

Se ne potrebbe dedurre che Pareto ritenga questo metodo migliore di altri. Non è così, come risulta chiaro dal seguente principio:

14) Badiamo bene che non vogliamo in alcun modo, come fa una certa metafisica materialista, costituire la logica e l'esperienza in maggior potenza e dignità, dei dog-

69 Ricordiamo che si tratta di Marshall, Pareto, Durkheim e Weber. Ulteriori questioni a questo proposito sono discusse da G. Pollini, "The Currency and Validity of Parsons's Interpretation of Vilfredo Pareto's Theory of Social Action", in G. Pollini, G. Sciortino (eds), Parsons' *The Structure of Social Action* and Contemporary Debates, Franco Angeli, Milano, 2001, pp. 25-44.

70 T. Parsons, *La struttura dell'azione sociale*, op. cit., p. 752.

71 I punti dal 10 al 13 sono tratti da *Fatti e teorie*, in *Scritti sociologici*, pp. 866-67.

> mi accettati dal sentimento. Miriamo a disgiungere, non a paragonare, e meno che mai a giudicare dei meriti e delle virtù di questi e di quelle.[72]

Nel contempo avverte che non ha senso stabilire quale sia il migliore, in quanto non ha senso contrapporre indagine scientifica e speculazioni fondate, per così dire, sull'essenza o sull'assoluto:[73] si tratta di due ordini diversi che non debbono essere confusi. Di più. Non è il caso di screditare, in nome della scienza, l'atteggiamento di coloro che spiegano i fenomeni partendo dalla teologia, dalla morale o dalla politica, ecc. A condizione, però, che i propugnatori non facciano passare per scientifiche le loro valutazioni. Occorre stabilire chi è il giudice: l'esperienza, l'autorità, la rivelazione, l'utilità, ecc. Per Pareto tutti sono legittimi e sovrani nei loro specifici campi e incompetenti al di fuori. "So che un autore – scriveva Pareto ad Alberto Cappa poco prima della morte – spesso meno di altri conosce se stesso, ma infine ecco come, alla meglio, mi appare l'opera mia":

> Dal *Cours* al *Trattato* è un continuo procedere verso il metodo sperimentale. Questo metodo è essenzialmente relativo, lasciando l'assoluto all'etica, alla metafisica, alla teologia; nel *Cours* esso è adoperato esclusivamente nella parte economica ma non

---

72 *Trattato*, § 46.

73 "Ogni proposizione della scienza sperimentale è ipotetica, cioè si enuncia solo subordinatamente a certe condizioni: consta di una protasi, spesso sottintesa e di un'apodosi, che sola si esprime. L'assoluto non esiste nelle sue proposizioni, lo conoscono solo la teologia, la metafisica, il sentimento." ("Due uomini di stato", *La Ronda*, luglio 1921; ora in *Scritti sociologici*, p. 1046) Qualche mese prima, in maggio, scrivendo all'amico Linaker così si era espresso circa i concetti assoluti: "A proposito dell'assoluto, tua moglie [che era insegnante di matematica] avrà certo letto la *Teoria della relatività* di Einstein. La mia *Sociologia* [cioè, il *Trattato*] è un passo in tal via, per le scienze sociali. [...] Viene da ridere pensando che, mentre ora poniamo in dubbio se possiamo conoscere il *tempo*, se esiste la linea retta, se lo spazio in cui viviamo è euclidiano, ecc., si dovrebbero ancora ammettere i concetti *assoluti* del bene, del male, del buono, del bello, del diritto, ecc. Ma se anche viviamo in un mondo non euclidiano, la geometria di Euclide è utile, è la sola che in moltissimi casi si possa adoperare. Anche se il diritto, la giustizia, ecc., nulla hanno di assoluto, sono concetti che possono essere praticamente utili, utilissimi. Parmi di essere chiaro. Eppure quasi nessuno vuol capire ciò." (Lettera ad A. Linaker, 21 maggio 1921; ora in *LAL* pp. 169-172).

nella parte sociologica, dove si mescola a considerazioni etiche. Ciò trae origine dal fatto che l'A. non possedeva allora una teoria sperimentale della sociologia; aveva solo (ricavata dai suoi predecessori) una teoria mista ove l'etica aveva parte. Poco alla volta, egli imparò una teoria esclusivamente sperimentale che principia nei *Systèmes*, nel *Manuale* e si compie nel *Trattato.*[74]

Linguaggio e definizioni

Per ultima, ma non certo ultima per importanza metodologica, la questione del linguaggio, ricordando che Pareto all'inizio del *Trattato* traccia un sintetico compendio di tutta la monumentale opera diviso in tre parti: la prima presenta gli 'argomenti d'indole generale' da (I-*a*) a (I-*r*); la seconda le 'teorie logico-sperimentali e teorie non logico-sperimetali' da (II-*a*) a (II-*u*); la terza 'linguaggio e definizioni' da (III-*a*) a (III-*q*). Inutile dire quanto sia importante che nella tripartizione di tutta l'opera in compendio una delle tre riguardi il linguaggio (che "riflette i fatti esterni") e si occupi delle sue suggestioni e illusioni. Pareto propone alcune importanti considerazioni sul linguaggio delle scienze logico-sperimentali, su quello delle scienze non logico-sperimentali e sul linguaggio volgare. Dichiara che nelle scienze logico-sperimentali le definizioni sono semplici cartellini per indicare le cose e perciò potrebbero essere sostituite con semplici lettere dell'alfabeto. Riteneva, infatti, che in ipotesi sarebbe stato preferibile utilizzare nelle scienze sociali un simbolismo di tipo algebrico (anche questo con tutti i suoi

---

74 A. Cappa, *Vilfredo Pareto*, Piero Gobetti editore, Torino, 1924, p. 38. Aveva scritto nel 1894 nel suo 'discours d'installation' allorché venne nominato professeur ordinaire: "[...] il metodo che giudico utile per l'economia politica [...] [è quello] che John Stuart Mill ha descritto ottimamente sotto il nome di *metodo deduttivo concreto.* Da certi princìpi generalissimi, ricavati dall'esperienza, si deducono le teorie, che si verificano poi vedendo se spiegano perfettamente tutti i fatti che inglobano. L'economia politica è una parte, una piccolissima parte della scienza sociale. Ha un dominio proprio, su cui è regina, ma non deve usurpare quello delle altre scienze." (*Scritti sociologici*, p. 104). Per valutare convergenze e divergenze tra Pareto e Durkheim rispetto al metodo di J. S. Mill si veda la discussione durkheimiana sulle regole relative all'amministrazione della prova in *Le regole del metodo sociologico*, Edizioni di Comunità, Milano, 1963, p. 117 e ss.

limiti) e all'occorrenza andò in questa direzione, anche nel *Trattato*, senza peraltro decisivi risultati. E, tuttavia, pose con forza il problema che in seguito venne ripreso da Giovanni Vailati. Probabilmente la tirannia del linguaggio non sarà mai superata nelle scienze empiriche, tant'è che spesso una simbolizzazione introduce più problemi di quanti non ne risolva. Sovente la magia della parole, dei numeri, dei simboli, la loro carica emotiva, il verbalismo hanno il sopravvento sui fatti designati e quindi sui risultati scientifici. Un problema sempre attuale anche in discipline molto formalizzate: "I knew physics when I came to Princeton. I don't know physics anymore. It's too large [...] Last week I read *Physical Review Abstracts*, and every other abstract. I could not understand. Perhaps it is partly the jargon the technical experiens. It hurts me, and I'm afraid it will hurt physics."[75] Nessuna disciplina ne è immune, dalla matematica alla sociologia e, naturalmente, i pericoli aumentano con l'aumentare della complessità. Dunque, in modo molto astratto possiamo dire con Pareto che la persuasione nelle materie che si pongono scopi strettamente scientifici è resa efficace dall'esposizione di fatti quanto più possibile certi, ma anche posti in relazione logica con le conseguenze che se ne vogliono trarre (sperimentazione e logica). Al contrario, per la persuasione in materia di sentimenti (di tal genere sono quasi tutti i ragionamenti sulla società e le istituzioni umane e, aggiungiamo noi, nelle scienze naturali applicate), occorre produrre fatti capaci di smuovere i sentimenti e le passioni, in modo che da questi vengano tratte le conclusioni a cui si tende.[76] La diversità

---

75 "Conoscevo la fisica quando venni a Princeton. Ora non la conosco più. È troppo vasta [...] Molti estratti della rivista *Physical Review Abstracts* non li capisco. Il che forse è dovuto in parte al gergo tecnico che viene seguito. Ciò mi disturba, ma temo danneggerà anche la stessa fisica." (*A Conversation with E. Wigner*, premio Nobel, in *Science*, n. 4099, vol. 181, 10. 8. 1973, pp. 527-533).

76 *Manuale*, II, § 101. Ricordiamo che secondo G. H. Bousquet (in *Vilfredo Pareto*, Paris, 1928, p. 41) – e siamo pienamente d'accordo – Pareto è uno dei più grandi logici di tutti i tempi, avendo aperto, nella tradizione dei fondatori della scienza moderna, un nuovo settore alla logica stessa. Peraltro, Pareto, ai fini di una teoria dell'argomentazione, ha in generale distinto tra retoriche scientifiche ed oratorie per le quali dovrebbero valere due tipi di criteri di giudizio: rispettivamente verità-falsità per le prime ed efficacia-inefficacia per le seconde: "Chi scrive può proporsi

dei due modi di ragionare non ci sembra così netta, come ritiene Pareto, giacché è possibile avere (e già se ne hanno in abbondanza) retoriche scientifiche, che non sono meno efficaci nel promuovere i sentimenti di quelle oratorie. Comunque sia:

> I ragionamenti logico-sperimentali hanno gran valore quando è dato il fine e si cercano i mezzi adatti per conseguirlo; quindi sono adoperati con prospero successo nelle arti e nei mestieri, nell'agricoltura, nell'industria, nel commercio; e così, oltre a molte scienze tecniche, si è potuta costituire una scienza generale degli interessi, cioè l'economia, che suppone tali ragionamenti adoperati esclusivamente incerti rami dell'attività umana. Valgono anche per la guerra, ed hanno dato origine alla strategia e ad altre scienze simili. Potrebbero valere nella scienza di governo, ma sinora vi furono adoperati piuttosto come arte di singoli individui che per costituire una scienza astratta, perché il fine non è determinato, o, se è determinato, non si vuole palesare.[77]

Se, in generale, siamo d'accordo con Pareto quando dice che i ragionamenti logico-sperimentali "hanno avuto poca parte nell'ordinamento della società", non siamo d'accordo che non ci fossero acquisizioni o teorie sociologico-scientifiche. La questione è che per tutto quanto attiene alla società, gli uomini sono mossi molto più dai sentimenti che dai ragionamenti. Ma ciò non è meno vero per le questioni di scienza naturale. Dunque, per dirla con R. Boudon,[78] "una teoria delle credenze

---

tre scopi: o di recare altrui piacere e diletto, ed è lo scopo, in genere, delle opere letterarie; o di trarre altrui nella propria opinione, ed è lo scopo delle opere polemiche; o infine di ricercare unicamente le relazioni che corrono tra certi fenomeni, ed è lo scopo di opere schiettamente scientifiche. [...] per farla breve, un Demostene non può e non deve scrivere come un Euclide." ("Sul modo di trattare la scienza economica", in *L'Idea liberale*, 12 aprile 1896, ora in *Scritti politici*, vol. II, pp. 56-62).

77 *Trattato*, § 2146.

78 R. Boudon, R. Fillieule, *I metodi in sociologia*, Il Mulino, Bologna, 2002, pp. 7-8 e 113. All'origine di questi orientamenti metodologici secondo Boudon sarebbero Durkheim per il primo, per il secondo M. Weber e G. Simmel e prima ancora Hume e Smith, per il terzo la scuola tedesca con un contributo iniziale di Durkheim. Stranamente Pareto non compare ed è citato una sola volta, di passaggio. Eppure in un altro bel volume (*La logica del sociale*, Mondadori, Milano, 1980), Boudon scriveva che nelle discussioni presentate aveva seguito le indicazioni di Durkheim,

si rende indispensabile per completare l'individualismo metodologico" che a sua volta completa l'analisi causale. Analisi causale, in quanto metodo di natura descrittiva tendente a scoprire relazioni di causalità statistica; individualismo metodologico, come metodo esplicativo; razionalità cognitiva che spiega perché le persone aderiscono alle loro credenze (ideologiche, magiche, morali) sono secondo Boudon "tre tappe successive di uno stesso processo di approfondimento dell'analisi sociologica", che noi vediamo senza distinzioni riunite nel metodo logico-sperimentale come praticato e insegnato da Pareto.

Weber e Pareto e quest'ultimo – e non poteva essere diversamente – viene ampiamente citato e commentato.

II. Oggettività e soggettività

> Il concetto che abbiamo di un fenomeno concreto, in parte combacia con quel fenomeno, in parte ne differisce. Occorre sempre paragonare il fenomeno soggettivo, ossia la teoria, al fenomeno oggettivo, ossia al fatto sperimentale.[1]

Secondo Pareto, sulla scia vichiana e in posizione antifisicista, le proprietà dei fatti concreti non si possono scoprire completamente. Ci si può però avvicinare per approssimazioni successive col ragionamento, partendo dai concetti che si hanno a priori dei fatti e confrontando a posteriori tali concetti con le esperienze e le osservazioni che è possibile compiere.[2] Ad esempio, data una proposizione $A=B$, si devono considerare tre aspetti: l'aspetto oggettivo, l'aspetto soggettivo e l'aspetto dell'utilità. Con l'*aspetto oggettivo* si risponderà alla domanda: tale proposizione è, o non è, d'accordo con l'esperienza? Con l'*aspetto soggettivo* si risponderà alla domanda: perché certi uomini dicono che A è uguale a B? Perché altri sono disposti a credervi? Con l'*aspetto dell'utilità* si porranno i quesiti: quale utilità hanno i sentimenti manifestati dalla proposizione $A=B$ per chi enuncia la proposizione e per chi l'accoglie? Quale utilità ha la teoria stessa, secondo la quale $A=B$, per chi la produce e per chi l'accoglie?

---

1 *Manuale*, I, § 15.

2 Ibid. In un importante saggio specificava opportunamente: "L'impressione che lo spirito d'un uomo riceve da certi fatti è essa stessa un fatto; può e deve formare l'oggetto d'uno studio scientifico. In economia politica e in sociologia dobbiamo studiare i fatti sotto un doppio aspetto: l'oggettivo (i rapporti dei fatti tra di loro) e il soggettivo (la maniera attraverso cui quei rapporti si traducono nello spirito degli uomini). I rapporti che i fatti hanno tra di loro coincidono raramente con i rapporti che, per la maggioranza degli uomini, si stabiliscono tra le impressioni che producono quei fatti. È necessario studiare quali sono gli effetti sociali di tale divergenza." ("L'economia e la sociologia dal punto di vista scientifico", in *Rivista di Scienze*, 1907; ora in *Scritti sociologici*, p. 342).

In un caso estremo, dice Pareto, si risponde affermativamente al primo quesito e poi si aggiunge riguardo agli altri: "Gli uomini dicono, credono che *A=B*, perché ciò è *vero*; i sentimenti per tal modo manifestati sono *utili* perché veri; la teoria stessa è utile perché vera." L'analisi può trovare proposizioni della scienza logico-sperimentale e, dunque, 'vero' vuol dire d'accordo con l'esperienza, ma anche proposizioni non appartenenti alla scienza logico-sperimentale ed in tal caso 'vero' non vuol dire d'accordo con l'esperienza, ma esprime tutt'altro: molto spesso un semplice accordo con i sentimenti di chi difende tale tesi.[3] Questi ragionamenti preludono alle discussioni sulla logica dell'azione, in particolare annunciano la classificazione in due classi delle azioni – logiche e non logiche – dei quattro generi delle azioni non logiche e poi le successive classificazioni in classi, generi e specie dei residui e derivazioni che vedremo al capitolo decimo.

Quattro tipi di proposizioni

Ecco perché all'attenzione sociologica si presentano frequentemente i seguenti casi (tali considerazioni si possono estendere anche alle materie non sociologiche, del resto molti luoghi dell'opera paretiana lo confermano): *a*) proposizioni d'accordo con l'esperienza, enunciate ed accolte in accordo con i sentimenti, i quali possono essere utili o nocivi agli individui e/o alla società; *b*) proposizioni d'accordo con l'esperienza respinte perché in disaccordo con i sentimenti e che, se fossero accolte, sarebbero nocive alla società; *c*) proposizioni che non sono d'accordo con l'esperienza, enunciate ed accolte per accordo di sentimenti, i quali sono utili, talvolta particolarmente utili agli individui e/o alla società; *d*) proposizioni che non sono d'accordo con l'esperienza, enunciate o accolte per accordo di sentimenti, le quali sono utili a certi individui, nocive ad altri, utili o nocive alla società.[4]

---

3 *Trattato*, §§ 13-14.

4 Ibid. È questo un problema centrale nelle riflessioni di Max Weber che R. Aron riassume molto bene: "le opere umane sono creatrici di valori o si definiscono con rife-

È stato detto[5] che l'opera paretiana rappresenterebbe il primo e più grandioso tentativo di elaborare una fenomenologia e una tipologia delle varie forme di mascheramento e demagogia e che il vero focus della sua attenzione sarebbe l'uomo come 'animale ideo-logico', in tal modo ponendo i fondamenti di una teoria della dissimulazione, dal momento che tutto il *Trattato* e gran parte delle altre tre grandi opere costituiscono una profonda critica di ideologie religiose, filosofiche, politiche, giuridiche, economiche, sociali. Ciò è senz'altro vero, ma non ne costituisce la parte principale, piuttosto un cospicuo sottoprodotto. E non è nemmeno il suo essere scienza dell'opinione – quando interpreta ideologie, discorsi politici, sociali, economici, teorie scientifiche come indicatori di interessi e pulsioni – a costituirne la specificità. Certo, come dice Durkheim, in realtà, "tutto nella vita sociale, anche la scienza[6] si basa sull'opinione". Durkheim a questo proposito sembra disincantato quanto Pareto, allorché avverte che "certamente, si può assumere l'opinione come oggetto di studio e farne la scienza: in ciò consiste principalmente la sociologia. Ma la scienza dell'opinione

---

rimento a valori. Come può esistere una scienza oggettiva, cioè non falsata dai nostri giudizi di valore, delle opere cariche di valori? La scienza mira alla validità universale come al suo obiettivo specifico; è, per usare concetti weberiani, una condotta razionale il cui scopo è quello di pervenire a giudizi di fatto, universalmente validi. Come si può formulare simili giudizi riguardo a opere che si definiscono come creazioni di valori? A una simile domanda, che sta al centro di tutta la sua riflessione filosofica e epistemologica, Max Weber rispondeva con la distinzione tra giudizio di valore (Werturteil) e il rapporto ai valori (Wertbeziehung). [...] I giudizi di valore sono personali e soggettivi, [...] il rapporto ai valori un processo di selezione o di organizzazione della scienza oggettiva. [...] La distinzione tra il giudizio di valore e il rapporto ai valori gli permetteva, nello stesso tempo, di segnare la differenza tra l'attività dello scienziato e quella dell'uomo politico, e la somiglianza d'interesse tra l'uno e l'altro." (R. Aron, *Le tappe del pensiero sociologico*, Mondadori, Milano, 1973, pp. 461-462).

5 Si veda l'introduzione di N. Bobbio al *Trattato* paretiano, nell'edizione di Comunità, 1964, vol. I, p. XXXII.

6 Concetti e teorie, anche quando sono costruiti secondo procedure corrette e condivise, sono lungi dal trarre autorità unicamente dal loro valore oggettivo: non basta che siano veri perché siano credibili; o talvolta, viceversa, possono essere credibili ma non veri. Mai, forse, come ai nostri giorni ciò è risultato drammaticamente vero.

non produce l'opinione; essa non può che illustrarla e renderla più cosciente di sé. In questa maniera, è vero, essa può indurla a mutare, ma la scienza[7] continua a dipendere dall'opinione anche nel momento in cui sembra dettarle legge; perché, come abbiamo mostrato, è dall'opinione che essa trae la forza necessaria per agire sull'opinione".[8]

Il vero obiettivo, a nostro avviso, questo sì primo e grandioso, è la fondazione – come abbiamo già detto, ma ci preme ripeterlo – di una scienza sociologica della mente che comprende anche ideologie e mascheramenti. È con la teoria dei residui e delle derivazioni, esposta nel *Trattato* (ma lentamente preparata a partire dal *Cours*, poi dai *Systèmes* e dal *Manuale*) e attraverso i concetti di azione logica e non logica che Pareto pone le basi della sua sociologia della mente.[9]

I discorsi sui comportamenti (politici, scientifici ed altro) vengono spiegati come un insieme di derivazioni o ragionamenti derivati, cioè come giustificazioni o spiegazioni a posteriori delle azioni fondamentali le cui strutture profonde sono quasi stabili e durature, anche contro le inevitabili superficiali trasformazioni nei costumi ostentati e nei valori. Dunque, in termini paretiani, la sociologia sarà – al di là dei suoi tradizionali interessi – la scienza delle azioni, specialmente di quelle non logiche e l'indagine sociologica sarà, più propriamente:

> [...] lo studio dei fenomeni soggettivi e delle relazioni in cui stanno coi fenomeni oggettivi. Appunto perché, dato che il fenomeno oggettivo non si presenta alla nostra mente, se non sotto forma di fenomeno soggettivo, questo propriamente, e non quello è cagione delle azioni umane che formano lo scopo dello studio sociologico e perché il fenomeno oggettivo per operare su di esse deve prima trasformarsi in fenomeno soggettivo.[10]

---

7 Che si tratti di quella religiosa, filosofica, giuridica, scientifica, galileiana o durkheimiana, paretiana o einsteiniana, non mutano i termini della questione.

8 E. Durkheim, *Le forme elementari della vita religiosa*, Edizioni di Comunità, Milano, 1971, p. 478.

9 Ricordiamo che il *Trattato* nella traduzione americana del 1935 aveva come titolo *The mind and society* che certamente coglieva in pieno la natura degli intendimenti e del programma paretiani.

10 *Manuale*, II, § 9. Il medesimo concetto esprime Cassirer: "Il nesso di una varia molteplicità in generale non può mai – questo Kant aveva insegnato – esserci dato per mezzo dei sensi; giacché esso è un atto di spontaneità della facoltà rappresenta-

Detto in sintesi, il fenomeno oggettivo per avere capacità operative, cioè, per essere fatto proprio, deve tramutarsi in fenomeno soggettivo.

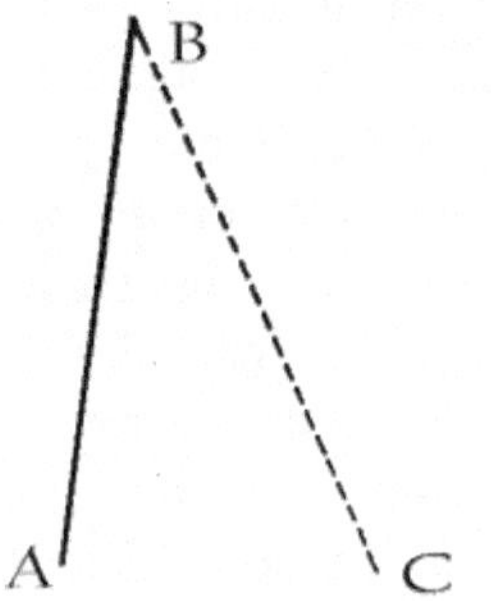

Fig. 3 Fenomeno oggettivo e fenomeno soggettivo

Tale processo viene esemplificato anche visivamente indicando con *A*, *B*, *C* dei fenomeni reali (fig. 3). Fra *A* e *B* vi è una relazione oggettiva di causa ad effetto, dove *B* è conseguenza di *A*. Nella mente dell'uomo, che ha un concetto più o meno approssimato di *A* e *B*, tale relazione si presenta sotto forma di *A*' *B*', che è immagine più o meno fedele del fenomeno oggettivo[11] (di questo tipo sono le relazioni scoperte dallo scienziato). Si può ignorare che *B* è conseguenza di *A* e credere che sia invece conseguenza di un altro fatto reale *C*. Oppure, anche sapendo che *B* è conseguenza di *A*, si può volutamente considerarlo come conseguenza di *C*. Il primo caso è quello di errori scientifici; "e sempre se ne avranno esempi, perché fallibile è l'uomo". Il secondo caso si osserva "nelle finzioni legali; nei ragionamenti che usano fare i partiti politici [...] è così che ragiona nella favola il lupo che vuol mangiare l'agnello". La maggior parte degli argomenti addotti per imporre balzelli è di questo tipo: "si dice che si vogliono porre quei balzelli *B* in relazione con un certo principio di giustizia, o d'interesse generale *C*; ma in realtà *B* è legato, come effetto o causa, al tornaconto *A* della classe dominante. Infine al caso presente si può pure riferire, almeno in parte, l'origine della casistica."[12] *A*, *B*, *C* possono essere fatti reali

---

tiva e quindi un atto puro dell'intelletto. Perciò noi non ci possiamo rappresentare nulla come collegato nell'oggetto senza averlo prima collegato noi stessi; fra tutte le rappresentazioni il nesso è la sola che non possa esser data dall'oggetto, ma solo esser prodotta dallo stesso soggetto (si veda *Kritik der reinen Vernunft*)." (E. Cassirer, *Storia della filosofia moderna,* III, tomo secondo, Einaudi, Torino, 1978, p. 520).

11 *Manuale*, op. cit., II, § 10. Molto spesso A' o B', o anche tutti e due, non corrispondono a nulla di reale, sono, cioè, entità esclusivamente immaginarie. Inoltre la relazione tra A' e B' può essere logica solo in apparenza e non in realtà.

12 Ibid., II, § 12.

(come nell'esempio), ma anche immaginari, come avviene molto spesso, nei ragionamenti umani.

Ancora, è possibile che un caso immaginario *M* sia posto in relazione logica col fatto reale *B* (fig. 4). Questo errore è molto frequente nelle scienze sociali, ma anche nelle scienze fisiche. Per esempio, nell'esperimento in cui si toglie l'aria da un tubo comunicante con un vaso pieno d'acqua, dove *A* indica la pressione dell'aria sulla superficie dell'acqua, e *B* il salire dell'acqua nel tubo, si è voluto spiegare *B* con altro fatto del tutto immaginario *M*, cioè 'l'orrore della natura per il vuoto', il quale ha effettivamente *B* come conseguenza logica; o, ancora, all'inizio del secolo XIX la 'forza vitale' spiegava una quantità di fatti biologici. I sociologi, dal canto loro, "spiegano e dimostrano molte cose con il 'progresso'. I 'diritti naturali' hanno avuto e seguitano ad avere molta parte nella spiegazione dei fatti sociali. Per molti [...] il 'capitalismo' spiega tutto ed è causa di ogni male che si osserva nell'umano consorzio. Altri discorre della 'terra libera',[13] che veramente nessuno ha mai veduto; e ci si narra che tutti i mali della società nacquero il dì in cui 'l'uomo fu separato dai mezzi di produzione' [...]".[14] Conclude Pareto col rilevare che quando si fa uso di fatti immaginari *M*, si dovrebbe almeno aver cura che il legame *MB* fosse logico: "eppure ciò non sempre accade, sia perché la logica ripugna a certi uomini, sia perché si mira ad opera-

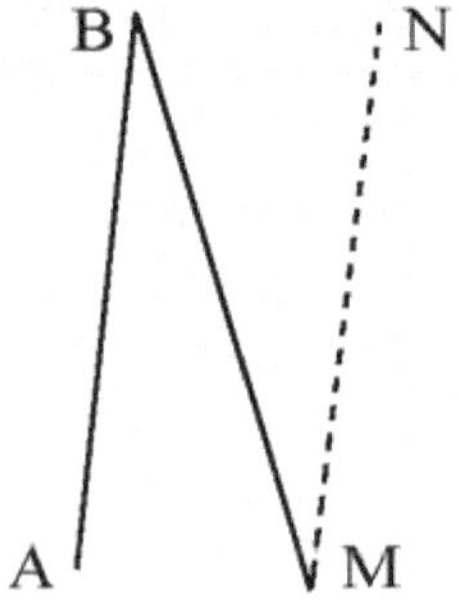

Fig. 4 Fatti reali e fatti immaginari

13 Qui Pareto si riferisce ad A. Loria, economista e sociologo, che a quel tempo aveva massimo credito a livello nazionale e internazionale.

14 *Manuale*, II, § 13. Molte sono le applicazione che fa Pareto di questo orientamento. Si veda tra l'altro come affronta la valutazione di un bilancio che, "come ogni altro provvedimento sociale, ha due aspetti principali; cioè oggettivo l'uno, soggettivo l'altro. Ricerca il primo come il provvedimento opera sui fatti, il secondo, quali sono le sue relazioni con i sentimenti degli uomini ai quali si deve applicare" ("In margine del Bilancio De Stefani", in *Il Giornale economico*, 10 giugno 1923; ora in *Scritti sociologici*, p. 1184-1190).

re sul sentimento." Ecco perché spesso il fatto immaginario *M* è posto in relazione – con o senza nesso logico – con un altro fatto immaginario *N*. Altri esempi possono trarsi dalla metafisica, dalla teologia, dalla *Filosofia della natura* di Hegel e aggiungiamo noi, oggi, dalla sociologia, dall'economia, dalla fisica ed anche dalla logica matematica. Di tutto ciò discuteremo ampiamente nel terzo volume, dove ci occuperemo delle variabili dell'azione. Qui presentiamo solo tre esempi.

Un esempio: la questione della cosiddetta globalizzazione

Oggi si discorre di 'globalizzazione', termine che viene adoperato con significati diversi e contraddittori, a conferma che intorno al concetto vi è molta ideologia. Di qui la necessità di chiedersi quale sia la base empirica del concetto, per poi procedere alla distinzione fra 'soggettività' e 'oggettività'. Generalmente l'accento è posto sulla ridefinizione del rapporto spazio-tempo nelle società industriali avanzate. Con i processi di globalizzazione si produrrebbe, infatti, secondo i correnti punti di vista, una compressione dello spazio e del tempo con la conseguente modificazione delle relazioni sociali. In particolare si avrebbe: 1) sviluppo esponenziale dei flussi di comunicazione (informazioni, immagini, conoscenze, idee), reso possibile dalla tecnologia digitale e dalla telematica; 2) sviluppo accelerato dei flussi di persone, capitali e merci; 3) sviluppo dei processi di 'ibridazione/meticciato', tra culture e stili di vita.[15] Da ciò deriverebbe la ridefinizione dello spazio e del tempo

15 Una mirabile sintesi di questi processi sarebbe data, secondo il quotidiano *la Repubblica*, da A. Sen con l'ultimo "benvenuto" saggio *Identità e violenza* in traduzione italiana da Laterza, che nel suo foglio di informazione libraria *Asterischi*, riprende con il titolo "L'elogio del meticciato", da cui apprendiamo che secondo Sen "l'antidoto alle eruzioni reazionarie di un'inesistente guerra di civiltà è da ricercare dentro noi stessi: nella pluralità di ogni singola natura umana [...] l'inaggirabile natura plurale delle nostre identità", dato che il mondo non si può ridurre ad una "federazione di religioni e civiltà". Nel prossimo volume discuteremo puntualmente della questione dell'identità. Sintetiche considerazioni sono da noi state svolte in *Lezioni di sociologia*, parte prima "Delle comunità politiche", § 8 Gruppi e identificazione (comunità, razza, etnia; comunità e nazione; equilibrio comunita-

come: 4) struttura dello spazio sociale non più caratterizzata da contiguità territoriale, ma da funzionalità sistemiche e mediazioni culturali; 5) struttura del tempo non più segnata da scansioni ben definite e riconoscibili culturalmente, ma da un flusso successivo e indefinito di eventi emotivi. Staremmo per assistere, allora: 6) ad un processo rapido di sradicamento delle relazioni sociali, per il fatto che la contiguità spaziale cesserebbe di essere criterio di orientamento,[16] in favore della contiguità temporale degli eventi, scambi e flussi di merci e informazioni. E, contropartita di tutto ciò sarebbe: 7) la ripresa di significato delle relazioni locali e di vicinato,[17] che in un contesto di globalizzazione diventano risorse di identità e di azione.

---

rio socioemozionale), Facoltà di economia, Università degli Studi di Trento, 1994-95 e successive edizioni. Qui per ora suggeriamo di affiancare alle opinioni di un economista non quelle di un sociologo, ma i risultati – per definizione scientifici – di un etologo: I. Eibl-Eibesfeldt, *Etologia umana. Le basi psicologiche e culturali del comportamento*, Bollati Boringhieri, Torino, 1993, pp. 210 e 410.

16 Si veda il volume, di moda qualche anno fa nelle facoltà di sociologia e di comunicazione: J. Meyrowitz, *Oltre il senso del luogo. Come i media elettronici influenzano il comportamento sociale*, Baskerville, Bologna, 1998. Il concetto chiave – secondo un autore inglese che andava e forse ancora va per la maggiore – sarebbe, nella 'tarda modernità' e dunque nei processi di globalizzazione che ne sono gli aspetti centrali, quello di *disembedding*, di "sradicamento delle attività sociali dalle particolarità dei contesti di presenza".

17 Ricordiamo che Hillery analizzò novantaquattro definizioni della nozione di comunità, constatando come nessuna di queste negasse il fatto che il territorio fosse uno dei suoi elementi costitutivi. Hillery costruì, dunque, un modello rappresentativo delle comunità urbane e rurali, a partire da un certo numero di studi di comunità locali urbane e rurali, appartenenti a culture eterogenee e li sottopose ad una griglia di circa venti concetti, quali la sociabilità, lo spazio, la mobilità, le attività economiche, la coscienza, le istituzioni familiari, religiose, politiche, la stratificazione, ecc. In conclusione, questo insieme di elementi viene ridotto a tre dimensioni: spazio, cooperazione, famiglia, che sarebbero gli elementi più stabili, fondamentali e rappresentativi della comunità, come aveva ben visto, tra gli altri, F. Le Play. Si veda G. A. Hillery, *Communal organizations: a study of local societies*, University of Chicago Press, London, 1968. Ricordiamo, ancora, che Pareto, nella sua teoria dei residui, indica la 'Persistenza delle relazioni di un uomo con altri uomini e con luoghi' (§§ 1015-1051) e le 'Relazioni con luoghi' (§§ 1041-1042) come due dei residui della II classe, la Persistenza degli aggregati (si veda il cap. X).

Dunque, non solo trasformazione quantitativa (più flussi commerciali, più mobilità), ma anche e soprattutto qualitativa: il fattore in assoluto più importante essendo rappresentato dall'introduzione della dimensione globale nella riproduzione quotidiana delle istituzioni sociali che viene realizzata da ciascuna persona. Nella 'tarda modernità', secondo alcuni teorici della globalizzazione, le persone vengono socializzate nel ciclo della loro vita in base a una conoscenza, a una consapevolezza e a immagini che sono globali, mentre le istituzioni tradizionali vengono disaggregate per essere sostituite da quelle derivanti dalle comunicazioni, legittimazioni, attribuzioni e sanzioni globalizzate.

Qualcuno definisce questa situazione in termini di 'modernità riflessiva', cioè una forma di vita universalizzata che riguarda tutti e che polarizza su di sé l'attenzione e l'azione degli individui. Lungi dall'assumere un atteggiamento passivo nei confronti della globalizzazione, l'individuo – proprio grazie ad essa – ha la possibilità di confrontarsi con ampie varietà di informazioni, stili di vita, ecc. Ciò comporta una maggiore capacità di riflessione che ha come conseguenza la tendenza, da parte dell'individuo, a sviluppare, sulla base di una migliorata consapevolezza, diverse e superiori aspettative riguardo alla propria realizzazione. È la cosiddetta 'politica della vita', che comprende anche le reazioni ad alcuni aspetti della modernità e che si manifesta, ad esempio, attraverso i movimenti ambientalisti e pacifisti. La 'politica della vita', espressione della capacità dell'individuo di interagire dialetticamente (sic!) con le diverse espressioni della società globale, può incidere profondamente anche sugli aspetti socio-economici del sistema. È il caso dei cosiddetti 'nuovi esseri umani' giapponesi, cioè la nuova generazione che pare voler scardinare, in un certo qual senso, la struttura organizzativa che tanto ha contribuito al successo dell'industria nipponica. Agli ideali di operatività di gruppo, di responsabilità collettiva che affondavano in parte le loro radici nella tradizione del confucianesimo, la nuova generazione opporrebbe una scarsa inclinazione verso lo stesso lavoro per tutta la vita, dimostrandosi interessata a lavorare in aziende più piccole, dotate però di maggiore spirito creativo ed imprenditoriale.[18] Si vuole che la stessa comunicazione interpersonale e le comunicazioni di massa all'interno dello stato-nazione (della comunità politica, meglio) siano impregnate di significato globale. Non può non essere così – ci dicono – dato che lo sviluppo delle tecnologie ha accelerato la produzione e lo scambio di informazioni su scala globale: la persona comunica adesso all'interno di un ampio panorama di potenziali canali di comunicazione di massa.[19] Se io comunico da qualche tempo con la mia amica di Chicago via Internet, vogliono farmi credere che la mia vita stia cambiando. Se poi dal mio tavolo di lavoro mi collego con un sito dell'Università di Fort Alamo, sicuramente il mio sapere riceverà forti impulsi mai visti prima. Superfluo rilevare quanto in queste posizioni, non vogliamo dire analisi, siano divaricate oggettività e soggettività.[20]

---

18 Questa è l'interpretazione che si dava nel corso degli anni novanta del secolo scorso. Chissà cosa scriverebbero oggi che il Giappone è da diversi anni in recessione o comunque in crescita scarsa.

19 In un volume del gennaio 2006 a cura della Divisione statistica del dipartimento di economia e affari sociali delle Nazioni Unite, in cui si valuta la produzione di dati statistici in 204 paesi, leggiamo che 10% della popolazione mondiale (cioè 26 paesi), che include il 43% della popolazione africana, risiede in un paese in cui non è stato effettuato un censimento nel decennio 1995-2004. Di più, oltre 90 paesi (il 70% della popolazione mondiale), non utilizzano un sistema di registrazione di tipo civile per le nascite. Ancora, il 10% della popolazione mondiale (pari a 53 paesi) vive privo di informazioni sul genere e sull'età della popolazione; il 40% della popolazione (pari a 83 paesi), che comprende il 50% della popolazione asiatica, il 70% della popolazione africana e il 90% della popolazione residente nei paesi meno sviluppati, non dispone di dati sui decessi per sesso e età. The World's Women 2005 riferisce che la mancanza di statistiche di genere è particolarmente rilevante: così in 164 paesi mancano informazioni di genere e sulla partecipazione dei bambini all'istruzione; 108 paesi non riportano informazioni sulla disoccupazione per sesso ed età; 152 paesi non dispongono di informazioni sui salari per i maggiori gruppi di impresa e sesso, rendendo impossibile la comparazione tra i salari di uomini e donne. Per quanto riguarda la violenza sulle donne, solo 28 paesi dispongono di queste informazioni (M. Chamie, "The World's Women 2005: Progress in Statistics", in *Giornale del Sistan*, n. 32, Roma, maggio-agosto 2006, p. 18).

20 Un volume che si occupa di *Net Sociology* ci ragguaglia sostenendo che nell'era digitale e del 'pensiero in rete' non si può non essere *lifelong learnes* anzi nell'era della *Computer Mediated Communication* (in inglese e in maiuscolo) il *trauma*

Secondo esempio: la globalizzazione e i suoi 'oppositori'

J. Stiglitz,[21] in un recente volume, racconta la propria esperienza presso la Banca mondiale. Da sempre interessato al tema dello sviluppo economico, aveva dovuto modificare radicalmente le proprie opinioni, sia sulla globalizzazione sia sullo sviluppo, dopo aver preso atto in prima persona degli effetti devastanti che la globalizzazione può avere sui paesi in via di sviluppo e, in particolare, sui poveri che vi abitano.

Egli è sempre convinto che la globalizzazione, ossia l'eliminazione delle barriere al libero commercio e la maggiore integrazione tra le economie nazionali, possa essere una forza positiva e che abbia tutte le potenzialità per 'arricchire' chiunque nel mondo, in particolare i poveri. Ma perché ciò avvenga, è necessario un ripensamento attento del modo in cui essa è stata gestita, degli accordi commerciali internazionali che tanto hanno fatto per eliminare quelle barriere e delle politiche che sono state imposte ai paesi in via di sviluppo durante il processo di globalizzazione.

Stiglitz ritiene che sia importante valutare obiettivamente i problemi, mettendo da parte le ideologie e considerando con attenzione i fatti, prima di decidere come agire: a chi si riferisce: allo studioso, al politico, al funzionario? Sfortunatamente, nel tempo trascorso alla Casa Bianca, alla Banca mondiale ha visto spesso prendere decisioni basate sull'ideologia o sulla politica (su cosa altrimenti?) e in conseguenza di ciò, sono stati stabiliti interventi sbagliati che, invece di risolvere il problema, favorivano chi aveva in mano il potere (effetto perverso: quarto genere delle azioni non logiche; si veda il cap. X di questo volume).

---

point che il *mondo Internet* consegna all'esperienza della tarda modernità è epocale ed è uno strumento di socializzazione e di espressione della corporeità virtuale perché permette di esprimere allo stesso tempo il massimo di soggettività e il massimo di socialità. Vale a dire che un individuo può compiere scelte non condizionate dal contesto sociale di diretto riferimento e può, al contempo, se lo desidera, connettersi e contattare altri individui sparsi sul pianeta (si veda la recensione in *Comunicando*, n. 4, ott.-dic. 2002, pp. 434-435).

21 J. Stiglitz, *La globalizzazione e i suoi oppositori*, Einaudi, Torino, 2002.

Al riguardo si cita Pierre Bourdieu, il quale ha scritto che i politici "dovrebbero" dare al loro lavoro un'impostazione di tipo accademico, cioè impegnandosi in un dibattito scientifico (così, razionalisticamente, si risolvono i problemi!) basato su prove e fatti concreti. Purtroppo succede spesso l'esatto contrario quando gli accademici a cui vengono richieste consulenze in materia politica diventano essi stessi politicizzati, al punto di forzare la mano alle teorie, pur di adattarle alle idee di chi è al potere.

Stiglitz in precedenza aveva suddiviso, dice, il suo tempo come ricercatore tra l'economia matematica astratta (contribuendo a sviluppare una branca dell'economia che è stata poi denominata 'economia dell'informazione') e applicazioni, come l'economia del settore pubblico, lo sviluppo e la politica monetaria.[22]

In fondo, Stiglitz è ingenuamente sincero quando dice di essersi reso conto che sia alla Banca mondiale che alla Casa Bianca esisteva uno stretto legame tra le politiche da lui auspicate e le sue precedenti pubblicazioni economiche, in massima parte teoriche e dedicate alle imperfezioni del mercato – le ragioni, cioè, per cui i mercati non funzionano nel modo perfetto indicato dai modelli semplificati che ipotizzano una concorrenza e un'informazione perfette.

Ciò gli aveva permesso di introdurre in politica anche la sua opera sull'economia dell'informazione, in particolare sulle asimmetrie dell'informazione (vale a dire quelle differenze nelle informazioni di cui dispongono l'operaio e il suo datore di lavoro,[23] il prestatore e il mutuatario, la compagnia di assicurazioni e l'assicurato, ecc.); dunque, asimmetrie che permeano qualsiasi economia.

---

22 In particolare, aveva riflettuto e scritto sul diritto fallimentare, la 'corporate governance', l'apertura e la libertà di accesso alle informazioni (quella che gli economisti chiamano 'trasparenza'), la transizione dal comunismo alle economie di mercato. In italiano è stato tradotto 'Economia del settore pubblico', 'Il ruolo economico dello stato', 'Principi di microeconomia', 'Principi di macroeconomia', 'In un mondo imperfetto'.

23 Ricordiamo che Rodolfo Benini aveva già argomentato tali problematiche nella prolusione al corso di Economia politica all'Università di Roma, il 12 gennaio 1929 e in alcuni saggi, tra i quali "La capacità di resistenza nei contratti considerata nelle classi sociali e nei popoli", in *Economia*, a. VII, vol. 3, 1929.

L'economia dell'informazione, attraverso un'analisi più accurata del mercato della manodopera, dei capitali e dei prodotti, consentirebbe, secondo Stiglitz, l'elaborazione di modelli macroeconomici in grado di capire più a fondo il fenomeno della disoccupazione, modelli che spiegano le fluttuazioni, le recessioni e le depressioni caratteristiche del capitalismo sin dai suoi albori.

Diversamente, i modelli standard, utilizzati per generazioni dagli economisti, ipotizzano un funzionamento perfetto dei mercati (si è arrivati addirittura a negare l'esistenza della disoccupazione) o, al più, attribuiscono la disoccupazione ad un'unica causa, il livello elevato dei salari, da cui deriva un unico e ovvio rimedio: abbassarli. La sua opera, dice Stiglitz, ha fornito le basi per elaborare teorie più realistiche sulla manodopera e sui mercati finanziari. Teorie che spiegano, per esempio, come mai esiste la disoccupazione e perché chi più ha bisogno del credito spesso non riesce a ottenerlo – il fenomeno, per dirla con gli economisti, del razionamento del credito.

Non poteva non rendersi conto Stiglitz delle implicazione politiche di queste teorie e nello stesso tempo non riconoscere che alcune di esse sono ovvie per chiunque sia a contatto con il mondo reale (ad esempio, quando i tassi d'interesse aumentano a livelli esorbitanti, le aziende fortemente indebitate possono trovarsi costrette al fallimento, con conseguenze chiaramente negative per l'economia). Infine, scopre che, nonostante queste ricette politiche sembrassero ovvie, andavano in senso opposto rispetto a quelle su cui insisteva il Fondo monetario internazionale.

Una spiegazione, seppure parziale, secondo Stiglitz, di questo comportamento riconduce le politiche del FMI al presupposto logoro che i mercati, per loro stessa natura, operino in maniera efficiente, e, dunque, impedendo ai governi di intervenire sul mercato con provvedimenti e misure adeguati, capaci di guidare la crescita economica a beneficio di tutti.[24]

---

24 Anche per quanto riguarda la trasparenza, Stiglitz rimprovera al FMI e al Tesoro degli Usa di pretenderla dagli altri, ma di non praticarla affatto.

Quando ci si occupa di questioni internazionali – continua – si scopre che la "buona economia" e la "buona politica" (ormai l'aggettivo pare essere divenuto di moda presso i santuari scientifici) non sono tenute in grande considerazione, soprattutto al FMI. Le decisioni sono prese sulla base di una curiosa miscela di ideologia e cattiva economia, un assioma che spesso cela solo velatamente interessi particolari (si vedano le derivazioni delle quattro classi, cap. X di questo libro). Continua Stiglitz. Quando sopraggiungevano le crisi, il FMI prescriveva soluzioni 'standard' sorpassate e inadeguate, senza considerare gli effetti che queste politiche avrebbero avuto su paesi che dovevano adottarle. Raramente venivano analizzate e discusse le conseguenze che queste politiche avrebbero avuto sulla povertà, o quelle di eventuali politiche alternative. La ricetta era una e unica, e non si cercavano né si chiedevano altre opinioni, mentre il dibattito aperto e schietto era anzi scoraggiato. L'ideologia guidava le scelte politiche e i paesi dovevano seguire le direttive del FMI senza discutere.

Stiglitz parla del proprio disorientamento di fronte a questi atteggiamenti, che nella maggior parte dei casi producevano risultati scadenti, spesso fallimentari e per di più antidemocratici. Le politiche di adeguamento strutturale del FMI hanno portato alla fame e alla sommossa molti popoli e quando i risultati non sono stati così disastrosi, i provvedimenti hanno favorito una crescita temporanea dalla quale hanno tratto vantaggio solo i più abbienti, mentre i poveri sono diventati ancora più poveri.

Tutto ciò spiega la reazione contro la globalizzazione, che trae forza non soltanto dal danno visibile arrecato ai paesi in via di sviluppo dalle politiche guidate dall'ideologia, ma anche dalle iniquità del sistema del commercio internazionale.

Oggi, continua Stiglitz, a parte chi ha interesse a tenere i beni prodotti dai paesi poveri al di fuori dei circuiti commerciali, sono in pochi a difendere l'ipocrisia di chi finge di aiutare i paesi in via di sviluppo obbligandoli ad aprire i loro mercati alle merci dei paesi industrializzati, mentre questi ultimi tengono i loro ben protetti attuando politiche che rendono i ricchi sempre più ricchi e i poveri sempre più poveri e 'arrabbiati'.

Queste considerazioni lo riconnettono ai barbari attacchi dell'11 settembre, i quali avrebbero "aperto improvvisamente gli occhi" sul fatto che viviamo tutti sullo stesso pianeta, siamo una comunità globale (senza l'11 sett. non l'avremmo saputo?) e come tutte le comunità dobbiamo seguire alcune regole che ci permettano di convivere. Queste regole devono essere – ed essere considerate – eque e giuste, devono pensare tanto ai poveri quanto ai potenti ed essere animate dai principi fondamentali della decenza e della giustizia sociale. Nel mondo di oggi, si deve arrivare a regole simili attraverso processi democratici (azione non logica del II genere: si invoca la dea democrazia, come si invoca la pioggia attraverso la danza).

In conclusione, Stiglitz, temendo di essersi spinto troppo avanti nella critica di alcune istituzioni internazionali, tiene a precisare che qui non ci sono pistole fumanti, né prove incontrovertibili di una terribile cospirazione di Wall Street e del FMI per conquistare il mondo: la verità è più sottile; "spesso è un tono di voce, oppure un incontro a porte chiuse, o un memorandum a determinare l'esito di un dibattito" (cioè le derivazioni e gli interessi).

Nelle pagine dedicate ai ringraziamenti si augura che tra i temi del suo libro trovi una qualche risonanza la considerazione del libero accesso all'informazione: molti dei problemi che descrive sorgono, dice, perché tante decisioni importanti vengono prese nel segreto dei palazzi del potere. Dunque, auspica una stampa libera e attiva: tema centrale del libro è il valore del dibattito. Da ultimo ci tiene anche a dire che il lavoro si basa su una quantità immensa di opere accademiche, in parte sue, scritte in collaborazione con molti coautori e in parte di altri.[25]

---

25 Così il *Giornale del Sistan*, periodico del sistema statistico nazionale: "Il volume *La globalizzazione e i suoi oppositori* di J. Stiglitz è un violento e documentato attacco ai comportamenti delle organizzazioni internazionali in particolare del Fmi [...] un libro da leggere, scritto da un moderato informato, non contrario alla globalizzazione, ma con una veemenza contro i suoi eccessi ben più accentuata di quella del più estremista no-global." (a. 8, n. 22, genn.-apr. 2003, p. 28).

Un altro esempio: le teorie del Tutto

Se vogliamo partire dal sec. XVII – dalla cosiddetta rivoluzione galileiana e poi newtoniana – non si contano i tentativi di elaborare una teoria matematica in grado di spiegare e prevedere molti fenomeni, compresi quelli sociali. Già Leibniz riteneva di poter produrre un sistema di logica così potente da essere in grado di risolvere problemi matematici, filosofici, morali e politici. Così si può ancora ricordare Condorcet nel Settecento ed altri a seguire nell'Ottocento. Ma l'impulso decisivo a questa tendenza si è avuto dopo la Seconda guerra mondiale con la comparsa via via della cibernetica, della teoria dell'informazione, della teoria delle catastrofi ed altre ancora che vedremo più avanti per pervenire alla vera e propria teoria del Tutto (scritta con la T maiuscola, come le entità superiori), della quale qui propriamente non abbiamo tempo di occuparci. Intanto due parole sulle prime tre.

Come si sa fu N. Wiener del MIT a creare pressoché da solo la cibernetica (dal greco kybernétes, timoniere), da cui il libro omonimo (1948), che portava come sottotitolo 'Controllo e comunicazione nell'animale e nella macchina'. Secondo Wiener era possibile la formulazione di una teoria unitaria in grado di spiegare sia il funzionamento delle macchine, sia lo svolgersi dei fenomeni biologici, dagli organismi unicellulari alle economie sovranazionali, in quanto tutte queste entità elaborano informazione e agiscono su di essa, oltre ad impiegare meccanismi quali la retroazione positiva o negativa e filtri per distinguere i segnali dal rumore. Già verso la fine degli anni Sessanta e inizio anni Settanta la cibernetica era divenuta una parola di moda, citata il più delle volte a sproposito da scienziati, letterati, droghieri, ecc. Avendo perduto tutta l'oggettività possibile, era divenuta una parola passpartout (come sta succedendo oggi per le espressioni complessità e caos).

Con C. Shannon abbiamo la cosiddetta teoria dell'informazione a partire dal suo libro 'Una teoria matematica dell'informazione' (1948), dove definisce matematicamente l'informazione basandosi sul concetto di entropia mutuato dalla termodinamica. Essa contagiò discipline estranee alle telecomunicazioni come la linguistica, la psicologia, l'antropologia (perfino C. Lévi-Strauss ne trae spunti), l'economia. Dopo i fasti della soggettività, questa teoria è ritornata a quello che poteva essere in senso oggettivo (e lo stesso Shannon era d'accordo) e cioè una elaborazione matematica per migliorare la trasmissione dell'informazione su una linea telefonica e telegrafica soggetta a interferenza elettrica, o rumore. Ed è usata ancora come base teorica per la codifica, la compressione, la cifratura, ecc. dell'elaborazione dell'informazione.

Era ormai maturo nelle menti di matematici e fisici ciò che da secoli gli scienziati sociali andavano studiando e cioè i concetti di discontinuità, non linearità, mutamento brusco, fenomeni emergenti, autoorganizzazione, ecc., che possono interessare un sistema e perciò non si poteva non avere una teoria matematica per la bisogna. Ci pensò R. Thom, negli anni Sessanta, con la sua teoria delle catastrofi, esposta nel 1972 in 'Stabilità strutturale e morfogenesi'.[26] Secondo Thom tale matematica avrebbe favorito lo studio di tutta un'ampia gamma di fenomeni caratterizzati appunto dalla discontinuità. Le lodi furono sperticate: si vedeva un nuovo approccio, dopo i 'Principia' di Newton, per la comprensione della natura. Le equazioni di Thom si occupavano di spiegare, a partire dal concetto di biforcazione, come da un insieme apparentemente ordinato potesse sprigionarsi un mutamento improvviso, appunto 'catastrofico', o come si dice oggi nella cosiddetta teoria della complessità, 'emergente'. In questo modo si potevano spiegare eventi fisici, biologici e sociologici. Purtroppo non era nient'altro che l'ennesima comparsa del platonismo e cioè di un modo di pensare in cui si 'spiega' o si deduce il mondo dal pensiero puro, razionale, 'cartesiano', ove la oggettività soggiace alla soggettività. Ciò che Vico aveva giustamente e implacabilmente avversato.

Poi comparve la teoria del caos nella più nota presentazione di J. Yorke e la teoria della complessità (con la tesi antiriduzionista; tesi talvolta giusta e tanto più giusta per un sociologo; ma che certo non può trovare credito quando pretende di operare una sintesi, come dico-

---

26 R. Thom, *Stabilità strutturale e morfogenesi. Saggio di una teoria generale dei modelli*, Einaudi, Torino, 1980.

no, delle comprensioni olistiche e delle scomposizioni riduzionistiche) di J. Holland del Santa Fè Institute, un'altra istituzione alla ricerca della spiegazione del Tutto in concorrenza con Barrow, Tipler, Hawking, ecc. Ancora, il 'more is different' (di più è diverso) di Anderson (1972), espressione magica per i cultori della caos-complessità, non è altro che la versione tardiva, per quanto ritenuta matematicamente sofisticata, del durkheimiano 'il tutto è qualcosa di più della somma delle parti'. In seguito ci pensò E. Morin con altri a costruire un immenso pallone ideologico ed entusiastico intorno a questi presunti (per la sociologia) nuovi concetti.

Così si spiega perché in definitiva nel campo sociologico da sempre, per passare dalla qualità alla quantità, si siano elaborate tecniche di contabilità, di elaborazione numerica, aritmetica, matematica, ecc., sempre dall'interno della disciplina e nessun, o quasi, apporto sia venuto da matematici e fisici (anzi con la loro metafisica di fatto frenavano lo sviluppo) e non poteva essere altrimenti, dato che prima di applicare un mezzo, occorre conoscere l'oggetto cui si applica (altrimenti, come spesso è capitato, il mezzo diventa fine, cioè metafisica e allora aveva ragione Sorokin a sbeffeggiare la 'quantofrenia' in sociologia e non solo). Non si deve dimenticare che quasi tutta la statistica e la statistica metodologica che ne è risultata non è altro che il prodotto dell'orto sociologico ed economico e non matematico e fisico). Del resto, l'espressione 'statistica' viene dalla boteriana 'Ragion di Stato', che continuava l'approccio di Marin Sanudo. Sono occorsi secoli per giungere ad individuare faticosamente oggetto (o oggetti) e metodi. Tant'è che fino a Pareto,[27] ma vorrei dire ancora di più, fino a C. Gini, la formazione scientifica era indistinguibile e le cosiddette 'due culture', negli autentici scienziati sociali, erano solo una. Come del resto sta ritornando e

27 Ricordiamo il giudizio di I. Fischer sul *Cours*: "nessuna altra opera contiene una raccolta così compatta, varia e comprensiva di dati statistici [e di deduzioni matematiche, possiamo aggiungere, che la resero unica in tutto il secolo XIX] storia e statistica sono trattate con una facilità che rivela una cultura tanto vasta e profonda quanto la capacità intellettuale di penetrazione dell'autore." (*Yale Review*, vol. 5, 1896, p. 327 e vol. 6, 1897, p. 207; cit. in H. T. Davis, "Pareto statistico", *Giornale degli economisti*, 1949, p. 200).

deve ritornare ad essere. Ricordiamo – come abbiamo già detto nell'introduzione – che statistica ed elementi di probabilità si insegnarono prima in facoltà di Giurisprudenza, all'interno dei corsi di sociologia (ad esempio, Niceforo) e di economia, e poi nelle facoltà di matematica. Tutta l'opera di Gini è indistinguibile se di matematica, di statistica o di sociologia. Perciò, quando si dice che stiamo assistendo nella scienza al passaggio dai processi deterministici certi ai processi indeterministici, provvisori e incerti, dai metodi analitici riduttivi e lineari, ritenuti sino ad ora la massima espressione della scienza ai metodi non lineari, in generale si sta passando dal feticismo della linearità e certezza, forse al nuovo feticismo della non linearità e incertezza. Ma non si specifica mai bene che tutto questo vale per le scienze fisiche.

Percezioni e logica

Per il ricercatore è, dunque, importante distinguere il fenomeno oggettivo dalla forma in cui gli individui, spinti dalle passioni e dai pregiudizi, lo percepiscono; forma che costituisce il cosiddetto fenomeno soggettivo, il quale, come abbiamo visto, in parte è uguale al fenomeno oggettivo e in parte ne differisce:[28]

---

28 Non diverso, ci pare, l'orientamento di M. Weber: "[...] oggi non è scomparsa l'opinione inesatta – comprensibilmente comune in particolare tra i pratici – che l'economia politica produca e debba produrre giudizi di valore, derivandoli da una specifica 'concezione economica del mondo'. La nostra rivista, in quanto rappresentante di una disciplina empirica, deve respingere in linea di principio questa posizione – poiché siamo convinti che non può mai essere compito di una scienza empirica quello di formulare norme vincolanti e ideali, per trarne ricette per l'azione pratica. Che cosa discende però da questa proposizione? Non ne discende in alcun modo che i giudizi di valore, in quanto essi si basano in ultima istanza su determinati ideali e sono perciò di origine 'soggettiva', siano sottratti alla discussione scientifica in generale. La prassi e lo scopo della nostra rivista smentirebbe sempre un principio siffatto." ("L''oggettività' conoscitiva della scienza sociale e della politica sociale", in *Saggi sul metodo delle scienze storico-sociali*, a cura di Pietro Rossi, Edizioni di Comunità, Torino, 2001, p. 151).

> [...] considero uno o più uomini A, e i fenomeni B che seguono all'infuori di quegli uomini. I fenomeni B li chiamo *oggettivi*, i fenomeni che seguono nelle menti di A li dico *soggettivi*. Bene inteso che, per me, l'etimologia di quei nomi è indifferente, e tanto farebbe che chiamassi α e β quei fenomeni. Purché siano distinti, mi basta. Chiamo metafisico tutto ciò che trascende dall'esperienza, dai fatti reali, concreti, verificabili. A me tali distinzioni paiono perfettamente chiare.[29]

Il fenomeno oggettivo è costituito, beninteso, da quelle uniformità che Pareto ricerca e di cui all'inizio della sua analisi sottolinea l'importanza. Se i fatti sociali non ne presentassero, come abbiamo detto nel primo capitolo, non esisterebbe una scienza sociale,[30] cioè non si sarebbe costituita la vichiana *scienza nuova*. Percezioni e logica, in effetti, sono gli argomenti di cui si occupa Pareto. I sentimenti, le idee correnti nella società, i pregiudizi e molte altre circostanze impediscono alle nostre percezioni di essere una copia esatta del fenomeno oggettivo che le ha fatte nascere. Inoltre, gli uomini imputano spesso alle loro azioni cause immaginarie, diverse dalle cause reali, non perché siano in malafede, ma perché per lo più hanno la tendenza – come dice Pareto in modo colorito ma efficace – a 'ingannare' se stessi. Un grandissimo

---

29 Pareto a Vailati, 23 ottobre 1902; in G. Vailati, *Epistolario 1891-1909*, a cura di G. Lanaro, Einaudi, Torino, 1971, p. 106.

30 "A quest'analisi assolutamente incompleta la scienza sostituisce uno studio ampio e comprensivo, che non si limita allo studio qualitativo dei fatti, ma assurge allo studio quantitativo. Ad astrazioni senza fondamento essa sostituisce delle realtà ed elimina vaghe aspirazioni senza consistenza sostituendo loro lo studio rigoroso dei rapporti necessari tra le cose. Al di sopra, ben al di sopra, dei pregiudizi e delle passioni dell'uomo planano le leggi della natura. Eterne, immutabili, sono l'espressione della potenza creatrice: rappresentano quel che è, quel che deve essere, quel che non potrebbe essere altrimenti. L'uomo può pervenire a conoscerle; non può mutarle. Dagli infinitamente grandi, agli infinitamente piccoli, tutto vi è soggetto. I soli e i pianeti seguono le leggi scoperte dal genio di un Newton e di un Laplace, precisamente come gli atomi seguono, nelle loro combinazioni, le leggi della chimica e gli esseri viventi le leggi della biologia. È solo l'imperfezione dello spirito umano che moltiplica le divisioni delle scienze, che separa l'astronomia dalla fisica o dalla chimica, le scienze naturali dalle scienze sociali. Nella sua essenza, la scienza è una: non è altro che la verità." (*Cours*, § 1068).

numero di azioni umane sono puramente istintive,[31] ma l'uomo sente il bisogno di dar loro delle cause logiche. In generale, egli non è particolarmente esigente sulla qualità di questa logica e si accontenta di una sembianza, di un simulacro di ragionamento; ma proverebbe disagio se dovesse farne completamente a meno. Una questione posta da Luhmann – che la derivò da T. Parsons – con parole diverse quando dice che dalla doppia contingenza deriva che i sistemi sociali sono 'sistemi autopoietici'; significando con ciò che tali sistemi, posti in un determinato ambiente in cui si provi a intaccarne l'autonomia, procedono ad un'*interpretazione* di quell'ambiente, che permetta una loro autonomia. Dunque, con la doppia contingenza si rafforza la propria autonomia e si riduce la complessità, se abbiamo ben interpretato Luhmann. Un modo un po' contorto per determinare la natura autopoietica del sistema sociale e della sua autoreferenzialità.[32]

Si pone qui la questione che sarà ampiamente discussa e approfondita prima nel *Manuale* e poi completamente nel *Trattato*: quella, cioè, relativa al linguaggio come manipolazione volontaria o non volontaria della realtà. Una lettera all'amico Pantaleoni, nei mesi in cui pubblicava i *Systèmes*, fornisce un contributo al suo chiarimento con riferimenti pratici e a questioni politiche del momento:

> [...] il pubblico ti è contrario, perché la tua cara democrazia ragiona coi piedi. Tu ti figuri di persuadere la gente coi ragionamenti, sei uno di coloro di cui parla il Le Bon, i quali si meravigliano che la loro potente logica non ha il minimo effetto sulla folla. [...] non so se si potrebbe mutarne l'opinione trovando modo di operare sul sentimento; certo è che coi ragionamenti non si muta. [...] non ti mettere in mente di potere vincere per forza di logica. Ricordati ciò che ti dico; vedrai che, se vuoi vin-

---

31 A proposito di istinto, si vedano più avanti le considerazioni sulle posizioni dell'etologo I. Eibl-Eibesfeldt.

32 N. Luhmann, *Sistemi sociali*, Il Mulino, Bologna, 1990, p. 205 e ss. In Parsons il concetto di 'doppia contingenza' significa che l'attore è allo stesso tempo soggetto in azione e oggetto di orientamento per sé e per gli altri: "l'orientamento di un soggetto agente in vista dell'azione contingente di un altro implica un orientamento valutativo, poiché l'elemento della contingenza comporta la rilevanza di un sistema di alternative." (T. Parsons, *Il sistema sociale*, Edizioni di Comunità, Milano, 1965, p. 43).

cere per forza, andrai di male in peggio. [...] La tua teoria che distingue gli affari privati dai pubblici può essere buona, ma la tua cara democrazia non la capisce e non la capirà mai. Per essa deputato+affari=deputato affarista; Casale=Pantaleoni. Non sei mica tu che cambierai la democrazia da quello che è sino dai tempi di Aristofane! [...] Quella lettera è troppo lunga per la tua egregia democrazia, troppo logica. Al tuo grosso cane fai una dimostrazione logica? No: dunque perché la vuoi fare al grosso pubblico? [...] Il mondo è fatto così; e dubito assai che proprio tu debba essere l'uomo che lo faccia mutare strada. Inutile contrastare alla corrente, meglio farsi da essa portare.[33]

Moti ondulatori entusiastici nella scienza

In questi passaggi vi è la radicale distinzione tra la logica paretiana e le varie logiche, filosofie della scienza, filosofie che, senza tema del ridicolo, si dicono esatte (abbiamo trovato una 'society of exact philosophy'), le più recenti cosiddette scienze cognitive (oramai tutto pare essere cognitivo: abbiamo anche le scienze della cognizione) e le vecchie metafisiche, che (ahimé!) si sono fatte espropriare quasi del tutto del loro oggetto. Si pensi al dibattito odierno tra logica e la cosiddetta 'computer science'. Tale dibattito può essere senz'altro illuminato dall'approccio paretiano, dal momento che pone al centro il concetto di ragionamento e le particolari questioni inerenti la comunicazione e il flusso di informazione, l'interazione sociale e il comportamento strategico, l'architettura complessiva di differenti attività cognitive, il comportamento a lungo termine a confronto con quello a breve termine. A tutto ciò si aggiunga il ruolo della memoria e della regolarità statistica. Si tratta di temi oggi divenuti comuni e che si ritengono cruciali nelle cosiddette scienze cognitive. Non c'è più facoltà di economia che non organizzi un convegno sui rapporti tra fenomeni economici e comportamento individuale, indagando particolarmente le relazioni tra i processi che interessano l'economia e le caratteristiche mentali delle persone (c'è anche una nuova 'economia cognitiva'). E non possiamo che compiacerci che nelle stesse facoltà si fondino laboratori attivi nello

33 Lettera del 24 ottobre 1902, in *LMP*, vol. II, p. 406.

studio dei processi del pensiero, sia individuale che collettivo, e delle sue applicazioni anche alle scienze del linguaggio e del cervello. Spesso però si ha la pretesa di partire da zero, proprio perché gli addetti ai lavori – specie economisti computazionali, cognitivi, dell'intelligenza artificiale, ecc. – ignorano l'opera paretiana. Ritengono, perciò, di essere i primi a occuparsi di rappresentazioni mentali esplicite per l'homo œconomicus, di modelli cognitivi nelle scienze sociali, di aspetti teorici e sperimentali nello studio degli errori nelle decisioni, indotti dalla categorizzazione e dell'apprendimento in ambienti evolutivi.

Ondate entusiastiche sono la regola anche nella scienza (si veda la I classe dei residui) che, come qualsiasi ambito fenomenico, è soggetta a moti ondulatori. Genomica, teoria e tecnologia dell'informazione, cognitivismo, computazionalismo, reti neurali, ecc. hanno sostituito la precedente ondata, costituita da teoria delle catastrofi, frattali, caos, complessità, intelligenza artificiale e pare rappresentino oggi la frontiera più avanzata della ricerca scientifica,[34] ma anche e soprattutto della moda scientifica. Peraltro, come spesso succede, il punto massimo di un'onda preannuncia una discesa; così pare si voglia tornare, per quanto riguarda il comportamento umano, alla psicoanalisi freudiana. Stando a quanto dice M. Minsky (cofondatore dell'Artificial Intelligence Laboratory del MIT): "la psicoanalisi potrebbe rappresentare la soluzione [...] che i ricercatori nel campo dell'intelligenza artificiale stanno disperatamente cercando", dato che "Freud è quello che finora ha prodotto le migliori teorie, a parte le mie, a proposito di ciò che occorre per fare una mente".[35] Vorremmo qui suggerire che, forse, la teoria dei

---

34 Ovviamente il valore intellettuale in sé non è in discussione, specialmente per Mandelbrot, studioso attento della curva di Pareto fin dal 1959 (per la bibliografia relativa rimandiamo al cap. VIII). Si veda ad esempio di R. Thom, *Parabole e catastrofi*, Il Saggiatore, Milano, 1980; una ottima esposizione è quella di T. Tonietti, *Catastrofi. Una controversia scientifica*, Edizioni Dedalo, Bari, 1983. Di B. B. Mandelbrot, *Les objets fractals: forme, hasard et dimension*, Flammarion, Paris, 1975; *The fractal geometry of nature*, W.H. Freeman, New York, 1982; trad. it. *La geometria della natura*, Theoria, Roma, 1990; *Fractales, hasard et finance*, Flammarion, Paris, 1997.

35 J. Horgan, *La mente inviolata. Una sfida per la psicologia e le neuroscienze*, Raffaello Cortina editore, Milano, 2001, pp. 260-261.

residui e delle derivazioni di Pareto potrebbe dare una mano. Alle questioni poste da Pareto, Minsky sembra con molto sforzo avvicinarsi quando dice che "Freud si era reso conto che la mente aveva molte parti" e ancora "ci sono diversi, forse molti, istinti fondamentali. Gli istinti più primitivi, o 'macchine' come li chiama Minsky erano quelli consacrati a bisogni quali cibarsi, trovare ricovero e fuggire dai predatori. [...] Con alcuni scopi che derivano dalla genetica e altri che ci provengono, in un modo che ancora non conosciamo, dalla cultura e dai genitori. Nel mezzo c'è il pensiero".[36] Horgan riferisce che Minsky stava scrivendo un libro dal titolo 'la macchina delle emozioni', "cioè – secondo Minsky – una persona". Anche in questo caso ci permettiamo di dire che esiste già un'opera del genere in due volumi ed è comparsa nel 1915: è il *Trattato di sociologia generale.*

Un appunto dello stesso tipo può essere rivolto alla recente disciplina etologica e, particolarmente, all'opera di Eibl-Eibesfeldt, per tanti versi notevolissima, ma che purtroppo dimostra di conoscere solo parzialmente la letteratura sociologica, allorché afferma che fino agli anni Settanta del secolo scorso la maggior parte dei behavioristi e dei sociologi riteneva che l'uomo fosse sottoposto in modo sostanzialmente passivo agli influssi formativi dell'ambiente e che in ogni momento fosse possibile condizionarlo nel modo desiderato, mediante ricompensa o punizione. Parallelamente al behaviorismo, si andava sviluppando in campo antropologico un forte relativismo culturale, che negava le leggi della biologia, e cita in particolare Boas, Kroeber, agli inizi del secolo e un po' dopo Herskovits, M. Mead, ed altri. Eibl ritiene che le spinte decisive a rivedere le impostazioni ambientale e culturale (forse quelle più estreme) siano venute dagli studi di biologia del comportamento (etologia), con i lavori di Lorenz e Tinbergen, i quali hanno fatto chiarezza intorno al concetto di istinto. Ricorda anche come W. Ja-

36 Ibid. Alcuni motivi psicoanalitici nel *Trattato*, in particolare il masochismo, il narcisismo e la sessualità come esempio di Pareto-analisi sono discussi da G. Silvestri in *Le socio-analisi 'residuali' di Pareto. Logica dei sentimenti, integrità, narcisismo*, Avellino, 2005. Nel capitolo II si occupa delle logiche individuali e sociali dell'omogeneizzazione concettuale in riferimento alla logica dei sentimenti in Matte Blanco (a partire dall'opera *L'inconscio come insiemi infiniti*, 1975) e Pareto.

mes, 1890, avesse già definito l'‘istinto’ in termini assai avanzati per l'epoca, come “capacità basata su un'organizzazione neuronale innata”. Questi autori, dice Eibl-Eibesfeldt, hanno dimostrato che “adattamenti filogenetici determinano il comportamento degli animali in un modo ben definito e hanno conseguentemente formulato l'ipotesi che anche il comportamento umano sia in parte determinato da analoghi meccanismi; ciò varrebbe per l'ambito motorio, per quello percettivo e per quello pulsionale [...] così venne rivalutato Darwin [...]”.[37]

Tutto ciò è certamente vero, tuttavia Eibl ignora Pareto (o almeno gli indirizzi paretiani), che proprio negli stessi anni prende le distanze dai sociologismi e dai comportamentismi (quest'ultimo limitato alla sola economia pura per motivi di manipolazione matematica). Ma, soprattutto, proprio in quegli anni, poco per volta, prima nel *Cours*, poi decisamente nei *Systèmes* e infine nel *Trattato* prova in maniera induttiva e definisce in maniera logica il concetto di residuo (o istinto, o bisogno, o parte costante dell'azione umana e animale), facendo anche frequenti riferimenti al mondo animale, specie nel *Trattato*.

Ne intuisce, invece, l'importanza un biochimico come L. J. Henderson, che dà vita ad Harvard al Circolo Pareto negli stessi anni in cui compaiono i lavori di K. Lorenz o di E. von Holst. Del resto, la posizione paretiana la ritroviamo nei lavori di Gini e della sua scuola, che, all'epoca, circolavano in congressi e riviste internazionali. Tutto ciò nella vastissima bibliografia di Eibl non compare e, comunque, in un trattato che vuole porsi come momento decisivo della ricerca scientifica – come lo stesso Eibl sembra intendere già nella prefazione – non può essere ignorato.

Fatti cognitivi e comportamentali

Da quanto detto finora il problema specifico delle scienze sociali è quello dell'interpretazione dei fatti cognitivi (soggettivi) accanto ai fat-

---

37 I. Eibl-Eibesfeldt, *Etologia umana. Le basi biologiche e culturali del comportamento*, Bollati Boringhieri, Torino, 1993, p. VII.

ti comportamentali (oggettivi), che fa riferimento alla questione generale della comprensione (*verstehen*) e della spiegazione (*erklären*), come è stata posta da M. Weber.[38] Il dualismo tra soggettività (i fatti di coscienza) e oggettività (causalità materiale, come qualcuno si esprime in termini fisicisti, o accordo tra coloro che hanno cognizioni più estese, potremmo dire in termini paretiani) si ripropone costantemente nelle nostre scienze, anzi ne è il tratto distintivo e se ci sono sociologie che, come quella di Weber, insistono certo, ma non esclusivamente, sull'aspetto fenomenologico dei primi, altre accettano solo spiegazioni che inglobino anche i cosiddetti fatti materiali. Si è così giunti ad opporre due grandi tipi di interpretazioni, le une fondate sulla 'comprensione' delle intenzioni e dei significati coscienti, le altre sulla 'spiegazione' mediante causalità materiale, cioè riferita al comportamento o alle quantità.[39] Ma se una distinzione del genere è utile e anche del tutto pertinente, non può comunque significare una opposizione radicale; piuttosto propendiamo per una complementarietà. Un'analoga complementarietà si ritrova, del resto, in forme differenti ma paragonabili, anche nelle scienze naturali: già con Vico si sa che, mentre la matematica poggia su implicazioni che si tratta solo di 'comprendere' senza

38 Secondo R. Aron "l'idea weberiana di comprensione è, in larga parte, attinta all'opera di K. Jaspers [...] in particolare ai lavori dedicati da questo autore alla psicopatologia. [...] L'elemento centrale della psicopatologia di Jaspers è la distinzione tra spiegazione e comprensione" (*Le tappe del metodo sociologico*, op. cit., p. 460).

39 Il *Methodenstreit* alla fine del XIX sec. in Germania tra gli orientamenti cosiddetti positivisti e antipositivisti era incentrato sulle differenze tra natura e società, e, per quel che riguardava la sociologia, se questa fosse una delle scienze della natura, o non invece, come si diceva, dello spirito. Windelband e Rickert si dichiararono contrari a contrapporre le 'Naturwissenschaften' e le cosiddette 'Geisteswissenschaften', per cui per le prime si può parlare di spiegazione e per le seconde di comprensione. Dunque, compito della scienza è quello di spiegare i fenomeni, siano essi della natura o della cultura. Windelband propose la distinzione tra una conoscenza 'nomotetica', cioè impegnata a formulare leggi e una conoscenza 'idiografica', che descrive fatti individuali. Da questo punto di vista le scienze naturali e le scienze sociali debbono intendersi scienze di carattere nomotetico; mentre la storia è una disciplina di carattere idiografico, cui si aggiunge, secondo Rickert, l'impegno di cercare la relazione tra gli individui e le *configurazioni di valore*.

spiegazione causale, la fisica è imperniata su fatti materiali, che occorre invece 'spiegare'. La caratteristica più generale della sociologia (e delle scienze sociali), come si evince dall'opera dei classici, è quella che cerca di comprendere e allo stesso tempo di spiegare, e dunque sono fuori dalle nostre scienze e propriamente dalla sociologia quelle posizioni che cercano di comprendere senza spiegare o, al contrario, di spiegare senza comprendere. Come è intesa da Weber, la sociologia è una disciplina interpretativa; ma questa interpretazione non è – come troppo spesso si è ritenuto e ancora oggi si ritiene – un'ermeneutica. Non si propone, cioè, di sbrigliare l'immaginario o far emergere il vissuto, compresso in forme e convenzioni: Weber ci chiede di non limitarci a descrivere la rispettiva posizione delle persone in una comunità o in un gruppo, ma di tener conto anche del senso dell'agire connesso alle azioni.[40]

Ancora, dobbiamo dire che la sociologia comprendente weberiana non è in alcun modo una specie di psicologia che riduce le condotte sociali al senso soggettivo, cioè al senso attribuito loro dagli attori. Si può meglio definirla come un mezzo per cogliere, nelle azioni e relazioni sociali, i processi di combinazione e composizione dai quali noi isoliamo tipi sociali e individualità storiche. Il metodo weberiano, come quello paretiano, è analitico e generalizzante: non è interessato al singolo individuo come tale, ma alla persona vincolata dai suoi obblighi relazionali che tengono conto dell'atteggiamento e intenzioni altrui.

40 Gianfranco Poggi così esplicita le condizioni dell'obiettività weberiana: "Innanzitutto [...] la 'avalutatività' del ricercatore, cioè la sua disposizione a privilegiare nella ricerca l'accertamento dei dati di fatto e a impedire che le proprie preferenze interferiscano con questo. Poi, il ricorso alle regole del mestiere in merito a tale accertamento – in particolare, la cura spesa nel registrare e classificare i dati – e l'osservanza della logica nella costruzione dei ragionamenti relativi ai dati e al loro concatenamento. (Questo principio sbarra il passo ad un ricorso incontrollato alla *intuizione* [...]). Infine, è importante che il discorso dello studioso si serva di concetti espressamente e chiaramente definiti [...]." (*Incontro con Max Weber*, Il Mulino, Bologna, 2004, p. 33).

Assiomatica e paradigmatica

Weber prese, dunque, giustamente le distanze dallo storicismo tedesco, pur ritenendo giusta la tesi che i fenomeni sociali sono peculiari per i loro intrinseci significati e valori; ma era allo stesso tempo convinto, non diversamente da Pareto, che la scienza come tale è una ricerca di 'leggi' e che queste leggi si trovano sia nei fenomeni fisici, sia in quelli sociali. Non si trattava certamente del "pregiudizio naturalistico che fine delle scienze sociali debba essere la riduzione della realtà a 'leggi'" (nel senso volgare del termine, aggiungiamo noi); anzi, in tutti gli scritti metodologici vi è una trasparente consapevolezza che si tratta piuttosto delle "regole del divenire", cioè di un "sapere relativo a determinate regole dell'esperienza già note, in particolare al modo in cui gli uomini sono soliti reagire a date situazioni (sapere 'nomologico')".[41] In sintesi, possiamo dire che per Weber la sociologia è la scienza dell'azione sociale dotata di senso. Azione che lo scienziato deve allo stesso tempo comprendere, interpretare e spiegare. Con la comprensione cercherà di cogliere i significati; con l'interpretazione organizzerà in concetti il senso soggettivo dell'azione; con la spiegazione evidenzierà le regolarità dei comportamenti, non disgiunte dal "cogliere la connessione di senso".[42] Nella costruzione della spiegazione in sociologia decisivo è il momento in cui si formula l'ipotesi generale come prodotto della convergenza dei dati empirici preesistenti e di quelli dedotti per via razionale, ma ancorati a dei postulati o in generale ad una assiomatica, le cui "idee conduttrici del pensiero sociologico sono fra gli studiosi così comuni e indiscusse da rivestire il carattere della evidenza e della verità più che dimostrata [...] come ad esempio [...] la comune aspirazione, sostenuta da una fiducia quasi innata dell'uomo moderno, di procedere, attraverso un dubbio metodico, provando e riprovando, verso una sicura conquista di porzioni sufficienti di verità [...] questa è l'assiomatica che guida inavvertitamente il sociologo a fermare, fissare tipi, strutture, funzioni che gli appaiono co-

41 M. Weber, *Il metodo delle scienze storico-sociali*, Mondadori, Milano, 1974, p. 94.

42 Id., *Economia e società*, op. cit., vol. I, p. 8.

me sicuramente validi oggi e sempre e nello stesso tempo lo guida a immergere tutto ciò in una visione macroscopica di mutamento incessante di cui ambisce scoprire qualche tappa".[43] L'assiomatica di cui parla Demarchi costituisce la base di quel metodo scientifico-razionale (o *forma mentis* dello scienziato), che è la comprensione dei fenomeni sociali dotati di senso e significato. Secondo la sociologia comprendente per utilizzare il metodo non è necessario che il segno o simbolo sia stato tracciato con l'intenzione di farlo 'comprendere' da qualcuno; anzi tutt'altro, giacché le azioni umane sono compiute indipendentemente dall'idea che possano essere oggetto d'indagine scientifica. E M. Weber precisa che occorre studiare l'azione sociale non solo secondo il "significato soggettivo di colui che agisce" [la paretiana III classe dei residui: Bisogno di manifestare con atti esterni i sentimenti], ma anche secondo "*il generale significato culturale della struttura economico-sociale* della vita della comunità umana e delle sue forme storiche di organizzazione"[44] [le altre cinque classi di residui e le quattro delle derivazioni]. Infatti, la natura di quel processo che noi solitamente chiamiamo socioeconomico non inerisce ad esso per così dire "oggettivamente", ma essa (la natura) è piuttosto condizionata dagli obiettivi del "nostro interesse conoscitivo", quale risulta dallo specifico significato culturale che noi attribuiamo nel caso singolo al processo in questione. Ogniqualvolta un processo della vita culturale è direttamente, o anche in maniera mediata, ancorato a quel fatto fondamentale negli aspetti del suo configurarsi in cui risiede il suo *significato* specifico per noi, esso contiene, può perlomeno contenere, nella misura in cui ciò ha luogo, un problema di scienza sociale, vale a dire un compito per una disciplina che si propone per oggetto la chiarificazione della portata di quel fatto fondamentale.[45] Solo determinati aspetti dei fenomeni, insiste Weber, e cioè quelli ai quali si attribuiscono "significati culturali universali", devono costituire oggetto di spiegazione causale e tale spiegazione, che può condurre a stabilire leggi causali, deve essere

---

43 F. Demarchi, *Paradigmatica e assiomatica in sociologia*, Edizioni Paoline, Roma, 1975, pp. 119 e ss.

44 M. Weber, *Il metodo delle scienze storico-sociali*, op. cit., pp. 77-78.

45 Ibid.

"non già scopo, ma soltanto mezzo dell'indagine": si rende così possibile "l'imputazione causale degli elementi dei fenomeni, culturalmente significativi nella loro individualità, alle proprie cause concrete". A questo punto Weber fa una osservazione estremamente importante per la nostra disciplina, allorché avverte che "quanto più le leggi sono 'generali', e quindi astratte, tanto meno esse servono per i bisogni dell'imputazione causale di fenomeni *individuali*, e quindi indirettamente per la comprensione del significato dei processi culturali".[46]

Ancora oggi è presente – e probabilmente non sarà mai superato – il problema del rapporto tra analisi quantitativa e qualitativa in sociologia, rapporto mediato precipuamente da quegli elementi di conoscenza – come aveva visto Weber e prima ancora Durkheim – che fanno da tramite tra i metodi statistici e la loro applicazione adeguata ad ambiti specifici e significativi.

Non parliamo di Durkheim, che queste problematiche aveva risolte una volta per tutte, specialmente nella sua opera *Le suicide* (1897), o Pareto con la scoperta della curva asimmetrica (1896). Forse questo attardarsi nel dibattito è dovuto alle ambiguità metodologiche weberiane e degli epigoni di Weber? Tuttavia lo stesso Weber riconosce in *Economia e Società* che il metodo del *verstehen* non esaurisce la spiegazione sociale, ma deve essere integrato con altre tecniche di ricerca, compresi gli sforzi scientifici – come dice – propugnati dal positivismo. Infatti, Weber non considerò l'uso delle tecniche statistiche come una semplificazione della complessa realtà sociale, ma molto più correttamente – a differenza dei suoi epigoni – ritenne la probabilità statistica come un importante test cui sottoporre la fondatezza di un'asserzione; avvertendo, nel contempo, di procedere con cautela nell'attribuire valore esplicativo alle correlazioni numeriche, perché, se

46 Ibid., pp. 93-94.

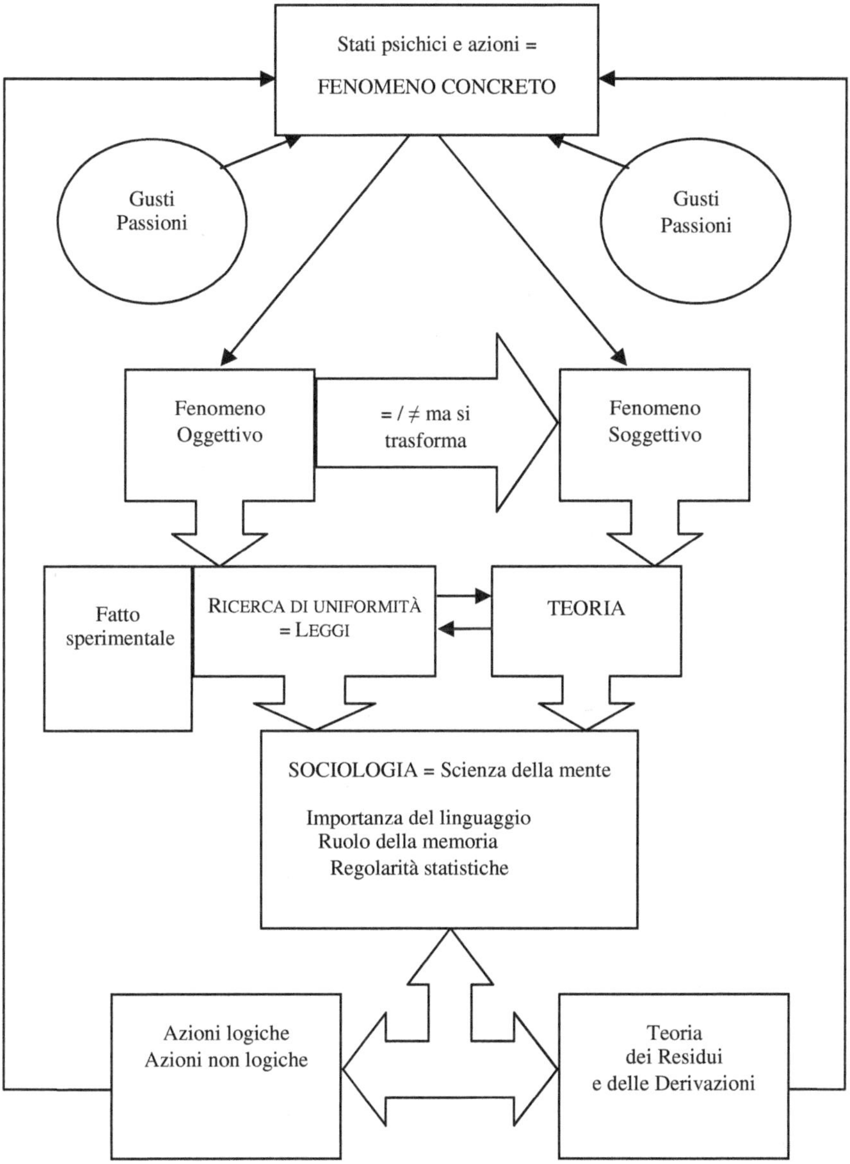

Fig. 5 Analisi del fenomeno concreto

due variabili manifestano un notevole grado di correlazione, non per questo possiamo affermare che esista un legame causale tra di loro, a meno che il loro senso non possa cogliersi – in prima approssimazione – intuitivamente: "solamente le uniformità statistiche che corrispondono al senso intelligibile di un agire sociale, costituiscono tipi di azione intelligibili, e quindi regole sociologiche."[47] Pareto, ponendo la questione dei ragionamenti oggettivi e soggettivi, rileva come sia più facile far comprendere un ragionamento soggettivo che uno oggettivo. Perciò i ragionamenti, o meglio gli pseudo-ragionamenti, che riguardano i sentimenti sono alla portata della maggior parte degli uomini e sono diffusi in ogni tempo. Sappiamo che sono stati condotti numerosi studi sulle reazioni che si verificano all'interno di un gruppo quando viene messa in dubbio la sua visione del mondo. In tali situazioni, la reazione degli individui consiste nell'intensificare ancora di più la propria fede e non ci sono differenze fra gli appartenenti a una setta religiosa, a un movimento politico o a una comunità scientifica.[48]

In questo senso allora tanta parte dell'opera paretiana è esattamente ciò che auspica P. Bourdieu, quando esorta le scienze sociali a prendere se stesse come oggetto. *Les Systèmes socialistes,* ad esempio, è stata la prima opera – utilizzando il linguaggio 'esoterico' di Bourdieu[49] – a "oggettivare il soggetto dell'oggettivazione [...] Per fare questo esse

47 *Economia e società*, op. cit., vol. I, p. 11.

48 La storia del movimento comunista mondiale si può comprendere anche da questo punto di vista. Così si può spiegare l'atteggiamento di una comunità scientifica come quella dell'economia, che ha sempre ritenuto di possedere un paradigma forte. Ormerod propone – per capire a quali livelli possa giungere la fede della maggioranza degli economisti nella teoria economica – alcuni passi di *Liar's Poker* di M. Lewis (1990), "un economista che ha iniziato la sua carriera come broker sui mercati internazionali dei capitali. Certe sue descrizioni del funzionamento di questi mercati sono per molti versi lontanissime da quello che dovrebbero essere in base alle conoscenza trasmesse dalla teoria economica ortodossa. [...] nel cuore stesso dei mercati finanziari mondiali, dove i principi del libero mercato dovrebbero regnare incontrastati, la scienza economica come disciplina intellettuale sembra non svolgere praticamente alcuna funzione" (P. Ormerod, *I limiti della scienza economica*, Comunità, Milano, 1998, p. 10).

49 P. Bourdieu, *Il mestiere di scienziato*, Feltrinelli, Milano, 2003, p. 108.

devono affrontare il circolo relativistico o scettico e spezzarlo mettendo in opera, per fare la scienza delle scienze sociali e degli scienziati che le producono, tutti gli strumenti che permettano di dominare le determinazioni sociali cui esse sono esposte". È esattamente ciò che ha fatto Pareto, tenendo, comunque, presente che:

> [...] la religione umanitaria della nostra epoca si è creata una nuova divinità, che ha chiamato *Scienza*, alla quale offre ogni sorta di sacrifici. Inutile aggiungere che questa *Scienza* non ha nulla di comune con l'altra, che ricerca unicamente i rapporti fra le cose e i fatti.[50]

Effetti perversi

Le istituzioni umane, si sa, sono imperfette e l'opera dei riformatori consiste nel mettere in luce queste imperfezioni e nel ricercarne le cause.[51] Rilevando certi fatti riprovevoli, si ritiene che ne sia causa l'organizzazione sociale e che quindi sia necessario intervenire su questa per eliminare quelli. I fatti concomitanti con i mali di cui si cercano i rimedi possono essere considerati oggettivamente, come elementi dell'organizzazione sociale, o soggettivamente, nella forma dei sentimenti che vi corrispondono. A questo proposito Pareto propone alcune interessanti considerazioni sulla connessione tra proprietà privata e il sentimento dell'avarizia, tra proprietà privata e il 'possesso delle donne', sulla frequente confusione tra capitalista e imprenditore e, infine, sulle società cooperative. Questioni sempre di attualità. Poi esamina alcuni classici del pensiero utopista-socialista come Thomas Moore, Charles Fourier e Joseph Poudhon. Vediamo brevemente questi ultimi.

Nell'opera del primo Pareto distingue una parte, che considera più valida, di descrizione e critica dei fenomeni che si verificavano al suo tempo ed un'altra, utopica, che consiste nell'invenzione di un nuovo

---

50 *Sistemi*, p. 561.

51 In ibid., cap. XI, Pareto esamina i sistemi sociali definiti misti, distinguendo anche qui i fatti oggettivi dalla forma soggettiva che essi assumono e nel cap. XII quei sistemi socialisti considerati scientifici da Pareto, ma utopisti da altri, ad esempio, dai marxisti.

stato sociale. Il sistema proposto è abbastanza semplice e consiste nel proporre pratiche opposte a quelle cui si attribuiscono i mali della società: ciò che viene apprezzato ed ha valore nella società, come l'oro e l'argento, viene disprezzato dagli abitanti di Utopia e riservato agli usi più vili; nella società vige la proprietà privata, a Utopia regna la comunità dei beni, ecc. Il ragionamento è semplice: se qualcosa produce degli effetti nocivi, basta fare l'esatto contrario per farli sparire. In questo modo esso palesa la sua fragilità; prima di tutto, non dimostrando il rapporto di causalità fra un'istituzione e i suoi presunti effetti e, secondo, non considerando la complessità dei fenomeni sociali.

Pareto osserva poi che bisogna distinguere i fatti permanenti dai fatti accidentali. Moro scriveva in un periodo in cui in Inghilterra e in altri paesi dell'Europa occidentale si verificava una rivoluzione agricola. La coltura in comune di appezzamenti misti scompariva per dar posto a una coltura più perfezionata, più produttiva, di campi recintati. Generalmente si è sempre portati ad ingrandire l'importanza degli avvenimenti a cui si assiste da vicino, e, in tutte le crisi, si nota come i contemporanei scambino per permanente ciò che è solo provvisorio. Le osservazioni di Moro sulla crisi iniziata nel 1470 si possono ritrovare per quella che si protrasse dal 1760 al 1830 e non sono molto diverse da quelle fatte a proposito della crisi industriale dei primi dell'Ottocento, che segnò l'avvento della grande industria moderna.

Per quanto riguarda Fourier, come tutti i grandi riformatori, anch'egli non si limita ad una piccola riforma sociale, ma include nella sua opera l'intero universo. Tuttavia, Pareto osserva come – sgomberato dalle numerose fantasie – il suo sistema sia dedotto dai fatti impiegando un ragionamento logico. Alla base della teoria sociale sono fatti reali; mentre è l'abuso dell'analogia che gli fa trarre conseguenze molto esagerate. Un merito, che Pareto gli riconosce, è di aver capito che per produrre beni economici il lavoro non basta, ma vanno tenuti in considerazione anche il 'capitale' e il 'talento'.

Moneta e interesse sono gli argomenti di critica a Proudhon. Il sistema di Proudhon, imperniato sulla gratuità del credito e sulla mutualità, ha certamente basi scientifiche ed economiche. Si basa però su un fatto che, male interpretato, ha indotto in errore anche altri autori. Si pone in secondo piano il fatto che la moneta ha due funzioni essenziali: "permette gli arbitraggi tra le diverse merci e serve per la trasformazione dei beni presenti in beni futuri." È vero che per il semplice arbitraggio qualunque moneta cartacea può sostituire tranquillamente quella metallica, creando la possibilità che una parte di essa venga sottratta alle fluttuazioni della massa monetaria e risparmiata. Così, "è abbastanza comune che lo Stato si faccia prestare la somma senza interessi dalle banche a cui concede il privilegio dell'emissione". Volendo, questa somma potrebbe essere prestata, sempre senza interesse, ai privati. L'errore di Proudhon – secondo Pareto – inizia quando, da questo fatto, egli deduce che ogni somma può essere prestata allo stesso modo, facendo scomparire l'interesse per tutti i capitali.[52]

In questo, come in altri sistemi, "non si considerano i mali che derivano dall'abuso dell'emissione di una nuova moneta e che si verificano quando la carta moneta scaccia completamente l'oro dalla circolazione". Le emissioni di carta moneta permettono generalmente ai ricchi, durante un arco di tempo più o meno lungo, di spogliare i poveri. Per Pareto è estremamente curioso che individui animati dalla volontà di fare il bene del popolo, propongano misure che finiscono per impoverirlo.[53] Se ciò è dovuto talvolta all'ignoranza dei riformatori per quanto riguarda i processi economici, tuttavia il fenomeno è più generale e riguarda i cosiddetti effetti perversi dell'azione sociale, cioè le azioni non logiche del IV genere (si veda il cap. X di questo volume), che sappiamo essere operanti in ogni azione economica, specialmente nella politica economica.

52 *Sistemi*, pp. 647-648.

53 Ibid., p. 660. Gli stessi Marx ed Engels, ovviamente con intenti diversi, commentando Proudhon e il "socialismo borghese", sono della stessa idea quando scherniscono "questo socialismo borghese" che "raggiunge la sua più esatta espressione quando diventa semplice figura retorica. Libero commercio! nell'interesse della classe operaia; dazi protettivi! nell'interesse della classe operaia; carcere cellulare! nell'interesse della classe operaia; ecco l'ultima, la sola parola seriamente pensata del socialismo borghese" ("Il Manifesto del partito comunista", in *Opere complete*, vol. VI, Editori Riuniti, Roma, 1973, pp. 513-514).

Proprietà privata e avarizia. Alcuni vogliono agire sui sentimenti per modificare i fatti; ma per la maggior parte è più opportuno, al contrario, intervenire sui fatti per modificare i sentimenti. Uno dei fatti sociali che più è stato preso in considerazione, come fonte di ogni male, è la proprietà privata, associata generalmente al sentimento dell'avarizia. Dal proposito di distruggere questa istituzione e questo sentimento nascono gli antichi sistemi comunisti, da non confondere – precisa Pareto – con il collettivismo moderno e con le numerose declamazioni dei moralisti contro la proprietà.[54] Questa concezione ispira anche una parte considerevole dei sistemi anarchici moderni e di quelli comunisti, oltre ad apparire nella maggior parte di quelli socialisti. Noi possiamo osservare che anche oggi non è affatto sparita (del resto, paretianamente, non poteva esserlo), ma si ripresenta frequentemente, ad esempio in settori del movimento detto 'no-global', come "solidarietà dei giovani ricchi con i popoli oppressi: ecco la novità di questa lotta", secondo l'efficace definizione programmatica di N. Chomsky.[55]

Proprietà privata e possesso delle donne. Con la proprietà privata, viene generalmente condannata anche la relazione esclusiva tra uomo e donna (Pareto nel linguaggio dell'epoca si esprime con 'possesso esclusivo delle donne'; non diversamente, del resto, da C. Lévi-Strauss che ne *Le strutture elementari della parentela,* 1949, parla di 'scambio delle donne' a proposito dell'esogamia). Dove non esisteva il divorzio, gli adulteri e i delitti passionali erano attribuiti all'istituzione del matrimonio. I fatti dimostrano che, dopo l'introduzione del divorzio non è cambiato nulla, e anche la libera unione non sembra portare a risultati migliori:[56] come si vede dopo cento anni non vi è nulla da aggiungere o correggere a queste osservazioni paretiane. I sedicenti riformatori, vogliono semplicemente far ricadere tutti i mali che affliggono gli uomini sulle istituzioni della 'società capitalista', senza le quali l'uomo sarebbe buono, puro di spirito, in una parola, 'perfetto'.

---

54 Ibid., pp. 574-575.

55 Da una intervista al quotidiano *la Repubblica*, Roma, 2 gennaio 2001.

56 *Sistemi*, p. 575.

Capitalista e imprenditore. A volte, la critica alla proprietà privata si limita a certi tipi di proprietà: alcuni, ad esempio, vorrebbero nazionalizzare la terra; altri condannano la proprietà privata dei capitali mobiliari: "i sistemi socialisti hanno il vizio di confondere abitualmente il capitalista e l'imprenditore. Il socialismo di Stato e quello comunale hanno dimostrato che la socializzazione delle imprese e l'interesse possono coesistere"; infatti è grazie ai prestiti che lo Stato e i comuni si procurano i capitali necessari per finanziare le loro esperienze socialiste. Anche la concorrenza è criticata, e con essa i sentimenti come l'emulazione, la responsabilità individuale, la giustizia, in quanto opposta alla pietà: "questo è il filone che è stato ampiamente sfruttato dalle numerose varietà di socialismo etico e, in parte, dal neo-socialismo cristiano."[57]

Ancora oggi la confusione tra capitalisti e imprenditori persiste. In molti paesi sottosviluppati vengono chiamati capitalisti i proprietari di grandi imprese che vivono di sovvenzioni, privilegi, protezioni doganali e che, in cambio, puntellano la classe politica al potere: proprio tutto ciò che denunciava Pareto ai suoi tempi. Costoro non possono che essere definiti parassiti sociali, i quali non soltanto vivono a spese degli altri, ma inoltre impediscono loro di crescere. L'autentico capitalista paretiano, l'imprenditore, è invece colui che sviluppa incessantemente l'immaginazione per sopravvivere o, soprattutto, per migliorare la sua condizione, innovando, nonostante gli ostacoli fiscali e legali continuamente frapposti dai detentori del potere.

Società cooperative come nuove imprese concorrenti. Pareto rileva come le società cooperative forniscano un curioso esempio di istituzione, che prospera grazie a ragioni del tutto diverse da quelle che si credeva dovessero assicurarne il successo. Lo scopo originario di queste società era di sostituire la solidarietà dei lavoratori alla concorrenza degli imprenditori. Nascono come società i cui affiliati impegnano capitale e lavoro al fine di ottenere, dalla gestione comune, risultati più vantaggiosi di quelli che potrebbero avere nel mercato. Di fatto, esse hanno prodotto semplicemente il risultato di far comparire sul mercato

57 Ibid., pp. 578-579.

nuove imprese concorrenti. Le cooperative sono riuscite dove la concorrenza era imperfetta, proprio perché l'hanno resa meno imperfetta; mentre, dove la concorrenza spiegava già tutti i suoi effetti, le cooperative hanno fallito o si sono adeguate. Va aggiunto, che dove la concorrenza era imperfetta, le difficoltà di organizzazione erano minori. Ciò spiega il successo delle società cooperative di consumo e la veloce scomparsa di quelle di produzione industriale. Le società cooperative agricole hanno avuto migliore esito, ma si tratta in realtà di associazioni di piccoli capitalisti.[58] È un fenomeno questo che continua a riproporsi oggi sotto i nomi di cooperazione, non profit, terzo settore, ecc. e che continuerà a riproporsi. Paretianamente, le ragioni storiche che spiegano la rapida diffusione del non profit (soprattutto per quanto riguarda l'assistenza) vanno cercate nel fatto che una volta era la Chiesa con le sue varie organizzazioni ad occuparsi di assistenza, di aiuto. Poi lo Stato, credendo di fare meglio, un po' alla volta avocò a sé gli interventi. Infine, i vari socialismi (il 'socialismo di stato', come lo chiama Pareto, o il laburismo, come si dirà poi), hanno esasperato l'intervento statale, portando la relativa spesa a livelli da tracollo con un'imposizione fiscale insopportabile. Ora il laburismo e le forme similari, constatata l'impossibilità di andare avanti, si sono volti al non profit, dove i costi all'inizio sembrano accettabili.

Negli ultimi anni abbiamo visto crescere questo settore e diventare sempre più importante, da un punto di vista quantitativo ed anche qualitativo, manifestandosi attraverso diversi tipi di organizzazione (associazioni, fondazioni, cooperative sociali, Ong, mutue, organizzazioni di volontariato, ecc.).[59] Queste realtà, variamente definite (terzo settore, privato sociale, volontariato, settore umanitario, ecc.), stanno di fatto sostituendo le forme tradizionali di associazione (partiti e sindacati), che fino a pochi anni fa organizzavano milioni di persone. In Italia si

58 Ibid., p. 583. Le prime cooperative sorsero in Inghilterra intorno al 1844 e in Italia una decina di anni dopo. Nel 1866 il movimento cooperativo in Italia contava circa 250 società con oltre 70 mila soci.

59 Di recente, ma non tanto (verso la metà degli anni novanta del secolo scorso sono comparsi i primi fondi comuni di investimento etici), si è sviluppato il fenomeno della cosiddetta finanza etica e la costituzione di banche popolari etiche.

calcola che per ogni cittadino iscritto ad un partito, ve ne siano tre impegnati nel sociale. Le cifre sono senza dubbio cospicue: "con i suoi 19 milioni di lavoratori (quasi trenta se si conteggiano anche i volontari 'a tempo pieno'), impegnati in 40 mila organizzazioni locali e 10 milioni di strutture locali, il terzo settore può contare oggi su un fatturato annuo di 1100 miliardi di dollari." Eppure ora che è cresciuto fino a diventare, come si dice, 'l'ottava economia del pianeta', superiore a stati come la Spagna, la Russia e il Canada, questo gigante rischia di perdere la sua caratteristica distintiva, la sua peculiarità, ossia quell'autonomia dallo Stato e dal mercato, a cui deve per l'appunto il suo nome e, dunque, lo possiamo trovare nei meandri del parastato o, all'opposto, inseguire le ricche promesse delle imprese e del business. Questa ottava economia mondiale ha diverse capitali. Una a Ginevra, sede di varie Ong e delle grandi agenzie umanitarie: "Non pensavo che quello di Ginevra fosse un panorama così triste e grigio: un asettico opificio umanitario [...] con migliaia di funzionari a 7000-8000 dollari al mese travolti dalle scartoffie, dagli impedimenti burocratici, dalla competizione carrieristica, dai tentativi di fare quadrare [...] i budget che spesso servono in gran parte a fare sopravvivere le strutture." L'altra capitale di questa ottava potenza economica mondiale è Porto Alegre "con i suoi 15000 attivisti."[60]

Dal canto loro "le Ong e le associazioni che lavorano in progetti d'emergenza, hanno trovato nelle 'crisi umanitarie' la fonte della ricchezza. La crescita esponenziale dei budget per progetti umanitari ha contribuito a trasformare molte organizzazioni umanitarie in vere e proprie imprese private che funzionano come le altre secondo la logica del profitto e della burocratizzazione. Del resto non è una novità che molti progetti vengano concepiti in ordine ai finanziamenti piuttosto che il contrario. Così molte di esse hanno rinunciato a prendere posi-

60 G. Marcon, *Le ambiguità degli aiuti umanitari*, Feltrinelli, Milano, 2002, p. 7. Nel nostro Paese esistono ben 38 organizzazioni non profit per ogni mille abitanti. Ve ne sono di grandi e di piccolissime. Le prime con il 10% detengono l'80% delle risorse sia politiche che finanziarie, hanno occupato spazi sempre più ampi dell'ormai sfruttatissimo Welfare e utilizzano ampiamente – non potrebbe essere diversamente per quanto abbiamo detto finora – le logiche di impresa.

zione o a denunciare violenze, massacri e pulizie etniche pur di salvaguardare i propri interessi; talvolta hanno mostrato addirittura un atteggiamento di conservatorismo politico e di ossequio verso i potenti locali. Inoltre nella maggior parte dei casi la sensibilità delle organizzazioni umanitarie verso i deboli e le vittime dura giusto il tempo in cui sono accesi i riflettori televisivi, per trasferirsi poi in nuovi territori del mercato delle crisi umanitarie".[61] I principi ispiratori del Terzo settore sembrano essere messi a repentaglio, ad esempio nella vicenda degli aiuti internazionali, prima ancora che dal rischio di clientele e tangenti, dalla subalternità ai governi o ai signori della guerra.[62]

Tre aspetti di una teoria

Per concludere, come abbiamo visto, nelle teorie, che non sono corpi semplici ma piuttosto corpi composti, si hanno parti descrittive, affermazioni assiomatiche, intervento di esseri concreti od astratti, reali od immaginari. Ci sono poi ragionamenti logici o pseudo-logici, invocazione al sentimento, sviluppi patetici, intervento di elementi etici, religiosi, ecc., e tutto ciò può intendersi costituire il modo con il quale si pongono in opera materiali per costituire l'edificio a cui si dà il nome di teoria. Riassumendo, come abbiamo detto all'inizio di questo capitolo, possiamo considerare la teoria sotto tre aspetti:[63]

Aspetto oggettivo con il quale si considera la teoria indipendente da chi l'ha prodotta e da chi l'accoglie. Beninteso quando si dice *oggettivamente*, non si vuole conferire alcun significato metafisico al termine. Per tener conto di tutte le possibili combinazioni tra l'indole del mate-

61 AA.VV., *L'illusione umanitaria*, Emi, Bologna 2001, p. 31.

62 Come spiega fin troppo bene l'esempio del Burundi, dove nel 1999 un governo dittatoriale ha deportato dalle loro case 350 mila hutu e ha messo in piedi oltre 50 campi profughi, riuscendo a ottenere in cambio 42 milioni di dollari di aiuti 'umanitari'e un credito concesso dalla Banca mondiale di altri 35 milioni di dollari. O quello meno clamoroso dell'assedio di Sarajevo e del dramma della Bosnia-Erzegovina, dove negli anni '90 del XX sec. beni e soldi degli aiuti si sono trasformati in una delle basi dell'economia di guerra.

63 *Trattato*, §§ 12, 13.

riale e quella del nesso, si dovranno distinguere le classi, i generi e le specie seguenti:

Classe I. *Materiale sperimentale*, formata dalla sottoclasse: (Ia) Nesso logico (le scienze sperimentali); Sottoclasse (Ib) Nesso non-logico (sofismi, ragionamenti artificiosi, ecc.). La prima sottoclasse ha due *generi*: (Ia 1) comprende il tipo rigorosamente puro, con solo materiale sperimentale e nesso logico. Le astrazioni ed i principi generali che vi si adoperano sono tratti esclusivamente dall'esperienza, e ad essa subordinati; (Ia 2) comprende una deviazione dal tipo, la quale ci avvicina a (II). Esplicitamente il materiale è sempre sperimentale, il nesso logico, ma le astrazioni, i principi generali, assumono implicitamente od esplicitamente un valore che trascende dall'esperienza. Perciò possiamo considerarlo un genere di transizione.

Classe II. *Materiale non-sperimentale*, formata da due sottoclassi: (IIa) Nesso logico; (IIb) Nesso non-logico (sofismi, ragionamenti artificiosi, ecc.)

Occorre notare che questa classificazione si riferisce a tipi di teorie dato che una teoria può essere costituita da un misto di vari tipi, cioè una teoria, come si sa, potrà avere parti sperimentali e parti non sperimentali, parti logiche e parti non logiche.

Aspetto soggettivo con il quale si considerano le teorie in relazione a chi le produce, e a chi le accoglie; e quindi si esamineranno secondo gli aspetti soggettivi seguenti: a) *motivazioni per le quali si produce una teoria; b) motivazioni per le quali si accoglie quella teoria.* Le motivazioni da ricercare nei singoli individui, si estendono anche alla collettività.

Aspetto dell'utilità. È bene non confondere la teoria con lo stato d'animo ed i sentimenti che essa manifesta. Si può produrre una teoria perché si hanno certi sentimenti; questa teoria poi opera, a sua volta, su chi l'ha prodotta, o su altri, per produrre, rafforzare, modificare certi sentimenti. Avremo allora: (I) *Utilità, o danno, dei sentimenti manifestati da una teoria:* (Ia) per chi la produce; (Ib) per chi l'accoglie. II) *Utilità, o danno, di una data teoria*: (IIa) per chi la produce; (IIb) per chi l'accoglie. Anche queste considerazioni, come per l'aspetto soggettivo, dall'individuo si estendono alle collettività.

In conclusione, Pareto ribadisce che considerando le proposizioni e le teorie secondo gli aspetti *oggettivo*, *soggettivo* e dell'*utilità* individuale o della specie ciò non vuol dire cercarne il significato etimologico o volgare, ma, come abbiamo ampiamente discorso nel capitolo primo, conferire loro il significato dato dalle definizioni proposte.

III. Sistemi sociali e interdipendenza

> Il sistema sociale è molto complesso, ed anche se lo vogliamo fare semplice quanto è possibile senza cadere in troppo gravi errori, dovremo almeno considerarlo come composto di [individui] dove stanno residui, derivazioni, interessi, inclinazioni, e che, soggett[i] a numerosi vincoli, compiono azioni logiche ed azioni non-logiche.[1]

Obiettivo centrale della ricerca paretiana fin dai primi scritti è la tenace costruzione di uno schema concettuale astratto: il sistema sociale, il quale possiede nello stesso tempo molti vantaggi logici e limitazioni, così come qualsiasi altro sistema, anche delle scienze naturali. È una concezione antica nella tradizione sociologica italiana, se pensiamo a quanto scriveva a questo proposito, nel 1833, G. D. Romagnosi: "il *carattere logico e morale universale* [...] si riduce ad una teoria di forze coefficienti l'interessante umano, esposta con concetti, assiomi e precetti generali medii", vale a dire né troppo generali, né troppo speciali, da cui risulta una grande interconnessione e similarità "fra tutto il sistema dell'uomo interiore individuo e dell'uomo interiore consorzio", tendente alla conservazione sempre perfettibile e condizionata dalla natura e dalla ragione. Con la locuzione "*forze coefficienti l'interessante umano*", Romagnosi intende "il punto capitalissimo fondamentale ed unico della dottrina che sta sopra tutte le altre [...] nella quale s'insegna che una parte dell'uomo interiore serve all'altra, o che il *me* serve al *non me*, o viceversa". Dunque, la sua teoria costituisce "una *complessiva unità* attiva ed armonica, nella quale coll'azione e reazione delle forze stesse, che cospirano e contrastano, produce un effetto *solidale* simile alla direzione diagonale di un solido spinto da due forze uguali operanti ad angolo retto". Da ciò ne discende, che "questo effetto devesi *solidalmente* imputare all'azione e reazione simultanea di *tut-*

1 *Trattato*, §§ 2079-2080.

te le forze cooperanti, niuna esclusa".[2] Se si confronta la posizione di Romagnosi con le recenti teorie sulla complessità vediamo come da un punto di vista concettuale non vi è, per la sociologia, niente di nuovo, e dunque, Pareto non poteva non pervenire alla sua concezione di sistema: "La complessità, come stiamo cominciando a capire" – ora si ammette, non sappiamo se con ingenuità o con lealtà senza specificare che ciò riguarda le scienze naturali e non le più attrezzate parti delle scienze sociali – "è una dimensione da cui è impossibile prescindere", confermando con ciò l'antica posizione di Romagnosi. Allora, il termine *complesso* allude alla risultante dell'unione di varie parti eterogenee, per cui la complessità significa intreccio, interconnessione, intersecazione di parti ed elementi diversi tra loro: "La complessità non solo ha mille implicazioni; è essa stessa un fitto processo d'implicazione. La complicazione implica e l'implicazione complica."[3] Il sistema sociale paretiano, è bene sottolinearlo subito con L. J. Henderson, è costituito da individui eterogenei e appartenenti a differenti famiglie, istituzioni, professioni, ceti, classi sociali ed economiche.[4] La figura 6 schematizza i §§ 2060-2061 del *Trattato*.

---

2 Gian Domenico Romagnosi, "Avvertenze logiche generali per lo studio ragionato della civile filosofia", in *Studi Romagnosi*, II, a cura di E. A. Albertoni, Giuffrè, Milano, 1990, pp. 223-224. Costituisce la seconda di tre lettere scritte a G. Vieusseux e pubblicate su *Antologia. Giornale di Scienze, Lettere ed Arti*, Firenze, vol. XLIX, gennaio-marzo 1833, pp. 3-16.

3 M. C. Taylor, *Il momento della complessità. L'emergere di una cultura di rete*, Codice Edizioni, Torino, 2005, p. 176. Si noti l'espressione "stiamo cominciando a capire". Non è mai troppo tardi! Taylor ricorda, opportunamente, che etimologicamente il termine *complessità* deriva dal participio passato del verbo latino *complector*, che significa intrecciare insieme, cingere, riunire, raccogliere (*plexus* = intrecciato).

4 Si tratta di un sistema empirico, in cui si fa continuamente riferimento a persone in azione, in modo forse ancora più efficace di quanto non abbia fatto Max Weber. Si veda la pertinente discussione di sistema e sistema sociale fatta da L. J. Henderson, *Pareto's General Sociology. A Physiologist's Interpretation*, Harvard, 1935; poi Russell & Russell, New York, 1967, pp. 16-19 e 81-97; probabilmente l'unica trattazione breve, sintetica e corretta dell'argomento dopo Pareto. In seguito, altri autori si sono avvicinati a questo concetto, come ad esempio Gregory Bateson (1904-1980), allorché sosteneva che 'l'unità di sopravvivenza non è il singolo individuo né la famiglia né la società, bensì l'organismo nel suo ambiente.' Nel campo delle

Un esempio di incomprensione totale di ciò che vuol dire sistema si può trovare in R. Collins, quando argomenta nella sua peraltro pregevole opera, che il tentativo funzionalista di analizzare le istituzioni umane come sistema, nonostante le sottigliezze analitiche impiegate, si sarebbe risolto in un fallimento scientifico, bontà sua, quasi completo: "Di questo fallimento è responsabile la fede in certi valori politici, che accomuna teorici di sistemi come Comte e Durkheim, fino a Pareto e Parsons." L'oggetto di questa "fede e di questo impegno" sarebbe l'unità politica: "La teoria dei sistemi è in effetti un'utopia politica, in genere nazionalista, che riserva al conflitto un trattamento residuale".[5] La società o il sistema verrebbero così "ipostatizzati" E ancora in nota ci fa sapere che le moderne teorie dei sistemi trarrebbero origine dal pensiero di "alcuni nazionalisti liberali del XIX secolo, soprattutto Spencer, Durkheim e Pareto, e riflettono le argomentazioni retoriche con cui essi tentarono di promuovere il sentimento di lealtà politica verso la stato nazionale".[6] Per quanto riguarda Pareto ogni commento ci pare superfluo e si può desumere dalle pagine che qui presentiamo. Va precisato che Pareto non analizza solo istituzioni (peraltro, quando le analizza si colloca ad un livello per così dire etno-antropologico, anzi, più in profondità, anticipando l'etologia contemporanea), ma in primis azioni individuali. Quanto alle considerazioni circa il fallimento, si può rispondere che il concetto di sistema ha ormai permeato tutte le scienze. Dipingere Pareto come un nazionalista non può che promuovere il sorriso; soprattutto pensando a quanto egli abbia dissertato sul conflitto e sulla forza, tutt'altro che elementi residuali nell'accezione utilizzata da Collins (residuali nel senso tecnico paretiano, certamente sì). Il concetto di sistema paretiano non ipostatizza alcunché, non ipostatizza alcunché, al contrario è un concetto dinamico.

---

scienze naturali è un concetto ormai accettato, tanto che è stato costituito nel 1984 l'Istituto di Santa Fé nel New Mexico sotto la spinta di G. Conwan direttore del Los Alamos Laboratory e con l'apporto di fisici, economisti, sociologi, ecc., con l'intento di implementare gli studi sui fenomeni di non equilibrio e non linearità presenti in natura e nella società.

5 "Residuale" è termine usato da Collins nell'uso volgare, non tecnico-paretiano.

6 *Sociologia*, Zanichelli, Bologna, 1980, p. 20.

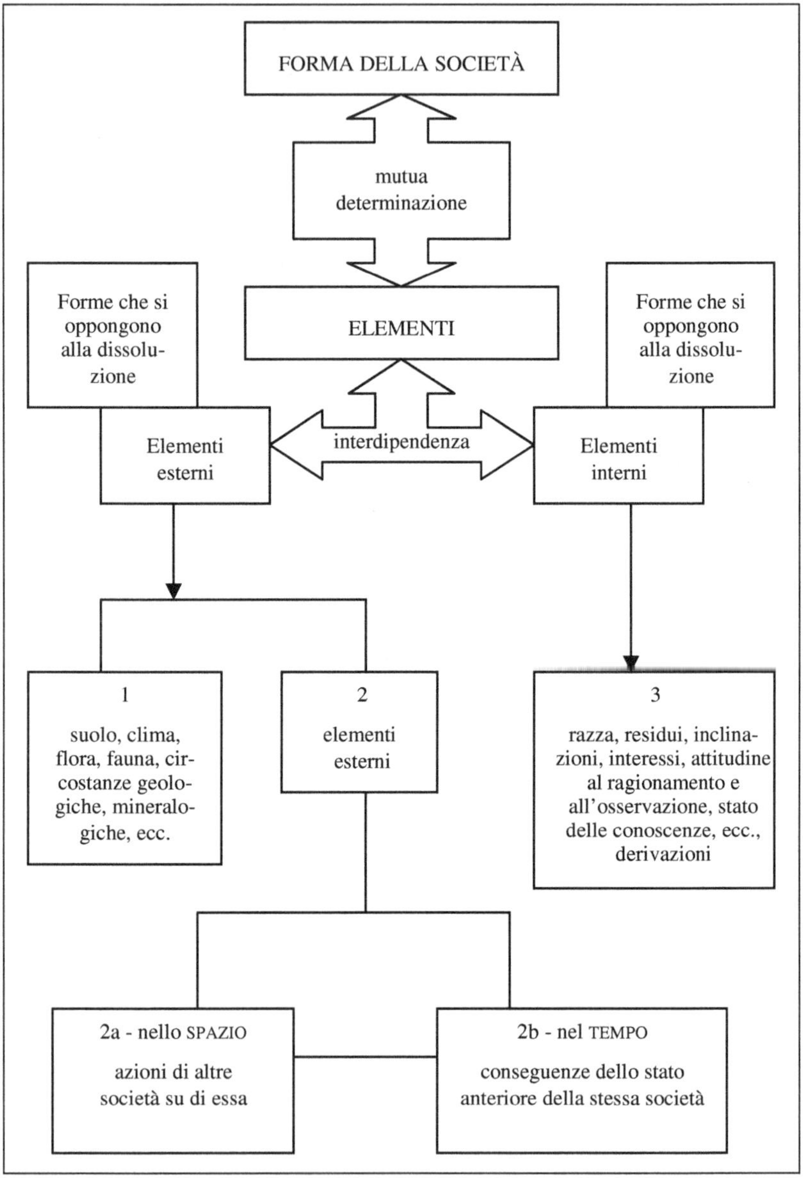

Fig. 6 Forma generale della società

Lo schema presentato sopra, come abbiamo detto tratto dalle definizioni paretiane, può essere bene illustrato dalle parole di J. S. Coleman: "l'ambiente sociale può essere [...] visto come composto da due parti" [gli elementi esterni e interni della figura]. Una parte è "l'ambiente sociale 'naturale', che cresce autonomamente nella misura in cui rapporti sociali semplici si sviluppano e ampliano la struttura". Una seconda parte è "l'ambiente sociale costruito, ovvero organizzazioni composte da rapporti sociali complessi".[7] Ricordiamo, di passaggio che i sistemi complessi generalmente vengono identificati dalla odierna teoria della complessità, dalle seguenti caratteristiche che riteniamo esserci tutte nell'approccio paretiano illustrato in figura:

a) sono formati da molte parti differenti, connesse in molteplici modi;

b) tali parti interagiscono o serialmente o in parallelo generando effetti ed eventi sequenziali e simultanei;

c) i sistemi complessi presentano un'autoorganizzazione spontanea che incide sull'interiorità e l'esteriorità talché il limite di demarcazione tra queste risulta in decidibile;[8]

d) l'autoorganizzazione spontanea produce strutture derivate non riducibili alle componenti o elementi del sistema la cui interazione le ha prodotte;

---

7 J. S. Coleman, *Fondamenti di teoria sociale*, Il Mulino, Bologna, 2005, p. 66.

8 Si pensi, ad esempio, all'emergere spontaneo del 'gruppo informale', scoperto da E. Mayo e collaboratori, nel famoso Hawthorne esperiment. Volendo esprimersi nel lessico della cosiddetta teoria della complessità, diremo che l'autoorganizzazione (l'emergere del gruppo informale) si riferisce alla capacità di un sistema di darsi un'organizzazione interna, superando i controlli esterni (la direzione), in modo spontaneo secondo una propria forma di apprendimento e adattamento (le norme non scritte autoimposte). Per essere più à la page, alcuni scomodano la teoria dell'informazione di C. Shannon e W. Weaver (1949), per cui l'autoorganizzazione in un sistema aperto diventa il risultato di un processo di neg-entropia (entropia negativa in analogia con la termodinamica), cioè di un flusso di informazione in cui sono distinguibili elementi di 'conferma' ed altri considerati 'novità'. Quando questi sono in equilibrio si ha l'autoorganizzazione o, per dirla secondo un certo lessico, si ha autoorganizzazione allorquando nell'informazione neg-entropica conferma e novità sono l'un l'altra bilanciate secondo un fluttuante equilibrio dinamico tipico di un sistema complesso. Come si vede niente di nuovo da un punto di vista paretiano.

e) e quindi tali strutture derivate, prodotte da 'interazioni locali', tendono ad assumere una conformazione globale;
f) i sistemi complessi non sono, ovviamente, né fissi né statici, ma, in quanto emersi spontaneamente, si sviluppano ed evolvono nel tempo e dunque sono aperti ed adattivi.[9]

Nel linguaggio luhmanniano: un sistema si compone di eventi; in un contesto di instabilità; con dissoluzione e riproduzione degli eventi tra loro correlate; i sistemi in quanto tali sono soggetti a continua disintegrazione con la creazione di nuovi spazi e materiali; infine, "ogni elemento è insieme determinato e indeterminato; determinato nella sua momentanea attualità, indeterminato nel suo valore connettivo".[10]

Dunque, l'ambiente sociale costruito non cresce naturalmente, a partire dagli interessi degli attori coinvolti[11] (diciamo non solo anche se certamente gli interessi sono importanti), ma anche dai rapporti con gli altri attori facenti parte della stessa organizzazione. La struttura o il sistema complesso, dice Coleman, "è come un castello di carte" intendendo con tale immagine che vi è alta interdipendenza tra i diversi rapporti di cui si compone: "le strutture composte di rapporti complessi hanno un limite ben definito, che separa ciò che sta all'interno, e che è parte della struttura complessa di incentivi interdipendenti, da quello che sta all'esterno della struttura stessa."[12]

---

9 La complessità, come ovvio, presuppone l'emergenza, e dunque si tende a ritenere che tale emergenza si verifichi in uno spazio di possibilità ristretto (che in sociologia, almeno, non sempre si dà) fra una condizione di troppo ordine (ciò che Pareto chiama 'persistenza degli aggregati') e una di troppo disordine (l'attitudine alle combinazioni paretiane). I teorici della complessità considerano questo bordo o confine – come amano dire – 'il margine del caos', sempre lontano dall'equilibrio. Si veda D. Depew e B. Weber, *Darwinism Evolving Systems Dynamics and the Genealogy of Natural Selections*, MIT Press, Cambridge, Ma, 1995, p. 437. In traduzione italiana, M. C. Taylor, *Il momento della complessità. L'emergere di una cultura di rete*, op. cit., p. 182.

10 N. Luhmann, *Sistemi sociali. Fondamenti di una teoria generale*, Il Mulino, Bologna, 1990, p. 123.

11 Qui rimandiamo alla discussione nel capitolo VII su ofelimità e utilità.

12 J. S. Coleman, op. cit., p. 66.

Complessità: tre gradi di mutua dipendenza

Pareto analizza i sentimenti, anzi – più propriamente – le manifestazioni dei sentimenti, nelle parole e nelle azioni, le elaborazioni verbali e gli interessi economici; nel contempo esclude nelle prime opere molti fattori, importanti in casi particolari, che successivamente riprenderà e integrerà nello schema generale del *Trattato*. Ma dimostra anche che può fare molto entro i limiti che si è dato e che tali limiti sono necessari. È un'applicazione del metodo logico che ha manifestato la sua utilità in tutte le scienze, allorquando devono essere descritte situazioni complesse, con molte variabili coinvolte in uno stato di mutua dipendenza. Rispetto a quest'ultima nei fenomeni sociali Pareto è conciso, premettendo giustamente che è facile formarsi un'idea vaga di tale dipendenza; ma è più difficile pervenire ad averne una concezione netta e precisa, come quella di seguito esemplificata:

> Consideriamo, in generale, certi fenomeni *A*, *B*, *C*. Le nostre cognizioni in merito alla loro mutua dipendenza possono passare per tre gradi successivi. α) Possiamo sapere soltanto che tale dipendenza esiste: che la presenza di *A* e le variazioni della grandezza di *A* influiscono su *B*, *C* ...; che la presenza di *B* influisce su *A*, *C*, *D* ... ecc. β) Possiamo inoltre avere un'idea dei legami che esistono tra *A*, *B*, *C*, ... Sapere ad esempio, che quando *A* cresce *B* decresce, *C* cresce, ecc. In altri termini possiamo conoscere il senso delle variazioni che si determinano in *B*, *C*, *D*, ... in seguito ad una determinata variazione di *A*. γ) Possiamo infine conoscere, non solo il senso di tali variazioni, ma anche calcolarne esattamente il valore. Pervenuta a tal punto, la nostra conoscenza dei fenomeni *A*, *B*, *C*, ... è completa e perfetta.[13]

Un'altra caratteristica della sua opera è l'impiego, com'è ovvio, della conoscenza dei fenomeni economici, descritti e analizzati magistralmente soprattutto in quell'ineguagliabile opera scientifica e didattica

---

13 *Cours*, § 580. Secondo Pareto, Adolphe Bastiat, in un suo opuscolo, è stato di una chiarezza ammirevole nel porre in rilievo la dipendenza dei fenomeni economici. Anche Herbert Spencer viene citato come un maestro che prova la mutua dipendenza dei fenomeni sociali, giacché "i rapporti semplici di causa ad effetto sono familiari a tutti gli uomini; i rapporti di mutua dipendenza determinati dall'equilibrio di un sistema non sono familiari [...]" (id., §§ 581-584).

che è il *Cours*: un vero e proprio affascinante viaggio nello scibile. Tutto ciò gli permette di studiare i sistemi sociali e le loro strutture ed istituzioni da vari punti di vista, o meglio di considerarli secondo – come dice ripetutamente – la mutua dipendenza,[14] che è l'altro modo di concepire e di applicare la categoria di equilibrio. In sintesi, equilibrio economico ed equilibrio sociale sono strettamente interconnessi e in definitiva così devono essere considerati, superando il concetto inappropriato di causalità.[15]

Dunque, tra i fenomeni c'è mutua dipendenza e non relazione di causa-effetto (per esempio, non si possono calcolare la remunerazione del lavoro, del capitale e poi il costo di produzione indipendentemente dal prodotto). E la mutua dipendenza deve essere considerata non solo tra fenomeni economici, ma anche tra fenomeni economici e sociologici. Di più. Non vi è alcun problema concreto che sia esclusivamente economico o sociologico e, quindi, il fenomeno economico non può essere compreso se non nelle sue interdipendenze col fenomeno sociale. La posizione di Pareto è inequivocabile fin dalla prima pagina[16] del *Cours*

---

14 Cause ed effetti si intersecano nelle organizzazioni sociali, dice Pareto. Un altro argomento sul quale riflette è quello dell'*unità*. Tutti i riformatori credono di poter unificare l'organizzazione sociale, non rendendosi conto delle difficoltà e del fatto che, se qualcuno vi fosse riuscito, essi non potrebbero poi presentare i loro sistemi. Alla base di un tale approccio c'è la convinzione che esistano principi assoluti in grado di risolvere tutti i problemi delle organizzazioni sociali, mentre si dimentica che, se da un punto di vista teorico si può isolare una qualunque causa dalle altre, nei fenomeni concreti vi è un gran numero di cause i cui effetti si intersecano. E nel *Cours* (§ 620) osserva: "La mutua dipendenza dei fenomeni sociali è analoga alla mutua dipendenza dei fenomeni della vita. Quel che viene detto 'correlazione' non è, in fondo, che una manifestazione di questa mutua dipendenza, che può essere più o meno celata."

15 Si eliminerebbe così il sofisma del *post hoc, ergo propter hoc* (dopo di ciò, quindi a causa di ciò), o sofisma della falsa causa, nefasto e sempre presente nelle argomentazioni e nelle scienze, per cui una presunta relazione di concomitanza o di posteriorità viene trasformata in una relazione di causalità.

16 La Préface (Lausanne, Janvier 1896) manca nell'edizione italiana per i tipi Utet ma non in quella precedente presso Einaudi del 1943. Tale prefazione si conclude con il riconoscimento dell'apporto decisivo che Maffeo Pantaleoni ebbe negli orientamenti scientifici di Pareto.

dove subito afferma che due concezioni dominano il libro: quella delle 'approssimazioni successive' e quella della 'dipendenza mutua', non solo dei fenomeni economici, ma anche dei fenomeni sociali: "crediamo che il buon metodo, come il buon operaio, si riconosca all'opera; e ci siamo valsi, senza alcun partito preso, di tutti i mezzi che ci sono parsi atti a scoprire la verità."[17] Nella scienza sociale e nella scienza economica riscontra i medesimi errori, primo fra tutti la non dimestichezza con il concetto della interdipendenza[18] dei fenomeni. Perciò, "fatalismo e determinismo si distinguono precisamente in ragione dell'omissione di una delle condizioni che determinano i fenomeni sociali [...] In realtà, non vi è né causa, né effetto. Vi sono fenomeni che reagiscono gli uni sugli altri", cioè, la struttura di rete,[19] come si dice oggi, è – paretianamente – una proprietà non già delle parti, bensì dell'insieme. Tutte questioni ritornate prepotentemente all'attenzione quasi a diventare una moda. Anche i più attempati fisici e matematici ora ammettono che il riduzionismo non spiega tutto e che si comprende "appieno un sistema se se ne comprendono le parti e le interazioni tra parti. [...] è importante riconoscere che le interazioni tra elementi di una rete complessa conducono sovente a modelli globali di organizzazione che non dipendono dai singoli elementi".[20] A questo proposito è

---

17 *Cours*, pp. III-V.

18 "La soluzione del problema geometrico è elegante, e potrà servire a dare un concetto di un caso particolare di economia matematica. Ella sa che, a parere mio, non è per questa via che si trova l'utilità della matematica applicata all'economia; ma bensì quasi esclusivamente, nel potere trattare i problemi generali dell'equilibrio. Per molti e molti [problemi] non avremo da risolvere numericamente nessuna equazione economica, e forse mai ci sarà da fare ciò. Bensì ci occorre avere un concetto generale del come si pone l'equilibrio con la mutua dipendenza di tutte le parti del sistema economico." (Lettera a L. Amoroso, 28 novembre 1911, *Epistolario*, vol. II, p. 745).

19 Si veda l'antologia sulla network analysis curata da Fortunata Piselli, *Reti. L'analisi di network nelle scienze sociali*, Donzelli, Roma 1995 dove, nell'introduzione, tra l'altro, la curatrice ricorda, nel rievocare gli esperimenti di Warner e Mayo, l'apporto di Pareto.

20 M. Buchanan, *Nexus. Perché la natura, la società, l'economia, la comunicazione funzionano allo stesso modo*, Mondadori, Milano, 2003, p. 224.

significativo come esempio lo studio di T. Schelling[21] (non propriamente una novità da un punto di vista concettuale), in cui si dimostra mediante simulazione che alla base dei fenomeni di segregazione non vi è necessariamente un sentimento razzista (come era già stato ampiamente spiegato da quei pochi non accecati dall'ideologia umanitaria) ma piuttosto, come prevede la teoria classica, la naturale inclinazione a non vivere in una condizione di minoranza. Il privilegiare un contesto in cui si possono condividere medesimi valori, abitudini, ecc., porta come risultato non voluto al superamento delle comunità miste. La simulazione – che considerava una comunità in cui gli abitanti non disdegnassero di vivere con altri di etnia diversa, a condizione però che quelli della propria etnia non costituissero una sparuta minoranza – confermava ciò che sappiamo da tempo e cioè, come dice bene Buchanan: "se anche domani non vi fosse più la minima traccia di razzismo, le razze tenderebbero magari lo stesso a separarsi naturalmente come l'olio e l'acqua."[22] Ma non perché – come sostiene – le persone siano forgiate non solo dai desideri, ma anche da forze cieche e meccaniche. In quanto fisico, Buchanan non riesce a capire che di cieco e di meccanico non c'è nulla, mentre agiscono naturali sensi di appartenenza e di identità, sia anche socioemozionali, ineludibili per l'equilibrio individuale e di gruppo. Perciò non "piccole e all'apparenza irrilevanti preferenze personali, producono conseguenza di vasta e inquietante portata", ma invece categorie mentali sociologicamente rilevanti producono assetti sociali pienamente equilibrati.[23]

---

21 Th. Schelling, "Dynamic models of segregation", in *Journal of Mathematical Sociology*, 1, 1971, pp. 143-186. Un altro studio scarsamente rilevante (perché ipotesi e risultati già da tempo sono acquisiti in letteratura ed anche meglio studiati) da un punto di vista concettuale è quello di J. Sakoda, "The checkboard model of social interaction", in *Journal of Mathematical Sociology*, 1, 1971, pp. 119-139, le cui simulazioni si occupano di segregazione, confronto tra i sessi, ambizione, ecc., facendo vedere come tali fenomeni siano spiegabili da semplici regole basate su attitude values nei confronti degli in-group e degli out-group.

22 M. Buchanan, op. cit., p. 226.

23 Vedi G. Pollini, *Appartenenza e identità*, Franco Angeli, Milano, 1987.

Analisi e sintesi

L'economia serve come prima grossolana approssimazione alla realtà, assai complessa e intricata nelle sue mille eterogenee forze.[24] Essa non deve dare norma all'azione, ma fornire solo una guida per cercare la soluzione di problemi complessi che da sempre impegnano la mente. Entro questi limiti, dunque, e come studio tendente a stabilire analiticamente le relazioni che intercorrono fra le quantità variabili del complesso economico, "l'economia matematica è, nelle sue deduzioni, perlopiù valida, e non invade campi che non le spettano". Essa svolge un ruolo importante solo se si vuole avere una conoscenza 'comprensiva' della interdipendenza dei fenomeni economici, per quanto – come si è detto – la parte principale del fenomeno economico concreto sfugga ad un'analisi quantitativa. Per conoscere il fatto concreto, reale, all'analisi deve necessariamente seguire la sintesi (fig. 7). Ad esempio, dato un fenomeno concreto *O*, per fini analitici si separano in esso vari fatti *c*, *e*, *g* … Il fatto *c* e quelli ad esso analoghi (cioè *a*, *b*, …), sono uniti da una certa teoria, o – potremmo anche dire – dipendono da un principio generale *P*. Allo stesso modo *e* ed i fatti analoghi ad *e* (cioè *d*, *f* …) danno un'altra teoria *Q*; i fatti *g*, *l*, *m*, *n* … un'altra teoria ancora *R*; e così via. Queste teorie vengono studiate separata-

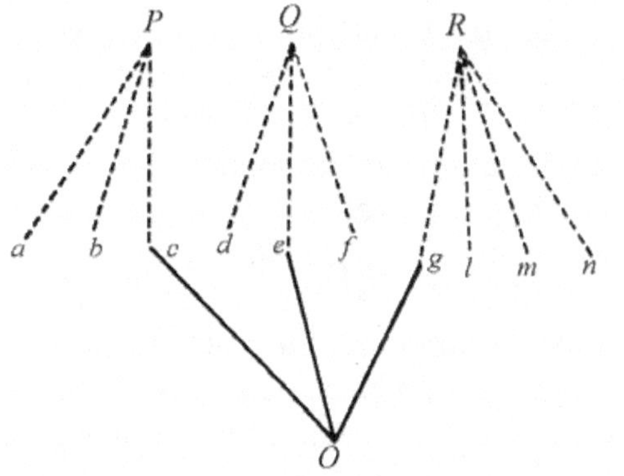

Fig. 7 Analisi e sintesi

24 Pareto ripete più volte che non pretende affatto di risolvere con la sola economia pura problemi di economia concreta (*Giornale degli economisti*, 1900, 2, p. 149; *Trattato* § 1732 ss.); tanto più che, tra l'altro, aveva intrapreso lo studio della sociologia per avere un'idea più adeguata e completa del fenomeno concreto.

mente ma, per conoscere il fenomeno concreto *O*, si devono unire insieme (sintesi) i risultati *c*, *e*, *g* … delle diverse teorie.

Chi non è cosciente di ciò osserva che nel fenomeno *O* non c'è solo *e*, ma anche *c* e *g*; dunque, nella teoria *Q* si devono includere anche *c* e *g*. Questa conclusione, secondo Pareto, è sbagliata, perché l'unica considerazione possibile è che *Q* spiega solo una parte del fenomeno *O*.

Se, ad esempio *Q* è la teoria dell'economia politica ed il fenomeno concreto *O* ha non solo una parte economica *e*, ma anche altre parti sociologiche *c*, *g*, è un errore voler includere[25] nell'economia politica, come hanno fatto molti – osserva Pareto – le parti sociologiche *c*, *g*, ...; la sola conclusione retta da trarsi da questo fatto è che occorre aggiungere alle teorie economiche che danno *e*, altre teorie che danno *c*, *g*, ...

I problemi sono sempre contemporaneamente economici e sociologici, "spessissimo anzi la parte sociologica prevale sulla parte economica".[26] Così – insegna Pareto – se si studiano separatamente le parti economiche e sociologiche non si deborda dal campo sperimentale; mentre si uscirebbe da quel campo se non si ricomponessero poi tali parti, per ottenere il tutto. Quel tutto che solo ha esistenza sperimentale significativa e che, per semplice comodità d'indagine o di divisione del lavoro tra studiosi, si scompone in parti astratte.

Una posizione simile esprime P. A. Sorokin quando argomenta: "se dobbiamo studiare N classi di fenomeni, ci devono essere logicamente N+1 scienze, in cui ciascuna delle N scienze speciali studia le caratteristiche della propria classe speciale di fenomeni e la scienza addizio-

25 *Trattato*, §§ 33-34. L'edizione di Comunità del 1964 riporta la frase al § 34: "È errore il voler includere [...]" mentre l'edizione Utet 1988 aggiunge un "non", cosicché la frase diventa: "È errore il non voler includere [...]." Ci pare dal contesto che logicamente il "non" dell'edizione Utet sia in contraddizione con l'argomentazione di Pareto al § 33.

26 Tali sono, ad esempio – dice Pareto – il problema del libero scambio o del protezionismo, molti problemi monetari, quasi tutti i problemi dei tributi, ed altri simili. Senza uscire dal campo sperimentale, si possono disgiungere "i problemi del baratto e della produzione", e farne separatamente la teoria, ma, se si vuole rimanere nel concreto è indispensabile fare poi la sintesi dei risultati ottenuti (V. Pareto, "Economia sperimentale", *Giornale degli economisti*, luglio 1918, ora in *Scritti sociologici*, pp. 719-743).

nale +1 studia le caratteristiche comuni a tutte le N classi di fenomeni. Due classi fondamentali di organismi, le piante e gli animali, richiedono l'esistenza di 2+1 scienze: la botanica, che studia le caratteristiche degli organismi vegetali; la zoologia, che studia quelle degli organismi animali; più la biologia generale, che prende in considerazione le caratteristiche comuni ad ambedue le classi di organismi summenzionati e le relazioni che intercorrono tra di esse. Non diversamente capita per i fenomeni sociali. Infatti, se i fenomeni sociali sono classificati nelle classi *a*, *b*, *c*, *d*, ... *n*, e ciascuna classe è studiata da una scienza sociale speciale (l'economia, la scienza politica, il diritto, ecc.), oltre a N scienze speciali occorre una scienza addizionale, la scienza N+1, che studi le caratteristiche generali comuni a tutte le N classi di fenomeni sociali e le relazioni che intercorrono tra di esse. Questa è la ragione logica dell'esistenza della sociologia come scienza a sé."[27]

Esempio di interdipendenza paretiana. Pareto osserva come fosse stato dimostrato che in Francia e in Germania, gli anni precedenti l'esplosione del protestantesimo avevano registrato una straordinaria prosperità economica e proprio per ciò aveva avuto modo di espandersi e consolidarsi la riforma religiosa e il movimento democratico che all'inizio l'accompagnava. Con le successive lunghe guerre si distrusse molta ricchezza, "facendo così venir meno le condizioni che avevano dato origine al movimento democratico; per cui esso interamente o quasi si spense". Ad esempio, i Medici a Firenze avevano sconfitto gli avversari con l'imposta progressiva, soffocando nel contempo la democrazia e sopprimendo le condizioni che le davano forza e sviluppo. Il movimento democratico era rinato in Inghilterra, in Francia e nel resto dell'Europa con una nuova crescita di ricchezza. Era rifiorito più intensamente in Francia che altrove verso la fine del XIX sec., proprio perché in quel periodo si ebbe una crescita continua della ricchezza nel paese (il numero quasi costante degli abitanti, favorì l'aumentò della ricchezza media per abitante). Non va dimenticato che i fenomeni che

---

27 P. A. Sorokin, *Storia delle teorie sociologiche*, vol. I, Città Nuova Editrice, Roma, 1974, p. 743.

accompagnano l'aumento di ricchezza operano poi anche per modificare lo stesso aumento, per cui tra questo e quelli si stabilisce un qualche equilibrio. Può accadere che

> [...] il susseguirsi di azioni e reazioni favorisca il movimento ritmico, proprio dei fenomeni sociali. L'aumento della ricchezza media per abitante favorisce la democrazia; ma questa (almeno secondo quanto si è potuto sinora osservare), non solo distrugge abbondantemente ricchezza, ma provvede anche a prosciugarne le fonti, contribuendo in tal modo alla propria distruzione.[28]

Secondo Pareto la storia è ricca di esempi che confermano queste osservazioni e se in certi momenti sembra che ciò non si verifichi, dipende dal fatto che il periodo considerato è troppo breve per analizzare il ciclo completo e che certi miglioramenti tecnici della produzione creano maggiore ricchezza di quanta ne venga dissipata. Se però si protraesse la distruzione della ricchezza e non sopravvenissero innovazioni in grado di aumentare la produzione, il fenomeno sociale potrebbe invertirsi.[29]

Interdipendenza ed equilibrio delle forze

Sotto l'aspetto oggettivo i fenomeni che si studiano sono semplicemente in 'relazione di interdipendenza', ma soggettivamente vengono di

---

28 *Cours*, § 83.

29 A questo proposito si veda il bel volume di W. Sombart, *Il Borghese*, Longanesi, Milano, 1978 (ed. or. 1913), ove si fa vedere l'interdipendenza delle parti applicata al problema dell'origine del capitalismo e alla struttura di esso. In quest'opera ci pare che la posizione di Sombart sia analoga a quella di Pareto (*Cours*, § 607) quando questi afferma: "Si sente spesso affermare che le credenze religiose o filosofiche d'un popolo sono 'la causa' delle progredite condizioni morali. Si potrebbe, altrettanto legittimamente, rovesciare tale affermazione e dire che le condizioni morali sono 'la causa' di tali credenze. [...] In realtà, non vi è qui né causa, né effetto. Vi sono fenomeni che reagiscono gli uni sugli altri."

solito tradotti come se fossero in 'relazione di causa-effetto'.[30] Anche quando oggettivamente vi può essere qualcosa che si avvicini a tale relazione, è interessante osservare come spesso la traduzione soggettiva ne inverta i termini. Ad esempio, sono assunti come causa i sentimenti umanitari, poiché li si ritiene all'origine dei miglioramenti delle condizioni di vita dei poveri, ossia dell'aumento della porzione di ricchezza che consumano.[31] In realtà, osserva Pareto, i sentimenti umanitari, i provvedimenti legislativi in favore dei poveri, o altri miglioramenti nella vita di questi, contribuiscono poco o niente a far crescere la ricchezza; anzi talvolta la fanno decrescere. La relazione di mutua dipendenza tra quei fenomeni si avvicina di fatto ad una relazione in cui, a fronte di un aumento di ricchezza (causa), si hanno come effetti il sorgere di sentimenti umanitari e il miglioramento delle condizioni di vita.

Esaminando gli aggregati sociali e i loro caratteri, Pareto ricorda ciò che giustamente aveva osservato Herbert Spencer: i caratteri di un aggregato risultano dai caratteri che presentano le sue parti. Tuttavia, egli concorda anche con l'obiezione durkheimiana mossa a questa affermazione, e cioè che i caratteri dell'aggregato non sono semplicemente la somma di quelli delle parti. Noi sappiamo che gli individui che com-

---

30 Alla relazione causa-effetto e alle connesse sperimentazione e comparazione dedica molta riflessione E. Durkheim, spesso convincente, altre volte meno, comunque sempre molto interessante. Ad esempio troviamo problematica la seguente affermazione: "[...] l'assioma delle pluralità delle cause è la negazione stessa del principio di causalità", mentre invece ritiene che "ad uno stesso effetto corrisponde sempre una stessa causa" e ancora "[...] il metodo delle variazioni concomitanti [è] lo strumento per eccellenza delle ricerche sociologiche." (E. Durkheim, *Le regole del metodo sociologico*, Edizioni di Comunità, Milano 1963, p. 117 e ss., dove si discute delle regole relàtive all'amministrazione della prova).

31 "C'è della brava gente che si figura che, se oggi l'operaio mangia carne tutti giorni, mentre un secolo fa ne mangiava solo i giorni di festa, ciò è dovuto solo al fiorire dei sentimenti etici e umanitari – altri dicono all'essere riconosciute poco alla volta le 'grandi verità' predicate dal socialismo – e che non riesce a capire che l'aumento della ricchezza è condizione assolutamente indispensabile perché possano crescere i consumi popolari, cioè del maggior numero di uomini. Il più delle volte, per conseguire il miglioramento delle condizioni economiche del popolo, gli ottimi umanitari fanno propriamente le parti della mosca che si posa sulle corna del bue e dice: ariamo." (*Manuale*, VII, §§ 54-55).

pongono una folla agirebbero in modo diverso se presi isolatamente; ma è anche vero che i caratteri di una folla risultano da quelli degli individui che la compongono. In quest'ultimo senso bisogna intendere che il sistema economico e governativo di un popolo è la risultante dei caratteri di questo popolo. Ma l'affermazione non è completa, perché quel sistema modifica a sua volta questi caratteri: è un susseguirsi di azioni e reazioni, un sistema di equilibrio tra diverse forze, piuttosto che un semplice fenomeno di causa ed effetto. I caratteri degli individui non sono la *causa* determinante del carattere del sistema di governo e questo non è la *causa* determinante dei caratteri degli individui; ma vi è una corrispondenza biunivoca tra le due cose, per cui si stabilisce uno stato di equilibrio tra forze che agiscono e reagiscono le une sulle altre.[32] Ciò avviene in generale e non solo in questo caso particolare, afferma Pareto, determinando un principio assolutamente fondamentale per lo studio delle scienze sociali, sebbene non possiamo escludere che intorno alla nozione assolutamente ineludibile per le scienze si possa 'menare il can per l'aia' come fa ad esempio Peter M. Blau: "Argument about equilibrium [...] ignore the important point that the forces sustaining equilibrium on one level of social life constitute disequilibrium forces on other levels [...] The principle suggested is that balanced social states depend on imbalances in other social states: forces that restore equilibrium in one respect do so by creating disequilibrium in others."[33]

Ad esempio, in ogni tempo c'è stato chi considerava il governo come del tutto distinto dalla società, cioè riteneva che una certa entità astrat-

32 Lo aveva già fatto notare in modo teoreticamente rilevante A. Serra nella sua pregevole opera: *Breve trattato delle cause che possono far abbondare li regni d'oro et d'argento dove non sono miniere, con applicazione al regno di Napoli* (del dott. Antonio Serra della città di Cosenza, diviso in tre libri. In Napoli appresso Lazzaro Scoriggio 1613) che è uno studio sulle risorse naturali, sulla qualità della popolazione, sullo sviluppo dell'industria e del commercio, sull'efficienza del governo ai fini di un corretto sviluppo dell'economia e della politica di uno stato. Serra potrebbe essere considerato il fondatore dell'economia politica e un continuatore autorevole delle nascenti scienze sociali; fra i primi a trattare i fatti attinenti la religione, la popolazione, la società con criteri che possiamo definire scientifici.

33 P. M. Blau, *Exchange and Power in Social Life*, Wiley, New York, 1964, p. 12.

ta, chiamata *Stato,* avesse un'esistenza indipendente dalla società concreta e, quindi, fosse immune dall'ignoranza, dai difetti, dai vizi degli uomini. Ma, questo è solo il sogno degli ammiratori dello *Stato etico*, un'entità metafisica che può esistere unicamente nell'immaginazione. Se con il termine Stato vogliamo intendere qualcosa di reale, allora ci troviamo in presenza di un organismo che partecipa tanto delle buone che delle cattive qualità dell'aggregato e che, a sua volta, può rafforzare le une o le altre.

Alla luce di quanto abbiamo visto finora, non possiamo non ricordare quanto si disse circa quel 'nuovo' concetto, chiamato *embeddedness*, definito da Granovetter,[34] secondo il quale "i comportamenti e le istituzioni sono talmente vincolati alle relazioni sociali che concepirli come indipendenti è un grave errore". Ai sostenitori della cosiddetta 'nuova sociologia economica' tale nozione apparve originale e avanzata; esattamente come un altro concetto, quello della 'razionalità limitata' (già formalizzato, esposto e applicato almeno cinquant'anni prima da Pareto con la teoria dell'azione non logica). Afferma Granovetter, dimenticando la storia dell'analisi economica e sociologica, che, a partire dall'inizio degli anni Settanta del XX secolo, vi sarebbe stato un ritorno di interesse tra gli economisti per la questione negletta della fiducia e della prevaricazione. E, richiamando Williamson,[35] nota – questioni già all'ordine del giorno al tempo di Pareto – che nella realtà l'attore economico profonde energie non solo nel perseguire il proprio interesse individuale, ma anche nell'opportunismo; cioè, il proprio interesse è cercato con l'astuzia. In altri termini, chi è abile nel fingere, ottiene vantaggi nelle transazioni e perciò l'homo œconomicus è un essere

34 M. Granovetter, "Economic Action and Social Structure: the Problem of Embeddedness", *American Journal of Sociology*, 1985, n. 91, pp. 481-510.

35 "Since about 1970, there has been a flurry of interest among economist in the previously neglected issues of trust and malfeasance. Olivier Williamson has noted that real economic actors engage not merely in the pursuit of self-interest but also in 'opportunism' – 'self-interest seeking with guile; agents who are skilled at dissembling realize transactional advantages. Economic man [...] is thus a more subtle and devious creature than the usual self-interest seeking assumption reveals' [O. Williamson, *Markets and Hierarchies*, 1975, p. 255]" (ibid. p. 487).

molto più subdolo ed infido di quanto non voglia ammettere l'idea tradizionale (o meglio, l'idea che taluni hanno della storia dell'analisi economica e sociologica) di perseguimento dell'interesse individuale.[36]

I cicli di interdipendenza: combinazioni I, II, III, IV

Secondo Pareto la società umana sta tra due tipi estremi di "società astratte": quella animale, dove sono assenti i ragionamenti, operando esclusivamente gli istinti e molto parzialmente i sentimenti e quella dove sono presenti quasi esclusivamente i ragionamenti logico-sperimentali. Determinano la forma di questa società intermedia, reale, "oltre alle *circostanze esterne*, i *sentimenti*, gli *interessi*, i *ragionamenti logico-sperimentali* per conseguire la soddisfazione dei sentimenti e degli interessi, e, subordinatamente, anche le *derivazioni* che esprimono e talvolta fortificano sentimenti ed interessi, e che valgono in certi casi come mezzo di propaganda".[37] Occupandosi del complesso degli elementi da cui dipende l'equilibrio sociale e non potendo considerarli tutti, tenendo anche conto della loro interdipendenza, Pareto indica all'attenzione un numero ristretto di categorie, tra quelle più importanti, che poi cercherà di aumentare per comprendervi quanti più elementi possibile. Le categorie[38] selezionate per considerarne l'interdipendenza, cioè la loro azione e reazione, sono:

(*a*) residui,
(*b*) interessi,
(*c*) derivazioni,
(*d*) eterogeneità e circolazione sociale;

e le combinazioni tra queste categorie:

---

36 E, in una nota, ci informa che il concetto di 'chi è abile nel fingere, riesce a ottenere vantaggi nelle transazioni', era già stato avanzato da un emerito sconosciuto sociologo dello sport. Non da un classico dell'economia e della sociologia!

37 *Trattato*, § 2146.

38 Ibid., §§ 2205-2220.

(I) - (*a*) opera su (*b*), (*c*), (*d*)
(II) - (*b*) opera su (*a*), (*c*), (*d*)
(III) - (*c*) opera su (*a*), (*b*), (*d*)
(IV) - (*d*) opera su (*a*), (*b*), (*c*).

Un elemento di una data categoria opera su quelli delle altre, sia separatamente dagli altri della sua categoria, sia in unione ad essi. Viene detto *diretto* l'effetto che esso ha se si considera indipendentemente dagli altri elementi della stessa categoria, *indiretto* l'effetto che esso ha in virtù della sua unione con gli altri elementi della stessa categoria.

La *combinazione* (I) rappresenta la parte principale del fenomeno sociale "e forse di ciò avevano un lontano ed imperfetto concetto coloro che ponevano nell'etica il fondamento della società". Assicura la continuità della storia delle società umane, dal momento che la categoria (*a*) varia poco e lentamente. Si trovano qui gli usi, i costumi, le forme giuridiche, la letteratura, l'arte, la religione, le forme politiche ed economiche. La *combinazione* (II), per la quale vale la considerazione ora fatta per la combinazione (I), svolge un ruolo rilevante. "L'importanza di questa combinazione fu avvertita dai seguaci del 'materialismo storico', che per altro caddero nell'errore di sostituire la parte al tutto e di trascurare le altre combinazioni." La *combinazione* (III) è la meno importante rispetto alle altre e il "non avere veduto ciò fa errate, inconcludenti, vane le elucubrazioni degli umanitari, degli intellettuali, degli adoratori della dea ragione; ma più delle altre essa ci è nota per mezzo della letteratura, e quindi si suole dare ad essa un'importanza che va molto di là della realtà". La *combinazione* (IV) ha un certo rilievo; "ciò è stato già in parte avvertito da Platone e da Aristotele [e noi aggiungiamo da Vico], per tacere di altri antichi autori; oggi ha il merito grande di porre in evidenza questo fenomeno importantissimo; mentre il trascurarlo vizia radicalmente le teorie dette democratiche".

Occorre avere presente che "le azioni e le reazioni si seguono indefinitamente, come in circolo", cioè, ad esempio, iniziando dalla combinazione (I) si arriva alla (IV), e da questa alla (I). Nella combinazione (I) l'elemento (*a*) agisce su (*d*), nella (IV) (*d*) agisce su (*a*), poi si torna alla combinazione (I), per cui (*a*) agisce nuovamente su (*d*) e così via.

Quindi una variazione di (*a*), a partire dalla combinazione (I), fa variare gli altri elementi (*b*), (*c*), (*d*). Per distinguerle Pareto chiama *effetti immediati* queste variazioni di (*a*), (*b*), (*c*), (*d*), succedutesi in virtù della combinazione (I). Ma in virtù di altre combinazioni, le variazioni di (*b*), (*c*), (*d*), fanno anche variare (*a*); e per il moto circolare, sopra accennato, tale variazione si ripercuote nella combinazione (I) e dà luogo a nuove variazioni di (*a*), (*b*), (*c*), (*d*). Queste vengono chiamate *effetti mediati*.

Talvolta è necessario considerare insieme due o più combinazioni. Lo stato di equilibrio concreto che si osserva in una società è conseguenza di tutti questi effetti, di tutte queste azioni e reazioni ed è quindi diverso da uno stato di equilibrio teorico, ottenuto considerando uno o più degli (*a*), (*b*), (*c*), (*d*), invece di considerarli tutti. Ad esempio, l'economia politica appartiene alla categoria (*b*) ed ha una parte che è l'economia pura. Questa definisce un equilibrio teorico, che è diverso da un altro equilibrio teorico che si avrebbe nell'economia applicata, anch'essa nella categoria (*b*) e diverso da altri equilibri teorici che si avrebbero combinando (*b*) con parte degli (*a*), (*c*), (*d*); diverso, infine, dall'equilibrio teorico, più vicino al concreto, che si ha combinando insieme tutti gli (*a*), (*b*), (*c*), (*d*).

Secondo Pareto molti economisti sono propensi a considerare esclusivamente il ciclo (*b*), (*c*) – (*c*), (*b*). Dallo studio degli interessi (*b*) di cui si occupa la loro disciplina, traggono certe conclusioni (*c*), che essi ritengono potranno modificare diffondendosi lo stesso fenomeno economico (*b*). È quanto che accade per il libero scambio: dallo studio del fenomeno economico (*b*) si ricava la dimostrazione (*c*) dell'utilità del libero scambio. Se questa dottrina (*c*) si propaga, deve modificare il fenomeno economico (*b*) e favorire il libero scambio. In generale, quando gli economisti s'imbattono in qualche sentimento (*a*), di cui devono tener conto, sono soliti supporre che esista per virtù propria, senza relazione con (*b*).[39] Per esempio, il 'giusto' e l''ingiusto' sono

---

39 *Trattato*, § 2207. Le tesi di Douglas C. North hanno fatto vedere, dopo l'abbattimento del muro di Berlino, quanto sia difficile instaurare o ritornare ad un'economia di mercato in paesi privi di tradizione o privati come nel caso della Russia per settant'anni di regole liberali. Dunque, North e R. W. Fogel (entrambi premi

assoluti e non in relazione con (*b*). Marx si avvicinò alla scienza logico-sperimentale, facendo notare la relazione tra (*a*) e (*b*), ma sbagliò nel ritenere che fosse la causa (*b*) ad operare sull'effetto (*a*), mentre se (*b*) agisce su (*a*), quest'elemento, a sua volta, reagisce su (*b*). Tra le molte cause per le quali la combinazione (IV) viene spesso trascurata, c'è il considerare i sentimenti, gli interessi, le derivazioni in modo assoluto, indipendentemente dagli individui; si hanno così astrazioni e non proprietà di certi individui.

Approssimazioni successive

Pareto ha sovente ripetuto che i fenomeni studiati dall'economia politica e dalla scienza sociale sono fenomeni generali e medi e che, pretendendo di sostituire ad essi fenomeni individuali e singolari, i risultati ottenuti sono incongruenti. I fenomeni singolari non sono certo da trascurare, tutt'altro; ma costituiscono l'oggetto di una seconda o di una terza approssimazione.[40] Le indagini di Pareto, con la dimostrazione della interdipendenza tra i fenomeni, con l'impiego del metodo delle *approssimazioni successive* in sociologia come in economia, costituiscono una magistrale e convincente esposizione del metodo paretiano[41] con il suo titanico sforzo "di ridurre a rigorosa trattazione logica i termini delle discussioni: sforzo ben maggiore di quello fatto da B. Russell e da A. N. Whitehead nella redazione dei monumentali *Principia mathematica,* e con la cura assidua ad evitare logomachie". Ma non si creda che Pareto avesse una predilezione speciale per lo studio matematico dei fenomeni: "Solo i discepoli meno degni e i conoscitori superficiali della sua opera possono affermar questo. La sua mentalità era

---

Nobel 1993) ribadiscono, se mai c'è ne fosse bisogno, l'approccio sociologico nelle moderne scienze sociali, approccio ostinatamente predicato e praticato fin dai tempi di A. Serra e Giambattista Vico.

40 *Cours*, §§ 644-645.

41 F. Di Speni, "Appunti sul metodo logico-sperimentale nelle scienze sociali", in *Rivista internazionale di scienze sociali*, anno XXXI, vol. 93, Milano, 1923, pp. 205-215.

eminentemente induttiva, la sua guida i fatti." Lo abbiamo visto nel primo capitolo a proposito del suo metodo logico-sperimentale. "Quando egli pensa che la realtà si può rappresentare con la maggiore approssimazione possibile solo con gli algoritmi e il ragionamento matematico, allora e solo allora egli, che è maestro in esso, se ne vale, mentre tiene nella dovuta considerazione tutta la dottrina classica o non, precedente, che si dimostri non contraddetta dai fatti." Del resto 'mancanza di oggettività', antinomie, contraddizioni, indecidibilità, indeterminazione, incompletezza semantica erano concetti che, finalmente, cominciavano a circolare anche tra le scienze naturali e tra discipline formali come la logica e la matematica. Nella nostra Pareto era stato chiaro quando affermava che la scienza sociale non esisterebbe se i fatti sociali non presentassero uniformità. La loro presenza permette la costituzione del cosiddetto determinismo scientifico,[42] con il quale non si vuole affermare la necessità assoluta delle uniformità, ma soltanto che ne sono state riscontrate. Peraltro, laddove sembra che i fatti non ne presentino, ciò dipende esclusivamente dalla incompletezza della nostra conoscenza e tale incompletezza dura finché non si scopre che altre cause entrano in gioco in merito a quei fatti; ma può anche rimanere tale, in quanto dei fenomeni non sempre possiamo conoscere tutto.

Vogliamo ribadire che in sociologia le espressioni quantitative – qualunque sia la loro formulazione – possono precedere il giudizio qualitativo o, altre volte, seguirlo; in altre parole, non esauriscono l'indagine, anche se certamente l'ideale conoscitivo amerebbe conclu-

---

42 *Sistemi*, p. 184. Precisa: "bisogna guardarsi dal confonderlo col materialismo; questa è una religione, perché pretende dare la soluzione di problemi che superano la portata della scienza. I seguaci delle dottrine assolute non riescono a rendersi conto del carattere esclusivamente relativo delle ricerche scientifiche; cercando l'assoluto dove non può trovarsi, le interpretano e le travestono secondo le loro idee." E, ancora (p. 739): "l'interpretazione scientifica della concezione materialistica della storia ci avvicina alla realtà ed ha tutti i caratteri di una teoria scientifica. Essa si confonde col determinismo storico e vede nella storia fatti, di cui si tratta di scoprire i rapporti." Il problema nasce quando gli studiosi, invece di cercare le relazioni tra i vari fatti, si lasciano trasportare, anche inconsapevolmente, dalle ideologie, dalle passioni e dai pregiudizi.

dersi in termini quantitativi. Ad esempio, nella sociologia applicata la densità di una popolazione calcolata attraverso il rapporto tra abitanti e territorio, la quantità assoluta o relativa di un raccolto agricolo, l'ammontare delle importazioni e delle esportazioni e il loro variare nello spazio e nel tempo, la frequenza di immigrazione o emigrazione, l'aumento o la diminuzione della popolazione, dei matrimoni, delle nascite, delle morti, della delinquenza, il variare dei prezzi; tutte, insomma, le notizie che un annuario statistico ci fornisce sono precisazioni numeriche che possono dar luogo ai più svariati giudizi, né più né meno di qualunque altra affermazione non accompagnata da numeri.[43]

La mente – nota Pareto – è così fatta, che può pervenire alla conoscenza quasi completa di un oggetto complesso solo in seguito ad un processo di analisi seguita da una sintesi. Con l'analisi studia separatamente le diverse qualità dell'oggetto in questione; con la sintesi riunisce i diversi studi per ricavare una concezione quanto più completa possibile dell'argomento. E, ancora: "Il ricorso all'analisi è necessario, non solo per separare tra di loro le parti che debbono essere trattate da scienze diverse, ma anche nell'ambito di ciascuna di tali scienze [...]", quindi "[...] si deve giudicare una teoria generale in base a fatti generali e medi, non già in base a fatti accidentali."[44]

---

43 R. W. Fogel dimostrò (*Railroads and American economic growth: Essays in econometric history*, J. Hopkins Univ. Press, Baltimore, 1964; and G. R. Elton, *Which road to the past?: Two view of history*, Yale Univ. Press, London, 1983), con un'analisi statistica, che se gli Stati Uniti avessero dato preminenza alle comunicazioni via acqua, piuttosto che a quelle ferrate, si sarebbe avuto un maggiore sviluppo economico, industriale e agricolo. La conformazione degli Usa, infatti, permetteva di mettere in collegamento, tramite alcune centinaia di migliaia di canali, in zone strategiche, grandi fiumi già navigabili. Vennero, invece, preferite le ferrovie e per questo si disse poi che le ferrovie erano state fattore primario di sviluppo. Secondo Fogel, invece la scelta di sviluppare le ferrovie a scapito delle vie d'acqua era stata perdente. In seguito, sostenne la tesi, in contrasto con le idee dominanti, che non era stato così decisivo il ruolo economico delle grandi innovazioni tecnologiche, mentre tutta la miriade di piccole innovazioni erano state più importanti per un accelerato sviluppo industriale.

44 *Cours*, §§ 34-36. Così M. Weber: "La sociologia elabora – e ciò è già stato più volte assunto come evidente – concetti di tipi e cerca regole generali del divenire, in antitesi alla storia [...]." (*Economia e società*, vol. I, p. 17).

Il modo di avvicinarsi alla realtà con teorie sempre più concordanti con essa e che perciò divengono generalmente sempre più complesse, viene detto metodo delle *approssimazioni successive*, ed è – implicitamente o esplicitamente – usato in ogni scienza. Per tutte le scienze l'astrazione rimane la condizione preliminare e indispensabile di ogni ricerca.[45] Poiché nasce da necessità soggettive, almeno entro certi limiti, rimane arbitraria; quindi, un'astrazione o una classificazione non escludono necessariamente un'astrazione o una classificazione diversa. Un esempio è l'economia pura, che, riducendo gli uomini reali all'*homo œconomicus*, fa uso, appunto, di un'astrazione che può avere due forme perfettamente equivalenti: nella prima si considera un essere astratto avente solo le proprietà che si intendono studiare; nella seconda si considerano direttamente quelle proprietà e si separano dalle altre.[46] E poi, ancora, vi è la questione della cumulazione dei risultati e del paradigma di riferimento. Pareto ha sempre dichiarato di essere "stato indotto a studiare l'economia pura e l'economia matematica, dalla lettura dei *Principii* del Pantaleoni", sebbene avesse letto prima i lavori di L. Walras, ma "la parte metafisica, che vi è tanto larga, mi aveva disgustato." In seguito, furono proprio i *Principii* che lo aiutarono a vedere nell'economia pura qualche cosa d'altro oltre la metafisica. Perciò, ritornò sulle opere di Walras e, andando oltre la metafisica, vi trovò "una teoria importantissima, cioè quella dell'equilibrio economico". Ciononostante,

45 Posto che l'astrazione è condizione preliminare indispensabile per ogni ricerca, secondo Pareto vi sono due grandi classi di scienze: quelle che, come la fisica e la meccanica possono far ricorso all'esperienza (cioè alla riproduzione in laboratorio di un fenomeno) e quelle che, come la meteorologia, l'astronomia e l'economia politica non possono avere un riscontro empirico, ma si devono accontentare dell'osservazione. Le prime possono separare effettivamente i fenomeni che corrispondono ad una legge, le seconde possono solo separarli mentalmente, teoricamente (*Manuale*, I, § 20). Possiamo aggiungere che poco tempo dopo queste affermazioni anche in sociologia iniziarono gli esperimenti di laboratorio (nel corso degli anni venti del sec. XX).

46 *Manuale*, I, §§ 21 e 22.

> [...] il mio concetto scientifico è agli antipodi di quello del Walras. Se avessi voluto avrei potuto presentare la mia teoria dell'equilibrio in modo tale che *paresse* nulla avere di comune con quella del Walras; le stesse equazioni si possono mettere sotto forma diversa (lo ha fatto Irving Fisher). Ma ciò non sarebbe stato onesto da parte mia. Io credo che ognuno di noi si onora riconoscendo lealmente ciò che deve ai suoi predecessori. Io debbo al Pantaleoni di avere avuto un concetto giusto dell'economia pura, e al Walras, di avere avuto un concetto chiaro dell'equilibrio economico.[47]

All'epoca, e anche dopo, si discusse anche del valore logico della teoria dell'equilibrio economico e della validità delle uniformità sociali indotte da Pareto. Sembrava, infatti, che la concezione dell'equilibrio limitasse il campo della libertà umana. Ma chi considera attentamente tale concezione ed il compito che è chiamata a svolgere, non può non convenire che, come le leggi statistiche tratte dai fenomeni collettivi umani (anch'esse all'epoca della loro prima affermazione venivano accusate di conculcare la libertà: ricordiamo le polemiche scientifiche e non intorno alle argomentazioni di Quetelet), anche la concezione dell'equilibrio non limita minimamente la libera volontà, proprio per l'ipotesi soggettiva che è insita nello studio stesso, il quale insegna che l'equilibrio non è altro che la risultante temporanea delle spinte più eterogenee prodotte dalle più diverse ed eteroclite volontà, appunto soggettive. In conclusione, tutta la questione è riassunta bene da Pareto stesso:

> [...] Mi pare che Edgeworth abbia ragione di dire che tra la scuola di Cambridge e quella di Losanna ci sono differenze profonde. Marshall non è ancora giunto a farsi un'idea dell'equilibrio economico. Traduce solo nel linguaggio matematico i ragionamenti antichi. Così ha tradotto quello di Ricardo sulla rendita. Vedrai nel mio *Corso* che ne ho un tutt'altro concetto [...] Considera tanti pezzetti di piombo uniti insieme con fili elastici, *i quali si intrecciano in mille guise.* Avrai un'idea del sistema economico. Tu non puoi muovere uno di quei pezzi di piombo *senza alterare la forma di tutto il sistema.*

47 Lettera a G. Sensini, 8 agosto 1911; ora in *Epistolario*, vol. II, p. 735.

I primi economisti hanno considerato (e non potevano fare altrimenti nello stato in cui era la scienza) il pezzo di piombo B che era più direttamente unito al pezzo A. E hanno detto: "se muoviamo A si muove B", *trascurando* i legami con *tutti* gli altri pezzi di piombo. Di ciò col linguaggio ordinario, o dillo con la matematica, torna lo stesso. Marshall adopera la matematica, e vuole che se ne adoperi poco. Per ciò che fa lui, ne adopera anche troppo. Preferisco i lavori di Molinari, che almeno possono essere da tutti capiti. È venuto Walras ed ha avuto l'idea di considerare *tutto* il sistema, di non escludere nessuno dei pezzetti di piombo legati ad A e a B. Bisogna esprimere le condizioni che fanno stare il sistema in equilibrio. Si può anche fare ciò in linguaggio ordinario, ma una volta dette le condizioni, non si va più avanti. Così per un sistema materiale te la cavi subito: dici che le forze che operano su ogni pezzo di piombo debbono essere in equilibrio. Ma poi? Non puoi aggiungere altro. Quando invece adoperi un metodo logico più potente e scrivi le equazioni, scopri che tra quegli infiniti movimenti che possono avere i pezzi di piombo vi sono alcune cose semplici che costituiscono teoremi importanti. Lo stesso possiamo fare per l'equilibrio economico. Ecco perché le idee di Walras hanno fatto fare alla scienza un passo da gigante, mentre nulla ha aggiunto Marshall di molto notevole alle nostre conoscenze [...].[48]

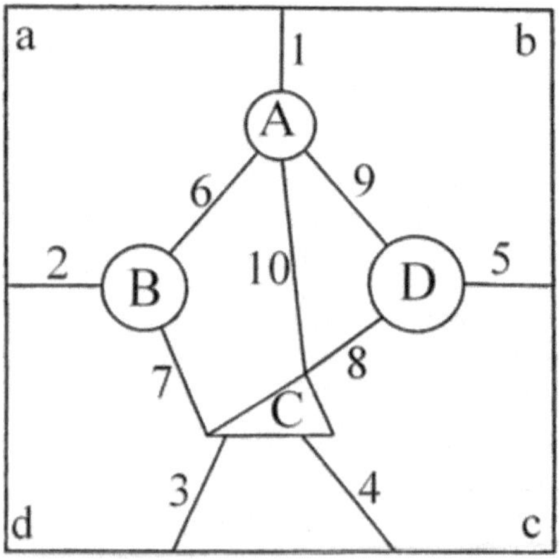

Fig. 8 Schema della mutua dipendenza di L. J. Henderson

48 Lettera di Pareto a Pantaleoni, 17 giugno 1895; in *LMP*, vol. I, p. 416. Si consideri l'esempio paretiano con il seguente: "Il cuore del problema sta nel fatto che siamo di fronte non a una concatenazione di cause, ma a una rete, cioè a un sistema simile a una ragnatela, in cui una perturbazione in qualunque punto della ragnatela causa cambiamenti della tensione in tutti i filamenti, fino ai punti di ancoraggio ai rami del cespuglio. Il nostro deficit di conoscenza non soltanto esiste, ma è per principio ineliminabile e la nostra ignoranza è ineluttabile." (P. G. H. Gell, *Destiny and the Genes*, in R. Duncan, M. Weston-Smith (eds), *The Encyclopaedia of Medical Ignorance*, Pergamon, Kidlington, 1984; cit., in J. Le Fanu, *Ascesa e declino della medicina moderna*, V&P, Milano, 2005, p. 368.

L. J. Henderson tradusse nello schema della fig. 8 la concezione paretiana di sistema: "A clear understanding of the nature of mutual dependence is so necessary to the student of Pareto's work that I shall here add simple mechanical example which I have already used elsewhere. Consider figure 8. The four rigid bodies A, B, C, and D are fastened to a framework a, b, c, d by the elastic bands 1, 2, 3, 4, and 5. A, B, C, and D are joined one to another by the elastic bands 6, 7, 8, 9, and 10. Here the conditions of statical equilibrium can be worked out mathematically, or determined empirically by introducing spring-balances into the bonds 1, 2, ... 10, and reading the balances. Now imagine the point of attachment of 5 on the frame to be moving toward b, all other points of attachment remaining unchanged. What will happen? Consider A. There will be action on A by the path 5, 9, by the path 5, 8, 10, and by the path 5, 8, 7, 6. But in each case these actions do not cease in A, just as they do not previously cease at D. The first, for example, continues along the path 10, 8, and so back to 5. If we try to think of all this as cause and effect we must inevitably reach a state of confusion."[49]

Interdipendenza dell'individuale e del sociale

Il compito della sociologia – in quanto scienza empirica – è stato sempre quello di definire il sociale o l'individuale nei termini di realtà; un sociale o individuale, invero, che non si danno come reali se non organizzati in sistema. Il fatto sociale non è – infatti – la semplice giustapposizione dei diversi aspetti della vita in società, ma la sintesi, nella realtà e nella pratica scientifica, di questi nell'esperienza individuale. La questione non è così semplice come può apparire. Infatti, i termini 'individuale' e 'sociale', "a ben riflettere vediamo subito che mancano, almeno in certi casi, di precisione (come del resto capita a molta termi-

49 L. J. Henderson, *Pareto's General Sociology A Physiologist's Interpretation*, op.cit., pp. 13-14. Non possiamo non puntualizzare con il biochimico Henderson che (p. 91) "[...] Pareto's system is not the result of the application of the theories of physical chemistry to sociology".

nologia delle scienze sociali)". Come si è detto altre volte con Pareto, spesso tali espressioni "corrispondono più ai sentimenti evocati che alle realtà oggettive"; di qui "la necessità d'una doppia ricerca per i termini delle scienze sociali", come abbiamo discusso nel cap. II, "da un lato bisogna stabilire a quali realtà obiettive quei termini corrispondano, e dall'altro bisogna conoscere quali sentimenti riescano ad esprimere".[50]

Vi sono numerosi vantaggi, oltre che obblighi epistemologici e metodologici, nello studiare il fatto sociale visto nell'insieme del sistema sociale, poiché in tal modo possiamo afferrare il dato concreto, cioè gli uomini e i gruppi nel proprio ambiente. In effetti, ciò che si offre precipuamente alla nostra osservazione di studiosi non è questa o quella istituzione, questa o quella regola sociale astratta, ma una collettività o una persona in tale collettività. Ma, nello stesso tempo, sappiamo che le modalità di comportamento, che costituiscono ogni rapporto o raggruppamento sociale, esistono per numerosi individui diversi e generazioni successive: i rapporti tra concittadini, tra madre e figlio, tra capo e subordinato, ecc., sono ripetitivi in tutto il gruppo, e i gruppi esistono e continuano ad esistere, mentre le loro componenti umane cambiano col tempo e con la morte e si rinnovano ad ogni nascita. Dunque, noi osserviamo degli individui e, tuttavia, la nostra analisi ci allontana paradossalmente dall'individuo per condurci a qualcos'altro: cioè all'essere umano che è il cardine di tutti i fatti sociali. È stato proposto a questo riguardo il concetto di persona, che a noi pare essere appropriato; ma seguiamo per intanto Pareto per il quale l'espressione *individuo* appare conveniente; "serve ad indicare esseri viventi considerati isolatamente. Il termine *società* è un po' vago; generalmente designa un aggregato di individui, considerati nel loro insieme". Bisogna però precisare molteplici condizioni: "Innanzitutto l'estensione di tale aggregato nello spazio [...] e poi l'estensione nel tempo. È necessario spiegare se intendiamo parlare dell'insieme degli uomini esistenti in un dato mo-

50 "L'individuale e il sociale", [1904], in *Scritti sociologici,* p. 268.

mento, oppure dell'insieme di quelli che sono esistiti, che esistono, che esisteranno, in un lasso di tempo determinato."[51]

Una questione antica e sempre nuova se pensiamo a quanto, diversi anni dopo, scriveva N. Elias a proposito della parola 'società', della quale ognuno sa cosa si intende, o almeno crede di saperlo: cioè se qualcuno dice 'società', un altro accetta tale termine e dunque credono di comprendersi. Ma, si chiede Elias giustamente, "si comprendono poi davvero?" E così risponde: "La 'società' – lo sappiamo – siamo noi tutti insieme, vale a dire sono molti uomini insieme. Ma molti uomini insieme in India e in Cina costituiscono un tipo di società differente che in America o in Inghilterra" (precisazione dell'estensione nello spazio); "la società che molti singoli individui costituirono in Europa nel XII secolo era differente da quella del XVI o del XX secolo" (precisazione dell'estensione nel tempo).[52]

Più precisamente, abbiamo bisogno di un concetto 'tipo' da attribuire a questa mutevole, fluida realtà prima di poterne tentare l'analisi. Come dice Max Weber, è necessario sapere che cosa fa un re, un funzionario, o uno stregone, cioè quale specie di azione tipica svolgono, tale da giustificare la classificazione di un individuo in categorie.[53] Nell'analisi scientifica, andando oltre l'individuo (con tutta la sua storia), ritroviamo la collettività, quella collettività con un preciso 'colore locale' (Mauss), insieme significativo di persone che va a costituire il *fatto sociale totale*, cioè la condizione umana nel suo farsi e nel suo divenire. I fatti sociali possono essere studiati da differenti punti di vista, sia dalle scienze particolari, sia mediante metodi diversi (storico, etnografico, tipologico ecc.) e il ricorso costante al fatto sociale totale, al sistema, alla mutua dipendenza, secondo l'espressione paretiana, garantisce tra l'altro l'unità delle scienze dell'uomo. Inoltre, i fatti sociali s'incontrano e si fondono con i fatti mentali che, come è evidente, non possono essere del tutto presi separatamente, ma neanche essere considerati completamente indistinti. Infatti, nel linguaggio di Luhmann, i

---

51 Ibid., pp. 268-269.

52 N. Elias, *La società degli individui*, Il Mulino, Bologna, 1990, p. 11.

53 M. Weber, *Economia e società,* Edizioni di Comunità. Milano, 1981, vol. I, pp. 6-8, 17-26.

sistemi sociali e psichici sono espressione di una interdipendente e reciproca evoluzione la cui forma operativa che li contraddistingue è rispettivamente la comunicazione e la coscienza. Pertanto, non ha senso indagare se i sentimenti morali abbiano origine *individuale* o *sociale*: una società disgiunta dagli individui è una astrazione che non ha nulla di reale. Ogni sentimento che si osserva negli uomini di una società, sotto un certo aspetto è individuale, ma sotto un altro aspetto è sociale.[54] Facendo attenzione però, al fatto che "gli aggettivi *individuale* e *sociale* sono più vaghi dei loro sostantivi. Per l'uomo che vive in società, possiamo dire, da un certo punto di vista, che tutti i suoi caratteri sono individuali. Considerando lo stesso fenomeno da un altro punto di vista, si può dire che tutti i caratteri degli uomini sono sociali".[55] È per questo che i sistemi complessi, dice Luhmann, hanno come presupposto il mutamento continuo della loro realtà di base e dunque sono costretti ad elaborare l'autoriferimento nella forma del senso che nel linguaggio luhmanniano è: "la continua attualizzazione delle possibilità [talché] ogni attualizzazione comporta sempre una virtualizzazione delle possibilità che possono esservi connesse. L'instabilità del senso consiste nel carattere effimero del suo nucleo d'attualità."[56]

In definitiva, non si possono separare i due generi di caratteri; a meno che non si sia mossi da considerazioni d'ordine completamente diverso. Pareto è critico con Durkheim e la sua scuola, quando ritiene banale l'osservazione, sovente ripetuta, che la società non è una semplice giustapposizione d'individui, i quali appunto, per il solo fatto di vivere in società, acquistano nuovi caratteri (il tutto è qualcosa di più della somma delle parti). Rispetto ai sentimenti che evocano, i termini *individuale* e *sociale* evidenziano generalmente un'opposizione tra le due parti dell'aggregato: una parte composta dagli individui ed un'altra identificata con la società. Così, oggi come ai tempi di Pareto, si tende a vedere in una certa maggioranza, o pseudo-maggioranza la società stessa: "l'opposizione tra individuale e sociale diviene allora opposi-

54 *Manuale*, II, § 83.

55 "L'individuale e il sociale", in op. cit., p. 269.

56 N. Luhmann, *Sistemi sociali. Fondamenti di una teoria generale*, Il Mulino, Bologna, 1990, p. 153.

zione tra una certa minoranza e una certa rappresentazione d'una maggioranza più o meno reale."[57]

Anche secondo C. Lévi-Strauss il fatto sociale totale è concepibile solo nell'interdipendenza dell'individuale e del sociale, cioè in esso si deve far coincidere la dimensione propriamente sociologica (con i suoi molteplici aspetti sincronici, storici o diacronici) con la dimensione fisio-psicologica. Ora, dal momento che l'interdipendenza fra il sociale e l'individuale pone fra l'altro un problema di comunicazione, la realtà sociologica – allo stesso tempo soggettiva ed oggettiva – diviene visibile allorquando è tradotta in simboli. Comunicazione, simboli e significati: rispetto a questo Pareto ha creato una classe, la III, dei residui. Nel fatto sociale totale, nell'interdipendenza, la totalità, l'insieme, il sistema, il linguaggio (comunicativo e simbolico) permette l'emersione delle costanti dell'azione o della struttura che ad esso sono sottese.

E, ancora, N. Elias individua – semplificando – due grandi campi tra loro contrapposti: da una parte si considerano "le formazioni storico-sociali, quali di fatto si presentano a chi le osserva retrospettivamente, come se fossero state abbozzate, progettate e pensate da una serie di individui o enti"; dall'altra "si considera con disprezzo questo tipo di approccio alle formazioni storiche e sociali. Qui l'individuo non ha proprio nessun ruolo: i modelli concettuali di cui in primo luogo ci si serve sono determinate forme scientifiche e soprattutto biologiche di osservazione. Ma, come tanto spesso avviene, queste forme scientifiche si fondono facilmente e inavvertitamente con forme religiose e metafisiche fino a comporre una compiuta unità". Così, continua Elias, per gli uni "al centro dell'interesse vi sono le azioni individuali", per gli altri "al centro dell'interesse stanno quei fenomeni come lo stile e le forme culturali, o le forme economiche e le istituzioni", non spiegate dai primi. Dunque, "nel primo campo resta oscuro come sia propria-

---

57 Ibid. Pareto era molto critico verso le posizioni durkheimiane: "J'accepte avec plaisir de faire part du Comité d'organisation ainsi que de faire un rapport sur le sujet 'L'individuel et le social'. Il est pourtant de mon devoir de vous avertir que je crains fort ne pas me trouver d'accord sur ce sujet avec Monsieur E. Durkheim. Mais enfin ce désaccord même peut être utile à la discussion." (Lettera a E. Claparede, 27 septembre 1903; ora in *Epistolario*, vol. I, p. 498).

mente possibile gettare un ponte dalle azioni o scopi individuali a quelli delle formazioni sociali", nel secondo campo – "sia che tali formazioni vengano spiegate come prodotto di anonime forze meccaniche in base a modelli scientifico-naturali o secondo un modello panteistico-religioso come prodotto di forze spirituali superindividuali – resta parimenti oscuro come da queste forze sia possibile gettare un ponte verso i singoli, verso gli scopi e le azioni individuali".[58]

Fin dai tempi più antichi, da Platone in poi, i teorici hanno ignorato o sottovalutato l'opposizione degli interessi tra le diverse parti dell'aggregato sociale[59] ed anche quando veniva rilevata, era spesso qualificata come opposizione tra gli individui e la società. È evidente, per es., che una maggioranza parlamentare non rappresenta la maggioranza degli elettori. Capita che una legge votata a grande maggioranza da un parlamento sia respinta a grande maggioranza da un referendum. Si pretende, ideologicamente, che gli interessi o gli orientamenti della minoranza debbano prevalere su quelli della maggioranza; ormai ciò è divenuto articolo di fede: dunque, un diritto divino delle folle, meglio se rumorose, o delle maggioranze sostituisce un diritto divino dei re. L'uno e l'altro diritto "hanno, del resto, la loro origine nel sentimento e sono sprovvisti d'un qualsiasi fondamento scientifico". È opportuno notare, dice Pareto che gli enunciati di cui sopra ed altri dello stesso genere, si applicano "solo ad una società costituente una nazione politica [comunità politica]; perdono qualsiasi valore nei rapporti internazionali, senza conoscere peraltro il perché. Contraddizioni di tale fatta sono caratteristiche di tutti gli enunciati trovanti la loro origine nel sentimento".[60] Varie teorie hanno tentato di spiegare tale opposizione, ad esempio sostenendo che l'individuo ha diritti innati, naturali, che la *società* non può infrangere. In tal modo però hanno aperto un nuovo problema, quando si trattava di determinare quali fossero questi diritti. Dunque,

58 N. Elias, *La società degli individui*, op. cit., pp. 11-14.

59 Pareto cita in proposito una dottrina 'moderna' ai suoi, ma anche ai nostri tempi, quella del 'solidarismo'.

60 "L'individuale e il sociale", in op. cit., p. 272.

> [...] non si può logicamente opporre la società all'individuo. Quando si fa, si oppongono, in realtà, certi individui a certi altri. Gli uomini hanno sempre avuto una tendenza a personificare delle astrazioni. Essi personificano la società, come altre volte personificavano le forze della natura. Queste sono finzioni e non ragionamenti scientifici. Queste finzioni servono sovente a dissimulare e a ricoprire certi interessi. Altre volte si è detto: Dio lo vuole; oggi si dice che la società lo vuole.[61]

In conclusione, siamo parzialmente d'accordo con Parsons quando afferma che Durkheim, Pareto, Weber convergono su "un unico sistema, ma a livello di struttura, non di sistema di elementi". Al contrario di Parsons, però, ci sembra che sia possibile ridurre il sistema di elementi, pur molto diversi, presenti in Durkheim e Weber, ad un unico sistema: quello paretiano (è ciò che stiamo tentando di fare da lungo tempo), poiché – e qui siamo pienamente d'accordo con Parsons – "soltanto nell'opera di Pareto esiste un sistema di elementi del tutto esplicito".[62] Inoltre:

> [...] la sua opera [di Pareto] costituisce una conferma della tesi che vi è stretta relazione tra problemi empirici e considerazioni metodologiche, anche le più astratte. [...] Egli fu orientato nella giusta direzione a questo riguardo per aver iniziato l'analisi dell'azione individuale in termini dello schema mezzi-fine [...]. La sua versione della teoria dell'azione è un'interpretazione sociologica in quanto l'individuo è considerato come più o meno integrato agli altri in relazione a un sistema di valori comuni. [...][63] La sua opera rappresenta così uno dei più fecondi punti di partenza per il tipo di teoria sociologica e delle scienze sociali connesse a cui s'interessa il presente studio. Qualunque progresso in questo dovrà avvenire non respingendo Pareto, come molti hanno ritenuto necessario, ma sviluppando ciò che egli aveva iniziato in determinate direzioni.[64]

---

61 "Programma e sunto di un corso di sociologia", ora in *Scritti sociologici*, p. 297.

62 T. Parsons, *La struttura dell'azione sociale*, Il Mulino, Bologna, 1987, p. 80.

63 Secondo Parsons, "Pareto non pervenne mai a concepire questo elemento 'sociale' come un'entità metafisica in senso positivistico o idealistico. A questo riguardo egli evitò molti dei problemi che invece Durkheim non aveva saputo evitare". Non aveva avuto tutti i torti Pareto ad opporsi sul piano teoretico a Durkheim, come abbiamo precedentemente visto.

64 Ibid., *La struttura dell'azione sociale*, op. cit., p. 506.

Fatti psichici, scelta degli uomini e organizzazione

Nei *Systémes* Pareto, dopo essersi occupato dei sistemi reali e religiosi, sposta la sua analisi sui sistemi teorici, precisando che si tratta principalmente di fatti psichici, di prodotti della mente in quanto che "molti sistemi socialisti sono rimasti semplici concezioni dello spirito, non avendo avuto applicazioni pratiche" [purtroppo, dopo sono arrivate anche le applicazioni pratiche, a partire dal 1917]: e se talvolta si sarebbe tentati di riconoscerne alcune fra i regimi esistenti, un esame più approfondito non tarda a mostrare che si tratta di organizzazioni sviluppatesi spontaneamente, che si cerca di giustificare a posteriori con considerazioni teoriche. Comunque sia, prendendo in considerazione le traduzioni pratiche messe in atto con la violenza, o le pure concezioni dello spirito, o, ancora, le organizzazioni sviluppatesi spontaneamente:

> è di fatti psichici, di prodotti della mente umana, che dovremo principalmente occuparci.

Immediatamente, Pareto, precisa che "non bisogna credere, poiché noi ci fermeremo lungamente a esaminare il valore logico di certe concezioni, che questo valore abbia grande importanza pratica". Tutt'altro: "Procediamo come il grammatico che studia la morfologia omerica: in fondo, questa morfologia non ha avuto che poco o nessun rapporto con la bellezza dei poemi omerici, che sono piaciuti a tante generazioni, per motivi del tutto diversi da quelli dell'uso di questa o quella forma verbale."[65]

Il problema della scelta degli uomini si pone per tutti i nuovi sistemi di organizzazione sociale. "I riformatori si occupano prevalentemente dell'organizzazione del governo, e ciò è naturale, poiché, salvo gli anarchici, essi mirano quasi tutti ad estendere considerevolmente i limiti dell'azione statale."[66] Viene indicato come *argomento aristocratico* quello per cui si afferma che 'i migliori' devono governare, o che – più

65 *Sistemi*, p. 332.
66 Ibid., p. 336.

in generale – ogni posto nell'organizzazione sociale deve essere affidato all'uomo 'migliore e più competente':

> Un'organizzazione che realizzi unicamente la giustizia e il diritto, non è che una pura concezione ideale, come quella di uno spirito senza corpo. Le organizzazioni reali sono molto diverse [...] i dirigenti di queste organizzazioni, malgrado le eccellenti intenzioni di cui sono spesso animati, non possono curarsi della giustizia e del diritto che nella misura del possibile, e in quanto ciò non nuoccia agli interessi loro e dei loro seguaci.[67]

Sono le basi – come è evidente – della legge ferrea dell'oligarchia di Michels, che vedremo più avanti, nel cap. IX. Resta da stabilire cosa si intenda con i termini 'migliore', 'competente'. Se si intende l'uomo più adatto a svolgere una certa funzione, siamo di fronte ad una tautologia. Anche qui è evidente ancora una volta come Pareto non sia un elitista, contrariamente ad una opinione ormai consolidata. Potremmo dimostrarlo *ad abundantiam*, come ad esempio quando argomenta: "Spesso una teoria esagerata in un senso ne fa sorgere un'altra, esagerata in senso opposto. I socialisti predicando l'uguaglianza assoluta, fisica e intellettuale, degli uomini, giungono al punto di voler irretire in lavori manuali senza importanza, e che non presentano alcuna difficoltà, le facoltà eccezionalmente rare e preziose dei maggiori scienziati.[68] I neo-aristocratici, senza star molto a lambiccarsi il cervello, hanno enunciato semplicemente una dottrina esattamente contraria a quella dei socialisti. A loro dire, l'umanità intera non esiste che per produrre alcuni uomini superiori; non è che un letamaio sul quale crescono alcuni fiori. Ciascuna di tali sette ha, naturalmente, un qualche sistema economico da propugnare. Sistema, che non ha con la realtà altri rapporti fuor di quelli che si riscontrano nei sistemi cosmogonici degli antichi."[69] Del resto le seguenti riflessioni sono significative:

---

67 Ibid., p. 199.

68 A questo proposito si possono ricordare, ai più giovani, le follie della cosiddetta "rivoluzione culturale" maoista in Cina verso la metà degli anni Sessanta del sec. XX.

69 *Cours*, § 1067.

> Il despota più assoluto non è, per lo più, che il capo di una oligarchia militare o di una burocrazia. Egli può permettersi molti capricci ma, non potrebbe governare in generale e permanentemente contro gli interessi della classe dominante. "Arricchite i soldati e disprezzate il resto", diceva Settimio Severo ai suoi figli; ma bisognava contentare i soldati, ché, se non li si contentava essi deponevano l'imperatore, come i giannizzeri deponevano il sultano, come la nobiltà scozzese asserviva i suoi re, come la burocrazia cinese, pari del resto alla burocrazia russa, contrastava i suoi sovrani e ne annullava la volontà, come il popolo ateniese si sbarazzava dei demagoghi che avevano cessato di piacergli. Si fa per dire, per ischerzo, a un uomo politico democratico, a proposito dei suoi seguaci: "Io sono il loro capo, bisogna che li segua" [...] Del resto, tale impotenza esiste talvolta per il male come per il bene.[70]

L'argomento aristocratico non risolve le difficoltà della scelta degli uomini, ma la sposta soltanto. Dovendosi stabilire cosa si intenda per più competente, secondo Pareto, vi sono almeno cinque punti da tenere in considerazione.

Primo, si può peccare per ignoranza, ma anche per interesse. La competenza tecnica può far evitare il primo problema, ma non può fare nulla per il secondo. Ad esempio, in nome della loro competenza i medici reclamano provvedimenti, apparentemente nell'interesse dei loro pazienti, in realtà nel proprio interesse, spesso pecuniario. Non aveva tutti i torti George Bernard Shaw quando asseriva che tutte le professioni sono delle vere e proprie cospirazioni contro i profani, tesi dimostrata molti anni dopo per la medicina, tra gli altri, dagli studi di Ivan Illich[71] o da Thomas McKeown.[72] Dice Illich: "alcuni medici alla moda [...] cercano di convertire la frustrazione e l'ira pubblica per le cure mediche in richiesta di una nuova élite di sovrintendenti [...]"; in una nota a queste righe cita l'opera di Howard S. Becker, *Outsiders: studies in the sociology of deviance*, dove si "rileva che la conseguenza più ovvia di una vittoriosa crociata contro qualche male è la creazione di una serie di nuove regole e di un corpo di funzionari incaricati di

70 Ibid., p. 190. Anche Simmel cita la medesima massima: "[...] per i partiti politici vale sempre il motto: 'io sono la loro guida, quindi li devo seguire'." (*Filosofia del denaro*, Utet, Torino, 1984, p. 125).

71 I. Illich, *Nemesi medica. L'espropriazione della salute*, Mondadori, Milano, 1977.

72 Th. McKeown, *La medicina: sogno, miraggio o nemesi?* Sellerio, Palermo, 1978.

farle rispettare. Come i movimenti politici radicali si trasformano in partiti organizzati e impetuose sette evangeliche diventano posati culti religiosi, allo stesso modo – sostiene Illich – persone che sono partite col proposito di realizzare sogni di distribuzione della salute si tramutano in un corpo professionale di guardiani".[73] Così oggi troviamo funzionari incaricati – medici e non – per la 'lotta' al cancro e da ultimo funzionari addetti a scoprire sequenze anormali del DNA, giacché l'ultima (per adesso) frontiera sarebbe "il modello esplicativo delle malattie umane proposto dalla genetica si basa sulla tesi che i geni determinino significativi aspetti dell'anatomia e della fisiologia e del comportamento umano. Si afferma che i geni 'controllano', 'creano', o 'determinano' lo sviluppo fisico, e psichico degli individui, perché il DNA è un insieme di istruzioni per i processi biochimici delle cellule di cui siamo costruiti".[74] Altri guardiani, altre burocrazie, altro business. Circa vent'anni dopo le denunce di Illich e con una bibliografia in materia che si è andata vieppiù ingrossando, sono due medici, tra gli altri, che ribadiscono le posizioni sopra citate quasi scusandosi per gli esempi "raccolti in queste pagine che potrebbero dare l'impressione che i medici siano, nel migliore dei casi, ciarlatani, nel peggiore delinquenti, e che la medicina stessa rappresenti un grosso pericolo per la salute". Peraltro, ammettono che la medicina può diventare un pericolo per la salute "quando non è temperata dall'esercizio della razionalità e dello spirito critico. La funzione sociale della medicina induce questa ad appoggiarsi sull'autorità e sul dogma, mentre su chi ne mette in discussione il credo pesa il marchio di nichilista, iconoclasta o peggio".[75] Quello spirito critico abbandonato – ci sembra – dalla cosiddetta "sociologia della salute", avendo anch'essa optato a 'far la guardia', in posizione più che subordinata, insieme ad una certa medicina, quella amministrativa, la "medicina di carta", come qualcuno l'ha definita, insomma, quella di sempre. Pareto ritornerà in modo più circostanziato

---

73 I. Illich, *Nemesi medica*, op. cit., p. 268.

74 R. Lewontin, *Il sogno del genoma umano e altre illusioni della scienza*, Laterza, Bari, 2002, p. 162.

75 P. Skrabanek, J. McCormick, *Follie e inganni della medicina*, Marsilio, Venezia, 1992, p. 180.

in vari luoghi del *Trattato* sulla medicina e sui medici, proponendo alcuni orientamenti di quella che si chiamerà poi – appropriatamente, secondo noi – sociologia della medicina.

Secondo, vi sono diverse specie di competenza. Spesso nelle imprese la competenza tecnica differisce (quando non è opposta) dalla competenza finanziaria. Terzo, la competenza tecnica è spesso unita alla routine. Una delle tendenze più osservate nell'uomo è quella di respingere le innovazioni.[76] Quarto, la bontà morale, quando si parla di organizzazione sociale, è un termine ancora più vago della competenza. Quinto, si dimentica che la felicità è un fenomeno essenzialmente soggettivo.[77]

Religio e superstizio

I fautori dello 'Stato etico' – ieri come oggi – eludono (basti pensare alle schiere di laudatori della nuova entità etica che va sotto il nome di Unione europea) completamente il problema della scelta degli uomini. Per loro esiste solo una certa entità astratta e metafisica, chiamata *Stato*. Il problema reale è quello di fare scelte, le meno cattive possibili, con uomini imperfetti. Un altro concetto, che la storia e l'esperienza quotidiana sembrano dimostrare, è che dove l'uniformità è necessaria, non si può sperare di introdurla e mantenerla senza l'aiuto di un sentimento religioso. Bisogna agire sulla maggior parte degli uomini col sentimento, perché è difficile agire su di loro col ragionamento. Durkheimianamente possiamo dire che la religione, intesa in un'accezione

---

76 Quest'asserzione paretiana è confermata, tra gli altri, da Michel Crozier, il quale ne *Le phénomène bureaucratique* (1963) afferma che il potere si basa su aree di incertezza. Nelle organizzazioni oggetto dei suoi studi, gli ingegneri e gli addetti alla manutenzione delle macchine avevano potere perché erano i soli che, in una situazione caratterizzata da operazioni routinarie, avessero a che fare con qualche imprevisto. Secondo Crozier l'avanzamento tecnologico standardizza i processi lavorativi, mettendo in crisi il potere degli esperti. Così, nelle organizzazioni poco competitive, come quelle studiate da Crozier, gli ingegneri avevano interesse a mantenere le tecniche di produzione abituali.

77 *Sistemi*, pp. 338-340.

molto lata, è il vero cemento di ogni società. Gli uomini provano intenso il bisogno di uscire dalla realtà e di entrare nel campo dell'indimostrabile. Per rafforzare le proprie convinzioni, si arriva ad ammettere come scientificamente vera una cosa che in realtà non lo è, basta che sia utile per la causa. Più precisamente:

> In ogni organizzazione sociale-religiosa s'ingaggia una lotta fra la *religio* e la *superstitio*. Una parte della moltitudine tende sempre verso quest'ultima; i capi, più saggi, cercano di trattenerla nella *religio*. Tale contrasto fra la *religio* e la *superstitio* è capitale.[78]

Questo problema – osserva Pareto – s'è posto fin dalle origini della Chiesa ed ha molto occupato concili e pontefici, che hanno cercato di tenersi nel giusto mezzo, arginando le manifestazioni di eccessiva pietà, o cercando di farle cessare, all'occorrenza anche reprimendole.

Se la maggior parte degli istinti umani li ritroviamo anche negli animali, uno, quello dell'ascetismo, si trova solo negli uomini ed è piuttosto difficile capirne l'origine.[79] È poco evidente presso i popoli primitivi, un po' di più tra quelli in via di acculturazione, mentre si sviluppa rapidamente col benessere perché nell'agiatezza certe persone dispongono di un maggiore spazio e facilità ad "infliggersi sofferenze", trovando tra l'altro buoni motivi di giustificazione.

Ancora, per attuare delle riforme – osserva Pareto – bisogna tenere conto dei caratteri degli individui, cui queste riforme devono applicarsi. Va aggiunto che, essendo gli organismi governativi in rapporto non con individui isolati, ma con 'folle', fino a quando queste non mutano i loro caratteri, i governi che si succedono in un paese, qualunque sia la

---

78 Ibid., p. 367. *Religio* indica, in Roma antica, il carattere della religione romana di compiere riti osservando fedelmente le regole; quindi scrupolosità religiosa di riunire (re-legere, etimologia di religio) tutto ciò che riguarda il giusto culto degli dei. Al contrario *superstitio* ha un significato negativo, in quanto forma degenerata o esagerata di religio. Con il cristianesimo e con Lattanzio religio deriverà da relegare (cioè istituzione di un nuovo legame e particolarmente un legame personale con Dio) e superstitio conserverà il significato dispregiativo, indicando forme di paganesimo che sopravvivevano ancora all'avvento del cristianesimo.

79 Chiamerà poi questi istinti, 'residui'.

loro forma, devono ricorrere quasi agli stessi mezzi, se vogliono durare e prosperare. E, fino ad oggi, aggiungiamo noi, i caratteri delle folle non sono mutati e si vedono, qui da noi in Italia, i governi della cosiddetta seconda repubblica usare gli stessi mezzi di quelli della prima.

Ogni governo ha come primo interesse quello di respingere le usurpazioni da parte di altri organismi, in quanto senza la tendenza a conservarsi, non tarderebbe a deperire e sparire. È per questo che ogni governo deve avere in qualche parte il suo punto d'appoggio. Anche il despota più assoluto non può governare a lungo contro gli interessi della classe o ceto dominante. Se l'appoggio viene dalle forze armate, il governo deve dare ai militari una posizione privilegiata. Se è appoggiato da un'oligarchia, bisogna che questa si arricchisca e abbia continui privilegi. Se il governo è sorretto dal consenso delle cosiddette 'masse popolari' (le vicende socioeconomiche dell'Argentina dalla fine della seconda guerra mondiale ad oggi insegnano, per fare solo un esempio), deve sacrificare i ricchi schiacciandoli di imposte. Pareto fa notare come ai suoi giorni vi fosse la tendenza a operare spoliazioni su chi, grazie alle sue capacità, s'era conquistato qualche agiatezza, per distribuirne il ricavato a gente molto meno meritevole (era l'epoca in cui stavano maturando quelle che poi furono chiamate le 'idee assassine' del XX secolo e, in particolare, le immani tragedie prodotte a partire dalla rivoluzione russa).

Dunque, come ha osservato Pareto, un'organizzazione che possa realizzare giustizia e diritto non è altro che un esercizio intellettuale, un'utopia che, peraltro, è sempre viva e sempre rinnovantesi e lo possiamo constatare anche nel campo scientifico sociologico, ad esempio con J. Rawls, quando argomenta che la giustizia sarebbe (*è* dice Rawls) il primo requisito delle istituzioni sociali, allo stesso modo come la verità lo sarebbe (*è*) dei sistemi di pensiero. E, quindi, restando nel cielo delle buone intenzioni, auspica che una teoria sia abbandonata o modificata se non corrisponde a verità. Così, leggi e istituzioni debbono essere riviste o rigettate se sono 'ingiuste', anche quando appaiono ben fatte. Già il linguaggio, come si vede, è inaccettabile – da un punto di vista paretiano – in Rawls.[80]

Le organizzazioni reali possono occuparsi di ciò che è giusto solo nella misura in cui questo giova ai suoi sostenitori. Molto spesso gli uomini che esercitano il potere cercano di fare del loro meglio per assicurare il benessere generale, ma, pur essendo animati dalle migliori intenzioni, devono tenere conto degli interessi privati da cui dipendono. Per spiegare meglio la cosa, Pareto prende ad esempio i paesi a regime parlamentare, dove il ministro dipende dalla maggioranza delle Camere e questa dipende dagli elettori. È veramente ingenuo pensare che i ministri agiscano senza curarsi del voto delle camere e che deputati e senatori non pensino mai alla loro rielezione.

Non bisogna però condannare tutte le organizzazioni in blocco solo perché hanno dei difetti. Un'organizzazione reale è un sistema misto per così dire di bene e male e non può essere giudicata in modo assoluto. È possibile solo un giudizio relativo, comparando i vari sistemi, tenendo conto sia del bene che del male e affidandosi all'esperienza. Il problema è che il più delle volte, quando si tratta di effettuare delle scelte, gli uomini si affidano più ai sentimenti e ai pregiudizi che all'esperienza, o comunque ad un'esperienza filtrata da emozioni e sentimenti. Una questione questa ribadita quasi cent'anni dopo da Olson, allorché si occupa della logica dei gruppi: "Non è peraltro vero che l'idea secondo cui i gruppi agirebbero nel proprio interesse derivi

80 J. Rawls, *Una teoria della giustizia*, Feltrinelli, Milano, 1982. A questo proposito una riflessione in una lettera all'amico Linaker è ulteriormente esplicativa: "Dovresti pubblicare i tuoi studi sui Cirenaici; il pubblico li vedrebbe con piacere. Di questi filosofi ho pure dovuto occuparmi nella mia *Sociologia,* dove mostro la vanità delle diverse definizioni del 'sommo bene', e come tutte le ricerche di tal genere, altro non sono che una logomachia. Diranno i miei lettori che distruggo tutto, ma è vero solo sotto l'aspetto scientifico, mentre sotto l'aspetto dell'utilità sociale, mostro come le sciocchezze scientifiche siano il pascolo necessario della razza umana. Già lo aveva veduto il Machiavelli in un caso particolare, anzi, particolarissimo, io ne faccio la teoria generale. Una delle principali proposizioni della mia *Sociologia* è quella che dimostra il dissidio profondo che esiste e non può mancare, essendo data l'indole umana, tra la verità scientifica e l'utilità sociale." (Céligny, 26 marzo 1913; in *LAL*, p. 146).

logicamente dalla premessa di un comportamento razionale e motivato dall'interesse personale." Se il conseguimento dell'obiettivo di gruppo può significare un vantaggio per tutti i componenti, "non ne deriva che tali individui, quand'anche fossero tutti razionali e motivati dal proprio interesse, agiscano allo scopo di ottenere tale obiettivo". In realtà, vuol dire Olson, mi pare che individui razionali e mossi dal proprio 'particulare' non si comportano in modo tale da conseguire il loro interesse comune o di gruppo, con l'eccezione del numero piuttosto piccolo dei componenti del gruppo, o ancora che non si ricorra a coercizioni o a qualche altra misura allo scopo di spingere gli individui ad agire nel loro comune interesse.[81]

Detto in modo diverso da Pareto, "giustamente [...] la politica è l'arte delle transazioni. Ora, seguendo vie tortuose, si finisce spesso per non raggiungere il proprio fine; e ciò spiega come uomini politici molto onesti e bene intenzionati finiscano poi per far il male, invece che il bene".[82] Ancora gli 'effetti perversi'. L'errore di prendere in considerazione solo un aspetto della questione, quando si vuole giudicare una istituzione, è estremamente comune. Pareto porta un esempio della sua attualità, il divorzio, che, peraltro, anche noi potremmo opportunamente utilizzare ed estendere non solo alla relazione tra coniugi, ma anche tra questi e i figli (evitando l'errore di considerare un solo aspetto della questione, come fanno i 'femministi' nostri).[83] Quando il divorzio non

81 M. Olson, *La logica dell'azione collettiva*, Comunità, Milano, 1983, p. 14.

82 *Sistemi*, p. 203.

83 Per un breve studio sugli effetti delle pratiche divorziste sui figli e sui padri si veda C. Risé, *Il Padre, l'assente inaccettabile*, Edizioni San Paolo, Milano, 2003, dove si trova anche un "breve stupidario divorzista", condotto su ricerche empiriche di David Popenoe della Rutgers University (pp. 91-95). Questi temi paiono essere tenuti in gran conto "dai *femministi* dei nostri giorni", i quali hanno come "degno predecessore [...] Diderot", dice Pareto (*Sistemi*, p. 467). Quanto al femminismo in generale, Pareto è categorico: "Il femminismo è malattia che può solo applicarsi ad un popolo ricco, o alla parte ricca di un popolo povero." (*Manuale*, VII, § 54) Ciò spiega, in una società di surplus come la nostra, perché oltre a una parte politica che ritiene "praticamente indifferente per i figli crescere in presenza di uno solo o di entrambi i genitori" (commissione giustizia della Camera, 10.7.2002), "anche i tribunali italiani [...] per incompetenza o cattiva informazione psicologica, scivola-

esisteva in Francia (non diversamente si può ragionare oggi per l'Italia), i moralisti citavano fatti che provavano incontestabilmente come l'indissolubilità del matrimonio avesse gravi inconvenienti e potesse anche portare a delitti. Quando poi il divorzio venne introdotto, altri moralisti citavano fatti che provavano come questo non fosse esente da mali, concludendo che bisognava abolirlo. Evidentemente – dice Pareto – il problema è mal posto. Una questione vecchia e sempre nuova.

Organizzazione sociale, burocrazia, oligarchie

In sociologia, l'organizzazione deve essere vista come l'aspetto principale dei sistemi interattivi di gruppo; ci si occupa, dunque, della loro struttura operativa, considerata in vista del perseguimento dei fini consci o inconsci (si veda il terzo genere delle azioni non logiche paretiane: ad esempio, la questione del cosiddetto tabù dell'incesto nel processo di apprendimento di ruoli sociali) del sistema stesso. È evidente che ogni sistema interattivo di gruppo, dovendo perseguire determinati fini, si dota di varie forme di coordinazione tra i membri, tanto più se sono specializzati e con un flusso comunicativo che riflette di fatto una differenziazione rispetto al potere o all'autorità, laddove ad un comando è connessa un'obbedienza.[84]

---

no ancora sulla vecchia fantasia tardosessantottina della famiglia monogenitoriale. A volte con valutazioni che sarebbero ridicole, se non avessero conseguenze tragiche." (Risé, op. cit., p. 90).

84 È bene ribadire che l'organizzazione è presente in ogni sistema interattivo di gruppo; ad esempio, la famiglia per la sua funzione di socializzazione, cioè nel processo di acquisizione di ruoli sociali, è da questo punto di vista un'organizzazione e così la parentela. Anzi, possiamo dire che *sistema* e *organizzazione* sono sinonimi. Siamo consapevoli comunque che "bisogna fare molta attenzione in qualsiasi affermazione si faccia sulla 'logica' delle istituzioni. La logica non risiede nelle istituzioni e nelle loro funzionalità esterne, ma nel modo in cui queste sono trattate quando si riflette su di esse. In altri termini, la riflessione sovrappone la qualità della logica all'ordine istituzionale. L'analisi di Pareto della 'logica' delle istituzioni è

Così risulta evidente come tutti gli oggetti di studio dei sociologi – la differenziazione, la politica, la devianza, l'istruzione, il mutamento, ecc., – si basino su sistemi organizzativi, la cui analisi, da sempre – se pensiamo a Marin Sanudo, Machiavelli, Botero, Serra, Vico, per arrivare al XIX sec. a Pareto e Weber – è un percorso ineludibile per una spiegazione dei fenomeni in tutte le aree d'interesse sociologico. Strumenti guida, capaci di unificare i sotto-settori delle ricerche organizzative e di ricondurli alla teoria fondamentale della sociologia generale, sono gli specifici studi di M. Weber sulla burocrazia e sulla leadership carismatica, con i connessi concetti di patrimonialismo e carisma; di V. Pareto sull'organizzazione sociale e la teoria dei residui e derivazioni, dove è centrale la nozione delle organizzazioni come sede di conflitti (a volte aperti, a volte silenti tra élites) e, comunque, di manovre continue, di combinazioni e di resistenza al cambiamento; di R. Michels sulla formazione delle oligarchie. Del resto, da Michels, amico e collaboratore di entrambi, parte una precisa linea di ricerca – ormai una consolidata tradizione di studio – sulla democrazia e l'oligarchia nei sistemi interattivi di gruppo e sulle manovre interne che di fatto sostituiscono o si aggiungono ai fini espliciti.[85] Ma, quali sono gli elementi principali ricavabili da questa tradizione sugli studi organizzativi o sistemici, che fa capo a Pareto-Weber-Michels?

A) Innanzitutto, il fatto che le organizzazioni devono essere osservate come *un sistema in cui sono presenti interessi per definizione in contrasto*. In fondo, la teoria dell'organizzazione è parte fondante della sociologia politica, come apprendiamo – già nel corso del XVI sec. – da Machiavelli e da Botero, preceduti da Marin Sanudo nello studio sociologico degli eserciti e delle forze combattenti e delle regole di amministrazione di un territorio occupato. O, modernamente, il perseguimento dei propri interessi di élite e classi subalterne, interessi e conflitti ben posizionati da Pareto:

---

interessante a questo proposito" (P. L. Berger, T. Luckmann, *La realtà come costruzione sociale*, Il Mulino, Bologna, 1969, p. 101).

85 Si pensi quante procedure arbitrarie nelle professioni moderne sono legittimate dall'etichetta di esperto riconosciuta dalle associazioni cui fanno capo.

> La resistenza dell'*élite* al potere, quando questa sa difendere con giustizia ed equità i suoi diritti, non è un male per la classe operaia; al contrario, tale resistenza favorisce la selezione della nuova *élite,* e costringe gli operai ad acquistare quel dominio di se stessi, che solo può rendere inutile la tutela. Inoltre, quella resistenza argina la corrente e le impedisce di portarsi dove non può condurre che a catastrofi.[86]

B) Gli orientamenti ricavabili da Pareto-Weber-Michels ci dicono che per un periodo determinato (fino alla "età senile della burocrazia" secondo l'espressione paretiana) *la burocrazia è il mezzo più efficiente di un sistema-organizzazione* anche in presenza di lotte per il potere, laddove nell'interazione di gruppo i cosiddetti burocrati lottano o piegano gli ordinamenti ai propri interessi. Non va dimenticato l'avvertimento di Pareto:

> Nell'Impero romano d'Oriente seguitò lo stato irrigidito che era stato spezzato in quello di Occidente, e si poterono osservare gli effetti dell'*organizzazione* spinta all'estremo. [...] Occorre notare che il fenomeno non è speciale della burocrazia bizantina; esso è generale, ed appare quasi sempre nell'età senile delle burocrazie. Si osservò e si osserva in Cina, in Russia ed in altri paesi: l'ordinamento sociale, per tal modo, principia col recare prosperità e finisce col procacciare rovina. [...] Come più volte ed altresì poc'anzi abbiamo osservato, le onde delle derivazioni seguono quelle dei fatti. Perciò, quando, circa un secolo fa, si era nel periodo ascendente della libertà, si biasimavano gli ordinamenti irrigiditi e restrittivi dell'impero bizantino; ora che siamo nel periodo discendente della libertà, ascendente dell'*organizzazione*, tali ordinamenti si ammirano e si lodano, e si proclama che i popoli europei debbono riconoscenza grande all'impero bizantino per averli salvati dall'invasione musulmana, dimenticando che i forti guerrieri dell'Europa occidentale seppero da soli più e più volte, vincere e scacciare arabi e turchi, e che, prima dei popoli asiatici, si fecero molto agevolmente padroni di Costantinopoli. Bisanzio ci mostra sin dove può giungere la curva che stanno ora percorrendo le nostre società; chi ammira questo futuro è necessariamente tratto ad ammirare pure quel passato, e viceversa.[87]

Concludendo, per delineare in maniera più compatta – secondo gli scopi che ci prefiggiamo in questo capitolo – gli elementi fondamentali di una teoria dell'organizzazione, apparentata alla teoria dei cicli di in-

---

86 *Sistemi*, pp. 783-784.
87 *Trattato*, §§ 2610-2612.

terdipendenza di Pareto, dove l'interdipendenza si esplica tra *residui, interessi, derivazioni, eterogeneità sociale e circolazione*, consideriamo gli individui mossi prevalentemente dai propri residui ("dal sentimento e dal tornaconto"), anche se "piace a loro fingersi mossi dalla ragione: perciò cercano, e trovano sempre, una teoria che a posteriori, dia una qualche vernice logica a quelle loro azioni":

> [...] è dunque principalmente sul sentimento e sul tornaconto che si può operare per muovere gli uomini e spingerli per la desiderata via.[88]

Ad esempio, in un sistema interattivo di gruppo (organizzazione), possiamo considerare gli *aspetti informali*, secondo quanto dice Pareto; oppure gli *aspetti formali*, quando si fa uso di sanzioni a sostegno degli ordini emanati e tali sanzioni vengono comminate secondo certe forme amministrative (Weber); o, ancora – quando determinate mansioni, svolte con particolari tecnologie su di un territorio, sono alla base del modo in cui si manifestano i conflitti e della forma particolare che la struttura organizzativa riveste nel corso del tempo (Michels) – la congiunzione dei due precedenti e cioè gli *aspetti informali e formali*.

---

88 *Manuale*, II, § 108.

IV. Equilibrio e variazioni

> La teoria generale dell'equilibrio sociale ha, come caso particolare, la teoria speciale dell'equilibrio economico [...] Vedrà nel capitolo XII un argomento che, se non erro, è assai importante, cioè le relazioni tra il fenomeno economico ed il fenomeno sociale. Credo che se l'economia ora progredisce poco è perché ancora non ha tenuto conto di tali relazioni.[1]

> La teoria delle crisi economiche fornisce un esempio di studio di dinamica economica.[2]

Pareto ha sempre dichiarato che la prima formulazione della teoria dell'equilibrio economico[3] gli era stata suggerita dalla lettura a Parigi del trattato di economia politica di Léon Walras.[4] Si era reso conto con meraviglia che, tra i procedimenti matematici di quell'autore, l'equazione generale dello scambio e della produzione corrispondeva a quella dell'equilibrio di un sistema di forze in statica, scoperta da d'Alembert. Precisato e chiarito nel *Cours*,[5] il concetto dell'equilibrio economico è

---

1 Lettera a A. De Pietri-Tonelli, 14 marzo 1914; ora in *Epistolario*, p. 863. Pareto si riferisce al cap. XII del *Trattato*.

2 *Cours*, § 592.

3 L'attività scientifica di Pareto iniziò, come si è detto, prevalentemente ma non esclusivamente nel campo dell'economia ed ebbe un forte impulso, quando, nel 1893, gli fu affidata la cattedra di economia politica dell'Università di Losanna, che era stata di Léon Walras. Il suo primo lavoro scientifico sistematico fu il *Cours d'économie politique*, che riunisce le lezioni da lui tenute presso l'Università di Losanna nell'anno 1894. La teoria dell'equilibrio economico costituisce la parte centrale dei due volumi che compongono il *Cours* ed è raccolta ed elaborata nelle prime 72 pagine, contenendo le altre 900 una documentazione di fatti dell'epoca romana, greca, medioevale e moderna.

4 L. Walras, *Éléments d'économie politique pure*, Lausanne, 1874.

5 Qui Pareto ha sviluppato, andando oltre, le teorie di alcuni economisti che lo avevano preceduto. Ad esempio, ha corretto e completato Gossen, Cournot, Jevons e L. Walras, esponenti delle "nuove scuole economiche", come le chiamava fin dal

stato definitivamente acquisito come fondamentale per la scienza economica.

Per quanto riguarda l'equilibrio sociale, Pareto osserva che in genere le condizioni delle società mutano molto lentamente, come già aveva notato Vico: "le cose, fuori del loro stato naturale, non possono restare, né mantenersi";[6] e poi Romagnosi quando enunciava la sua 'legge fondamentale del movimento dei corpi politici': "la tendenza di tutte le parti d'uno stato e delle Nazioni fra di loro all'equilibrio delle utilità e delle forze mediante il conflitto degli interessi e dei poteri, conflitto eccitato dall'azione degli stimoli, rattemperato dall'inerzia, modificato dallo stato vario e progressivo sì dei particolari che delle popolazioni, senza discostarsi mai dalla continuità. L'equilibrio di cui parlo si deve riferire tanto alla natura quanto agli uomini ed alle Nazioni fra di loro."[7] Non sappiamo se Pareto avesse letto e meditato sufficientemente le opere di Vico e Romagnosi, fatto è che almeno questi due passaggi magistralmente introducono e spiegano, in prima approssimazione la sua concezione dell'equilibrio. La società, quindi, può essere considerata in uno stato di equilibrio e di equilibrio stabile, ma non statico. Si tratta, invece, di un equilibrio dinamico "poiché tutta intera la società è trascinata da un movimento generale che la modifica lentamente".[8]

1877 (si veda "Della logica delle nuove scuole economiche", discorso del 29 aprile ai Georgofili; ora in *Scritti sociologici*, pp. 75-100). Con il *Cours* l'economia politica è completamente e definitivamente traghettata nella grande area psico-sociologica; ricordiamo il passo con cui iniziava, dieci anni dopo il *Cours,* il capitolo secondo del *Manuale*: "fondamento dell'economia politica ed in generale di ogni scienza sociale è evidentemente la psicologia." Non rinunciava, peraltro, ad utilizzare, là dove serviva, la matematica, come aveva fatto per la prima volta in economia con successo Cournot (l'opera del quale, *Recherches sur les principes mathématiques de la théorie des richesses*, 1838, contiene parecchi errori, dice Pareto nel *Cours*).

6 *La Scienza nuova*, VIII, Degli elementi, varie edizioni.

7 Gian Domenico Romagnosi, "Della vita degli stati", in *Studi Romagnosi* I, a cura di E. A. Albertoni, Giuffrè editore, Milano, 1979, pp. 244-245.

8 Tale movimento viene in genere designato col termine 'evoluzione' (*Cours*, § 585-586). La teoria dell'evoluzione, secondo Pareto, è stata una delle grandi acquisizioni della sua epoca, anche se non si può affermare che gli antichi non ne avessero alcuna idea. In proposito cita Aristotele, il quale, quando abbandona la metafisica

Sappiamo che i fenomeni sociali agiscono e reagiscono gli uni sugli altri (interdipendenza), ma abbiamo solo idee estremamente imperfette riguardo al modo in cui si producono tali azioni e reazioni.[9] Prima di proseguire è bene dare la definizione di stato di equilibrio premettendo che Pareto parte, come abbiamo visto nel cap. III, dagli elementi che formano il sistema sociale[10] "il quale muta forma e carattere col tempo" e quando ci si riferisce al sistema sociale, occorre considerarlo "tanto in un momento determinato quanto nelle trasformazioni successive che subisce in uno spazio di tempo determinato". Perciò "lo stato reale, statico o dinamico, del sistema è determinato dalle sue condizioni", e se interviene qualche modifica nella sua forma, presto si crea una reazione (ciò che abbiamo chiamato nella fig. 6 del cap. III, 'forme che si oppongono alla dissoluzione)[11] tesa a riportarlo allo stato iniziale, "tenuto conto della mutazione reale". In base alla proprietà che ha il sistema di tendere a tornare allo stato iniziale in seguito a intervenute modificazioni, così Pareto definisce lo stato di equilibrio:

> Possiamo valerci di tale proprietà per definire lo stato che vogliamo considerare, e che, per ora, indicheremo con la lettera X. Diremo cioè che esso è tale che, se vi si introducesse artificialmente una qualche modificazione, diversa da quella che pro-

---

per l'osservazione dei fatti, trova un gran numero di esempi di evoluzioni sociali (ad esempio, nella *Politica* osserva che la costituzione democratica si è sviluppata gradualmente ed è quindi falso pensare che sia stata elargita da Solone, *Cours*, § 625). Una categoria importante della teoria dell'evoluzione è quella di 'adattamento', che Pareto fa sua, esplicitandola, nel § 628.

9 Pareto riconosce come correttamente H. Spencer abbia considerato la mutua dipendenza dei fenomeni sociali, osservando che le concezioni di cui la scienza sociale si deve occupare sorpassano per complessità tutte le altre (qui vi è sostanziale accordo con la scala delle scienze proposta da A. Comte) ed è per questo che talvolta si nota una tendenza a risolvere con gran disinvoltura questioni sociologiche complesse (*Cours*, 582-83). Anche oggi come ieri.

10 *Trattato*, §§ 2066-2067. Rimandiamo al cap. III di questo volume per una discussione più ampia. Qui ci limitiamo all'essenziale.

11 Se questo non accadesse i sistemi, le forme e le mutazioni reali non sarebbero determinate, e rimarrebbero dunque affidate al caso e allora non si potrebbe parlare di sistema.

va realmente, tosto si avrebbe una reazione che tenderebbe a ricondurlo allo stato reale. Con ciò viene definito rigorosamente lo stato X.[12]

Economia psico-sociologica

Partendo dalle teorie e dai tentativi di chi l'aveva preceduto nello studio dell'economia politica, Pareto propone nel *Cours* una costruzione sistematica, dove viene approfondita e precisata la concezione dell'equilibrio economico di Walras[13] in relazione a tutti i fenomeni economici e sociali presi in esame. In contrasto con le idee del tempo, tiene presente l'esperienza di A. Cournot, di E. J. Dupuit e ancora prima di D. Bernoulli[14] (oltre naturalmente a Walras) e sulla scia di questi precedenti tentativi ricorre all'uso della matematica per l'analisi sistematica di tutte le variabilità e di tutte le relazioni che intercorrono tra le quantità economiche, essendo il complesso economico ritenuto per eccellenza suscettibile quasi interamente di valutazione quantitativa. Procedendo secondo il metodo logico-sperimentale e dilatando sempre più il campo d'indagine, egli ha presto cognizione che del fenomeno economico concreto sfuggiva la parte centrale, e cioè l'azione cosciente, la volontà, in sostanza la parte psico-sociologica. Infatti, in una lettera all'economista De Pietri-Tonelli precisa che: "la considerazione della posizione di equilibrio è un'astrazione, anche più astratta della considerazione di un livello del mare, turbato dalle maree, dai venti, ecc. Lo studio di tale posizione di equilibrio ha per scopo principale lo studio dell'interdipendenza dei fenomeni economici. Nella Sociologia [il *Trattato*] ho esteso tale studio ai fenomeni sociali. Per ora preme maggiormente lo studio dei fenomeni concreti che lo studio di più sottili e

12 *Trattato*, § 2069.

13 Indaga la variabilità tecnica ed economica dei coefficienti di produzione, la teoria del commercio internazionale e dei cambi esteri, fino a proporre una teoria generale dell'interdipendenza economica, come ci si esprime oggi (si veda W. Leontieff, *La matematica in economia e altri saggi*, Etas, Milano, 1979).

14 D. Bernoulli, *Specimen theoriae novae de mensure sortis*, Commentarii academiae scientiarum imperialis Petropolitanae, vol. 5, (1738), St. Petersburg.

complete teorie matematiche dell'equilibrio. Queste torneranno bensì ad essere utili quando lo studio dei fenomeni concreti ci avrà procacciato conoscenze che ancora ci fanno difetto. Similmente in tutte le scienze naturali, va avanti l'osservazione, poi la teoria, poi da capo l'osservazione, da capo la teoria, e via di seguito. L'osservazione senza la teoria è empirismo, la teoria senza l'osservazione corre il pericolo di essere semplice immaginazione."[15] Il *Cours,* che tra l'altro ha un'indiscussa superiorità didattica sulle altre opere, appare a Pareto ben presto non soddisfacente, tanto che non ne volle una ristampa. Aveva manifestato anzi l'intento di riscriverlo,[16] come si rileva dalla corrispondenza con Guido Sensini e con Pantaleoni.[17] Dieci anni dopo l'uscita del *Cours*, nel 1906, pubblica il *Manuale di economia politica con una introduzione alla scienza sociale*, in cui, distaccandosi completamente dai suoi predecessori, ripresenta (senza formule matematiche, che pone tutte in un'appendice finale) gli orientamenti del *Cours* in una nuova, definitiva sistemazione.[18]

Generalmente si ritiene che la prospettiva walrasiana e paretiana di una teoria economica, considerata come valida in ogni tempo ed in ogni luogo, costituisca un perfezionamento dell'impostazione classica,

---

15 Lettera a De Pietri-Tonelli, 8 agosto 1917; ora in *Epistolario*, vol. II, p. 978.

16 Infatti, era presentato ancora secondo gli schemi tradizionali dell'economia classica; diviso, cioè, nel baratto e nella produzione, con le nuove teorie più sistematiche poste in secondo piano. Vi si poteva trovare l'ipotesi della misurabilità dell'ofelimità (in seguito criticata e abbandonata), mentre veniva trascurata la variabilità dei coefficienti di produzione e dei prezzi.

17 "Sto correggendo le bozze del mio *Manuale*, ma l'editore (Società Editrice Libraria) procede più lento di una formica [...]. Rouge mi ha detto che il *Cours* è esaurito, e che desidera farne una nuova edizione. Io non voglio una ristampa. Gioverebbe scriverlo nuovamente, mutando molte cose [...]." (Lettera a M. Pantaleoni, 10 dicembre 1904; in *LMP*, vol. II, p. 433).

18 Alla fine dell'anno 1905 esce a Milano il *Manuale di economia politica con una introduzione alla scienza sociale*, per i tipi della Società Editrice Libraria, con la data del 1906 per motivi editoriali. L'opera si compone di un Proemio, nove capitoli e un'appendice matematica. Una edizione francese con appendice matematica assai più estesa ed elaborata uscirà nel 1909. Ci lavorava da tempo: "Sto ora lavorando ad un manuale italiano di economia politica [...]." (Lettera a Maffeo Pantaleoni, 4 febbraio 1903, in *LMP*, p. 425).

per questo, appunto, 'neoclassica'. È bene sottolineare che Pareto e Walras, oltre a cercare leggi generali, non hanno trascurato la specificità dei fattori istituzionali, sociali, politici e storici; peraltro, con prospettive e risultati diversi. Per Pareto lo dimostriamo con questo studio. Il problema centrale del modello di Walras, invece, era quello di allocare nel modo più efficiente le risorse tra i singoli consumatori e le singole imprese, ritenendo che la ragion d'essere della teoria economica fosse la capacità di migliorare il benessere umano;[19] in fondo una posizione, al di là della metodologia usata, simile a quella dei 'socialisti della cattedra' o anche dello stesso Marx (del resto Walras era di orientamenti socialisti). Tuttavia, proprio sulla concezione di scienza economica orientata alla risoluzione di problemi sociali avvenne la rottura con Pareto, ma anche su un altro punto: Pareto riteneva che Walras, con l'idea e l'uso che faceva della matematica, avesse perduto il contatto con i problemi concreti. Del resto gli economisti classici non usavano la matematica se non per alcuni calcoli aritmetici ed anche Keynes, pur conoscendola, se ne servì poco.

Il matematico Pareto sarebbe stato pienamente d'accordo con Joan Robinson che, negli anni Cinquanta del sec. XX, arrivò a dire che gli economisti si nascondevano dietro "siepi di algebra". E, tuttavia, se è vero che il metodo analitico sviluppato da Walras e Jevons ha introdotto nell'economia l'uso sistematico della matematica, non è stata la matematica a far imboccare agli economisti la strada sbagliata, quanto invece l'ambizione di creare una meccanica economica ritenendo così di accostare l'economia allo status di scienza fisica.[20]

---

19 "I lavori di *Economia sociale* del Walras non hanno il minimo valore; sono chiacchiere da taumaturgo." (Lettera a G. Sensini, 16 febbraio 1911; ora in *Epistolario*, vol. II, p. 720).

20 Questa ambizione in certi ambienti ha portato oggi alla costituzione di una "econofisica", come viene chiamata, più che altro applicata ai mercati finanziari, che utilizza i metodi della statistica. Chissà che giudizio ne darebbe oggi Pareto. Possiamo immaginarlo dalle seguenti osservazioni: " [...] Ho terminato il mio manoscritto del libro italiano [il *Manuale*] e l'ho mandato a Milano. Se mai avrai tempo di leggerlo, vedrai che ho mutato interamente il modo di esporre l'economia. Vedremo il tuo nuovo economista matematico. Speriamo che faccia bene. Per ora non sei stato fortunato in tale ricerche [...] Caro mio, non basta fare uso di simboli algebrici per

La cosiddetta 'rivoluzione marginalista' di Jevons, Walras, Pareto ha dato una veste formale all'opera di Adam Smith, il quale sosteneva che in un libero mercato il compratore o venditore di forza lavoro o di merci, perseguendo il proprio interesse individuale, ottiene risultati vantaggiosi per tutti. Il linguaggio matematico ha permesso di dimostrare in modo più rigoroso le argomentazioni dei classici: "[...] Tu mi scombussoli tutto dicendomi di non mettere matematica nel manuale. Io ci volevo mettere un'appendice dove fosse esposta l'economia matematica; della quale del resto non si esporrebbero che i risultamenti. Senza l'appendice, questi rimangono senza dimostrazione, come campati per aria [...]."[21] L'apporto matematico non consente però di tradurre – come da subito ebbe a obiettare Pareto – concetti importanti come la struttura istituzionale o il sistema di valori morali in cui si muovono i liberi mercati e nemmeno i meccanismi per i quali alcune nazioni si arricchiscono mentre altre si impoveriscono.[22] Ecco perché non perse tempo (a differenza di tanti economisti, anche suoi estimatori) ed andò oltre il modello dell'*homo œconomicus*.

Nel Proemio del *Manuale* Pareto ripercorre brevemente la propria esperienza scientifica, pronunciando alcune autocritiche. Dopo aver premesso che scopo del volume è quello di esporre i principi della scienza economica e la relazione tra fenomeni economici e altri fenomeni sociali, afferma di considerare "il fenomeno economico come nascente dal contrasto tra i gusti degli uomini e gli ostacoli incontrati per soddisfarli[23]; per arrivare ad evidenziare quindi la concezione di equi-

---

esprimere sciocchezze economiche, per essere un economista matematico! [...]." (Lettera a Maffeo Pantaleoni, 22 luglio 1904, in *LMP*, vol. II, p. 431).

21 Id., 8 febbraio 1903; in ibid., p. 426.

22 Ancora oggi ci si chiede "perché alcune nazioni sono così ricche e altre così povere?". È questo il sottotitolo dell'opera di D. S. Landes, *La ricchezza e la povertà delle nazioni*, Garzanti, Milano, 2002.

23 Mentre nel *Cours* rimaneva fondamentale la "partizione del fenomeno economico nel baratto e nella produzione", nel *Manuale*, per investigare scientificamente le relazioni intrinseche dei fenomeni, si considera il fenomeno economico come nascente dal contrasto tra i *gusti* degli uomini e gli *ostacoli* incontrati per soddisfarli, mettendo così subito in luce il concetto di equilibrio economico. I gusti sono una espressione diversa per dire "ofelimità": sono il piacere che prova l'uomo consu-

librio economico". Afferma di voler sostituire il concetto di capitale – che ritiene poco rigoroso[24] – con quello più preciso e realistico di "trasformazione dei beni economici" e di considerare variabile il concetto di prezzo che in questo modo esprime meglio la natura del fenomeno, mentre gli stessi materiali empirici (usati nel *Cours*) diventano più chiari e facilmente comprensibili. Ancora, riferendosi alla sua precedente posizione, troppo sbilanciata sul libero scambio, dopo dieci anni di riflessioni, precisa che certamente, come aveva già asserito, il protezionismo di solito distrugge ricchezza ed è "perseguito da coloro che ne traggono più vantaggio per appropriarsi le cose altrui", come insegnano i fatti passati e presenti; "ma questo non basta per condannare la protezione. Occorre guardare le altre conseguenze sociali".[25] Una posi-

mando certe cose o comunque usandone; mentre i beni economici sono certe cose capaci di soddisfare i gusti degli uomini. Nei tre capitoli centrali del *Manuale* si studiano: a) i gusti, cioè le forze che spingono all'azione, b) gli ostacoli cioè le reazioni che si oppongono, c) le configurazioni di equilibrio che nascono dal contrasto di quelle azioni e di queste reazioni.

24 "Dica o poco o niente (niente sarebbe anche meglio) dell'opinione espressa nel mio *Manuale*, che il concetto di *capitale* è interamente arbitrario, e che le discussioni che si fanno per sapere se una cosa è o non è capitale sono semplici perditempo; perché i suoi giudici (eccetto Pantaleoni) non potrebbero tollerare tale eresia." (Lettera a L. Amoroso, 13 agosto 1908; ora in *Epistolario*, p. 636).

25 *Manuale,* pp. 3-7. È la medesima posizione, oggi, di un economista e banchiere come E. Gotti Tedeschi che, commentando il manifesto "No al protezionismo", apparso su *Il Foglio* del 12 novembre 2003, dove si affermava tra l'altro "come intellettuali, come imprenditori, come politici, ma soprattutto come persone, diciamo 'no' a una politica che mette a rischio la vita dei nostri simili, oltre a proibire ai consumatori italiani di beneficiare di buoni prodotti a basso prezzo. Il libero scambio è la premessa della pace [...]". Alla domanda del giornalista R. Cammilleri, che chiede se in sostanza "la globalizzazione non sia altro che abolizione delle dogane", risponde: "Si, la globalizzazione dovrebbe essere l'abolizione delle dogane ma lo sarà progressivamente, cercando di ledere il meno possibile l'interesse di *lobby* o di settori ancora deboli e protetti esistenti in ogni Paese. Prendiamo l'esempio di Cancun, dove i produttori (nei Paesi ricchi) di prodotti agricoli hanno di fatto rifiutato di lasciar competere liberamente sui mercati i prodotti agricoli (a prezzi stracciati) provenienti dai Paesi poveri, prodotti che sono indispensabili per il loro sviluppo economico. Ma i settori 'poveri' sopravvivono anche nei Paesi ricchi, rappresentano una parte ancora relativamente importante del PIL (intorno al 10-15%)

zione ribadita in seguito ad esempio in una conversazione con Ferri e Rocca, dove Pareto ammette di essere giunto ad una parziale revisione in seguito a considerazioni sociologiche:

> Il protezionismo rappresenta certo un tributo pagato dal consumatore a vantaggio di certe categorie di produttori. Ma un tributo siffatto può avere conseguenze benefiche, se esso rappresenta un trasferimento di ricchezza da ceti che non risparmiano a ceti risparmiatori. Così un fatto in apparenza antieconomico può finire ad essere di giovamento all'economia nazionale. L'esistenza di ceti risparmiatori è un elemento indispensabile alla prosperità di un paese: sono essi che fecondano la macchina produttiva di quel combustibile che si chiama capitale. "Quando combattevo le battaglie liberiste" – esclama Pareto – "non conoscevo ancora la sociologia."[26]

Infine, indica una fonte di errori, frequente seppure meno evidente e cioè l'aver considerato in modo quasi esclusivamente oggettivo le proposizioni enunciate, senza tenere debito conto del fenomeno soggettivo. I materiali presentati nel *Manuale* sono desunti in gran parte da indagini, soprattutto sugli stati psichici (del resto la cospicua corrispondenza con Pantaleoni è incentrata attorno alla dissertazione sugli stati psichici e non solo sull'azione economica). Ogni individuo, infatti, suddivide il suo reddito fra combinazioni diverse di beni utili: alcune di queste danno una somma di benessere (o di soddisfazione, o di gusti[27]) identica, altre minore, altre maggiore. L'aspirazione dell'in-

---

e, se non difesi, oltre a bloccare le strade per protestare, rappresentano una quota di voti consistente che può modificare equilibri politici. Se c'è sviluppo economico e i consumi crescono, questi problemi sono più facilmente risolvibili; se c'è crisi economica, lo sono molto meno. Le dogane si aboliscono quando non si danneggia (quasi) nessuno." (R. Cammilleri, E. Gotti Tedeschi, *Denaro e paradiso. L'economia globale e il mondo cattolico*, Piemme edizioni, Casale Monferrato, 2004, pp. 80-82).

26 C. E. Ferri, G. Rocca, "Conversando con Vilfredo Pareto", in *La Riforma Sociale*, 1923, p. 405.

27 "[...] il desiderio non potrebbe di per sé fondare alcun valore, se non incontrasse ostacoli – se ogni desiderio potesse essere soddisfatto senza lotta e senza affanno non sarebbe mai sorto un commercio di valori economici [...]. Soltanto il differimento della soddisfazione creato dall'ostacolo, la preoccupazione che l'oggetto possa sfuggire, la tensione che scaturisce dalla lotta per conquistarlo, determinano

dividuo verso una combinazione piuttosto che un'altra dipende dai suoi gusti particolari, il cui primo soddisfacimento è ostacolato in particolare dai prezzi[28] delle merci, che fanno parte delle combinazioni utili. I punti d'incontro delle linee dei gusti e di quelle degli ostacoli determinano le zone di baratto ed i luoghi di equilibrio.[29] Nella concezione fondamentale e definitiva di Pareto l'economista non deve cercare di sapere se i piaceri siano o no misurabili: è sufficiente stabilire la graduatoria secondo cui un individuo ordina tutte le possibili combinazioni di beni di consumo in rapporto alle sue preferenze. In tale graduatoria si troveranno insiemi di combinazioni indifferenti, che producono cioè tutte egual piacere. Dunque, poiché ogni combinazione di beni di consumo ha un indice, si formerà una graduatoria di indici, nella quale la differenza tra un indice e quello che lo precede, o lo segue, è in parte arbitraria.[30]

---

l'accumulazione del desiderio che si manifesta nell'intensità del volere e nella continuità dello sforzo." (G. Simmel, *Filosofia del denaro*, Utet, Torino, 1984, p. 137).

28 "[...] i prezzi non sono alla base della scienza economica, ne sono al vertice; in essi si riassumono, appunto, le innumerevoli circostanze che influiscono sul fenomeno economico. Sono la risultante di un gran numero di forze [...]. La scienza economica si propone, partendo dai gusti e dagli ostacoli, d'arrivare ai prezzi (da un punto di vista esclusivamente algebrico, si può dire che i prezzi sono incognite ausiliarie, che servono a risolvere le equazioni dell'equilibrio economico)." ("L'economia e la sociologia dal punto di vista scientifico", *Rivista di Scienza*, 1907; ora in *Scritti sociologici,* p. 332).

29 Graficamente Pareto usa disporre in una regione del piano infinite curve di indifferenza, l'una dentro l'altra. Così, l'individuo che si muove di preferenza da una curva ad un'altra più interna, fornirà l'insieme di curve prodotte dai suoi gusti. Ogni curva, nelle figure paretiane, è la proiezione sul piano di una curva di livello, appartenente a ciò che Pareto chiama colle del piacere, cioè il colle dell'ofelimità. E i colli del piacere o dell'ofelimità possono essere infiniti.

30 Sta in questa argomentazione il fraintendimento di J. Habermas quando scrive: "La proposta di Pareto, di rinunciare a una giustificazione psicologica degli atti di scelta economica, era il presupposto più importante per una interpretazione logico-decisionale della teoria economica. Questa interpretazione ha il pregio di relativizzare come casi limite, ponendoli entro una scala di possibili massime decisionali, le classiche ipotesi di massime." (*Agire comunicativo e logica delle scienze sociali*, Il Mulino, Bologna, 1980, p. 98). Come abbiamo detto più volte, Pareto non rinuncia

Tra gli infiniti sistemi di indici che si possono ottenere – secondo Pareto – è utile avvalersi solo di quelli che godono della proprietà per la quale, passando dal primo al secondo, l'uomo prova maggior piacere che passando dal secondo al terzo, e cioè la differenza tra gli indici primo e secondo è maggiore della differenza tra gli indici secondo e terzo. Conoscere l'insieme dei gusti di un individuo significa conoscere l'intero sistema delle indifferenze e delle preferenze di quell'individuo: per il singolo individuo, infatti, al di fuori dei suoi gusti, tutto il resto è ostacolo. Del resto, lo studio dell'equilibrio economico ha legittimità perché gusti ed ostacoli sono naturalmente in contrasto[31] ed è tanto più complesso quanto più vari ed articolati sono quei gusti e quegli ostacoli.[32] Se l'economia – dice Pareto – avesse come oggetto esseri senza gusti né bisogni, invece di uomini, non ci sarebbe alcun problema economico da risolvere. Ugualmente, non ci sarebbero problemi economici da risolvere, se si supponesse all'opposto che nessun ostacolo impedisce agli uomini di soddisfare ogni e qualsiasi gusto o bisogno, essendo tutto disponibile a volontà.[33]

---

per nulla, per usare l'espressione – anche questa, peraltro, fuorviante – di Habermas, ad "una giustificazione psicologica".

31 Lo stesso Simmel con altre parole osserva: "In effetti [...] il sacrificio non solo aumenta il valore del fine, ma addirittura lo costituisce autonomamente. Ciò che si esprime in questo processo è in primo luogo il piacere della verifica della forza, del superamento delle difficoltà, spesso addirittura il gusto di contraddizione. La deviazione richiesta per l'ottenimento di certe cose, costituisce spesso l'occasione, ma spesso anche la causa, del fatto che queste cose vengano apprezzate come valori. Nei rapporti degli uomini tra di loro, e più spesso chiaramente in quelli erotici, notiamo come riservatezza, indifferenza o rifiuto infiammino appassionatamente il desiderio di vincere tali ostacoli e inducano a sforzi e sacrifici che, senza questi ostacoli, non sarebbero il più delle volte apparsi commisurati alla meta." (G. Simmel, *Filosofia del denaro*, op. cit, p. 133-134).

32 Ancora Simmel: "Il bisogno da un lato e il godimento dall'altro non contengono di per sé intrinsecamente né il concetto di valore né quello di economia. Entrambi si realizzano contemporaneamente soltanto attraverso lo scambio tra due soggetti, ognuno dei quali impone una rinuncia all'altro come condizione per sentirsi soddisfatto." (ibid., p. 137).

33 "Il frutto spontaneo, raccolto senza fatica e non dato in scambio, ma consumato direttamente, non è un bene economico." (ibid., p. 135).

Con la nozione di equilibrio Pareto intende rappresentare, sotto forma quantitativa, l'insieme delle forze o condizioni che agiscono su un sistema, sia esso quello della produzione, quello del consumo o quello della popolazione.[34] Il sistema, a sua volta, è legato alla nozione che egli denomina – come abbiamo visto – della mutua dipendenza dei fenomeni, con cui intende che ogni stato è condizionato da una pluralità di cause o di fenomeni che agiscono continuamente gli uni sugli altri: "[...] un sistema economico sarà detto in equilibrio se il cambiamento d'una delle condizioni di tale sistema importa altri cambiamenti che produrrebbero un'azione esattamente opposta. Tale equilibrio è *stabile* quando il cambiamento può essere di grandezza finita. È *instabile* al limite quando le condizioni dell'equilibrio non sono valevoli che per un cambiamento infinitamente piccolo."[35] Relativamente a questo punto, riteniamo che Pareto abbia precorso l'evoluzione dell'epistemologia contemporanea nelle scienze sociali.[36]

---

34 "Io non credo che l'economia matematica abbia gran valore se la si riduce a studiare con mezzi grafici e simili il baratto di due merci, e certi problemi analoghi di produzione. Ritengo che solo il problema generale dell'equilibrio economico giustifica l'uso della matematica. Perciò io mi separo interamente dal Marshall, dall'Edgeworth e dai loro ammiratori. Il merito del Walras sta appunto nell'avere posto il problema in generale; col Walras metto Irving Fisher. Io poi credo di essere andato molto al di là; non tanto nel *Cours* quanto nel *Manuale*. [...] Io non ho niente in comune col Marshall, Edgeworth, ecc.; la mia teoria è diversa." (Lettera a L. Amoroso, 21 aprile 1908; ora in *Epistolario*, p. 630).

35 *Cours*, § 40. Per una visione di insieme della concezione di equilibrio vedi figura 9.

36 Di tutt'altro avviso sembra essere F. Perroux: "L'equilibrio paretiano è una macchina per eliminare l'intenzione e la decisione globale. Il suo universo astratto è estraneo al mondo economico in cui viviamo. [...] la macrodecisione ci immette in un universo estraneo all'universo paretiano." (*L'economia del XX secolo*, Etas, Milano, 1969, pp. 303-304). Ci sono anche posizioni a dir poco strampalate che vorrebbero dimostrare, nell'economia pura paretiana, la schizofrenia tra l'idea di equilibrio stabile, ritenuto attrattore di moti convergenti verso un punto di quiete, e le motivazioni non logiche teorizzate dallo stesso Pareto. È chiaro che non si riesce a capire come il concetto di equilibrio sia necessario proprio in considerazione della eterogeneità sociale e delle azioni non logiche. Addirittura si sostiene esserci qualcosa di più grave in Pareto e cioè schizofrenia tra mondo del conoscere scientifico e mondo dell'operare umano. Non c'è peggior sordo ... del marxista affranto e camuffato.

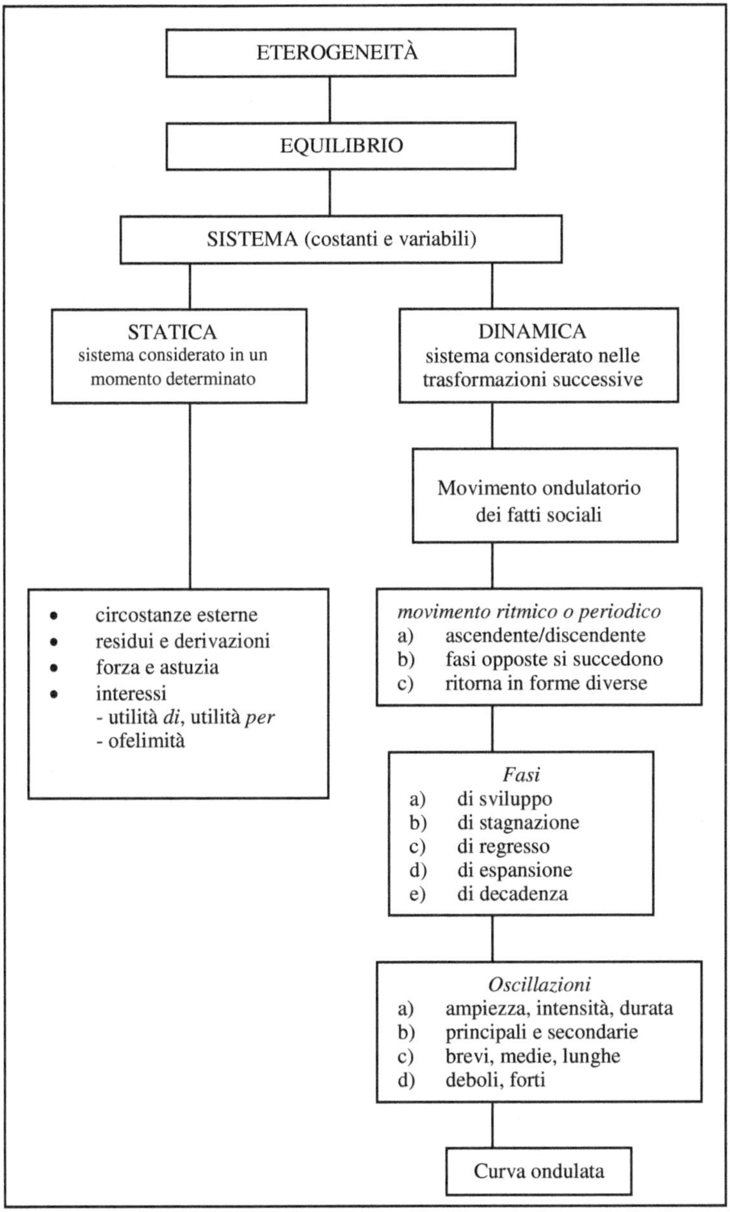

Fig. 9 Eterogeneità sociale e movimenti ondulatori

Variazioni socio-economiche: movimenti ondulatori

Le manifestazioni dell'attività umana, pur tendendo sempre all'equilibrio, non presentano un andamento continuo; ma assumono, generalmente, la forma d'una curva ondulata. Il sistema economico, come qualsiasi altro sistema, è in continua vibrazione e in questo senso ha

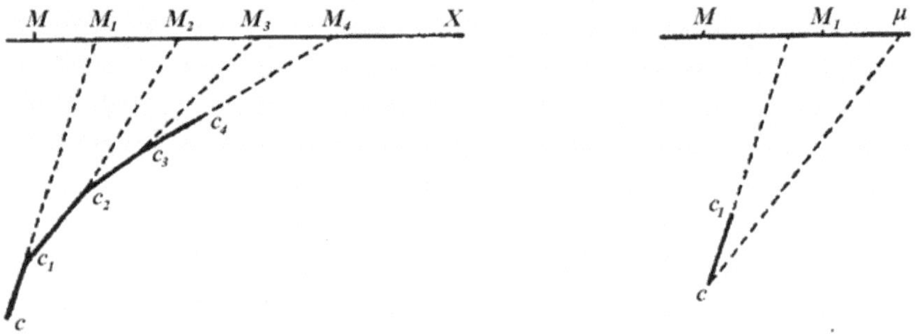

Fig. 10 Curve di inseguimento

uno sviluppo non lineare ma ondulatorio. Il fenomeno economico è, dunque, un fenomeno dinamico: i più vari movimenti ondulatori agitano l'aggregato, le cui componenti oscillano continuamente con una qualche regolarità, per cui si parla di onde cicliche. I movimenti ritmici, che agitano ogni organismo vivente, sono anche all'origine di quei fenomeni noti sotto il nome di 'crisi economiche'.[37] Le questioni economiche presentano fenomeni analoghi a quelli che si studiano in ma-

37 Nel capitolo quarto del *Cours* Pareto tratta delle 'crisi economiche' (§§ 925-949). Oggi l'espressione indica, a seconda dei casi, le vicende dell'economia internazionale, o dell'economia di un Paese, o di un comparto produttivo, quando sono caratterizzate negativamente da difficoltà, o fallimenti finanziari, o di imprese, contrazione della produzione, caduta dell'occupazione, ecc. Etimologicamente 'crisi' vuol dire 'cambiamento', ma, in riferimento alla malattia e alla salute, è diventato prevalente il suo significato traslato di cambiamento in senso negativo, mentre all'origine ippocratica la 'crisi' poteva anche evolvere in direzione positiva. Se si vuole, è questo senso originario che Pareto conferisce alla nozione di crisi.

tematica con la designazione di curve d'inseguimento.[38] Se, ad esempio (fig. 10), il consumo cresce da *M* a M_1, la produzione non s'indirizza in modo da dirigersi verso M_1, ma piuttosto verso un punto più lontano *m*, dal momento che i produttori tendono a credere che l'aumento del consumo continuerà indefinitamente. Non soddisfatti di provvedere ai bisogni presenti, anticipano i bisogni futuri: questa è una delle cause delle crisi di produzione:[39] "Ti ricordi che tempo fa io ti parlavo della prossima crisi economica? E' già principiata in America. Credo che tra non molto si estenderà qui, fra un anno al massimo. Ogni qualvolta viene il periodo prospero che precede le crisi, gli uomini si figurano che sia per durare sempre. Persuaditi che le crisi altro non sono se non il movimento ritmico economico, che dipende dall'indole degli uomini, come il movimento ritmico morale, politico, ecc."[40]

Nella storia delle economie capitalistiche e industriali si sono osservati molti periodi in cui ad una fase di espansione ne succedeva una di recessione, con una caduta più o meno brusca o prolungata della produzione che comportava un'ampia disoccupazione, sottoutilizzazione degli impianti, contrazione degli investimenti, sovente fallimenti.[41] Tuttavia, spesso, soprattutto dopo la II guerra mondiale, sono state piuttosto crisi di crescita, cioè – come si dice – fluttuazioni nel saggio

---

38 Dette anche curve di fuga o curve del cane.

39 *Cours*, § 41.

40 Lettera a Pantaleoni 28 maggio 1900; ora in *LMP*, vol. II, pp. 311-312. Questa concezione descrive bene le dinamiche non periodiche prese in considerazione in fisica, ad esempio da E. Lorenz (1963), volgarizzate poi, negli anni Ottanta e Novanta del secolo scorso, come 'effetto farfalla': il battito d'ali di una farfalla in un punto del globo determina effetti imprevisti, una tempesta, un uragano, ecc., in un altro punto lontano.

41 Esempio ormai classico, il periodo decennale nel secolo XX (1929-1938), detto anche 'grande depressione'. I paesi più colpiti come Germania e Stati Uniti nel 1929-1930 videro dimezzata la produzione industriale. Un altro esempio, un po' diverso, ma che si inserisce nel discorso sulle crisi, è il periodo che si suole far partire dal 1973, in cui si assistette alla messa in discussione dell'ordine monetario precedente ed al concomitante sconvolgimento dei prezzi delle materie prime sui mercati internazionali, specialmente del petrolio. A questo seguì anche l'inizio di un lungo periodo di inflazione e di cambi fluttuanti.

di crescita. Le crisi sono, dunque, un esempio della dinamica socioeconomica o, in senso stretto, del ciclo economico.

Sistemi economici, equilibrio, crisi

I movimenti ondulatori agitano l'aggregato economico per "l'indole stessa degli uomini" e per l'esistenza di problemi che debbono essere risolti. Può succedere che i movimenti del sistema abbiano luogo tutti in un senso o che s'incrocino e si sovrappongano, con le industrie, i commerci, le occupazioni che, ad esempio, prosperano oppure ristagnano.

Metodologicamente, insegna Pareto, conviene considerare il fenomeno crisi nell'insieme, poiché, osservandolo attentamente, si nota che la stagnazione – o in generale ogni crisi – è preceduta da un periodo ascendente, culminante nella prosperità e seguita da un periodo discendente con alla fine la vera e propria depressione, cui segue la timida ripresa, poi la nuova ascesa e così via. Nel periodo ascendente aumenta il consumo, gli imprenditori aumentano la produzione, il risparmio è trasformato in capitali e si ricorre ampiamente al credito. Questi fatti, di per sé concomitanti, sono stati considerati di volta in volta come se costituissero ognuno il fattore dominante, la causa unica delle crisi: si è detto che le crisi risultano da un 'eccesso di consumo', oppure da un 'eccesso di produzione', o, ancora, dall''abuso del credito'. Secondo Pareto, in questo modo, si scambia spesso la parte per il tutto, il particolare per l'insieme, l'effetto per la causa; in definitiva si riproduce sempre il grossolano errore "della dimenticanza della mutua dipendenza dei fenomeni economici."[42]

Le crisi economiche sono così fisiologiche che si presenterebbero allo stesso modo – ad esempio – non solo senza 'abuso di credito', ma anche se il credito non esistesse. Vi sarebbero periodi in cui ognuno sarebbe propenso a consumare i propri risparmi: il periodo ascendente che prepara la crisi; e vi sarebbero altri periodi in cui i risparmi si rico-

42 *Cours*, § 591.

stituiscono: il periodo discendente che porta fuori dalla crisi. Si dirà allora *ascendente* il periodo che precede la crisi, periodo di intensa attività, quando i prezzi aumentano e *discendente* il periodo di depres-

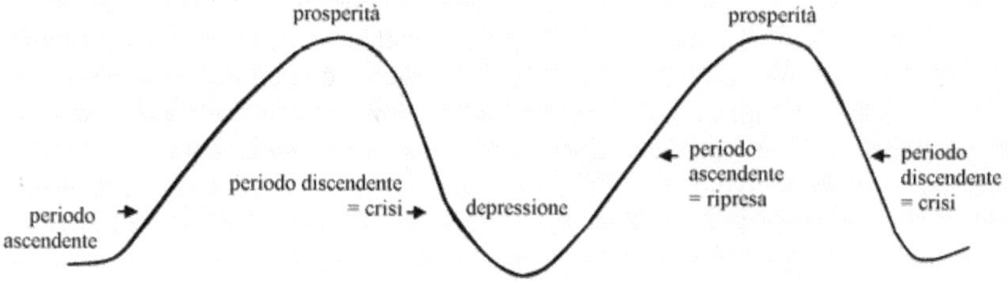

Fig. 11 Curva delle oscillazioni e delle crisi

sione, la crisi in senso stretto, quando i prezzi diminuiscono. Un periodo non può esistere senza l'altro e al loro insieme si è dato il nome di ciclo, che è espressione della "gran legge del ritmo", che regola tutti i fenomeni sociali.[43] L'ordinamento, il sistema, le contingenze sociali danno forma al ciclo e alla crisi, ma non operano sulla sostanza, che dipende "dalla natura stessa dell'uomo". Comunque, secondo Pareto, il concetto era e rimane per sua stessa natura incerto, impreciso e non potrebbe essere diversamente. Solo approssimativamente si può stabilire

---

43 "Abbiamo già studiato alcuni di questi movimenti. Abbiamo visto (*Cours*, § 718) che nella realtà il prezzo di vendita differisce spesso dal costo di produzione. Con tutti i mezzi possibili gli imprenditori si sforzano d'ottenere costi di produzione inferiori ai prezzi di vendita ed è solo la concorrenza che li riconduce, in media allo stato limite. I detentori dei beni economici, d'altro lato, non li vendono esattamente ai prezzi che corrisponderebbero all'equilibrio. I prezzi reali sono ora superiori, ora inferiori ai prezzi dell'equilibrio. Ancor più. Non è spesso che per astrazione che si può supporre esista un prezzo unico per la stessa merce su di uno stesso mercato. Nella realtà vi sono spesso tanti prezzi quanti sono i contratti di vendita ed i prezzi reali oscillano perpetuamente attorno a certi prezzi medi, che neppure essi sono costanti, ma variano col trascorrere del tempo." (*Cours*, § 925). Come dice M. Weber: "L'intero mercato possiede perciò il carattere di un'incessante altalena." (*La borsa*, Edizioni Unicopli, Milano, 1985, p. 103).

l'ampiezza dell'oscillazione che, quando è vistosa, sarà considerata un periodo di crisi:

> L'aggregato economico è costantemente, senza tregua, agitato da oscillazioni più o meno estese, che risultano dai movimenti vibratori delle sue componenti. È perché l'aggregato è vivo che vibra: solo nella morte potrebbe trovare il riposo. Non ci si deve raffigurare una crisi come un accidente che viene ad interrompere uno stato di cose normale. All'opposto, quel che è normale è il movimento ondulatorio, poiché la prosperità economica adduce la depressione e la depressione riconduce alla prosperità.[44]

Crisi e natura umana

Pareto era partito col supporre in equilibrio le componenti dell'aggregato economico, per poi considerare certi movimenti e, infine, giungere alla concezione dell'aggregato in movimento e in vibrazione certamente per cause oggettive, ma soprattutto per cause soggettive, che sembrano "essere certo la natura stessa dell'uomo."[45] Il fenomeno è così generale che investe i sentimenti religiosi, l'arte, la letteratura ed anche le scienze più astratte, dove si assiste, ad esempio, all'utilizzo per un certo periodo di metodologie oggetto dell'entusiasmo acritico di molti scienziati e successivamente abbandonate quasi del tutto.[46] Infat-

---

44 *Cours,* §§ 926-927.

45 "Herbert Spencer (in *First Principles*) generalizza ancor più. Il ritmo del movimento è, per lui, una legge universale. Un uomo che considera queste questioni da un punto di vista esclusivamente pratico, il Neave governatore della Banca d'Inghilterra, ebbe a dire, durante l'inchiesta del 1858 che non si possono impedire i periodi di prosperità e quelli di difficoltà; che è questa una legge della natura umana. Claudio Jannet (*Le capital* p. 375) dice pure assai bene: le fluttuazioni di borsa sono dominate da leggi che derivano dalla natura morale degli uomini, poiché la psicologia si ritrova al fondo di tutte le cose economiche." (*Cours*, § 927).

46 Scrive P. A. Sorokin: "In the life *curve of various ideologies, beliefs, doctrines, dogmas, fashions*, etc., three phases have been stressed by many: incline-plateau-decline (C. Guignebert, V. Pareto, and others)." (*Social and cultural dynamics* [1937-1941], volume four, N. Y., 1962, p. 409; ed. ridotta italiana, Utet, Torino, 1975). In quest'opera Sorokin studia ogni sorta di fluttuazioni (nella pittura, scultu-

ti, nella letteratura, nell'arte, nella scienza, nella religione, nella moda sono stati misurati movimenti ritmici simili ai movimenti economici.[47] Anche qui si hanno movimenti oscillatori con fasi considerate (a seconda dei punti di vista) discendenti, seguite da quelle ascendenti, in un movimento che prosegue indefinitamente, senza per questo marcare fasi identiche.

Secondo Pareto vi sono due generi di cause che provocano le crisi: le *oggettive,* determinate dal mutamento delle condizioni della produzione (ad es., carestie, guerre, innovazioni, ecc.) e le *soggettive*, che svolgono un'azione essenziale, nel senso che ci sono periodi in cui gli uomini sono pieni di fiducia, ottimisti ed altri in cui sono meno attivi, o

---

ra, letteratura e critica letteraria, nei sistemi di verità e di conoscenza, nei primi principi, nelle categorie fondamentali del pensiero umano: causalità, tempo, spazio, numero, nelle teorie scientifiche, nell'etica, nel diritto, nei sistemi di relazione sociale, nelle condizioni economiche, nella guerra).

47 Pareto propone un esempio: "Supponiamo, per un istante, si possa misurare l'intensità del sentimento religioso. Si confrontino tra di loro le diverse condizioni della Francia nell'epoca di Giansenio e di Pascal, in quella di Voltaire e di La Mettrie, in quelle della restaurazione, della monarchia di luglio e del terzo impero, in quella infine della nostra epoca, in cui si delinea una recrudescenza assai sensibile del sentimento religioso e si avrà una specie di curva ondulata come le curve delle crisi economiche." Cita poi W. Roscher (*Recherches sur divers sujets d'economie politique: Étude sur l'agriculture des anciens Germains*), che esprime la stessa cosa in altri termini: "Il principio ben conosciuto che i progressi dell'umanità non si realizzano in linea retta, ma che seguono invece una specie di spirale regolarmente interrotta, quanto meno in apparenza, da ritorni retrogradi, questo principio, dico, deve trovare in particolare la propria conferma nella storia della scienza. Se accade in un qualche punto che le ricerche di un uomo di genio aprano una nuova via allo spirito umano dotandolo d'un metodo nuovo, si osserva quasi sempre che lo stesso uomo di genio e più ancora i suoi discepoli esagerano l'importanza della scoperta, considerano la nuova via più vasta di quel che è e vogliono applicare il metodo a oggetti a cui esso non è adatto." È il periodo ascendente della crisi scientifica. Roscher prosegue: "Il primo passo che viene fatto innanzi rende all'antico sistema, messo troppo assolutamente da parte, la giustizia che gli è dovuta, non senza che si commetta qualche ingiustizia nei confronti del nuovo sistema e cosi di seguito." (*Cours*, § 928).

pessimisti.[48] Le cause soggettive sono probabilmente in rapporto stretto con la "facoltà che hanno gli uomini di dimenticare le impressioni ricevute", per cui si dà colpa alle crisi di danni molto maggiori di quelli che effettivamente producono, dato che:

> l'uomo sente vivamente i suoi mali, e dimentica facilmente i beni di cui ha goduto; a lui sembra che questi gli sono dovuti, e che quelli immeritatamente lo colpiscono. I guai del periodo discendente della crisi feriscono fortemente la fantasia dell'uomo, egli dimentica i vantaggi conseguiti nel periodo ascendente.[49] Occorre notare, tra l'altro, che l'uomo s'arresta raramente al giusto mezzo; esagera sempre un po' da un lato o dall'altro. Passa dalla speranza al timore, da un eccesso di fiducia ad un eccesso di sfiducia. La riuscita l'esalta; l'insuccesso lo scoraggia.[50]

Ciclo e crisi nella dinamica dei sistemi economici

Crisi, dinamica dei sistemi economici ed equilibrio sono concetti direttamente ed inestricabilmente connessi tra loro. Gli individui che compongono l'aggregato economico possono essere considerati sotto tre aspetti diversi: consumatori, detentori di capitali, imprenditori.

In quanto *consumatori*, si muovono nel senso che procura loro la maggiore ofelimità. In quanto *detentori di certi capitali*, si lasciano guidare talvolta dalla considerazione della maggiore ofelimità (quando si tratta dei capitali di cui potrebbero consumare direttamente i servizi), ma – per lo più – si muovono nel senso che procura loro il maggior

48 Si veda a questo proposito la prolusione "L'Europa della malinconia" di T. Padoa-Schioppa presso l'Università Commerciale Luigi Bocconi per l'inaugurazione dell'anno accademico 2005-2006; Milano, 28 ottobre 2005: "[...] questo stato dell'animo, antico, misterioso e ambivalente caratterizza forse più di ogni altro il momento che l'Europa sta vivendo, con la sua grandezza e il suo sconforto. In sintesi, non credo che l'Europa sia oggi malinconica perché in crisi; credo che essa sia in crisi perché la nostra società è malinconica. Ma nella malinconia vi sono anche il desiderio di perfezione e la tensione verso l'alto cui l'Europa può attingere per realizzare il suo grande disegno. Vale per l'economia, vale per la politica."

49 *Manuale*, IX, § 81.

50 *Cours*, § 927.

guadagno.[51] In quanto *imprenditori*, infine, è esclusivamente questo guadagno che essi hanno come obiettivo: "in tutti questi casi l'effetto non segue immediatamente la causa [...] Esiste, dunque, qualcosa che impedisce all'uomo di modificare troppo bruscamente le proprie spese: in altri termini, ciò gli è penoso."[52] È l'esperienza che ci può informare sulla misura del rapporto che esiste tra la diminuzione del prezzo e la rapidità con cui la domanda aumenta.[53] Pareto ricorda che, in modo analogo, non sarà nel preciso istante in cui un imprenditore si dichiarerà disposto ad aumentare il canone d'affitto che egli paga, ad esempio, per delle terre, che tutti i proprietari si precipiteranno da lui per offrirgliene. Ci metteranno un po' più di tempo ed alcuni, anzi, non offriranno nulla, ma staranno a vedere se i prezzi non crescano ulteriormente. Anche in questo caso è evidente l'esistenza di un rapporto tra la vendita e le variazioni di prezzo. Esistenza altrettanto e forse ancor più evidente quando si tratta degli imprenditori: motivi oggettivi si aggiungono ai motivi soggettivi e fanno sì che la vendita delle merci prodotte dall'impresa non possa modificarsi istantaneamente. Si deve tener conto di tutte queste circostanze per avere le condizioni dell'equilibrio dinamico del sistema economico. La resistenza esiste tanto per aumentare quanto per ridurre il consumo, gli acquisti, la produzione, ecc., ma non è necessariamente la stessa nei due sensi:

> Tutti i movimenti dell'aggregato economico dipendono, ad un tempo, da motivi soggettivi. È dunque impossibile stabilire distinzioni ben nette tra le crisi a seconda

51 Ibid., § 859.

52 "Se s'invia ad un tale un campione di vino ch'egli trova di suo gusto, egli non si precipiterà dal negoziante, senza perdere un minuto, per acquistarne un ettolitro. Aspetterà ben 24 ore, e forse alcuni mesi, fino a che gli si presenti l'occasione di rinnovare la sua provvista di vino. In via generale, se si offre una nuova merce, o se si offre ad un prezzo inferiore una merce esistente, non è il primo giorno che il consumo raggiungerà il suo massimo." (ibid.).

53 "Se un orologiaio annuncia che egli venderà degli orologi d'oro ad un franco l'uno, entro 24 ore avrà certo dato fondo a tutta la sua bottega. Se si contenta di concedere una riduzione del 10% sui prezzi correnti, gli occorrerà forse un mese o due per vendere tutti i suoi orologi. Vediamo dunque che esiste un rapporto tra la diminuzione o l'aumento di prezzo d'una merce e la velocità del suo smercio." (ibid.).

ch'esse dipendano dall'uno o dall'altro di tali motivi. Tutto quel che si può fare è distinguere le crisi per cui la parte dei motivi oggettivi è preponderante dalle crisi in cui sono invece i motivi soggettivi che hanno la parte principale.[54]

Cause oggettive, cause soggettive e sincronismo

Una causa oggettiva è un movimento che procede nella direzione in cui la maggior parte degli individui che compongono la società è disposta a muoversi. Ogni mutamento oggettivo delle condizioni dell'equilibrio economico, quando colpisce un gran numero di individui, può produrre una crisi più o meno intensa. In particolare, ogni innovazione tecnica o altro, che modifichi in misura notevole il valore dei coefficienti di produzione, ogni modificazione un po' importante nella moda o nei gusti dei consumatori possono produrre quest'effetto. L'esperienza dimostra che anche nell'aggregato economico più calmo esistono sempre vibrazioni, che si contrappongono le une alle altre: la crisi si manifesta solo quando diventano sincrone. La causa oggettiva agisce in questo caso nel senso di produrre tale sincronismo, dal momento che vibrazioni determinate da una medesima causa si producono naturalmente nel medesimo senso.

---

54 Ibid., § 929. E ancora: "Claudio Jannet (*Le capital,* pp. 376-377) dice che in borsa il grosso del pubblico è molto più propenso a secondare i movimenti di rialzo dei movimenti di ribasso. I capitalisti che formano la contropartita degli speculatori non acquistano che quando i fondi sono in aumento [...] I profitti degli speculatori al ribasso sono [...] molto maggiori di quelli degli speculatori al rialzo, ma si realizzano più di rado. Una simile posizione non è d'altronde possibile che per i grossissimi speculatori [...] Il pubblico non è mai al loro fianco. Non appena si delinea il ribasso fugge e si trae in disparte. Quando riappare, è per mettersi al rialzo al seguito di qualche speculatore più ardito che riprende il movimento. Sono fenomeni estremamente svariati e complessi e, là dove si tracciano le grandi linee d'una teoria generale, non si deve pretendere di poterne spiegare, senz'altro, tutti i più minuti particolari." Si vedano anche i due bei saggi di M. Weber, "Lo scopo e l'organizzazione esterna delle borse" e "Le operazioni di borsa" nell'edizione originale "Die Börse", in *Gesammelte Aufsätze zur Soziologie und Sozialpolitik,* Tübingen, Mohr, 1924; ora in *La borsa*, op. cit.

Una causa soggettiva è la capacità del maggior numero di persone componenti una società di provare in un certo istante sentimenti che le portano ad agire nello stesso senso. La scossa in realtà viene sempre dal di fuori, ma è grazie a certe proprietà della natura umana (esplicitate poi nella teoria dei residui), che il movimento acquisisce un'ampiezza e un'intensità molto grande, assolutamente sproporzionata alla causa, spesso abbastanza insignificante, che ha prodotto la scossa. Dal momento che le componenti dell'aggregato economico sono strettamente legate da certe forze, l'una non può muoversi senza che il movimento si propaghi successivamente via via. Se il movimento non corrisponde a quello che in quel dato istante possono assumere le altre componenti, si estingue rapidamente; se esiste invece tale corrispondenza, la massa intera si muove in un certo senso e una crisi può manifestarsi. È soprattutto ai movimenti di questo secondo genere che viene riservato il nome di crisi economiche.[55]

Crisi, oblio, ripresa

La causa soggettiva, come dice Pareto (e non ci pare che possa essere diversamente), è in rapporto stretto con la disposizione all'oblio che hanno gli uomini rispetto alle esperienze fatte e alle impressioni ricevute. Quando escono da una crisi gli uomini sono estremamente sfiduciati e vedono un disastro in ogni progetto che si propone loro. Ma un po' alla volta questa impressione si attenua, mentre nuove generazioni, che non hanno provato direttamente i mali prodotti dall'ultima crisi, arrivano alla direzione degli affari. Si forma di nuovo nella società un deposito di energie ("materia eccitabile" la definisce Pareto): il frutto è maturo, la minima la scossa lo farà cadere. Arriva così il momento perché il movimento si manifesti e porti ad una nuova crisi. La periodicità

55 *Cours*, § 929 β. In campo economico vi sono svariate teorie che si occupano di spiegare la ciclicità: teorie elettorali, politiche, psicologiche, dell'innovazione e quelle più strettamente economiche come le monetarie e quelle che riguardano il mercato dei beni o macroeconomiche. In sostanza, ci pare che siano tutte particolari aspetti dell'approccio generale paretiano che qui stiamo illustrando.

delle crisi non dipende dunque dalle cause oggettive, ma soprattutto da quelle soggettive; in particolare, dalle proprietà della mente e dalla durata delle generazioni.

Oscillazioni della produzione

Le oscillazioni della produzione sono molto spesso la causa della scossa, che, propagandosi via via, da origine ad una crisi economica. Quando un settore della produzione procura agli imprenditori guadagni considerevoli, attrae nuovi imprenditori, mentre quelli già esistenti sviluppano la loro produzione (vedi fig. 10, curve d'inseguimento). Generalmente si oltrepassa la misura e, ben presto, le perdite subentrano ai guadagni. Si riduce allora la produzione e spesso più di quanto occorrerebbe per giungere all'equilibrio. Queste oscillazioni di solito non vanno oltre una ristretta cerchia di produttori; ma può accadere che, quando "l'aggregato economico è convenientemente preparato, esse gl'imprimano la scossa e lo trascinino in un movimento generale".[56]

Risparmio in cerca d'impiego

Se la quantità di risparmio che esiste nella società fosse molto limitata, gli imprenditori potrebbero costruire, ad esempio, nuove case solo abbandonando altre branche della produzione, ad esempio, la costruzione di macchine. In tal caso i muratori guadagnerebbero di più, ma gli ope-

---

56 "Supponiamo, ad esempio, che in una certa città si sia trascurato, da qualche tempo, di costruire nuove case. Le pigioni sono aumentate e il costruire case diviene un'impresa molto fruttuosa. I primi imprenditori, che vi si dedicano, fanno fortuna; il loro esempio ne trascina altri. Ma gli imprenditori non si muovono indipendentemente dagli altri individui che costituiscono l'aggregato sociale. Per costruire le nuove case gli imprenditori aumentano le loro domande di servizi, di capitali personali, mobiliari e fondiari. I capitalisti, in rapporto con gli imprenditori che costruiscono case, richiedono e consumano una maggior quantità di merci e il movimento così si propaga e si estende via via." (*Cours*, § 932).

rai meccanici guadagnerebbero di meno, determinando così una certa compensazione. Altrettanto accadrebbe per i capitali mobiliari. Il movimento non potrebbe dunque mai assumere una grande ampiezza.

Tuttavia, nei paesi sviluppati economicamente, esiste una gran massa di risparmio in cerca d'impiego che fluisce verso ogni nuovo sbocco si presenti.[57] Se si vogliono costruire nuove case, dunque, non è affatto necessario ridurre immediatamente altre produzioni. Certo, nel lungo periodo, la riduzione vi sarà o, meglio, vi sarà un rallentamento nell'aumento progressivo di queste altre produzioni. Infatti, poiché il risparmio trova un interesse più elevato nella costruzione delle case, la libera concorrenza tenderà a rendere generale questo nuovo saggio d'interesse. Le branche della produzione, che, pagando tale saggio, si trovano in perdita, avranno una rendita negativa. In molti casi le aziende esistenti continueranno a lavorare e a produrre,[58] ma non aumenteranno la loro produzione e non se ne costituiranno di nuove. Comunque, per un certo periodo di tempo, si possono aumentare alcune produzioni senza ridurre le altre. Nulla viene a controbilanciare l'azione degli aumenti di domanda dei servizi di certi capitali e i prezzi di questi servizi aumentano e fanno aumentare i prezzi dei prodotti in cui vengono trasformati.

Funzione dell'immaginazione nelle crisi

Nei paesi in cui esiste una massa abbastanza considerevole di risparmio, il movimento causato dalla costruzione di nuove case può, dunque, un po' alla volta assumere una certa ampiezza, senza che necessariamente ne consegua una crisi economica generale. Se, nel periodo considerato, gli uomini non si fanno trascinare dall'ottimismo generale,

57 M. N. Rothbard imputa all'addensarsi dei cattivi investimenti indotti, appunto dall'espansione – artificiosa e decisa dalle autorità politiche – del credito bancario alle imprese, la crisi del '29, nell'opera *America's Great Depression*, Van Nostrand, N. J., 1963 che è basata sulla 'businnes cycle theory' di L. von Mises per spiegare come dice, le altrimenti misteriose cause della depressione del 1929.

58 *Cours*, §§ 750-751 b.

lasciandosi inebriare dal successo e vedendo l'avvenire troppo roseo, ben presto il movimento si estinguerà e causerà, tutt'al più, una crisi locale o parziale. Se invece la gran parte degli uomini è disposta ad assecondare il movimento, allora il fenomeno si fa più pericoloso,[59] poiché ciascuno sarà portato ad adeguare il proprio consumo, non solo al piccolo aumento di prezzo ch'egli effettivamente percepisce per i servizi dei capitali che detiene, ma all'enorme aumento che la sua immaginazione gli fa supporre debba prodursi, se – come egli è convinto – il movimento iniziato dovesse continuare indefinitamente:[60] "speculazione e aumento dell'intensità del movimento. È qui che sopraggiunge il pericolo: ciascuno, supponendo d'essere più ricco, impegna l'avvenire e consuma oggi dei beni che ritiene gli sarà assai facile restituire domani." Cioè cerca di trar lucro dalle variazioni dei prezzi che avvengono principalmente nel tempo.

Aumentando tutti i prezzi, basta acquistare a caso dei beni economici per conseguire un guadagno nel giro di qualche giorno e il movimento allora trascina tutto. Nell'esempio portato la causa scatenante è la costruzione di nuove case, ma questa è solo una delle tante possibili: un aumento dei guadagni di un'industria qualsiasi potrebbe avere lo stesso effetto. Di più, in certi casi può perfino essere sufficiente che si abbia l'idea che questi guadagni esistano, mentre in realtà possono non esistere affatto.

Ampiezza del movimento ascendente e crisi

Non si può continuare indefinitamente a consumare più di quanto si produce e i prezzi non possono sempre aumentare. Necessariamente il

59 Come qualcuno ha detto, le quattro parole più costose in ogni lingua sono: questa volta è diverso.

60 "Il proprietario, che ha venduto un appezzamento di terra ad un prezzo abbastanza elevato, calcola quel che valgono, a questo medesimo prezzo, tutti gli altri terreni che possiede nella stessa località e adegua le sue spese in ragione dell'aumento considerevole di patrimonio che a tutti questi bei calcoli gli hanno fatto scoprire." (*Cours*, § 934).

movimento ascendente deve non solo arrestarsi, ma anche dar luogo ad un'oscillazione in senso inverso. Poco importa, anche in questo caso, quale sia il motivo fortuito: può essere un cattivo raccolto (o, semplicemente, il timore d'un cattivo raccolto), *rumors* di guerra, la rovina di qualche speculatore troppo imprudente, perdite che si verificano (o che vi sia solo ragione di temere) in qualche branca della produzione, o anche un evento del tutto insignificante. Tutto ciò avrebbe prodotto solo scarsi effetti, se il momento non fosse stato propizio alla crisi. Finché il movimento ascendente prosegue, non si parla generalmente di crisi; tuttavia è allora che essa si produce e la caduta non ne sarà che lo svolgimento: "la 'causa' principale, si può persino dire esclusiva, di tale sfacelo è l'ampiezza del movimento ascendente."

In generale, la caduta dura poco. I primi ad essere colpiti sono gli speculatori; cadono immediatamente e non sono troppo da compiangere, dal momento che "sono esseri nocivi[61] ed è utile alla società che scompaiano". In seguito, sono i detentori dei capitali mobiliari, e talvolta i detentori dei capitali fondiari, che soffrono del ribasso dei prezzi e, infine, i lavoratori ne risentono le conseguenze. Siamo dunque in quella che viene definita 'la crisi'. Quando questa è giunta al termine, ci si adopera per medicare le ferite che essa ha procurato: tutti limitano i propri consumi, il risparmio si accumula di nuovo e a poco a poco si dimenticano i mali e tutto è pronto per l'inizio di un nuovo ciclo.[62]

61 *Cours*, § 892.

62 *Cours*, §§ 936-938. Come abbiamo già detto, "le crisi avverrebbero anche se il credito non esistesse. Grandi masse disponibili di risparmio; una disposizione d'animo comune in cui vengano a trovarsi, in un dato istante, gli uomini muovendosi in un certo senso, sono le condizioni principali che rendono possibile la crisi. Il credito, facilitando la disponibilità e la circolazione del risparmio, fa si ch'essa risulti più intensa. Del resto, gli 'abusi di credito' sono spesso la conseguenza della crisi. È perché il consumo è aumentato che certi fabbricanti hanno fatto ricorso al credito per aumentare la produzione."

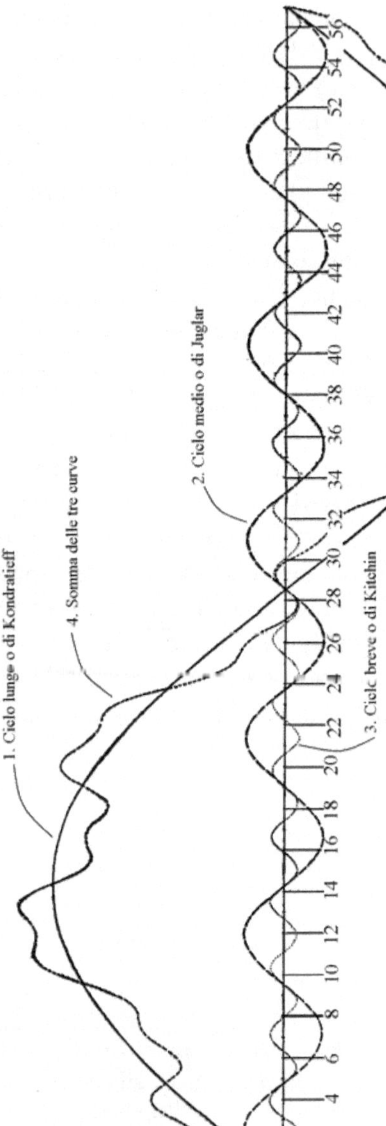

Fig. 12 Cicli di Kitchin, Juglar, Kondratieff

L'analisi paretiana ci pare cristallina ed è a disposizione da oltre cento anni. Eppure ci sono ancora taluni insospettabili che ritengono che "i *recenti studi della finanza comportamentale* hanno dato dignità scientifica alla pazzia speculativa e hanno rinvenuto asimmetrie irrazionali nell'attitudine al rischio".[63]

Sintomi delle crisi

Secondo Schumpeter[64] (fig. 12) esistono cicli ordinari che si svolgono in circa un decennio (cicli di Juglar), cicli più lunghi di oltre mezzo secolo, come la rivoluzione industriale, l'estensione della rete ferroviaria, la diffusione dell'energia elettrica, l'informatica e l'elettronica oggi, ecc. (cicli di Kondratieff; altri attribuiscono a Pareto la paternità dei cicli lunghi), infine cicli brevi, intorno a tre o quattro anni (detti di Kitchin). Clément Juglar[65] credette di aver individuato uno dei fatti che

63 "Pazzie speculative", *Il Sole-24 Ore*, 12 novembre 2006, p. 7. E la spiegazione sarebbe che "la tendenza alla bolla – quel correre a comprare qualcosa perché oggi vale più di ieri e si pensa che domani varrà più di oggi – fa parte di un *istinto del gregge che prescinde dall'intelligenza e dall'esperienza.*" Il corsivo è nostro.

64 Si veda J. A. Schumpeter, *Business Cycles. A Theoretical, Historical and Statistical Analysis of the Capitalist Process*, 2 voll., McGraw-Hill, N.Y., 1939. In campo matematico si perverrà poi a parlare di ciclo 'periodo tre', di altri cicli con lunghezze diverse da tre e cicli del tutto imprevedibili o come dicono caotici (si veda J. Yorke and T. Li, "Period three implies caos", in *American Mathematical Monthly*, 1975, n. 82).

65 I sintomi delle crisi Juglar (nel 1860 pubblicò lo studio sulle crisi economiche) li trovò nei bilanci delle banche di emissione e Pierre des Essars, nella velocità del movimento dei conti correnti delle banche di emissione: "Juglar ha osservato che nel periodo ascendente scema la quantità di monete nelle casse delle banche di emissione, e aumenta il portafoglio [insieme delle attività e delle passività detenute da un individuo, famiglia, società privata, istituzione finanziaria, organizzazione senza fini di lucro, ente pubblico, ecc., ad una certa data]; nel periodo discendente, seguono effetti opposti." Essars considerò specialmente i massimi e i minimi dell'incasso e del portafoglio: e credette di porre le crisi in relazione sicura con quei fenomeni (*Manuale,* IX §§ 85-88). Avendo calcolato, per un periodo di 85 anni, la velocità dei movimenti dei conti correnti della Banca di Francia e della Banca d'Italia, potendo così verificare che vi è un massimo di circolazione quando finisce

annuncerebbero le crisi nelle variazioni dei bilanci delle grandi banche di emissione; con la sua posizione dopo concordarono H. Hansen e R. G. Hawtrey, i quali collegarono gli andamenti ciclici alla espansione e restrizione del credito bancario ed anche J. M. Keynes ed altri, che vedevano l'andamento ondulatorio dell'economia in base al rapporto tra risparmio e investimento, per cui l'eccessivo risparmio insieme agli scarsi investimenti costituirebbero i prodromi della futura crisi. La quantità di risparmio (ricordiamo che il risparmio non è altro che consumo differito) disponibile è in relazione con i movimenti oscillatori (crisi): nel periodo ascendente diminuisce e nel periodo discendente cresce. Come un piccolo bacino comunicante col mare può dar conto del livello dell'acqua di questo, le quantità di monete disponibili nelle casse delle banche di emissione possono fornire un'idea della quantità di risparmio disponibile in un paese. Non bisogna confondere l'effetto con la causa, pensando che, trattenendo artificialmente l'oro nelle casse delle banche, si impedirebbe la crisi. Chi ragionasse in questo modo – dice Pareto – farebbe come colui che, per impedire alla temperatura di salire, rompesse il termometro.

Del resto, finché si cercheranno le cause delle cosiddette crisi in motivi esclusivamente oggettivi, trascurandone o, peggio, ignorandone i

il periodo ascendente e inizia il periodo discendente, e un minimo nel periodo di liquidazione della crisi. Il ciclo di Juglar (circa 10 anni) è noto anche come 'business cycle'. W. S. Jevons pensavava di poter fissare approssimativamente la durata dei periodi delle crisi in 3 anni di commercio depresso, 3 anni di commercio attivo, 2 anni di commercio molto attivo, 1 anno di massimo di attività, 1 anno per la catastrofe; e poi daccapo iniziavano altri periodi identici ai precedenti. Così, da una crisi all'altra correvano dieci anni ma: "il fenomeno reale non segue con quella regolarità e i periodi non sono tutti dello stesso numero di anni; onde la descrizione di Jevons si può solo avere come un modo di dare una lontana idea del fenomeno. Ritroviamo qui, come per la teoria di Malthus (§ 201) e per la teoria della rendita di Ricardo (§ 752 b), il difetto di voler troppo precisare". Jevons riteneva ancora che le crisi commerciali potevano avere un rapporto con gli anni di siccità nelle Indie e, dunque, con lo stato delle macchie solari. "Gli anni di siccità nelle Indie tornano all'incirca ogni dieci anni, sicché ne risulterebbe un'uguaglianza tra il loro ciclo e quello delle crisi. Siffatta teoria non può essere accolta. Il fenomeno è lungi dall'essere così regolare quale Jevons suppone." (*Cours*, § 946; *Manuale*, ibid.).

motivi soggettivi, che hanno – come abbiamo visto – una grande importanza, si otterrà al massimo una buona descrizione (come spesso troviamo in coloro che si sono occupati di crisi), ma non una spiegazione.

Le crisi sono necessarie

Aveva ragione Pareto a dire che si sono molto esagerati i mali causati dalle crisi, se si pensa che siamo entrati dalla fine del XX secolo in un'epoca di instabilità, seppure mai ve ne sia stata una stabile. Certo, l'attuale instabilità è soprattutto finanziaria e, come tale, soggetta fortemente a fattori emotivi e dunque soggettivi, in quanto gli addetti ai lavori, in mancanza di sicuri riferimenti ad economie ed orientamenti stabili, non possono fare altro che navigare a vista.[66]

La parte reale di questi mali consiste principalmente nell'eccesso di consumo a cui si lasciano andare persone, che si credono più ricche di quanto siano effettivamente. Inoltre, si fondano imprese che non hanno alcuna probabilità di riuscire e ciò produce uno sperpero di risparmio. Varie opere vengono eseguite prima del momento in cui l'aumento della popolazione le renderebbe necessarie, causando in tal modo una perdita d'interessi. Da questo punto di vista, allora, le crisi economiche non sono altro che manifestazioni della necessità di riadattamento periodico del sistema economico. La crisi, la recessione impone un riaggiustamento dei vari settori dell'economia, dato che la produzione si deve continuamente rapportare alla capacità di assorbimento del sistema di mercato, cioè alla capacità di consumo.

Per concludere. Se fosse possibile impedire del tutto le crisi, si chiede Pareto, sarebbe utile farlo? Da un punto di vista 'logico' si sarebbe tentati di rispondere in senso affermativo, ma da un punto di vista 'non logico' si può porre la seguente questione: "è possibile che il movi-

66 Infatti, secondo alcuni, la grande crisi degli anni Trenta del XX sec. fu la conseguenza della scomparsa di un sistema centrale, di una leadership capace di imporre normee di comportamento, di regolare la finanza internazionale, che diede luogo a rapporti bilaterali, a iniziative unilaterali in luogo di una concertazione multilaterale.

mento ritmico sia una delle condizioni dello sviluppo economico, una manifestazione della vitalità dell'organismo economico. Del resto le alternative di riposo e di eccitazione sembrano necessarie a tutti gli organismi viventi."[67] Certo, tenere sotto controllo i movimenti ascendenti e discendenti e, dunque, attenuare l'intensità delle possibili crisi è una preoccupazione legittima, ma pensare di guidare o sopprimere completamente i movimenti ondulatori è velleitario; "tentare di attenuarne la violenza in casi eccezionali", è auspicabile, ma "sono cose essenzialmente diverse".[68]

Non si deve dimenticare che la conoscenza dell'andamento delle crisi può modificare, anche se parzialmente, l'azione dei soggetti economici ed influisce, per ciò stesso, sul fenomeno.[69] Infatti, si vede che i più prudenti, pur non conoscendo gli andamenti del fenomeno, non si lasciano trasportare del tutto dal movimento di espansione che precederà la depressione. Così, altri saranno in grado di resistere alla spinta generale con una buona conoscenza di questi andamenti.

Attenuare o restringere è possibile (con Keynes, infatti, sono state approntate tecniche monetarie a questo proposito), mentre non è possibile sopprimere, anche nel caso in cui si imponesse un'organizzazione

---

67 *Cours*, § 949. "L'orticoltore, che mantenesse nelle sue serre la stessa temperatura notte e giorno, farebbe perire un gran numero di piante. Sappiamo noi se non nuoceremmo similmente alla vita economica se pretendessimo di renderla assolutamente uniforme? Si deve certo evitare di rendere più acute le crisi con misure imprudenti e si deve tentare di attenuarne i mali. Del pari, l'orticoltore di cui dicevamo poco fa, sa che di notte bisogna lasciar diminuire di alcuni gradi la temperatura, ma sa pure che questa temperatura non deve scendere al di sotto di un certo limite."

68 *Cours*, §§ 925-949. Si consideri cosa pensava P. Bak, un fisico danese: "L'economia tradizionale non è una vera scienza. È una disciplina matematica in cui si parla di mercati perfetti, di razionalità perfetta e di equilibrio perfetto [...] un'approssimazione grottesca [...]. Qualsiasi persona reale che lavori a Wall Street e osservi ciò che accade sa che le fluttuazioni derivano da reazioni a catena nel sistema. Ciò dipende dall'accoppiamento tra i vari fattori: operatori finanziari, clienti, ladri, rapinatori, governi, economie e quant'altro. L'economia tradizionale non dispone di alcuna descrizione di questo fenomeno." (cit. in J. Horgan, *La fine della scienza*, Adelphi, 1998, p. 313). Evidentemente le sue osservazioni non valgono per Pareto.

69 *Cours*, § 606.

della società e della produzione di tipo autoritario, che allora comporterebbe una trasformazione delle strutture giuridiche e politiche, oltre che sociologiche.[70] Dunque, ritmi, cicli, movimenti ondulatori sono elementi stabili ed ineludibili dei fenomeni sociali e sono la risultante della interdipendenza dinamica, come delle interferenze, di una vasta gamma di fattori oggettivi e soggettivi, che periodicamente cambiano di senso, di intensità e di velocità: "In ultima analisi non è punto dimostrato che il movimento oscillatorio al quale si dà il nome di crisi rechi solo danno alla società umana, e che potrebbe invece darsi che recasse maggiori vantaggi che danni."[71]

Periodi economici

I movimenti ritmici di un gruppo di elementi si ripercuotono sui movimenti degli altri, determinando il movimento che si osserva per l'insieme dei gruppi. Tra queste azioni e reazioni di particolare importanza sono quelle che intervengono tra il gruppo degli elementi economici e gli altri gruppi. Atene si arricchisce, dice Pareto, dopo le guerre persiane, s'impoverisce dopo il disastro siciliano; Sparta si arricchisce con la sua egemonia in Grecia e s'impoverisce dopo la battaglia di Leuttra nel 371 a.C. Per Roma, i fenomeni ondulatori – dagli inizi quasi leggendari fino alla Roma medioevale – sono anche più accentuati. Man mano che ci si avvicina al nostro tempo, i fenomeni quasi si generalizzano, vale a dire che i movimenti ondulatori tendono ad

70 "La nostra organizzazione economica dà la forma, non già il contenuto, alle crisi. Continuerebbero a prodursi, ad esempio, con uno stato socialista." (*Cours*, § 927).

71 *Manuale*, IX, § 81. Questi orientamenti sono così produttivi di conseguenze conoscitive che tra l'altro costituiscono oggi le basi delle strategie del 'Crisis Management' al fine di ridurre la probabilità di accadimento di una crisi e di contenerne gli effetti negativi, essendo stato dimostrato che a parte le crisi aziendali gravissime (incidenti mortali) che costituiscono circa il 15% dei casi, la stragrande maggioranza è dovuta a crimini dei dipendenti o dei colletti bianchi, a licenziamenti o in generale a controversie sindacali. In seguito si sono aggiunte crisi legate alla questione ambientale e alla salute delle persone. Le imprese più lungimiranti sanno che le crisi sono parte del loro ciclo evolutivo e si preparano ad affrontarle.

essere i medesimi per diversi paesi allo stesso tempo, data la progressiva interconnessione delle economie. Si vedano le figg. 13, 14, 15 nella elaborazione di Sorokin.[72] Secondo i suoi risultati,[73] "le condizioni economiche non si mantengono costanti in tutti i sistemi sociali ma sono soggette ad una fluttuazione incessante. Alcuni mutamenti sono piccoli, altri grandi; alcuni hanno breve durata ed altri, specialmente le grandi fluttuazioni, si manifestano completamente solo con il trascorrere di decenni o anche di secoli. Alcuni mutamenti sopravvengono gradualmente, altri con inattesa subitaneità [...] Quanto alla fluttuazione della condizione economica delle diverse classi di persone in uno stesso sistema, le loro curve economiche non hanno un andamento parallelo. Mentre talune classi ascendono economicamente, altre declinano. Perfino nei periodi di rapida e grande ascesa o declino economico si hanno una o più classi avvantaggiate o svantaggiate, sebbene la maggioranza delle principali classi sociali si muova in un'unica direzione. Dal che consegue il rapido aumento o diminuzione della prosperità del sistema sociale nell'insieme".[74]

72 P. A. Sorokin, *Social and Cultural Dynamics*, op. cit., vol. IV, pp. 231, 236, 242.

73 Dice Sorokin: "In many other fields of social processes, double rhythmes – sometimes of a clearly cut character, sometimes of a somewhat vague structure – have been claimed by several investigators. Such, for instance, are the rhythms *of a rapid increase of population followed by the phase of slow increase, or a stationary condition* (Verhulst, G. Schmoller, R. Pearl, G. U. Yule); alternation of the *phase of concentration of wealth and of its more equal distribution* (Schmoller, Pareto); rhythm of the *phases of prosperity and impoverishment in a nation* (D'Avenel, Pareto, and many economists); rhythm of *expansion and contraction of government regimentation and control* (H. Spencer, Sorokin); rhythm of the *phases of 'liberation' and 'constraint' in revolution* (C. Ellwood, Sorokin); rhythm of *rise and decline of aristocracy* (Plato, Aristotle, Botero, Vico, P. Jacoby, Pareto and others) and *society* (A. Ferguson); rhythm of domination of *speculatori and redditieri* (Pareto and others); rhythms of *Challenge and response, Withdrawal and Return, Rout and rally, Apparentation and Affiliation* societies, *Schism and Palingenesis, Growth and Decline of Civilizations* (A. J. Toynbee, O. Spengler)." (ibid., volume four, p. 405).

74 Ibid., ed. ridotta italiana *La dinamica sociale e culturale*, Utet, Torino, 1975, pp. 781 e 787.

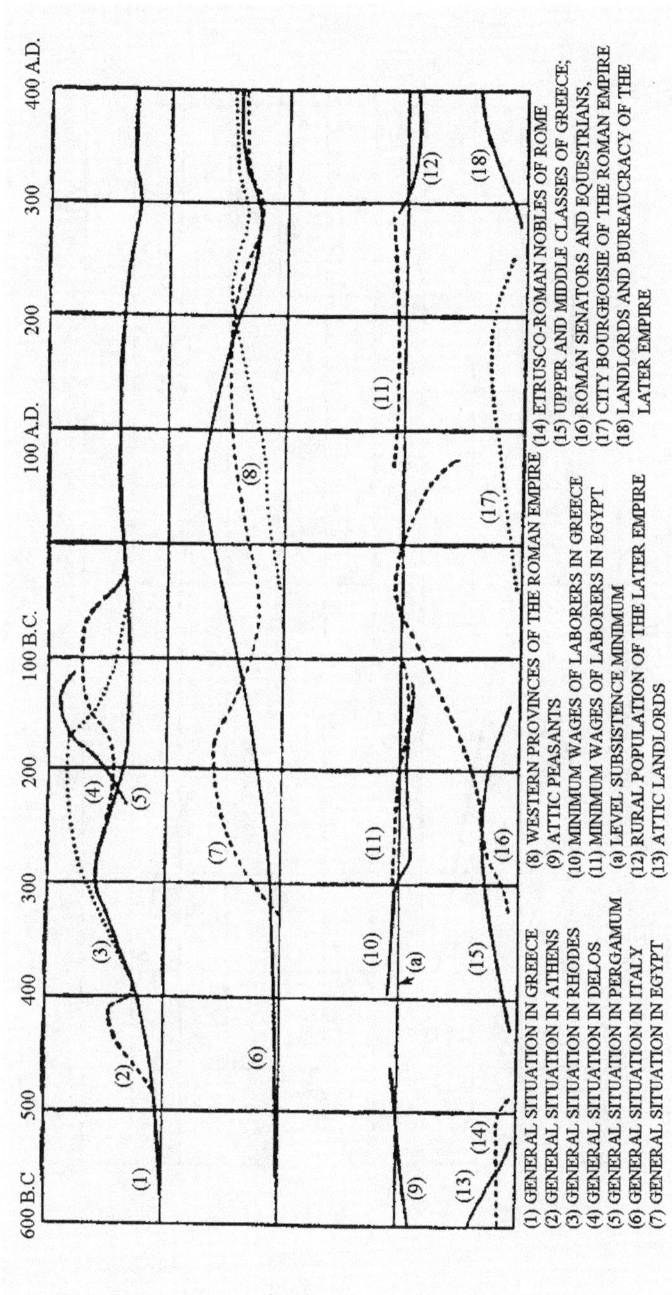

Fig. 13 Situazione economica generale del mondo antico dal 600 a. C. al 400 d. C.

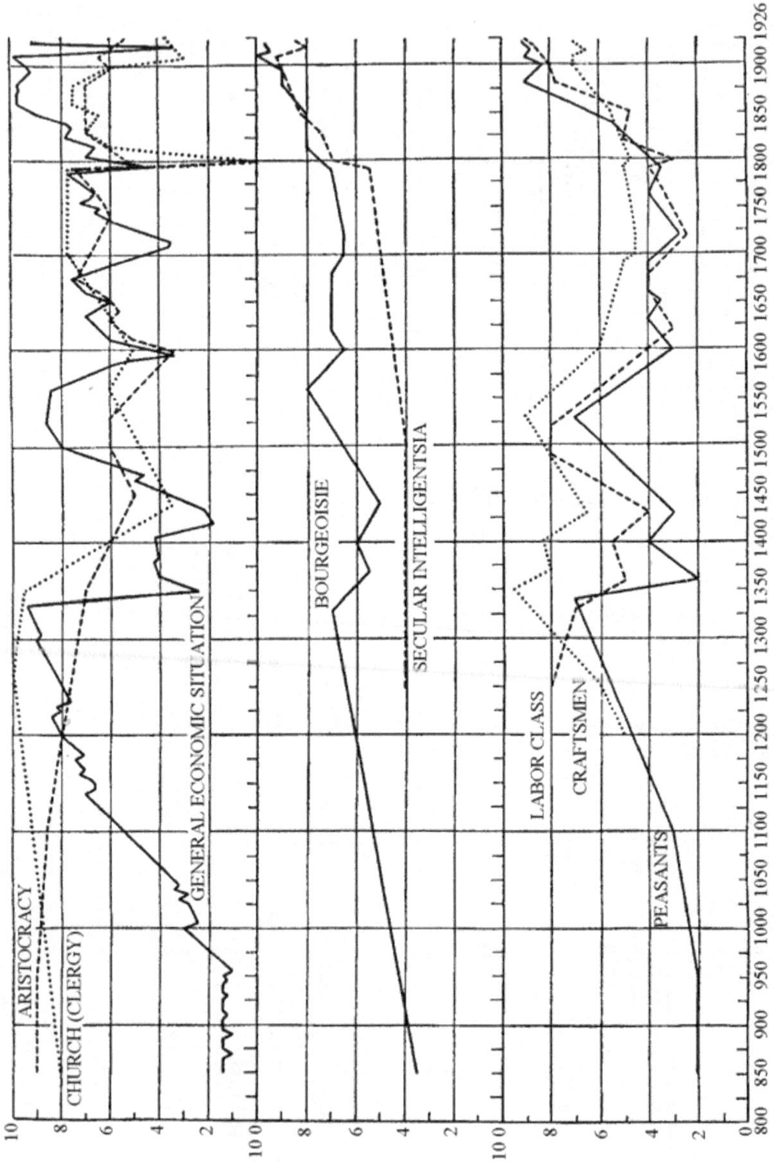

Fig. 14 Situazione economica generale in Francia dall'800 al 1926

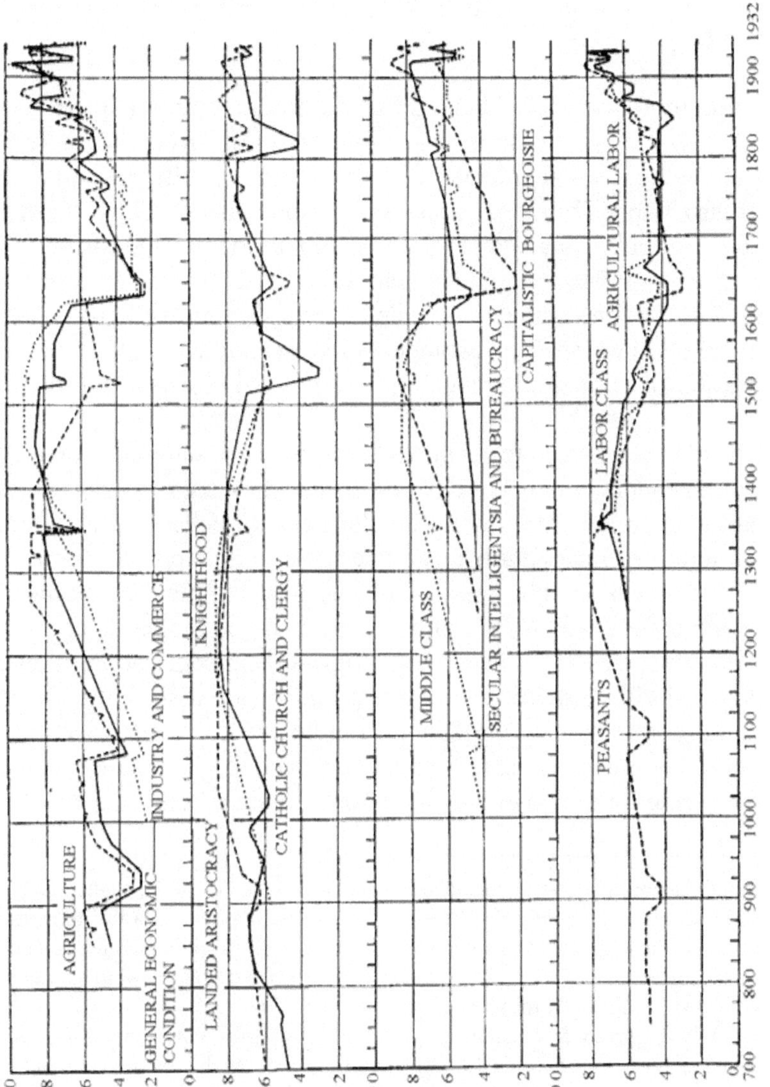

Fig. 15 Situazione economica generale in Germania dal 700 al 1932

Relazioni tra lo stato sociale e le variazioni della prosperità economica[75]

In generale un fenomeno economico si può rappresentare (fig. 16) con una curva *a b c d e f* ... Ci sono almeno tre ordini di variazioni, secondo Pareto: "1° variazioni accidentali *ab* – *bc* – *cd* – ... difficilmente spiegabili, quasi impossibili, anzi impossibili a prevedersi. Chi le sapesse prevedere potrebbe guadagnare moltissimo in borsa. Questo spiega perché gli economisti non guadagnano in borsa. 2° Variazioni più ampie *x y z* – si possono spiegare – qualche volta sono prevedibili. 3° Variazioni anche più ampie: il fenomeno va crescendo da *x* a *z*. In questo caso si tratta di variazioni spiegabili, che in certi casi possono prevedersi."[76]

La dipendenza tra lo stato sociale e la prosperità economica non è solo statica, ma anche dinamica; cioè, essa esiste non solo in relazione ad uno stato economico dato, ma anche alla velocità delle sue variazioni. Occorre stabilire innanzitutto un indice delle condizioni economiche. Un indice preciso sarebbe impossibile da trovare; ma, dal momento che vi sono differenze molto grandi tra gli stati economici da considerare, è possibile utilizzare indici anche grossolanamente approssimati. Per i popoli civili moderni, uno di questi indici può essere il totale del movimento commerciale con l'estero. Pareto assume come esempio il movimento commerciale della Francia con l'estero, ma anche – seppur più brevemente – i movimenti di Inghilterra, Italia e Belgio.[77]

---

75 "Alcune relazioni tra lo stato sociale e le variazioni della prosperità economica", in *Rivista Italiana di Sociologia*, 1913, pp. 501-518. Nella prima nota Pareto avverte che "il presente studio è volto ad un caso particolare di un argomento generale che sarà trattato nel capitolo XII della mia *Sociologia*" (cioè del *Trattato*, in cui nel capitolo XII si occupa della forma generale della società).

76 Lettera a L. Amoroso, 5 settembre 1913; ora in *Epistolario*, vol. II, pp. 851-852. Si veda anche a questo proposito il § 1718 e le figg. 24 e 25 del *Trattato* con la nota in cui Pareto richiama il suo studio "Quelques exemples d'application des méthodes d'interpolation à la statistique", *Journal de la Société de Statistique de Paris*, XXXVII, 1897.

77 Nel saggio del 1913 citato si trovano i quadri numerici di questa e di altre statistiche; qui Pareto espone le conclusioni.

Se si disegna un diagramma con questi dati e si osserva attentamente la curva così ottenuta, si vedono tre generi di variazioni: accidentali, di breve periodo, di lungo periodo. Le relazioni dei fenomeni sono diverse a seconda che si considerino i lunghi periodi, i medi, i brevi e possono talvolta essere opposte. Ad esempio, per il cambio, e in generale per i prezzi, la speculazione produce oscillazioni brevi o medie, in gran parte indipendenti dall'andamento generale del fenomeno.[78]

Le *variazioni accidentali* interrompono per poco l'andamento della curva, che subito torna a proseguire come prima, dal momento che le forze che determinano l'equilibrio dinamico rimangono attive.

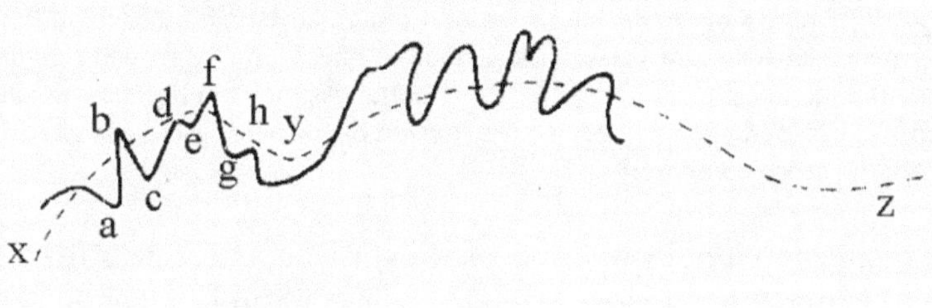

Fig. 16 Non linearità del fenomeno economico

Se una forza accidentale viene a turbarlo, appena essa sparisce l'equilibrio si ricostituisce[79] e l'andamento riprende il suo corso.

Le *variazioni di breve periodo* sono quelle viste sopra e definite col nome di crisi. Presentano una parte ascendente, lungo la quale si osservano variazioni accidentali ed una parte discendente simile. La loro caratteristica è data da un passaggio rapido dalla parte ascendente alla discendente. Un aumento insolito di prosperità presagisce spesso una

78 "Da ciò nascono erronei concetti, come quello che il cambio dipenda, nel suo andamento generale, dalla fiducia nella solvibilità dello Stato, mentre tale fiducia opera solo per le brevi oscillazioni, e talvolta forse per le medie." ("Previsione dei fenomeni sociali", in *Rivista d'Italia*, 15 aprile 1922; ora in *Scritti sociologici*, p. 1107). In questo senso concorda anche N. Kaldor (*Review of Economic Studies*, 1939, p. 1) quando definisce la speculazione come "l'attività di acquisto o vendita di beni con la prospettiva di vendita o acquisto a una data successiva, avendo come motivo l'aspettativa di un cambio dei prezzi."

79 *Trattato*, §§ 2067-2068 e ss.

prossima caduta. "Per le brevi, o meglio brevissime oscillazioni, più vale spesso l'empirismo che lo studio scientifico. Per le medie, questo e quello possono stare alla pari, purché l'empirismo abbia contezza di molte e compiute oscillazioni passate."[80]

Le *variazioni di lungo periodo* al tempo di Pareto non erano state ancora studiate e ciò in gran parte perché non si avevano i dati statistici necessari. "Per le lunghe e le lunghissime, prepondera la scienza."[81] Riassumendo:

> L'andamento di tutti i fatti sociali ha forma fatta ad onde e vi sono oscillazioni piccole, medie, grandi, grandissime. A tale legge non sfuggono i sentimenti, che spingono gli uomini ora verso l'ideale astratto ora verso la realtà concreta; ora verso certi generi di fede, ora verso la negazione di questi; ora verso una religione ora verso il materialismo. Si noti, perché è importantissimo, che l'eccesso in un senso prepara quasi certamente l'eccesso per il verso opposto, un'oscillazione ne prepara un'altra in senso contrario.[82]

Di tutto ciò sono innumerevoli le prove storiche, che – peraltro – costituiscono la materia del monumentale lavoro di Sorokin. Pareto accenna "alle grandi oscillazioni che, allo scetticismo della fine del secolo XVIII, fanno succedere il rinnovamento religioso del principio del secolo XIX; poi al materialismo poco dopo la metà di tal secolo, ed ora un rinascimento notevolissimo dell'idealità e della religione. Essi si manifestano sotto varie forme, in politica, nell'arte, nella letteratura, in infiniti fatti del giorno".[83]

L'equilibrio economico e l'equilibrio sociale

Più cause determinano lo stato di un fenomeno, non una sola causa. Perciò, più cause o variabili tra loro in mutua dipendenza – o, secondo l'espressione odierna, correlate – comportano di necessità l'appropriata

80 Ibid.
81 Ibid.
82 "Parole di conforto", *Il Secolo*, 17 maggio 1923; ora in *Scritti sociologici*, p. 1180.
83 Ibid.

adozione della nozione di equilibrio (nonostante Sorokin la ritenesse inutile). Dunque,

> [...] l'equilibrio economico [...] risulta dal contrasto tra i gusti degli uomini e gli ostacoli per soddisfarli. Il nostro studio comprende tre parti ben distinte: 1° lo studio dei gusti; 2° lo studio degli ostacoli; 3° lo studio del modo col quale si combinano quei due elementi, per ottenere l'equilibrio. Si può definire in vari modi, che in sostanza dicono la stessa cosa. Si può dire che l'equilibrio economico è quello stato il quale si manterrebbe indefinitamente, ove non fosse alterato da qualche mutamento delle condizioni in cui si osserva. Se, per ora, consideriamo solo l'equilibrio stabile, potremo dire che è determinato in modo che, ove venga lievemente alterato, tende subito a ricostituirsi, a tornare allo stato di prima. Le due definizioni sono equivalenti.[84]

Per determinare l'equilibrio Pareto pone la condizione che, nel punto ove ha luogo, i movimenti permessi dagli ostacoli siano vietati dai gusti; o viceversa, che in quel punto i movimenti permessi dai gusti siano vietati dagli ostacoli.[85] Allora, il problema generale dell'equilibrio ha tre determinazioni: l'equilibrio riguardo ai gusti; l'equilibrio riguardo agli ostacoli, oppure riguardo ai produttori; un punto comune dei due equilibri parziali, il quale sarà un punto dell'equilibrio generale.

In breve, Pareto dimostra che l'equilibrio economico non è fondabile sulla misurabilità dell'utilità, con ciò rivedendo le posizioni precedenti. Legittimerà così l'indagine sociologica ad entrare a pieno titolo nella discussione, specialmente con la capitale distinzione tra ofelimità e utilità che introduceva allo studio sistematico ed esterno (l'espressione è di Pareto) dei sentimenti umani,[86] quasi del tutto trascurati dagli eco-

---

84 *Manuale*, III, §§ 14, 22, 27, 90.

85 Le espressioni paretiane di 'gusti' e 'ostacoli' si ritrovano in Arrow: "The utility of choice states that the choice in any given situation depends on the interaction of the externally given obstacles with the tastes of the individual, and that the obstacles and tastes can be thought of as indipendent variables." (K. J. Arrow, *Collected papers*, vol. VI, Blackwell, London 1984, p. 117 e ss.).

86 "[...] si deve pagare qualcosa per ottenere le cose che desideriamo: la pazienza dell'attesa, la fatica della ricerca, l'impiego dell'energia lavorativa, la rinuncia ad altre cose desiderabili. Non si realizza quindi un valore senza un prezzo, inteso per ora in questo significato assai ampio. Questa sensazione si esprime in modo inge-

nomisti marginalisti. Forte della sua concezione assiologica di eterogeneità ed equilibrio, egli analizzerà come e per quale via gli uomini si convincano ed agiscano sotto la spinta del sentimento; vorrà discernere gli elementi cognitivi che stanno al fondo d'ogni manifestazione umana (che chiamerà in seguito residui), senza alcun giudizio di valore, ma per catalogarli – come poi farà – in classi, generi e specie.

Dunque, risulterebbe un'attribuzione parziale, anzi una diminutio, circoscrivere la sua attività scientifica allo sviluppo e al consolidamento dell'economia cosiddetta pura e all'uso della matematica nell'indagine dei fenomeni economici, che pure hanno grande importanza.

La società non si può rappresentare come un insieme di individui separati, disgiunti, operanti ciascuno secondo la propria ragione e le regole generali della logica. Al contrario, i suoi componenti si devono considerare:

> [...] come gravitanti verso certi centri, raggruppati in certe collettività, operanti principalmente per forza dei sentimenti e degli interessi, valendosi della logica per soddisfare questi e quelli. [...] In uno studio di tale complesso, vedere tutti quei gruppi è impossibile, per via del loro gran numero, trascurarli interamente, allontana troppo dalla realtà: supporre la società omogenea può recare a gravi errori; dividerla in due, cioè in 'borghesi' e 'proletari', oppure 'capitalisti' e 'lavoratori', è già meglio; non basta per altro in moltissimi casi, conviene almeno dividere i 'borghesi' o i 'capitalisti' in persone aventi un reddito fisso ed in altre aventi un reddito variabile, pur tacendo di coloro che hanno un reddito misto; ma non ci possiamo fermare su questa via, ed altre molte divisioni dobbiamo fare se vogliamo avvicinarci alla realtà. L'equilibrio sociale nasce dall'opera di tutti quei gruppi, e il prevedere le trasformazioni di quello vale quanto il prevedere i mutamenti di questi.[87]

Secondo F. Perroux, "[...] questo miracoloso concerto delle determinazioni fisiche e sociali e delle decisioni umane ispira diffidenza. Diffidenza confermata dall'opera del pioniere Léon Walras che scrisse gli *Eléments* e da quelle dell'architetto Vilfredo Pareto, che compose il

---

nuo nelle credenza di certi abitanti delle isole dei mari del Sud che, se non si paga il medico, la cura che egli ha ordinato non ha effetto." (G. Simmel, *Filosofia del denaro*, op. cit., p. 142).

87 "Previsione di fenomeni sociali", *Rivista d'Italia*, 15 aprile 1922; ora in *Scritti sociologici*, p. 1124.

Manuale". Ma non vediamo i "drammi di coscienza" cui allude Perroux e per di più "confessati da questi autori", né abbiamo notato "il senso di angoscia che essi trassero dal loro parziale insuccesso", almeno non in Pareto e se di parziale insuccesso si vuol parlare vale per qualsiasi scienza in quanto sistema sempre aperto. È vero, Pareto "l'architetto si fidava del proprio metodo pur non essendo pago della sua costruzione; forse egli stesso si accorgeva male delle ulteriori estensioni cui invita la sua generalizzazione, o non aveva coscienza dell'apertura metodologica e pratica che operava?".

Come si sa "i suoi indici di scelta sono aperti a tutte le condotte osservabili, e così anche le sue equazioni di massimizzazione. Le sue equazioni degli ostacoli di primo e di secondo genere traducono con la maggior generalità il carattere oneroso delle attività, le servitù imposte dalla tecnica, gli equilibri globali tra oggetti materiali scambiati: condizioni tutte cui una centrale di piano non si sottrae più di un mercato libero". Secondo Perroux, "l'equilibrio generale sembra quindi essere tutt'altra cosa da quello che spesso si crede". Non sarebbe "una corretta rappresentazione della vita delle economie di mercato, né una sufficiente raffigurazione delle condizioni di ottimo, e nemmeno un sicuro mezzo per classificare e comprendere i cambiamenti".

Cos'è allora? "È uno schema logico d'invenzione e di verifica che esprime le tensioni tra le attività dei soggetti e le esigenze del tutto che insieme formano; esso offre un primo e non eliminabile riferimento, in statica come in dinamica, in un'economia decentralizzata come in un'economia retta da un piano, che orienta le costruzioni mentali attraverso le quali rendiamo mano a mano superabili le incompatibilità che oppongono i progetti umani con contenuto economico. [...] Quando si identifica il senso vero e proprio dell'equilibrio generale, il dispiegamento delle analisi moderne assume una coerenza impressionante e rimane essenzialmente aperto alle conquiste successive."[88] Pareto con tutto ciò sarebbe stato d'accordo.

---

88 F. Perroux, *L'economia del XX secolo*, Etas Kompass, Milano, 1969, pp. 21-22. Si veda anche M. Bach, "Un modello di mercato della storia sociale? Sull'equilibrio della storia in Vilfredo Pareto", in E. Rutigliano, *La ragione e i sentimenti. Vilfredo Pareto e la sociologia*, Franco Angeli, Milano, 1994, pp. 117-135.

Dunque – come abbiamo detto all'inizio di questo capitolo – le condizioni di una società mutano molto lentamente. Qualsiasi società di norma oppone resistenza alle forze esterne o interne che tendono a modificarla (persistenza degli aggregati), cosicché i movimenti accidentali (o di varia natura) che si producono sono neutralizzati dai movimenti in senso contrario che essi provocano, finendo in definitiva con l'estinguersi, mentre la società torna nelle condizioni iniziali. La società può essere considerata alla continua ricerca di uno stato di equilibrio, che quasi sempre trova.

Per quanto riguarda la dipendenza dei fenomeni economici, torna a ribadire Pareto, si commettono spesso errori di vario tipo: si trascura del tutto tale dipendenza (ad esempio, chi propone delle riforme trascura per lo più di prendere in considerazione il loro effetto sul movimento della popolazione); oppure si pretende di determinare i fenomeni che costituiscono l'equilibrio economico con un numero di condizioni maggiore o minore del numero necessario e sufficiente; o, infine, l'uguaglianza che l'equilibrio economico stabilisce tra certe quantità viene scambiata per una identità, o la si traduce in un rapporto di causa-effetto (in un regime di libera concorrenza, e in condizioni di equilibrio, ad esempio, il costo della produzione diviene eguale al prezzo di vendita; da ciò si è concluso che il costo di produzione *misura* il valore o anche che è la *causa* del valore).

Non si deve mai dimenticare che le condizioni che sono state poste per l'equilibrio economico definiscono un fenomeno ideale, un idealtipo, come dice Weber, che può essere considerato come una prima approssimazione al fenomeno reale concreto.[89] Il fenomeno economico è molto complesso: presenta un gran numero di incognite e, quindi, rende necessario un gran numero di condizioni. Il desiderio di semplifica-

---

89 "Occorre notare che, nonostante ogni evento si scontri con un mondo economico perturbato e in squilibrio, la nostra comprensione del mondo in cui l'organismo economico reagisce ad ogni nuovo evento è inevitabilmente fondata sulla comprensione di quelle relazioni di equilibrio." E, ancora: "Anche se non si può mai realizzare, il concetto di stato di equilibrio è utile e addirittura indispensabile sia per l'analisi che per la diagnosi, come punto di riferimento." (J. A. Schumpeter, *Il processo capitalistico. Cicli economici,* Boringhieri, Torino, 1977, p. 92).

re ha portato molti economisti a considerare separatamente le diverse condizioni, ma da ciò non derivano necessariamente inconvenienti, purché si tenga sempre presente che così si studia solo una parte del fenomeno e si provveda poi a riunire in una sintesi le parti isolate dall'analisi.[90]

Se si considera l'equilibrio sociale ricordiamo che in sociologia si ritrovano errori del tutto simili a quelli evidenziati per l'economia. La sottovalutazione dell'interdipendenza dei fenomeni sociali ha fatto (e fa) ritenere, ad esempio, che l'idea del benessere economico e morale di un popolo dipenda principalmente dalla forma di governo. Volendo reagire a questo errore, alcuni sono incorsi nell'errore opposto, negando ogni influenza della forma del governo. Di tanto in tanto sono apparse teorie che hanno attribuito alla razza un'influenza preponderante sui fenomeni sociali.

Gli orientamenti socialisti hanno la tendenza a considerare la distribuzione della ricchezza come la causa principale dei fenomeni sociali, per cui modificando tale causa, si cambierebbero tutti gli effetti. Tale modificazione non si realizzerebbe nel lungo periodo, ma si tratterebbe di un mutamento nella natura umana che si produrrebbe in un lasso di tempo assai breve, una volta modificata la distribuzione della ricchezza. In realtà, si può dire sia che le condizioni economiche modificano le qualità morali e intellettuali degli uomini, sia che tali qualità modificano le condizioni economiche. Una data ripartizione della ricchezza è l'effetto di certe condizioni sociali e, a sua volta, la causa di tali condizioni.[91]

L'osservazione dei fatti porta così a riconoscere che la ripartizione della ricchezza e le altre condizioni economiche, le credenze religiose, morali, filosofiche, i caratteri, le qualità e i difetti della nazione, ecc. sono tutti fenomeni legati da certe particolari condizioni. Costituito l'equilibrio economico e sociale, si *suppone* variabile una delle condizione di tale equilibrio, che sarà allora, realmente, la causa delle varia-

---

90 *Cours*, §§ 593-594, 596, 601, 602.

91 Qui s'innesta tutto il dibattito avviato da Giuseppe Toniolo e reso celebre da Max Weber e W. Sombart sul ruolo dell'etica (tra gli altri fattori) nello sviluppo dello spirito del capitalismo.

zioni in tutte le altre condizioni dell'equilibrio. È così che si è potuto vedere che il movimento della popolazione dipende dalle variazioni delle condizioni economiche (ad es., rapporto tra condizioni economiche e matrimoni, nascite, ecc.).

Allo stesso modo i fatti dimostrano che l'organizzazione delle società è fortemente legata ai modi di acquisizione dei beni economici, di cui le società fruiscono. La società umana può essere accostata alle società animali (e in questo la sociobiologia ha compiuto molti passi innanzi dopo Pareto), con l'accortezza, però, che le differenziazioni delle funzioni animali non si possono paragonare alle società umane. Le élites non possono conservarsi, se non rinnovandosi costantemente, cooptando o assorbendo gli individui migliori delle non-élites, dato che ogni élite chiusa s'infiacchisce molto, in media, dopo un certo numero di generazioni. Tale fatto ha una grande importanza per tutto il mutamento e la trasformazione sociale.[92]

---

92 *Cours*, §§ 616-618, 624.

PARTE SECONDA

V. Homo œconomicus e homo sociologicus

> All'economia politica pura segue l'economia politica applicata, che non si limita più a considerare il solo *homo œconomicus*, ma considera pure altri esseri che si accostano un po' più all'uomo reale.[1]

> Gli economisti hanno avuto il torto di dare troppa importanza ai ragionamenti, come motivi determinanti delle azioni umane.[2]

Questa osservazione, diciamo subito, non è in contrasto con un'altra in cui si fa notare che "non è erronea in sostanza l'opinione che assegna parte ognor maggiore alla 'ragione' nell'attività umana, ed è anzi perfettamente d'accordo coi fatti".[3] È proprio qui, in queste due apparentemente contraddittorie osservazioni, il focus di un antico dibattito che per sua natura non avrà mai fine. Ma di che natura è questa ragione sociologica? La società umana nella visione paretiana appare come "un vasto aggregato in cui si rendono servizi, consumano prodotti e si risparmia"; in tale società "il risparmio si trasforma in capitali e i prodotti si trasformano gli uni negli altri". E tali operazioni in parte si fanno "in regime di libera concorrenza" e in parte "in regime di monopoli". Bisogna anche tener conto che "in tale ambiente vivono dei parassiti, che si appropriano i beni prodotti dagli altri individui". Il ciclo, dunque, deve essere considerato nel suo complesso. Per avvicinarsi alla

---

Questo capitolo è a cura di Mariarosa Ravelli.

1 *Cours*, § 592.

2 *Sistemi*, p. 224. Medesima è la posizione di M. Weber allorché asserisce essere l'economia una scienza politica, data l'eterogeneità dei fini in tutte le azioni economiche. Se si osserva l'azione economica in senso stretto e, particolarmente, se si pone attenzione alla politica economica di un qualsiasi stato, si vedrà come questa non abbia mai come obiettivi solo la risoluzione di problemi economici (ad esempio, il documento annuale di programmazione economica e finanziaria presentato dal governo italiano all'approvazione delle Camere).

3 *Trattato*, §§ 2392-2393.

forma concreta, se ne possono analizzare separatamente le diverse parti, ma è poi indispensabile riunirle in una sintesi; inoltre, è necessario studiare l'evoluzione dell'aggregato. Si vede qui, subito, come le considerazioni sociologiche siano inscindibili da quelle economiche e, dunque, come Pareto sia anche, indipendentemente da altri e con metodologia logico-sperimentale, uno dei fondatori della sociologia economica. È inequivocabile quando – alla fine delle prime 86 pagine del *Cours* dedicate all'economia pura[4] (alla sistemazione e sviluppo della posizione di Walras), cioè alla fondazione della scienza dell'ofelimità – conclude le proposizioni precedenti con l'affermazione:

> L'uomo reale non è soltanto un *homo œconomicus*.[5]

4 Nell'edizione italiana citata si contano 86 pagine dedicate all'economia pura e 883 pagine all'economia applicata. Il primo libro si occupa in tre capitoli di capitali personali, mobiliari, fondiari; il secondo in quattro capitoli dell'organismo economico (principi generali dell'evoluzione sociale, la produzione, il commercio, le crisi economiche); il terzo in due capitoli della ripartizione e il consumo (la curva dei redditi, la fisiologia sociale). Un riassunto generale conclude l'opera. Abbiamo letto in un libro di storia del pensiero economico che corre per le università che: "il *Cours d'économie politique*, [è] in larga parte dedicato a divagazioni erudite [...] mentre solo la prima parte è dedicata a un'esposizione della teoria di Walras." Evidentemente l'autore non ha letto l'opera, ma ne ha solo sentito parlare e in modo distorto.

5 *Cours*, §§ 152-154. Non diversamente in M. Weber: "I principi che costituiscono la teoria economica in senso specifico non rappresentano, come ognuno sa e come è stato accennato sopra, la 'totalità' della nostra scienza, ma soltanto uno strumento – spesso sottovalutato – per l'analisi delle connessioni causali della realtà empirica. Non appena ci proponiamo di cogliere questa realtà nei suoi elementi culturalmente significativi, e di spiegarla in termini causali, la teoria economica si rivela immediatamente come una somma di concetti 'tipico-ideali'. Ciò vuol dire che i suoi principi rappresentano una serie di processi costruiti concettualmente che di rado si ritrovano, in questa 'purezza ideale', e spesso non si ritrovano affatto, nella realtà storica di volta in volta data, ma che d'altra parte sono utilizzabili – poiché i loro elementi sono tratti dall'esperienza e solo concettualmente accentuati fino ad assumere una veste razionale – sia come strumento euristico di analisi sia come strumento costruttivo per rappresentare la molteplicità empirica." ("La teoria dell'utilità marginale e la 'legge psico-fisica fondamentale'", in *Saggi sul metodo delle scienze storico-sociali*, Edizioni di Comunità, Torino, 2001, p. 378).

Una convinzione maturata da tempo, quando ancora era un cultore di economia, come possiamo vedere in una lettera a Pantaleoni del 1891:

> [...] hanno considerato un *homo œconomicus* che non esiste in natura: nessuna meraviglia che giungano a risultati che non siano quelli esistenti realmente. E non bisogna credere che, anche se l'*homo œconomicus* fosse molto prossimo all'uomo vero, tutti i risultati dell'economia edonistica sarebbero egualmente prossimi ai risultati veri. Alle volte una piccolissima differenza nelle cause può produrre una grandissima negli effetti. Ecco ciò che rende pericolosa la teoria edonistica e che me ne fa diffidare. [...].[6]

Perciò corregge l'asserzione di Pantaleoni che "ogni egoista è *homo œconomicus*", aggiungendo "un'altra condizione: che sia un uomo le cui azioni seguano solo per deliberato volere. E credo sia la più difficile ad ottenersi." Dunque, è del tutto errato vedere nell'*homo œconomicus* paretiano – a differenza di quello di Edgeworth ritenuto "una macchina di piacere" – come si dice con un'espressione che riecheggia Marx, una macchina *sans phrase*. È questo un passaggio di capitale importanza per l'opera paretiana che lo porterà per primo nella grande area di ricerca – ancora oggi, secondo noi, fertile di ulteriori sviluppi – cioè quella della ofelimità e utilità, non senza aver chiarito a se stesso l'ipotesi iniziale: "gli uomini operano molto più per abitudine che per ragionamento."[7]

---

6 *LMP*, vol. I, pp. 47-48. Se si va a leggere il discorso fatto da Lars-Göran Nilsson in occasione dell'assegnazione del premio Nobel per l'economia nel 2002 a Kahneman e Smith a Stoccolma, si constata ancora una volta che l'importante patrimonio paretiano è assolutamente ignorato. Dice infatti Nilsson che oggigiorno la descrizione prevalente nelle scienze economiche deve essere modificata. Era ora dopo cent'anni! E si dovrebbe modificare perché coloro che studiano il ruolo della psicologia in ambito economico stanno dimostrando come in alcune situazioni l'individuo non si comporta come homo œconomicus. E i laboratori di economia sperimentale confermerebbero i precedenti studi di M. Allais e H. Simon, i quali avrebbero inserito la prospettiva psicologica nella teoria della decisione. Come anche J. Nash e R. Selten. E da ultimi Kahneman e Smith. Tutti premi Nobel. Conclude ringraziando gli ultimi due per aver rinnovato la scienza economica.

7 Ibid. Ancora oggi studiosi autorevoli di sociologia, come ad esempio R. Boudon, sembrano preoccupati di ricordare che la distinzione tra homo œconomicus e homo sociologicus è una "distinzione rudimentale" e ritengono necessario ribadire ciò che

Economia pura e applicata

Ma la posizione sopra ricordata non impedisce a Pareto di porre i fondamenti definitivi dell'economia pura e di distinguerla dall'economia politica applicata. Con un semplice criterio definisce l'economia pura come

> l'insieme delle dottrine che si può dedurre dal postulato edonistico con *poche* o *nessuna* altra proprietà della psiche umana. L'economia pura studia l'*homo œconomicus* che è solo guidato dal desiderio di ottenere il massimo di utilità col minimo sforzo. L'economia applicata aggiunge a questa qualità principale della psiche economica tutte le altre qualità che conosciamo.[8]

Tuttavia, aggiunge anche di non tenere particolarmente alla definizione: una qualsiasi definizione può andare bene "purché insegni le relazioni tra le cose." Espone quindi come si può rappresentare in prima approssimazione il fenomeno economico: "La capitalizzazione, la produzione e il consumo avvengono congiuntamente."[9] Si devono separare solo per operare astrazioni analitiche. "Ogni individuo vende l'uso dei capitali che possiede (l'uso del suo proprio capitale personale è il lavoro); acquista quanto consuma e risparmia la differenza tra le due somme." L'*homo œconomicus* in realtà non ha che un fine: conseguire il massimo di benessere; nel linguaggio paretiano, il massimo di ofelimità. "Tutti questi uomini fanno dei tentativi, e li ripetono, fino a che riesce loro di ottenere tale massimo compatibile con le condizioni economiche della società. In altri termini, risolvono per tentativi le equa-

---

sappiamo da oltre cent'anni in modo empiricamente provato e teoreticamente formalizzato che "la maggior parte delle azioni che interessano il sociologo si situa in una categoria intermedia che non è quella dell'attore economico ipercalcolatore né quella del soggetto sociologico mosso a sua insaputa da determinismi che lo scavalcano." (R. Boudon, R. Fillieule, *I metodi della sociologia*, Il Mulino, Bologna, 2002, p. 114).

8 *LMP*, 22 luglio 1893, vol. I, p. 386.

9 Si veda *Cours* §§ 44 e ss., 86 e ss., 105 e ss. Una tale impostazione sarà poi seguita in particolare da K. Arrow, *Social choice and individual values* (1951) e G. Debreu, *Theory of value* (1959).

zioni dello scambio." Poi, alcuni di loro, continua Pareto, rivestono, almeno idealmente, un'altra qualità: quella di imprenditori in quanto "persone che si occupano della trasformazione del risparmio in capitali e dei servizi dei capitali in beni economici direttamente consumabili", cioè, in altri termini, si valgono dei beni strumentali per produrre beni diretti e in quanto imprenditori, non hanno che un fine: conseguire il più grande guadagno possibile. Poi, se godono di un monopolio, "risolvono, con ripetuti tentativi, le equazioni che danno le condizioni di tale massimo. Se sono soggetti al regime della libera concorrenza, tutti i loro sforzi non hanno altro risultato che di fare oscillare il prezzo di vendita attorno al costo di produzione, e far tendere verso l'uguaglianza queste due quantità". La concorrenza riduce i guadagni, dell'imprenditore e quindi per i singoli, in particolare, si determinano differenze apportatrici o di fortuna o di rovina; "nel complesso il prezzo di vendita e il costo di produzione s'uguagliano. Questa considerazione è servita a determinare l'equilibrio della produzione. Gli imprenditori agiscono però pure sui coefficienti di fabbricazione e, anche in questo caso, gli sforzi di ciascuno, presto o tardi, sono annullati dalla concorrenza degli altri".[10]

L'economia, concentrandosi maggiormente sulla produzione e circolazione di beni e servizi si distingue – per una naturale divisione del lavoro – dalla sociologia, la quale per gli argomenti indagati copre, da un punto di vista epistemologico, un campo più esteso, anche considerando la sola sociologia economica. Però, va detto subito che l'asserita autonomia reciproca delle due discipline, derivante dai loro principi fondamentali, può essere accettata quando ci si riferisce a ciò che Pareto chiamava economia pura, laddove l'homo œconomicus regna quasi sovrano; ma non alla cosiddetta economia applicata, dove invece è primo tra pari. L'economia neoclassica – che è poi l'impostazione egemone a partire dalla fine del secolo XIX – concepisce il soggetto economico, l'*homo œconomicus,* con un'espressione ormai, per noi, obsoleta, come 'razionale'. Meglio sarebbe dire con Pareto 'logico'. Ciò significa che il comportamento dell'uomo è considerato come il risul-

10 *Cours*, §§ 100, 104, 151.

tato di un calcolo attraverso il quale cerca di massimizzare il 'piacere' e di minimizzare la 'penosità' o, in altri termini, di operare scelte congruenti con le sue preferenze. Al contrario, l'*homo sociologicus* è concepito – per dirla con Pareto – come non logico (altri hanno usato o usano, con una mistificazione grossolana, il termine 'irrazionale'), cioè come un essere mosso da sentimenti e inclinazioni.[11]

L'orientamento paretiano si può sintetizzare utilizzando una lettera a Graziadei, in cui non manca di ripetere che, fintanto le scienze cercano 'l'intima natura' delle cose, non concludono nulla; quando invece cercano le *relazioni* tra cose – con la guida dell'esperienza – allora producono avanzamenti. E, ancora, in merito alla posizione paretiana nella storia delle dottrine economiche, il contributo è fornito dallo stesso Pareto:

> [...] a chi studia la scienza deve premere di trovare il vero. Lascia quelle arti rettoriche ai politicanti [...]. Non è punto una buona ragione che, perché Edgeworth ed io usiamo la matematica, dobbiamo avere le stesse teorie! Ho poco o nulla di comune con Edgeworth e con Marshall. Da Walras riconosco di aver preso l'idea dell'equilibrio generale, alla quale ho aggiunto quella delle approssimazioni successive, togliendo in tal modo l'aspetto troppo astratto delle teorie di Walras [...].[12]

Dopo aver esortato il suo interlocutore – con un "intendi bene che l'uso della matematica è cosa interamente secondaria. Dovendo stabilire le condizioni generali dell'equilibrio, ci fa comodo di esprimerle con equazioni: ecco come si introduce la matematica" – Graziadei traccia

---

11 Ora pare che grazie all''economia sperimentale' si riconosca che l'individuo agisce non solo in base a motivazioni di utilità individuale, ma anche in base a disposizioni rivolte alle condizioni economiche degli altri, come l'altruismo, l'uguaglianza, o anche la gelosia o l'invidia. Si riconoscono, dunque, come si dice oggi, le "strutture motivazionali a livello metapreferenziale". Non solo, ma si è anche scoperto che i beni in economia non sono solo quelli materiali (finanziari, immobiliari), ma anche quelli relazionali, per cui in effetti l'attore economico (dopo le esperienze di laboratorio delle economie cosiddette computazionali, comportamentali, della neuroeconomia, ecc.) non segue le regole della razionalità descritte dai neoclassici, essendo la sua decisione guidata più realisticamente da considerazioni relazionali.

12 Lettera ad Antonio Graziadei, 29 marzo 1901; in *Epistolario*, vol. I, p. 422.

l'evoluzione delle dottrine economiche. Tale sviluppo ricalca quello di ogni altra dottrina scientifica, nel senso che si procede:

> 1) separando la scienza dall'arte; 2) giungendo a concetti sempre più scientifici del fenomeno. Molto grossolanamente si può fare questo paragone: Economia di Aristotile: raccolta di ricette; teorie monetarie dei secoli scorsi (Melon, ecc.): mezza teoria, mezze ricette. A. Smith: teoria fatta in vista di applicazioni pratiche. Ricardo, Malthus, Mill: prosegue l'evoluzione nel senso della teoria. Jevons: giunge quasi all'estremo della divisione della teoria dalla pratica. Idem Walras, ma fa per primo una sintesi teorica di tutto il fenomeno. Scuola storica tedesca: aggiunge la sintesi della storia. Antropologi: aggiungono la sintesi delle razze. Molinari: prosegue la sintesi teorico-storica. Io ho procurato di riunire quelle diverse sintesi, il meglio che ho saputo. Ho separato interamente, assolutamente, la teoria dall'arte. Con le approssimazioni successive ho tentato di correggere la troppo grande astrazione di certe teorie [...].[13]

Passato e presente nell'analisi socio-economica

L'incontro tra Pareto e Ettore Ciccotti ed i rispettivi orientamenti in materia di sociologia economica e teoria generale dà luogo, nel 1899, ad una collana di storia economica della Società Editrice Libraria di Milano. La prima serie comprenderà circa quarantadue pubblicazioni di noti autori, specialmente tedeschi ed inglesi, raggruppate in sei volumi, a seconda che si riferissero: 1) economia pubblica dei Greci e dei Romani; 2) produzione agricola e industriale dell'antichità greco-romana e sua organizzazione giuridica; 3) metrologia e sistema monetario degli antichi; 4) popolazione nel mondo antico; 5) sistemi di imposte nel mondo romano; 6) commercio, strade e vie commerciali presso gli antichi e nei tempi moderni. Per tale iniziativa Pareto scrive un *Proemio alla biblioteca di storia economica*, precisando: primo "che diverse sono le opinioni dei due autori, ed in tale diversità appunto sta per il lettore una guarentigia che degli argomenti si ragionerà nel modo più oggettivo possibile"; e, secondo, che metodologicamente e in polemica con i 'socialisti della cattedra', Schmoller, Wagner ed altri,

13 Lettera a M. Pantaleoni, 19 febbraio 1897; in *LMP*, vol. II, p. 35.

gli studi storici integrano gli studi del presente, "ad essi non si oppongono, come pretende una scuola economica che usurpa il nome di storia e che meglio si direbbe etico-metafisica."[14] Anche qui, come sempre andava ripetendo, afferma che ogni teoria deve cedere ai fatti, ma occorre che tali fatti, siano tanto più precisi e tanto più certi, quanto più si oppongono ad altri fatti anch'essi correttamente osservati:

> La pretesa scuola storica a cui accennammo crede di avere scoperto che le leggi dell'economia politica sono 'relative'; come se fosse dato all'uomo di conoscere mai in scienza alcun nulla di assoluto. La scienza si oppone alla fede come il relativo all'assoluto [...]. Le leggi scientifiche sono semplicemente uniformità le quali si verificano date certe condizioni [...]. L'uomo dei tempi passati in parte somigliava all'uomo dei nostri tempi, in parte era diverso; onde segue che le leggi le quali hanno per condizioni i caratteri che permangono dai tempi storici al presente hanno valore allora ed ora e quelle leggi invece che hanno per condizioni caratteri mutati, necessariamente mutano anche esse. Quali sono i caratteri che hanno mutato e quali no, solo l'osservazione e la storia possono farci conoscere né si può fissare *a priori.*[15]

Nel *Manuale* si fa vedere come possa essere superato il concetto di 'capitale', centrale nell'economia politica, e come sia più opportuno sostituirlo con quello di 'trasformazioni dei beni economici'. Così, dice Pareto, il concetto di 'prezzo' "non è essenziale e se ne può fare a me-

---

14 Max Weber era meno drastico di Pareto quando affermava che: "in generale, pur nella più aspra contrapposizione, metodica e sostanziale, nei confronti di personalità eminenti del Verein für Sozialpolitik, io porto con doppio orgoglio il nome di socialista della cattedra [...] e per quanto riguarda in particolare Schmoller vale per noi, che la pensiamo diversamente, il detto di Benjamin Disraeli a proposito di Lord Palmerston: 'noi lo combattiamo, ma siamo orgogliosi di lui'." ("I compiti della teoria economica come scienza", in *Saggi sul metodo delle scienze storico-sociali*, Edizioni di Comunità, Torino, 2001, pp. 420-421). Non aveva, peraltro, tutti i torti Pareto, se anche Weber ammette: "sono d'accordo con il mio amico professor Sombart, che immischiare un qualche dover essere in questioni scientifiche è una cosa diabolica, che il Verein für Sozialpolitik ha tuttavia fatto molto spesso in larga misura." ("Interventi nel dibattito sulla produttività dell'economia", in ibid., p. 442).

15 *Biblioteca di storia economica*, Sei, Milano, 1903; il proemio è ora in *Scritti sociologici*, pp. 242-252.

no, sebbene più difficilmente". Con la pubblicazione del *Manuale*, Pareto conclude un ciclo, essendo ormai persuaso "che l'economia non può progredire se seguita per la via in cui è ora". Basti osservare i trattati di economia, dove "si trova una parte descrittiva generalmente buona ed ha fatto progredire la scienza". Vi è poi una parte "in cui si ragiona di ciò che seguirebbe ove fossero mutate certe condizioni. Tale parte è mediocre, perché non si tiene conto che mutando certe condizioni mutano pure condizioni sociologiche che, a loro volta, operano sull'economia." Ancora, vi è una parte "in cui si ragiona di ciò che *dovrebbe*, che *sarebbe* bene seguisse". Ovviamente, da un punto di vista paretiano "tale parte non vale nulla e indica solo i sentimenti dell'autore". Non si parli, poi, dello scarso rigore nella definizione dei termini adoperati. "È ridicolo, ad esempio, cercare le norme di una *equa* ripartizione delle imposte, se non si definisce prima rigorosamente il termine *equo*. Tutto ciò che si scrive sulla protezione è vano, se non si tiene conto degli effetti sociali, che a loro volta operano per modificare gli effetti economici."[16]

Applicando il metodo logico-sperimentale allo studio complesso dei fatti sociali ed economici e alle loro relazioni di interdipendenza, Pareto col *Manuale* poneva in qualche modo la parola fine (anche se molti non ne furono convinti, per primi i suoi stessi amici, come Pantaleoni) all'orientamento cosiddetto marginalista nel campo dell'economia (dopo quasi cento anni il discorso sembra essere ripreso dal punto in cui l'aveva lasciato).[17] Questo suo affaticarsi per andare oltre i confini

---

16 Lettera a F. Vinci, 17 aprile 1914; in *Epistolario*, vol. II, pp. 867-868.

17 Oggi si parla ormai apertamente di fallimento dell'economia neoclassica, senza specificare che l'economia paretiana non può essere ricompresa in questo fallimento. Del resto, come abbiamo detto sopra, qualcuno ritiene che la messa in crisi del modello neoclassico sia cominciata con M. Allais in Europa e con H. Simon in America, dimenticando che il 'neoclassico' Pareto l'aveva fatto molto prima. La dimostrazione verrebbe da constatazioni empiriche sulla mente umana, che sarebbe limitata da una memoria a breve termine (ci informano dell'incapacità a contenere nello stesso tempo più di nove item mnemonici) e dunque non riuscirebbe ad assorbire molta informazione esterna, né ad elaborare l'informazione avuta in modo corretto (non è tutto ovvio?). Di qui il concetto di razionalità limitata di Simon, che avrebbe dato origine (e certamente per questi studiosi ha dato origine) ai fonda-

dell'economia, che riteneva ormai investigata in lungo e in largo, fu precisato nel discorso per il suo giubileo all'Università di Losanna:

> Arrivato ad un certo punto delle mie ricerche di economia politica mi trovai ad una via senza uscita. Vedevo la verità sperimentale e non potevo raggiungerla. Parecchi ostacoli mi arrestavano: fra gli altri, la interdipendenza dei fenomeni sociali la quale non permette di isolare interamente gli studi dei differenti generi di questi fenomeni, e che si oppone al progresso indefinito di uno di essi se questo è privato dell'aiuto di altri. È fuori di dubbio che assai sovente le conclusioni delle teorie economiche non sono verificate dall'esperienza e noi ci troviamo imbarazzati a farvele corrispondere. Come superare queste difficoltà?[18]

Diagramma fondamentale dell'economia

Già Maffeo Pantaleoni – uno dei primi artefici della dottrina dell'economia pura – cioè dell'economia basata sulla scelta edonistica,[19] come si diceva allora riferendosi a gusti e preferenze, aveva avvertito che "l'homo œconomicus non riesce il medesimo, neanche quale homo œconomicus, a seconda che sia impastato di più o di meno di homo ethicus o di homo religiosus, e a seconda della specie di homo ethicus e di homo religiosus che entra nell'impasto: il che fa sì che non solo la zona entro la quale i teoremi dell'economia hanno riscontro nella realtà è soggetta alle variazioni, ma che anche entro la zona ognora riservata, gli equilibri riescono diversi".[20]

---

menti cognitivi dell'economia. Di recente Tversky e Kahneman hanno particolarmente approfondito le limitazioni cognitive nella capacità di giudizio e di decisione.

18 "Discorso per il giubileo" (luglio 1917), in *Scritti sociologici*, pp. 687-694.

19 È del 1889 la sua opera *Principii di economia pura*, Barbera, Firenze, pp. 324. Precedentemente aveva pubblicato *Contributo alla teoria del riparto delle spese pubbliche* (1883) e poi *La caduta della Società Generale di Credito Mobiliare Italiano* (1895). Postumi uscirono *Erotemi di economia*, 3 voll., Bari 1925-1927. Per le sue qualità scientifiche, la sua intransigenza morale e le sue doti di amministratore della cosa pubblica fu definito il 'principe degli economisti italiani'.

20 M. Pantaleoni, *Erotemi di economia*, III. Scritti vari, Bari, 1927, p. 63. Le ascendenze pantaleoniane e paretiane sono forti in un altro notevole studioso di scienza

Anche Benini in *Lezioni di economia politica* (1936) affermava che solo per comodità di ragionamento è possibile immaginare un soggetto che operi sulla spinta di motivi esclusivamente economici. Se, peraltro, ragionare in tal modo offre innegabili vantaggi dialettici, "questi però non devono far trascurare la singolare posizione logica, in cui mette i suoi problemi l'economia pura, facendo agire l'*homo œconomicus* in un ambiente *preformato* dall'uomo tutto quanto."[21] Per questo egli cerca di allargare il concetto di *homo œconomicus,* introducendo accanto all'elemento economico anche quello politico di *homo civis* – come aveva fatto anche in un'opera precedente sul rapporto tra operaio e capitalista[22] – e spiega il "diagramma fondamentale dell'economia", mostrando l'incrocio delle curve edonistiche dei piaceri e delle penosità e collocando a sinistra del punto di equilibrio l'area della 'rendita del consumatore' e a destra, oltre il punto di equilibrio raggiunto dalle due curve, l'area cosiddetta 'della penosità' (zona dell'errore o della costrizione), cioè la zona del possibile sfruttamento del lavoratore, che con

---

delle finanze, Benvenuto Griziotti, il quale si riallacciava alla tradizione degli economisti italiani (tra questi un ruolo importante ha A. de Viti de Marco, sebbene non del tutto omogeneo a Pantaleoni e Pareto) che consideravano l'economia e la scienza delle finanze come dottrine politiche, facendo così esplicitamente rientrare l'economia politica nella scienza politica, in analogia con la posizione di M. Weber, precedentemente citata. Griziotti analizza in tutta la sua opera l'evoluzione storica, i soggetti ed il carattere politico dell'attività economica (la scienza delle finanze, dice, logicamente compresa nell'economia politica, ha ragione di esistere autonomamente per lo sviluppo e la specializzazione degli studi). Non manca una riflessione sulla ricerca pura e sul metodo delle approssimazioni successive, già sostenuto da Pareto. Riafferma, infine, la rilevanza teorica e pratica della concezione politica dell'economia. Sono da ricercare qui le origini della scuola italiana delle scienza delle finanze, molto influente in campo internazionale e dalla quale scaturì in seguito la cosiddetta 'teoria della scelta pubblica' che fa capo a J. Buchanan.

21 R. Benini, *Lezioni di economia politica*, Roma, 1936, p. 408. Fu tra i primi a introdurre metodi statistici avanzati e sofisticati nelle questioni economiche e sociologiche. Si veda Mino B. C. Garzia, *Political Communities and Calculus. Sociological Analysis in the Italian Scientific tradition (1923-1943)*, Peter Lang, Bern, 1998. Benini fu, tra l'altro, un grande studioso di Dante.

22 Id, "La rivalsa dell'operaio sull'interesse del capitalista", in *Scritti in onore di G. Prato*, Roma 1931.

un aumento del lavoro crea l'interesse del capitale. Come Pareto, anche secondo Benini l'economia si è sempre limitata a studiare ciò che avviene quando l'uomo economico agisce in modo cosiddetto logico (si è quindi sempre occupata della metà sinistra del diagramma). Ma non necessariamente così si comportano gli uomini concreti. Pareto con la sociologia, ha posto le basi per studiare la metà di destra. L'economia pura – continua Benini – non aveva interesse a studiare la metà destra, dal momento che l''uomo economico' per definizione è un essere astratto, libero e perfetto, mentre, trovandosi nell'area di destra, sarebbe vincolato e imperfetto e quindi non conforme alla definizione. L'economia deve, invece, studiare l'uomo concreto, imperfetto sotto tutti gli aspetti, diventando così una scienza in cui il metodo deduttivo si combina con il metodo induttivo. Le proposizioni fondamentali dell'economia pura sono così classificate da Benini: 1. Il piacere – che accompagna l'applicazione di più unità o dosi di un bene al soddisfacimento di un nostro bisogno – diminuisce ad ogni unità o dose applicata, fino ad estinguersi; 2. la pena – che accompagna lo sforzo occorrente alla produzione di quel bene – cresce col crescere delle unità o dosi da produrre; 3. l'uomo cerca di rendere massimo il piacere e minima la pena. Il sillogismo, traducibile nel diagramma fondamentale, conclude: l'uomo intelligente e libero non andrà oltre il punto in cui un'ulteriore unità della provvista gli costerebbe uno sforzo non abbastanza compensato dall'addizione corrispondente di piacere.

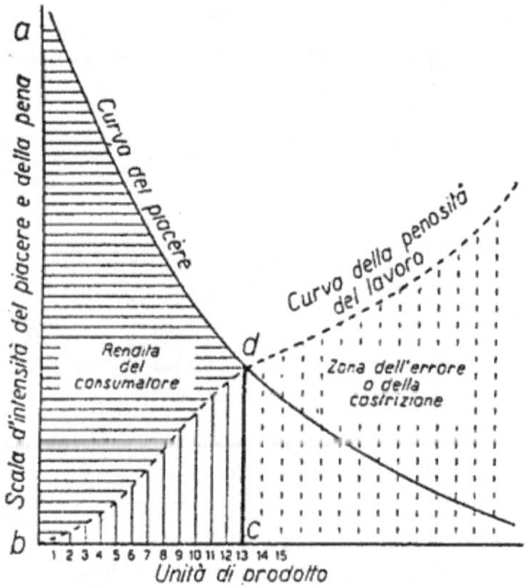

Fig. 17 Diagramma fondamentale dell'economia

Egli, dunque, si arresta all'ordinata d'incrocio delle curve edonistiche e solo per un falso apprezzamento delle circostanze o per costrizione esteriore, potrebbe lasciarsi trascinare al di là. Il diagramma configura (fig. 17) una divisione naturale in due parti, che Benini chiama (sia pure impropriamente, osserva) *metà*: la prima, a sinistra della linea d'incrocio starebbe a rappresentare i casi normali; la seconda, a destra, una zona vagamente definita, in cui non si entra, si dice, se non per calcoli errati (poco probabili, commenta Benini, da parte di un soggetto, l'homo œconomicus, sempre pronto ad imparare dall'esperienza), o per volontà coartata (da considerarsi "eccezionale e sporadica da quando scomparvero dai paesi progrediti schiavitù e servaggio e furono proclamate libertà ed eguaglianza dei cittadini dinnanzi alla legge"). Ed ecco lo studioso astratto assumere questa condizione come premessa assoluta di ragionamento, occupandosi della prima metà del campo (quella di sinistra), dove si coltivano equilibri del consumatore, del produttore, del risparmiatore, equilibri parziali e generali, ecc.[23]

Le posizioni di Benini completano gli orientamenti di Enrico Barone ed insieme si rifanno – specificatamente per quanto riguarda gli studi economici – al complesso dell'opera paretiana, che ha lasciato modelli, indicazioni e direttive che "non potranno essere trascurati da chi d'ora innanzi si accingerà a scrivere della nostra scienza". Gli economisti – osserva infatti Barone – quasi senza eccezione di scuola, hanno spesso esaminato il fatto economico in sé, il più delle volte avulso da tutti gli altri fatti sociali, e talora perfino dai fatti economici collaterali. E fin qui – come dice Benini – nulla di male, se ciò viene fatto a scopo di pura indagine scientifica, perché le questioni occorre affrontarle una per volta, per approssimazioni. Ma hanno avuto poi il torto "dopo aver risolto un problema di utilità in senso assai stretto, di pretendere che la loro conclusione dovesse essere assunta come *norma* di politica economica". Hanno con ciò screditato talvolta la scienza, creando un abisso tra questa e la pratica, per aver dimenticato, nel passare dall'indagine puramente scientifica al problema di politica pratica, che quella è analitica e che questa è eminentemente sintetica. Ecco perché oggi a

23 Ibid., p. 92.

cento anni di distanza si parla apertamente di limiti, se non di fallimento, dell'economia neoclassica e con più accanimento proprio da parte di quelli che ieri la ritenevano l'espressione massima di scientificità all'interno delle scienze sociali, non separando oggi come ieri dall'economia detta marginalista, la posizione paretiana. Enrico Barone coglie nel segno quando dice che "uno dei più grandi meriti scientifici di Vilfredo Pareto è di aver additato in quale guisa, con nuove ricerche, debba colmarsi l'abisso [tra la teoria e la pratica], cioè come all'infuori delle vaghe generalità note, cercar di connettere il fatto economico a tutti gli altri di carattere sociale che sono con esso in relazioni di mutua dipendenza (e pensare che ci fu chi scrisse – tanto poco aveva capito l'opera del Pareto – che questi avesse la strana pretesa di voler risolvere con una formuletta matematica dei ponderosi problemi di economia sociale!)".[24]

Problemi economici e considerazioni etiche

Dal punto di vista scientifico, il socialismo di Stato crede che l'intervento governativo, più massiccio di quello che vogliono i liberali, ma meno di quanto chiedono i collettivisti, possa accrescere il benessere generale. Questa affermazione può essere dimostrata soltanto ricorrendo all'economia politica, dice Pareto; così come anche la previsione degli effetti dell'intervento del governo. Cercare di capire fino a che punto deve estendersi questo intervento è un problema reale, ma

24 Enrico Barone, *Giornale degli economisti*, 1924. L'intero primo fascicolo dell'anno con il contributo di vari autori è dedicato a Pareto. È vero che "grazie alla sua opera, il settore dell'economia si trasformò da ramo della filosofia sociale, come lo concepiva e praticava Adam Smith, in un settore di ricerca scientifica e di elaborazione di equazioni matematiche, in cui i dati hanno un ruolo importantissimo. I suoi libri sono più vicini all'economia moderna della maggior parte dei testi contemporanei: tabelle di statistiche di tutto il mondo e di tutte le epoche, file di integrali ed equazioni, diagrammi e grafici complicati" (B. B. Mandelbrot, *Il disordine dei mercati. Una visione frattale di rischio, rovina e redditività*, Einaudi, Torino, 2005, p. 148), ma è bene sempre sottolineare ciò che il matematico Pareto ripeteva sempre: "intendi bene che l'uso della matematica è cosa interamente secondaria."

si può risolverlo solo con l'osservazione dei fatti e la logica (come, appunto, sembra essere stato fatto nei Paesi scandinavi con i governi socialdemocratici). Secondo Pareto, spettava ai socialisti della cattedra provare che le loro entità metafisiche sarebbero riuscite a risolvere tali questioni.

Ambiente e condizioni economiche e sociali sono allora le questioni centrali su cui riflettere. Infatti, se ci si propone di determinare una nuova organizzazione sociale, partendo dalla considerazione di certe regole etiche o giuridiche, bisogna tener conto che queste regole, diverse a seconda dei popoli, sono strettamente correlate con le loro condizioni economiche e sociali: esprimono, cioè, in forma condensata le esperienze di quell'ambiente specifico. Come dice oggi Landes: "Se la storia dello sviluppo economico ci insegna qualcosa, è che a fare la differenza è la cultura (sotto questo aspetto Max Weber[25] aveva ragione). Prendiamo ad esempio l'industriosità delle minoranze di emigrati: i cinesi in Asia orientale e sud-orientale, gli indiani in Africa orientale, i libanesi in Africa occidentale, ebrei e calvinisti in gran parte d'Europa, e via dicendo."[26] E, aggiungiamo, il cattolicesimo italiano e fiorentino.

Se l'ambiente non cambia molto, queste regole assumono un certo valore scientifico. Se, invece, si vuole creare una nuova organizzazione sociale, il discorso non è più valido, poiché la morale ed il diritto sviluppatisi in un certo tipo di società non possono essere d'aiuto per determinare la forma migliore di una società completamente diversa.

Si arriva dunque, inevitabilmente, alla discussione attorno alle regole etiche e giuridiche. Dato che esse riflettono gli interessi della classe dominante (o dei ceti, o dei gruppi dominanti), molti autori sostengono che giustizia ed equità richiedono di andare nella direzione opposta. Se chi domina impone col diritto il rispetto della proprietà privata, la 'giu-

---

25 Infatti, secondo Weber (sono straordinarie le convergenze tra Pareto e Weber!) l'azione sociale va studiata secondo "il significato soggettivo di colui che agisce" insieme al "generale significato culturale delle struttura economico-sociale della vita della comunità umana e delle sue forme storiche di organizzazione" (*Saggi sul metodo delle scienze storico-sociali*, Edizioni di Comunità, Torino, 2001, p. 165).

26 D. S. Landes, *La ricchezza e la povertà delle nazioni,* Garzanti, Milano, 2002, p. 545.

stizia' consisterà nell'abolizione di tale proprietà.[27] Questi autori – osserva Pareto – partono da tre punti di vista differenti: alcuni ammettono una giustizia assoluta, indipendente dalle condizioni della società; altri, secondo l'approccio del cosiddetto 'materialismo storico', considerano le idee di giustizia strettamente legate alle condizioni sociali;[28] altri ancora sostengono che la giustizia è ciò che meglio assicura l'esistenza e la prosperità sociale. Appare chiaramente come da queste considerazioni derivi un ragionamento in circolo, che pretende di trarre dall'idea di giustizia ciò che è utile alla società.[29]

Analoghi ragionamenti troviamo oggi presso personaggi e istituzioni non sospette. Amartya Sen, discorrendo della globalizzazione, enumera dieci punti – a suo parere centrali – posti dal dibattito. Due di questi (il 4 e il 6) sono così presentati a partire dal tema centrale, che direttamente o indirettamente, è la disuguaglianza come sfida principale sia tra le nazioni sia all'interno delle nazioni: "Le disuguaglianze rilevanti comprendono le differenze nella ricchezza, ma anche le macroscopiche a-

---

27 La polemica di Pareto ha sempre sullo sfondo l'opera di Marx e dei socialisti. Perciò, dato che Marx sembra scomparso dopo i vaniloqui degli anni Sessanta e Settanta del sec. XX, ricordiamo ai nostri studenti, qui e in alcune note più avanti, i luoghi centrali del pensiero di Marx e di Engels. Sulla concezione del diritto in Marx si veda: i 'diritti dell'uomo' espressione della società borghese (*Sulla questione ebraica*); la storia del diritto segue lo sviluppo economico; la legge: espressione dell'interesse comune della classe dominante; i rapporti giuridici sono espressione dei rapporti di produzione (*L'ideologia tedesca; Per la critica dell'economia politica*); critica di ogni uguaglianza giuridica come uguaglianza formale (*Critica del programma di Gotha*); l'ordinamento giuridico si rende indipendente dalla base economica (*La questione delle abitazioni; L. Feuerbach e il punto di approdo della filosofia classica tedesca*); la sovrastruttura giuridica agisce di riflesso sulla base economica (*Lettera di Engels a Schmidt, 27. X. 1890*).

28 Sul materialismo storico o dialettico come Weltanschauung in Marx ed Engels si veda: per la storia del materialismo e il suo nesso con il socialismo e il comunismo (*La sacra famiglia*); per il nuovo materialismo (dialettico) di Engels e le sue tesi fondamentali: l'unità del mondo nella sua materialità, spazio e tempo, il movimento come 'modo di esistere della materia', la vita, la dialettica e la dottrina del movimento, la conversione della quantità in qualità, la negazione della negazione (*Antidühring; L. Feuerbach e il punto di approdo della filosofia classica tedesca*).

29 *Sistemi*, pp. 522-528.

simmetrie nel potere politico, sociale ed economico". Una questione cruciale, secondo Sen, è la divisione, tra paesi ricchi e paesi poveri o tra differenti gruppi in un paese, dei guadagni potenziali generati dalla globalizzazione. La questione, dice, non è semplicemente se tutte le parti guadagnino qualcosa, ma se la distribuzione dei guadagni sia equa. E, ritorna all'argomentazione del matematico e teorico dei giochi John Nash (in 'The Bargaining Problem', *Econometrica,* 1950, citato anche dall'Accademia di Svezia per il conferimento del Nobel), secondo cui "in presenza di guadagni generati dalla cooperazione il tema centrale non è se un particolare risultato comune sia per tutti migliore rispetto all'assenza di cooperazione (esistono molte alternative di questa specie), ma se si traduca in una divisione equa dei benefici".[30]

Come si vede, siamo ancora di fronte all'idea di una disuguaglianza e di una giustizia astratte. Quando si analizza l'influenza esercitata sul diritto dalla classe dominante, generalmente si considerano soltanto le disposizioni favorevoli a questa classe. Ma, come Pareto aveva già affermato in altre occasioni, il problema del massimo di utilità sociale è un problema più quantitativo che qualitativo. Ne deriva che, se un certo principio domina in una società, l'esperienza stabilirà un po' alla volta delle regole etiche, non solo per difenderlo, ma anche per limitarne gli eccessi. Così, in una società che prevede la proprietà privata, ci saranno regole che vietano di attentarvi, ma anche regole che vietano di abusarne.[31]

---

30 A. Sen, *Globalizzazione e libertà*, Mondadori, Milano, 2002, pp. 5-7. E, a riprova della validità del suo ragionamento, non trova di meglio che il seguente esempio: "Allo stesso modo, per sostenere che una struttura familiare oltremodo sessista e disuguale è ingiusta non è necessario provare che la situazione delle donne sarebbe migliore se le strutture familiari non esistessero affatto, è sufficiente mostrare che la divisione dei benefici in tale sistema familiare è gravemente disuguale e ingiusta rispetto alla struttura familiare attuale."

31 Tutto ciò Amartya Sen lo ammette poi nel successivo punto 7: "Il ricorso all'economia di mercato è collegato a molte condizioni istituzionali diverse nelle quali essa può produrre risultati assai differenti. La questione centrale non può essere se valersi dell'economia di mercato oppure no: la prosperità economica non è possibile senza un ampio ricorso ai mercati. [...] L'economia di mercato può produrre risultati molto diversi a seconda della distribuzione delle risorse materiali e dello svi-

Risparmio e trasformazioni di beni economici

> [...] occorre notare che la teoria del Fisher è falsa perché suppone che il risparmio si faccia in vista del frutto della cosa risparmiata. Nessuno ha mai fatto questo ragionamento: preferisco spendere 10 lire oggi che 10,50 fra un anno, o viceversa. [...] Già nel *Cours*, io accennavo che la formazione del risparmio è in gran parte istintiva. Dopo ho esaminato con cura ogni persona con la quale avevo relazione e mi sono sempre più convinto che il risparmiare è un'azione non logica. Si ha, o non si ha il gusto del risparmio. La considerazione del frutto che si ricava del risparmio, poco o niente opera per determinare la quantità di risparmio. Si è veduto, in generale, che la somma annua di risparmio di un paese non scema quando il frutto scema; anzi pare quasi che cresca.[32]

Pareto affronta così la questione dell'interesse. Come abbiamo visto sopra, le classi che possiedono meno cercano di appropriarsi dei beni delle classi che hanno di più, e, contemporaneamente, si sforzano di trovare dei ragionamenti che possano, almeno in apparenza, giustificare il loro comportamento. Questi ragionamenti seguono prevalentemente due direzioni: da una parte, fanno leva sui sentimenti di pietà e uguaglianza; dall'altra, vogliono provare che il benessere generale è pregiudicato dal fatto che chi usa il risparmio non sono le stesse persone che lo possiedono. In questo modo si arriva a stigmatizzare non solo i possessori del risparmio, ma il risparmio stesso, negando che il suo uso possa avere un valore. Qualunque strada si segua, è chiaro come il sentimento prenda il sopravvento sul ragionamento scientifico ed anche gli autori[33] che vogliono limitare le loro ricerche alle questioni e-

---

luppo di quelle umane, delle 'regole del gioco prevalenti' e così via, e in tutte queste sfere lo stato e la società rivestono un ruolo, sia all'interno di un paese sia a livello mondiale. Il mercato è un'istituzione fra tante. [...]." (ibid., p. 7).

32 Lettera a L. Amoroso, 6 aprile 1909; in *Epistolario,* vol. I, pp. 656-657.

33 "Il termine *Economista* ha due significati ben distinti. Indica persone pratiche di economia e di finanza, ed indica scienziati cultori di teorie astratte. La maggior parte degli uomini detti *Economisti*, lo sono nel primo significato, non nel secondo. Ma se Ella dice ciò, offende quelle egregie persone che si credono valenti teorici e valentissimi pratici, non le danno la libera docenza, e viene meno lo scopo per il quale scrive la sua tesi. Quindi le consiglio di non mettersi per tale via." (Lettera a L. Gangemi, 13 novembre 1922; ora in *Scritti politici*, vol. II, p. 804).

conomiche, finiscono per mescolarvi considerazioni etiche e sentimentali.

La ricchezza, sappiamo, è accumulazione, ma anche prudenza, rischio, intraprendenza e spregiudicatezza. La si deve coltivare sempre, anche quando viene ereditata, perché cresce o diminuisce, pur volendo conservarla integra.[34] L'imprenditore paretiano è proprio questo. Pareto ricorda, ad esempio, Bastiat e Proudhon, i quali volevano stabilire se l'interesse del capitale fosse legittimo, ma nessuno dei due si preoccupa di definire rigorosamente i termini 'interesse del capitale' e 'legittimo'. Entrambi confondono l'interesse del risparmio con l'interesse dei capitali e, in quest'ultimo, non distinguono la parte dovuta alla rendita, mentre il termine legittimo è ancora più vago (Bastiat adotta come criterio di legittimità il servizio che riceve il mutuatario, Proudhon pone questo criterio nel sacrificio che subisce il prestatore). Da qui scaturiscono una serie di discussioni assolutamente inconcludenti.

Gli stessi errori – secondo Pareto – li ritroviamo quando si parla di capitali, o meglio (come abbiamo detto) di trasformazioni dei beni economici; divide, perciò, questi in tre classi: trasformazioni materiali, trasformazioni nello spazio, trasformazioni nel tempo. Quest'ultima, pur essendo più difficilmente percepibile, in quanto non si colgono immediatamente le conseguenze materiali, è una delle trasformazioni economiche più importanti, anche se "furono e sono spessissimo negate. [...] due beni economici materialmente identici, ma disponibili in tempi diversi, possono avere prezzi diversi, precisamente come possono avere prezzi diversi beni che non sono materialmente identici".[35] Le trasformazioni nello spazio sono prodotte dal lavoro e hanno un costo, sono cioè immediatamente visibili lavoro e costo e dunque "non urtano i pregiudizi di coloro i quali credono che la differenza di prezzo di due merci non può dipendere da altro che dal diverso lavoro necessario per

34 Ma sappiamo anche che la ricchezza è ambigua, perché dà contemporaneamente felicità e pena: infatti, si raffigurava come una "Donna vecchia, cieca et vestita di panno d'oro. Si dipinge vecchia, perché invecchia alcuni co 'l pensiero di acquistarla, altri col timore di non perderla, avendone il possesso." (Cesare Ripa, *Iconologia, Descrittione dell'Imagini universali*, Roma, 1593, p. 240).

35 *Manuale*, V, § 39.

produrre quelle merci, oppure, più generalmente, dal diverso costo di produzione".[36] Poi, suddivide i mezzi di produzione in capitali e materiali di consumo. Nella prima categoria fa rientrare quei beni che alla fine di un determinato periodo sono ancora impiegati nella produzione. Della seconda fanno parte quei materiali che durante lo stesso periodo sono interamente consumati nella produzione (i macchinari fanno parte dei capitali; il lavoro, materie prime, ecc., dei materiali di consumo. La somma di risparmio necessario per procurarseli fa parte dei capitali; esso è continuamente consumato con le spese e rigenerato con le entrate). In realtà, la distinzione tra le due categorie non è così netta, perché si passa da un genere di consumo all'altro per gradi insensibili.[37]

---

36 *Sistemi*, p. 407; e *Manuale*, III, §§ 72; V, §§ 39-48, 53, 56. C'è ancora chi ritiene che Pareto non abbia considerato la variabile tempo, fuorviato dal fatto che generalmente viene ricompreso tra i neoclassici marginalisti, mentre invece se ne distacca nettamente, come cerchiamo di dimostrare tra l'altro in questo libro. Harald Weinrich dice: "Da Vilfredo Pareto fino alla nostra epoca, l'*homo œconomicus* è rimasto infatti un costrutto astratto e virtuale, da immaginare in tutti i suoi aspetti assai estraneo al tempo della vita." (*Il Sole-24 Ore*, 6 novembre 2005, p. 8). Quanto il "tempo della vita" conti in Pareto si può verificare non solo, ovviamente, nei suoi scritti sociologici ma anche in quelli economici, come la spiegazione che fa seguire a quanto detto sopra: "Ma, per disconoscere le trasformazioni nel tempo, vi è altro motivo, più potente di tutti, e sta nell'essere questa materia trattata col sentimento invece che con la ragione, e nelle cupidigie che stanno dietro quei sentimenti. Nessuno o quasi imprende a studiare l'argomento delle trasformazioni nel tempo con la mente libera da ogni pregiudizio. [...] allo stesso modo in cui due oggetti materialmente identici differiscono economicamente per il luogo in cui sono disponibili, differiscono pure economicamente per il tempo in cui sono disponibili." (*Manuale*, V, § 40).

37 Ancora, Pareto si sofferma sull'uso impreciso dei termini: "Niente è più sterile del disputare sulle parole" e mette nuovamente in guardia sulle conseguenze dell'uso arbitrario o impreciso dei termini. Quando questi non sono definiti rigorosamente, ognuno può dare il significato che vuole e manipolarli per dimostrare le sue teorie o per far nascere sentimenti che le giustifichino. Lo stesso errore viene commesso, ad esempio, quando si usa in modo improprio l'espressione 'divisione capitalistica del lavoro', attribuendo ad essa tutti i mali della società. Non si mette in rilievo che si tratta di impiegare nella produzione gli elementi eterogenei di cui è composta la società, ciascuno con la funzione che meglio può adempiere. Non tutti hanno le stesse attitudini: c'è chi sa risparmiare e chi è in grado di usare il risparmio meglio

Rifondazione della teoria economica?

Recenti ricerche hanno messo in rapporto finanza, distribuzione del reddito e risparmio orientato agli investimenti. Secondo alcuni osservatori il fatto che finanza e Borsa siano entrate prepotentemente nel corso degli anni Novanta del secolo scorso nella vita delle famiglie, soprattutto americane, costituisce un fatto economico di rilevante importanza per il futuro dell'economia mondiale. I dati dicono che in un decennio, la ricchezza finanziaria media delle famiglie americane è passata "dalla metà al doppio del reddito medio annuo disponibile". Ogni lavoratore possiede azioni, spesso tramite un fondo pensione, si occupa dell'andamento dei mercati, e per la prima volta vede in questi una parte importante della propria capacità di spesa nell'arco della vita. "La crescita delle quotazioni consente dunque un aumento dei consumi, attraverso il cosiddetto effetto ricchezza (se il valore del risparmio pregresso lievita rapidamente, non è necessario accrescerlo con ulteriore parsimonia: i consumi possono aumentare)."[38] Sembra che le famiglie siano consapevoli (e del resto non è una novità quando si dispone di un certo surplus) che il benessere è sempre più legato al valore del risparmio accumulato, piuttosto che al salario corrente; ma anche che non sono auspicabili aumenti salariali superiori al tasso di inflazione, se si vuole mantenere vitale il meccanismo e cioè che le imprese accrescano gli investimenti favorite dalla crescita della Borsa, aumentando così, prevedibilmente, produttività e profitti.

Da qualche tempo si fa notare come l'autorevole giornale *Economist* e, talvolta, altri giornali economici, in diverse occasioni critichino le spiegazioni offerte dagli 'analisti economici' più ascoltati, rilevando che non riescono a prevedere i fenomeni economici (come ogni buon

---

di chi lo ha prodotto. Ancora, ci sarà chi dispone di grandi quantità di mezzi di produzione, ma non è il più adatto ad impiegarli. Altri mancano dei mezzi, ma non delle capacità per dirigere un'impresa. In questi casi, la divisione del lavoro farà prendere a ciascuno il posto più conveniente per la produzione, e, dato che questa aumenta, ne verrà un vantaggio per la società in generale (al riguardo ricordiamo l'importante opera di E. Durkheim, *De la division du travail social*, 1893).

38 Quotidiano *Il Sole-24 Ore*, 15 Dicembre 2002, p. 35.

scienziato dovrebbe fare) e che perfino le spiegazioni a posteriori non risultano adeguate. Perciò, si invoca Herbert Simon,[39] che per primo avrebbe individuato la debolezza della teoria economica neoclassica proprio nella teoria della razionalità e che per la sua correzione introdusse il concetto di 'razionalità limitata'. Questo, che molti accolsero come un progresso tanto grande da giustificare a Simon fra l'altro il premio Nobel, per quasi tutti gli economisti fedeli alla scuola di Cambridge sembrò un incidente di percorso. Ma ora, con il premio Nobel dato a Kahneman, sembra sia giunta l'ora di voltare pagina. Giustamente, si dice basta a ipotesi *ad hoc* definite senza pudore 'leggi economiche': con Kahneman sembra arrivato il momento (dopo cento anni!) di imboccare la strada dell'analisi delle caratteristiche cognitive reali del ragionamento e della decisione, al fine di rifondare la teoria dell'azione economica per renderla empiricamente adeguata. A questo proposito le "euristiche del giudizio" di Tversky e Kahneman sembrano proprio adeguate. Quasi ogni giorno si può leggere su giornali e riviste che esiste – al di là della sua valenza morale – una razionalità strettamente economica legata alla fiducia, che legittima una vera e propria nuova scienza psico-economica (e pensare che Pareto e Pantaleoni venivano apostrofati con disprezzo come 'edono-psico-matematici'!) in contrapposizione agli economisti ortodossi. Si fa ritenere che con Smith e Kahneman si è guardato nella mente degli agenti economici e non è stato trovato, come si pensava, il caos, il capriccio, l'irrazionalità. È stato invece trovato un ordine, diverso da quello preconizzato dall'economia neoclassica (non paretiana dovrebbero precisare!). Perciò, l'ultimo grido (sic!) è adesso, grazie alle risonanze ma-

39 Gli obiettivi di Simon erano i seguenti: sviluppare la teoria della 'razionalità limitata' come alternativa "all'eccessivo razionalismo della massimizzazione dell'utilità" (tradizione classica e neoclassica), "inadeguato per affrontare l'incertezza" che pervade l'esistenza dell'uomo moderno. Riconsiderare il rapporto tra organizzazione economica e mercati, esaminando "le motivazioni, altruismo compreso, che spiegano le forti identificazioni sviluppate in genere" dagli uomini nei confronti dei gruppi di appartenenza. Avvalendosi di vari tipi di ricerca empirica, scoprire ciò che muove realmente l'uomo (pensieri, emozioni, ecc.) e le sue propensioni verso una determinata scelta economica. Si veda: H. Simon, *Scienza economica e comportamento umano*, Edizioni di Comunità, Torino, 2000.

gnetiche e altre diavolerie (sic!), studiare la neuro-economia, con l'apertura della scatola cranica dell'agente economico, per vedere che, cosa nel suo cervello si accende o si spegne di fronte alle perdite e alle vincite.[40] Ogni commento ci sembra superfluo. Non possiamo non essere d'accordo con J. Coulter, quando mette in guardia circa la "la concezione secondo cui l'intelligibilità è intersoggettiva e circoscritta grammaticalmente non andrebbe confusa con l'idea, oggi diffusa nelle teorizzazioni della scienza cognitiva, che gli agenti umani siano impegnati in sequenze continue di 'elaborazioni mentali inconsce' di 'input di informazione' provenienti da un 'ambiente'. Abbiamo indicato diverse incoerenze e false analogie fuorvianti di questa concezione 'computazionalista', rivelandone le radici sostanzialmente neocartesiane".[41]

Sono tanto neocartesiane, razionalistiche e fisiciste queste posizioni che troppo spesso si guarda a loro come all'ideale della scientificità. Ma se è vero che la scientificità riguarda la procedura (cioè i mezzi), non dobbiamo mai dimenticare che essa riguarda soprattutto la spiegazione del fenomeno oggetto di studio (cioè i fini). Come si sa, non è infrequente che i mezzi diventino fine. Alla spiegazione si può pervenire con metodi diversi.[42]

---

40 Quotidiano *Corriere della Sera*, 12 ottobre 2002.

41 J. Coulter, *Mente, conoscenza, società*, Il Mulino, Bologna, 1991, p. 184.

42 Per esempio, proprio in riferimento alla cosiddetta 'prospect theory' di Twersky e Kahneman, così bene presentata da P. Legrenzi in un articolo de *Il Sole-24 Ore* (13 Ottobre 2002, p. 33): "Un modo tipico di lavorare di Kahneman è il confronto tra due situazioni analoghe da un certo punto di vista, ma assai diverse nei loro effetti psicologici. [...] Kahneman [...] mostra come l'asimmetria tra perdite e guadagni si verifichi anche in condizioni prive di rischio. [...] La tendenza a evitare le perdite spiega un comportamento molto diffuso nella borsa [...] Questa tendenza discende da un principio più generale, studiato da Kahneman e Tversky in tutte le sue implicazioni, e cioè dal ragionare e decidere non sugli eventi ma sui modi di 'impacchettarli', che a loro volta dipendono dalle categorie usate per descriverli. [...] Tutti i suoi lavori [di Kahneman] empirici ruotano intorno all'idea che lo star bene o male non è dovuto ai valori 'assoluti' dei nostri investimenti materiali o affettivi ma al cambiamento di stato. È la diminuzione o l'aumento che ci fanno stare bene o male. Questa è una banalità ma ha delle implicazioni curiose che sono nascoste e vengono portate alla luce solo dagli esperimenti." Si possono trattare anche con metodi diversi.

Cosa ha fatto Kahneman se non confermare ciò che asseriva Pareto nella teoria dei residui e particolarmente nel *residuo V-α*, dove si occupa dei *sentimenti che contrastano con le alterazioni dell'equilibrio*? Così, il cosiddetto 'framing effect', che è una critica alla razionalità assoluta in favore di una razionalità – come si dice – limitata, non è altro che una conferma di ciò che sapevamo già con la 'teoria dei residui e delle derivazioni' (la cui costruzione concreta era iniziata, non lo si dimentichi, con i *Systèmes*): mi riferisco ai *residui I-γ-2* (*nomi vincolati misteriosamente alle cose*) e al *II-ξ* (*sentimenti trasformati in realtà oggettive*). O, ancora, il 'paradosso di Allais', che mette in discussione la teoria della massima utilità attesa di von Neumann-Morgenstern, concludendo (come Kahneman) che la gente è più avversa che propensa al rischio, non fa altro che confermare ciò che aveva messo in evidenza Pareto con il *residuo V-α,* citato poco sopra. Dunque, ben vengano gli esperimenti di laboratorio (in sociologia non sono una novità), magari per confermare teorie già acquisite, ma senza la pretesa (scientista) di costituire il massimo della procedura metodologica e scientifica.[43]

Del risparmio e degli imprenditori

Si è confuso e si continua a confondere, dice Pareto, con il nome di 'capitalisti' coloro che ricavano un interesse dai loro possessi e dai loro risparmi e gli imprenditori.[44] Deve essere chiaro che i capitalisti e gli 'imprenditori', come sono intesi nel linguaggio comune, non sono i capitalisti e gli imprenditori considerati dall'economia pura[45] o, in generale, dall'economia scientifica. Una tale confusione non favorisce la chiarezza scientifica del fenomeno socio-economico. In realtà, le due categorie di capitalisti – *risparmiatori e imprenditori* – hanno spesso

43 Per una presentazione sintetica della teoria dei residui si veda il capitolo X di questo volume. Una trattazione estesa sarà data nel volume secondo della nostra trilogia.

44 *Trattato*, §§ 2231-2236.

45 *Cours*, § 87 e ss.

interessi diversi, talvolta opposti, e che contrastano anche maggiormente di quelli delle classi dette dei 'capitalisti' e dei 'proletari'. Vediamo l'aspetto economico e poi l'aspetto sociale.

Aspetto economico. All'imprenditore conviene che sia minimo l'interesse del risparmio e degli altri capitali che egli prende in prestito dai possessori; mentre a questi preme che sia massimo. All'imprenditore conviene un rincaro della merce che produce e non si cura del rincaro di altre merci, se è compensato dagli utili della propria produzione; al contrario i rincari danneggiano il possessore del semplice risparmio. L'imprenditore non ha gran danno dai diritti fiscali sulla merce che produce, anzi, questi talvolta giocano a suo favore, tenendo lontana la concorrenza; mentre i rincari danneggiano sempre il consumatore che trae le sue entrate dal prestito del proprio risparmio. In generale, l'imprenditore può quasi sempre rifarsi sul consumatore delle maggiori spese causate da ulteriori imposte; il semplice possessore di risparmio quasi mai. Così, il rincaro della manodopera spesso danneggia solo per poco l'imprenditore, cioè solo per i contratti in corso, mentre può operare un compenso con un aumento del prezzo dei prodotti per i contratti futuri. Al contrario, il semplice possessore di risparmio subisce il rincaro senza, di solito, potersi in alcun modo rifare. Dunque, in certi casi, imprenditori ed operai hanno un interesse comune che contrasta con quello dei semplici possessori di risparmio:

> Intuirono ciò gli economisti che opposero i *consumatori* ai *produttori*; ma giustamente si obiettò loro che, in realtà, queste due qualità spesso si confondono, e che il maggior numero di persone sono ad un tempo consumatori e produttori. La differenza per tal modo intuita sta in realtà tra chi quietamente subisce e chi ingegnosamente si vale del movimento economico, politico, sociale.[46]

Un cambiamento economico che fa crescere il prezzo dei prodotti più di quanto cresca il costo di produzione risulta vantaggioso per i produttori, ma lo sarebbe di più se il costo di produzione non aumentasse per nulla. E questo spiega perché gli imprenditori si sono opposti inizialmente alle rivendicazioni operaie. In seguito, si sono resi conto che era

46 *Trattato*, § 2231.

più vantaggioso cedere anziché combattere, che la parte più debole erano i consumatori, cosicché il prezzo dei prodotti poteva essere aumentato fino al punto in cui imprenditori e operai avessero trovato il loro tornaconto. Ecco perché – dice Pareto – i grandi industriali, commercianti, agenti di cambio, banchieri, ecc. sono diventati radicali, radical-socialisti, e persino socialisti. Il potere degli speculatori "si estende adesso su tutto il mondo incivilito; ed è ben radicato e nessun tentativo potrà scuoterlo".[47] È un potere che preferisce mandare "sulla scena comparse che s'agitano e discutono questioni teoriche, che attaccano o difendono la religione e la morale, che discutono di politica. Dietro le quinte sottratti alla vista del pubblico, speculatori e imprenditori curano i loro interessi".[48]

Aspetto sociale. Non sono minori i contrasti sotto l'aspetto sociale. Trovano posto tra gli imprenditori coloro che hanno ben sviluppato l'istinto delle combinazioni, indispensabile per conseguire il successo in questa professione; rimangono tra i semplici possessori di risparmio coloro in cui prevalgono i residui della classe II. Quindi, gli imprenditori sono generalmente gente avventurosa, in cerca di novità, sia nel campo economico che in quello sociale, per nulla spaventati dai movimenti da cui sperano di poter trarre vantaggi.

Nel XIX sec., in Europa e in America, "c'è stato uno sviluppo enorme della categoria degli speculatori. N'è derivato il progresso economico, veramente meraviglioso, di quel secolo. Tutto il globo terracqueo è solcato da ferrovie, battelli sempre più numerosi sfrecciano sui mari, le officine brulicano; l'Africa, il cui interno era quasi sconosciuto agli inizi del XIX secolo, si apre alla civiltà, mentre l'Asia si risveglia

47 Era dello stesso parere Sombart: "Ora, infranti i suoi vincoli, il gigante infuria attraverso la terra intera, abbattendo tutto quanto vi si oppone. Che cosa apporterà l'avvenire? Chi crede che il gigante Capitalismo possa distruggere la natura e gli uomini, spererà di potere incatenarlo e ricondurlo di nuovo di là dalle barriere di dove è fuggito. Si è pensato di ricondurlo alla ragione anche con elucubrazioni etiche. A me sembra che tali tentativi siano destinati a naufragare miseramente." (W. Sombart, *Il Borghese. Lo sviluppo e le fonti dello spirito capitalistico*, Longanesi, Milano, 1978, p. 286).

48 "Rentiers et spéculateurs", in *L'Indépendance*, 1 mai 1911; ora in *Scritti sociologici*, pp. 416-424.

dal suo sonno plurisecolare. E la ricchezza cresce in proporzioni sbalorditive. Non bisogna esitare a riconoscerlo, tutto ciò è opera della categoria degli speculatori".[49]

I semplici possessori di risparmio sono, al contrario, spesso gente quieta e timorosa, che sta sempre all'erta, che spera poco e teme molto dai movimenti che, per esperienza, sa che non saranno mai a suo vantaggio. Dunque, gli aumenti delle imposte pesano fortemente sulla categoria dei redditieri, la quale non può scaricarli su altri; gli aumenti, invece, sono favorevoli ad un gran numero di persone della categoria degli speculatori, che "non soltanto li scaricano sui consumatori, ma sanno anche accaparrarsi le commesse che il governo può dare grazie appunto ai ricavati delle imposte". Con queste osservazioni Pareto spiega i seguenti fatti: "Una volta il carovita era paventato come un male giacché la categoria dei redditieri era numerosissima, persino nelle classi governanti. Oggi, il carovita non desta che rare proteste, dal momento che la categoria degli speculatori controlla lo Stato. La maggior parte dell'insurrezioni, sino alla fine del XVIII secolo, trovavano la loro origine nell'aumento delle derrate alimentari o nell'aggravarsi del peso fiscale; al presente non se ne sente manco parlare."[50] L'inclinazione ad una vita avventurosa, costosa e spendereccia, come quella ad una vita quieta, volta al risparmio, senza sorprese sono in gran parte effetto di istinti e ben poco del ragionamento.

Inclinazioni e tipi umani

Nella descrizione dei letterati (da Teofrasto a Molière) l'avarizia è rappresentata come l'estremizzazione del risparmio, per questo l'avaro non è mai stato posto in relazione con l'interesse che può ricavare dal suo risparmio. "L'avaro risparmia tutto ciò che può, e si fa pagare quanto più può come frutto di ciò che presta. Sono due massimi che non sono posti in relazione." Pur non essendoci statistiche, dice Pareto,

49 Ibid.
50 Ibid.

possiamo ritenere probabile, "come fra loro ci fossero previdenti ed imprevidenti, e le descrizioni di un ottimo osservatore come è Teofrasto valgono più e meglio delle nebulose disquisizioni di certi nostri statistici". Nei *Characteres* (X, 11), Teofrasto, descrivendo l'uomo dedito ai "sordidi risparmi", non accenna minimamente alla possibile relazione con l'interesse che se ne potrà ricavare; "è evidente che sono atti dell'istinto che manifestano la passione di accumulare"; ed appaiono tali anche nei consigli che dà Catone il Censore, "il quale del risparmiare ed anche un poco dell'essere avaro era ottimo intenditore". Pareto ribadisce, dunque, che

> [...] il risparmio, differente in ciò dalla maggior parte degli altri beni economici, non ha un'ofelimità elementare decrescente con la quantità. Anche qui l'osservazione diretta mostra che molti, quando non hanno punto risparmio, non provano minimamente il bisogno di risparmio.[51]

Tali inclinazioni sono simili alle altre inclinazioni degli uomini (il coraggio, la viltà, la passione del gioco, la concupiscenza, le disposizioni per certi esercizi del corpo, o per certi lavori intellettuali, ecc.), che possono certamente essere modificate da circostanze secondarie, ma non vi è dubbio che siano principalmente caratteri individuali, per i quali il ragionamento serve poco o nulla. Tutti sanno, infatti, che voler trasformare un uomo vile in coraggioso, un imprevidente in previdente, voler distogliere dalla sua passione un giocatore, o conseguire altri effetti simili, è quasi sempre – se non sempre – opera vana. Considerazioni come queste non possono essere contestate, osserva Pareto, contrapponendo statistiche, atte a dimostrare che il risparmio è un'azione essenzialmente logica, e che la sua quantità è determinata principalmente dal frutto che se ne può ottenere. Nello studio di fenomeni molto complessi, le statistiche sostituite all'osservazione diretta utilizzata per i fenomeni semplici, possono solo indurre in errore.[52]

---

51 *Cours*, § 419; *Manuale*, VIII, § 11.

52 Qui Pareto (*Trattato*, § 2232) ricorda – ed è significativo per un matematico come lui – "due scienziati di grande e meritata fama, cioè il Bodio, in Italia, il De Foville, in Francia, hanno opportunamente fatto vedere con quanta prudenza discrezione e cautela sono da adoperare le statistiche; ed i loro insegnamenti vogliamo sempre

Azioni non logiche e risparmio

Tutte le azioni dell'uomo che hanno origine dall'istinto possono essere modificate più o meno dal ragionamento e sarebbe un errore escludere le azioni che hanno origine dall'istinto del risparmio; ciò non toglie che tale istinto costituisca la parte principale del fenomeno, che rimane non logica. Ad esempio, tra i fatti più certi in cui le azioni logiche intervengono per determinare il risparmio, dice Pareto, c'è quello di persone che smettono di esercitare la loro attività quando hanno risparmiato abbastanza per poter vivere convenientemente negli anni che ancora loro rimangono. "È notevole che in questo caso l'azione logica è contraria a quella che si avrebbe se la quantità di risparmio crescesse col frutto che se ne può ricavare." Il caso è molto semplice, ma il fenomeno è complesso. La somma di risparmio necessaria per potersi ritirare dalla professione dipende non solo dal frutto del risparmio, ma anche dal prezzo di quanto occorre per vivere e dal tenore di vita cui si è abituati al momento in cui si lascia la propria occupazione. Inoltre, bisogna tener conto di molte altre circostanze che si riferiscono alle caratteristiche della famiglia e agli usi e costumi del tempo:

> [...] infine, tutto ciò si soprappone alle azioni non logiche, non le sostituisce. L'imprevidente non ha da curarsi del frutto del risparmio perché non ne ha punto; l'avaro neppure se ne cura perché accumula a più non posso; nei gradi intermedi opera in parte l'istinto ed in parte il ragionamento.[53]

A questo punto, Pareto propone una classificazione più generale, in cui è contenuta la precedente tra imprenditori e risparmiatori in quanto "capitalisti", e "della quale ci dovremo spesso valere per spiegare i fenomeni sociali": *speculatori e redditieri* o, come si esprime in altri contesti con terminologia machiavelliana, *volpi* e *leoni*. Meglio sarebbe, dice Pareto, usare semplici lettere per ovviare alla tirannia del linguaggio, ma ciò non eviterebbe il problema di doverle definire; perciò

---

tenere presenti." Un'osservazione ancora più valida oggi, essendo diventata la statistica la nuova verità.

53 *Trattato*, § 2232.

si rassegna ad utilizzare il nome di *speculatori* per le persone della categoria (*S*), e di *redditieri,* cioè che godono di una rendita, per le persone della categoria (*R*).[54]

Speculatori (S) o volpi

In una categoria, indicata con (*S*), sono collocate le persone le cui entrate sono essenzialmente variabili e dipendono dalla capacità della persona di trovare fonti di guadagno. A tale categoria, ragionando in generale e trascurando le eccezioni, apparterranno appunto gli imprenditori di cui si è detto prima, i possessori di azioni di società industriali e commerciali (non, tuttavia, i possessori di obbligazioni, più consoni alla classe seguente), i proprietari di case nelle città in espansione dove si fanno speculazioni edilizie, i proprietari di terre (là dove esiste una speculazione sulle terre), gli speculatori di borsa, i banchieri che guadagnano con i prestiti di Stato, con i prestiti alle industrie ed ai commerci. A costoro si devono aggiungere tutte le persone che da queste dipendono, cioè i notai, gli avvocati, gli ingegneri, i politicanti, gli operai e gli impiegati, che ricavano vantaggio dalle operazioni ora accennate. Insomma, la categoria riunisce tutte le persone che direttamente o indirettamente traggono giovamento dalla speculazione e che in vario modo provvedono ad aumentare le entrate, valendosi ingegnosamente delle circostanze: "è una categoria innovatrice, annusante dappertutto allo scopo di realizzare buone operazioni, internazionalista, giacché riesce ad esercitare la sua industria in ogni dove e per la quale, in fon-

---

54 Il primo cenno si trova in *Rentiers et spéculateurs*, op. cit., pp. 416-424, dove peraltro manca un pezzo o almeno non è segnato il tipo II dei due che l'autore dice di voler prendere in considerazione. "Questi nomi [speculatori e redditieri] indicano assai male le cose alle quali s'applicano; li impiego in mancanza d'altri, per cui il lettore è pregato di non darvi troppa importanza, ma di concentrarla unicamente sulle cose", ibid., p. 416. Così nel *Trattato*: "al solito, non c'è da ricavare nulla dal senso volgare o dall'etimologia di questi nomi, e che li adopereremo esclusivamente nel senso definito nei §§ 2233-2234 del *Trattato*." Ed è per questo che altre volte usa l'espressione di *volpi* e *leoni* ('golpe' e 'lione'), derivata da Machiavelli.

do, i soldi non hanno patria", è ciò che si dice "abitante di cosmopolis, che ovunque si considera a casa sua, dalle idee larghe, ironicamente sorridente dei pregiudizi: siano essi le idee religiose sia l'idea di patria, scorgendo assai sovente negli uomini niente altro che mezzi per far fortuna o contrassegni d'influenza [...] è questa categoria che imprime il moto, il progresso che costituisce le vele del battello".[55] In altre parole, dice Pareto, qui troviamo quel tipo di individui che possiamo definire "sradicati".

Redditieri (R) o leoni

In un'altra categoria, indicata con (*R*), troviamo le persone la cui entrata è fissa o quasi fissa e quindi dipende poco dalle ingegnose combinazioni che si possono escogitare. In tale categoria, grosso modo, staranno i semplici possessori di risparmio depositato in banca, o impiegato in vitalizi, i pensionati, coloro che traggono principalmente le loro entrate da titoli del debito pubblico, da obbligazioni di società, o da altri simili titoli con interesse fisso, i possessori di case e di terre dove non c'è speculazione, i contadini, gli operai, gli impiegati che dipendono da queste persone. In questo modo, si riuniscono tutte le persone che né direttamente né indirettamente traggono giovamento dalla speculazione e che hanno entrate o fisse, o quasi fisse, o almeno poco variabili. È questa una categoria "in gran parte conservatrice, ostile alle novità, che teme sempre un poco, patriottica, nazionalista", quel tipo estremo descritto come "piccola borghesia, bottegaia, piccola proprietaria, abbarbicata al paese come l'ostrica alla conchiglia, dalle idee limitate, dai pregiudizi tenaci". Qui si trovano quegli individui che Pareto definisce, appunto, 'abbarbicati'. È questa categoria che conferisce "stabilità alle nazioni, come la zavorra alle navi".[56] Per queste due categorie di per-

55 Ibid, pp. 416-417.

56 Ibid. O. Morgenstern e C. W. Granger hanno definito speculatore chi cerca di trarre una grande somma di denaro investendo una piccola somma, mentre è un investitore chi cerca di evitare che una grande somma diventi una piccola somma. Le monografie di F. Le Play sono utili ad individuare tali tipi.

sone vale quanto è stato detto precedentemente per i risparmiatori e gli imprenditori: tra esse si troveranno analoghi contrasti economici e sociali. Nella prima categoria predominano i residui della classe I; infatti, chi ha notevole capacità per le combinazioni economiche non si accontenterà di un'entrata fissa, ma vorrà guadagnare di più, e, se le circostanze saranno favorevoli, entrerà a far parte della prima categoria. Nella seconda predominano i residui della classe II.

Diversa utilità degli S e degli R

Le due categorie svolgono nella società funzioni diverse. La categoria (*S*) è la principale fonte dei mutamenti e del progresso economico e sociale; la categoria (*R*) costituisce invece un potente elemento di stabilità, che mitiga i movimenti spesso avventurosi della categoria (*S*). "Una società ove prevalgono quasi esclusivamente gli individui della categoria (*R*) rimane immobile, come cristallizzata; una società ove prevalgono gli individui della categoria (*S*) manca di stabilità", è in uno stato di equilibrio instabile, che può essere distrutto da un lieve accidente, interno o esterno. Questa categoria "è vile, come, durante il Medioevo, erano gli ebrei e gli usurai". Ha l'oro come arma e non il ferro; usa ampiamente l'astuzia perché non sa combattere. "Cacciata da una parte, rispunta dall'altra, senza esporsi mai al pericolo. La sua ricchezza aumenta mentre la sua energia cala. Infiacchita dal materialismo economico, ignora sempre più l'idealismo dei sentimenti." E, ancora, prosegue Pareto, "è probabile che, fintantoché bisognerà lottare usando abilità e furbizia, il potere della gente (S) non potrà in nessun modo essere schiantato. Potrebbe però arenarsi contro una secca: quella della forza bruta".[57] Non bisogna confondere gli (*R*) con i 'conservatori', né gli (*S*) con i 'progressisti', gli innovatori, i rivoluzionari; possono esservi punti in comune, ma non c'è identità. Ci sono evoluzioni, innovazioni, rivoluzioni che gli (*R*) appoggiano, soprattutto quelle in grado di riportare nelle classi superiori alcuni residui della persistenza degli ag-

57 "Rentiers et spéculateurs", op. cit., p. 420, 424.

gregati, che erano stati rimossi dagli (*S*). Una rivoluzione può essere fatta anche contro gli (*S*) (ad esempio, quella che fondò l'impero romano e, in parte, quella che portò alla riforma protestante). Gli (*R*), appunto perché in loro prevalgono i residui della persistenza degli aggregati, possono essere accecati da questi sentimenti sino ad agire contro i propri interessi: si lasciano giocare con facilità da chi fa appello ai loro sentimenti e spesso sono stati gli artefici della propria rovina. Se i signori feudali – nei quali era molto accentuato il carattere degli (*R*) – non si fossero fatti trascinare da un insieme di sentimenti, di cui la passione religiosa era solo un aspetto, avrebbero facilmente compreso che le Crociate dovevano rovinarli. Se la nobiltà francese, che viveva delle sue rendite e la parte della borghesia francese che si trovava nelle stesse condizioni, non fossero state, nel secolo XVIII, pervase dai sentimenti umanitari, non avrebbero preparata la rivoluzione, riuscita loro fatale. Fra i ghigliottinati, più di uno aveva lungamente, pazientemente, sapientemente affilata la mannaia, che doveva mozzargli la testa. Ai giorni nostri, come anche al tempo di Pareto, quelli degli (*R*) che sono detti 'intellettuali' si muovono sulle tracce dei nobili francesi del XVIII secolo e lavorano, per quanto è loro possibile, alla rovina della propria classe.[58]

Gli S e gli R e le diverse occupazioni economiche

Le categorie (*R*) e (*S*) non devono essere confuse nemmeno con quelle che si possono formare considerando le occupazioni economiche. Anche in questo caso, esistono dei punti di contatto, ma non piena coincidenza. Un negoziante al minuto spesso si trova nella categoria (*R*), mentre un negoziante all'ingrosso può anche appartenervi, ma per lo più lo si trova nella categoria (*S*). Talvolta una stessa impresa può cambiare carattere. Un individuo della categoria (*S*) fonda un'industria, che è il risultato di fortunate speculazioni; quando essa dà, o sembra dare bei profitti, egli la muta in società anonima, si ritira dall'affare e

58 *Trattato*, § 2254.

passa nella categoria (*R*). Un gran numero di azionisti di questa società appartengono anche alla categoria (*R*): sono quelli che, acquistando azioni, hanno creduto di acquistare titoli garantiti. Se hanno avuto ragione, anche il carattere dell'industria cambia, passando dalla categoria (*S*) alla (*R*). Ma, in molti casi, la migliore speculazione per chi fonda un'industria è mutarla in 'società anonima', la quale in poco tempo va in crisi e sono ancora gli (*R*) che pagano le conseguenze: "Nessuna industria è più vantaggiosa di quella che consiste nello sfruttare l'inesperienza, l'ingenuità, le passioni degli (*R*). Nelle società nostre, la ricchezza di molti non ha altra fonte." Le diverse proporzioni in cui le categorie (*S*) e (*R*) stanno nella classe governante corrispondono a diversi modelli di civiltà e tali proporzioni sono fra i principali caratteri che si debbono considerare nell'eterogeneità sociale. Ma, si chiede Pareto: "Se questo fenomeno sociale e di sì gran momento, come può essere che la gente sin ora non se n'è accorta?" La risposta, è che come al solito "la gente lo ha veduto ma l'ha ricoperto col velo delle derivazioni". Ad esempio, secondo Pareto, l'antisemitismo è sostanzialmente un movimento contro gli 'speculatori', se è fondata l'opinione comunc che gli ebrei ("semiti") siano più speculatori dei non ebrei ("ariani"), tanto da essere considerati come rappresentanti dell'intera classe degli speculatori. E porta l'esempio di quanto succedeva al suo tempo per i grandi magazzini e i bazar, osteggiati, specialmente in Germania, dagli antisemiti. È vero, osserva, che molti di questi negozi appartengono ad ebrei, "ma anche ai cristiani", e "i primi come i secondi sono egualmente nocivi al piccolo commercio, che gli antisemiti, che in questo caso sono semplicemente antispeculatori, vogliono proteggere".[59]

Lo stesso si può dire "dei sindacati finanziari e delle altre forme che assume la speculazione". Il movimento socialista lotta contro i 'capitalisti', ma costoro, da un punto di vista teorico, non vanno confusi con gli 'speculatori', come invece succede spesso: "anche i teorici, quando discorrono del 'capitalismo' nella storia, lo confondono, almeno in par-

59 *Trattato*, § 2235. Pare risalire a C. Beccaria (1794) la prima attestazione del termine italiano *speculatore*.

te, col dominio degli 'speculatori'."[60] Nelle vicende storiche si trova sempre "il contrasto tra gli speculatori ed il rimanente della popolazione". Ad esempio, ad Atene, "gli uomini del Pireo sono in contrasto con gli agricoltori, e Platone vuole porre la sua Repubblica lontana dal mare, appunto per sottrarla all'opera degli 'speculatori'; egli, in ciò, è il precursore degli antisemiti nostri contemporanei":

> In tutta la storia, in tutti i tempi, appare l'opera degli 'speculatori', variano i modi coi quali essa si manifesta, variano ancora i nomi che ad essa si danno, le derivazioni a cui dà origine, ma rimane la sostanza.[61]

Della spoliazione

È difficile – secondo Pareto – definire rigorosamente ciò che s'intende con organizzazione socialista ed anche lo stesso termine andrebbe sostituito con uno più preciso. Molti, genericamente, si riferiscono ad un'organizzazione socialista come ad un'organizzazione 'artificiale' da contrapporre ad una liberale, detta anche 'naturale'. Un modo più preciso per caratterizzare tali sistemi è quello di considerare i limiti entro i quali essi ammettono la proprietà privata. Si può passare da un sistema dove la proprietà privata è completamente abolita, ad uno dove non subisce alcuna restrizione. Questi due estremi sono ovviamente irrealizzabili: da una parte, ognuno avrà almeno la proprietà di ciò che sta per mangiare; dall'altra, ogni organizzazione richiede spese e lavori da fare in comune. In mezzo a questi due poli troviamo un'infinità di gradi in-

60 Anche in questo assunto Pareto è in consonanza con M. Weber. Lo speculatore paretiano, pur essendo parte integrante dell'equilibrio economico generale, è colui che incarna il weberiano "istinto del profitto", la "sete di guadagno", "di guadagno monetario, anzi del massimo guadagno monetario possibile". Tale aspirazione è presente e lo è sempre stata, "presso camerieri, medici, cocchieri, artisti, prostitute, impiegati venali, soldati, banditi, ecc.". Ma tutto ciò, ci dice Weber, "non ha niente a che vedere con il capitalismo [...] La sconfinata sete di profitto non s'identifica minimamente con il capitalismo nè tanto meno con il suo 'spirito'" (*Sociologia delle religioni*, Utet, Torino, 1976, vol. I, p. 92).

61 *Trattato*, § 2236.

termedi che, a seconda della vicinanza di un sistema a un estremo o all'altro, ci aiutano a classificarli.

Pareto adotta la seguente definizione: i sistemi socialisti sono quelli che ammettono solo un minimo di proprietà privata e in base a questa li classifica a seconda del genere di proprietà privata che si colpisce.[62] Se si tratta di ogni proprietà, si avrà da una parte il comunismo perfetto, dall'altra il regime di un despota assoluto. Se invece si elimina solo la proprietà dei mezzi di produzione e si mantiene quella dei prodotti, si avranno, approssimativamente, i sistemi socialisti moderni da una parte e i sistemi di monopolio governativo dall'altra. Infine, c'è il caso in cui si elimina la proprietà privata dei prodotti e si mantiene quella dei mezzi di produzione. I sistemi che più si avvicinano a questo modello sono il socialismo di Stato da una parte e, dall'altra, molte organizzazioni reali che lasciano produrre ai privati la ricchezza di cui poi s'impossessano (soprattutto tramite le imposte) e che redistribuiscono ad altri gruppi. Pareto osserva che le misure del socialismo di Stato tendono sempre più a sostituire le appropriazioni dirette delle classi sociali o degli individui (ciò che poi si è verificato in Europa con il laburismo o con politiche similari):

> Il marxismo tende solo alla trasformazione del capitale privato in capitale collettivo; il capitale stesso non sarebbe distrutto; ma il socialismo di Stato, occupandosi soltanto di spogliare i ricchi, senza curarsi di ricostituire, sotto forma collettiva, il capitale che distrugge sotto la forma privata, deve necessariamente metter capo, presto o tardi, all'impoverimento del paese.[63]

È necessario che, in determinate condizioni tecniche e sociali della produzione, le diverse specie di capitali, cioè i capitali fondiari, mobiliari e personali, non si combinino in una proporzione qualsiasi, ma per ottenere il massimo risultato, devono combinarsi in proporzioni che, "senza essere assolutamente fisse, variano solo in limiti abbastanza vicini". In uno stato di equilibrio, "se si riduce violentemente la quantità

62 *Sistemi*, pp. 211-213. È importante sottolineare che tale definizione comprende anche organizzazioni non propriamente 'socialiste', ad esempio quelle dispotiche.

63 Ibid., pp. 250-251.

di una di queste tre specie di capitali, per esempio dei capitali mobiliari, gli altri capitali non possono più essere così bene utilizzati". In tal modo la produttività generale ed il consumo si riducono, mentre la miseria aumenta.

Secondo Margaret Levi i governanti non sempre si appropriano di tutto ciò che potrebbero prendere legalmente o con la forza, "né intraprendono sempre attività che Pareto definisce di spoliazione, cioè la ricerca di guadagni personali a scapito del benessere generale. I comportamenti così definiti da Pareto sono simili a quelli che nella teoria delle scelte pubbliche sono noti come *rent seeking* [...] Il concetto di Pareto è sia meno generale sia più preciso. Lo sfruttamento e la spoliazione sono fenomeni reali; tuttavia, il grado in cui sono effettivamente intrapresi varia notevolmente".[64] Pareto sarebbe stato d'accordo:

> Gli ingenui credono che, per fare ciò [procacciare il bene proprio e della propria clientela] basta non essere onesti; s'ingannano, occorrono rare doti di avvedutezza, di abilità in ogni genere di combinazioni. [...] occorre, con sottile arte, trovare nella parte economica, combinazioni di protezione economica, di favori alle banche, ai trusts, di monopoli, di riforme fiscali, ecc., e nelle altre parti, di pressioni sui tribunali, di distribuzioni di onorificenze, ecc.[65]

Le imposte, attraverso le quali lo Stato si impossessa della ricchezza prodotta dai privati, vengono definite come "una somma necessaria ai bisogni dello Stato". La discussione si sposta quindi sul termine 'bisogno' e possiamo vedere che esistono tante teorie quante sono le defini-

64 M. Levi, *Teoria dello stato predatore*, Edizioni di Comunità, Milano, 1997, p. 227. La ricerca di rendite parassitarie è generata dalla propensione individuale – in uno stato moderno in espansione dove le possibilità di rendita sono molteplici – a massimizzare l'utilità e con ciò facendo si sprecano risorse appunto al fine di assicurarsi rendite e profitti resi possibili dallo stato. In altri termini, il risparmio o parte del risparmio, invece di dirigersi verso attività produttive, è dirottato dagli speculatori verso l'acquisizione di favori, intrighi politici, ecc., e in generale per la spoliazione, possibile solo rendendosi amici i poteri pubblici. Si veda a questo proposito tra l'altro G. Tullock, *The Economics of Special privilege and Rent Seeking*, Kluwer, Boston, 1989; più in generale J. M. Buchanan, G. Tullock, *Il calcolo del consenso. Fondamenti logici della democrazia costituzionale*, Il Mulino, Bologna, 1998.

65 *Trattato*, § 2268.

zioni date (è questo uno dei grandi difetti delle scienze sociali). Se ci atteniamo esclusivamente ai fatti, l'imposta è la somma che i governanti prelevano dall'aggregato su cui si estende il loro controllo. Questa somma, in ogni tempo, è stata impiegata per una parte nell'interesse comune di governanti e governati, una parte molto piccola nel solo interesse dei governati, mentre la parte più considerevole andava ad uso e consumo dei governanti e dei loro protetti. Nei sistemi che ammettono la proprietà privata si può produrre la ricchezza direttamente col lavoro e con i capitali che si possiedono, oppure ci si può appropriare di quella prodotta dagli altri. Quest'ultimo è sicuramente il metodo più facile[66] e la facilità aumenta quando la spoliazione è effettuata col crisma della legge.

Affinché gli individui possano costituire un gruppo ed appropriarsi dei beni altrui, sono necessarie, secondo Pareto, alcune condizioni: 1) i membri del gruppo non devono essere troppo dispersi e devono essere facilmente riconoscibili; 2) dato che è sempre stato insegnato che non bisogna appropriarsi dei beni altrui, occorre trovare una via indiretta per farlo e una ragione che lo giustifichi. Riguardo a ciò, non ci sono mai stati grossi problemi, poiché qualunque espressione vaga, astratta e che faccia appello al sentimento è sempre bastata agli uomini per giustificare ogni tipo di azione, quando si tratta di perseguire i propri interessi. Del resto, vi sono periodi storici in cui la spoliazione viene giustificata e talvolta accresciuta da chi l'ha subita, usando termini come 'sensibilità' e 'solidarietà'.[67] Ciò è stato anche rilevato da Olson: "L'opinione diffusa, comune a tutte le scienze sociali, secondo cui i gruppi tendono a promuovere i loro interessi è di conseguenza ingiustificata, per lo meno quando si basa, come di solito accade, sull'assunzione (talora implicita) che i gruppi agiscano nel proprio interesse perché così fanno gli individui." E aggiunge: "Vi è paradossalmente la possibilità logica che gruppi composti da individui altruisti o da individui irrazionali agiscano talvolta nel proprio comune interesse. Come

---

66 *Sistemi*, pp. 215-217. Ad esempio, spezzettando il prelievo con tante tasse diverse. Così è molto difficile conoscere ciò che si paga realmente. Con un unico versamento la cosa sarebbe più evidente e dunque più forte la resistenza.

67 Ibid., pp. 221-222.

cercheremo di dimostrare più avanti adducendo dei dati empirici questa possibilità logica non ha tuttavia, di solito, una grande rilevanza pratica. La tradizionale opinione secondo cui gruppi di individui dotati di interessi comuni tendono a promuovere tali interessi comuni sembra quindi avere scarso o nessun fondamento."[68]

Questo fenomeno era già stato ampiamente trattato nel *Cours* e, cent'anni dopo, Margaret Levi non fa che confermarlo: "il risultato principale di questo libro consiste nell'aver sottolineato l'importanza della conformità quasi-volontaria nel vincolare le politiche fiscali dello stato."[69] Pareto pone ancora l'accento su una circostanza curiosa: molto spesso gli uomini spendono più energie per appropriarsi dei beni altrui, di quante non ne usino per difendere i propri. Proprio come fa notare T. Schelling (*Arms and Influence*, 1966), citato da Olson: "Uno dei deplorevoli principi della produttività umana è che è più facile distruggere che creare. [...] Il potere di danneggiare – di distruggere le cose che qualcuno ama, di infliggere dolore e sofferenza – è un tipo di potere vantaggioso, non facile da usare ma spesso impiegato. Nella malavita esso è la base per ricatti, estorsioni e rapimenti; nel mondo commerciale per boicottaggi, scioperi e serrate [...] è alla base delle punizioni umane così come di quelle corporali che la società usa per scoraggiare il crimine e la delinquenza [...]. È spesso alla base della disciplina civile e militare; e le divinità lo usano per ottenere obbedienza."[70] La spoliazione non incontra dunque una grande resistenza. Ciò che finisce talvolta per arrestarla è la distruzione di ricchezza, che avviene come conseguenza e che può portare alla rovina del paese. Ancora, M. Levi è più paretiana di Pareto: "In base a queste assunzioni e alle mie defini-

68 M. Olson, *La logica dell'azione collettiva*, op. cit., p. 15. Si potrebbe dire meglio con Simmel: "Ci si deve render conto che la maggioranza dei rapporti tra gli uomini può essere considerata alla luce della teoria dello scambio. Ogni interazione deve essere considerata come uno scambio." (G. Simmel, *Filosofia del denaro*, Utet, Torino, 1984, p. 125).

69 M. Levi, *Teoria dello stato predatore*, op. cit., pp. XIX-XX. Si veda anche il bel saggio di M. McLure, "Equilibrium and Italian fiscal sociology: a reflection on the Pareto-Griziotti and Pareto-Sensini letters on fiscal theory", *Euro. Journal History of Economic Thought* 12, 4, December 2005, pp. 609-633.

70 M. Olson, *Logica delle istituzioni*, Edizioni di Comunità, Milano, 1994, p. 39.

zioni precedenti, ipotizzo che i governanti siano predatori, nel senso che cercano di reperire la massima quantità possibile di entrate da una data popolazione." Ciò non implica, precisa, che siano necessariamente dediti allo sfruttamento, dato che essi possono utilizzare tali entrate per riempirsi le tasche o per accrescere il proprio potere; possono perseguire fini sociali o personali; possono voler promuovere un'ideologia o essere altruisti. In generale, "i modelli della teoria della scelta razionale non fanno alcuna assunzione relativa ai fini, e i governanti possono essere motivati da una molteplicità di scopi diversi. Quali che siano i loro fini, occorrono risorse finanziarie per conseguirli. È per mezzo dello stato e delle sue entrate che i governanti realizzano i loro fini personali e sociali".[71] Se è vero che chi detiene il potere, senza distinzione di tempo e spazio, ha sempre considerato la ricchezza dei sudditi o cittadini a sua disposizione, considerando i prelievi di ricchezza tra gli atti più importanti del governo, mai, fino al ventesimo secolo, la tassazione aveva superato il 15 per cento. Oggi, in Italia, siamo vicini al 50 per cento, secondo alcuni anche oltre. Ancora, alcune questioni, che ai tempi di Pareto erano fonte di acceso dibattito, hanno mantenuto ancora oggi il loro rilievo.[72] Ne sottolineiamo brevemente alcune.

Prezzo di vendita e costo di produzione. Numerosi economisti hanno creduto di poter determinare il prezzo di vendita di un prodotto col suo costo di produzione, ammettendo così tacitamente che esiste un costo

71 M. Levi, *Teoria dello stato predatore*, op. cit., p. 5. Ricordiamo il prelievo fiscale del 1992, allorché il governo italiano decise – ovviamente nottetempo e nell'interesse del paese, si disse – di prelevare il 6 per mille da tutti i conti correnti per rimettere l'Italia in linea con lo Sme (sistema monetario europeo). Quel governo nello stesso anno inventò l'imposta comunale sugli immobili (Ici). Il gettito di quest'imposta è costantemente cresciuto, a conferma di quanto diceva Luigi Einaudi alla Costituente: "l'amministratore del Comune concepisce il diritto di giungere fino a un certo limite di tassazione come un dovere di giungervi, tanto più che la spinta a spendere c'è sempre, quando esiste la possibilità di tassare." In ventidue anni le tasse sulla casa sono aumentate del 965 per cento e l'Ici rappresenta oggi il sessantotto per cento del gettito tributario dei Comuni e delle loro entrate correnti.

72 *Sistemi*, cap. XIII.

di produzione indipendente dal prezzo dei prodotti. Ma ciò non è, perché tutti i prezzi dipendono gli uni dagli altri.[73]

Salari. Ragionando sui salari, è stato spesso affermato che nessuno accetta un salario inferiore a quello che può ottenere direttamente dal suo lavoro. In realtà, molti autori sostengono che nella 'società capitalista' il salario è decisamente inferiore a quanto un individuo potrebbe percepire dal suo lavoro a causa di circostanze artificiali (la proprietà privata dei mezzi di produzione, ossia i capitali fondiari e i capitali mobiliari), le quali, quindi – in quanto tali – sono rimovibili o risolvibili. Fra le teorie che commisurano il salario al prodotto 'diretto' del lavoro, ce n'è una che considera soltanto i capitali fondiari. Secondo tale teoria, finché ci sono terre libere e incolte, il capitalista non può sfruttare l'operaio, perché quest'ultimo potrebbe abbandonarlo per lavorare direttamente le terre libere. Affermando ciò – commenta Pareto – si fanno implicitamente due premesse: primo, che è possibile coltivare le terre senza capitali mobiliari; secondo, che chiunque è in grado di darsi all'agricoltura e di dirigere un'azienda. Ma entrambe le premesse sono false, perché anche la più piccola azienda agricola ha bisogno di attrezzi, bestiame, macchine agricole, ecc., cioè di capitali mobiliari; mentre, per quanto riguarda le capacità degli uomini, si può sicuramente affermare che molti non possiedono quelle necessarie per coltivare il suolo. Ciò che è accaduto in varie parti del Terzo mondo a partire dalla fine della seconda guerra mondiale e fino ai giorni nostri, dove la distribuzione delle terre accompagnata anche da ingenti capitali non sempre è riuscita a sviluppare una seria economia contadina.[74]

---

73 Ibid., p. 664.

74 Ad esempio, i caratteri e le conseguenze economico-sociali della legislazione napoleonica anti-feudale furono, nel Regno di Napoli, quelle che le condizioni ambientali imponevano. Aboliti i feudi, la potenza economica della feudalità non era granché mutata e i contadini non avevano potuto approfittare che in maniera irrisoria dell'occasione offerta loro di diventare proprietari; si erano dimostrati del tutto incuranti di affrettare la quotizzazione e di acquistare la proprietà e soprattutto incapaci di conservarla. La feudalità era stata abolita spesso a profitto degli ex-baroni "e con tanto sacrificio del nostro tesoro", disse Gioacchino Murat e il suo ministro Zurlo nel 1812 scriveva: "nella suddivisione dei demani comunali è qualche volta arrivato che le quote sono cadute in mani così miserabili e talmente mancanti di

Miseria e organizzazione sociale. Nelle grandi città ci sono tanti miserabili. Ai tempi di Pareto molti sostenevano – ma le stesse considerazioni potrebbero essere fatte anche oggi, soprattutto per certe zone del terzo mondo – che se costoro avessero avuto delle terre libere da coltivare, avrebbero potuto rendersi utili ed essere felici. In realtà, secondo Pareto, l'organizzazione sociale, accusata della loro miseria, gli permette di sopravvivere più a lungo, perché, anche avendo a disposizione le terre più fertili, se fossero abbandonati a se stessi, morirebbero di fame.[75] Un esempio attuale è il cosiddetto 'reddito sociale' per i disoccupati, più volte riproposto dagli eredi delle visioni socialistiche ottocentesche. Ora viene chiamato 'reddito di cittadinanza' e, nelle intenzioni dei promotori di una legge in tal senso in Parlamento, si tratta di uno stipendio di ottomila euro all'anno da attribuire a chiunque abbia i requisiti minimi, partendo dal presupposto che non si mira a dare un sostegno a chi non ha più un'occupazione (dato che per questo esistono già tutta una serie di ammortizzatori sociali), quanto di "liberare il diritto al reddito dal lavoro", cioè assegnare un salario anche a chi non lavora o non ha voglia di lavorare. Gli ottomila euro all'anno, non sottoposti ad alcuna tassazione, sono più di 666 euro al mese che, nelle intenzioni dei promotori della vasta galassia 'no global' – nuovo nome per vecchie idee collettivistiche – diventano mille euro, se allo 'stipendio' si aggiungono tutti quei servizi che dovrebbero diventare gratuiti per chi ha diritto al cosiddetto 'reddito sociale'.[76]

mezzi e di energie, che senza tirarne alcun vantaggio han finito per abbandonarle. A questo Ministero si son fatte delle domande di cedersi tali fondi a beneficio dei ricchi possessori come il mezzo più sicuro di farli valere." (G. Arias, *La questione meridionale*, 2 voll., 1921) Ancora oggi abbiamo potuto constatare direttamente come, ad esempio, in provincia di Lecce, enormi appezzamenti di terreno conferiti dal fascismo a contadini, siano giunti ai discendenti così come erano all'epoca, circa settant'anni fa.

75 *Sistemi*, p. 673.

76 Una proposta di legge al Parlamento italiano di qualche anno fa prevedeva un costo di 30 milioni di euro e i suoi promotori indicavano, tra l'altro, come trovarli. In un primo momento pensavano di ricorrere alla leva fiscale, poi hanno optato per una razionalizzazione delle spese, così non si può dire che non siano oculati. Inoltre, avrebbero voluto rivedere i cosiddetti corsi di formazione professionale (e qui non

Imposte, bisogni dello stato, resistenza del contribuente. Per alcuni autori, la 'socializzazione' dei mezzi di produzione deve limitarsi ai soli beni fondiari. Pareto osserva che, da un punto di vista economico, lo Stato può essere legittimamente proprietario di tutte le terre ed anche da un punto di vista pratico, se le terre sono affittate con contratti a lunga scadenza, questa organizzazione può essere realizzabile. Bisogna però valutare il vantaggio che lo Stato ne trarrebbe. La 'nazionalizzazione' ha come scopo quello di attribuire alla collettività la *rendita* delle terre che erano dei privati. C'è chi sostiene che ciò può essere ottenuto immediatamente, non appena lo Stato sia entrato in possesso delle terre; ma la cosa non è così facile come si presenta, in quanto l'esperienza dimostra che spesso i proprietari hanno impedito che lo Stato ricorresse all'imposta per appropriarsi della rendita e nulla lascia supporre che la resistenza degli affittuari sarebbe minore. Non si capisce come un governo, basato sul suffragio universale, potrebbe resistere al voto di tutti i coltivatori e di tutti i locatari di case, che richiedono una riduzione dell'affitto.[77] È, quindi, sbagliato affermare, come alcuni autori sostengono, che lo Stato, grazie al riscatto delle terre, potrebbe abolire tutte le imposte. Essi commettono anche l'errore di supporre che le imposte siano costituite da una quantità fissa, che rappresenta i 'bisogni' dello Stato, mentre, in realtà, questi bisogni sono infiniti. Dunque, conclude Pareto, con una verità valida oggi come ieri: "Più denaro ha uno Stato, più ne spende.[78] Le imposte sono limitate solo

---

avevano tutti i torti) e anche la cassa integrazione. Nel capitolo 'copertura finanziaria delle legge' c'era una 'labor tax', che prevedeva un prelievo una tantum del 2,5% sulla tassazione dei redditi da impresa. Anche le rendite finanziarie, i titoli azionari e le transazioni erano prese di mira, con una specie di Tobin tax. Poi vi era una misura di tipo luddistico: una 'tassa sull'innovazione tecnologica' che produceva decremento occupazionale, consistente in una addizionale del 3% sull'Iva. Il cosiddetto 'reddito di cittadinanza' sarà poi approvato dalla Regione Campania (si veda il quotidiano *Il Giornale*, 31 gennaio 2004, p. 9).

77 Si pensi all'esperienza delle cosiddette Partecipazioni statali in Italia e del Ministero ad esse preposto, un esempio di ciò che Pareto chiama 'socialismo di stato', dagli anni Sessanta agli Ottanta del secolo scorso.

78 "Il teorema di cui mi scrivi (di E. Barone, esposto nel saggio: 'Di alcuni teoremi fondamentali per la teoria matematica delle imposte', *Giornale degli Economisti*,

dalla resistenza dei contribuenti."[79] Si pensi ad un paese come l'Italia "ove quasi il 50% del Pil è divorato dallo Stato e le sue entrate ne rappresentano più del 45% [...] Una nazione con 4 milioni di impiegati pubblici, altre centinaia di migliaia di dipendenti da imprese controllate da Governo o enti locali, asfissiato da leggi e regolamenti, dove non si può terminare un contratto di lavoro, tenere aperti negozi quando pare ai commercianti, sfuggire a media controllati dai partiti politici o sovvenzionati con fondi pubblici, scegliere la scuola o il medico o la pensione di proprio gradimento se non pagando due volte (prima le tasse e i contributi e poi la prestazione privata) [...]".[80] Negli ultimi cento anni la presenza e il ruolo dello Stato nell'economia è costantemente cresciuta nei paesi industrializzati e dunque sappiamo che la crescita comporta estensione e complicazione delle relazioni di mercato con la richiesta di un complesso di leggi e regolamenti adeguati. Ancora la crescita crea squilibri che lo Stato deve cercare di comporre. In particolare la domanda di servizi sociali cresce più che proporzionalmente all'aumentare del reddito. Si vede allora come lo Stato debba crescere inevitabilmente nonostante l'impegno di alcuni leaders politici al rigo-

---

marzo 1894) riproduce sotto forma concreta la proposizione di certi statisti i quali affermano che, crescendo le imposte sul popolo, questo lavora di più. Era quasi un assioma per gli uomini di Stato dei secoli scorsi che imposte gravose fossero necessarie per impedire la pigrizia del popolo. Tale proposizione è falsa, perché non considera le variazioni dello standard of life. L'esempio degli Stati Uniti di America dimostra che non è con la miseria degli operai bensì col pagare loro alti salari che si fa crescere la produzione." (Lettera a Pantaleoni, 24 nov. 1898; ora in *LMP*, vol II, p. 249-50).

79 *Sistemi*, p. 680-681. Persino Confucio, che di professione era esattore delle imposte, fece notare che le entrate del suo principe erano paurosamente calate a causa delle aliquote aumentate oltre misura. In Nuova Zelanda, nel 1984 il governo laburista portò l'aliquota più alta dell'imposta sui redditi dal 60 al 24 per cento con il risultato di aumentare la crescita economica, diminuire la disoccupazione e mutare il bilancio da passivo ad attivo. Nel 1988 l'Austria ridusse del 20 per cento il tasso marginale dell'imposta sui redditi ed il gettito crebbe del 65 per cento. Il principio sottostante è che più le tasse sono basse più un'economia cresce.

80 Quotidiano *Il Sole-24 Ore*, 1 Dicembre 2002, p. 6. Altri hanno calcolato che su 100 delle vecchie lire prodotte, oltre 60 servono a mantenere lo Stato.

re finanziario. La crescita della spesa pubblica in diciassette paesi[81] dal 1870 al 1996 è passata in media dal 10,5 al 45,8 in percentuale rispetto al Pil, con un minimo, nel 1870, del 5,7 della Svezia ed un massimo dell'Australia del 18,3 e per Italia, 11,9; Francia 12,6; Germania 10,0; Regno Unito 9,4; Usa 7,3. Nel 1996 il minimo si osserva in Nuova Zelanda 34,7 ed il massimo per la Svezia 64,7 e per l'Italia 52,9; Francia 54,5; Germania 49,0; Regno Unito 41,9; Usa 33,3.

Circolazione economica e circolazione delle élites

I governi moderni, nella gestione amministrativa indispensabile alla loro permanenza al potere, sono soliti spendere nel presente più di quanto permetterebbero le entrate, attingendo la differenza da debiti palesi o occulti che consentono di godere oggi il beneficio delle spese, rimandandone il carico all'avvenire. Tale avvenire si allontana tanto più, quanto più rapidamente cresce la prosperità economica, poiché per mezzo di essa cresce il prodotto delle imposte esistenti, senza nuovi aggravi e gli avanzi dei bilanci futuri dello Stato possono, almeno in parte, provvedere a pagare i disavanzi dei passati. Questi governi, un po' alla volta, si sono abituati ad uno stato di cose tanto comodo e oramai scontano regolarmente, per le spese del presente, gli aumenti dei bilanci futuri.[82] Tale modo di operare non dà origine a gravi difficoltà

81 Fonte: Vito Tanzi, "The Demise of the Nation State?", Washington: *IMF Working* Paper, 1998; cit. in *Surplus. Rivista bimestrale di economia*, n. 5, 2000, p. 126.

82 *Trattato*, § 2306. Come con i titoli di Stato. Con una mano prende, ad esempio, cento lire e con l'altra chiede cento lire per pagare gli interessi. "Ciò accade in molti paesi, con vari modi, tra i quali sono da notare i bilanci speciali o straordinari che si istituiscono parallelamente al bilancio generale od ordinario, il fare figurare il prodotto di nuovi debiti tra le entrate dello Stato, il costituire debitrici certe amministrazioni dello Stato, per somme da esse spese, ed il fare figurare tali somme come un credito dello Stato, che è ad un tempo creditore e debitore, ponendo per tal modo all'attivo le spese che dovrebbero andare al passivo. Quando poi, con questi od altri artifici, si è mutato un disavanzo reale in un avanzo fittizio, si incaricano giornalisti ben pagati di bandire alle genti la lieta nuova della prospera finan-

nei periodi di rapido aumento di prosperità economica. L'aumento naturale delle entrate del bilancio, infatti, copre le 'leggerezze' del passato e affida all'avvenire di sanare quelle del presente. Ma le difficoltà sorgono nei periodi di ristagno e diventano ancora maggiori se si presenta un periodo un po' lungo di recessione economica. Con tale ordinamento socioeconomico forse nessun governo potrebbe restare al suo posto, pena un dissesto economico di intensità inusitata, come la storia insegna. Nei periodi di ristagno economico, il governo deve chiedere ai governati maggiori sacrifici, mentre diminuiscono i benefici che può dare ad essi ed ai suoi sostenitori. Infatti, da un lato, deve pagare le spese del passato, per le quali si era fatto assegnamento su aumenti di entrata che ora vengono a mancare; dall'altro, se il periodo di ristagno si prolunga, diventa sempre più problematico fare delle spese impegnando l'avvenire per pagarle:[83]

> Ristagna la circolazione economica, e ristagna pure la circolazione delle classi elette; mancano i mezzi perché, o naturalmente come conseguenza degli ordinamenti esistenti, o artificialmente per opera diretta del governo, siano premiati coloro che dimostrano di possedere in maggior grado l'arte delle combinazioni economico-politiche, sulle quali poggiano i nostri governi; rimane difficile, per il governo, ammansire l'avversario, perché scarseggia l'offa da offrirgli; e se anche ce n'è abbastanza per i capi, i seguaci che rimangono a denti asciutti, rumoreggiano e rifiutano di seguirli.[84]

---

za, e se qualche persona esprime alcun dubbio su tali giuochi contabili, la si accusa di 'screditare il paese'." Ne è un esempio la recente storia d'Italia.

83 *Trattato*, §§ 2307-2308.

84 Ibid., §§ 2309-2310. E, continua: "Ad esempio, le diverse condizioni del bilancio toglievano a Crispi, e concedevano a Giolitti, di sovvenire largamente le cooperative ed altre associazioni socialiste nonché i trusts industriali e finanziari. Questa è certo una causa, piccola o grande che sia, della diversità dei fenomeni notati al § 2302. E quando, nel 1913, si ebbe un principio di ristagno economico, in Italia, i militi del socialismo rifiutarono di seguire i capi già addomesticati, e andarono dietro ad altri, che si presentarono alle elezioni con un programma decisamente contrario alla guerra libica ed alle maggiori spese militari. I capi ammansiti avevano dimenticato che nel popolo duravano le idealità che essi avevano perdute, sia spontaneamente sia in grazia dei favori del governo; a tali idealità popolari non poteva il governo contrastare col suscitare interessi popolari mercé larghe spese, quindi

In generale, possiamo osservare che i periodi di rapido aumento della prosperità economica sono favorevoli agli 'speculatori', che si arricchiscono e ascendono tra i governanti, se già non ne fanno parte; mentre sono contrari a coloro che "godono una rendita" quasi fissa, i quali decadono, sia per il naturale aumento dei prezzi, sia perché non possono reggere la concorrenza degli speculatori nel procurarsi i favori del pubblico e dei politicanti. Effetti inversi si verificano nei periodi di stagnazione. Dunque, quando prevalgono i periodi di rapido aumento della prosperità economica sui periodi di ristagno, la classe governante va sempre più riempiendosi di 'speculatori', con i loro potenti residui della classe I e, nello stesso tempo, si svuota dei 'godenti una rendita' quasi fissa, nei quali sono generalmente più potenti i residui della classe II. Tale mutamento nella composizione della classe governante ha l'effetto di spingere la popolazione alle imprese economiche e di fare crescere la prosperità, fino a quando non emergono nuove forze che contrastano il movimento. Il contrario avviene quando prevalgono i periodi di ristagno, o peggio di decadenza economica.[85]

---

crebbe e si fortificò l'opposizione al governo ed ai capi che si erano posti alla sua dipendenza."

85 Esempi dei primi fenomeni si possono trovare tra le popolazioni moderne; dei secondi, nei popoli del bacino mediterraneo, al tempo della decadenza dell'impero romano, sino a dopo le invasioni barbariche, e nel Medioevo (ibid., § 2343 ss.). Si veda infine l'interessante saggio di B. H. Mayhew and P. T. Schollaert, "Social Morphology of Pareto's Economic Elite", *Social Forces*, vol. 59, n. 1, 1980, pp. 25-43; ampliato poi in "A Structural Theory of Rank Differentiation", in P. M. Blau e R. K. Merton, (eds), *Continuities in Structural Inquiry*, Sage, London, 1981, pp. 287-323.

VI. Utopie. Critica del socialismo e del liberalismo

> Una proposizione che inquina un numero grandissimo di ragionamenti è che gli uomini sono guidati esclusivamente dalla ragione; quindi si prevede ciò che all'autore pare che essi *dovrebbero* fare, non ciò che faranno effettivamente. Altra proposizione si aggiunge spessissimo, ed è che gli uomini sono mossi dalla considerazione del bene generale più che da quella del loro bene particolare. Così si hanno numerose teorie tipo la *Repubblica* di Platone, le varie *Utopie*, il *Contratto sociale* del Rousseau, la morale utilitaria del Bentham, la *Morale dell'interesse* del Novicow, e molte altre simili elucubrazioni.[1]

Nei *Systèmes*, oltre ai sistemi socialisti,[2] Pareto critica l'utopia liberale[3] e – sulla scia di Machiavelli e Vico – molte altre teorie e sistemi

---

Questo capitolo è a cura di Mariarosa Ravelli.

1 "Previsione di fenomeni sociali", *Rivista d'Italia*, 15 aprile 1922; ora in *Scritti sociologici*, p. 1119.

2 Esce, nei primi giorni di maggio del 1902, a Parigi, il primo volume de *Les Systèmes Socialistes*. Il lavoro, compiuto tra il 1897 e il 1901, aveva preso le mosse da corsi di storia delle dottrine sociali e socialiste tenuti prima a Losanna e poi a Parigi. Luigi Einaudi aveva già pubblicato, tradotta, ne *La Riforma sociale* l'introduzione di quest'opera (che porta la data 30 novembre 1901 con il titolo: "Introduzione ad un'opera sui sistemi socialisti"), in cui si trova – scrive Pareto ad un suo corrispondente nel giugno del 1902 – "il concetto direttivo dell'opera", essendone questa "in certo modo, il compendio." All'inizio del 1903 esce il secondo volume contenente i capitoli dall'VIII al XV per 492 pagine. L'anno 1903 è quello riportato sul volume, ma forse era comparso prima, dato che Giovanni Vailati in una lettera all'amico Giovanni Vacca del 7 novembre 1902 parla del II volume, citando il cap. su 'Selection et repartition': si veda G. Vailati, *Epistolario, 1891-1909*, a cura di G. Lanaro, Einaudi, Torino, 1971, pp. 211-213.

3 "Dell'utopia liberale studia anche le ragioni della decadenza. Nel *Manuale* afferma, che l'opera dei liberali della prima metà del XIX secolo preparò l'oppressione demagogica di cui rilevava gli albori." (A. De Pietri-Tonelli, *Scritti paretiani*, Cedam, Padova, 1961, p. 46). Così come l'oppressione demagogica preparerà la ripresa del liberalismo.

basati su una pretesa completa razionalità; affronta tutte le tematiche del cosiddetto elitismo,[4] della eterogeneità sociale e della circolazione sociale con un'analisi socioeconomica, che trova fondamento nella curva dei redditi (infatti, l'opera si apre proprio con la presentazione della curva) e in considerazioni antropologiche, che spaziano dall'antica Grecia alla fine dell'Ottocento, da Platone e Aristotele a Marx e oltre. Fino ad individuare un'idea persistente, che accompagna il pensiero politico occidentale sin dalla sua formazione, l'idea della possibile costituzione di una società perfetta[5] o, come si disse poi, del migliore dei mondi possibili: dalla *Repubblica* di Platone, passando attraverso alcune eresie medioevali, l'*Utopia* di Moro (1516), la *Città del Sole* di Campanella (1623), le elaborazioni degli illuministi settecenteschi, essa arriva fino a Marx ed Engels, dove assume, sulla scia dell'idealismo della sinistra hegeliana aggiornato col nascente darwinismo, addirittura il crisma scientifico dell'ineluttabilità.[6] Resta, cammin facendo, sostanzialmente immutata in due tratti essenziali, sinteti-

4 Vogliamo ricordare che 'elitismo', 'elitista', in quanto espressioni sintetiche, se piacciono, possono essere accettate in luogo di classe dirigente, direzione, ecc. Ciò non comporta, a nostro parere, che Pareto (al pari di Max Weber, del resto) per il fatto stesso di aver affrontato tali temi sia un elitista, come si pretende da una consolidata tradizione, e, dunque, ci sembra che abbia poco a che vedere, forse ad esclusione di Roberto Michels, con la cosiddetta 'scuola' elitista. Giacché mai Pareto ha preteso – come asserisce una recente pubblicazione – di "identificare nelle élite e nella loro circolazione i concetti chiave per un'interpretazione globale della dinamica e dell'equilibrio dei fenomeni politici, economici e sociali". Quella interpretazione globale della dinamica e dell'equilibrio va invece cercata nella teoria dei residui e delle derivazioni, della quale la teoria delle élite è solo un tassello.

5 Idea questa che il pensiero cristiano non ha mai accettato, essendo la perfezione di un altro mondo; posizione che il nostro grande Vico esemplarmente traduce in termini scientifici.

6 A questo proposito suggeriamo ai nostri studenti di vedere cosa scrivono Marx ed Engels su rivoluzione e riforma nei seguenti passi e relative opere, visto che ormai sembrano essere spariti dal dibattito intellettuale: Il carattere della rivoluzione proletaria e il suo significato; La rivoluzione proletaria come rivoluzione mondiale; I presupposti oggettivi della rivoluzione proletaria: maturità della situazione; Critica del 'socialismo borghese' (riformismo); Lotte parlamentari invece di lotte di barricata (*Il manifesto*; *La questione delle abitazioni*; *Le lotte di classe in Francia*; *Lavoro salariato e capitale*; *L'evoluzione del socialismo dall'utopia alla scienza*).

camente identificabili: il primo, nell'abolizione della proprietà privata e nella comunione dei beni; il secondo, nell'instaurazione di un regime totalizzante, deputato al più stretto controllo sociale, prezzo ritenuto accettabile per la costruzione di una nuova umanità, dell''uomo nuovo' nell'espressione propagandistica novecentesca. In cosa l'applicazione pratica dei due principi si sia tradotta, è noto; ciononostante, l'ideale mantiene ancor oggi il suo fascino e lo manterrà sempre presso schiere di filosofi, ideologi e politici.

Tralasciando le leggende dell'*età dell'oro*, dove si riteneva di trovare gli inizi di un'organizzazione socialista, anche studiando le organizzazioni per le quali disponiamo di qualche documento storico, troviamo autori che vogliono vedere in esse dei sistemi socialisti. Una delle società che più viene presa ad esempio è Sparta: "[...] presso gli autori che hanno scritto su Sparta, l'eguaglianza delle condizioni è sempre, o una reminiscenza del passato o un'aspirazione dell'avvenire, mai una realtà del presente", come quello studioso dell'antica Grecia che descriveva la costituzione spartana "non quale era stata, ma quale egli desiderava che fosse." Ma, obietta Pareto, se si definisce comunista l'organizzazione della società spartana, bisogna dare questo nome anche a quella degli eserciti moderni. Ancora, se consideriamo vere le osservazioni degli storici, per cui a Sparta un numero minimo di persone possedeva tutta la ricchezza, ne consegue che il sistema industriale moderno, che – secondo i socialisti – ha l'effetto di concentrare rapidamente la ricchezza in poche mani,[7] non sarebbe l'unico a produrre tale effetto.

L'impegno profuso da Pareto nel demolire tali posizioni è proporzionale alla marea ideologica montante ai suoi tempi; non diversamen-

7 *Sistemi*, pp. 239-241. Peraltro, rileva Pareto – rimandando al libro III, cap. I del *Cours* – i dati statistici smentiscono l'opinione secondo cui il sistema industriale avrebbe prodotto la concentrazione delle ricchezze (p. 243). In tempi e con obiettivi diversi anche Toynbee ritiene come Pareto che le utopie moderne non differiscano da quelle antiche, specie da quelle di Platone: "Se diamo un'occhiata a qualcuna delle numerose Utopie moderne, incontreremo le stesse caratteristiche platoniche." (A. J. Toynbee, *Le civiltà nella storia*, a cura di D. C. Somervell, Einaudi, Torino, 1950, p. 248).

te, peraltro, dai nostri anni Sessanta e Settanta del secolo scorso. Oggi vediamo che il clamoroso crollo dei regimi dell'est europeo non ha trascinato (e non poteva trascinare, secondo l'analisi paretiana) completamente con sé la teoria comunista che ne era la base. Per gli irriducibili adepti, gli indiscutibili 'errori umani' – come li chiamano – sono appunto solo tali e non inficiano la bontà dei principi. Di fronte a una tale derivazione (questo termine ancora non compare in Pareto), non c'è evidenza di fallimenti, crimini e morti che possa far riflettere.

Innanzitutto, la mitica età dell'oro, alla quale buona parte degli utopisti si richiama, non è che una leggenda. Quanto all'organizzazione comunista della società, ammesso che si possa realizzare, sarebbe comunque disumana, avversa alla stessa comunità che vorrebbe 'liberare', perché gli uomini – al contrario di quanto pensano i teorici della felicità del popolo – desiderano naturalmente di possedere e, inoltre, perché prevedendo il dominio della comunità, o meglio dell'apparato di potere, sul singolo, ne cancella gli inalienabili diritti naturali, primo fra tutti quello della libertà di pensiero, di parola e di azione. La fallacia della tesi marxista[8] sull'avvento di una società prima socialista e poi comunista e sull'inevitabile crollo del capitalismo è sotto gli occhi di tutti: di fronte a noi, oggi, si presentano solo macerie: economie disastrate, proliferazione di una nomenclatura privilegiata (in taluni casi

8 Sull'antropologia filosofica di Marx ed Engels si veda: Il lavoro come essenza dell'uomo; il lavoro estraniato; estraniazione nell'atto stesso della produzione; l'estraniazione dalla 'vita del genere' dell'uomo; l'estraniazione dai propri simili; La soppressione dell'estraniazione; l'uomo non estraniato è l'essere sociale cosciente. Il singolo e la comunità sono ora divenuti una cosa sola; La singolare 'morale dell'economia politica' (*Manoscritti economico-filosofici del 1844*); L'etica del materialismo francese; la bontà naturale dell'uomo anche in un ambiente inumano; pervertimento dell'umanità nella morale cristiana; L'estraniazione nel borghese e nel proletario (*La sacra famiglia*); L'ipocrisia e la morale borghese; il superamento dell'antagonismo tra ascetismo e godimento nel comunismo (*L'ideologia tedesca*); Il condizionamento storico della morale (*Il capitale; L. Feuerbach e il punto di approdo della filosofia classica tedesca*). Il sorgere dell'uomo; la parte avuta dal lavoro nel processo di umanizzazione della scimmia (*Dialettica della natura*).

riconosciuta e descritta dall'interno), negazione dei diritti umani,[9] che persistono, in talune aree, anche dopo la caduta di quei regimi.

Sistemi sociali e metafisica

> [...] sistemi socialisti [...] come nasce quel sentimento, perché non corrisponde al fenomeno reale? dove è l'errore di quelle persone che credono che in quel modo il mondo sarebbe felice?[10]

La ricerca di Pareto sui sistemi metafisici[11] non può che iniziare da Platone[12] e dalle sue concezioni sulla società e sullo stato perfetto, espresse prevalentemente nella *Repubblica* e ne *Le Leggi* e arriva ai suoi tempi (noi potremmo continuarla fino ai giorni nostri) attraverso una schiera di autori che si proponevano di costruire uno stato ideale,

---

9 Un elemento, spesso dimenticato, ma che forse oggi meriterebbe una più significativa considerazione da un punto di vista sociologico, è il ruolo dei cosiddetti 'intellettuali' e la loro adesione entusiasta alle idee e alla pratica dei più efferati leader 'rivoluzionari' del XX secolo (vedi due opere di valore teoretico molto diverso, ma entrambe significative a questo riguardo: R. Aron, *L'oppio degli intellettuali*, [Paris, 1955]; Ideazione editrice, Roma, 1998; R. Conquest, *Il secolo delle idee assassine*, Mondadori, Milano, 2001). All'inizio della prefazione Aron contrappone alla famosa osservazione di Marx sulla religione come 'oppio del popolo', quella di Simone Weil: "Il marxismo è proprio una religione, nel senso più impuro della parola. In particolare, ha in comune con tutte le forme inferiori della vita religiosa il fatto di essere stato continuamente utilizzato, secondo l'espressione così adeguata di Marx, come oppio del popolo."

10 Appunti di Pareto in risposta ad una lettera di Pantaleoni, 23 ottobre 1898; in *LMP*, vol. III, p. 340.

11 Dopo aver analizzato nel primo volume dei *Systèmes* i sistemi teorici con le loro problematiche, Pareto passa nel secondo volume alla trattazione nel cap. VIII dei sistemi metafisico-comunisti e nel IX dei sistemi metafisico-etici.

12 Nella voce 'Utopia' del *Dizionario di sociologia* a cura di F. Demarchi, Roma, II ed., 1987, B. Cattarinussi enumera ben trentasette descrizioni utopiche – dalla *Repubblica* di Platone a *Walden Two* di Skinner (1948). Non compare nell'elenco Marx che, come si sa, considerava le sue teorie scientifiche; come del resto altri dopo di lui e non solo marxisti e, dunque, per definizione non iscrivibile in un elenco di descrizioni utopiche.

dove tutto è di tutti e tutti sono felici. Queste idee hanno avuto ammiratori in ogni tempo ed è facile ritrovarle nella maggior parte delle utopie socialiste. Pareto fa notare come il loro successo non dipenda sicuramente né dalla logica, né dalla bontà del ragionamento; anzi, da questo punto di vista, egli sostiene che non ci sia nulla di più patetico dell'opera di Platone intorno a tali questioni.[13]

Se si ammette – come Platone – che l'educazione possa mutare la natura e il carattere degli uomini, ogni ipotesi di organizzazione sociale diventa possibile. Pareto palesa e critica l'ingenuità dei riformatori e degli ammiratori dello Stato etico, i quali credono che basti emanare una legge per farla rispettare; mentre basterebbe riflettere un po' sulla storia per vedere che, lo dice bene Pareto, "la forza ha sempre avuto l'ultima parola" e che quelli che avevano il potere e la volontà di impossessarsi di uno Stato non sono mai stati fermati da una legge.

La tesi di K. R. Popper, secondo la quale Platone è alle origini delle concezioni totalitarie, non è una novità, come pretende Isaiah Berlin, allorché definisce *La società aperta e i suoi nemici*[14] come 'la più

---

13 Il concetto principale della *Repubblica* è la creazione di uno Stato perfetto, virtuoso, dove regnano giustizia e concordia con gli interessi particolari sottomessi al benessere generale. Appare chiaro – secondo Pareto – come il successo di una simile utopia, sia dovuto ancora una volta ai sentimenti che essa suscita per associazione di idee. Ciò che differenzia il sistema di Platone dalla maggior parte dei sistemi socialisti moderni è che esso non persegue direttamente la felicità della maggioranza: una volta raggiunto l'obiettivo di uno Stato perfetto, la felicità degli uomini sarà ottenuta indirettamente, grazie alla proposizione per cui solo il saggio è felice. Si tratta di un sistema aristocratico, in cui i migliori e i più competenti devono comandare i meno capaci. Esiste una scienza che insegna a governare e va ricercata solo nel sapere.

14 K. R. Popper, *La società aperta e i suoi nemici*, 2 voll., Armando, Roma, 1973. Il primo volume ha per sottotitolo 'Platone totalitario', il secondo 'Hegel e Marx falsi profeti'. Non ci soffermeremo su quest'opera, ma di passaggio segnaliamo una curiosa affermazione di Popper circa 'Pareto teorico del totalitarismo': "L'interessantissima legge platonica delle rivoluzioni politiche, secondo la quale tutte le rivoluzioni presuppongono una classe dirigente (o élite) disunita; una legge che forma la base della sua analisi dei mezzi atti ad arrestare il cambiamento politico e a creare un equilibrio sociale e che è stata recentemente riscoperta dai teorici del totalitarismo, specialmente da Pareto." (p. 67, vol. I) La teoria della circolazione

scrupolosa e formidabile critica delle dottrine filosofiche e politiche del marxismo'. La tesi di un 'Platone totalitario' (come recita il sottotitolo del primo dei due volumi dell'opera) non è una scoperta di Popper, ma è precedente anche a Pareto. Mentre, sicuramente, si deve a Pareto la prima e più scrupolosa critica del marxismo sul versante dell'economia[15] e su quello della cosiddetta concezione materialistica della storia,[16] come del resto, involontariamente, conferma lo stesso P. M. Sweezy, economista marxista di Harvard ne *La teoria dello sviluppo capitalistico* (1942), quando in appendice[17] riporta una discussione: il primo critico è Pareto (nell'Introduzione al primo volume del *Capitale* di Marx, Paris, 1893, poi ripresa nei *Systèmes*), seguito da E. Böhm-Bawerk (1898), O. Lange (1935) e poi altri.[18]

Tra i primi a criticare le teorie di Platone – a volte apertamente, più spesso in modo mascherato – ci fu, come si sa, Aristotele, che, pur sconfinando talvolta nella metafisica, si sforza di utilizzare più spesso un metodo sperimentale. Pareto riporta alcune osservazioni interessanti a riguardo. Ad esempio, quando nella *Politica* fa notare un fatto che ognuno può aver sperimentato e cioè che si pensa più a quanto ci ap-

dell'élite non può essere considerata come una 'riscoperta' della legge platonica. A parte gli obiettivi affatto diversi dei due autori, in Pareto il processo di circolazione è molto più complesso e non presuppone solo una élite disunita.

15 *Systèmes*, cap. XIV.

16 Ibid, cap. XV.

17 L'appendice in realtà costituisce la seconda metà del volume, essendo la prima dedicata alla sua esposizione del sistema economico marxiano.

18 L'edizione italiana di Sweezy è accompagnata da una introduzione di C. Napoleoni, della quale a titolo di curiosità riportiamo alcuni passaggi: "I due testi di Böhm-Bawerk e di Pareto che si danno in questo volume sono compiutamente rappresentativi della critica moderna alla teoria marxiana del valore, sulla base della quale si è compiuto quel tentativo di ricostruzione della teoria economica di cui soltanto in epoca assai recente si è potuto rilevare il sostanziale fallimento." E ancora: "Si può dire [...] che l'impossibilità da parte di Böhm-Bawerk e di Pareto, e poi della teoria economica in generale, di cogliere questo punto di Marx, ha la sua origine proprio nell'impossibilità (onde la legittimità dell'attributo 'borghese' attribuibile a questa posizione) di rendersi conto della realtà e del significato dell'alienazione." Che fine ha fatto questo concetto dopo i fasti e i nefasti degli anni '70 del secolo scorso? Ogni commento è superfluo oggi come ieri.

partiene e meno a quanto è in comune: "Due cose principalmente spingono gli uomini ad aver cura e ad amare: la proprietà e l'affezione", oppure, riferendosi ad un altro sistema socialista, quello di Falea di Calcedonia, sostiene – sempre nella *Politica*: "Le sedizioni hanno per causa, non solo l'ineguaglianza dei beni, ma anche la ineguaglianza degli onori [...] Gli uomini comuni insorgono contro la disuguaglianza dei beni, gli uomini superiori contro l'uguaglianza degli onori."[19]

Dopo Platone, l'analisi critica di Pareto prosegue con altri utopisti o creatori di sistemi metafisici. Dal cap. XII sono invece esaminati i sistemi definiti da Pareto scientifici; in particolare, quelli di Moro, Fourier e Proudhon nel cap. XII, i sistemi che al suo tempo erano al centro del dibattito scientifico e politico (Lo Stato isolato, La terra libera, La nazionalizzazione del suolo, Il socialismo municipale) nel cap. XIII e, infine, nel cap. XIV l'economia marxista. Di ciò ci occuperemo più avanti.

Una nuova religione in Europa nel sec. XVIII: la Natura

> [...] han confuso il diritto naturale delle nazioni, uscito coi costumi delle medesime, col diritto naturale de' filosofi, che quello hanno inteso per forza de' raziocini.[20]

Molte opere hanno descritto città, repubbliche, Stati immaginari. Pareto si sofferma sulla 'nuova religione', che si sviluppa in Europa, e particolarmente in Francia, nella seconda metà del diciottesimo secolo, la cui divinità, la *Natura*, è un concetto essenzialmente metafisico e i cui seguaci furono chiamati fisiocrati. L'abuso dei termini *natura* e *natu-*

19 *Sistemi*, pp. 450-452. "Può darsi che l'uguaglianza delle ricchezze tra i cittadini sia uno dei mezzi utili per evitare le guerre civili, ma non la si deve sopravvalutare. I ceti superiori si sdegnerebbero, ritenendo di meritare più dell'uguaglianza e perciò, come spesso risulta, si rivolterebbero e provocherebbero le guerre civili." (Aristotele, *Politica*, a cura di C. A. Viano, Utet, Torino, 1992, p. 115).

20 G. Vico, *Vita scritta da se medesimo*, in *Opere*, a cura di A. Battistini, vol. I, Mondadori, Milano 1990, p. 59.

rale, fatto in quel periodo, è incredibile e Pareto lo paragona all'abuso del termine *solidarietà* che si faceva ai suoi giorni.[21] Non c'è però un solo ordine naturale; ma ve ne sono tanti, quanti sono gli autori che ne parlano e, ovviamente, ogni autore sostiene che il suo sia il vero e quelli degli avversari falsi. Bisognerebbe – osserva Pareto – innanzitutto, definire rigorosamente il termine *naturale*, ma i seguaci di questa dottrina si guardano bene dal farlo. Il culto della Natura aveva come dogma principale la convinzione che essa avesse creato l'uomo buono e che le istituzioni sociali l'avessero corrotto:

> È questo un luogo comune, negli scrittori francesi del secolo XVIII, ed essi non sospettano, questi nemici della religione cristiana, questi atei, di non fare che riprodurre la dottrina del peccato originale. Era rimasta nascosta in un angolo della loro coscienza, essi la riportano alla luce, le danno un nuovo vestito e credono di aver detto qualche cosa di nuovo. È ancora un esempio della persistenza del fondo dei sentimenti, mentre cambia la forma con la quale si esprimono. Ma siccome gli uomini hanno l'abitudine di tenere precisamente alle forme, essi finiscono per credere che queste rappresentino cose essenzialmente diverse, mentre non rappresentano che un solo e medesimo sentimento.[22]

Questo stato di natura si rivela, dunque, come una nuova edizione della leggenda dell'età dell'oro, in cui tutti gli uomini erano virtuosi e godevano di una felicità perfetta, mentre tutti i mali vengono dalla società.[23] In realtà, stava sorgendo una nuova élite. Pareto definisce questo 'delirio' per la Natura come il fenomeno soggettivo, mentre quello

---

21 "La solidarietà è tra tutti gl'idoli quello che il Pareto più frusta", nota a ragione Francesco Papafava nella sua attenta e bella recensione dei *Systèmes* sul *Giornale degli Economisti*, 1903, p. 91.

22 *Sistemi*, p. 458.

23 Secondo alcuni autori, come Morelly (*Code de la nature*, 1755), o Brissot de Warville, la fonte di tutti i mali è la proprietà privata, per altri sono i preti ed i re. Per Robespierre, i re, gli aristocratici e i tiranni sono 'schiavi ribelli contro il legislatore dell'universo', che è la Natura, la quale, peraltro, sarebbe un po' incongruente – nota ironicamente Pareto – avendo creato essa stessa gli 'schiavi ribelli', che in seguito impone di distruggere. Dal punto di vista dell'organizzazione economica, gli autori francesi non hanno introdotto alcuna novità: copiano Platone, o si limitano a una grossolana comunità dei beni e, qualche volta, delle donne.

oggettivo era ben diverso: una nuova élite (la borghesia) stava per sostituirsi all'antica, troppo indebolita per difendere i propri privilegi, che diventavano ogni giorno più odiosi. Questo fenomeno si osserva ripetutamente (o ciclicamente), poiché le stesse cause producono gli stessi effetti: cambia soltanto la forma, nella quale l'élite esprime i suoi sentimenti.[24] Le speculazioni metafisiche dei filosofi del secolo XVIII influenzavano solo le classi alte, mentre interessavano poco le classi popolari, i cui sentimenti rivoluzionari erano piuttosto la causa che l'effetto di queste speculazioni. Pareto rileva come, non diversamente, ai suoi tempi in Francia la letteratura era diventata quasi tutta antiborghese: "l'élite borghese, che si era servita del popolo per soppiantare l'antica aristocrazia, non aveva affatto stabilito la comunità dei beni e, dopo la vittoria, aveva fatto la parte del leone. Quando i borghesi – che così credono di contribuire al benessere generale – accolgono le idee di solidarietà, essi non fanno altro che preparare la loro rovina e l'avvento di una nuova élite, la quale, una volta al potere, si curerà innanzitutto dei propri interessi."[25] I filosofi illuministi avevano usato il fondamento logico del contratto per dare legittimità ai rapporti sociali: il contratto rappresentava il modello di tutto quello che era buono e degno di essere difeso nella società:

> Una delle *religioni* intellettuali, che potrebbesi dire del razionalismo, afferma che la distinzione tra la teoria e la pratica, quella tra la visione del possibile e del logico, e la fede nell'impossibile, nel fantastico, l'altra tra i fini reali ed i fini ideali

24 Se è vero ciò che sostiene C. Lasch: "Una volta era la 'ribellione delle masse' che minacciavano l'ordine sociale e le tradizioni di civiltà della cultura occidentale. Ai nostri tempi, invece, la minaccia principale sembra venire da chi si trova al vertice della gerarchia sociale, non dalle masse." Dunque, oggi sono le élite – "i gruppi che controllano il flusso internazionale del denaro e dell'informazione, che dirigono le fondazioni filantropiche e le istituzioni di studi superiori, che controllano gli strumenti della produzione culturale e definiscono quindi i termini del dibattito pubblico – ad aver perso la fede nei valori dell'Occidente, o in quanto ne rimane." (*La ribellione delle élite*, Feltrinelli, Milano, 2001, p. 29) Ciò significa che le élite di cui parla saranno spazzate via e sostituite da altre. Quali? Lasch non lo dice.

25 *Sistemi*, p. 469.

> non ci *dovrebbero* essere, e che occorre lavorare perché spariscano. E sia pure; ma noi studiamo ciò che è, non ciò che *dovrebbe* essere.[26]

Dunque, è difficile immaginare un'altra idea che separi così chiaramente il pensiero politico del XIX secolo da quello dell'epoca precedente, la cosiddetta 'Età della Ragione' (con le iniziali maiuscole! Come si conviene per le entità metafisiche), con le sue credenze che potessero esistere società in cui i comportamenti cosiddetti 'razionali' fossero prevalenti e decisivi. L'epitaffio paretiano a simili credenze è pienamente condivisibile: "Con buona pace degli umanitari e dei positivisti, una società determinata esclusivamente dalla 'ragione' non esiste e non può esistere. E ciò non già perché i 'pregiudizi' degli uomini tolgano a essi di seguire i dettami della 'ragione', ma perché mancano i dati del problema che si vuol risolvere col ragionamento logico-sperimentale."[27] La questione è ben tratteggiata già nella prima metà del XIX sec. dal nostro Cattaneo:

> A che si riduce propriamente codesta opposizione nelle dottrine dei due secoli, che un illustre poeta disse 'l'un contro l'altro armato?' Se nel secolo XVI, che fu il primo dell'èra moderna, la ragione individuale aveva ardito farsi a discutere popolarmente li arcani religiosi, e nel XVII li asserti delle scuole filosofiche, nel XVIII ella estese quell'aspro sindacato a tutte le instituzioni civili. Sommo divenne il contrasto tra la vita delli uomini e i loro pensieri. Vivendo in mezzo all'intreccio dei vincoli sociali, quelle menti animate dai geometri e acuite dal calcolo mercantile, osarono dimandare se, e come, e quanto ciascuna instituzione giovasse ad ogni individuo partecipe della civile aggregazione. Tutto si valutò dunque col giudizio individuale e giusta l'individuale interesse. Si considerò la società come un patto fra eguali; si domandò la revisione del patto, il ritorno all'eguaglianza primitiva, la restituzione dello stato naturale del genere umano.[28]

---

26 *Trasformazione della democrazia* [1920], ora in *Scritti sociologici*, p. 923.

27 *Trattato*, § 2143.

28 C. Cattaneo, "Il razionalismo del secolo XVIII e lo storicismo del secolo XIX", 1839; in *Le più belle pagine scelte da Gaetano Salvemini*, Donzelli, Roma, 1993, pp. 201 e ss.

Volontà, consenso, contratto

> Il concetto di un contratto sociale, mediante il quale degli uomini vivendo primitivamente isolati si sono riuniti in società, è chimerica e assurda.[29]

È difficile che umanitari e positivisti si rassegnino, ma, dice Pareto, una società determinata, come pretendono, esclusivamente dalla 'ragione' non è mai esistita, non esiste e non potrà mai esistere. E non per i motivi addotti dagli illuministi, cioè che vinti i 'pregiudizi' la retta 'ragione' non avrebbe più ostacoli; costoro non sono mai riusciti ad immaginare che superato un 'pregiudizio' se ne forma un altro (la ragione è un misto di logica e di sentimento). E poi non possono costoro negare che le idee che gli individui hanno circa il bene proprio e degli altri sono molto diverse, ed è difficile trovare una concordanza.

Nel corso del XIX sec. si assiste – seppure limitatamente all'elaborazione teorica – ad una ripresa di interesse per il concetto di comunità. Questo non assume la stessa importanza che aveva avuto nel secolo precedente il concetto di contratto, che peraltro continuava (e continua ancora oggi) ad essere l'ideale cui tendere[30] e, tuttavia, attraverso questa ripresa di interesse si incomincia a mettere in dubbio la validità del concetto illuministico, legittimando un poco per volta raggruppamenti, comunità con obiettivi diversi rispetto a quelle medioevali ma con le medesime funzioni di coesione, come i sindacati, i partiti politici, associazioni, le professioni, il movimento cooperativo, ecc.

L'attenzione per la tradizione comunitaria e associativa europea nel pensiero storico e sociologico del XIX secolo rimarrà perlopiù – come abbiamo detto – all'interno della ricerca scientifica, concretizzandosi in innumerevoli lavori sul feudo, la comunità di villaggio, la gilda, la contea, il borgo, ecc. Inoltre, la novità appare in un filone decisamente importante del pensiero politico di questo secolo, dove la concezione puramente astratta e legale dello stato, che andava sempre più radicandosi, è contrastata dagli orientamenti basati sulla necessità impel-

---

29 *Programma e sunto di un corso di sociologia* [1905], in *Scritti sociologici*, p. 297.

30 Basti pensare alle recenti vicende della costituzione europea.

lente di riaffermare la comunità, la tradizione, gli antichi ordinamenti, come si può vedere già nell'opera di E. Burke *Reflections on the Revolution in France*, uscita poco dopo la presa della Bastiglia. O, ancora, in taluni orientamenti in ambiti minoritari ma significativi della filosofia morale e sociale. L'ostilità verso il Medioevo appare come un terribile preconcetto da un punto di vista intellettuale e come una tragedia da un punto di vista umano e politico, come avevano ben visto un Burke o un De Maistre.[31] Pregiudizio che aveva portato i Voltaire, i Rousseau (*docteurs en guillotine* li chiamava Comte, nel *Système de politique positive ou Traité de sociologie*, seconde partie, p. 4; mentre Heinrich Heine si riferiva a Rousseau come "la testa rivoluzionaria di cui Robespierre altro non fu che la mano esecutrice" e De Maistre riteneva Rousseau "spirito falso e con conoscenze approssimative"),[32] i Gibbon, i Condorcet a concepire curiosamente l'intero periodo medioevale come un'interruzione barbarica sulla strada del progresso. Allo stesso modo si rifiuta decisamente l'affannosa ricerca del 'naturale', del 'congetturale', dell''ipotetico' nella storia, ricerca basata su processi razionalistici, scientisti e dunque ideologici, più che su studi d'archivio. In questo senso Cattaneo[33] aveva ben focalizzato le tendenze:

---

31 "Lo spirito umano snaturato dallo scetticismo religioso, somiglia a una grillaia che non produce niente e si copre di piante spontanee inutili all'uomo [...] Lo scettro della scienza in tanto appartiene all'Europa in quanto è cristiana [...] le università furono innanzitutto scuole di teologia e perché tutte le scienze innestate su questa pianta divina hanno manifestato un'immensa vegetazione. L'indispensabile necessità di questa lunga preparazione del genio europeo è una verità capitale che è completamente sfuggita ai parolai moderni." (J. De Maistre, *Le serate di S. Pietroburgo*, Edizioni Paoline, Torino, 1960, p. 151).

32 "Un'altra, precedente, forma di questo ritorno alla barbarie fu in Occidente il vangelo di Rousseau del 'ritorno alla natura' e l'esaltazione del 'nobile selvaggio'. Gli arcaismi occidentali del secolo decimoottavo erano ignari dei sanguinari progetti che appaiono sfacciatamente nelle pagine di *Mein Kampf*, ma la loro innocenza non bastò a farli innocui, in quanto Rousseau fu una delle 'cause' della Rivoluzione francese e delle guerre a cui questa diede origine." (A. J. Toynbee, *Le civiltà nella storia*, a cura di D. C. Somervell, Einaudi, Torino, 1950, pp. 649-650).

33 C. Cattaneo, op. cit., p. 202.

> [...] Le predilezioni delle scole e l'inesplicabile eccellenza delle arti e delle lettere antiche sospinsero a imaginare un mondo primitivo, educato nelle lingue, nelle arti, nelle scienze, nelle leggi da una serie di geni benefici, l'opera dei quali sotto lo sforzo della superstizione e della violenza, fosse venuta oscurandosi successivamente fino alle caligini del Medio Evo, ma potesse con l'opera d'altri geni rivocarsi in breve, e quasi di repente, al nativo splendore. Vi fu perfino chi preferì ad una fittizia civiltà, ingombra dei ruderi d'ogni tempo e piena d'ingiustizie e di corruttele, la semplice e pura vita, che li uomini dovevano aver gioito prima del patto sociale in seno alla primigenia selva della terra. Adunque lo sforzo capitale del pensiero umano nello scorso secolo XVIII era una generale censura delle istituzioni del tempo, nel senso di ogni individuo, e all'intento di ristaurare il regno della logica naturale e della personale indipendenza [...].

Così Pareto riassume opportunamente: "Nella teologia del progresso, la storia dell'umanità è principalmente, forse esclusivamente la narrazione della contesa tra un principio del 'male', che è la 'superstizione', e un principio del 'bene', che è la 'scienza' [...]."[34]

Gli studi di storia delle istituzioni del XIX secolo rimangono a tutt'oggi insuperati, dando prova del rinato interesse del miglior pensiero storico (ad es., Savigny e, soprattutto, Fustel de Coulanges) intorno alla comunità e alle istituzioni medievali, che è stato determinante anche per lo sviluppo della sociologia. Non si individua più una contrapposizione fra le istituzioni medievali ed i moderni elettorati ed assemblee, anzi troviamo storici e sociologi che vanno alla ricerca delle origini della democrazia nei contesti, un tempo disprezzati, della organizzazione, delle assemblee, degli stati sociali del feudalesimo:

> [...] Nel secolo presente vi fu quasi riflusso del pensiero umano in contrario verso. Si trovò che l'utile d'ogni individuo scaturiva dal complesso dell'azienda sociale, né poteva avverarsi mai nella solitudine o nel dissociamento. Le più complicate instituzioni apparvero necessari effetti del consorzio civile e forme della sua esistenza. Si vide che certe consuetudini erano scala e preparazione ad altre migliori, alle quali i popoli non potevano giungere altrimenti; e così si vennero spiegando e giustificando certi ordinamenti transitori, che in faccia ad una logica immediata sembravano assurdi e barbari [...]. Allora si rallentò quell'inesorabile censura, spinta dai nostri padri nel diretto interesse dell'individuo; e in quella vece si promosse un'interpretazione benigna, benigna forse oltre misura, di tutte le transazio-

34 *Trattato*, § 1890.

> ni scalari e successive della civil società; si giustificò il senso comune dei popoli, che aveva sancito e venerato ciò che era rispettivamente opportuno ai luoghi e ai tempi; e le leggi più celebri apparvero piuttosto frutti d'una certa graduale maturanza d'interessi e d'opinioni, che liberi decreti della mente individua dei legislatori. Perloché la tendenza più comune del pensiero istorico in questo secolo XIX è una generale spiegazione delle successive forme civili, in quanto promuovono gradualmente lo spontaneo sviluppo dell'individuo e il suo bene, nello sviluppo e nel bene dell'intera società.[35]

Sempre nel secolo XIX, una delle concezioni di comunità più interessanti e ricche di implicazioni teoriche e pratiche fu quella proposta da Auguste Comte. Se ci interessa quello che Comte stesso considerava il suo sistema sociologico, dobbiamo aver presente, oltre al *Cours*, anche il *Système de politique positive*, che aveva come sottotitolo 'Trattato di sociologia che istituisce la religione dell'umanità', in cui risulta ben dispiegato il concetto di comunità. L'interesse scientifico di Comte per la comunità nasceva dall'accanimento dei rivoluzionari contro le antiche forme associative e comunitarie. L'attenzione posta da molti teorici sociali e da sociologi alla crisi delle antiche forme e al contemporaneo sorgere di nuove, prodotte dall'industrialismo europeo e dalla democrazia americana, portò conservatori e progressisti ad essere rispettivamente contrari o favorevoli all'avvento delle nuove forme di aggregazione. Comte (come molti altri) si occupò in modo approfondito di questi fenomeni e, al contrario di taluni conservatori, vedeva con favore la crescita industriale, gli sviluppi tecnico-scientifici e gli orientamenti repubblicani. Ma nello stesso tempo era angosciato dalla crisi delle istituzioni antiche e dal disordine che ormai invadeva la società (non diversamente dalla posizione di A. de Tocqueville e F. Le Play). Per Comte la ricomposizione delle comunità costituiva un'impellente esigenza scientifica e morale, dato che la rivoluzione aveva prodotto disorganizzazione e tirannia. Al pari dei conservatori era avverso alla rivoluzione e alla filosofia illuminista: i nuovi concetti ideologici (diritti individuali, libertà, uguaglianza, ecc.) non erano nient'altro, che 'dogmi metafisici'; ma questo non lo portò (come avvenne per i conservatori) al rifiuto della cosiddetta modernità, dal

35 C. Cattaneo, op. cit., pp. 202-203.

momento che illuminismo e rivoluzione costituivano passaggi necessari verso la società positivista, portatrice, secondo il suo motto, di 'ordine e progresso'. Se, dunque, riteneva che dovessero essere eliminati gli antichi e ormai superati precetti del sistema teologico medioevale (in ciò d'accordo con l'avversato pensiero illuminista), non si rendeva conto tuttavia che la sua futura società positivista in definitiva risultava molto simile al sistema cristiano-medioevale precedente.

Scienza e metafisica negli economisti classici e liberali

Nelle opere degli economisti classici e di quelli liberali,[36] secondo Pareto, devono essere distinte una parte scientifica, generalmente buona, ed una parte metafisica, analoga ad altre elucubrazioni dello stesso genere. In alcuni autori quest'ultima manca completamente; in altri è staccata, per cui si può separare senza alterare il senso del discorso; in altri ancora è parte integrante delle dottrine e non potrebbe essere ignorata senza alterarle gravemente.[37]

L''utopia liberale' ha alla base la convinzione che la libertà economica rappresenti un diritto naturale e sia sufficiente alla felicità degli uomini e che le questioni politiche siano, invece, secondarie. Bisogna rispettare i poteri costituiti e chiedere loro semplicemente delle leggi che assicurino la libertà economica, leggi che è possibile ottenere solo con la diffusione delle verità della scienza economica. Poiché è impossibile lasciare libere tutte le azioni degli uomini, come, del resto, sottoporle tutte a regole, il problema è trovare un confine fra il campo

---

36 Dopo essersi occupato dei sistemi definiti metafisico-comunisti, nel cap. IX dei *Sistemi*, Pareto sposta la sua attenzione su quelli metafisico-etici.

37 Ad esempio, Bastiat parte dal principio che tutti gli interessi legittimi siano armonici, ma non si cura di spiegare cosa intenda con i termini 'legittimo' e 'armonico'. In pratica, si torna a sognare l'età dell'oro, che Bastiat, a differenza di altri, ritiene possa realizzarsi nel presente, purché si stabilisca la libertà economica. Egli fa anche delle considerazioni importanti, dice Pareto, come quella che la spoliazione non sposta soltanto la ricchezza, ma ne distrugge sempre un parte. Ha però il torto di credere che, per farla cessare, basti divulgare le verità della scienza economica.

della libertà e quello della regolamentazione (coazione, dice Pareto). Nel caso della proprietà privata, il suo rispetto è compatibile col dogma della libertà economica, a seconda che si stabilisca che la proprietà privata appartenga o meno al campo della libertà. Il carattere utopistico di questa teoria è dovuto al fatto che non tiene conto della natura degli uomini. Se si potessero cambiare gli uomini, in modo da farli rinunciare a compiere spoliazioni reciproche per mezzo della legge, l'utopia liberale potrebbe diventare realtà.

La libertà, va da sé, ha come complemento e correttivo indispensabile la responsabilità. Pareto mette in evidenza come al suo tempo fosse sempre più diffuso un sentimento che tendeva ad attenuare ogni forma di responsabilità. Quando in una società tale sentimento diventa permanente, può trasformarsi in un ostacolo insuperabile per il mantenimento di un regime di libertà. Per impedire gli atti che comprometterebbero la sua esistenza, ogni società ha a disposizione due mezzi: può togliere la libertà agli uomini, oppure può lasciarli liberi e reprimere gli atti nocivi, facendo sì che gli uomini che li commettono ne sopportino le conseguenze:

> Attualmente, il concetto della responsabilità urta sempre più i sentimenti umanitari dell'*élite* in decadenza; e i parlamenti dei paesi democratici legiferano a getto continuo per distruggerla, mettere delle dande ai cittadini, e sottrarli finché possibile alle conseguenze dei loro atti. Il secondo mezzo di preservazione sociale diviene, dunque, sempre meno applicabile, e non resta che ricorrere al primo. Può darsi che si tratti solo d'un fenomeno temporaneo e che, quando questi sentimenti umanitari avranno compiuto la loro opera, che consiste unicamente nello spezzare la resistenza dell'*élite* al potere, essi spariranno. Se la nuova *élite* ha sentimenti più virili, allora un regime più o meno liberale diventerà nuovamente possibile.[38]

---

38 *Sistemi*, p. 485. Per spiegare meglio il concetto, Pareto prende ad esempio la libertà di sciopero. Se si vuole ottenere il massimo dell'utilità sotto l'aspetto economico, questa libertà dovrebbe essere completa. Ma ciò è vero finché gli scioperanti subiscono le conseguenze dei loro atti; al contrario, in molti paesi, sembra che i pubblici poteri abbiano il solo scopo di impedire che ciò avvenga: "Molti scioperi hanno ora luogo per motivi che non hanno nulla di economico, spesso per i motivi più futili. Essi sono divenuti una specie di *sport*, al quale certi operai si abbandonano col minimo pretesto, così come altri non 'lavorano il lunedì'. Ben lungi dall'avere come causa l'insufficienza dei salari, sono, al contrario, i salari elevati a

Per quanto riguarda il libero scambio, la teoria liberale valuta diversamente i tributi fiscali e i dazi protettivi, condannando solo questi ultimi.[39] La distinzione, fondata da un punto di vista scientifico, non vale molto da un punto di vista pratico, dal momento che quando una persona deve pagare un prezzo elevato per un prodotto, le importa poco se questo sia dovuto a un dazio protettivo o a un tributo fiscale. Secondo Pareto, anche dal punto di vista oggettivo, non è affatto provato che questi ultimi siano più utili dei primi. Le spese di uno Stato non sono una quantità fissa e un'imposta non ne evita un'altra; inoltre, i governi hanno sempre bisogno di denaro e cercano di prenderne il più possibile ai contribuenti (anche sfidando, oggi, il buon gusto con i vari condoni). Dal punto di vista economico, le somme prelevate con il protezionismo sono, almeno in parte, risparmiate, aumentando così il capitale della nazione, mentre quelle prelevate con i tributi sono gene-

---

renderli possibili, permettendo agli operai di concedersi questo lusso." (p. 487) Così oggi, sono i salari consistenti a rendere possibili gli scioperi e i costosi viaggi nella capitale per le ripetute manifestazioni.

39 Questa posizione – come abbiamo visto nel cap. IV – verrà ribadita, in forma di autocritica rispetto al *Cours,* nel *Manuale* (p. 5): "Valga per ogni altro esempio quello del libero cambio e della protezione. Scientificamente si può dimostrare che la protezione solitamente reca una distruzione di ricchezza. Lo studio dei fatti passati e presenti dimostra che la protezione è conseguita, in gran parte, mercé l'opera di coloro che ne traggono vantaggio per appropriarsi le cose altrui. Ma basta ciò per condannare, nel concreto, la protezione? No davvero; occorre badare alle altre conseguenze sociali di tale ordinamento, e decidersi solo dopo di avere compiuto questo studio. Credo che questa risposta sarebbe pure stata data dall'autore del *Cours*; onde l'errore non è propriamente esplicito, ma l'autore si esprime spesso come se, nel concreto, il libero cambio fosse in ogni caso buono, la protezione in ogni caso cattiva, e tali asserzioni suppongono che si muova da qualche proposizione macchiata dell'errore accennato." Se andiamo a guardare cosa scrive oggi P. Bairoch non possiamo non convenire sull'acume critico e autocritico di Pareto: "Molto più della storia contemporanea, la storia del secolo XIX rivela che il liberismo nel commercio internazionale ha avuto conseguenze più negative che positive e che, al contrario, le misure protezionistiche hanno avuto risultati prevalentemente positivi." E prosegue illustrando con sei fatti incontrovertibili la sua tesi (*Economia e storia mondiale*, Garzanti, Milano, 2003, pp. 215-216).

ralmente dissipate.[40] In generale, il protezionismo non è altro che un mezzo per trasferire ricchezza da individui e gruppi ad altri.[41]

Socialisti della cattedra e socialismo di stato

Socialisti della cattedra, leggi e leggi economiche: intorno a queste questioni Pareto spende molte pagine. L'utopia liberale ha contribuito in parte, per reazione, a rafforzare l'utopia degli etici, dei socialisti della cattedra e di altri metafisici.[42] Salvo rare eccezioni, secondo Pareto, nessuno di loro ha compreso la scienza economica (quella scienza, naturalmente, secondo l'impostazione cui egli profondeva il massimo di energie), arrivando persino a sostenere che l'economia politica non esiste. Ad esempio, non si sono accorti che "distribuzione e produzione sono legate da rapporti stretti, sono reciprocamente dipendenti l'una dall'altra e dunque l'alterazione di una avrà generalmente ripercussioni sull'altra".[43] Così, alcuni hanno affermato che, per abolire la miseria, basta distribuire meglio la ricchezza (sappiamo bene che ai nostri giorni tali concezioni non sono affatto scomparse e mai scompariranno). Una volta dimostrato ciò, resta solo da occuparsi delle que-

---

40 Scriveva a B. Griziotti: "I fatti mi mostrano che l'entità metafisica detta Stato, impone ai contribuenti tutto ciò che può, e poi lo spende. Questo fatto è contrario all'opinione che tale entità abbia 'bisogni' e che imponga tributi solo per sopperirvi. O per dir meglio tali 'bisogni' sono infiniti, e comprendono tutti i desideri della classe dominante e dei suoi pretoriani." (Lettera a B. Griziotti, 31 agosto 1917; ora in *Epistolario*, vol. II, p. 983).

41 *Sistemi*, p. 493.

42 "Gli unilinearisti del secolo XIX trascurarono la società idraulica, non perché amassero ignorare la realtà del dispotismo burocratico, ma perché influenzati dalle stupende conquiste della rivoluzione industriale. Universalizzando l'esperienza di un mondo occidentale in rapido mutamento, essi ingenuamente postularono uno sviluppo semplice, unilineare e progressivo della crescita della società. L'uomo sembrava procedere irresistibilmente verso la libertà (Hegel), verso l'armonia universale (Fourier), verso una società giusta e razionale (Comte), verso la felicità generale (Spencer)." (K. A. Wittfogel, *Il dispotismo orientale*, II vol., Vallecchi, Firenze, 1968, p. 586).

43 *Sistemi*, p. 507.

stioni di diritto generate dal cambiamento nella distribuzione. Pareto solleva delle obiezioni. È ovvio che se una persona riceve 90 all'anno e un'altra solo 10, dividendo la somma di 100 in parti uguali e dando 50 a testa, si migliorerà la situazione del secondo individuo. Tuttavia, il problema non è statico, ma dinamico: se sotto il nuovo regime di ripartizione si producesse 100 come nel vecchio, non ci sarebbero problemi; ma se si producesse soltanto 10, ciascun individuo percepirebbe solamente 5 e la miseria aumenterebbe. È fondamentale dimostrare che ciò non succederà, ed è proprio quanto i sostenitori di questa teoria non fanno:

> Dove non vi è nulla, si diceva un tempo, il re perde i suoi diritti. Temistocle chiese agli abitanti di Andro del denaro, in nome delle due potenti divinità: *Persuasione* e *Necessità*; ma gli abitanti di Andro rifiutarono in nome di due divinità più forti: *Povertà* e *Impotenza.*[44]

Il contenuto metafisico del socialismo di Stato consiste principalmente nella convinzione che si possano risolvere problemi economici con considerazioni etiche.[45] Se, spesso a ragione, si è rimproverato agli economisti di trascurare le considerazioni della morale e del diritto, va riconosciuto che i socialisti della cattedra non sbagliano quando osservano che, per risolvere un problema pratico, vanno aggiunte alle considerazioni economiche anche quelle etiche. Ma non bisogna dimenticare che ci sono molti altri fattori di cui si deve tenere conto; specialmente quelli, estremamente importanti, dell'organizzazione politica. È a questo punto che si fermano i metafisici, dice Pareto: piuttosto che ragionare e trovare una soluzione concreta al problema

44 Ibid., pp. 506-507.

45 Noi osserviamo che anche oggi – cent'anni dopo l'affermazione del socialismo di stato – c'è chi ritiene di risolvere problemi economici con considerazioni etiche: "Ho cercato di dimostrare che l'economia del benessere può essere sostanzialmente arricchita dal prestare maggiore attenzione all'etica, e che lo studio dell'etica può anch'esso beneficiare da un più stretto contatto con l'economia." (Amartya Sen, *Etica ed economia*, Laterza, Bari, 2002, p. 110). Già il fatto stesso di chiamarla economia del benessere è un fatto etico. Forse si presuppone che esista una economia del malessere? L'economia in quanto scienza è molteplice o una?

dell'organizzazione sociale, essi preferiscono creare un'entità astratta, chiamata Stato, che possiede tutte le virtù e le cui capacità sono al di fuori di ogni discussione (un esempio potrebbe essere l'esperienza dei Paesi scandinavi, dove da molti decenni il laburismo e lo Stato del benessere non sono stati messi in discussione, anche in seguito ai non disprezzabili risultati raggiunti). Ed è ciò che succede oggi – ci sembra – per l'entità 'Unione Europea' che sembra possedere, a detta degli entusiasti, tutte le qualità desiderabili da ogni cittadino.

Sembra che metafisici, socialisti della cattedra, ecc., non capiscano una cosa così semplice e continuino "a copiarsi scambievolmente, ripetendo che gli economisti hanno il torto di considerare l'uomo come guidato unicamente dal suo interesse materiale. Poiché Knies, Hildebrand ed altri hanno detto che le leggi economiche non sono 'leggi naturali', perché l'interesse non è il solo impulso delle azioni umane, molti altri ripetono come pappagalli questa osservazione, che prova solo in quelli che la fanno un'assenza completa di nozioni su ciò che è una legge scientifica. Tutte queste aberrazioni sono un esempio curioso e notevole dell'influenza che possono avere certe idee preconcette e una certa mentalità, nell'impedirci di vedere le verità più palesi".[46]

La concezione materialistica della storia

A K. Marx ci si deve accostare con lo stesso spirito con cui ci si accosta a qualsiasi altro pensatore e scienziato, e cioè con la consapevolezza antidogmatica che è superabile o per arricchimento di alcune parti o per rifiuto di altre. Tutto ciò dovrebbe essere ovvio, ma per Marx pare non lo sia: non esiste nell'epoca moderna pensiero più inquinato – da acritici estimatori e detrattori – del suo. Cominciamo col dire che Pareto dava un positivo giudizio della cosiddetta concezione materialistica della storia, in quanto teneva conto della mutua dipendenza dei fenomeni: "grazie a ciò questa teoria rappresenta un progresso enorme

46 *Sistemi*, p. 515.

in sociologia."[47] Il cap. XIV dei *Sistemi socialisti* è noto per la prima e più efficace critica a Marx e ai suoi concetti di plusvalore, pluslavoro, ecc. L'opera di Marx viene analizzata sotto tre aspetti diversi: l'opera in se stessa, le interpretazioni popolari e le esegesi degli studiosi. Inoltre, viene distinta la parte sociologica, la parte economica e la parte pratica. La prima – che Pareto ritiene superiore alle altre – trova spesso riscontro nei fatti. Al centro c'è la lotta di classe, a cui Marx subordina le sue ricerche teoriche e che ispira tutta la sua azione pratica. La parte economica – nelle sue linee principali – può essere dedotta dai principi posti dagli economisti classici, da Ricardo e dalla sua scuola. Solo la forma, nella quale le deduzioni sono espresse, appartiene a Marx e questa forma serve a far nascere sentimenti favorevoli alla lotta di classe, suo vero e primario obiettivo.

L'originalità dei concetti – secondo Pareto – è più nel *Manifesto del Partito Comunista,* che nella parte generalmente considerata di carattere scientifico-economico.[48] Come esempio di riproposizione di tesi altrui, sia anche riviste, egli cita un passo dei *Principi di economia politica* di J. S. Mill e aggiunge tra parentesi la terminologia di Marx. Il *Capitale,* sebbene sia la sua opera più vasta, evidenzia chiaramente una mancanza di unità e appare come un'ingombrante e a volte prolis-

---

47 "L'economia e la sociologia dal punto di vista scientifico", in *Rivista di Scienze*, 1907; ora in *Scritti sociologici*, p. 339. Ma aggiunge subito: "Senonché la concezione materialistica della storia riduce le mutue dipendenze esistenti realmente ad una sola: quella del fenomeno economico con gli altri fenomeni sociali. Inoltre, essa ha il torto d'esprimere questa mutua dipendenza sotto la forma erronea d'un rapporto di causa ad effetto."

48 Significativamente anche M. Weber è dello stesso parere quando afferma in una conferenza sulla questione del socialismo tenuta agli ufficiale superiori dello stato maggiore austriaco nell'estate del 1918: "[...] il *Manifesto* comunista dell'anno 1847, pubblicato e diffuso nel gennaio 1848 da Karl Marx e Friedrich Engels [...] nella sua sostanza, anche se noi ne respingiamo le tesi decisive [...] è una realizzazione scientifica di primordine. Questo è innegabile, né è lecito negarlo perché questa confutazione nessuno la prenderebbe per buona e perché in coscienza è impossibile negarlo. Perfino nelle tesi che oggi non accettiamo è contenuto un errore geniale che sul piano politico ha avuto enormi conseguenze, ma che ha recato alla scienza fecondi effetti positivi, più fecondi di quel che spesso può arrecare un'ottusa rettitudine." (*Il socialismo*, Savelli, Roma, 1979, p. 40).

sa appendice per sbarazzarsi delle obiezioni che si potrebbero fare all'apparato ideologico socialista, fondandosi sull'economia politica. È il libro sacro del socialismo e, come tutti i libri sacri, possiede i caratteri dell'indeterminatezza e dell'oscurità. Perfino i marxisti, che parlano con disprezzo di chi non capisce Marx, non riescono ad accordarsi tra loro.[49]

Marx sa esattamente dove vuole arrivare, ma le strade che percorre sono spesso in contraddizione l'una con l'altra. Come tutti gli autori che difendono appassionatamente una tesi, tende a scegliere gli argomenti non esclusivamente in base alle verità che contengono, ma piuttosto in base ai vantaggi che offrono alla sua teoria.[50] Così, quando le variabili economiche causano qualche imbarazzo alle sue tesi, non fa altro che supporre fisse certe quantità, trattare come determinate certe condizioni, o fare ricorso alle medie[51] per semplificare la complessità dei fenomeni economici:

> La religione socialista si rivolge agli operai ed ai piccoli borghesi, soprattutto al proletariato intellettuale, cioè a persone che non mancano d'istruzione. Essa dunque non poteva fare a meno di rivestire una forma scientifica, che del resto alla nostra epoca è la tendenza di quasi tutte le dottrine e religioni.[52]

---

49 *Sistemi*, pp. 690-696. Ricorda opportunamente Pareto che "Marx avrebbe detto un giorno: *io non sono marxista,* dichiarazione poco lusinghiera per l'intelligenza dei suoi discepoli."

50 Ibid., p. 703.

51 Julius Wolff, già nel 1892, dimostrò, dice Pareto: 1° che i materiali statistici di Marx erano manchevoli e che, in ogni caso, non provavano la sua teoria; 2° che le statistiche dei redditi, dei consumi, del risparmio, delle eredità, del pauperismo, della criminalità, dei riformati del servizio militare e soprattutto della mortalità, confermavano la falsità delle affermazioni circa la sempre maggiore concentrazione della ricchezza, l'aumento della povertà e la scomparsa della classe media.

52 *Sistemi*, p. 733. Seri studiosi come B. B. Mandelbrot ritengono ancora oggi che Pareto, dopo essere stato un "focoso liberale, [...] finì, se non credendo al socialismo, quantomeno studiandolo" (*Il disordine dei mercati. Una visione frattale di rischio, rovina e redditività*, Einaudi, Torino, 2005, p. 148).

In ogni caso, le opere di Marx ed Engels, una volta divenute le sacre scritture del socialismo[53] continuarono ad essere così considerate per forza d'inerzia. "In genere, le religioni non possono cambiare esplicitamente le basi su cui poggiano, così una volta scelta una bandiera non la si può più cambiare." Fu questa la scelta fatta dai congressi socialisti, che in tal modo diedero prova di saggezza e sagacia, "doti che mostrano la forza di un'élite [...] Nella controversia tra Bernstein e i marxisti intransigenti, il primo poteva avere ragione dal punto di vista scientifico, ma i secondi avevano sicuramente ragione dal punto di vista pratico. I congressi socialisti non sono delle Accademie, ma delle Assemblee con uno scopo pratico, dei parlamenti del partito operaio, che marcia alla conquista del potere, e della nuova élite, che vuole spossessare l'antica."[54] È bene precisare che queste considerazioni valevano per il primo socialismo, quello conosciuto da Pareto e, per così dire, per il secondo, quello che poi effettivamente (come aveva previsto) andò al potere tramite un'élite guerriera, dove, appunto, si poteva chiaramente scorgere 'la forza di una élite'. Ora, nei movimenti eredi del vecchio socialismo, forse c'è una parvenza di élite, come in tutte le organizzazioni, ma sicuramente senza forza. Le declamazioni umanitarie e solidariste, tipiche delle élite decadenti hanno preso il sopravvento. L'élite paretiana, nei movimenti sociali, oggi va cercata altrove.[55]

53 Su 'socialismo e comunismo' si vedano i seguenti argomenti nelle relative opere di Marx e Engels: I risultati principali dell'abolizione della proprietà privata; L'antitesi tra la società comunista e la società borghese; La riduzione della giornata lavorativa costituisce la premessa della libertà; L'eliminazione dell'alienazione e la trasformazione del destino in realizzazione cosciente; Dittatura del proletariato e socialismo; Il comunismo, l'estinguersi dello Stato (*Il manifesto; L'ideologia tedesca; Il capitale; Critica del programma di Gotha; L'origine della famiglia della proprietà privata e dello Stato*).

54 *Sistemi*, p. 735.

55 Rilevava bene Gioacchino Volpe: "Rideva il Pareto – ed i non pochi lettori italiani con lui – dei paradisi in terra. Dimostrava sogno il socialismo, falsa l'idea che legittima sia solo la ricchezza acquistata col lavoro, laddove legittimo, necessario è, se non proprio il capitalista, il capitale e la sua funzione. Prognosticava la futura società socialista tanto lontana dal socialismo dei socialisti quanto la società borghese dell'800 dalla 'liberta, eguaglianza, fraternità' degli ideologi della Rivolu-

Da un punto di vista pratico, una teoria è buona quando suscita i sentimenti favorevoli allo scopo che si propone: "La teoria del valore di Marx ha adempiuto bene a questa condizione, quindi è stata utile sotto l'aspetto pratico. Quando non lo sarà più, si potrà sempre modificarne il senso o abbandonarla, ma in ogni caso essa avrà svolto il suo compito."[56] Così è stato. Dopo aver cercato di modificarne il senso, aggiornandola nel corso degli anni '70 del XX sec. (dato che negli anni precedenti era rimasta tale e quale Marx l'aveva concepita), si è eclissata; ma – è probabile – non per sempre. Certamente ricomparirà sotto una forma diversa.

Anche per la concezione materialistica della storia, come per il resto dell'opera marxiana, troviamo due interpretazioni: quella popolare e quella scientifica. Secondo la prima, essa consiste nello spiegare

---

zione, e fatta anch'essa di vincitori e vinti, di gente che è alle leve di comando e di altra che è al rimorchio. Che cosa si salva dalle ironie, dallo spirito caustico, dalle sferzate di Pareto che scarnificava le cose per vederne l'osso? Non il socialismo, specialmente riformistico, democratico, accomodante. Meno ancora la borghesia o la classe di governo uscita da essa, impoveritasi di ideali, di spirito battagliero, di sentimento della sua funzione, di capacità di resistenza di fronte al proletariato. Si salva l'idea o dottrina della vita politica e sociale come lotta, quindi della forza. *Les systèmes socialistes* potevano essere definiti la filosofia della forza." E il progresso che pure c'è, si chiede Volpe: "è economico più che morale" ed è frutto, appunto, della lotta per la vita o per il benessere; ed è lotta immanente e necessaria. Si possono modificarne certe manifestazioni e modi, ma non si può eliminare la lotta: "Anche se potessimo, sconsigliabile farlo, poiché non vantaggioso. Quella lotta, come fenomeno generale dei viventi, è anche massimo fattore di conservazione e di miglioramento. Da siffatta interpretazione della vita storica trassero conforto innanzi tutto quelli che confidavano, al di fuori della ideologia socialista, nelle nuove avanguardie operaie; ma anche gli altri che speravano nella possibilità di ripresa della borghesia o della sua parte migliore, quando essa avesse riconquistato coscienza di sé e della sua funzione, volontà di resistenza e di lotta, capacità di rappresentare e difendere interessi nazionali". I *Systèmes*, sebbene volesse essere l'anatomia della società non solo contemporanea, fatta con spirito da naturalista, "tuttavia ebbe non piccola efficacia su politici e non politici, dando spunti a diversi, anzi per il momento, opposti programmi di azione politica pratica, pur tendenti a confluire parzialmente in uno." (G. Volpe, *Storia d'Italia moderna 1898-1910*, vol. II, Firenze 2002, pp. 339-340).

56 *Sistemi*, p. 735.

l'evoluzione di un popolo come interamente determinata dalle sue condizioni economiche. Da una punto di vista scientifico questa teoria è chiaramente errata, dal momento che i fenomeni sociali non sono determinati esclusivamente dalle condizioni economiche, ma tra essi – non si stanca di ripetere Pareto – vi è un rapporto di mutua dipendenza. L'interpretazione popolare ha però un suo scopo: la convinzione che i caratteri degli uomini dipendano esclusivamente dalle condizioni economiche, porta a ritenere che, una volta istituito il collettivismo, essi cambieranno, rendendo quindi possibile questa pratica.

Dunque, e non è una novità, la concezione della lotta di classe è il punto cardine dell'opera di Marx;[57] anche se molti socialisti, trascinati dalla passione, sono convinti di difendere gli interessi non del solo proletariato, ma dell'uomo in genere (si è arrivati a parlare, perfino, di umanesimo socialista da parte, ad esempio, di E. Fromm[58] e di altri).

---

57 L'elaborazione di Marx sulle classi si trova essenzialmente nelle seguenti opere: Il concetto generale di classe (*Il manifesto*); Ceto e classe e lotta di classe; Classe 'in sé' e 'classe per sé': borghesia, contadini piccoli proprietari, proletariato; Le classi nella moderna società industriale; I 'rentier' terrieri e i fittavoli capitalistici; proprietari terrieri, capitalisti industriali, i due grandi settori della borghesia; dirigenti commerciali e industriali; piccolo-borghesi; rivendicazioni politiche della piccola borghesia; piccoli contadini; proletariato industriale; l'impoverimento del proletariato; sottoproletariato (*Introduzione alla critica della filosofia del diritto di Hegel; La sacra famiglia; Il manifesto; L'ideologia tedesca; Miseria della filosofia; Le lotte di classe in Francia; Il 18 Brumaio di Luigi Bonaparte; Rivoluzione e controrivoluzione in Germania; La guerra dei contadini in Germania; Il capitale*).

58 Erich Fromm, *L'umanesimo socialista*, Rizzoli, Milano, 1976. È una raccolta di trentaquattro saggi di personaggi noti e meno noti, molti scritti per l'occasione: "Questo volume ha un duplice scopo. Esso cerca di chiarire i problemi del socialismo umanista nei suoi vari aspetti teoretici, e di dimostrare che l'umanesimo socialista non è più qualcosa che riguardi soltanto qualche raro intellettuale, ma un movimento rintracciabile in tutto il mondo, che si sviluppa indipendentemente in vari paesi. In questo volume molti socialisti umanisti dell'Est e dell'Ovest si incontrano per la prima volta. [...] Per riassumere: forse non è un'esagerazione dire che mai negli ultimi cento anni si sono avuti come oggi studi così intensi e largamente diffusi sul problema del socialismo umanista. Scopo di questo libro è dimostrare tale fenomeno e chiarire alcuni dei risultati di tali studi. In questo interesse verso l'uomo e in questo opporsi alla disumanizzazione proviamo un profondo senso di solidarietà con tutti gli umanisti." Questi castelli di chiacchiere, già nati

Secondo Marx, il socialismo venne utilizzato dai governi assoluti per spaventare la borghesia, che stava diventando troppo minacciosa. Pareto ritiene che questa sia solo una parte della verità, e che quindi il discorso vada completato, mettendo in risalto un fenomeno: la classe al potere ha generalmente interesse a negare la lotta di classe, ma a condizione che si possa distrarre da questo argomento la classe soggetta, senza indebolire la resistenza dei propri membri.

La classe al potere, che ha già ottenuto tutto quanto era possibile dalla lotta di classe, deve solo conservare quanto ha conquistato ed impedire che altri se ne impadroniscano. Così si vede gente arrivata al potere con una rivoluzione, indignarsi – non si sa quanto in buona fede – se altri vogliono seguirne l'esempio: la storia del Novecento ci insegna quante lotte sanguinose ci sono state in seno ai gruppi rivoluzionari per la supremazia, con l'accusa reciproca di essere traditori del popolo, revisionisti, antipartito (essendo il partito assurto a ente semidivino). In questi casi, l'azione di quanti si abbandonano al sentimentalismo e alle dichiarazioni umanitarie si esercita a profitto della classe dominante. Ciò è quanto accadeva, quando Marx ed Engels pubblicavano il *Manifesto del partito comunista* nel 1848.[59] In seguito, le cir-

morti, scomparvero del tutto circa dieci anni dopo la pubblicazione del libro (con l'89 berlinese, come data simbolo) per essere immediatamente sostituiti da altre naturalistico-ecologiche, spesso ad opera delle stesse persone. La durezza di questo giudizio non vuole mettere in dubbio la buona fede di alcuno, ma il senso va ricercato e compreso come fece Linaker, uno degli amici più cari di Pareto, allorché questi gli scriveva (30 aprile 1907) che "la tua indole è tale che molto ti curi dell'umanità in generale e meno degli amici in particolare; mentre a me dell'umanità mi importa proprio niente, e degli amici, moltissimo" (*LAL*, p. 108). Del resto Linaker, come si evince dalle lettere e come Pareto gli fa spesso notare, è, in fondo, un illuminista per il suo attaccamento all'umanità e alla solidarietà in generale. Dunque, siamo in presenza di un giudizio filosofico-scientifico e non politico-emotivo. Considerazioni molto simili a quelle di Pareto troviamo in Lewis Mumford: "L'epoca dell'illuminismo, come ha detto acutamente W. H. Riehl, fu un periodo in cui gli uomini sospiravano per l'umanità ma non avevano cuore per la propria gente; filosofeggiavano sullo stato e dimenticavano la comunità." (*La città nella storia*, vol. III, Bompiani, Milano, 2002, p. 566).

59 Era stato scritto tra Dicembre 1847 e Gennaio 1848 e reso pubblico a Londra nel successivo mese di Febbraio, sotto forma di opuscolo.

costanze sono cambiate e le argomentazioni umanitarie hanno smesso di far presa sulle classi popolari, mentre hanno avuto l'effetto imprevisto di indebolire la resistenza che la borghesia poteva ancora opporre ai suoi avversari. I lavoratori sono stati conquistati sempre più dal principio della lotta di classe, disprezzando i discorsi mellifluì che li distraevano da questa lotta. Gli unici a farsi affascinare da tali argomentazioni erano i membri dell'élite in decadenza, ogni giorno più incapace di difendersi. Il fiorire di sentimenti umanitari, cui assiste Pareto ai suoi giorni, non è altro che la conseguenza della debolezza di quest'élite. Tali sentimenti – come è sotto gli occhi di tutti anche oggi – si sono sempre di più rafforzati, penetrando all'interno delle stesse classi dirigenti socialiste. Anche la teoria della lotta di classe è soggetta ad una interpretazione popolare e ad una scientifica.[60] Secondo la prima – che ovviamente tende a semplificare ad uso della gente semplice – esistono solo due classi, i capitalisti e i proletari (o, in generale, gli sfruttatori e gli sfruttati) e questi ultimi devono sconfiggere i primi. Diversamente, l'interpretazione scientifico-paretiana (ma anche di Max Weber) non può non riconoscere la presenza di un gran numero di classi e di forme di lotta. Queste forme di lotta sono modi di concorrenza e non bisogna dimenticare che la concorrenza è il più potente strumento di selezione che si conosca, tanto per gli individui che per gli organismi sociali. Gli effetti della concorrenza economica sono ben noti. Se si riesce a sopprimerla, bisognerà sostituirla con altri strumenti di selezione, altrimenti si correrà il rischio di una rapida decadenza di tutta l'organizzazione economica.

"La 'lotta per la vita' non riguarda solo i singoli individui, ma esiste anche tra i diversi gruppi di questi individui; e ciascun gruppo non può contare che sulle proprie forze per la difesa dei suoi interessi."[61] Il problema da risolvere non consiste solo nel sapere se la lotta di classe esista o meno: basta osservare la storia per rendersi conto dell'esistenza di questo conflitto.[62] La questione riguarda i mezzi impiegati

60 *Sistemi*, p. 749.

61 Ibid., p. 753.

62 L'espressione si potrebbe sostituire con quella di A. J. Toynbee di 'sfida-risposta', ma il concetto non cambia, come si può ampiamente vedere nella grande opera

nella lotta e il rapporto in cui si trovano con la prosperità sociale. Nel tempo c'è stata un'evoluzione che ha modificato le condizioni della lotta per la vita: fortunatamente, la violenza diretta ha perso sempre più terreno, anche se ciò vale soprattutto per i singoli individui; mentre per le classi e le nazioni il discorso è un po' diverso. In altre parole, l'uso diretto della violenza diventa sempre meno eccezionale, man mano che il gruppo diviene più numeroso.[63] Pareto cita l'esempio degli scioperanti, ai quali i governi permettevano di far uso della forza per le loro rivendicazioni senza incorrere in alcuna sanzione, in tal modo ostacolando l'opera di selezione che è alla base della nostra civiltà. Il grande apporto di Marx e Engels consiste nell'aver voluto conoscere le condizioni delle masse diseredate e il clima delle rivoluzioni dal loro interno, partecipando attivamente ai loro progetti e alle loro attese (si ricordi l'undicesima tesi di Marx su Feuerbach: "I filosofi hanno soltanto diversamente *interpretato* il mondo, ora si tratta di *trasformarlo*"). Naturalmente per questa via non si può cogliere il fenomeno su larga scala e neppure con la sufficiente obiettività; però si contribuisce con rilevazioni in profondità che permettono elaborati teorici altrimenti impossibili. Marx fu sociologo dal primo all'ultimo dei suoi scritti (anche se i suoi obiettivi scientifici furono diversi da quelli di Comte e Spencer che sottopose ad aspra critica), perché di sociologico aveva prima di tutto la mentalità e l'immaginazione e come tale considerava la società qualcosa di più di un mero insieme di individui: la considerava un insieme di individui tra i quali esistono relazioni definite e più o meno stabili; per cui la forma della società è determinata dal carattere e dalla forma di queste relazioni. Era un sociologo o uno scienziato sociale perché aveva come obiettivo lo studio e la comprensione di queste relazioni e dei loro mutamenti nel corso del tempo. Per Marx il 'soggetto' è l'uomo, l'individuo sociale preso nei suoi rapporti reali con i gruppi, le classi, i ceti, l'insieme della società; mentre

---

dello studioso inglese: *Le civiltà nella storia*, op. cit. Del resto è un concetto già presente in Vico: "La facilità dissolve gli ingegni come la difficoltà li acuisce." (*De nostri temporis studiorum ratione*, in *Opere*, a cura di A. Battistini, vol. I, Mondadori, Milano, 1990, p. 121).

63 *Sistemi*, pp. 753-754.

l'oggetto sono le cose sensibili, i prodotti, le opere fra cui figurano le tecniche e le ideologie, le istituzioni e la produzione artistica e culturale. Da questo punto di vista, allora, la sua maggiore opera *Il Capitale* studia una formazione economico-sociale determinata, la società dell'epoca della borghesia, e un modo di produzione, il capitalismo.[64] Ci sembra molto pertinente e centrato il giudizio di G. Gurvitch (1959) con l'avvertenza che non vediamo in Marx uno dei fondatori della sociologia e certamente non il più grande quando dice che "Marx fu il più grande e il meno dogmatico di tutti i fondatori della sociologia. Questo nonostante tutti i dogmatismi filosofici o politici che a torto gli vengono attribuiti". Anche se non cercò di esserlo, anche se disprezzava Comte, Spencer, è vero, come dice G. Gurvitch, che Marx fu prima di ogni altra cosa di fatto a suo modo un sociologo:

> [...] ed è proprio la sociologia che rende unitaria la sua opera [...] *Il Capitale* – che lotta contro i pregiudizi dell''uomo economico' astratto, contro il 'feticismo' della

64 La produzione di Marx è imponente. In italiano era prevista la pubblicazione delle opere complete in cinquanta volumi (comprese anche quelle di Engels). Qui di seguito elenchiamo le opere principali: *Lettera al padre sulla filosofia*, 1837; *Differenza tra le filosofie naturali di Democrito e di Epicuro in generale. Dissertazione dottorale*, 1841; *Kritik des Hegelschen Staatsrechts*, 1843; *Zur Judenfrage*, in *Deutsch-Französische Jahrbücher*, 1844; *Zur Kritik der Hegelschen Rechtsphilosophie. Einleitung*, in *Deutsch-Französische Jahrbücher*, 1844; *Zur Kritik der Nationalökonomie. Ökonomisch-philosophische Manuskripte aus dem Jahre 1844* (pubblicati per la prima volta nel 1932); *Die Heilige Familie*, 1845 (insieme ad Engels); *Tesi su Feuerbach* (primavera 1845: pubblicate da Engels in appendice alla sua opera del 1888 su "L. Feuerbach e il punto di approdo della filosofia classica tedesca"); *Die deutsche Ideologie*, 1846-1856; *Misère de la philosophie*, 1847; *Das Kommunistische Manifest*, 1848; *Lohnarbeit und Kapital*, 1849; *Die Klassenkämpfe in Frankreich von 1848 bis 1850*, 1850; *Revolution und Konterrevolution in Deutschland*, 1851; *Der 18 Brumaire des Louis Bonaparte*, 1852; *Grundrisse der Kritik der politischen Ökonomie* (scritti nel 1850-1851 e nel 1857-1859 e pubblicati nel 1939-1941, vol. 2; *Zur Kritik der politischen Ökonomie*, 1859; *Herr Vogt*, 1860; *Das Kapital*, vol. I, 1867 e i volumi II e III pubblicati postumi da Engels rispettivamente nel 1885 e 1894; *Kritik des Gothaer Programms*, 1875; *Theorien über den Mehrwert*, ventitré quaderni scritti fra il 1861 e il 1863 (pubblicati da Kautsky nel 1905); *Forme economiche precapitalistiche*, 1857-1858 (pubblicati nel 1939-1941); *Manoscritti matematici* (pubblicati nel 1968).

merce e del capitale, contro le 'leggi economiche' universali di cui parlano gli economisti classici – può, come opera scientifica, essere compreso soltanto se viene considerato come una sociologia economica che rivela come i fenomeni economici, le attività economiche, le categorie economiche perdano il loro senso e il loro carattere quando si trovano separate dal contesto generale della società, dalla sua struttura, dal tipo di quest'ultima, dal 'fenomeno sociale totale', dall''uomo totale'.[65]

F. Engels (1820-1895) fu l'amico e il collaboratore più vicino a Marx. Legati da una reciproca stima, ognuno attribuì la massima importanza alla critica dell'altro. Considerarono il lavoro, a cui avrebbero dedicato tutta la vita, come un'entità unica, con una precisa divisione di compiti ed un'unica proprietà e divisero le soddisfazioni derivate dalle loro rispettive opere scientifiche, come quelle scaturite dalle conquiste comuni, frutto delle loro idee politiche.[66] "Ogni scienza sarebbe superflua se l'essenza delle cose e la loro forma fenomenica direttamente coincidessero." leggiamo nel *Capitale.* E nell'*Ideologia tedesca*: "Dove termina la speculazione – nella vita reale –, là inizia la vera scienza positiva: la rappresentazione del processo pratico dello sviluppo degli uomini." Queste due affermazioni ci introducono al problema sociologico della conoscenza che Marx sollevò al più alto livello di interesse, offrendo una soluzione con la teoria, per la quale la coscienza viene concepita come una sovrastruttura della realtà sociale: la struttura sociale di classe è determinata dalle forze produttive e non dalla cultura. Infatti, l'uomo che comprende il mondo storico è egli stesso prodotto di questo mondo, il quale è a sua volta prodotto di uomini che lavorano e cooperano coscientemente. Così per Marx la coscienza sociale,

---

65 G. Gurvitch, *Sociologie de Karl Marx*, CDU, Paris, 1962.

66 Gli scritti di Engels sono i seguenti: *Die Lage der arbeitenden Klasse in England*, 1845; *Die Heilige Familie*, 1845 (insieme a Marx); *Das Kommunistische Manifest*, 1848 (con Marx); *Ludwig Feuerbach und der Ausgang der klassischen deutschen Philosophie*, in "Die Neue Zeit", 1866 (ripubblicato in volume nel 1888 con in appendice le "Tesi su Feuerbach" di Marx); *Der deutsche Bauernkrieg*, 1870 (con Marx); *Zur Wohnungsfrage*, 1872; *Herrn Eugen Dührings Umwälzung der Wissenschaft (Antidühring)*, 1878; *Die Entwicklung des Sozialismus von der Utopie zur Wissenschaft*, 1882; Der *Ursprung der Familie des Privateigentums und des Staats*, 1884; *Zur Geschichte des Bunds der Kommunisten*, 1885; *Dialektik der Natur* (scritto tra il 1873 e il 1886 e pubblicato nel 1933).

che nasce da una prassi, non ne è il riflesso fedele, se non in situazioni ben definite, cioè quando la prassi stessa non è avvolta da un velo di nebbie ed i rapporti fra gli esseri umani rimangono diretti e senza intermediari. Invece, in strutture sociali e in modi di produzione determinati le pratiche sociali producono 'rappresentazioni' (lo stesso termine è usato da Durkheim), le quali accrescono o diminuiscono la mancanza di trasparenza di una società. Cioè, la realtà sociale, gli uomini e i gruppi umani nelle loro interazioni, producono delle 'apparenze', che in un determinato momento storico si costituiscono come modalità di coscienza. Marx ed Engels distinguono le cose, come appaiono alla superficie della società, dai rapporti sociali di produzione, che in generale non appaiono, ma che le spiegano e le costituiscono, in una relazione di reciprocità e di unità dialettica: "A prima vista, una merce sembra una cosa triviale, ovvia. Dalla sua analisi, risulta che è una cosa imbrogliatissima; piena di sottigliezza metafisica e di capricci teologici." Così, ad esempio, un conflitto nazionale, è costituito nel suo fondo – in quanto 'struttura' – da un contrasto di classi, spiegabile in base alla realtà materiale, economica, dipendente dai rapporti capitalistici, feudali, schiavistici, cioè dalle diverse formazioni economico-sociali. Ciò non significa affatto che questi conflitti nazionali non avranno una loro realtà come tali, al contrario; ma non si sarà compresa la loro vera natura, se non ci si impadronirà del conflitto di classe sottostante e dell'esistenza dei rapporti sociali di produzione materiale che li condizionano. Possiamo concludere con ciò che già nel *Cours* Pareto intravedeva quando faceva notare che il socialismo, volendo regolare ogni fenomeno economico, urta contro difficoltà pratiche immense. Tuttavia, è un sistema che, "*teoricamente*, non è in contraddizione con la logica". In ipotesi è possibile supporre esistano degli esseri ben superiori a quelli visti fin qui sulla terra che siano sapienti, onesti e saggi, i quali potranno con un lavoro sovrumano "pervenire a regolare i fenomeni economici in modo da ottenere i medesimi risultati (massimo di ofelimità) che si otterrebbero dal gioco della libera concorrenza". In fondo, dice Pareto, non "costa niente costruire dei castelli in Ispagna", si può supporre che tali esseri, così perfetti, "sapranno evitare gli attriti che necessariamente si producono nel meccanismo della libera concorrenza". Tutto ciò, se è in contrasto con i fatti, non lo è affatto con la logica pura (beninteso, quando quest'ultima viene usata con la pretesa di regolare una parte dei fenomeni economici). Purtroppo i seguaci di tali soluzioni sono molti e quand'anche avessero buone conoscenze, sarebbero comunque subordinate a "un vago sentimento umanitario e dal desiderio di fare qualcosa per recar rimedio ai mali della società. Si tratta di intenzioni molto lodevoli, seguite però da effetti che lo sono molto meno, giacché le misure che tali persone preconizzano sono di solito ben più atte ad aumentare il male che ad attenuarlo".[67]

Sistemi socialisti e sentimenti religiosi

I sistemi religiosi hanno come scopo quello di stabilire uno stile di vita che sia gradito alla divinità, o che sia in accordo con determinati sentimenti religiosi.[68] Anche i sistemi metafisici, come quelli religiosi, si propongono di regolare la condotta degli uomini secondo principi che sfuggono all'esperienza, ma, mentre la religione guarda al sentimento, la metafisica si rivolge alla ragione. Ambedue mettono in secondo piano l'assetto economico dell'organizzazione e la felicità terrestre degli uomini. Pareto osserva che i sistemi religiosi sono quelli che hanno avuto maggiori applicazioni pratiche. Il fatto è degno di nota, poiché conferma che, per cambiare un'organizzazione sociale, bisogna cambiare anche il carattere degli uomini e la passione religiosa è tra le più potenti forze in grado di mettere in atto questo cambiamento.[69]

---

67 *Cours*, § 446.

68 In base alla definizione data (si veda il paragrafo 'Della spoliazione' nel cap. V di questo volume), Pareto raggruppa i sistemi socialisti in tre categorie a seconda della forma: *i sistemi religiosi, i sistemi metafisici e i sistemi scientifici.*

69 I rilievi di Toynbee ci sembrano incontrovertibili: "[...] La Scuola di Manchester non comprese la natura umana. Non compresero che nemmeno un ordine mondiale economico può essere costruito su fondamenta meramente economiche. Nonostante il loro genuino idealismo, non si resero conto che 'l'uomo non vive di pane soltanto'. Quest'errore fatale non lo fecero Gregorio Magno e gli altri fondatori della cristianità occidentale [...] Questi uomini, dediti corpo e anima a una causa

Diversamente, i sistemi metafisici, non hanno riscontri pratici, dal momento che la metafisica ha scarsa presa sulle popolazioni. Al massimo, come per il socialismo di Stato, servono a giustificare a posteriori applicazioni che hanno cause completamente differenti. Se si considera il fenomeno oggettivo, tutti o quasi i sistemi socialisti sono in senso lato religiosi (è perciò che un esperimento 'socialista' grandioso come quello dell'URSS è potuto durare settanta anni ed affrontare vittoriosamente la seconda guerra mondiale), ma possiamo anche dire legittimamente che i sentimenti religiosi sono alla base di tutti i sistemi sociali esistenti. Guardando, invece, il fenomeno soggettivo, tra i sistemi socialisti quelli metafisici e quelli scientifici acquistano grande importanza, perché gli uomini, che in realtà sono guidati da un sentimento religioso, credono di seguire la loro ragione.[70] In ogni tempo e in ogni luogo si è assistito al formarsi all'interno della società

---

oltremondana, non avevano consapevolmente tentato di fondare un ordine mondiale. Il loro scopo terreno si era limitato alla più modesta ambizione materiale di tenere in vita i sopravissuti di una società naufragata. L'edificio economico innalzato, come un'ingombrante e ingrata necessità, da Gregorio e dai suoi pari fu dichiaratamente un palliativo; eppure, innalzandolo, ci si preoccupò di costruirlo sulla roccia della religione, non sulle sabbie dell'economia; e, grazie a quelle fatiche, la struttura della società occidentale poggiò su un solido fondamento religioso e divenne, in meno di quattordici secoli, dai suoi modesti inizi in un cantuccio fuori mano, l'onnipresente grande Società dei nostri giorni. Se per il modesto edificio economico di Gregorio si richiese una simile solida base religiosa, appare improbabile a questa stregua che la più vasta struttura di un ordine mondiale, quale ci tocca edificare oggi, possa sicuramente fondarsi sul pietrame infido dei semplici interessi economici." (A. J. Toynbee, *Le civiltà nella storia*, op. cit., p. 378).

70 Scriveva Pareto a Pantaleoni: "Man mano che mi giungono le bozze [dei *Sistemi*], mi persuado sempre più che avrò tutti contro. [...] Il capitolo e mezzo del Racca ho finito di farlo quasi tutto io, ma non è venuto bene, perché un lavoro fatto in quel modo manca di unità." (*LMP*, 15 febbraio 1902, vol. II, p. 400). Infatti a p. 283 dell'edizione Utet 1987, in una nota dello stesso Pareto, si legge: "La fine di questo capitolo e il capitolo seguente sono opera esclusiva di V. Racca. Tutto il resto dell'opera è di V. Pareto. Le parti dei due collaboratori sono così distinte." Dunque, le pagine 283-331 apparterrebbero a Vittorio Racca, che fu per qualche tempo collaboratore di Pareto anche nei corsi universitari. Si veda, di Racca, la rievocazione dei suoi anni di collaborazione con Pareto: Vittorio Racca, "Working with Pareto", *The Virginia Quarterly Review,* vol. XI, n. 3, July 1935.

più ampia di piccole comunità, in cui il cemento è il sentimento religioso,[71] che le porta all'esaltazione di determinate virtù per così dire passive, come la rinuncia a se stesso, il disprezzo dei piaceri mondani e della ricchezza, il sacrificio dell'individuo alla comunità. Tali sentimenti altruisti sono generalmente presenti solo in un'élite molto ristretta; quando queste comunità devono includere un elevato numero di individui e non più soltanto un'élite, sono costrette a cambiare la loro organizzazione. Ad esempio, quando il numero dei fedeli aumentò a dismisura, la comunità cristiana, in quanto società 'comunista', scomparve. Solo più tardi una piccola élite riprese quello stile di vita, fondando monasteri e conventi. La stessa cosa accadde anche per il buddismo. Ma fu proprio quando i religiosi cominciarono a vivere insieme che nacquero le distinzioni e la gerarchia. Essi formarono in breve tempo un corpo regolarmente organizzato e, per poterne fare parte, bisognava ottenere un'investitura speciale e seguire un certo regime di vita. In tal modo i religiosi acquistarono un grande ascendente sul popolo.[72] Tutte queste questioni saranno approfondite e sistematizzate nella teoria dei residui, esposta in forma compiuta anche se non definitiva nel *Trattato*. Il movimento religioso ha sempre subito l'influenza delle grandi correnti sociali. Quando gli spiriti e le istituzioni si volsero al socialismo, la Chiesa seguì la corrente e il cattolicesimo divenne sociale, riprendendo, in fondo, il suo antico orientamento. Questo mimetismo sociale del movimento religioso ha la sue ragioni, spiega Pareto: se nei secoli passati la Chiesa si appoggiava sui prìncipi e sulle aristocrazie, oggi che il sovrano sembra la 'metà più

71 *Sistemi*, p. 299.

72 L'evoluzione del cattolicesimo e del buddismo sono simili – osserva Pareto –, come è simile la potenza dell'azione politica esercitata dalle gerarchie di entrambe le religioni. Lo sviluppo parallelo di buddismo e cattolicesimo ha dell'incredibile, se si considera che sono due religioni così diverse, professate da popoli abitanti a migliaia di chilometri di distanza e che non avevano allora se non pochi o nessun rapporto (p. 304). Dello stesso parere sembra essere, cent'anni dopo, Giovanni Paolo II: "[...] il buddismo [...] sotto un certo punto di vista è, come il cristianesimo, una religione di salvezza"; anche se poi subito aggiunge che "le soteriologie del buddismo e del cristianesimo sono, per così dire, contrarie." (*Varcare la soglia della speranza*, Mondadori, Milano, 1994, p. 95).

uno' dei cittadini, i cristiani cercano di guadagnarsi i favori del popolo. Ne è nata una visione utopica, particolarmente nella Chiesa cattolica attuale, che sembra aver smarrito l'idea della storia come dramma e ritiene di poter risolvere la conflittualità insita nella storia, assecondando posizioni socialistiche o, come si dice, 'dialoganti' e di fatto negando implicitamente la conflittualità ideale, religiosa, spirituale, etnica, ecc. che rappresenta la realtà della storia. Essa ha conseguito, fin dai tempi di Pareto, una visione quasi prevalentemente economicista, tale che neanche il Pareto economista avrebbe mai sognato, molto vicina ai socialismi di varia natura, non ultimo quello marxista (non per niente è stata prodotta una cosiddetta 'teologia della liberazione' molto influente).[73]

---

73 Come è noto, vi è una vasta produzione saggistica sui rapporti tra marxismo e cristianesimo, elaborata per lo più in ambiente ecclesiastico. Coerentemente, qualche anno più tardi, Pareto, commentando una lettera inviata dal Papa Pio X ai vescovi italiani. [Pareto a Carlo Placci, 6 sett. 1906: "Se leggi 'Il Regno' vi troverai un mio articolo sulla lettera del Papa ai vescovi italiani." (*La condanna pontificia dei neo-cattolici*, in "Il Regno" del 28 ottobre 1906)] L'intera enciclica la si può leggere in E. Momigliano, *Tutte le encicliche dei Papi,* Dall'Oglio, Milano, 1964, pp. 567-574), così si esprimeva: "La lettera pontificale *Pieni l'animo* è savissima e molto meglio corrispondente alla verità scientifica che non lo siano le declamazioni settarie degli anticlericali. [...] Professori di socialismo ne abbiamo più di quanto ne occorre per il nostro consumo, né giova che i preti vadano ad aumentare la schiera. Siamo saturi, anzi arci-saturi di pappolate sulle 'quistioni sociali', [...] e non si sente proprio il bisogno che dal pergamo siano ripetute per la centesima, o forse millesima volta" e continua citando le parole del Pontefice: "meglio è che i fedeli si accontentino della semplice omelia o della spiegazione del catechismo fatta dai loro parroci, anziché dover assistere a predicazioni che producono più male che bene." La religione per Pareto è un argine al "disprezzo aperto di ogni autorità e di coloro che la esercitano" e cita ancora il Papa quando nota che: "il disordine di insubordinazione e di indipendenza finora da noi lamentato in taluni del giovane clero va assai più lontano con danno di gran lunga maggiore poiché non mancano di coloro i quali sono talmente invasi da sì reprobo spirito che, abusando del sacro loro ministero della predicazione, se ne fanno apertamente, con rovina e scandalo dei fedeli, propugnatori ed apostoli." (*Scritti politici*, vol. II, pp. 469-473).

PARTE TERZA

VII. Ofelimità e utilità: la logica della decisione

> Ogni sensazione, per agire sull'uomo, deve essere presente; le sensazioni passate agiscono solo divenendo presenti alla memoria. Del pari, gli eventi futuri agiscono solo quando, per una sensazione presente, lo spirito li prevede e li concepisce. Una decisione umana è in fondo il risultato d'una equazione tra due o più ofelimità.[1]

Nell'ottobre 1894 Pareto era stato nominato *professeur ordinaire* a Losanna e dal suo "discours d'installation",[2] come da tutta l'impostazione del suo primo corso, dai temi trattati e dalle difficoltà evidenziate, si può valutare il suo approccio e la sua strategia tipicamente sociologici, specialmente per ciò che concerne il problema dell'utilità che viene a maturazione (forse per la prima volta nella storia del pensiero) e di cui presenta tutta la complessità e le sfaccettature, con soluzioni sicuramente ineludibili ancora oggi. Il concetto di utilità nelle sue varie declinazioni costituisce senza dubbio l'architrave di tutto il pensiero e della teoria paretiana sia economica che sociologica;[3] se si vogliono

---

1 *Cours*, § 628; *Manuale*, VI, § 90.

2 Si veda *Leçon d'ouverture du Cours d'économie politique* (che comparve nella *Gazette de Lausanne* il 23 ottobre 1894; ora in *Scritti sociologici*, pp. 101-107. Diciamo subito che abbiamo usato il termine 'decisione' nel nostro titolo per non entrare in una di quelle querelle, tanto odiose a Pareto come a noi, circa il fatto se le mere preferenze rispecchino le scelte, o se il possesso di un criterio di scelta (complicata poi dal fatto se questa sia razionale o meno) coincida con l'ordinamento di preferenza soggettiva. A noi sembra che proprio questo fosse il problema paretiano quando distingue tra ofelimità e utilità. Dopo tanto discorrere nel dibattito economico, sembra che si sia ritornati alle prime pagine del *Cours*.

3 La teoria paretiana s'innesta sulla tradizione vichiana, come possiamo vedere, tra le altre, dalla seguente argomentazione nella sezione quarta della *Scienza nuova* dedicata al metodo, in cui si pongono le questioni legate all'ofelimità: "Ma gli uomini, per la loro corrotta natura, essendo tiranneggiati dall'amor proprio, per lo quale non sieguono principalmente che la propria utilità; onde eglino, volendo tutto l'utile per sé e niuna parte per lo compagno, non posson essi porre in conato le passioni per in-

(per motivi di divisione del lavoro, o per facilitare lo studio, o di metodo, cioè operando per approssimazioni successive) dividere queste due discipline che, come abbiamo detto più volte, nella mente e nella pratica scientifica di Pareto sono inestricabilmente unite. Così irresolubilmente unite sono le questioni della decisione, dell'efficienza e dell'equilibrio in economia come in sociologia ed è perciò che Pareto non può, nel *Manuale*, omettere un capitolo, il secondo, di metodologia della scienza sociale. Dunque, nel 'discours d'installation' (la prelezione al suo corso) esordisce con una definizione di utilità in rapporto all'economia politica e cioè *utilità* come "rapporto di convenienza tra una cosa ed un uomo" e dichiara "ripugnante" ma inevitabile a fini di chiarezza l'uso di un neologismo (curiosamente il neologismo "ofelimità" qui non compare), per distinguere "questa specie particolare d'*utilità*, veramente troppo dissimile da quella conosciuta sotto lo stesso nome". Perciò, oltre alla proprietà che l'economia politica considera peculiare ad una cosa, di soddisfare un bisogno, un desiderio (indipendentemente da considerazioni di legittimità), si deve considerare anche "la proprietà che può avere la cosa d'esser realmente *utile* all'uomo, d'essergli vantaggiosa" (questa volta, invece, rientrano i criteri diversi di legittimità).

> Proprio lo studio di codesta seconda proprietà fa nascere un'altra scienza [la sociologia]. Infine, non bisogna dimenticare che, sia in connessione con questa scienza, sia indipendentemente da essa, esistono la morale e la religione, le quali hanno una parte, e che parte!, nelle azioni umane [...] i fatti sociali sono gli uni agli altri in stretta dipendenza [...] Solo per facilitare lo studio, possiamo e dobbiamo considerare isolatamente tali differenti fenomeni; nondimeno è indispensabile, dopo averne effettuato l'analisi, di riunirli con la sintesi onde giudicare poi i fatti concreti [...] In

dirizzarle a giustizia. Quindi stabiliamo: che l'uomo nello stato bestiale ama solamente la sua salvezza; presa moglie e fatti figliuoli, ama la sua salvezza con la salvezza delle famiglie; venuto a vita civile, ama la sua salvezza con la salvezza delle città; distesi gl'imperi sopra più popoli, ama la sua salvezza con la salvezza delle nazioni; unite le nazioni in guerre, paci, allianze, commerzi, ama la sua salvezza con la salvezza di tutto il gener umano: l'uomo in tutte queste circostanze ama principalmente l'utilità propia." (G. Vico, "La scienza nuova", in *Opere*, a cura di A. Battistini, Mondadori, Milano, 1990, vol. I, p. 548).

questo vasto campo di ricerche, io dovrò occuparmi, per il mio corso, unicamente del piccolo settore dell'economia politica [...].[4]

Una proprietà del sistema sociale: l'utilità

Un sistema sociale, come qualsiasi altro sistema in natura, ha certe proprietà. Fra queste, in particolare l'*utilità*[5] è al centro delle discussioni oggi come ieri. Innanzitutto – ci dice Pareto – quando si vuole ragionare in termini scientifici di concetti come utilità (economica, morale, intellettuale, ecc.), o prosperità, o potenza (militare,[6] politica, ecc.), occorre definirli quanto più possibile precisamente. Se poi li si vuole utilizzare nella determinazione dell'equilibrio sociale, è necessario in qualche modo farli corrispondere – sia pure con semplici indici – a quantità, onde permettere la manipolazione matematica. Dunque, per

4 *Leçons d'ouverture du Cours d'économie politique*, op. cit., pp. 104-105, 107. Nel *Cours* (§ 593) Pareto osserva opportunamente che "non esistono uomini reali che obbediscano solo a puri moventi economici. Si commette esattamente il medesimo errore tanto se si suppone nel fenomeno concreto l'esistenza dei *soli* moventi economici, facendo, ad esempio, astrazione dalle forze morali, quanto se si suppone, invece, che un fenomeno concreto possa sottrarsi all'azione delle leggi dell'economia pura". Prosegue con un'altra osservazione, che è bene ribadire ancora oggi: "La pratica differisce dalla teoria, precisamente in quanto la pratica deve tener conto d'una quantità di particolari che la teoria trascura. L'importanza relativa dei fenomeni principali e secondari non è la stessa dal punto di vista generale della scienza e dal punto di vista particolare d'una operazione pratica." Infine, propone un'analogia riguardo ai tentativi di sintesi operati dalle scienze e dice – raccomandando la massima circospezione – che come in fisica "si è tentato di ridurre all'unità tutte le forze fisiche e chimiche all'attrazione degli atomi", così "nelle scienze sociali si tenta di ricondurre tutti i fenomeni all'*utilità*, di cui l'ofelimità non è che una specie" e, inoltre, "si è tentato di rinvenire nella *evoluzione* la spiegazione di tutti i fenomeni".

5 *Trattato*, § 2105: Le proprietà del sistema sociale.

6 Come esempio Pareto si chiede (*Trattato*, § 2108) se "la Germania è ora, nel 1913, più potente militarmente e politicamente che nel 1860? Tutti risponderanno di sì; se poi chiediamo: di quanto precisamente? Nessuno saprà rispondere. Si può ripetere lo stesso per domande simili, e si capisce perché le cose dette potenza militare, politica, intellettuale, ecc., sono suscettibili di crescere, o di diminuire, senza per altro che ci sia dato di assegnare numeri precisi che corrispondano ad esse nei vari stati".

disporre di un concetto più preciso, bisogna esplicitare in che modo verranno determinate le entità che si vogliono definire:

> L'economia pura ha potuto fare ciò. Essa ha scelto un'unica norma, cioè la soddisfazione dell'individuo ed ha fissato che di tale soddisfazione egli è l'unico giudice. Così è stata definita l'utilità economica, ossia l'ofelimità. Ma se ci poniamo il problema, pure molto semplice, di ricercare ciò che più giova ad un individuo, astrazion fatta dal suo giudizio, tosto appare la necessità di una norma, che è arbitraria.[7]

Ad esempio, si chiede Pareto, quanto giovi soffrire fisicamente per godere moralmente, o viceversa? O, ancora, quanto giovi ricercare solo la ricchezza, o aspirare a qualche altra cosa? In economia pura si lascia decidere all'individuo; ma se invece si vuole togliergli questa prerogativa, occorre trovare altri a cui affidare la decisione. Ciò che è possibile in economia, non si può fare in sociologia; dunque, non potendo fare riferimento a dati precisi, si ricorre ad approssimazioni. Le stesse difficoltà sono rilevate da Simmel: "uno spirito sovrumano che concepisse gli accadimenti del mondo con assoluta completezza in base a leggi naturali, troverebbe anche il fatto che gli uomini dispongono di concezioni di valore [...] Se è difficile definire cosa sia in effetti l'essere, non meno difficile è rispondere alla medesima domanda rispetto al valore."[8] Il termine utilità, trasferito in sociologia e utilizzato per semplice analogia, talvolta si accorda con il linguaggio volgare, ma altre volte può allontanarsene, fino a giungere ad essere l'opposto: per esempio, se fissiamo come stato limite per un popolo quello della prosperità ma-

---

7 *Trattato*, § 2110.

8 G. Simmel, *Filosofia del denaro*, Utet, Torino, 1984, pp. 94 e 97. Da questo punto di vista è nota la distinzione di Max Weber tra etica della responsabilità ed etica della convinzione, che indicano rispettivamente, la prima, l'azione nei termini stretti mezzi-fini, cioè l'azione logica paretiana o l'ofelimità. Siamo d'accordo con R. Aron (*Le tappe del pensiero sociologico*, Mondadori, Milano, 1973, p. 479) quando definisce l'etica della responsabilità "semplicemente quella che si preoccupa dell'efficienza e che pertanto si definisce con la scelta dei mezzi adatti allo scopo che si vuol raggiungere" (quindi, come si può vedere, l'azione logica paretiana); la seconda, l'azione riferita ai valori senza alcuna preoccupazione per le conseguenze, l'azione non logica o l'utilità paretiana.

teriale, il nostro concetto di utilità differisce poco dal significato volgare, ma differisce molto dal concetto che ne può avere un asceta; e viceversa.[9] Ancor più generico di utilità è il concetto di *prosperità* e *forza* di un paese, che vorrebbe compendiare le diverse potenze, militare, politica, intellettuale, ecc. Tuttavia, pur nella genericità, si dispone di un concetto, che non è troppo distante dalla realtà fenomenica; successivamente si può scomporre, considerando separatamente le varie parti, e analizzarlo nei particolari

Per ovviare ai problemi generati dall'usare uno stesso nome per cose molto diverse, Pareto propose o di abbandonare il linguaggio volgare e dare nomi diversi a cose diverse (nel qual caso, essendo queste molto numerose, si avranno numerosi neologismi); o di mantenere un unico nome, con l'avvertenza che esso le indica solo in generale (così come il nome di una classe di oggetti, o in chimica il nome di corpo semplice, o in zoologia il nome di mammifero, ecc.), mentre saranno le specie di tale classe a definirle in maniera specifica, in relazione al criterio scelto per determinare l'utilità: "è certamente un guaio che un solo termine indichi cose diverse, e perciò sarebbe bene scansare l'uso del termine *utilità*, che combacia con uno dei significati di esso termine nel linguaggio volgare, e di sostituirvi l'uso di un nuovo termine, come si è fatto in economia, disgiungendo l'ofelimità dall'utilità. Credo che verrà tempo in cui sarà necessario di fare ciò; e se qui me ne astengo, è solo per il timore di cadere in un abuso di neologismi."[10]

---

9 *Trattato*, § 2112.

10 Pareto aveva difeso dalle critiche l'uso accorto di neologismi che "soddisfano il bisogno di esprimere ben chiaro, senza alcun equivoco, le relazioni tra le cose. [...] quel bisogno c'era per l'utilità in economia politica. Il termine di utilità ora era preso in un senso ora in un altro, e perciò si ripeteva, ad esempio: 'come è che il diamante che è così poco utile costa tanto, e che il grano che è tanto utile vale così poco?'. In questa frase il primo significato di utile è diverso dal secondo significato. Bisogna distinguerli. Non si può ad ogni momento stare a ripetere che si vuole discorrere di 'quella certa utilità che consiste nella relazione di convenienza tra una cosa ed un uomo, relazione che fa sì che l'uomo appetisce, desidera la cosa ed, avutala, ne gode'. Si va per le lunghe. Giova dunque di racchiudere tutto quel non breve discorso in una sola parola. Conviene poi di scegliere una nuova parola perché essa rammenti solo quel discorso, od altri simili, coi quali si definisce, e non il

La complessità della questione pare non essere stata ancora colta oggi se per esempio Wilson ritiene che una piena comprensione dell'utilità verrà dalla biologia e dalla psicologia attraverso una riduzione agli elementi del comportamento umano, seguita da una sintesi dal basso verso l'alto (quindi operando un riduzionismo; al contrario rispetto a quanto asseriva Comte con la sua scala delle scienze), e non dalle scienze sociali con deduzioni dall'alto verso il basso. È evidente la non comprensione delle complesse questioni legate ai concetti paretiani di ofelimità e utilità.[11] Prima di proseguire nella nostra analisi proponiamo una digressione su Aristotele tratta da Pareto.

Aristotele e l'utilità

Interessanti sono le osservazioni paretiane su Aristotele a proposito dell'utilità nella nota al § 2110 del *Trattato*. Lo Stagirita, nell'accingersi a ricercare quale fosse l''ottima repubblica', si accorse subito che vi erano alcuni problemi da sciogliere. Nella *Politica*, libro settimo dice: "Resta ora da vedere se siano identiche la felicità dell'individuo singolo e quella della città nel suo complesso. Ma la risposta è evidente: tutti ammetteranno trattarsi della stessa cosa. Quanti pongono la felicità individuale nella ricchezza, ammettono anche che la città nel suo complesso è beata quando è ricca; quanti apprezzeranno più di ogni altra la vita tirannica dovrebbero sostenere anche che la città più felice è

---

senso volgare di parola usuale, che presenta il pericolo di vedere tornare dalla finestra l'equivoco scacciato dalla porta" ("Sul modo di trattare la scienza economica", in *L'Idea liberale*, 12 aprile 1896, ora in *Scritti politici*, vol. II, pp. 60-61).

11 E. O. Wilson, *L'armonia meravigliosa. Dalla biologia alla religione, la nuova unità della conoscenza*, Mondadori, Milano, 2000, p. 236. La nuova unità della conoscenza sarebbe, secondo Wilson, il riduzionismo per così dire psicobiologico. Non neghiamo che con questa strategia qualcosa in più si possa accertare. Ma il fenomeno va anche affrontato – da un punto di vista paretiano – nella sua totalità, nella sua complessità, secondo la recente omonima teoria che non fa che ribadire la posizione di Pareto.

quella che domina più popoli;[12] e se si approva un individuo per la sua virtù, si affermerà che la città migliore è la più felice." Pareto si fermerebbe qui, notando "queste ed altre simili opinioni sullo stato al quale si vuole avviare la città, e studiamo caratteri comuni a tutti questi stati". Ma Aristotele si spinge oltre, volendo determinare quale stato si deve preferire: "Chi vuole accingersi a ricercare convenientemente quale sia la costituzione migliore deve prima determinare quale sia il tipo di vita preferibile (VII, 1, 1)." Così, secondo Pareto, "si esce dal campo del relativo sperimentale, per andare vagando nel campo dell'assoluto metafisico".

Infatti, Aristotele non determina tale assoluto, in quanto è impossibile, ma fornisce una soluzione del problema confacente con i suoi sentimenti "con la solita aggiunta più o meno implicita delle derivazioni che tutti la pensano, o almeno dovrebbero pensarla in tal modo", e della tautologia, "che ogni uomo rispettabile la pensa così, poiché chi così non la pensa non è rispettabile". In Aristotele, però, dice Pareto, "oltre al metafisico, c'è pure lo scienziato che bada all'esperienza". Infatti, nel libro IV, "egli torna dal campo dell'assoluto in quello del relativo", osserva (I, 2-4) come la maggior parte dei popoli non possano ordinarsi secondo l'ottima repubblica, e dunque è bene trovare la forma di governo confacente ai popoli che ci sono in realtà. Aggiunge, quindi (ottimamente, dice Pareto), (IV, I, 3): "Poiché non si deve solo ricercare teoricamente la migliore [repubblica], ma anche quella che è possibile, e che similmente può essere comune a tutte [le città]." Aristotele afferma ancora che non basta immaginare la migliore repubblica, ma occorre anche farla accettare. Poi cambia strada, dice Pareto, "per la solita ragione del dare la prevalenza alle azioni logiche", e immagina un legislatore in grado di plasmare secondo i propri intendimenti una re-

---

12 Aristotele, *Politica,* a cura di C. A. Viano, Utet, Torino, 1992, p. 291. L'edizione usata da Pareto ci pare più chiara di quella qui citata per quanto riguarda la riga settima del cap. VII, 2 dove si legge "[...] la città più felice è quella che domina il maggior numero"; mentre nell'edizione compulsata da Pareto (Venezia, 1550, nella trad. B. Segni, poi Vicenza 1797, si legge "[...] beatissima quella città che signoreggerà a più popoli".

pubblica, per quanto poi "che non è opera di minor momento il correggere una repubblica che il fondarne una nuova" (IV, I, 4).

Ofelimità e utilità: benessere attuale e benessere futuro

Dopo queste premesse vogliamo addentrarci un po' di più nelle argomentazioni paretiane. Il *Cours* esordisce con la discussione del termine 'utilità',[13] ponendo subito all'attenzione i due significati che può avere in economia: da una parte quel che una persona ritiene profittevole, benefico, prezioso; dall'altra ciò che ritiene conveniente alla soddisfazione di un bisogno (senza alcuna valutazione se la cosa sia buona o cattiva, nociva o meno). L'uso indistinto del termine può essere spesso,

---

13 L'utilità, secondo Pareto, è stata generalmente intesa dagli autori che hanno trattato delle teorie economiche (che si diranno poi marginaliste) nel senso d'un rapporto di convenienza tra una cosa e un individuo. Il punto di approdo paretiano, dopo oltre venti anni di riflessioni su tutta la questione, si può leggere in *Trattato*, §§ 2111-2114. Per sottolineare quanto sia centrale il problema dell'utilità ricordiamo qui le osservazioni di W. Leontieff: "Ma cos'è l'utilità? Come può essere misurata? Esiste davvero? Stranamente gli economisti cominciarono a porsi queste questioni soltanto in tempi relativamente recenti. In precedenza parlavano di soddisfazione o utilità come se si trattasse di un oggetto con qualità distinte e immediatamente osservabili come l'acciaio o il pane. Tuttavia appena il minuzioso Edgeworth e lo scettico Pareto espressero i loro dubbi su quel punto seguì un vivace, per non dire violento, dibattito che non si è ancora sopito. Alcuni teorici affermano che l'utilità esiste e può davvero essere misurata come l'acciaio o il pane, sebbene le unità di misura siano differenti da persona a persona e le misure risultanti non possano in alcun modo essere confrontate le une alle altre. Altri negano la possibilità di misurazioni cardinali, siffatte, anche per una singola persona; asseriscono che le quantità di utilità fra cui un soggetto ha la possibilità di scegliere possono essere paragonate le une alle altre soltanto ordinalmente: come nel caso del dolore, non se ne può conoscere la quantità, ma soltanto sentire che esso sta diventando più o meno intenso. Infine ci sono teorici che non si chiedono nemmeno se l'utilità esiste ed è misurabile oppure no, poiché dicono che il comportamento del consumatore (per esempio, la variazione delle quantità dei differenti beni che acquista e della quantità di lavoro che farà per guadagnare il reddito col quale pagarle) si può spiegare senza ricorrere ad una variabile chiamata utilità." (*La matematica in economia e altri saggi*, Etas, Milano, 1979, pp. 59-60).

come si è detto, fonte di equivoci, in quanto capita che si passi dall'uno all'altro significato, ritenendo di argomentare della stessa cosa e creando così confusioni che possono alterare la logica e le dimostrazioni.

Per superare il pericolo insito nella 'tirannia del linguaggio', Pareto ritiene di dover utilizzare due termini differenti: *utilità* e *ofelimità* (dal greco *ώφέλιμος* = utile, profittevole). Al primo riserva la proprietà, che ha una cosa, di favorire lo sviluppo e la prosperità di un individuo o di una collettività, facendo riferimento, come criterio distintivo, al benessere materiale e alla evoluzione scientifica e morale. Al secondo attribuisce il rapporto di convenienza, che fa sì che una cosa soddisfi un bisogno o un desiderio legittimo o meno; si tratta dunque, di una qualità prettamente soggettiva, che indica il rapporto tra uomo e cosa.[14] Si è nel dominio dell'ofelimità, ad esempio, quando si consuma un cibo o una bevanda, o si prova piacere nell'ascoltare della buona musica, non badando a che questa serva necessariamente per vivere. In altri termini, l'ofelimità economica considera il benessere attuale, mentre l'utilità, tiene conto anche del tempo, quindi del benessere futuro.[15] Non diversamente Vico: "Gli uomini vengono naturalmente alla ragione de' benefizi, ove scorgano o ritenerne o ritrarne buona e gran parte d'utilità, che son i benefizi che si possono sperare nella vita civile."[16]

---

14 Così Simmel, anche se con meno precisione: "il concetto di utilità si riferisce al fatto che qualcosa è oggetto di desiderio." (*Filosofia del denaro*, op. cit., p. 139). Ha pienamente ragione J. Freund (*V. Pareto. La teoria dell'equilibrio*, Laterza, Bari, 1976, p. 27), quando dice che "si può rimpiangere che questa distinzione tra utilità e ofelimità non sia rimasta molto in uso tra gli economisti" (anzi, si può dire che sia stata del tutto ignorata, utilizzando le espressioni utilità ordinale e utilità cardinale, forse più immediatamente comprensibili a fini operativi, ma che trascurano le più importanti implicazioni scientifiche generali), e – possiamo aggiungere – men che meno tra i sociologi (tranne qualche eccezione che peraltro non ha avuto sviluppi), i quali non hanno assolutamente compreso le implicazioni decisive per lo sviluppo della stessa loro disciplina.

15 *Cours*, §§ 5-9. Tale suddivisione, dice Pareto, corrisponde a quella che hanno fatto diversi autori tra un massimo edonistico (dal greco: *ήδονή* = piacere, voluttà) attuale e un massimo edonistico futuro.

16 *La scienza nuova*, Degli elementi, LXXX, in *Opere*, op. cit. vol. I, p. 523.

Differenze di significato tra ofelimità e utilità

Alcuni esempi concreti proposti da Pareto riescono meglio a porre in evidenza le differenze di significato tra ofelimità e utilità: l'oro aveva una certa ofelimità per gli indiani delle Antille, senza essere stato probabilmente loro utile; anzi, divenne nocivo, quando suscitò la cupidigia degli spagnoli. Ancora, se l'umanità scomparisse dalla terra, l'oro continuerebbe ad essere un metallo raro, malleabile, dotato del peso specifico di 19,26, ecc., ma la sua ofelimità non esisterebbe più. Così per il diamante, si può sostenere o meno la sua utilità per l'uomo; certamente è ofelimo per molti. Il grano trasformato in pane è ofelimo per quasi tutti gli uomini. Le cure mediche non hanno alcuna ofelimità per un bambino, mentre le hanno per i genitori che credono alla futura guarigione; se poi risultano realmente efficaci, saranno utili tanto ai genitori quanto al bambino. Apprendere a leggere non è affatto ofelimo per nessun bambino; nondimeno è cosa estremamente utile.[17] O, ancora, perché agli uomini piacciono le bevande fermentate? Perché alcuni di essi preferiscono i vini forti di Bordeaux al vinello? Si tratta di problemi che il fisiologo e il chimico, o altri, risolveranno. La scienza dell'ofelimità assume come punto di partenza questi fatti: vi sono cose ofelime solo per un uomo, altre per più uomini, altre ancora per quasi tutti gli uomini,[18] avvicinandosi in tal modo ad una proprietà oggettiva. Ciò spiega – dice Pareto – perché in economia politica l'ofelimità (che veniva detta utilità) è stata quasi sempre scambiata per una proprietà oggettiva. Corretta è invece l'interpretazione che ne dava Max Weber, allorché faceva notare che: "la teoria dell'utilità marginale, e in genera-

17 Problemi d'attualità per i nostri giorni. Pensiamo agli infiniti dibattiti e contrasti per gli Ogm, manipolazioni genetiche, ecc.

18 Certi oggetti di collezione sono ofelimi per un limitato numero di persone. Il vino è ofelimo per la maggior parte dei cristiani; ma non, almeno in apparenza, per la maggior parte dei musulmani. Il pane è ofelimo per quasi tutti gli europei. È più ofelimo, in genere, per i francesi, per gli italiani, che per gli inglesi. L'arte dell'indovino era ofelima in misura elevata per gli eserciti dell'antica Grecia; non lo è più per gli eserciti moderni. Il carattere, proprio dell'ofelimità – la soggettività – è fondamentale (si veda *Cours*, §§ 47, 49, 383-385).

le ogni teoria soggettiva del valore, è fondata non già psicologicamente, ma – se si vuole usare un termine metodologico – 'pragmaticamente', cioè mediante l'impiego delle categorie di 'scopo' e di 'mezzo'."[19] Possiamo qui innestare il discorso che propone Weber circa la razionalità formale e razionalità materiale dell'economia. Con l'espressione razionalità formale ci pare che Weber intenda ciò che Pareto esplicita con l'espressione ofelimità o azione logica e con razionalità materiale ciò che che Pareto indica con utilità o azione non logica. Infatti, dice Weber: "con *razionalità formale* di un agire economico, si deve qui designare la misura del calcolo tecnicamente possibile e realmente applicato da esso" e, ancora, "un agire economico deve essere definito formalmente 'razionale' nella misura in cui lo 'sforzo economico' essenziale ad ogni economia razionale può esprimersi, e viene espresso, in considerazioni numeriche, e cioè di 'calcolo' – prescindendo del tutto dalla formulazione tecnica di questi calcoli, e quindi dal carattere monetario (la forma monetaria rappresenta il massimo grado di questa calcolabilità formale) o naturale delle loro stime". Mentre con *razionalità materiale* si deve invece "designare il grado in cui l'approvvigionamento di determinati gruppi umani (quale che sia il loro ambito) con determinati beni, mediante uno specifico agire orientato economicamente, viene a configurarsi dal punto di vista di determinati postulati valutativi – di qualsiasi genere – da cui esso è stato, è o potrebbe essere considerato. Questi postulati hanno un carattere estremamente diverso. [...] il concetto di razionalità materiale assume significati quanto mai differenti [...] fa [...] valere esigenze etiche, politiche, utilitarie, edonistiche, di ceto, di eguaglianza o di qualsiasi altra specie, misurando in base ad esse razionalmente rispetto al valore, o razionalmente rispetto ad uno scopo materiale, i risultati dell'agire economico (anche se questo è formalmente 'razionale', cioè calcolabile)".[20]

---

19 M. Weber, "La teoria dell'utilità marginale e la 'legge psico-fisica fondamentale'", in *Saggi sul metodo delle scienze storico-sociali*, Edizioni di Comunità, Torino, 2001, pp. 377-378.

20 Id., *Economia e società*, Edizioni di Comunità, Milano, 1981, vol. I, pp. 80-81. Come Pareto tiene spesso a sottolineare, a scanso di equivoci, che non logico non vuol dire illogico, anzi talvolta non c'è null'altro di meglio di un'azione detta non

Valore d'uso, valore di scambio, ofelimità

Il valore d'uso degli economisti ha – dice Pareto – sostanzialmente lo stesso significato dell'ofelimità, tenendo conto che solo dopo "una lenta evoluzione il concetto di ofelimità ha acquistato il grado di precisione che ha oggi raggiunto". Il valore di scambio incorpora anche il concetto di ofelimità; "non si tratta però più dell'ofelimità che risulta dal godimento diretto della cosa, ma dell'ofelimità di un'altra cosa, che ci si può procurare dando in cambio la prima". Nella concezione dell'ofelimità così come si rinviene nel valore d'uso e nel valore di scambio, Pareto rileva due errori: a) la confusione tra ofelimità e utilità e b) l'omissione della considerazione della quantità per determinare l'ofelimità. Come esempio considera una frase di Ricardo:[21] "L'acqua e l'aria, la cui utilità è tanto grande e che sono addirittura indispensabili all'esistenza dell'uomo, non possono non per tanto, nei casi ordinari, essere scambiate con altri oggetti. L'oro, invece, così poco utile nei confronti dell'aria o dell'acqua, può essere scambiato con una grande quantità di merci." È evidente la confusione – osserva Pareto – tra l'utilità e l'ofelimità dell'oro, già riscontrabile in A. Smith. John Stuart Mill l'aveva in parte rettificata, dicendo:[22] "L'economia politica non ha nulla a che vedere con l'apprezzamento che dei diversi usi possono fare un filosofo o un moralista. L'*uso* in economia politica designa proprietà di soddisfare un desiderio o di servire ad un disegno. I diamanti hanno tale proprietà nella misura più elevata, giacché, se le cose stessero diversamente, non troverebbero acquirenti." Marx è corretto quando dice: "La merce è anzitutto un oggetto esterno, una cosa che con le sue proprietà soddisfa bisogni umani, non importa di quale specie. Che tali bisogni abbiano per origine lo stomaco o la fantasia, la loro natura non per ciò cambia la sostanza delle cose." Tuttavia, Marx non comprende "che tale proprietà, che dipende dalla 'fantasia', non può non essere soggettiva". Ciò favorisce l'errore – che è anche di Ricardo – "di porre

logica; così Weber precisa che "'materiale' è anch'esso un concetto 'formale', vale a dire un concetto astratto di specie."

21 D. Ricardo, *Principles*, c. I, § 1.

22 J. S. Mill, *Political economy*, l. III, c. I, § 2.

nel lavoro l'origine del valore, il che vuol dire, sostanzialmente confondere il fine con il mezzo. In generale, molti economisti non hanno che un'idea vaga del carattere soggettivo dell'ofelimità e non distinguono con sufficiente rigore l'ofelimità dall'utilità". Nella frase di Ricardo, puntualizza Pareto, "non si considera la quantità di acqua e di aria che si trova immediatamente a portata dello scambista. In un luogo dato, per un individuo determinato, la quantità d'acqua a sua disposizione può passare per gradi insensibili da una quantità zero a una quantità che oltrepassa tutti i possibili desideri di questo individuo; ad ogni grado corrisponderà un diverso rapporto di convenienza tra l'acqua e l'individuo che la consuma".[23]

Motivazioni per l'azione: due generi e tre raggruppamenti

Dopo queste premesse Pareto, più specificatamente, procede a ordinare e classificare le motivazioni estremamente varie e complesse delle azioni umane, definendo due generi e tre raggruppamenti: 1) azioni individuali il cui fine è quello di procurare una sensazione piacevole; 2a) azioni compiute dall'individuo con il fine di procurare a se stesso determinate condizioni di salute, di sviluppo del corpo e dell'intelligenza; 2b) azioni il cui fine è quello di procurare queste condizioni a tutto un aggregato e di assicurarne la riproduzione. Volendo contrassegnare con dei nomi le qualità astratte[24] che presentano le cose atte a far conseguire i fini indicati, per quanto riguarda il primo genere di azioni Pareto si

---

23 *Cours*, §§ 18-19. Così anche in G. Simmel: "elementi costitutivi del concetto di valore: l'utilità e la rarità." (*Filosofia del denaro*, op. cit., p. 138).

24 Il complesso degli studi su *ofelimità, utilità individuale, utilità degli aggregati o della specie* costituisce la scienza sociale, di cui l'economia politica, lo ripetiamo, non è che una branca, volta, in particolare, allo studio dell'ofelimità (l'economia è dunque definita "scienza dell'ofelimità" nel § 16 del *Cours*; e coerentemente con questa definizione nel *Trattato*, § 2146, "scienza generale degli interessi"). I sentimenti di giustizia e di morale, dice bene Pareto, hanno l'effetto di rendere più ofelime quelle azioni il cui fine effettivo è l'utilità dell'individuo, dell'aggregato o della specie (*Cours*, § 628). Si vede con questa frase, in nuce, nel *Cours*, il concetto di residuo.

avvale, dunque, del termine *ofelimità*; per le qualità del secondo genere, che si riferiscono ai fini del secondo e terzo raggruppamento, del termine *utilità*. Dunque, abbiamo l'ofelimità, per definizione, individuale (la 1) che cerca sensazioni piacevoli; l'"utilità individuale", (la 2a) che è la qualità astratta delle cose atte a giovare allo sviluppo fisico, intellettuale e morale di un individuo e ad assicurarne e prolungarne l'esistenza; l'"utilità della specie" (la 2b) – oppure, se si considera solo una parte della specie, l'"utilità dell'aggregato" – che è la qualità astratta delle cose che possono assicurare la riproduzione dell'aggregato o della specie e la loro prosperità fisica, intellettuale e morale.[25] Sono precisamente qui i fondamenti, o il punto di partenza di tutte le scienze sociali, come si può ulteriormente notare dalle seguenti dimostrazioni paretiane: "Consideriamo un fenomeno economico o sociale che si presti ad essere misurato. Portiamo sull'asse *ot* il tempo, sull'asse *oq* le grandezze dei fenomeni osservati. Otterremo così una certa linea *abcd* ..., la quale rappresenta il fenomeno concreto. Determiniamo ora dei fenomeni ideali e tracciamo le curve corrispondenti. La curva $\alpha\ \beta$ rappresenta il fenomeno che dà il *massimo di utilità per la specie*. La curva $\alpha'\ \beta'$ rappresenta il *massimo di utilità per l'individuo*. Infine, la curva $\alpha''\ \beta''$ rappresenta il fenomeno che procura il *massimo di ofelimità*. Queste

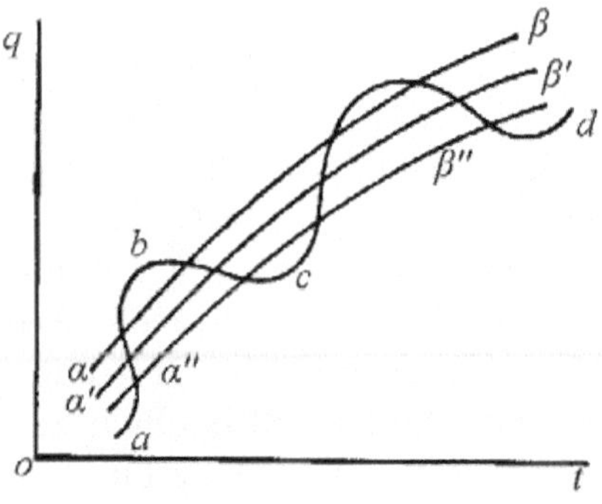

Fig. 18 Curve di massimo di utilità e ofelimità

25 Per un ulteriore approfondimento di questi tre significati di utilità si veda il pregevole saggio di J. Freund, "La nozione di 'utilità' in Vilfredo Pareto", in E. Rutigliano, *La ragione e i sentimenti. Vilfredo Pareto e la sociologia*, Franco Angeli, Milano, 1994, pp. 15-39.

curve hanno una tendenza ad avvicinarsi l'una all'altra. Si può discutere se tale tendenza sia più o meno intensa; non la si può negare, né pretendere invece che le curve si confondano assolutamente."[26] Prosegue rilevando come la forma della curva *abcd* della figura risulti direttamente dall'osservazione, mentre la forma della curva *α" β",* fornita dall'economia politica pura, risulta *indirettamente* dall'osserva-zione. Per quanto riguarda le curve *a' β'* e *α β,* la loro forma dovrebbe essere indicata dalla scienza dell'utilità.

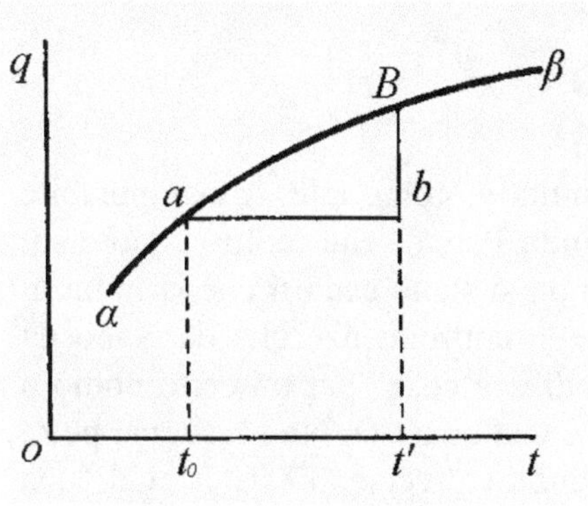

Fig. 19 Massimo di utilità, protezionismo, stato stazionario

La forma delle linee *α β, α' β', α" β"* può variare col tempo, cioè si tratta generalmente di curve e non di rette parallele a *ot.* Ora, "tra le cause *A, B, C*..., che determinano la forma di tali linee, ad esempio *α" β"*, le une, quali *A, B* ..., sono le medesime in tutte le epoche. Così gli uomini in generale ricercano il piacere e fuggono il dolore. Tentano di procurarsi la maggior somma di benessere con la minima fatica possibile. Gli individui di diverso sesso, giovani, sani e vigorosi hanno una tendenza ad unirsi. Altre forze, quali *D, E, F*..., mutano col tempo. Le prime forze danno la parte costante dei fenomeni; le seconde la parte variabile".[27] Vediamo qui già operante a fini analitici la divisione di un qualsiasi fenomeno in una parte costante (residui) e una variabile (derivazioni). Ne discende l'argomentazione paretiana circa l'organizzazione sociale, che, dice, "come quella degli esseri viventi, non si può

---

26 Vedi fig. 18. Continua Pareto: "Da un lato, è chiaro, difatti, che gli individui e le specie che desiderano quel che loro è grandemente nocivo, e ne fanno uso, debbono finire con lo scomparire. D'altro lato, dal fatto dell'esistenza d'un individuo o di una specie non si potrebbe concludere che l'uno o l'altra desiderino o usino quel che è loro utile. Esistono istinti utili; ne esistono di altro genere, perfino nocivi." (*Cours*, § 628).

27 Ibid., §§ 628-629.

modificare che per gradi insensibili." Ad esempio, "se per evitare lo sforzo necessario per seguire la linea *α β* del massimo di utilità (fig. 19), si prendono misure protettive che conservano lo stato stazionario *a b*, lo scarto *b B* va sempre aumentando e può divenire tale che l'organismo non possa tornare sulla linea *α β*. È questa la causa per cui le società selvagge scompaiono quando si trovano in contatto con delle razze di una civiltà molto superiore alla loro".[28]

Ofelimità, quantità, misura

L'ofelimità ha dei gradi; è una quantità e, come tale, è manipolabile matematicamente. È singolare, secondo Pareto, che molti economisti, definito il valore d'uso (ofelimità), non si siano accorti che si tratta di una quantità e non abbiano dedotto le conseguenze che derivano da questa osservazione. Anche l'utilità di una cosa "per un certo uomo o per una certa razza" ha dei gradi ed è una quantità. Non bisogna, però, confondere tra loro due questioni molto diverse: l'esistenza di una quantità e gli strumenti per misurarla.[29] L'osservazione quotidiana mostra come l'ofelimità della prima porzione d'una cosa che si consuma non è, in generale, pari a quella della seconda, quella della seconda non è pari a quella della terza, e così via. Un uomo assetato beve tre bicchieri d'acqua: beve avidamente il primo, con minore avidità il secondo, ancora minore il terzo.[30] Non si può, quindi, dire quale sia stata l'ofelimità di un bicchiere d'acqua, se non distinguendo tra la soddisfazione del primo, del secondo o del terzo bicchiere. In altri termini,

---

28 *Cours*, §§ 638-639.

29 Ad esempio,"le distanze delle stelle dalla terra sono delle quantità di cui è certa l'esistenza. Alcune soltanto di tali distanze sono state misurate e in modo assai imperfetto. Dalla sola circostanza dell'esistenza d'una quantità, si traggono importanti conseguenze. Edgeworth ha dato a tali studi il nome di *unnumerical mathematics* (*Mathematical psychics*, p. 83)" (*Cours*, § 21).

30 Vi è un rapporto di analogia, non già di identità, tra questi fatti e la legge fisiologica per cui le nostre sensazioni, ripetendosi, si attenuano (vedi *Giornale degli economisti*, maggio 1892) (*Cours*, § 23). Così anche M. Weber.

per un soggetto in una data condizione, l'ofelimità di una porzione di una cosa dipende dalla quantità di tale cosa già consumata: quasi sempre questa ofelimità diminuisce nella misura in cui aumenta la quantità consumata. Se, invece della cosa si volesse considerare il soggetto, si direbbe che tale ofelimità dipende dall'intensità del bisogno (o del desiderio) che resta da soddisfare, le prime porzioni della cosa avendo estinto in parte questo bisogno (o questo desiderio).[31]

Quando si tratta di grandi numeri e di medie – come quelle considerate dall'economia politica – si può supporre che le quantità crescano per gradi insensibili e continui.[32] Nel *Manuale* così si esprime Pareto, precisando: "L'ofelimità, per un uomo, di una certa quantità di una cosa, aggiunta ad altra quantità determinata (che può anche essere zero) di quella cosa da lui già posseduta, è il piacere che a lui procura quella certa quantità. Se quella quantità è piccolissima (infinitamente piccola) e si divide il piacere che procura per la quantità stessa, si ha l'ofelimità elementare. Infine, se l'ofelimità elementare si divide per il prezzo, si ha l'ofelimità elementare ponderata [...]."[33]

---

31 *Cours*, §§ 22-23.

32 Se consideriamo, ad esempio, un uomo che ha bevuto un litro di birra, un ulteriore centilitro presenterà per lui ancora una certa ofelimità; quest'ultima, divisa per un centilitro (per ridurla all'unità), sarà all'incirca l'ofelimità elementare che corrisponde ad un litro di birra (*Cours*, §§ 1-25. Questi paragrafi iniziali sono interamente dedicati alla discussione introduttiva dei concetti di ofelimità e utilità). Generalmente si indicano gli anni 1898 (*Comment se pose le problème de l'économie pure*, Mémoire présenté en décembre à la Société Stella, Lausanne) e 1899 (lettera a Pantaleoni, 28 dicembre) in cui Pareto con l'introduzione delle curve di indifferenza ordinali ("che sono un portato diretto dell'esperienza") riformula la microeconomia: "io ora lascio interamente da parte il grado finale di utilità e *muovo* dalle curve di indifferenza. In ciò solo sta la novità." (*LMP*, vol. I, pp. 287-293).

33 *Manuale*, III, §§ 32-35. Qualche anno dopo: "A me pare che sarebbe utile di fare notare l'evoluzione che muovendo dal concetto di grado finale di utilità, *rareté*, ofelimità, mette capo alle funzioni-indici, e quindi determina l'equilibrio economico indipendentemente da quei concetti di grado finale di utilità, ecc. Quindi sta bene che altre volte ho costruito la teoria dell'equilibrio economico sui tre concetti fondamentali da lei segnati, ma ora non sta più ben così. Ora costruisco la teoria dell'equilibrio economico indipendentemente dal concetto di ofelimità. Ho solo bisogno di funzioni-indice, le quali indicano in qual senso si muoverà l'individuo.

Non v'era dubbio che quella cosa chiamata piacere, valore d'uso, utilità economica, ofelimità, fosse una quantità, notava Pareto, tuttavia mancava ancora la dimostrazione: "fu comune errore di Irving Fisher e di Pareto, il credere che, nel caso generale, si potesse dedurre dai fenomeni dell'equilibrio economico, il valore dell'ofelimità. Ciò si può fare solo in un caso particolare, rimanendo soltanto arbitraria l'unità di misura dell'ofelimità, ed è il caso di merci tali che l'ofelimità di ciascuna di esse dipenda solo dalla quantità di detta merce, e sia indipendente dalle quantità consumate dalle altre. Ma nel caso generale, cioè quando l'ofelimità di una merce A, consumata insieme alle merci B, C, ..., dipende non solo dal consumo di A, ma ben anche dai consumi di B, C, ..., l'ofelimità rimane indeterminata, anche dopo che si sia fissata per misurarla."[34]

La nuova impostazione data nel *Manuale* – abbandonando l'idea che l'individuo misuri le utilità marginali dei beni, designandole con dei numeri cardinali: 1, 2, ecc. – consiste nel fatto che il consumatore stabilisce un *ordine* risultante dalle diverse possibili combinazioni dei beni a disposizione (secondo il vantaggio che ritiene di ricavare), ottenendo una combinazione che sarà *prima*, un'altra che sarà *seconda*, ecc. Si passa, dunque, nel linguaggio odierno, da una numerazione detta cardinale ad una detta ordinale, che imprime un notevole avanzamento nella teoria della decisione.

È stupefacente come Pareto sappia accostare questioni tecnico-scientifiche molto particolari con la grande letteratura universale. Ecco un esempio a proposito del colle del piacere o dell'ofelimità:

> Dalla proprietà dell'ofelimità elementare di una merce di decrescere quando cresce la quantità di quella merce a disposizione dell'individuo, segue che il colle

---

Una funzione-indice può essere l'ofelimità, o l'indice di ofelimità. L'evoluzione segue la via seguente: 1. Ofelimità; 2. Indice di ofelimità; 3. Funzione-indice. Nel *Cours* c'è solo il concetto dell'ofelimità. Nel *Manuale* italiano appare il concetto di indice di ofelimità. Nel *Manuel* francese viene fuori la funzione indice. Il progresso sta nel sostituire a concetti alquanto metafisici, concetti ognor più esclusivamente sperimentali." (Lettera a L. Amoroso, 11 gennaio 1909; ora in *Epistolario,* vol. I, pp. 648-649).

34 *Manuale*, III, §§ 32-35.

dell'ofelimità ha pendenza più aspra alla base, più lieve in alto (§ 32); somiglia al monte del purgatorio di Dante: /...questa montagna è tale, / che sempre al cominciar disotto è grave; / e quant'om più va sù, e men fa male./ (Purg., IV, 88-90). Per le merci di prima necessità l'analogia è completa: /e la costa superba più assai / che da mezzo quadrante a centro lista/ (Purg., IV, 41-42).[35]

Confronto delle ofelimità

Dato che, come abbiamo detto, l'ofelimità è un rapporto tra un individuo e una cosa; più precisamente un "rapporto di convenienza che fa sì che una cosa soddisfi un bisogno o un desiderio, legittimo o meno",[36] se l'individuo rimane lo stesso e la cosa muta, il confronto delle ofelimità, come è evidente, non comporta alcuna difficoltà. Si deve soltanto distinguere se l'individuo confronta due sensazioni presenti o molto prossime, o una sensazione presente con la sensazione procuratagli dalla considerazione di un evento più o meno lontano (nel passato o nel futuro). Se, invece, il confronto riguarda soggetti diversi – sia nel caso che si tratti dello stesso essere vivente, di cui sono mutate le condizioni fisiologiche, psichiche, ecc., sia nel caso di due esseri viventi distinti – non è possibile confrontare le ofelimità: "un soggetto può confrontare l'ofelimità di cui godeva in uno stato *S* con quella di cui gode nello sta-

---

35 Ibid., IV, § 69.

36 *Cours*, § 5. Il 'principio del minimo sforzo', enunciato da G. K. Zipf (1902-1950) in *Human Behaviour and the Principle of Least-Effort*, 1949, non è altro che una ripresentazione della nozione paretiana di ofelimità unita alla paretiana curva asimmetrica; ciò che poi è passato sotto il nome di 'principio 80/20', secondo cui un numero limitato di cause, input o sforzi produce di solito la maggior parte degli effetti degli output o dei risultati. Dunque, è stato dimostrato che il 20% dei prodotti rappresenta di solito l'80% del fatturato in valore; così per il 20% dei clienti. Il 20% dei prodotti, o dei clienti, genera normalmente l'80% dei profitti di un'azienda. Il principio di Zipf dice la stessa cosa: le risorse – che possono essere persone, beni, tempo, competenze, ecc. – tendono a organizzarsi in modo da minimizzare l'attività, con il risultato che un 20-30% di qualunque risorsa determinerebbe il 70-80% dell'attività generata da quella risorsa. Per una ottima esposizione di questo principio detto dello squilibrio prevedibile si veda R. Koch, *Il principio 80/20: il segreto per ottenere di più con meno*, Franco Angeli, Milano, 1998.

to *T*. Se le cose non sono mutate, è il mutamento del soggetto che è la causa della variazione dell'ofelimità. Il soggetto ha invece una tendenza ad attribuire alle cose tali variazioni. È questa la fonte di numerosi errori del genere di quelli che commettono i vecchi quando lodano i tempi della loro gioventù. Se le cose sono mutate contemporaneamente al soggetto, è impossibile separare, nelle variazioni dell'utilità, la parte del mutamento delle cose da quella del mutamento del soggetto. Tra due soggetti distinti nessun confronto di ofelimità è, *a rigore*, possibile. L'affermazione che un essere umano gode di una maggiore quantità di ofelimità di un altro non può avere alcun senso: come mai potrebbe una cosa essere maggiore o minore di un'altra se è impossibile confrontarle? […]."[37]

Così come non è possibile confrontare le ofelimità di soggetti diversi, allo stesso modo non si possono effettuare confronti tra il benessere di certi uomini e quello di certi altri. Si tratta, infatti, di cose diverse: nel primo caso si confrontano due individui determinati (ad esempio, l'uomo di oggi e quello di un particolare momento del passato), nel secondo individui che non si allontanano troppo da un tipo medio.

L'assunto alla base di ogni confronto è che negli uomini considerati esista un certo fondo di qualità comuni,[38] anche se in seguito si può tenere conto delle differenze che tali uomini presentano. Ad esempio, se si vuole confrontare il medio evo con i tempi moderni, bisogna ammettere per gli uomini di queste due epoche un fondo abbastanza consistente di sensazioni comuni; diversamente il confronto sarebbe impossibile (in qualche caso si è tentato di dare una base assoluta e oggettiva a tali confronti). Se si potesse stabilire una classificazione gerarchica dei bisogni, si potrebbe concludere che gli uomini che possono soddisfare solo i bisogni più urgenti sono più svantaggiati di quelli che pos-

---

37 *Cours*, §§ 644-645.

38 Questo "certo fondo di qualità comuni" costituirà l'interesse di ricerca di Pareto dopo la pubblicazione del *Cours*. In una nota del *Trattato* (§ 2078) afferma: "I residui e le derivazioni che abbiamo ora considerati in sociologia si devono, in parte almeno, considerare come concetti analoghi a quello dell'ofelimità in economia."

sono soddisfare anche i bisogni meno urgenti; tuttavia, ciò si può asserire solo facendo riferimento ad un certo tipo medio.[39]

Ancora, se fosse possibile stabilire una classificazione assoluta dei bisogni, la semplice conservazione dell'esistenza occuperebbe il primo posto, dal momento che ciò vale in genere per la media degli esseri viventi. Anche in questo caso, tuttavia, vi sono numerose e importanti eccezioni: per i martiri cristiani, ad esempio, si può supporre che la conservazione della vita non costituisse un bisogno urgente, così come non lo era per l'alta società romana in certe epoche dell'impero e neppure per molti francesi ai tempi del Terrore. Un nobile giapponese in altri tempi si toglieva la vita per fatti che non causerebbero la minima preoccupazione ad un americano. Questo, peraltro, non ci dice nulla relativamente alla grandezza assoluta di tali dolori. Si è anche tentato di stabilire un livello di felicità e infelicità assolute, immaginando di trovare un criterio di malessere o di benessere sociale negli scritti, più o meno pessimisti, dei letterati. Secondo Pareto questi scritti non provano nulla[40] e, se anche provassero qualcosa, sarebbe in senso opposto a quello che si ammette generalmente:

> Per avere il tempo e il desiderio di comporre opere pessimiste, gli uomini debbono aver raggiunto un grado abbastanza elevato di benessere materiale. Le persone che guadagnano il pane col sudore della loro fronte hanno troppi mali reali per pensare di lagnarsi di mali immaginari. Se il medio evo non ha avuto nessun Schopenhauer è semplicemente perché, in una società costantemente esposta al brigantaggio, alla guerra, alla peste, alle carestie, non restava affatto tempo per fantasticare sulla filosofia dell'inconscio. Si incorrerebbe in un errore opposto se si supponesse che tali mali causassero agli uomini viventi nel medio evo esattamente la medesima sensa-

---

39 Si veda la piramide dei bisogni di A. Maslow, *Motivation and personality*, Evaston, New York, 1954.

40 Anche M. Weber è dello stesso avviso: "Quello di 'felicità' non è un concetto comprensibile in termini psicofisici, né è un concetto qualitativamente unitario – come si poteva credere all'epoca dell'etica utilitaristica. Gli psicologi si guarderebbero bene dall'identificarlo con quello di 'piacere', a sua volta molto discusso anche tra di loro per quanto riguarda la sua portata." (M. Weber, "La teoria dell'utilità marginale e la 'legge psico-fisica fondamentale'", in op. cit., p. 369).

zione che causerebbero agli uomini dei popoli civili moderni. L'abitudine al pericolo lo rende certo meno temibile.[41]

Difficoltà dei problemi connessi al concetto di utilità

Se il concetto di ofelimità – come è evidente – non presenta alcuna difficoltà, essendo considerato come un fatto che non si discute, altrettanto non si può dire per il concetto di utilità.[42] Da quanto abbiamo detto, risulta impossibile stabilire per via scientifica quale possa essere l''utile' per una collettività, dato che i giudizi individuali sull'utilità propria e altrui sono i più variegati, disparati e incompatibili, e per di più continuamente mutevoli: "l'aria, l'acqua, la luce del sole, ecc., sono certo utili alla razza umana. Altrettanto lo è, pare, il grano. Lo è pure la patata? La si accusa d'essere stata in parte la causa dei mali dell'Irlanda. L'uso (non l'abuso) delle bevande fermentate è utile agli uomini? [E che dire della questione delle sigarette, oggi?]. Alcune persone dicono di no, ma occorre convenire che le prove che esse danno del loro assunto non hanno il minimo valore scientifico. Anche se, ad esempio, riuscissero a dimostrare che l'uso delle bevande alcoliche ab-

41 *Cours*, §§ 651-652.

42 Si pongono, a tal proposito, dei problemi, la maggior parte dei quali – secondo Pareto – non erano ancora stati risolti e dalla cui soluzione egli riteneva dipendesse l'avanzamento delle scienze sociali. Ciò che Pareto poi farà, mettendo a punto la teoria dei residui e delle derivazioni. È tanto vero che da ciò dipende l'avanzamento nelle scienze sociali che è sorta, sulla scia delle analisi paretiane, una corrente teorica molto interessante per le questioni che pone e che possiamo fare risalire all'opera di G. C. Homans. Partendo dalle discussioni di questo capitolo, è possibile inquadrare meglio l'assunto di Homans, allorché propone di considerare "i principi dell'economia elementare [...] perfettamente conciliabili con quelli del comportamento sociale elementare, una volta che si sia tenuto conto delle speciali condizioni in cui rispettivamente si applicano. Entrambi si occupano dello scambio di beni utili" (*Le forme elementari del comportamento sociale*, Franco Angeli, Milano, 1975, p. 94). Per una recente discussione si veda D. La Valle, *La ragione dei sentimenti. Una teoria dello scambio sociale*, Carocci, Roma, 2001.

brevia la vita, con ciò non dimostrerebbero la nocività di tali bevande. La durata della vita può essere compensata dall'intensità."[43]

La difficoltà posta dai problemi connessi al concetto di utilità aumenta ulteriormente per via del carattere vago della definizione. Si chiede Pareto: cosa si intende per prosperità di una nazione? Quella in cui il maggior numero dei cittadini gode di un certo benessere materiale e morale, oppure quella che è volta a conquiste e che magari si copre di gloria militare? Un popolo deve prendere a modello Atene o il regno di Macedonia? A seconda delle risposte a tali quesiti, certe cose perderanno, o assumeranno, il carattere di utilità:[44] "certe persone, che vedono forse le cose in rosa, confondono l'ofelimità con l'utilità. Altre, che vedono forse le cose in nero, ritengono che saranno eternamente separate. Gli asceti la pensavano certo così; non abbiamo alcuna prova capace di provare che avessero torto. I buddisti hanno voluto, pare, identificare l'utilità con la distruzione integrale d'ogni specie di ofelimità nell'individuo."[45]

Volendo rimanere estraneo a tali discussioni, quando parla di utilità Pareto assume quale criterio distintivo il "benessere materiale e il progresso scientifico e morale come è inteso generalmente dagli uomini delle nazioni civili".[46] E ciò è confermato dallo stesso Galbraith. Me-

43 *Cours*, § 10.

44 "Per una settantina di anni la mia vita professionale ha avuto per oggetto l'economia, con alcune non infrequenti parentesi al servizio delle istituzioni o della politica, anch'esse legate al mio lavoro di economista, e un'escursione nel giornalismo. In quell'arco di tempo ho imparato che per essere giusti e utili, bisogna ammettere che le opinioni condivise, che altrove ho chiamato 'sapere convenzionale', sono altra cosa dalla realtà; e che, non sorprendentemente, tra le opinioni e la realtà ciò che conta, alla fine, è la seconda. Questo breve scritto è il frutto dei molti anni in cui ho constatato, verificato e utilizzato questa distinzione. Ne ho tratto il convincimento che in nessun campo, più che in economia e in politica, la realtà è deformata dalle preferenze e inclinazioni sociali, nonché dal tornaconto personale e di gruppo. Niente ha pesato sul mio pensiero più di questa conclusione, che è anche il tema trattato in queste pagine." (J. K. Galbraith, *L'economia della truffa*, Rizzoli, Milano, 2004, pp. 9-10).

45 *Cours*, § 12.

46 "Si possono distinguere diverse specie di utilità a seconda dei diversi lati della natura umana di cui assicurano lo sviluppo e il progresso. L'utilità economica sareb-

todologicamente, qualsiasi scienza – comprese le scienze sociali – procede nello studio dei fenomeni concreti per via di analisi e di astrazione. Si comincia con l'isolare certe proprietà che vengono studiate separatamente e si prosegue, di astrazione in astrazione, per giungere dai fenomeni concreti ad alcuni fenomeni ideali estremamente semplificati. È possibile seguire a ritroso questa stessa via, risalendo dai fenomeni ideali semplificati ai fenomeni concreti e complessi con un sistema di approssimazioni successive. In un primo momento, quindi, Pareto separa lo studio dell'ofelimità da quello delle diverse utilità: ferma l'attenzione sull'uomo stesso, trascurandone le passioni, buone o cattive, mosso solo dall'azione delle forze dell'ofelimità. Si ha così una scienza "che assomiglia in tutto e per tutto alla meccanica razionale: è l'economia pura". Non diversa è la posizione di M. Weber:

> Nel campo dell'analisi empirica della vita economica [vi possono essere alcuni punti] nei quali i fatti stabiliti dalle scienze della natura che abbiamo menzionato (e da parecchie altre) possono diventare di importanza rilevante [...] e che il tipo di formazione dei concetti utilizzabile in queste discipline [può] addirittura diventare talvolta un modello per certi problemi di analisi economica. [...] non soltanto le forme del pensiero matematico, com'è noto da lungo tempo, ma anche certe forme del pensiero biologico occupano un posto legittimo nella nostra disciplina.[47]

Questa scienza dell'ofelimità – secondo la definizione più precisa utilizzata da Pareto[48] – era tra le scienze sociali, la sola che avesse raggiunto all'epoca un grado di precisione e di certezza accettabili. Nella sua opera economica Pareto studia specialmente la scienza dell'ofelimità e soltanto in via secondaria quella dell'utilità economica, che, a rigore, potrebbe essere considerata comprensiva della prima, giacché, in fondo – dice – l'ofelimità non è che una specie di utilità soggettiva.

---

be quella che assicurerebbe il benessere materiale; l'utilità morale quella che addurrebbe lo sviluppo morale più perfetto, ecc. Divisioni consimili possono essere adottate per l'ofelimità; a seconda che soddisfi bisogni o desideri materiali, morali, religiosi, ecc. sarà detta ofelimità economica, religiosa, ecc." (*Cours*, § 15).

47 M. Weber, "La teoria dell'utilità marginale e la 'legge psico-fisica fondamentale'", op. cit, pp. 374-375.

48 Si vedano le prime 86 pagine del *Cours*.

Per un popolo che si sviluppa e prospera da un punto di vista materiale, l'ofelimità economica non dovrebbe allontanarsi molto, in generale, dall'utilità economica, con la quale devono conciliarsi gli altri generi di ofelimità (ofelimità morale, religiosa, ecc.); anche se non bisogna ritenere che questa coincidenza debba essere perfetta.[49] Con altre parole M. Weber dice la stessa cosa:

> La teoria dell'utilità marginale, e ogni 'teoria' economica in generale, lo fa non già nel modo e nella direzione della psicologia, ma in un modo e in una direzione che sono quasi opposti. Essa non scompone, per esempio, i contenuti interni dell'esperienza quotidiana in 'elementi' psichici o psico-fisici ('stimoli', 'sensazioni', 'reazioni', 'automatismi', 'sentimenti' e così via), ma cerca di 'comprendere' certi 'adattamenti' dell'atteggiamento esterno dell'uomo a un determinato tipo di condizioni di esistenza che stanno al di fuori di lui. Sia che questo mondo esterno rilevante per la teoria economica sia, nel caso particolare, 'natura' (intesa nel senso corrente) o sia invece l''ambiente sociale', si cercherà sempre di rendere comprensibile l''adattamento' a esso sulla base dell'ipotesi euristica, assunta ad hoc, che l'agire di cui la teoria si occupa procede in maniera rigorosamente 'razionale' nel senso sopra definito. La teoria dell'utilità marginale tratta l'agire umano, per i suoi determinati scopi conoscitivi, come se procedesse, dall'inizio alla fine, sotto il controllo di un calcolo commerciale, cioè di un calcolo condotto sulla base della conoscenza di tutte le condizioni da considerare.[50]

Perché la teoria dell'utilità marginale sia possibile – afferma Weber – sono sufficienti le seguenti condizioni: "1) che l'esperienza quotidiana mostri che gli uomini sono spinti, nel loro agire, tra le altre cose anche da 'bisogni' che possono essere soddisfatti soltanto con il consumo di beni disponibili in quantità limitata, oppure da prestazioni di lavoro o da prodotti di queste; 2) inoltre che sia vero, secondo l'esperienza quotidiana, che per la maggior parte dei bisogni, e proprio per quelli soggettivamente avvertiti come più urgenti, con l'aumento nel consumo dei beni e delle prestazioni di lavoro si consegue anche un grado crescente di 'soddisfacimento', di modo che altri bisogni 'non soddisfatti' sembrano diventare più urgenti; 3) e infine che gli uomini posseggano – anche se in misura diversa – la capacità di agire in modo 'conforme

49 Vedi *Cours*, §§ 12, 630.
50 Ibid., pp. 375-376.

allo scopo', cioè facendo ricorso all''esperienza' e alla 'previsione'. Il che vuol dire agire in maniera da distribuire i 'beni' e le 'forze di lavoro' quantitativamente limitati, di cui dispongono o che possono ottenere, tra i 'bisogni' particolari del presente e del prevedibile futuro, secondo l'importanza che a essi attribuiscono."[51]

Utilità dell'individuo e utilità della collettività

Il confronto delle utilità è molto più facile di quello delle ofelimità, quando venga stabilito il significato da attribuire al termine utilità. Se si ammette – come si fa abbastanza generalmente – che per un popolo l'utilità coincide con la prosperità materiale e lo sviluppo morale e intellettuale, si dispone di un valido criterio per operare confronti tra popoli diversi. Peraltro, ogni società deve essere considerata come un insieme complesso, cioè come un sistema. Può accadere che uno di tali sistemi (società) sia superiore ad altri per certi aspetti e inferiore per altri. Se, dunque, il confronto non si può fare tra insiemi complessi, lo si può però fare almeno per alcuni loro aspetti particolari.[52]

Nell'analisi occorre in primo luogo stabilire se oggetto dell'indagine sia l'individuo, la famiglia, la collettività, la nazione, altre aggregazioni o, al limite, l'intera umanità. Di questi vari gruppi non va soltanto considerata l'utilità, ma bisogna anche distinguere le utilità dirette da quelle indirette, e quelle che derivano dalle loro relazioni reciproche.[53]

---

51 Ibid., p. 372.

52 *Cours*, §§ 643-653.

53 A questo proposito, osserva J. S. Coleman (*Foundations of Social Theory*, Belknap, Cambridge, Mass., 1990, pp. 338-339): "Pareto's criterion of optimality is like that of Bentham in that its realization may require a benevolent despot; it differs from that of Bentham in that its realization is achieved by separate, individual-by-individual examination of benefits, or preferences about outcomes. Thus for Pareto there is not a single social optimum, as there is for Bentham, but a set of social optima which cannot be compared unless the despot is willing to decrease one person's benefits in order to increase an other's, which he is not willing to do under Pareto's criterion. It is in this sense that Pareto optimality is based on individualism of benefit. These four theorists (J. Bentham, J. J. Rousseau, J. S. Mill, V. Pareto)

Pareto ritiene, quindi, di doversi soffermare soprattutto su alcune fondamentali distinzioni:

(*a*) *Utilità dell'individuo*
(*a*-1) Utilità diretta;
(*a*-2) Utilità indiretta, ottenuta perché l'individuo fa parte di una collettività;
(*a*-3) Utilità di un individuo, in relazione alle utilità degli altri;

(*b*) *Utilità di una data collettività*
(*b*-1) Utilità diretta per la collettività, considerata separata dalle altre;
(*b*-2) Utilità indiretta, ottenuta per riflesso di altre collettività;
(*b*-3) Utilità di una collettività, in relazione alle utilità delle altre.

Osservando la realtà, possiamo notare come queste diverse utilità siano normalmente in contrasto, aperto o camuffato. Tuttavia, accade spesso che i teologi ed i metafisici (in quanto fanno riferimento ad un assoluto, che è unico), i moralisti (perché vogliono indurre l'individuo a tener conto del bene altrui), gli uomini di Stato (perché vogliono indurlo a confondere l'utilità propria con quella della nazione) ed altri ancora per motivi simili, riducano – talvolta esplicitamente, ma più spesso implicitamente – tutte le utilità ad una sola.

Rimanendo nel campo logico-sperimentale, si possono fare altre distinzioni e considerare le diverse utilità da *due* punti di vista: come sono concepite da un membro della collettività e come le vede un esterno (o anche un membro della collettività che, per quanto possibile, si sforzi di dare un giudizio oggettivo). Ad esempio, un individuo che senta molto l'utilità diretta (*a*-1) e poco o niente l'utilità indiretta (*a*-2), farà semplicemente il proprio comodo, senza curarsi dei suoi concittadini; mentre chi giudica oggettivamente le azioni di quest'individuo, vedrà

can be compared on three dimension: 1. Control of action is held individually or collectivity. 2. Benefits of outcomes characterize individuals or the collectivity. 3. If the benefits characterize individuals, they are evaluated separately or comparatively." E propone una tabella dell'individualismo del controllo e dei benefici, in cui i quattro studiosi sono distribuiti in sei posizioni risultanti dalle tre dimensioni sopra riportate. Pareto risulta collocato nella posizione in cui il controllo è detenuto collettivamente e i benefici valutati individualmente.

che egli sacrifica la collettività al suo tornaconto. Ancora, ciascuna delle specie indicate nello schema può essere considerata in rapporto al tempo presente o ai vari tempi futuri. Questo, tuttavia, non attenua il contrasto fra le varie utilità, né la differenza tra chi si lascia guidare dal sentimento e chi le considera oggettivamente.

Per rendere più concreto il ragionamento, Pareto cita, ad esempio, l'azione logica dell'uomo che va in guerra ignorando se rimarrà sul campo di battaglia o se tornerà a casa e, dunque, agisce in base a considerazioni di utilità individuale – diretta o indiretta – poiché paragona l'utilità probabile (se torna sano e salvo) col danno probabile (se rimane ferito o muore). Ma lo stesso ragionamento non vale per l'uomo che va incontro a morte sicura per la difesa della patria, poiché egli sacrifica deliberatamente l'utilità individuale all'utilità della sua nazione. Il più delle volte in questo secondo caso ci si trova di fronte ad un'azione non logica e non sono determinanti le considerazioni soggettive di utilità, ma solo quelle oggettive di chi osserva i fenomeni. Un esempio noto riguarda gli animali, molti dei quali si sacrificano, mossi dall'istinto, per il bene di altri individui della loro specie: la madre per i propri piccoli, il maschio per la femmina, ecc. Le specie animali molto prolifiche vincono sacrificando gli individui (i topi sono uccisi a migliaia, ma ne rimangono sempre, la fillossera ha vinto l'uomo ed è diventata padrona dei vigneti, ecc.). L'utilità dell'oggi spesso contrasta con l'utilità futura, dando origine ai fenomeni noti col nome di previdenza e di imprevidenza, per gli individui, per le famiglie, o per le nazioni.

In sintesi, dunque, l'utilità, può essere vista come uno stato limite X, determinato da certe norme, al quale un individuo (o una collettività) tenta di avvicinarsi. Gli stati più prossimi a X hanno un indice più elevato di quelli più lontani; quindi, l'individuo tenterà di avvicinarsi tanto più a X quanto più crederà che uno stato prossimo a quel limite gli sia vantaggioso e, in definitiva, quanto più riterrà *utile* conseguire quello stato.[54] L'utilità, allora, è distinguibile in:

54 *Trattato*, §§ 2111, 2115-2119.

casi: individuo e collettività;
generi: diretta e indiretta (quando è ottenuta perché l'individuo fa parte di una collettività o quando la collettività l'ottiene per riflesso di altre collettività), o relativa (quando è raggiunta in relazione alle utilità degli altri individui o collettività).

Ogniqualvolta si tenga conto per un individuo di tutti e tre i generi, si ha l'utilità *complessa*.[55]

Dalla qualità alla quantità: massimo di utilità di un individuo o di una collettività

Il massimo di utilità per una società si consegue, secondo la posizione paretiana, proprio per la presenza dell'ineliminabile eterogeneità dei suoi membri, la quale genera, in grande o piccola parte, le diverse norme di condotta, le diverse credenze, le numerose sfaccettature della morale, ecc. Sono appunto le più varie ed eteroclite spinte degli individui e dei gruppi a determinare il massimo di utilità.[56]

Tutti i problemi posti in modo qualitativo – e cioè: a) come sono in realtà i fatti; b) come sono considerati da coloro che se ne occupano e in particolare dagli autori delle teorie e delle dottrine; c) come è utile per gli individui, la società, ecc., che siano considerati i fatti; d) come è stata generalmente considerata, ed in specie dagli studiosi, la relazione tra l'utilità e il modo con il quale gli uomini interpretano i fatti – divengono inoltre quantitativi, comportando così problemi di massimi. Ad esempio, invece di ricercare se, osservando certe regole, un individuo consegua la propria felicità, si potrà valutare se, e di quanto, cresca

55 *Trattato*, § 2120. Ad esempio, una persona o una collettività può essere danneggiata direttamente da una parte, e favorita indirettamente dall'altra, come componente di una collettività. Questa utilità indiretta può superare il danno diretto, per cui alla fine si ha come risultante una qualche utilità. Queste considerazioni sono anche implicite critiche alle teorie socialiste e comuniste dell'epoca.

56 *Manuale*, II, § 110.

la sua ofelimità, fino a considerare come e quando tale ofelimità diventi massima.[57]

Poiché l'utilità ha un indice, è possibile per un individuo (o per una collettività) determinare il massimo di ogni genere e, considerando tutti i massimi di ogni genere, avremo il massimo di utilità complessiva in una determinata circostanza. In questo modo, prendendo in considerazione ogni circostanza dell'equilibrio sociale, si giungerà al massimo di utilità assoluto, per l'individuo (o per la collettività). Ma, quando si ragiona in termini di più individui (o collettività) la cosa si complica, poiché le utilità[58] dei diversi soggetti sono quantità *eterogenee* e la loro somma non ha senso.

Sin qui sono stati considerati i massimi di utilità di un individuo (o di una collettività) in sé, cioè indipendentemente dagli altri individui. Diverso è il caso quando si paragonano tra loro individui o collettività. Se le utilità dei singoli[59] individui fossero quantità omogenee e quindi suscettibili di essere paragonate e sommate, lo studio dei massimi non sarebbe difficile, almeno teoricamente, in quanto, sommando le utilità dei vari individui, si otterrebbe l'utilità della collettività da essi costituita; tornando così al caso precedente. Purtroppo le questioni sono più complicate. Se si cerca una somma che sia in relazione con le utilità dei vari individui, occorre innanzitutto trovare il modo di fare dipendere le utilità da quantità omogenee, che poi si potranno sommare. Ma sappiamo che "le utilità dei vari individui sono quantità eterogenee, e una somma di tali quantità non ha senso alcuno, non c'è, non si può considerare".[60]

Se lo stato di un individuo dipende da una certa circostanza cui si possono assegnare indici variabili e se per ciascuno di questi indici è possibile conoscere l'indice dell'utilità complessiva per un individuo

---

57 *Trattato*, § 2122.

58 Si veda a questo proposito G. Pollini, "The social system and the utility of the collectivity in Vilfredo Pareto's sociology", in *Revue européenne des sciences sociales*, v. XXXVII, n. 116, 1999, pp. 191-207.

59 Per brevità, si considerano solo gli individui, ma il ragionamento vale anche per il confronto fra collettività distinte.

60 *Trattato*, §§ 2121-2127.

(o per una collettività considerata come un individuo), si può allora conoscere in quale posizione dell'individuo (o della collettività) tale utilità raggiunge un massimo. Se la stessa operazione è ripetuta per tutte le circostanze dalle quali dipende l'equilibrio sociale, una volta stabiliti i vincoli, si otterranno tanti indici, tra i quali si potrà scegliere un indice che sia maggiore di tutti quelli che gli sono prossimi e che corrisponderà al massimo di utilità.

Il massimo di ofelimità per *una collettività in economia politica*

> In economia pura, non si può considerare una collettività come una persona; in sociologia, si può considerare se non come una persona, almeno come un'unità. L'ofelimità *di* una collettività non esiste; l'utilità di una collettività si può considerare alla meglio. Perciò in economia pura non c'è pericolo di confondere il massimo di ofelimità *per* una collettività, col massimo di ofelimità *di* una collettività, che non c'è; mentre in sociologia occorre stare ben guardinghi di non confondere il massimo di utilità *per* una collettività, col massimo di utilità *di* una collettività, poiché ci sono entrambi.[61]

Precedentemente al *Trattato* Pareto aveva richiamato l'attenzione sul fatto che "non bisogna dimenticare che le ofelimità per diverse persone non sono comparabili. [...] Non si possono sommare le ofelimità concernenti diverse persone, ed il massimo d'ofelimità per una collettività non è il massimo della somma delle ofelimità dei membri della collettività, giacché d'altronde una tale somma non esiste e tale espressione non ha nessun senso".[62] Questa discussione sul massimo di ofelimità *per* una collettività in economia politica (ciò che poi è stato chiamato 'ottimo paretiano' o 'Pareto-ottimalità', o Pareto-efficienza) è uno dei più importanti contributi di Pareto a questa disciplina. La definizione è la seguente: "diremo che i componenti di una collettività godono, in una certa posizione, del massimo di ofelimità, quando è impossibile

---

61 Ibid., § 2133.

62 "L'economia e la sociologia dal punto di vista scientifico", in *Rivista di Scienze*, 1907; ora in *Scritti sociologici*, p. 336.

allontanarsi pochissimo da quella posizione giovando, o nuocendo, a tutti i componenti la collettività; ogni piccolissimo spostamento da quella posizione avendo necessariamente per effetto di giovare a parte dei componenti la collettività e di nuocere ad altri."[63] In economia politica, è possibile determinare l'equilibrio con la condizione che ogni individuo consegua il massimo di ofelimità. I vincoli possono essere stabiliti in modo che questo equilibrio sia perfettamente determinato; se vengono eliminati alcuni vincoli, verrà meno la perfetta determinazione e l'equilibrio sarà possibile in infiniti punti per i quali sono raggiunti i massimi di ofelimità individuali:

> Quindi avremo due tipi di movimenti e non solo quelli che conducono all'equilibrio determinato. Precisamente saranno movimenti di genere P quelli che,

63 *Manuale*, VI, 33. In parole più semplici, volendo migliorare le condizioni di un individuo, si peggiorano allo stesso tempo quelle di un altro o di altri. È bene specificare con Pareto che "dimostrare che una certa cosa dà il *massimo di ofelimità* per una collettività non è punto dimostrare che detta cosa sia la più conveniente per questa collettività. Non bisogna cercare di indovinare con l'etimologia o altrimenti cosa è quel *massimo di ofelimità*. Bisogna vedere la definizione che se ne dà. I nomi contano niente; solo delle *cose* dobbiamo occuparci" ("Le mie idee", in *Il Divenire sociale*, 16 luglio 1910; ora in *Scritti politici*, vol. II, p. 483). E due anni prima a A. Cabiati scriveva: "Non bisogna lasciarsi indurre in errore dalle parole e credere che col massimo di ofelimità per una collettività determiniamo la situazione la più vantaggiosa assolutamente per quella collettività. La determinazione del massimo di ofelimità nulla ha che vedere col problema della distribuzione." (Lettera 13 febbraio 1908; *Epistolario*, vol. I, p. 625). In altri termini, l'ottimo paretiano prescinde dalla distribuzione dei redditi: ad es., si può avere una condizione Pareto-efficiente anche nel caso in cui l'1% della popolazione possieda il 99% delle risorse. L'ofelimità è un indicatore dei gusti dell'individuo, non del suo benessere (possiamo osservare negli individui scelte autolesioniste come anche filantropiche). Non deve interessare ciò che la decisione implica da un punto di vista psicologico o metafisico, come dice Pareto. Dunque, la lettura di J. Freund ci sembra del tutto errata e fuorviante, quando dice che "l'idea di nocivo non appare [...] nella definizione di ofelimità. Tutto è come se l'ofelimità non potesse appunto essere dannosa. Sarebbe invece una quantità di benessere riconosciuta dalla scienza come benefica. [...] i commenti che Pareto aggiunge successivamente sembrano confermare questa interpretazione" ("La nozione di 'utilità' in V. Pareto", op. cit., p. 31).

> giovando a certi individui, nuocciono necessariamente ad altri; saranno movimenti di genere Q, quelli che giovano o nuocciono a tutti gli individui, nessuno escluso.[64]

La considerazione dei punti *P* e *Q* è centrale in economia politica. Quando la collettività si trova in un punto *Q*, da cui può allontanarsi per procurare a tutti maggior benessere, è chiaro che, da un punto di vista economico, conviene non fermarsi in questo punto, ma allontanarsene fin tanto che si giova a tutti. Quando poi si giunge ad un punto *P*, dove ciò non sia più possibile, devono intervenire altre considerazioni, estranee all'economia, per decidere se fermarsi o proseguire; considerazioni di utilità sociale, etiche, o di altro tipo, che stabiliscano quali individui conviene favorire, sacrificando altri. Sotto l'aspetto esclusivamente economico, dunque, una volta raggiunto il punto *P*, è opportuno che la collettività si fermi. Questo punto è equivalente al punto in cui si ferma l'individuo quando raggiunge il massimo di ofelimità individuale. Per questo viene chiamato: *punto di massimo di ofelimità* per *la collettività*.[65]

Oggi si può notare come l'utilità sociale venga spesso chiamata in causa per giustificare una grande quantità di decisioni (dall'entrata in guerra all'istituzione di nuove imposte, ecc.). Ne consegue che poche persone godranno di grandi benefici (siano essi ricchezze o fama), ma è altrettanto inevitabile che molti individui peggioreranno la propria situazione. Guerra santa, sete di giustizia, occhio per occhio dente per dente, sono tutte giustificazioni, che coprono azioni decise da pochi e che prendono il nome di 'derivazioni'.

---

64 *Trattato*, § 2128 che si occupa del massimo di ofelimità *per* una collettività in economia politica.

65 "Ma, al solito, non c'è nulla da dedurre dall'etimologia di questi termini (§ 2076); e per scansare il pericolo, sempre imminente, di divagazioni per tale via, seguiteremo a chiamarlo punto *P*. [...] rammentiamo che il problema economico [...] si può ancora esprimere nel modo seguente: I punti del genere *P* sono tali che da essi non ci possiamo allontanare giovando o nuocendo a tutti i componenti la collettività, ma ci possiamo solo allontanare giovando a parte di questi individui, nuocendo ad altri." (*Trattato*, §§ 2128-2129; tale discussione era già apparsa in *Giornale degli Economisti*, XXVIII, 1913, pp. 337-338).

Se una collettività potesse considerarsi come una persona,[66] avrebbe un massimo di ofelimità; cioè vi sarebbero punti dove l'ofelimità *della* collettività sarebbe massima. Questi punti differirebbero dai punti *Q* indicati sopra.[67] Infatti, poiché da questi punti è possibile allontanarsi procurando un giovamento a tutti gli individui della collettività, è chiaro che in tal modo si può far crescere l'ofelimità della collettività. Ma non si può dire che tali punti coinciderebbero con i punti *P*. Pareto fa l'esempio di una collettività costituita da due individui A e B: da un certo punto *P* ci si può allontanare aggiungendo 5 all'ofelimità di A e togliendo 2 dall'ofelimità di B e portandosi così in un punto *s*; oppure aggiungendo 2 all'ofelimità di A e togliendo 1 all'ofelimità di B e portandosi in un punto *t*. Non si può sapere in quale di questi due punti (*s*, *t*), sarà maggiore o minore l'ofelimità *della* collettività, finché non sarà possibile paragonare le ofelimità di A e di B; ed è appunto perché queste non si possono paragonare, dal momento che sono quantità eterogenee, che non esiste il massimo di ofelimità *della* collettività. Mentre, invece, come abbiamo visto, può esistere il massimo di ofelimità *per* la collettività, che si determina indipendentemente da qualsiasi paragone tra le ofelimità di individui diversi.[68]

Tuttavia, un tale progresso nella formalizzazione del sistema neoclassico conduce Pareto ad una scoperta ben più importante: si supponga che una certa distribuzione dei beni tra gli individui venga rea-

---

66 "Mi pare che sarebbe utile di richiamare l'attenzione sui punti seguenti: 1. *Necessità* di definire il massimo di ofelimità per una collettività; 2. Non si possono sommare le ofelimità di vari individui, perché sono quantità eterogenee. Appunto perciò già nel *Cours* è data la definizione del massimo di ofelimità per una collettività. Ora occorre fare notare: 1. Che il massimo di ofelimità per una collettività coincide col massimo di ofelimità per un individuo, quando la collettività si riduce ad un individuo. 2. Che vi sono economicamente e socialmente due problemi, cioè: 1° Quali norme seguire nella ripartizione dei beni economici? 2° Una norma essendo data, come ottenere una ripartizione tale che altra migliore, *per tutti*, non vi sia? [...] Non è soltanto per il concetto di ofelimità che l'evoluzione segue dal *Cours*, al *Manuale*, al *Manuel*, ma anche per altre molte teorie." (Lettera a L. Amoroso, 11 gennaio 1909, in *Epistolario*, vol. I, p. 649).

67 *Trattato*, § 2128.

68 Ibid., §§ 2128-2130.

lizzata dal gioco della concorrenza e che successivamente si verifichi un leggero cambiamento in questa distribuzione. È allora possibile dimostrare che un qualsiasi mutamento di questo genere (anche un mutamento di esigua portata) è necessariamente svantaggioso *almeno per un individuo*. Oppure, se si preferisce, è possibile dimostrare che, modificando lievemente la distribuzione dei beni creata dalla libera concorrenza, non si possono dare soddisfazioni eguali o superiori a *tutti* gli individui nello stesso tempo.

A questo – dice Pareto – deve limitarsi la conclusione della teoria economica. Essa non può procedere oltre. È dunque su di una tale base che bisogna definire il massimo di ofelimità. Infatti, i membri di una collettività godono, in una certa posizione, del massimo di ofelimità, quando è impossibile trovare un modo di allontanarsi anche poco da una simile posizione, per la quale l'ofelimità di cui gode ciascuno degli individui della collettività venga ad aumentare o diminuire. Ciò vuol dire che, a partire da quella posizione, ogni più piccolo spostamento ha necessariamente per effetto di aumentare l'ofelimità di cui fruiscono alcuni individui e di diminuire quella di cui godono altri.[69]

---

69 *Manuale*, III, §§ 32-36. "Uno dei grandi successi intellettuali dell'economia moderna è stata l'elaborazione molto precisa delle circostanze in cui i sistemi decentralizzati di scambio di mercato possono produrre risultati efficienti, nel senso di migliorare le condizioni di ciascun individuo per quanto possibile, ogni volta questo possa essere fatto senza danneggiare qualcun altro. Questa definizione di efficienza è stata in origine proposta dall'economista e sociologo italiano Vilfredo Pareto ed è nota come 'Pareto-efficienza'." (P. Seabright, *In compagnia degli estranei. Una storia naturale della vita economica*, Codice edizioni, Torino, 2005, pp. 28-29). L'autore aggiunge, giustamente, subito dopo: "Il risultato intellettuale della scienza economica nel mostrare come e quando lo scambio di mercato può raggiungere la Pareto-efficienza non è la stessa cosa del risultato pratico, perché, come vedremo, tutti i sistemi reali di scambio di mercato non sono all'altezza di queste esigenti condizioni [cioè, come dicono gli economisti: assenza di esternalità, completezza dei mercati, perfetta informazione, capacità di previsione, ecc.], qualche volta a un livello preoccupante." Ed è per questo che Pareto va oltre la sua stessa formalizzazione, occupandosi del massimo di utilità *per* e *di* una collettività in sociologia. Che è quel che vedremo subito.

Il massimo di utilità per *e* di *una collettività in sociologia*

> Se si pone mente all'utilità *della* collettività, principalmente per la sua potenza militare e politica, gioverà spingere la popolazione sino al limite assai elevato oltre al quale la nazione si impoverirebbe e la razza decadrebbe. Ma se volgiamo la mente al massimo *per* la collettività, troveremo un limite molto più basso. Ci sarà da ricercare in quali proporzioni le diverse classi sociali godono di tale aumento di potenza militare e politica, e in quale diversa proporzione la comprano con i propri sacrifici.[70]

È bene rammentare che l'economia politica non ha bisogno di rendere omogenee le variazioni di ofelimità, mentre la sociologia deve trovare un modo per renderle omogenee.[71] L'individuo che agisce in modo logico cerca di ottenere un massimo di utilità individuale. Supponendo che il potere pubblico sopprima, senza sostituirli con altri, parte dei vincoli imposti, diventano possibili infinite posizioni di equilibrio con le condizioni di massimi individuali, esposte sopra. Tra queste ne impone alcune e ne esclude altre. Supponendo ancora che esso operi logicamente e col solo scopo di conseguire una certa utilità (anche se ciò accade di rado nella realtà), deve necessariamente paragonare – non è rilevante ora stabilire con quali criteri – le varie utilità. Quando, per esempio, rinchiude in carcere un ladro, commisura le restrizioni inflitte al ladro con l'utilità che ne traggono le persone oneste, stimando che questa compensi almeno quelle; altrimenti lascerebbe andare il ladro. Tale paragone si fa, di solito, con derivazioni, mettendo a confronto fini ideali[72] piuttosto che posizioni reali. Se ci si mette dalla parte delle persone oneste, si dirà ad esempio che "il delinquente non merita pietà", cioè si assegna un coefficiente zero, o quasi zero, ai suoi eventuali patimenti. Viceversa, ponendosi dalla parte del delinquente, si dirà che "tutto capire sarebbe tutto perdonare", che "più del delinquente è re-

70 *Trattato*, § 2134.

71 Ibid., § 2131, 1.

72 Per una messa a punto e un approfondimento delle categorie dei 'fini ideali' e 'fini pratici' in relazione all'utilità sociale, si veda il saggio di G. Pollini, "Fini ideali e fini pratici: a proposito della teoria paretiana dell'utilità sociale", in *Studi di Sociologia*, 1987, pp. 49-63.

sponsabile del delitto la società"; cioè si ignorano i disagi degli onesti, assegnando loro un coefficiente prossimo a zero e, nel contempo, si assegna un coefficiente elevato ai patimenti eventuali del delinquente. In modo analogo si possono tradurre moltissime derivazioni, che solitamente si adoperano ragionando di questioni sociali o sociologiche.[73]

Nell'esempio Pareto opera una semplificazione, mettendo a confronto solo due utilità; ma aggiunge che, di solito, sia pure grossolanamente, il potere pubblico paragona tutte le utilità che gli sono note, effettuando in modo più approssimato la stessa operazione che l'economia compie, da un punto di vista scientifico, in modo rigoroso e rendendo così omogenee, per mezzo di certi coefficienti, quantità eterogenee. Fatto ciò, si possono sommare le quantità risultanti e, quindi, determinare punti del genere *P* (che, giovando a certi individui, nuocciono necessariamente ad altri).

Nella pratica questa operazione viene sommariamente sintetizzata, sostenendo che il potere pubblico deve fermarsi nel punto in cui proseguendo non apporterebbe 'vantaggio' a tutta la collettività, che non deve infliggere sofferenze 'inutili' alla collettività intera o ad una sua parte, che ad essa deve recare giovamento fin dove può, senza che venga meno il conseguimento del fine che si è imposto 'per il bene pubblico', che deve 'proporzionare' lo sforzo allo scopo e non imporre gravi sacrifici in cambio di un modesto 'utile'. Queste espressioni, osserva Pareto, sono indeterminate e quindi ingannevoli. Se una collettività si trovasse nelle condizioni di poter scegliere solo tra la ricchezza con grande disuguaglianza di entrate dei suoi componenti, oppure la povertà con entrate pressoché eguali, la ricerca del massimo di utilità *della* collettività potrebbe avvicinare al primo stato, mentre quella del massimo *per* la collettività al secondo. L'effetto dipenderà dai coefficienti usati per rendere omogenee le utilità eterogenee delle varie classi sociali. "L'ammiratore del 'superuomo' assegnerà un coefficiente pressoché eguale a zero all'utilità delle classi inferiori, ed otterrà un punto di equilibrio che molto si avvicina al primo stato. L'amante dell'eguaglianza assegnerà un coefficiente elevato all'utilità delle classi inferio-

73 *Trattato*, § 2131.

ri, ed otterrà un punto di equilibrio che molto si avvicina al secondo stato. Non abbiamo altro criterio che il sentimento per scegliere tra questo e quello."[74] Pareto fa un altro esempio, richiamando una teoria secondo la quale la schiavitù fu una condizione necessaria allo sviluppo sociale, in quanto diede la possibilità ad un certo numero di uomini di vivere nell'ozio e quindi di potersi occupare di ricerche intellettuali. Partendo da questa teoria, chi volesse risolvere un problema di massimo di utilità della specie, guardando solo all'utilità della specie, sosterrà che la schiavitù è stata 'utile'; chi, invece, vuole risolvere un problema dello stesso genere, ma guardando solo all'utilità degli uomini ridotti in schiavitù, sosterrà che la schiavitù è stata dannosa, lasciando momentaneamente in disparte certi effetti indiretti. Non ha senso chiedersi chi ha ragione e chi ha torto fino a che non si sia scelto un criterio per confrontare l'una e l'altra tesi.[75] Con ciò si dimostra come, ragionando di problemi che implicano varie utilità eterogenee, occorre assumere una qualche ipotesi che le renda paragonabili. Quando, come spesso accade, ciò non si fa – ci ricorda Pareto – le conclusioni non sono valide, sono solo delle derivazioni con le quali si

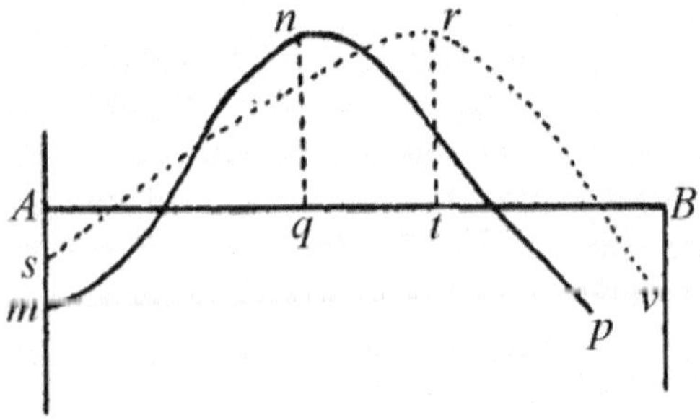

Fig. 20 Massimo di utilità per l'individuo e per la collettività

74 *Trattato*, § 2135.

75 R. W. Fogel (Nobel 1993) nel 1974 pubblicò con S. M. Engerman uno studio in due volumi, *Time on the Cross: The Economics of American Negro Slavery*, Boston, 1974, in cui dimostra che la condizione degli schiavi del sud agricolo non era per nulla inferiore a quella degli operai del nord industrializzato. Anzi, secondo Fogel, il raffronto, casomai, andava a vantaggio del sud schiavista. Le piantagioni non erano, come si pretende, dei lager, e gli schiavi neri erano tutelati per la loro operosità, dunque costituivano un capitale prezioso. Se si vuole, dice Fogel, il modo di produzione schiavista è eticamente inaccettabile, non così da un punto di vista socioeconomico.

ricoprono certi sentimenti. Anche nei casi in cui l'utilità dell'individuo non si oppone a quella della collettività, i punti di massimo della prima e i punti di massimo della seconda di solito non coincidono. Per chiarire ulteriormente la questione Pareto torna per un momento al caso particolare studiato ai §§ 1897 e sgg. del *Trattato,* dove si era occupato della relazione tra l'osservare le regole della religione e della morale ed il conseguire la propria felicità.[76] Nella fig. 20, il punto-estremo A rappresenta la stretta osservanza di ogni precetto esistente nella società e, all'opposto, B rappresenta la trasgressione dei precetti che non sono riconosciuti come assolutamente indispensabili; *m n p* è la curva di utilità dell'individuo, il quale inizia ad avere un danno in A, in seguito consegue un utile, che diventa massimo in *n*, per poi diminuire e mutarsi in un danno in B. In modo analogo *s r v* descrivono la curva dell'utilità che ottiene la società per il fatto che l'individuo considerato osserva più o meno bene i precetti. Tale utilità ha un massimo in *r*. Quindi, nel punto *q*, intermedio tra A e B, si ha il massimo di utilità *q n* per l'individuo e nel punto *t*, sempre intermedio tra A e B, si ha il massimo di utilità *t r* della collettività. Nei casi di trasgressione delle regole della morale, se le trasgressioni sono opera dei governanti, vi saranno molti casi in cui, per la posizione dei punti *q*, *t*, la realtà somiglia alla figura. Se le trasgressioni sono opera dei governati, sono molti i casi in cui la posizione dei punti *q*, *t* è inversa rispetto a quella della figura, cioè il punto *q* è più prossimo a B del punto *t*.[77] Se, invece di un solo individuo, se ne considerano parecchi che abbiano pressappoco la stessa curva di utilità *m n p*, allora la curva *s r v* di utilità della collettività, di cui fanno parte questi individui, sarà quella che si ottiene te-

76 *Trattato*, §§ 1526-1527. Pareto si sofferma brevemente su un caso particolare di un problema generale circa l'utilità sociale. In ogni collettività ci sono due generi d'interessi: gli *interessi presenti*, e gli *interessi futuri*. Spesso appare chiaramente come l'interesse delle generazioni presenti sia in contrasto con l'interesse delle generazioni future. L'interesse materiale, percepito quasi esclusivamente da una parte della popolazione è in contrasto con interessi di genere diverso, ad esempio quello della prosperità futura della collettività, sentito soprattutto da un'altra parte della popolazione; mentre la prima parte sente quest'ultimo solo sotto la forma di un qualche residuo della persistenza degli aggregati.

77 *Trattato*, § 2138.

nendo conto delle loro opere. O, ancora, invece delle semplici trasgressioni alle regole presenti in una società, si possono considerare le trasformazioni di queste regole e le innovazioni che nella società si compiono. Vi sono parecchi casi in cui *t* è molto più vicino a B di quanto lo sia *q*; cioè, alla società conviene che l'innovazione sia maggiore di quella che a certi individui darebbe il massimo di utilità. Per esempio, gli individui già ricchi e potenti hanno spesso poco da guadagnare innovando, mentre dalle loro innovazioni può trarre un grande giovamento la società. Ancora, per gli individui amanti del quieto vivere *t* è molto più vicino a B di *q*; a costoro, ogni innovazione, che pure può essere utile per la società, riesce sgradevole, penosa. All'opposto, per gli 'speculatori', *t* è assai più lontano da B di *q*; cioè, essi tendono ad innovare più di quanto occorre per l'utile sociale. Se si considerano in questo modo varie categorie di individui, si comprende come tra le loro opere ci possa essere un certa compensazione, per cui, se "ognuno tira dalla sua parte", ne risulta una posizione prossima a *t,* in cui si ha il massimo di utilità della società.[78]

Per concludere un argomento, quello dell'utilità, tra i più notevoli di Pareto e che conserverà in futuro un posto centrale per quanti ritorneranno sulle sue pagine a meditare:

> Le classi governanti rispondono spesso confondendo un problema di massimo della collettività col problema di massimo per la collettività [...] [Cercano] di far credere alle classi governate che vi è una utilità indiretta, la quale, ove se ne tenga il dovuto conto, muta in vantaggio il sacrificio che a queste classi si chiede [...].[79]

In realtà, continua Pareto, non ci sono che le azioni non logiche (sentimenti, interessi, ecc.) che in questi casi possono far sì che le classi governate, dimenticando il massimo di utilità individuale, si avvicinino

78 Ibid., §§ 2131-2139. Si veda la sintetica e ottima interpretazione di Luigi M. Solivetti delle "argomentazioni di elevato rigore logico-formale" di Pareto in *Sociologia come ricerca. Modelli sociologici e percorsi di ricerca*, Carocci, Roma, 2001, pp. 55-58.

79 *Trattato*, § 2134.

al massimo di utilità della collettività, oppure solamente della classe governante.

Una breve e magistrale applicazione di questi orientamenti sarà data da Pareto nei lineamenti proposti per un futuro ordinamento costituzionale quando prevede, tra l'altro (abbiamo contato trenta proposizioni), libertà di sciopero, di stampa, di associazione, autonomia della magistratura, parlamento elettivo che esprime un governo efficiente, decentramento della pubblica amministrazione, tutte condizioni che favoriscono la massima efficienza del sistema politico-economico.[80] Sette mesi prima, nel gennaio 1923, su "Il Giornale economico" del suo allievo S. G. Scalfati, nel valutare i provvedimenti del governo, aveva scritto: a) la statizzazione dei servizi pubblici ha procurato enormi danni economici per gli intrighi cui dava origine; lo stesso dicasi per gli sperperi delle pseudo-cooperative; b) l'erroneo concetto che si potesse, senza rovinare l'economia del paese, sottrarre ai possessori di risparmio gran parte dei loro quattrini, per accrescere, o anche solo mantenere i consumi del maggior numero, portava direttamente ad uno stato simile a quello in cui la Russia era stata condotta dal comunismo; c) nei paesi civili ben ordinati, l'uso della forza è latente; d) eccetto casi estremi ed essenzialmente transitori, la piena libertà di stampa ha più vantaggi che inconvenienti; e) l'uso della forza deve essere un privilegio del governo; non si può concedere, a lungo andare, ai privati; f) fa bene il governo a concedere gradatamente l'esercizio di certi servizi pubblici ai privati; g) la classe agricola dei possidenti e dei mezzadri costituisce uno dei fondamenti della stabilità sociale (sono odiati dai collettivisti, poiché in essi il collettivismo trova un grande ostacolo); h) il contributo che si vuole imporre alla classe agricola, se rimarrà molto moderato, non farà né male né bene, e soddisferà il sentimento di eguaglianza delle imposte;[81] i) l'imposta sui salari produrrà poco e co-

---

80 "Pochi punti di un futuro ordinamento costituzionale" [1923], in *Scritti politici*, vol. II, pp. 795-800.

81 Abbiamo già visto nel capitolo dedicato alla curva asimmetrica e lo ripetiamo qui, citando un altro luogo paretiano, che "due effetti principali vanno considerati nel trasferimento di ricchezze da certi particolari individui a certi altri. 1° Il trasferimento in se stesso. È il fine a cui si mira. 2° La distruzione di ricchezza, che ac-

sterà molto per la riscossione, soddisfacendo certi sentimenti di uguaglianza meno generali, meno intensi dei precedenti, e quindi trascurabili; l) l'Italia manca di capitali, lasciamoli costituirsi e volgersi alla produzione, così ci sarà sviluppo; al contrario deprimendo i capitali, perseguitandoli non si fa altro che aumentare le difficoltà economiche e finanziarie; m) solo un governo forte può affrontare le cause del presente disagio, trascurando le immaginarie. Occorre perciò poter andare contro i pregiudizi che s'impongono al sentimento.[82]

Schema riassuntivo

Lo schema unico, ma distribuito sulle tre pagine che seguono, servirà a riconsiderare con un unico sguardo la complessa argomentazione di Pareto, rammentando che anche noi, come J. Freund, abbiamo voluto solo aprire una piccola 'breccia'[83] nella magistrale direzione intrapresa da Pareto:

> Finché la natura degli uomini non sarà radicalmente mutata, le loro azioni continueranno ad essere determinate da considerazioni di ofelimità, di utilità dell'individuo e di utilità della specie (§ 628), senza che, in generale, le considerazioni, proprie d'una di queste specie di utilità, possano escludere del tutto, in via assoluta, quelle proprie delle altre. Comunque, se di tali considerazioni alcune predominano, son queste di solito le prime; vengono di poi le seconde; le terze non occupano che l'ultimo posto. Se si trascura di tener presenti queste proprietà della natura umana, si costruiscono teorie che non corrispondono a nulla di reale.[84]

---

compagna questo trasferimento. È l'effetto indiretto che si manifesta a lato dell'effetto principale. Può essere più o meno considerevole, ma non manca quasi mai. In genere, si può dire che, nella maggior parte dei casi, le misure, che perseguono il fine di sottrarre dei beni economici a certe persone per darli a certe altre, sottraggono alle persone che ne sono colpite una quantità di ricchezza superiore, e spesso enormemente superiore, a quella che procurano alle persone che dal trasferimento traggono vantaggio." (*Cours*, § 1043).

82 "I provvedimenti del governo", in *Scritti sociologici*, pp. 1149-1154.

83 J. Freund, "La nozione di 'utilità' in Vilfredo Pareto", op. cit., p. 38.

84 *Cours*, § 998. Vedi *supra* 'Due generi di motivazione per l'azione e tre raggruppamenti'.

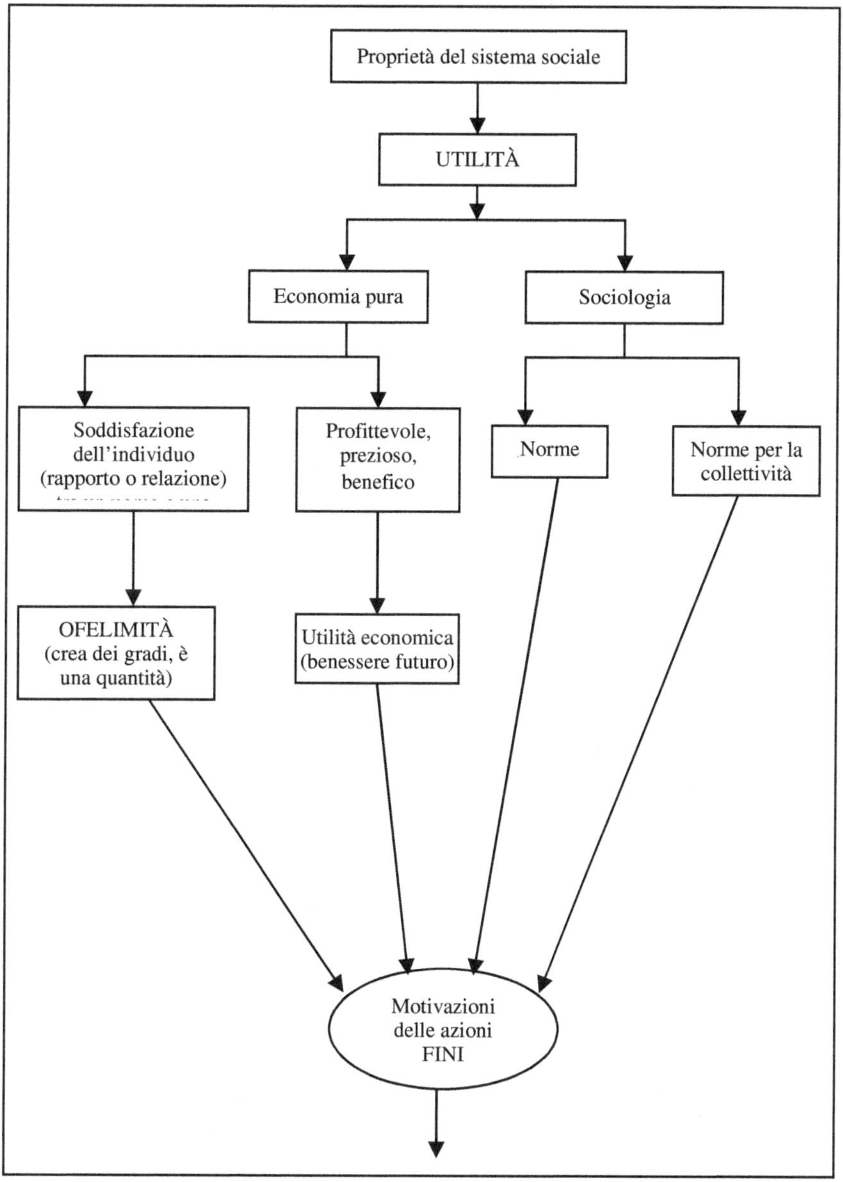

Fig. 21a Le proprietà del sistema sociale (continua)

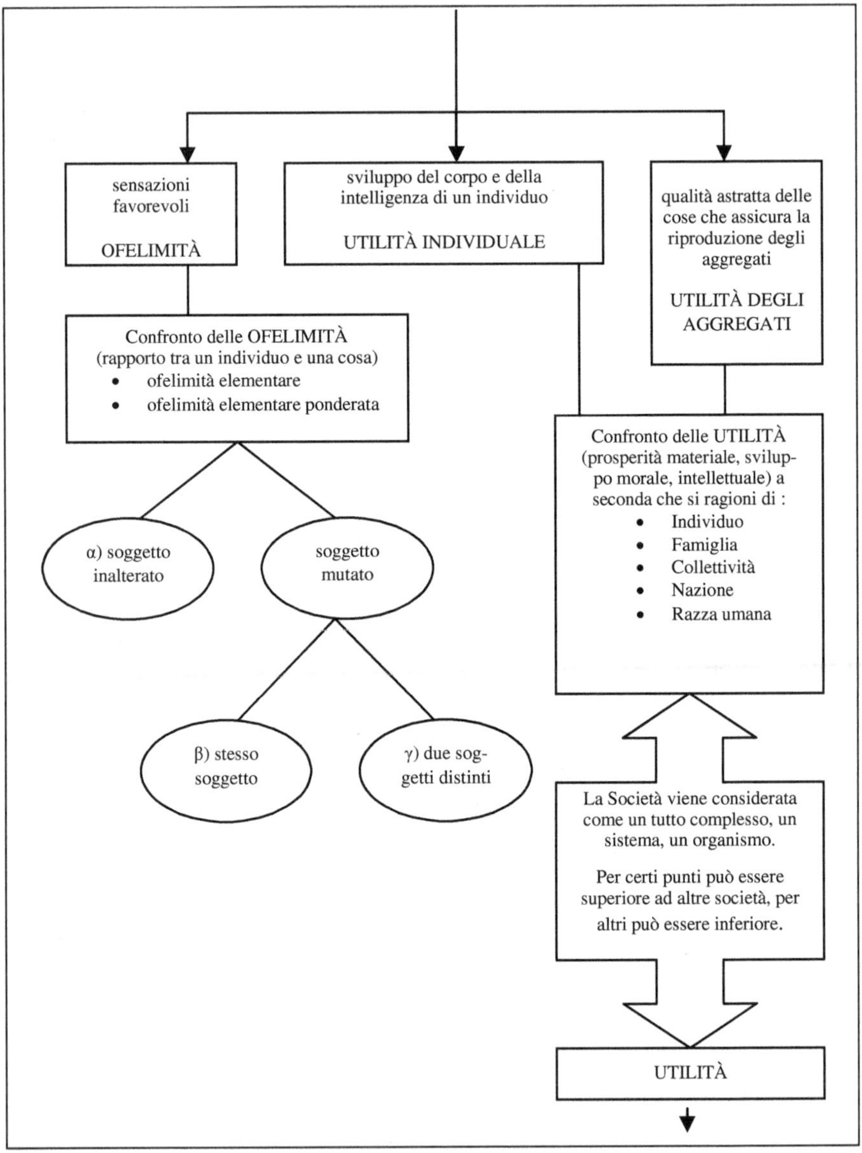

Fig. 21b Le proprietà del sistema sociale (continua)

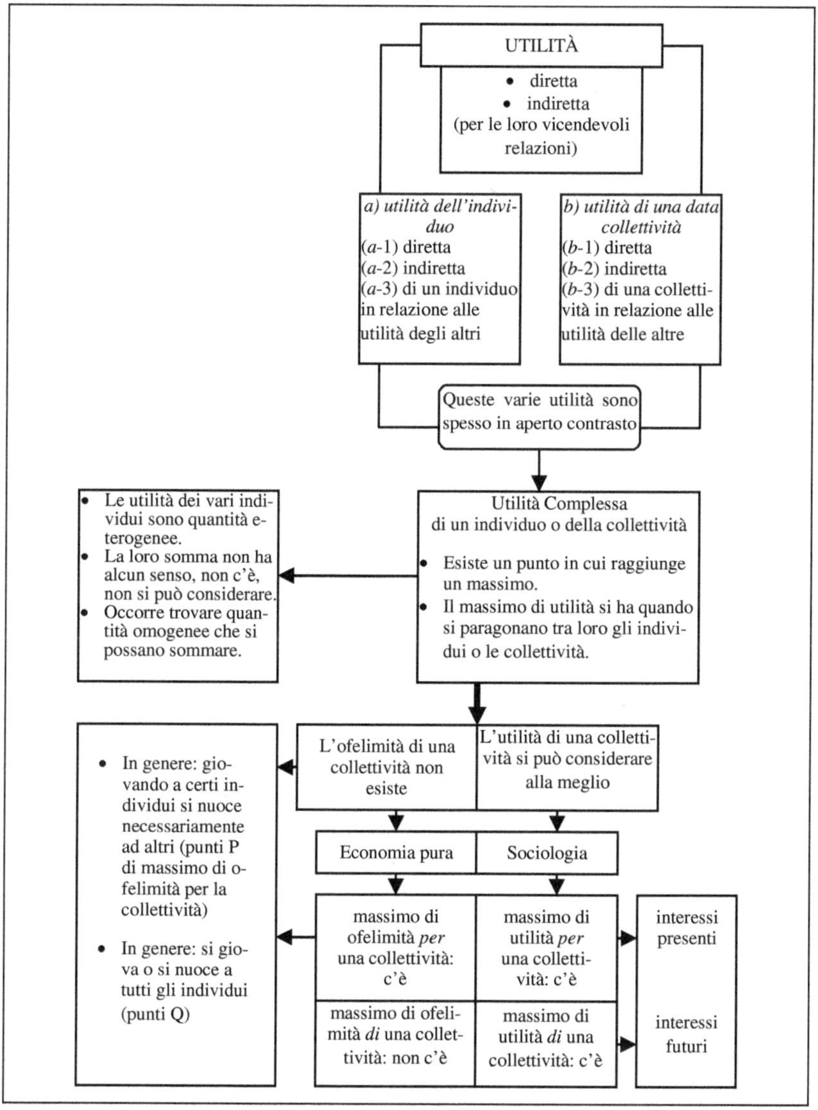

Fig. 21c Le proprietà del sistema sociale

VIII. La curva asimmetrica

> La superficie racchiusa dalla curva dà una figura della società. La forma esterna varia poco, la parte interna invece è in continuo movimento; ci sono individui che salgono nelle regioni superiori, altri invece che precipitano in basso. Quelli che giungono ad un limite minimo sono distrutti e spariscono; da quella parte quindi si eliminano certi elementi. È singolare, ma è certo, che lo stesso fenomeno accade nelle regioni superiori. L'esperienza fa vedere che le aristocrazie non durano; le cagioni del fenomeno sono molte e solo in piccola parte note; ma sul fenomeno stesso non cade dubbio alcuno.[1]

Se il *Cours* finisce con la discussione della curva della distribuzione della ricchezza,[2] i *Systèmes* iniziano con il medesimo argomento a testimonianza della continuità e unità della ricerca paretiana.[3] Pareto ri-

---

1 *Manuale*, VII, § 18.

2 Il libro III del *Cours* sulla ripartizione e il consumo (§§ 950-1068) contiene propriamente la teoria della eterogeneità sociale, di cui la ripartizione dei redditi non è che un caso particolare. È tuttavia questa ripartizione che più interessa Pareto.

3 Quanto affermato nel *Cours* diventa, quindi, la base per la successiva articolata discussione lungo l'introduzione e i quindici capitoli che formano i due volumi dei *Systèmes*. Facciamo notare che questa continuità non sempre ancora oggi è data per acquisita. Ad esempio, nel saggio di P. Aspers, pur lodevole e per alcuni aspetti condivisibile, "Crossing the Boundary of Economics and Sociology: The Case of Vilfredo Pareto", *The American Journal of Economics and Sociology*, vol. 60, n. 2, April 2001, pp. 519-545, non rinveniamo nemmeno un riferimento ai *Systèmes* che traboccano di analisi economiche e socio-economiche. È invece, la continuità tra *Cours* e *Systèmes*, ben sottolineata nell'introduzione ad una raccolta di scritti curata da J. Cunningham Wood e M. McLure, *Vilfredo Pareto. Critical Assessments of Leading Economists*, 4 voll., Routledge, London, 1999, (vol. I, pp. 5-7): "The *Systèmes* is of considerable importance to historians of Pareto's economic thought for its characterisation of the social processes as a relationship between various elites, whose individual elements are united by a mixture of common belief and related economic interests. [...] The delimitation of the limits of economic theory and its re-

chiama sinteticamente la curva di distribuzione della ricchezza, riportando anche una figura, che rappresenta il tipo di curva trovata.[4] In particolare, su questa legge si fonda la teoria della circolazione delle élite e non potrebbe essere altrimenti, dal momento che vuole basarsi su dati empirici e non essere una mera riflessione sulla storia passata. Se il profilo asimmetrico (o a freccia o a trottola, come si esprime Pareto) ci dà la forma della distribuzione del reddito (curva delle entrate) e, in generale, la forma esterna della società, l'area interna interessa la circolazione o – per dirla con espressione corrente – la mobilità ascendente o discendente.[5]

Curva dei redditi e circolazione

Appare, dunque, chiaramente come curva dei redditi e teoria della circolazione delle élite siano intimamente fuse e questa sia un'estensione di quella, esattamente come *Cours* e *Systèmes* sono intimamente fusi ed un'opera è la prosecuzione dell'altra.[6] La forma della curva non è

---

lation to sociological theories is further clarified in the *Systèmes*. Individuals may pursue their self-interest in two ways: either by earning income and creating wealth, or by despoiling the wealth or income to others. The former is the subject of Pareto's pure economics, and the latter is the subject matter of his sociology, and more specifically the subject of the *Systèmes*. [...] The *Systèmes* is also of interest to economists for its examination of economists' perception of liberal society." Una posizione singolare è quella di R. Swedberg, il quale ritiene che si possa discutere di sociologia economica ignorando del tutto – non diciamo i *Systèmes* – ma l'intera opera paretiana, come si può notare nella voce 'sociologia economica' per l'*Enciclopedia delle scienze sociali*, vol. III, Roma, 1993, pp. 360-376.

4 Va detto che l'intera l'opera dei *Systèmes* scaturisce dalle ricerche e dai risultati intorno a questa curva asimmetrica, conosciuta in seguito come 'legge di Pareto'.

5 Tutte le polemiche sulla priorità della teoria della circolazione vengono meno a partire da queste considerazioni.

6 La curva dei redditi viene ampiamente trattata nel capitolo primo del libro III (§§ 950-989) del *Cours*, dedicato alla 'ripartizione e consumo'. Pareto aveva già in parte affrontato l'argomento in scritti precedenti. La legge (meglio sarebbe dire, l'uniformità accertata) compare ufficialmente nel 1896 in un saggio pubblicato con il titolo *La courbe de la répartition de la richesse* in "Recueil publié par la Faculté de Droit

dovuta al caso. Dipende probabilmente (Pareto all'inizio si dimostra cauto nella spiegazione) dalla distribuzione dei caratteri psicologici e fisiologici degli uomini; ma si può anche riconnetterla alle teorie dell'economia pura, cioè alle 'scelte' degli uomini – che sappiamo essere in relazione con i caratteri fisiologici e psicologici – e agli 'ostacoli' incontrati per il loro soddisfacimento.[7] Se si analizzano altri caratteri degli uomini, ad esempio l'intelligenza, i caratteri morali, il talento nelle più svariate attività, ecc., si troveranno probabilmente curve dalla forma molto simile a quella della distribuzione della ricchezza.

Nel capitolo sulla fisiologia sociale,[8] che conclude il *Cours*, Pareto è esplicito nell'affermare che: "le società di cui abbiamo rappresentato la ripartizione dei redditi non sono omogenee. Differiscono anzitutto tra di loro. Questa differenza è stata avvertita in tutti i tempi: molto spesso è stata anzi esagerata. Inoltre, la stessa società non forma un tutto omogeneo: si compone di individui, di classi di individui eterogenei. Anche queste differenze sono state note in tutti i tempi, ma solo nella nostra epoca si sono potuti fare tentativi di spiegazione realmente scientifici [...]." Ritorna qui nuovamente, sotto un altro aspetto, l'interdipendenza tra i fenomeni economici e i fenomeni sociali e si constata ancora una volta la necessità di riunire, in una sintesi (ad esempio, la teoria della eterogeneità sociale), indagini che hanno potuto essere separate l'una dall'altra soltanto a fini analitici. Così, nel 'riassunto generale' alla fine del *Cours*, si ricorda che la ripartizione dei redditi non è che un caso particolare della teoria della eterogeneità sociale, e però è questa ripartizione che deve essere centrale più di ogni altro argomento dal punto di vista economico: "l'esperienza ci ha rivelato un fatto abbastanza singolare: la curva della ripartizione dei redditi varia poco in

---

à l'occasion de l'Exposition nationale Suisse" (Genève 1896) e una sua volgarizzazione in *Le monde économique*, "La courbe des revenues" (25 luglio 1896; ora in *Lettres d'Italie*, pp. 571-573), un articolo che riassumeva lo studio più completo, compiuto nel *Cours*.

7 Ci sono già qui i presupposti di due notevoli capitoli della successiva terza opera, il *Manuale*, dove troviamo discussioni e dimostrazioni sui 'gusti' (o scelte) e gli 'ostacoli'.

8 *Cours*, §§ 990-1068.

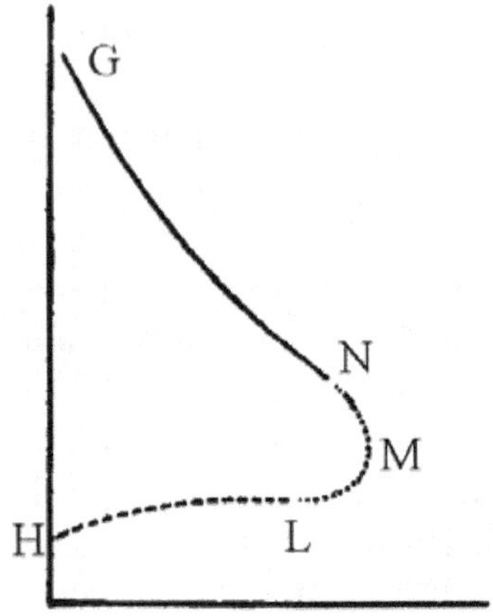

Fig. 22 Curva dei redditi

media, sia nello spazio sia nel tempo, per i popoli civili per i quali la statistica ci dà notizie. È l'induzione che ci fa conoscere la forma della curva dei redditi; è la deduzione che ci permetterà di trarne due teoremi molto importanti. Il primo di questi teoremi c'insegna che *la ripartizione dei redditi non è effetto del caso*. Il secondo ci fa conoscere che *per fare aumentare il livello del reddito minimo o diminuire la disuguaglianza dei redditi occorre che la ricchezza aumenti più rapidamente della popolazione*. Vediamo così che il problema del miglioramento delle condizioni delle classi povere è anzitutto un problema di produzione della ricchezza."[9]

I fraintendimenti cominciarono subito anche presso amici ed estimatori di Pareto, come si evince da una lettera a Pantaleoni: "[...] ho detto e ripetuto che [...] la curva delle entrate (fig. 22) [dove sull'asse delle ascisse si hanno i percettori di reddito e su quello delle ordinate l'ammontare del reddito] è composta di archi HL, LMN, NG che seguono leggi diverse. Io non ho trovato che la legge del tratto NG; ignoro la legge dei tratti LMN, HL [...]."[10] Seguì un vasto dibattito, dove a

9 *Cours*, p. 1097; corsivo nostro.

10 Lettera M. Pantaleoni, 19 novembre 1896; in *LMP*, vol. I, p. 489. Come si vede Pareto è preciso e perciò i rilievi di B. B. Mandelbrot sono del tutto superflui: "Come si è dimostrato in seguito, i calcoli di Pareto furono ostacolati dalla limitatezza dei dati e quindi non sono del tutto corretti. La sua legge funziona soltanto quando si considera la fascia delle persone molto ricche." (*Il disordine dei mercati. Una visione frattale di rischio, rovina e redditività*, Einaudi, Torino, 2005, p. 152). Comunque, il dibattito si estese oltre la ristretta cerchia di economisti e sociologi, come possiamo vedere in un commento del matematico Morris Kline: "Di fatto ci sono state molte discussioni fra gli economisti sulla correttezza o meno della legge di Pareto. Tale legge fu enunciata per la prima volta nel 1895 e da allora è stata sottoposta a verifica sulla base di dati concernenti vari paesi. In molte aree esaminate,

verifiche empiriche[11] si alternavano misinterpretazioni, che ancora oggi non mancano: in un manuale di storia del pensiero economico, edito nel 2003, l'autore, dopo aver esposto la celebre formula paretiana in forma logaritmica[12] ($\log N = \log A - \alpha \log x$; essendo l'equazione generale della curva: $\log N = \log A - \alpha \log (a+x) - \beta x$; ma dato che β ha un valore trascurabile e a è assai piccola per il reddito complessivo Pareto considera generalmente la prima equazione dove N è il numero di famiglie, di individui, dice Pareto, con almeno x di reddito, A è un parametro indicante l'ampiezza della popolazione, α è un parametro stimato, generalmente pari a 1,5: le stime di Pareto variavano tra 1,37 per la città di Parigi di fine secolo XIII e 1,89 per la Prussia del 1852)[13] afferma: "L'apparente applicabilità di questa formula a diverse popolazioni e a diverse epoche indicherebbe l'indipendenza della distribuzione del reddito dalle vicende storico-sociali. Ne deriverebbe una morale analoga a quella sottostante la malthusiana 'legge della popolazione': le politiche dirette a migliorare le condizioni di vita delle classi povere sono inutili, perché non possono modificare una distribuzione del red-

---

come l'Inghilterra dell'Ottocento e dell'inizio del Novecento, la formula si adatta molto bene ai dati. Le discordanze riscontrate in altri casi non confutano necessariamente la legge poiché sussistono sempre dubbi sull'attendibilità dei dati disponibili." (*La matematica nella cultura occidentale*, Feltrinelli, Milano, 1979, p. 329).

11 Ad esempio, quella di H. T. Davis, "Pareto statistico", *Giornale degli economisti*, 1949, pp. 199-206 che, con un'analisi secondaria, trovò che la curva della distribuzione a Roma al tempo di Cesare ($\alpha = 1,5$) quasi coincideva con quella degli Stati Uniti nel 1929 ($\alpha = 1,67$).

12 *Cours*, § 958.

13 B. B. Mandelbrot, in op. cit., afferma che "Pareto pensò che il reddito α fosse costante in ogni stato, e anche questo non è vero [infatti, Pareto non trovò che fosse costante, come abbiamo visto]. Nella maggior parte dei casi, sottostimò α, che sembra essere più vicina a 2 [infatti alcuni risultati di Pareto si avvicinavano a 2] che a 3/2 [1,5 per Pareto era convenzionale] – e questo significa che i milionari sono più rari di quanto pensasse [certamente Pareto non mirava a moltiplicare i milionari, essendo andato sempre cauto circa i risultati precisi, che non si possono comunque mai ottenere, neanche oggi, come sanno bene gli addetti all'Ufficio delle Entrate]. Ma la sua osservazione fondamentale di una legge di potenza che lega il reddito e la popolazione dimostra grande perspicacia" (p. 152).

dito che è una 'legge di natura', dipendente – secondo Pareto – dalle differenze innate delle capacità personali, distribuite casualmente."[14] Non è certamente questo che sostiene Pareto, al contrario, lo ripetiamo: "il problema del miglioramento delle condizioni delle classi povere è anzitutto un problema di produzione della ricchezza."[15] Perciò:

> Ne confondez pas la répartition objective des revenus (qui change fort peu) et la répartition des titulaires de ces revenus (qui peut changer beaucoup).[16]

La questione era già chiara nel *Cours*, ma pare che ci sia sempre stata una certa difficoltà ad intenderla, se ancora nel 1922 Pareto ha la necessità di chiarire con un suo allievo che non aveva certamente pregiudizi di sorta. Peraltro, le implicazioni politiche e di politica economica e di sviluppo socioeconomico sono evidenti e, dunque, paretianamente non ci meravigliamo che le varie ideologie umanitarie di ogni colore facciano velo alla semplice comprensione nel "distinguere nettamente i mutamenti relativi alla ripartizione dai mutamenti relativi ai titolari dei redditi".[17] Questi ultimi sono particolarmente importanti per lo studio della teoria della selezione sociale che sarà poi in seguito generalizzata nella teoria della circolazione delle élites. A questo punto è bene anche precisare, dato che le interpretazioni ideologiche, pregiudiziali, interes-

---

14 Un giudizio simile, ma meno ideologico è quello di Mandelbrot, quando conclude dicendo che "l'α della legge di Pareto è semplicemente un modo per quantificare in maniera precisa quanto è ingiusta la società". Il giusto o l'ingiusto non sono categorie scientifiche, ma volendo restare a questo modo di ragionare diciamo che l'α permette anche di essere coscienti che per migliorare le condizioni delle classi povere occorre concentrarsi sull'aumento della produzione (come del resto suggerivano i classici) producendo così due effetti talvolta separati ma più spesso uniti e cioè: diminuzione dell'ineguaglianza dei redditi e aumento del reddito medio della classe più povera della popolazione. È quanto è accaduto in Occidente.

15 *Cours*, §§ 965 e 1036. Per una ricostruzione parziale ma significativa della questione, si veda il volume IV, Part Eleven "Pareto's Law and Other Specialized Topics", pp. 3-299, in J. Cunningham Wood and M. McLure (eds), *Vilfredo Pareto. Critical Assessments of Leading Economics*, op. cit.

16 Così scriveva Pareto all'amico e allievo G-H. Bousquet il 23 octobre 1922; ora in *Epistolario*, vol. II, p. 1109.

17 *Cours*, § 1007.

sate alla mistificazione si sono scatenate che: "dire che esistono nella società uomini che possiedono certe qualità in misura più eminente di altri e dire che esiste una classe di uomini assolutamente *migliori* del resto della popolazione non è già la stessa cosa."[18] Della questione della selezione ci occuperemo più avanti in questo capitolo e della circolazione delle élites nel capitolo IX. Ne *Les systèmes socialistes,* nel *Manuale di economia politica*[19] e poi nel *Trattato di sociologia generale* la curva della distribuzione della ricchezza sarà posta in relazione con residui, derivazioni, forma della società ed equilibrio sociale. Vediamo più in particolare quella che poi verrà detta legge di Pareto.[20]

Costanza della natura umana

Con la determinazione della legge sulla distribuzione della ricchezza Pareto si inserì prepotentemente in quella antica tradizione di ricerca che propugnava l'applicazione della matematica, ove risultasse utile, (combattendo già da subito però il feticismo di alcuni, come ad esempio Walras) alle questioni sociologiche, previa raccolta di dati empirici. Solo l'unione di dati di osservazione e della deduzione matematica permetteva l'avanzamento della scienza: in sintesi, il metodo logico-sperimentale. E la matematica si è dimostrata utile particolarmente per

---

18 Ibid., § 996. E, opportunamente, conclude: "Ma quando poi si aggiunge che questi uomini 'migliori' 'debbono' governare gli altri si cade in pieno nell'errore deducendo una conseguenza illogica (§ 667) da premesse il cui senso è equivoco." Nonostante le attente precisazioni, in una materia pregna di emotività, a Pareto è stato fatto dire di tutto.

19 Di questa terza grande opera si ricordi – dato che spesso si omette per brevità – che occorre aggiungere, perché il titolo sia completo, *con una introduzione alla scienza sociale*: introduzione quanto mai importante per la sociologia e le scienze sociali; un vero e proprio trattato breve di metodologia della scienza, pressoché sconosciuto o negletto nelle università italiane e straniere, dove spesso circolano volumi inutili quanto verbosi. Ah, se avessimo conosciuto questo piccolo gioiello a vent'anni!

20 Nel 1897 Pareto scrive un secondo articolo su "La répartition des revenues", sempre in *Le monde économique*, 28 agosto; ora in *Lettres d'Italie*, pp. 595-601), in risposta alle critiche che George Sorel aveva mosso alla sua teoria.

quei processi, detti anche indeterministici di seconda specie[21] (al contrario di quelli di prima specie dove ha più senso l'uso della media),[22]

---

21 Sono distribuzioni di Pareto, dette a media non definita, le distribuzioni delle entrate per persona. Se prendiamo in analisi uno studio sulle dimensioni delle aziende, constatiamo che ne esistono molte e con caratteristiche diverse: da quelle familiari a quelle enormi e complesse. La dimensione media dell'azienda non è un buon parametro per stabilire la salute economica di una economia, perché la distribuzione statistica è di tipo Pareto, non Gauss: "possiamo quindi parlare di esempi di scienza forte quando si hanno variabili ben definite, o direttamente (fisica classica) o facendo la media (fisica statistica e quantistica, demografia, ecc.). Sono esempi di scienza debole quelli in cui non è possibile trovare delle variabili opportune. Tali sono anche molti fenomeni meteorologici e astrofisici, quale il livello dell'acqua di un fiume, la caduta annuale di pioggia, le energie dei meteoriti e dei raggi cosmici. La individuazione di strutture in questi fenomeni può essere alquanto aleatoria, osservabile cioè su uno spezzone di dati e non riferibile ad un altro. Tale è la situazione delle scienze sociali (economia, sociologia) ma tale è oggi la situazione anche in nuovi campi della fisica. Esempio di scienza debole in fisica: i vetri di spin [...] Dello stesso tipo dei vetri di spin è la complessità di una rete neurale." (T. Arecchi, *I simboli e la realtà*, Jaca Book, Milano, 1990, pp. 160-163).

22 Si veda *Manuale*, V, § 3: "Il tipo medio e la ripartizione delle divergenze". Le distribuzioni a media non definita, dette di Pareto, saranno poi particolarmente studiate nel corso degli anni '60 del sec. XX, tra gli altri, da B. B. Mandelbrot: "Pareto raggruppò le persone in base al reddito, contò quelle presenti in ciascuna categoria e tracciò il grafico dei risultati. I dati hanno la comoda proprietà di crescere in base a una legge di potenza [...] se è coinvolta una legge di potenza, sulla carta compare una linea retta di qualche tipo. [...] Una linea retta è proprio quel che vide Pareto, quando disegnò il grafico del reddito in funzione del numero di persone. In realtà, la sua linea scendeva invece di salire, poiché la potenza era negativa. E α, la pendenza assoluta della linea, era uguale a 3/2. Che cosa significa? In generale, più lieve è la pendenza, più regolare è la distribuzione del reddito. [...] Con la pendenza di Pareto ($\alpha = 3/2$), gran parte delle ricchezze è concentrata in pochissime mani." (*Il disordine dei mercati,* op. cit., pp. 150-151). Mandelbrot, da quanto si vede dalla sua bibliografia, si è particolarmente impegnato nell'approfondimento e applicazione delle distribuzioni di Pareto: "Variables et processus stochastiques de Pareto-Lévy et la répartition des revenus", I-II, in *Comptes Rendus*, CCXLIX, 1959, pp. 613-615, 2153-2155; "The Pareto-Lévy law and the distribution of incombe", in *International Economic Review*, I, 1960, pp. 79-106; "Stable Paretian random functions and the multiplicative variation of incombe", in *Econometrica*, XXIX, 1961, pp. 517-543; "Paretian distributions and income maximization", in *Quarterly Journal of Economics*, LXXVI, 1962, pp. 57-85; "The stable Paretian income di-

in cui la dispersione dei punti che rappresentano individui è fortemente marcata (come nella distribuzione dei redditi) e la rappresentazione di Pareto è più esplicativa di quella di Gauss-Quetelet. Inoltre, egli si convinse sempre più degli apriori assiologici[23] della sua visione scientifica e sociologica; tra gli altri la 'costanza della natura umana' nello spazio e nel tempo, che lo porterà dopo un paio di decenni a formulare il grande edificio della teoria dei residui e delle derivazioni. Infine, trovò anche il mezzo scientifico per combattere le utopie dei suoi amici socialisti e per dare fondamenti inequivoci alla teoria classica liberale. Gli economisti classici, come si sa, si erano concentrati essenzialmente sulla produzione e si dovettero attendere i movimenti sociali e socialisti della seconda metà del XIX secolo per porre la distribuzione al centro dell'attenzione. Anche a livello accademico furono i socialisti e i 'socialisti della cattedra' a mettere per primi l'accento sul problema della distribuzione. E Pareto, che al movimento socialista era molto vicino e dunque sensibile alle problematiche sostenute, nel 1893-1894, una volta in cattedra, con l'aiuto finanziario del Cantone di Vaud, avviò in maniera sistematica le ricerche sull'argomento. Si procurò i dati statistici relativi a vari Paesi e città: Inghilterra (1893); Prussia (1852); ancora Prussia (1894); Sassonia (1896); ventitré città italiane (1881); Perù (fine secolo XVIII);[24] Augsburg (1471); Parigi (fine secolo XIII); ancora Parigi (fine secolo XIX); Basilea (1887); Granducato di Oldenburgo (1896) e, utilizzando e sviluppando il metodo delle interpolazioni di Cauchy, per omogeneizzare i dati e poter operare comparazioni, trovò nel 1895 (la pubblicazione è dell'anno seguente) un'approssimata uniformità empirica circa la tanto dibattuta distribuzione

---

stribution, when the apparent exponent is near two", in *International Economic Review*, IV, 1963, pp. 111-115; "Random walks, fire damage amount, and other Paretian risk phenomena", in *Operations Research*, XII, 1964, pp. 582-585.

23 Espressione dovuta al Prof. Franco Demarchi, *Paradigmatica e assiomatica in sociologia*, Roma, 1975, p. 119.

24 "Ho scavato fuori un documento dal quale si vede che al Perù, al tempo della dominazione spagnuola, le entrate si disponevano secondo una curva simile a quelle che ho trovate per popoli civili dei nostri tempi. Rimane quindi sempre più confermato essere quella curva l'espressione di una legge naturale." (Lettera a M. Pantaleoni, 14 luglio 1896; in *LMP*, vol. I, pp. 460-461).

dei redditi: "questi risultati sono molto importanti. È assolutamente impossibile ammettere siano dovuti solo al caso. Vi è stata certo una causa, a cui è dovuta la tendenza dei redditi a disporsi secondo una certa curva. La forma di questa curva sembra non dipenda che in tenue misura (fig. 23) dalle diverse condizioni economiche dei paesi considerati, poiché gli effetti sono all'incirca gli stessi per i paesi le cui condizioni economiche sono tanto diverse tra di loro quanto lo sono quelle dell'Inghilterra, dell'Irlanda, della Germania, delle città italiane e dello stesso Perù. Certo, in fatto di leggi puramente empiriche non si è mai troppo prudenti. Comunque, le conseguenze che trarremo da questa legge saranno valide, quanto meno per i popoli per cui abbiamo visto che essa si verifica."[25]

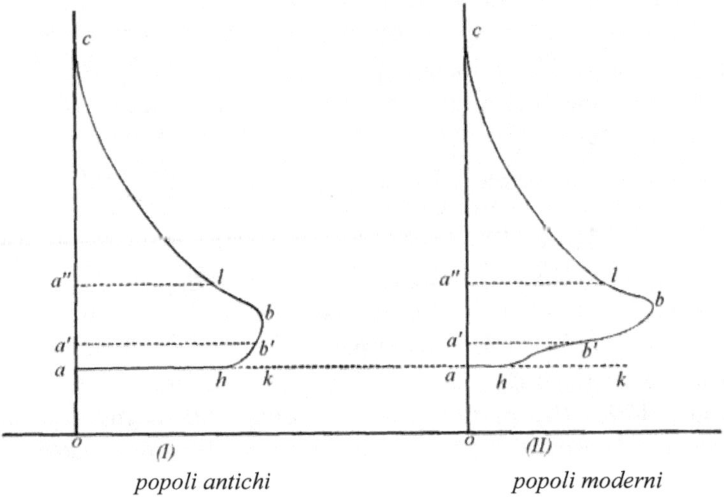

Fig. 23 Curve dei redditi per i popoli antichi e moderni

Come si vede, graficamente, essa assume – secondo le espressioni usate da Pareto – la forma di una 'trottola' o di una 'freccia',[26] la cui punta

25 *Cours*, § 960.

26 Si è voluto disquisire sull'uso delle espressioni 'freccia' e 'trottola' (qualcuno vi ha anche visto un espediente retorico, piuttosto che un problema scientifico), ritenute

(i redditi superiori) è rivolta verso l'alto e la base arrotondata rappresenta i redditi inferiori: Quando si parla di piramide sociale, i poveri costituiscono la base e i ricchi la cima. Pareto nega tale rappresentazione. In realtà è bene rappresentare i dati statistici non con una piramide, ma piuttosto con una freccia dalla punta affilata e una base molto larga. Così si potranno raggiungere "risultati importantissimi dal punto di vista scientifico":

> La forma di disposizione dei redditi globali, nelle società incivilite che conosciamo, è molto simile [...] i redditi dei popoli civili tendono a distribuirsi seguendo una forma a punta di freccia. Naturalmente intendiamo parlare di una tendenza molto generale [...] la freccia s'appiattisce se la ricchezza cresce ad un ritmo più forte della popolazione oppure se il reddito medio della classe povera s'accresce. Se la ricchezza cresce secondo un ritmo più accelerato dell'aumento della popolazione, non c'è dubbio che constateremo uno dei due effetti seguenti o (più sovente) tutt'e due insieme: 1) l'ineguaglianza dei redditi diminuirà; 2) il reddito medio della classe più povera della popolazione crescerà [...] Per ottenere una distribuzione più equa per il popolo povero, non c'è che un mezzo: migliorare la produzione e, attraverso questa via, ottenere un accrescimento di ricchezza superiore all'accrescimento demografico [...].[27]

---

da Pareto, all'inizio, metafore intercambiabili; mentre dopo pare avesse preferito la seconda espressione, più adatta alla sua visione generale della società e ai dati statistici dei due estremi della curva, prima problematici e poi sempre più attendibili. Pareto precisa nel *Manuale* (VII, § 12) che esiste, in basso, un limite oltre il quale non è possibile scendere: "di due uomini che si scostino egualmente dalla media delle qualità, quello che ha attitudini eccezionali per guadagnare quattrini può ottenere un'entrata altissima; e quello che ha qualità negative eguali non può cadere, senza sparire, al disotto dell'entrata minima che basta a sostentare la vita."

27 "La curva dei redditi", ora in *Scritti sociologici*, pp. 108-110. Perciò, quanto dice Mandelbrot, che "alla base [della legge di Pareto] vi è l'osservazione che in una società un ristretto gruppo di persone è enormemente ricco, un piccolo gruppo è molto ricco e stragrande maggioranza si trova in condizioni modeste o di povertà" (*Il disordine dei mercati*, op. cit., p. 152), non è propriamente ciò che Pareto voleva far osservare, essendo tale osservazione di senso comune alla portata di chiunque. Mentre la *querelle* ai suoi tempi era quella se occorresse concentrarsi, come avevano fatto i classici, sulla produzione, oppure, come sostenevano i vari movimenti socialisti e liberalsocialisti, sulla distribuzione, al fine di migliorare le condizioni delle classi disagiate o, nel caso del marxismo, di porre le basi di una società egualitaria. Questo era il problema cui Pareto diede una precisa risposta, saltando a piè

Curva e teoria dello sviluppo

Dunque, gli sforzi operati dal socialismo di Stato al fine di cambiare artificiosamente tale ripartizione hanno come solo effetto di provocare una distruzione di ricchezza. Ottengono, in altri termini, un risultato diverso da quello auspicato, aggravando le condizioni delle classi povere anziché migliorarle: la disuguaglianza dei redditi si accresce, oppure il reddito medio delle classi più povere diminuisce. Se la distribuzione della ricchezza non è la causa delle diseguaglianze sociali, allora non si deve frammentare la ricchezza per procedere verso una migliore uguaglianza, ma aumentare quanto possibile la produzione. Del resto, è ciò che suggeriva l'economia classica. Pareto completa i classici in quanto propone – in modo pressoché definitivo – una teoria dello sviluppo socioeconomico, essendo sotteso che la crescita del reddito medio, determinata dall'aumento della produzione, genera una diminuzione della concentrazione della ricchezza. Fino ad allora si riteneva che la distribuzione della ricchezza dipendesse o dalla natura degli uomini o dall'organizzazione sociale e che fosse differente nel tempo e nello spazio (cioè secondo le epoche e secondo le regioni geografiche). L'uniformità e regolarità messe in evidenza da Pareto, indicano che la distribuzione non è dovuta al caso[28] (perché allora si avrebbe una curva normale): la sua forma è invece asimmetrica, con poca variazione tra regioni, epoche, regimi e organizzazioni sociali diversi. In questo modo dimostra ai suoi amici socialisti – prima ancora che questi mettesse-

---

pari le enormi nebulose ideologiche che si andavano addensando sul mondo per condizionarlo atrocemente per tutto il XX secolo ed oltre.

28 Un approccio statistico-matematico differente è quello di B. H. Mayhew e P. T. Schollaert, "A Structural Theory of Rank Differentiation", in P. M. Blau e R. K. Merton, (eds), *Continuities in Structural Inquiry*, Sage, London, 1981, pp. 287-323. Secondo gli autori, anche se le persone sono tutte identiche, la semplice dimensione aggregata della popolazione e il volume totale della ricchezza sono sufficienti a prevedere che si configurerà un sistema di stratificazione solo per effetto del caso. Elaborano due modelli statistici diversi per dimostrare la loro tesi detti Maxwell-Boltzmann e Marx-Rousseau. Per una discussione si veda il nostro *Sociologica. Introduzione logico-matematica alla sociologia*, Franco Angeli, Milano, 1984, pp. 307-339.

ro in atto politiche rivoluzionarie (tratto distintivo della prima metà del XX sec.) – che la distribuzione non dipende dai regimi sociali.

Si potrà dire allora, sulla base del ragionamento di Pareto, che le attitudini utili alla formazione della ricchezza (dalla buona salute allo spirito di iniziativa, dalla tenacia all'intelligenza, ecc.) sono distribuite allo stesso modo nelle diverse comunità umane. Scriverà nel *Manuale,* a scanso di equivoci,[29] che la curva trovata "*non* è la curva delle qualità degli uomini, ma è la curva di altri fatti che stanno in relazione con quelle qualità".[30] Dunque, *a*) la distribuzione non è casuale e *b*) per elevare i redditi minimi o per ridurre le distanze sociali è necessario che la ricchezza prodotta cresca più rapidamente della popolazione. Diversamente dalla curva della distribuzione della ricchezza (poco variabile), la quantità media pro capite di ricchezza può variare anche notevolmente per ogni abitante. Ed è probabile, nota Pareto, che qualcosa di analogo accada per il sapere, la morale, ecc., cioè una collettività può essere, in generale, più istruita di un'altra, più morale, ecc. di un'altra; mentre la ripartizione di queste qualità è circa la stessa nelle due collettività.[31]

> La ripartizione della ricchezza varia molto meno che la quantità media pro capite. Quest'ultima quantità è un criterio importante per conoscere lo stato sociale d'un paese. Quando aumenta, la costituzione del paese tende a divenire più democratica, i costumi s'annobiliscono. Se i capitali sono abbondanti, il lavoro diviene relativamente più prezioso; l'influenza sociale delle classi lavoratrici aumenta. Tale è la

---

29 Equivoci che continueranno a prodursi anche all'interno della cerchia paretiana, come abbiamo visto poc'anzi con la lettera a G.-H. Bousquet. E non era il solo. "Molte cose errate si scrissero sulla mia curva dei redditi, e mai mi sono dato la briga di fare osservazioni, perché non credevo che mettesse conto." (Lettera a G. Mortara, 15 agosto 1917; ora in *Epistolario*, vol. II, p. 981).

30 *Manuale*, VII, § 13.

31 "Programma e sunto di un corso di sociologia", ora in *Scritti sociologici*, p. 298. Ancora si è visto che "in vesti diverse, le leggi di potenza come quella di Pareto si presentano in tutti i settori dell'economia. [Ad esempio] le dimensioni delle aziende in un settore industriale variano seguendo una legge simile a quella di Pareto. [Così] per le dimensioni delle città di una nazione, dalle metropoli ai villaggi [...] e per le richieste di risarcimento per incendi domestici in Svezia" (B. B. Mandelbrot, *Il disordine dei mercati*, op. cit., p. 153).

causa principale dei cambiamenti che osserviamo al giorno d'oggi. Quelli che mettono questa causa nelle disposizioni legislative, nelle 'leggi sociali', si fanno una strana illusione. La legislazione non fa che sanzionare uno stato di cose esistente; non l'ha creato. L'aumento della quantità media di capitali, pro capite, favorisce l'avvento della democrazia; questa poi distrugge i capitali, e prepara così la propria rovina. Tale è una delle cause dei movimenti ritmici che abbiamo notato.[32]

Curva, ricchezza, democrazia

Ai tempi di Pareto, come anche oggi, la ricchezza continua ad aumentare, nonostante gli sperperi, grazie agli sviluppi tecnico-industriali e "alla messa in valore ed allo sfruttamento di nuove contrade". Ciò spiega perché il movimento non abbia subito serie interruzioni: "si fermerà, e cambierà di maniera, allorché la distruzione della ricchezza aumenterà più velocemente della produzione". In conclusione, una qualsiasi società può essere rappresentata sinteticamente con la curva della distribuzione delle entrate, che dal 1896 è ineludibile nel dibattito scientifico e politico, con la dimostrazione che la sua forma è poco diversa presso società con diversissime condizioni socioeconomiche. Come abbiamo detto sopra, Pareto è dell'idea che essa può essere generalizzata ulteriormente, dal momento che molti fatti lasciano supporre leggi simili per le altre espressioni delle attività fisiche, intellettuali,

---

32 Ibid, p. 313. Argomentava Pareto che le differenze di regime politico ed economico poco influiscono sulla distribuzione del reddito; "ché, se paesi protezionisti e paesi libero-scambisti, agricoli o manifatturieri, a regime vecchio corporativo o a regime aperto capitalistico, hanno scale di fortuna quasi egualmente inclinate, ciò deve dipendere da qualche altra circostanza *comune ai diversi luoghi e tempi*; ed egli la vedeva nel supposto che le attitudini utili alla formazione della ricchezza (intelligenza, spirito di iniziativa, tenacia di volontà, salute, ecc.) siano dosate e distribuite quasi alla stessa maniera nelle società umane. Ma, chi ben rifletta, non sono queste le sole note comuni ai paesi e ai tempi considerati; vi è pure con la sua influenza certamente grandissima il regime successorio dei beni, il quale opera troppe volte in controsenso delle attitudini degli eredi; ché, per esso, individui poco o punto qualificati per la conquista della ricchezza, occupano, per merito dei loro padri o avi, posti distinti nella gerarchia dei redditi e dei patrimoni" (R. Benini, *Lezioni di economia politica*, Zanichelli, Bologna, 1936, p. 424).

morali degli uomini: "Due cose sono da distinguersi in tali leggi, cioè: 1) La forma *precisa* delle curve; 2) Il carattere generale di queste, per cui scema rapidamente il numero degli uomini aventi proprietà crescenti d'intensità." La forma precisa non si avrà mai, perché infiniti sono gli accidenti che la modificano; e, comunque, è proprio un notevolissimo caso che questi operino in modo che si può considerare trascurabile sulla curva delle entrate. Il carattere generale è certissimo, e, del resto, si può osservare anche senza statistiche: si pensi che in ogni arte, scienza, opera buona o malvagia, ecc., troviamo un numero elevato di soggetti con "scarsa capacità, piccolo di valenti, piccolissimo di valentissimi. Disponendo gli uomini secondo il grado di capacità si ha, non una piramide con spigoli rettilinei, bensì una guglia con punta acutissima".[33]

Coglie bene la natura della scoperta paretiana M. Buchanan: "Si pensi al fatto che in tutti i paesi esistono pochissimi ricchi e molti poveri. Si può pensare che le percentuali cambino da un luogo all'altro, dato che ciascuna nazione ha i suoi prodotti e le sue abilità specifici, e dato che alcune vivono di agricoltura, altre di industria pesante e altre ancora di alta tecnologia; poiché il mondo ospita tante culture e storie diverse, sarebbe lecito aspettarsi che l'accumulo di ricchezze non seguisse un modello unico. Invece, Vilfredo Pareto [...] scoprì che il modello

33 "Previsione dei fenomeni sociali", in *Rivista d'Italia*, 15 aprile 1922, ora in *Scritti sociologici*, pp. 1116-1117. "La legge di Pareto, in notazione algebrica, è: $P(u) = (u/m)^{-\alpha}$ dove $P(u)$ indica la percentuale di persone con un livello di reddito superiore a u. Per illustrarla [Mandelbrot fa un esempio]: quale percentuale della forza lavoro ha un reddito almeno dieci volte superiore al reddito minimo negli Stati Uniti (10712 dollari all'anno)? Essendo u uguale a dieci volte il reddito minimo, m, il rapporto u/m è uguale a 10. Poi si deve elevare tale rapporto a una potenza particolare – l''esponente' di questa legge di potenza – indicata da $-\alpha$, che Pareto stimava uguale a -3/2. Elevare un numero alla potenza negativa di 3/2 significa elevarlo al cubo, prenderne la radice quadrata e poi prenderne il reciproco, vale a dire dividere 1 per il risultato ottenuto, quindi $10^{-3/2} = 1/\sqrt{10^3} = 1/(1000) = 1/31{,}6 = 0{,}032$, ovvero il 3,2 per cento. In base alla formula di Pareto, quindi, la risposta dovrebbe essere: il 3,2 per cento di chi ha un reddito superiore al minimo si porta a casa 107120 dollari all'anno." (B. B. Mandelbrot, *Il disordine dei mercati*, op. cit., p. 166).

era unico; che la distribuzione della ricchezza era altrettanto universale delle leggi della chimica o della termodinamica":[34]

> In tutti i paesi, compresa la Russia, ora fatta beata dal divino proletariato, governa una piccola minoranza, talvolta bene, talvolta alla meglio, tali altre volte male, malissimo.[35] Conviene aggiungere due caratteri. Il primo è che la forma della guglia è forma di equilibrio stabile, che tende a ricostituirsi subito dopo che è stato turbato.

---

34 M. Buchanan, *Nexus. Perché la natura, la società, l'economia, la comunicazione funzionano allo stesso modo*, Mondadori, Milano, 2003, p. 228. Medesimo il commetto del matematico Morris Kline: "Esiste una legge universale della distribuzione dei redditi e, se esiste, è espressa dalla formula di Pareto? [...] Possiamo credere che i fattori principali che incidono sui redditi operino press'a poco nello stesso modo in tutte le società e in tutti i tempi. La probabilità che sia così è, *a priori*, almeno tanto grande quanto la probabilità che i pianeti seguano traiettorie immutabili da un anno all'altro." (*La matematica nella cultura occidentale*, op. cit., p. 329). Mandelbrot nota giustamente che "la maggior parte degli economisti [io direi la quasi totalità] passava [e passa ancora] sotto silenzio lo sgradevole tema della curva del reddito". E aggiunge: "Per me, che mi accostai all'economia solo quando avevo più di trent'anni, la legge di Pareto era una meraviglia." (B. B. Mandelbrot, *Il disordine dei mercati*, op. cit., p. 150). Nel descrivere la curva, Mandelbrot fa alcuni commenti che ci sembrano quantomeno fuorvianti, quando ritiene che secondo Pareto: "non c'è progresso nella storia umana. La democrazia è una frode. La natura dell'uomo è primitiva, guidata dalle emozioni e ostinata. I più intelligenti, abili, forti e scaltri fanno la parte del leone. I deboli soffrono la fame, affinché la società non degeneri." (ibid. p. 149). La posizione paretiana crediamo di averla esplicitata in questo capitolo e in tutto il corso del libro. Qui diciamo almeno che la seconda parte dell'ultima proposizione ci sembra alquanto singolare. Poi Mandelbrot dice ancora che a causa di simili posizioni la reputazione di Pareto venne incenerita e alla morte, nel 1923, fu "beatificato dai fascisti e demonizzato dai repubblicani" (ibid.). Come si sa, non venne per nulla incenerito (ne è testimone l'imponente l'epistolario) e se fu beatificato dai fascisti, fu anche magnificato dagli americani antifascisti di Harvard, non solo in quanto economista, ma soprattutto in quanto sociologo, come facciamo vedere in altre parti di questo volume.

35 A questo punto Pareto cita una osservazione, giudicandola ottima, di Giustino Fortunato: "Ed è proprio de' paesi poveri e deboli come il nostro Stato, dove la grande maggioranza della popolazione sia costretta, oltre al lavorare per sé, a fare del suo meglio per sostentare una piccola minoranza parassitaria, la quale dice di servirla, ma, nel fatto, non mira se non a costituire la classe dominante e privilegiata"; e aggiunge il commento: "Per altro ciò è vero, in varie proporzioni, per ogni paese e per ogni tempo."

Bastava questa considerazione per prevedere che, in Russia, il bolscevismo avrebbe messo capo ad una distribuzione delle entrate simile a quella che si aveva sotto l'Impero; tutte sono scemate, ma in proporzioni non molto diverse. Il secondo carattere è che in quella guglia vi è un movimento continuo che mescola i vari strati, e di cui un caso particolare è quello della circolazione delle parti scelte (*élites*). A lungo andare, le classi superiori facilmente si depauperano degli elementi energici, con sentimenti analoghi ai religiosi, e che esse sono reintegrate dal salire delle classi inferiori.[36]

La quantità media di ricchezza pro capite è un criterio importante per conoscere lo stato sociale di un paese. In generale, infatti, dove questa quantità è elevata, si osservano ordinamenti democratici, leggi ed istituzioni favorevoli alla parte meno agiata della popolazione; al contrario, dove questa è bassa, mancano ordinamenti democratici, mentre le leggi e le istituzioni sono poco o per nulla attente alla parte meno agiata della popolazione. Ciò vale in generale, poiché per imitazione certi paesi possono acquisire ordinamenti che non avrebbero avuto spontaneamente, o all'interno di uno stesso paese certe regioni possono influenzare con le proprie istituzioni altre regioni (ad esempio, regioni industriali ed agricole): "non è il caso che nell'antica Grecia ha fatto fiorire in Atene gli ordinamenti democratici; che li ha fatti rifiorire nelle repubbliche italiane del Medio Evo, nelle città libere tedesche, nella Provenza, e in generale, dove cresceva la ricchezza ed il capitale. La guerra che ebbero a sostenere gli Albigesi[37] aveva forma religiosa, ma

---

36 "Previsione dei fenomeni sociali", in *Rivista d'Italia*, 15 aprile 1922, ora in op. cit., pp. 1116-1117.

37 Anche la guerra di Filippo IV il Bello (1268-1314), re di Francia dal 1285, contro i Templari (che prima aveva difeso e assecondato) era dovuta a cause economiche. I Templari non erano solo monaci guerrieri, erano anche proprietari terrieri, coltivavano estesi territori, soprattutto in Francia ed eseguivano ampie bonifiche e dissodamenti di terre prima infruttifere, dando lavoro a molte persone e divenendo una delle più grandi organizzazioni finanziarie del Medioevo. Nella sola Francia i Templari possedevano circa due milioni di ettari di terreni ed erano esenti da tasse e decime. Con il 13 Ottobre 1307 iniziò la distruzione dell'ordine, connivente il Papa Clemente V debole e asservito, che si concluse non solo con la scampata bancarotta, ma addirittura con l'arricchimento di Filippo, che si era impadronito completa-

in sostanza era economica e sociale. Cresceva la ricchezza nel mezzodì della Francia, e quindi vi fiorivano ordinamenti democratici, che furono poi spenti dalla crociata degli uomini del settentrione; i quali venivano da regioni povere, e dove quindi era in pieno vigore il reggimento feudale. Moltissimi altri fatti storici sono in armonia con questa teoria, e da essa sono bene spiegati."[38]

L'esponente α paretiano e le sue implicazioni

La ragione di quanto detto sopra si può facilmente intendere se consideriamo quanto dice Pareto, allorché ricorda che "l'incivilimento e la prosperità di un paese stanno in relazione con la quantità di capitali [...]. Dove la ricchezza è scarsa, è necessario, sotto pena di decadenza del paese, che sia severamente protetta; dove è abbondante, è meno preziosa, e si può non solo usare, ma anche sprecare, per giovare alla parte meno agiata della popolazione".[39] Si tratta cioè delle questioni della espropriazione e distribuzione. Immaginiamo, data una certa curva di distribuzione dei redditi, di espropriare tutte le persone con un reddito superiore ad un certo limite. Ciò dovrebbe modificare la distribuzione dei redditi per un lungo periodo, in realtà un altro effetto tenderà a ristabilire molto rapidamente l'equilibrio turbato. Con i loro

mente di tutti i beni mobili e immobili e di tutto il denaro custodito nelle banche del Tempio.

38 E continua Pareto: "Le guerre distruggono largamente la ricchezza; e perciò sono contrarie agli ordinamenti democratici, togliendo le condizioni necessarie all'esistenza di questi. Di maggior danno poi delle guerre all'estero sono le guerre civili, perché maggiore quantità di ricchezza sperperano, distruggono, Gli incendi e saccheggi di opifici, gli scioperi avventati, i disordini di ogni genere, tutto ciò che colpisce la produzione e che fa malsicuro il commercio, sono cagioni di distruzione di ricchezza, e quindi hanno per conseguenza di mutare gli ordinamenti delle democrazie che tollerano quei fatti. Tali induzioni hanno larga conferma dalla storia del passato; ed è probabile che non meno larga conferma riceveranno dalla storia del futuro." ("Ricchezza e democrazia", in *Pro Pace. Almanacco illustrato popolare*, 1906; ora in *Scritti sociologici*, pp. 277-278).

39 Ibid., p. 277.

redditi le classi ricche conservano e aumentano il capitale mobiliare, poiché soprattutto questi redditi costituiscono la parte del capitale mobiliare che viene investito (Pareto riconosce che Marx aveva visto bene quando affermava che il capitalista è un agente fanatico dell'accumulazione) e che apre nuove vie alla produzione. Se essi vengono a mancare, senza essere sostituiti dai redditi di un capitale collettivo, il totale del capitale mobiliare diminuirà, le proporzioni tra i vari tipi di capitali cambieranno e la produzione calerà; a maggior ragione, dal momento che la parte del capitale mobiliare soppressa è proprio quella più produttiva.

La diminuzione della produzione avrà come conseguenza una riduzione generale dei redditi, determinando una curva della distribuzione dei redditi molto simile a quella di partenza, con l'unica differenza che tutti i redditi saranno livellati verso il basso. Quindi, se il capitale distrutto nella forma privata non è immediatamente ricostituito nella forma collettiva, o non è altrettanto produttivo, la somma dei beni di cui gode la popolazione diminuisce.[40]

Pareto nota come ai suoi tempi la distruzione dei capitali privati, ad opera dal socialismo di Stato, fosse compensata dall'aumento della produzione risultante dai progressi della tecnologia e dell'organizzazione economica. L'aumento della produttività era stato più rapido della distruzione dei prodotti da parte dello Stato, permettendo così al risparmio di ricostituire i capitali perduti. Non c'è alcuna prova, tuttavia, che questo possa succedere sempre.[41] Ne è stato un esempio

40 *Sistemi*, pp. 252-253.

41 Ibid., p. 253. Proprio perché non ci fu questa compensazione, la decadenza colpì Atene e l'impero romano. La decadenza dell'impero romano offre a Pareto notevoli spunti di riflessione. Il cristianesimo, la perdita della libertà e l'avvento di un governo assoluto, che assunse sempre più la forma di dispotismo orientale, furono causa, e nel contempo effetto, dell'indebolimento e della 'mollezza' dei caratteri. Sparirono così le 'qualità virili' ed energiche che avevano fatto grande l'antica aristocrazia romana. Parallelamente alla scomparsa delle élite, che non venivano sostituite da altre di pari valore, si verificava la distruzione su larga scala dei capitali mobiliari. Tra i due fatti c'è un rapporto di mutua dipendenza: se il socialismo di Stato non avesse rovinato le élite nascenti, queste sarebbero diventate abbastanza forti da rimuovere le barriere che si opponevano loro; se queste barriere non fosse-

l'URSS e il suo grandioso tentativo, non paragonabile tuttavia a quello di Roma antica. Questi fenomeni – osserva Pareto – si verificano sotto tutti i regimi: "Il regime politico gli dà solo una forma, ma il loro verificarsi dipende da cause ben più profonde, che devono essere nella natura umana e nell'organizzazione sociale."[42]

L'agricoltura è un genere di produzione che ben si adatta alla forma collettiva, dal momento che la mancanza di iniziativa, tipica dei sistemi di produzione collettiva, non è particolarmente dannosa quando riguarda la coltivazione della terra. Questo è dovuto al fatto che la coltura del suolo è rimasta invariata per secoli – a parte quelle aree che hanno goduto di una relativamente recente applicazione di metodi scientifici – prestandosi così ad essere, senza troppi problemi, familiare, o anche apertamente collettiva. Ciononostante, tutti i tentativi per estendere artificialmente questo tipo di organizzazione sono falliti. Molti hanno proposto di dare ai disoccupati le terre non coltivate, ma quest'idea non tiene conto, innanzitutto, che il mestiere del contadino non è così facile come sembra e, poi, che per produrre non bastano terra e lavoro, ma

---

ro esistite, le élite nascenti avrebbero finito per impedire lo sperpero della ricchezza. Verso la fine dell'impero romano, la scarsità dei capitali mobiliari divenne estrema; la viltà degli imperatori acquistava la pace dai barbari con le ultime risorse delle province; la rovina economica preparò quella politica e militare. Così finì – dice Pareto – una delle più grandiose esperienze che siano state tentate dal socialismo di Stato.

42 Ibid., p. 257. Ricordiamo il giudizio di A. J. Schumpeter: "[...] la legge ha superato abbastanza bene la prova del fuoco, come lo dimostra il fatto che ancor oggi è usata qualche volta da statistici competenti. [...] Ben pochi economisti, forse nessuno, sembra che si siano resi conto della possibilità che queste invarianti restino nella nostra scienza anche in avvenire. Da questo punto di vista la legge di Pareto apre letteralmente una nuova strada [...]." In una nota specificava: "non sembra che qualcuno si sia reso conto che la ricerca e l'interpretazione di invarianti di questo genere potrebbe porre le basi di un tipo completamente nuovo di teoria." ("Vilfredo Pareto", *Quarterly Journal of Economics*, vol. LXIII, n. 2, maggio 1949; ora in *Epoche di storia delle dottrine e dei metodi; Dieci grandi economisti*, Utet, Torino, 1971, pp. 281-310).

servono capitali mobiliari; tanto maggiori quanto più è sviluppata l'agricoltura.[43]

Benessere dell'individuo e della specie

E siamo al problema della scelta degli uomini. Un esempio permette a Pareto di fare un'interessante osservazione: nelle Reducciones de Indios gesuitiche (dal 1607 stanziamenti collettivi senza proprietà privata), presso i Guarany questo regime teocratico evitava uno dei principali scogli dei regimi socialisti, ovvero la scelta degli uomini. Uomini con maggiori capacità, quantomeno organizzative, si erano imposti ad uomini con minori capacità, i quali non dovevano fare altro che lasciarsi dirigere. Non mancarono di suscitare l'ammirazione per l'ordine instaurato, la prosperità portata alla popolazione indigena, l'eccellente funzionamento e il relativo rendimento economico delle aziende, ma pare che gli indigeni non fossero sempre entusiasti e, quando potevano, scappavano per l'intollerabilità, secondo il loro standard, del lavoro cui erano sottoposti.[44] La questione riguarda più in generale il benessere dell'individuo e il benessere della specie. I fatti

---

43 Ibid., pp. 267-278. Pareto ricorda l'esempio della Nuova Zelanda, dove erano state istituite delle comunità agricole con risultati deplorevoli. Supponendo di estendere l'esperienza neozelandese su larga scala e poi di abbandonarla a se stessa, dopo un po' di tempo vi sarebbero ricchi e poveri, persone previdenti e attive che hanno accumulato beni, e imprevidenti e pigre che traggono vantaggio dal mettersi a servizio delle prime; salvo invidiarle e cercarne la spoliazione con provvedimenti politici. In queste comunità è difficile che regni l'uguaglianza e spesso sono proprio i meno meritevoli ad occupare le posizioni prevalenti. Tra gli altri menziona ancora l'esempio delle *Reducciones* dei gesuiti in Paraguay, dove venivano accolti gli indiani perseguitati alle cui famiglie veniva assegnata una casa e un pezzo di terra da coltivare. I gesuiti fornivano la semenza e ritiravano una quantità equivalente di grano al tempo del raccolto, dal momento che gli indiani non erano abbastanza previdenti per conservare il grano dal tempo del raccolto a quello della semina. I gesuiti non potevano neanche lasciar loro le bestie, perché c'era il rischio che le mangiassero. Come finì, si sa: i religiosi vennero espulsi dal Paraguay e gli indiani furono saccheggiati e massacrati.

44 Ibid., pp. 280-281.

provano che il regime delle Missioni era favorevole ai Guarany in quanto popolo, cosicché, se si giudica dal punto di vista della loro felicità e non di quella immediata del singolo, è difficile negare i benefici di queste organizzazioni.[45] Comunque, quando i Gesuiti furono cacciati con la forza (1767) e le Missioni sciolte, non rimase traccia significativa di quell'organizzazione.

I due punti di vista, cioè quello del benessere dell'individuo e quello del benessere della specie, si ritrovano in tutte le questioni della scienza sociale e appaiono il più delle volte distinti e irriducibili.[46] Un esempio lo possiamo trovare nelle vicende del kibbutz israeliano, oggi in crisi irreversibile, anche come simbolo delle aspirazioni originarie dello stato ebraico. L'economia israeliana, consolidatasi nel 1948 con la nascita dello stato ebraico, ma già operante fin dagli anni '20 con la costituzione dei kibbutz[47] sul modello socialista, negli ultimi trent'anni si è indirizzata verso il completo libero mercato. L'economia del kibbutz è stata sconfitta, per così dire, da quella del capitale quando lo stato ha rinunciato a ripianare i bilanci sempre in perdita.[48] Ma il problema più serio, oltre a quello economico, è che i giovani non vogliono più saperne di vivere in simili collettività, pagati tutti in modo uguale secondo la formula ottocentesca del *Manifesto* di Marx ed Engels 'ciascuno deve dare secondo le proprie capacità e ricevere secondo le proprie necessità' e si procurano un lavoro all'esterno del kibbutz. Perdendo la manodopera interna, i dirigenti del kibbutz sono costretti a cercare all'esterno lavoratori giornalieri, specie nella stagione del rac-

45 "Questo ideale avvicina il Gesuitismo all'utopia della polis platonica, ma anche a quella che chiamai l'eutopia realistica del Campanella. A tutte è comune l'assoggettamento della terra al cielo. [...] Nelle Reducciones, che sono il modello più stretto dell'ideale gesuitico, l'organizzazione temporale è ordinata rigorosamente al fine celeste." (R. Amerio, *Iota Unum. Studio delle variazioni della Chiesa cattolica nel secolo XX*, Ricciardi, Napoli, 1985, pp. 430-431).

46 *Sistemi*, p. 282.

47 Il primo kibbutz è del 1909 sorto a Deganya sul Lago di Tiberiade. Ma la prima colonia agricola, insediata a nord di Giaffa, è del 1870.

48 Un certo numero di kibbutz sono via via falliti. Altri si vanno privatizzando, distribuendo terreni e proprietà ai soci. Sui giornali compaiono persino proposte di vendita o affitto delle villette dei kibbutz privatizzati, da trasformare in seconda casa.

colto. Così le motivazioni originarie vanno un po' alla volta perdendosi. Dopo che nonni e padri hanno reso florido il deserto, i figli hanno deciso che è meglio vivere altrove.[49] Inoltre, i giovani non vogliono più vestire tutti uguali (come se portassero un'uniforme dicono; ma non sanno cosa li aspetta: altro abbigliamento uniforme, con l'illusione tipica dei giovani occidentali di essere liberi nella scelta) e già da qualche anno è stata abolita la regola secondo cui i bambini dovevano vivere e crescere in comune, lontani quanto più possibile dai genitori. All'origine, in accordo con l'ideologia, si tendeva a plasmare un 'uomo nuovo', come si diceva e perciò si riteneva che la vicinanza di un padre e una madre fossero d'ostacolo. Si possono aggiungere i risultati interessanti delle ricerche di L. Tiger e J. Shepher e di E. M. Spiro,[50] a proposito della diversificazione dei ruoli sessuali nel kibbutz. Il kibbutz rappresenta un esperimento sociale in grande stile, nel quale, fra l'altro, si è cercato di realizzare il femminismo utopico del primo socialismo, che tuttavia dopo appena una generazione è finito in un rigetto con la rivalutazione del ruolo tradizionale della donna: in un certo senso una vittoria del biologico-culturale sulla ideologia.

La selezione

Il tema della selezione – che andrà poi a confluire nella sua forma teoretica astratta nella prima classe dei residui l'istinto delle combinazioni, o secondo la più generica espressione sociologica corrente, mutamento – già introdotto nel *Cours*, è particolarmente sviluppato nei *Systèmes* dove si osserva (cap. X) che due sono i problemi fondamen-

---

49 È bene dire, comunque, che il kibbutz israeliano non è passato attraverso il disastro economico che ha colpito il suo equivalente nell'URSS, il 'kolkhoz', dal momento che costituisce ancora una quota consistente dell'economia israeliana. Ai 269 kibbutz, dove vivono e lavorano oltre 120 mila persone, sono affidati circa il 40% delle terre coltivabili, oltre il 20% dei frutteti, il 40% degli allevamenti bovini, il 40% della produzione di pollame.

50 L. Tiger, J. Shepher, *Women in Kibbutz*, Harcourt, New York, 1975; R. Spiro, *Gender and Culture: Kibbutz Women Revisited*, Duke University Press, Durham, 1979.

tali per la società e, quindi, per la teoria sociologica generale: "la selezione degli uomini e la distribuzione delle ricchezze."[51] La scelta degli uomini consiste nel cercare di mettere ciascun individuo al posto più adatto o più confacente nella gerarchia sociale. Tuttavia, ci sono delle persone per le quali è difficile trovare un posto adatto, o che possono essere dannose per la società e anche per la specie. Questo fatto si nota per tutti gli esseri viventi ed è grazie alla selezione che tali individui sono messi in condizione di non nuocere e la specie si conserva.

In ogni società agiscono due principi:[52] quello della *difesa sociale* e quello dell'*assistenza*. Per il primo, la società si difende contro gli elementi che tendono a indebolirla o a mettere in pericolo la sua esistenza: operano, in questo caso, sentimenti che si dicono di 'giustizia'. Per il secondo, gli individui si prestano mutua assistenza, venendo in soccorso di quanti hanno bisogno o sono in pericolo: i sentimenti sono qui di 'pietà' o di 'umanità'.[53] Se uno di questi principi fosse spinto all'estremo e l'altro non agisse, la società non potrebbe sussistere, c'insegna Pareto. Dunque, in questo caso – come in tanti altri – il problema del massimo dell'utilità sociale è un problema di quantità e non di qualità.[54] Detto in forma più astratta: "complessità vuol dire necessità di selezione, necessità di selezione significa contingenza, contingenza significa rischio."[55] Ovvero un insieme relazionale di elementi costi-

---

51 G. Vailati sembra apprezzare particolarmente questo decimo capitolo che al contrario di altri – secondo lui – era immune dall'"influenza dei sentimenti" (*Epistolario 1891-1909*, op. cit., pp. 211-212). Le immediate e sintetiche considerazioni di Vailati nella lettera a G. Vacca del 7 novembre 1902 si possono considerare riassuntive delle critiche di cui l'opera è stata oggetto dalla sua comparsa fino ai giorni nostri.

52 In seguito sistematizzati nella teoria dei residui.

53 Aveva già osservato: "[...] stimiamo sia utile far vedere ove sbocchi la via, che, iniziata con i monopoli di Stato, proseguita con i sindacati obbligatori, l'assicurazione obbligatoria, l'organizzazione collettiva della produzione e la costituzione di uno Stato-Provvidenza, adduce alla distruzione di ogni iniziativa individuale, all'annien-tamento di ogni dignità umana e riduce gli uomini al livello d'un gregge di montoni." (*Cours*, § 998).

54 *Sistemi*, p. 541.

55 N. Luhmann, *Sistemi sociali. Fondamenti di una teoria generale*, Il Mulino, Bologna, 1990, p. 95.

tuisce un sistema contraddistinto da regole di inclusione-esclusione e per la definizione di complessità tale sistema richiede relazioni selettive, limitazioni intrinseche della capacità di collegamento tra le parti, restrizioni formali. Dunque un sistema si struttura solo per mezzo della selezione di un ordine.

Per difendersi dall'azione degli individui non adatti alle condizioni di vita della società, esistono tre tipi di misure che essa può mettere in atto (che sarebbero poi 'confini in quanto conquista evolutiva' nel linguaggio luhmanniano): può sopprimere gli elementi inadatti; può impedire loro di nuocere, sia incutendo il timore delle conseguenze dei loro atti, sia togliendo loro la libertà di agire, in modo temporaneo o definitivo; può, infine, cercare di correggerli e modificare la loro natura. La selezione diretta, largamente praticata da allevatori e agricoltori, è impossibile nelle società umane, dato che certamente ne risulterebbero terribili abusi e, poi, perché orientamenti del genere sarebbero in contrasto con i sentimenti di altruismo e di pietà, che – Pareto non si stanca di ripetere – sono ugualmente indispensabili, perché la società sussista e prosperi. La selezione diretta è quindi sostituita dalla selezione indiretta, con vari mezzi, tutti peraltro imperfetti.

La selezione più importante, sia da un punto di vista quantitativo che qualitativo, è certamente quella che opera attraverso i *tassi di natalità e di mortalità*, grazie alla loro differenza tra le classi sociali.[56] Innanzitutto, è provato che soprattutto nell'infanzia, gli individui malformati e deboli hanno un tasso di mortalità più elevato (lo si vede chiaramente anche negli animali e nelle piante). Inoltre, nella razza[57] umana, sono

---

56 Qui Pareto pone le basi di quella che poi sarà chiamata la teoria del ricambio sociale – parte della più generale teoria della circolazione delle élite – perfezionata, dal punto di vista statistico, da Corrado Gini, già a cominciare dalle prime indagini *Il sesso dal punto di vista statistico (le leggi della produzione dei sessi)*, Palermo 1908; "Il diverso accrescimento delle classi sociali e la concentrazione della ricchezza", in *Giornale degli Economisti*, gennaio 1909.

57 Pareto usa ancora questa espressione ma sa bene che "gli aggregati umani, ai quali fino ad ora si dava il nome di razze, non hanno alcuno dei caratteri che caratterizzano le razze zoologiche". È d'accordo con Lapouge quando questi asserisce che "la nozione di razza è d'ordine zoologico, null'altro che zoologico". E aggiunge che quando si parla di razza latina, germanica, slava in realtà si deve intendere che

più esposti alla mortalità quegli individui che, non avendo sufficiente controllo su se stessi, conducono una vita sregolata. Certo, in alcuni casi, sono colpiti uomini perfettamente sani; ma, in genere, sono i più deboli a cedere. Allo stesso modo, le malattie colpiscono talvolta gli uomini robusti, ma più spesso esse non sono che il termine ultimo della degenerazione.

Dal punto di vista quantitativo questo tipo di selezione è tra le più efficaci, essendo ampiamente provato che riguarda un numero molto elevato di individui. È noto che le razze esposte a certe malattie finiscono per resistervi molto bene, proprio perché gli elementi più deboli vengono eliminati dalla selezione. Pareto fa l'esempio del colera: questa malattia, che nelle Indie era endemica, costituì un temibile flagello non appena apparve in Europa; successivamente perse molta della sua forza, in parte grazie ai progressi dell'igiene, ma soprattutto grazie alla selezione esercitata dalle prime epidemie.

Nessuno considera desiderabile il fatto che il tasso di mortalità sia più elevato per i bambini appartenenti a certe classi sociali, per cui sarebbe certamente auspicabile che un altro genere di selezione meno crudele potesse sostituirsi a quello esistente. Tuttavia – avverte Pareto – bisogna procedere con attenzione e conoscenza dei fatti, se non si vuole rischiare di accrescere il male che si vuole attenuare. Fa riferimento a ricerche condotte nelle grandi città,[58] le quali dimostrano come i tassi di natalità e di mortalità siano sempre inferiori per le classi ricche ed elabora un esempio numerico,[59] dal quale si evince che gli elevati tassi di natalità e mortalità delle classi inferiori fanno sì che l'élite

---

si tratta di *etnie*. È questo il significato preciso che si dà nell'opera (*Cours*, §§ 991-992). Non mancherà poi, su questi temi, di polemizzare qui e in altri scritti con C. Lombroso.

58 A questo punto Pareto fa delle osservazioni metodologiche: "Alcune circostanze tendono a falsare i risultati di queste ricerche: le persone ricche e ammalate vanno a curarsi in altre località considerate più sane, quindi capita che muoiano lontane dalla loro residenza abituale; un gran numero di bambini della classe ricca è mandato a balia in provincia, cosa che fa diminuire il numero dei morti registrati in città; inoltre, la presenza di domestici celibi e nel pieno delle forze altera le statistiche che prendono in considerazione i quartieri ricchi." (*Sistemi*, pp. 545-547).

59 Ibid., pp. 549 e ss.

cresca rispetto al totale della popolazione. Nella prima parte dell'esempio, la popolazione è stazionaria, con un tasso delle nascite uguale a quello delle morti. I tassi di nascita dell'élite e quelli delle altre classi hanno una proporzione fissa, mantenendo stabile il rapporto tra élite e resto della popolazione ad una certa quota. Ma, poi, alcuni membri delle classi inferiori entrano a far parte dell'élite e alcuni componenti dell'élite scendono nelle classi inferiori, e, dunque, i tassi di natalità e mortalità si diversificano per i due gruppi e sono entrambi inferiori per l'élite. Ma mentre questa ha una mortalità superiore alle nascite, il resto della popolazione registra più nati che morti (pur essendo la sua mortalità nettamente superiore a quella dell'élite). In questo caso, la proporzione tra élite e resto della popolazione aumenta di molto a favore della prima. Ciò dimostra con quale forza agisca la selezione risultante dai saggi elevati di natalità e mortalità delle classi inferiori. Proseguendo nell'esempio, Pareto dimostra come, se si abbassasse la mortalità della classe inferiore, il numero dei componenti dell'élite rispetto alla popolazione totale diminuirebbe e come questi calcoli rimangano validi, non solo nel caso la popolazione sia stazionaria, ma anche nel caso in cui essa cresca. Tali argomentazioni oggi sono ribadite quasi con il medesimo linguaggio: "La sottigliezza psicobiologica del prendere decisioni[60] è bene illustrata dal *continum r-K* delle strategie riproduttive. Quando le risorse sono limitate e instabili gli individui tendono a adottare una strategia *r*, preferendo avere molti bambini così da assicurarsi che almeno alcuni sopravvivano. Quando le risorse sono abbondanti e stabili, tendono invece verso una strategia *K*, con cui si intende che un numero inferiore di figli di 'alta qualità' vengono attentamente protetti e educati perché accedano a un livello socioeconomico superiore."[61]

60 Si veda il cap. VII sulla logica delle decisioni.

61 E. O. Wilson, *L'armonia meravigliosa. Dalla biologia alla religione, la nuova unità della conoscenza*, Mondadori, Milano, 2000, p. 236. L'autore specifica che il simbolo *r* si riferisce in demografia al tasso di aumento della popolazione, che con la strategia *r* aumenta; il simbolo *K* si riferisce alla capacità ricettiva fornita dall'ambiente, e dunque a quelle dimensioni, raggiunte le quali, la crescita della popolazione si arresta. E, ancora, il *continum r-K* è sovrastato dalla tendenza gene-

Altri mezzi di selezione sono *le leggi penali, la guerra e la schiavitù*. Molti autori sottolineano come un tempo le leggi penali fossero molto più severe. Ma per giudicare l'efficacia di queste antiche legislazioni bisognerebbe conoscere la proporzione degli individui interessati rispetto al totale della popolazione, proporzione che probabilmente non è mai stata molto grande – ricorda Pareto – e, di conseguenza, l'effetto della selezione non deve essere stato molto importante. Inoltre – essendo imperfette, come tutti i meccanismi di selezione – colpivano anche elementi di 'qualità superiore', anche se è ipotizzabile che questi fossero in numero minore rispetto a quelli di 'qualità inferiore'. Effetti di maggior portata hanno avuto la guerra e, nel mondo antico, la schiavitù e gli affrancamenti.

La legislazione penale ha lo scopo di impedire agli elementi non adattati di nuocere. Tra tutti i meccanismi sociali – osserva Pareto – questo è uno dei più imperfetti, probabilmente perché il legislatore ha concentrato la sua attenzione più sul delitto che sul delinquente. Il problema è che gli individui completamente disadattati all'ambiente sociale non hanno la previdenza necessaria per temere le conseguenze dei loro atti, penali o di altro tipo. Se non si può ridurli all'impotenza, in astratto l'unico modo per fermarli e eliminarli; ma questo mezzo, come è evidente, è impraticabile. È per questo motivo che con alla testa i riformatori si privilegia il terzo sistema di difesa della società, cioè il miglioramento, ove possibile, degli elementi disadattati.

Nonostante ogni speranza in questo senso sia stata regolarmente delusa, i riformatori (di ogni orientamento e in ogni epoca) sperano sempre di trovare la soluzione che renderà gli uomini buoni e onesti.[62] In altri termini non considerano il mondo reale qual è, ma si figurano un mondo immaginario, quale i loro sentimenti desiderano. Si preferisce

---

rale dei maschi socialmente influenti ad acquisire più donne in età riproduttiva, aumentando così il proprio lascito darwiniano.

62 Gli *umanitari*, sottolinea Pareto (*Manuale*, VII, § 99), possono ben chiudere gli occhi e ignorare questa verità, ma ciò non cambia i fatti. In ogni raggruppamento compaiono elementi inadatti che saranno sottoposti a selezione. I dispiaceri della selezione servono al mantenimento e al perfezionamento del gruppo. Questo è uno dei tanti casi in cui il bene dell'individuo è in contrasto con il bene della specie.

dare le colpe di tutti i mali alla mancanza di istruzione, all'alcoolismo, alla diseguale distribuzione delle risorse e ad altre cause ancora, piuttosto che ammettere che gli individui non nascono uguali, che hanno caratteri diversi e che non tutti si adattano all'ambiente in cui vivono. Pareto fa notare come ai suoi tempi, i sentimenti di 'giustizia' stessero perdendo sempre più terreno a favore di quelli di 'pietà'. A questo riguardo cita opportunamente una considerazione di Enrico Ferri: "I discepoli di Beccaria, con lo studio del delitto in se stesso, come entità giuridica, staccata dal mondo reale, che ne alimenta le radici più profonde, sono arrivati ad una pericolosa sentimentalità per i malfattori nata dalla deplorevole confusione fra le cause che spiegano il delitto, come fenomeno psicologico e sociale, e quelle che lo giustificano o lo *scusano*. In modo che i criminali più pericolosi sono i meno severamente puniti, perché per essi è sempre evidente qualche forte impulso a commettere il delitto; mentre per i delinquenti occasionali e meno pericolosi, l'evidenza minore degli impulsi toglie il beneficio ben più opportuno delle attenuanti."[63]

In realtà, dice Pareto – e non possiamo non essere d'accordo – il sentimentalismo di cui parla Ferri non ha come causa esclusiva un ragionamento fatto su 'il delitto in se stesso'; ma è solo un caso particolare del sentimentalismo delle *élite* in decadenza: ed è evidente allorché tutti i riformatori si rivolgono con tenacia al terzo mezzo di preservazione sociale, cioè al miglioramento di quegli individui non all'altezza dei compiti da svolgere. I riformatori, i 'progressisti' "sperano costantemente di trovare la panacea universale, che renderà tutti gli uomini buoni, onesti, morali. Al principio del secolo XIX, i nostri filantropi si erano entusiasmati per l'istruzione primaria. 'Aprite una scuola – essi ripetevano su tutti i toni – e chiuderete una prigione'.[64] Essi davano anche una vernice scientifica alla loro dottrina: osservavano che, fra i delinquenti, gli illetterati erano in maggioranza, senza riflettere ch'era difficile fosse altrimenti, dato che la grande massa della popolazione

63 E. Ferri, *La sociologia criminale*, 1893, p. 5, cit. in *Sistemi*, pp. 552-554.

64 Come si può vedere oggi, le scuole sono state aperte, l'obbligo scolastico è stato sempre più esteso, ma di prigioni non ne sono state chiuse; anzi, ne sono state aperte e se ne aprono di nuove e continuano ad essere sempre più affollate.

era composta di illetterati. In un paese in cui quasi tutti sono biondi, la maggioranza dei delinquenti sarà composta d'uomini biondi. Ma da questo fatto non si può trarre alcuna conclusione, a proposito di un rapporto fra il colore dei capelli e la criminalità".[65] Sul fatto poi della presenza o assenza di sentimenti umanitari, è importante ricordare l'osservazione che Pareto ripete sempre:

> Per il fatto che l'esagerazione dei sentimenti umanitari può essere nociva alla società, bisogna ben guardarsi dal concludere che la loro assenza sarebbe utile; essa potrebbe essere ancor più nociva della loro esagerazione.[66]

La distribuzione

La distribuzione delle ricchezze avviene, in certi casi, in modi tanto imperfetti quanto la selezione degli uomini:[67] ne è un esempio l'eredità. È difficile sostenere che questo modo di ripartizione attribuisca la ricchezza esclusivamente a chi ne fa l'uso migliore. Molti figli dissipano le ricchezze dei padri, in tal modo rimettendole in circolazione; ma un sistema che, per funzionare correttamente, ha bisogno di distruggere la ricchezza, è certamente imperfetto. A favore di questo sistema di distribuzione (così come di molti altri presenti nelle nostre società) si può dire che esso non è tra i peggiori fino ad oggi sperimentati. Dunque, chi propone nuovi sistemi di distribuzione (nel corso degli ultimi cento anni ne sono arrivati tanti e in alcuni casi la loro azione è stata incontenibile e nefasta per milioni di persone) deve essere in grado di provare che il proprio sistema è migliore di quello in atto.

Secondo Pareto i riformatori dovrebbero attenersi ad alcuni importanti criteri: le proposte devono essere chiare, intelligibili e precise. Devono provare che il nuovo modo di distribuzione può conciliarsi con i caratteri degli uomini e, dato che dovrà essere imposto e mantenuto da forze interne alla società, bisogna dimostrare l'esistenza di tali for-

---

65 *Sistemi*, p. 552.
66 Ibid., p. 554.
67 Ibid., pp. 561-562.

ze. Dal momento che queste agiscono per mezzo di un meccanismo chiamato governo e che certe forme di distribuzione corrispondono a determinate forme di governo, è necessario provare che la forma di governo di cui si ha bisogno è possibile. Inoltre, devono dimostrare che il nuovo sistema di distribuzione assicurerà la felicità degli uomini, senza dimenticare che questa è una cosa essenzialmente soggettiva. Poiché distribuzione e produzione sono strettamente correlate, bisogna considerare che i cambiamenti dell'una si ripercuoteranno sull'altra. Se un mutamento della distribuzione non porta che un mutamento insignificante della produzione, si può trascurarlo. Può darsi che una distribuzione, già buona in sé, aumenti ancora la produzione e, in tal caso, il benessere aumenterà. Ma se – come è più frequente – la nuova distribuzione farà diminuire la produzione, allora è indispensabile esaminare se vi è, o non vi è, compensazione: una piccola diminuzione del benessere, derivante da una diminuzione della produzione, può essere più che compensata da un aumento del benessere, risultante da una migliore distribuzione. Infine, chi crede all'esistenza di certi principi di giustizia e di equità, indipendenti dall'organizzazione sociale, deve provare che la distribuzione proposta risponde a quei principi. Chi, invece, crede che questi principi siano strettamente dipendenti dall'organizzazione sociale, sarà dispensato da tale dimostrazione; ma dovrà, in compenso, occuparsi di un altro problema: la nuova distribuzione potrebbe modificare i principi di giustizia e di equità accettati in quella società, con ripercussioni, in generale, sulla felicità degli uomini e probabilmente anche sulla produzione. Bisognerà, dunque, esaminare se questi effetti saranno in grado di bilanciare quelli della nuova distribuzione, reputata migliore.[68] La storia degli ultimi cent'anni si è incaricata di dare molte risposte a tali quesiti.

Pareto – come abbiamo visto – distingue due categorie di formule di distribuzione: quelle intelligibili, chiare, precise e quelle che non posseggono tali requisiti: le prime si rivolgono alla ragione, le seconde al sentimento. Le formule che utilizzano termini come 'bisogno', 'merito', 'lavoro' sono le più vaghe e nebulose. La maggiore difficoltà con-

---

68 Ibid., pp. 563-565.

siste infatti nel dare una definizione accurata e rigorosa di questi termini e trovare riscontri pratici per le formule che li contengono.

Alcuni sistemi modificano indirettamente la distribuzione e tra questi la maggior parte rientra nella prima categoria ed è fondata sull'esperienza (ad esempio, il sistema della nazionalizzazione del suolo e quello della proprietà collettiva). Al contrario, i sistemi di distribuzione diretta fanno spesso parte di quelli vaghi e nebulosi e comprendono formule del tipo: a ciascuno una parte uguale; oppure, a ciascuno secondo i suoi bisogni; o, ancora, a ciascuno secondo il suo lavoro e molte altre ancora. Qualcosa di queste formule semplicistiche rimane in fondo a tutti i sistemi socialisti, i quali si basano tutti, più o meno, su quest'idea: dato che le ricchezze sono distribuite in modo disuguale – con alcuni che hanno troppo ed altri che hanno troppo poco – basterà prendere ai ricchi, che hanno troppo, per darlo ai poveri. Una posizione questa sempre viva e attuale, come possiamo notare ancora oggi. Tralasciando gli effetti decisamente negativi che avrebbe sulla produzione – osserva Pareto – non si considera il fatto, che la nuova distribuzione aumenterebbe molto poco la somma a disposizione dei poveri:

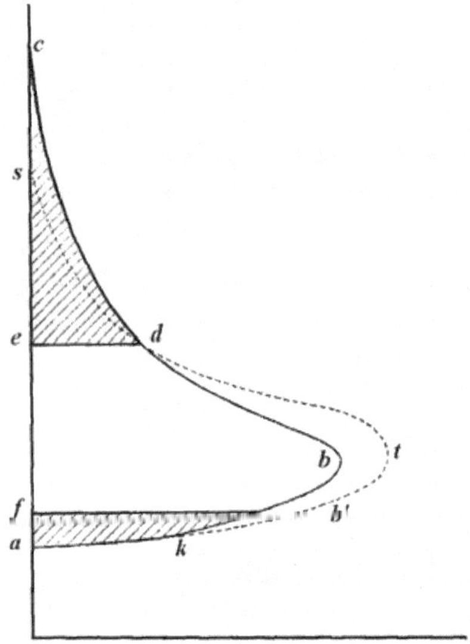

Fig. 24 Persistenza della curva asimmetrica di distribuzione

> Il movimento che porta alla differenziazione è tanto essenziale [...] che probabilmente continuerebbe a farsi sentire anche dopo l'avvento di un regime socialista a meno che la società ripiombasse nella barbarie. […] Per quanto attiene all'economia l'evoluzione, proseguendo, condurrebbe probabilmente dopo molte giravolte, ad una condizione di cose che non differirebbe per nulla, se non di nome,

da quella che conosciamo. Ne risulterebbe, in definitiva, una perdita considerevole di tempo e di ricchezza.[69]

Se, per esempio, si togliessero tutte le entrate ai cittadini più ricchi, tagliando così la parte *e d c* della curva delle entrate (fig. 24), questa non rimarrebbe con la forma *a b d e*; ma presto o tardi si ricostituirebbe secondo la forma *a t s*, simile alla primitiva. Allo stesso modo, se una carestia (o qualcos'altro di simile) togliesse lo strato inferiore *a k b f* della popolazione, la figura non rimarrebbe con la forma *f b' d c*, ma si ricostituirebbe con la forma *a t s*, simile alla primitiva.[70]

La forma della curva che indica la distribuzione della ricchezza è la risultante di tutte le forze che agiscono sulla società, cioè delle qualità e dei difetti degli uomini che la compongono e delle circostanze esterne, dell'ambiente in cui si trovano. Questa curva indica una posizione di equilibrio e, se si allontana la società da questa posizione, si pongono in opera delle forze automatiche che ve la riconducono.[71]

---

69 *Cours*, § 692. Nel *Manuale* si ribadisce: "I movimenti delle società umane non hanno luogo costantemente per un verso, ma sono generalmente oscillatori. I vantaggi della mutabilità, che è cagione di selezione, e i danni della stabilità, dipendono in gran parte dal fatto che le aristocrazie non durano. Inoltre, per cagione del sentimento di misoneismo che esiste nell'uomo, e della ripugnanza all'usare troppa attività, giova pure che i migliori siano stimolati dalla concorrenza di chi è meno capace di loro; onde persino la sola possibilità del mutamento giova. D'altra parte, la mutabilità spinta all'estremo è penosissima all'uomo, lo disgusta, lo avvilisce, e quindi ne riduce al minimo l'attività. Chi sta peggio di un altro, desidera naturalmente mutare condizione, ma, appena conseguito l'intento, desidera anche maggiormente di conservare ciò che ha acquistato e di rendere stabile la sua condizione." (VII, § 109).

70 *Manuale*, VII, § 31.

71 *Cours*, § 1008. Come commenta precisamente C. Bresciani-Turroni in un saggio raccomandato da Schumpeter: "Pareto's discovery is a positive contribution to the theory of the persistence of the social groups, which, in Lexis's conception, affords the basis for the explanation of the statistical regularities in human actions. Thanks to Pareto, another important field of social phenomena – besides those discovered by Graunt, Süssmilch, Quetelet, and Lexis – was shown to be dominated by statistical uniformities." ("Annual Survey of Statistical Data: Pareto's Law and the Index of Inequality of Incomes", in *Econometrica*, vol. 7, n. 2, april 1939, p. 133) Ma teniamo sempre presente che, come dice L. Amoroso, l'equazione di Pareto che scrive nella forma $N = A\,x^m$, dove N rappresenta il numero di persone che hanno un

Queste aspirazioni non muoiono mai, il socialismo di stato è sempre in agguato. Ecco un esempio tra i tanti. Un'associazione, nata su iniziativa di *Le Monde Diplomatique*, nel 1998, per 'la tassazione delle transazioni finanziarie per l'aiuto ai cittadini',[72] ha dato vita "a diverse iniziative di opposizione alla globalizzazione del capitale" quali, 'Alter Davos', 'Planet - Un mondo diverso è possibile', 'Genève 2000 - construire les voies d'un autre monde' e il Forum sociale mondiale di Porto Alegre.

Citiamo dal Programma: "Davanti all'aggravamento dell'incertezza economica e della disuguaglianza sociale presentata come ineluttabile [sic!], i cittadini si vedono privati del potere di decidere del proprio destino. Attac risponde all'esigenza crescente di arrestare tale processo ricercando nuovi strumenti di regolamentazione di controllo a livello nazionale, europeo e internazionale. A tale scopo, l'associazione agisce come movimento di educazione popolare orientato all'azione." E le azioni di questo movimento internazionale per il controllo democratico dei mercati finanziari e delle loro istituzioni hanno i seguenti scopi, come rileviamo dalla piattaforma adottata alla riunione internazionale di Parigi del 11 e 12 dicembre 1998: "ostacolare la speculazione internazionale, tassare le rendite da capitale; sanzionare i paradisi fiscali; impedire la generalizzazione dei fondi pensione; incoraggiare la trasparenza degli investimenti nei paesi dipendenti; stabilire un quadro legale per le operazioni finanziarie e bancarie, al fine di non penalizzare ulteriormente i consumatori e i cittadini (gli impiegati bancari potrebbero svolgere un ruolo fondamentale nel controllo di tali operazioni); appoggiare la rivendicazione dell'annullamento generale del debito pub-

---

reddito superiore a x, mentre A e m sono due costanti: la prima misura l'ammontare della ricchezza totale e la seconda la sua distribuzione. Il parametro m è quasi una costante e in questa invariabilità da paese a paese e da un'epoca all'altra che le ultime ricerche hanno confermato, approssimativamente, è il profondo significato della scoperta di Pareto. Dunque, "l'equazione non è una mera interpolazione statistica, ma uno strumento che ci permette di penetrare profondamente dentro il meccanismo della distribuzione della ricchezza" ("Vilfredo Pareto", in *Econometrica*, vol. 6, n. 1, January 1938, p. 3).

72 La sigla 'Attac' fa da contrappunto al programma: Disarmare i mercati, *Le monde diplomatique*, dicembre 1997.

blico dei paesi dipendenti e utilizzare le risorse così liberate a favore delle popolazioni e dello sviluppo sostenibile; un progetto che molti chiamano annullamento del 'debito sociale ed ecologico'." Più in generale si tratta – prosegue la piattaforma programmatica – di: "riconquistare gli spazi perduti dalla democrazia a favore della sfera finanziaria; opporsi a un'ulteriore rinuncia alla sovranità statale per il preteso 'diritto' degli investitori e del mercato; creare uno spazio democratico a livello globale." Insomma, "di riappropriarci insieme dell'avvenire del nostro mondo". Ecco un altro tra i tanti programmi socialisti che periodicamente vengono riproposti e, seppure privi di validità da un punto di vista scientifico-paretiano[73] (ovviamente non mancano economisti e sociologi che ritengono di dimostrare la validità di questi programmi), possono invece essere importanti da un punto di vista dell'utilità sociale, perché stimolano la circolazione delle élites o, quanto meno, spingono le élites più coraggiose ad opporsi a simili fantasticherie.

Eterogeneità e massimo di benessere

Altri esempi si possono trovare nel movimento della decolonizzazione, per cui oggi possiamo dire, alla luce delle esperienze degli ultimi quarant'anni, paradossalmente che il colonialismo sarebbe dovuto durare ancora e che troppo in fretta è stato liquidato. La lista dei disastri africani è interminabile[74] e le statistiche della Banca mondiale sui tassi di

---

73 Del resto gli stessi Marx ed Engels, sia anche da un punto di vista diverso, schernivano tali progetti, come leggiamo nel *Manifesto*: "Una parte della borghesia desidera di portare rimedio ai mali della società per assicurare l'esistenza della società borghese. Ne fanno parte gli economisti, i filantropi, gli umanitari, gli zelanti del miglioramento delle condizioni delle classi operaie, gli organizzatori della beneficenza, i membri della società protettrici degli animali, i fondatori di società di temperanza e tutta la variopinta schiera dei minuti riformatori. Di questo socialismo borghese si sono elaborati persino dei veri sistemi." ("Il Manifesto del partito comunista", in *Opere complete*, vol. VI, Editori Riuniti, Roma, 1973, p. 513).

74 Il consiglio di sicurezza dell'Onu inaugurò l'anno 2000 dichiarando Gennaio 'il mese dell'Africa', per rispondere alle accuse mossegli da varie parti di indifferenza e di rassegnazione verso le tragedie africane. Sull'agenda dei lavori c'erano tutti i

sviluppo dei vari paesi, da questo punto di vista, appaiono ridicole in un mondo dove il problema irrisolto non è lo sviluppo, ma la sopravvivenza, ugualmente minacciata da guerre, carestie e governi che conoscono solo il metodo della brutalità, del dispotismo, della corruzione e della rapina. Di fronte ai disastri, i paesi occidentali mandano soccorsi umanitari, organizzano aiuti, stanziano fondi e, in cambio, chiedono 'libere elezioni', più rigore e più rispetto dei 'diritti umani'. E questi paesi, per convenienza, fingono di impegnarsi organizzando quanto richiesto, ma le elezioni – tra l'altro – non bastano, come si sa da lungo tempo, a garantire la democrazia e i capi 'eletti' considerano lo Stato e le sue ricchezze proprietà personale.[75] Quarant'anni fa si prevedeva per le nazioni, liberate dal 'giogo coloniale', un avvenire di progresso e di pace, mentre emergevano nuovi leader che promettevano, ovviamente, grandi cambiamenti. Ma nulla è successo, tutte le aspettative sono state tradite,[76] forse – staremo a vedere nei prossimi anni – con la parziale eccezione del Sudafrica.

---

temi, dall'Aids, alle guerre, alla fame, ai rifugiati, ai debiti. I vari paesi occidentali incrementarono i piani per combattere l'Aids, sollecitarono l'abrogazione o almeno la riduzione delle restrizioni commerciali imposte a quarantotto Paesi africani, la Banca mondiale raccolse fondi per combattere la malaria, lo stesso Consiglio di sicurezza decise l'invio di ottomila Caschi blu in Sierra Leone, impegnandosi a mandare altri 5.000 in Congo in caso di bisogno, e altro ancora. Tuttavia niente è cambiato, semmai la situazione dell'Africa è, ulteriormente peggiorata (l'Etiopia colpita da un'ennesima carestia, lo Zimbabwe caduto nelle mani del reverendo Mugabe che uccide i coloni bianchi con l'approvazione governativa, la Sierra Leone in preda a una guerra civile nella quale il cannibalismo è pratica corrente, Eritrea ed Etiopia coinvolte in un conflitto che le dissangua, l'Uganda tornata alle uccisioni in massa ed altro ancora).

75 Un esempio. Un presidente della Liberia, Taylor (poi deposto), introdusse una legge che metteva a sua disposizione tutte le 'risorse energetiche' del paese: miniere, agricoltura, pesca, artigianato, prodotti forestali e altri beni definiti 'strategici'. In Africa o in altri paesi, le democrazie non si distinguono dai regimi assoluti, così come i governi civili non si distinguono da quelli militari.

76 I caschi blu dell'Onu non possono essere dappertutto a contrapporsi a fazioni concordi solo nel non volerli. In Sierra Leone le sue forze sono state persino prese prigioniere. In Somalia nel '93 dovettero scappare. In Bosnia nel '95 assistettero impotenti al genocidio. In Ruanda, nel '94, arrivarono tardi, quando il genocidio di un

Come prevede la teoria paretiana (l'esempio tipico resta quello dello zairese Mobutu, erede dell'Union minière belga), i nuovi capi hanno semplicemente sostituito i vecchi padroni bianchi. I 'terzomondisti' si ostinano a dire che anche questa è triste eredità del colonialismo, non accorgendosi che molti paesi asiatici, una volta decolonizzati, in trenta o quarant'anni sono riusciti a sviluppare competitive economie, tanto da essere stati etichettati come le 'tigri asiatiche'. E, a espiazione delle colpe passate, il vasto fronte del 'perdonismo' chiede ai Paesi ricchi di rimettere, indistintamente, ai Paesi poveri il loro debito; tralasciando il fatto che i fondi così elargiti servirebbero e servono a comprare armi per continuare le loro guerre civili e ad accrescere i conti bancari depositati all'estero.

Non mancano punti di vista simili nella diagnosi dei mali, ma alquanto diversi circa cause e rimedi per la grave situazione africana o in generale del terzo mondo, in sociologia e nelle scienze sociali (peraltro, oggi, tra i più in voga). Analizzando i processi che hanno condotto all'attuale situazione di grande disparità, alcuni hanno messo in rilievo le conseguenze del dominio coloniale, osservando come in molti stati del Terzo mondo si possa, a tutt'oggi, individuare una frammentazione interna risalente alla consuetudine, da parte dei paesi colonizzatori, di fissare dei confini territoriali unendo forzatamente culture diverse o, viceversa, separando unioni culturali esistenti. Lo sfruttamento economico più o meno accentuato operato dal colonialismo, aggiunto all'incontrollato sviluppo demografico dei paesi del Terzo mondo, ha aperto un divario incolmabile con i paesi industrializzati, divario che negli ultimi anni, in piena globalizzazione, si è ancora accresciuto. Infatti, il PNL (il prodotto nazionale lordo, cioè il valore di tutti i beni e i servizi prodotti nel paese ogni anno) dei 40 paesi più poveri del mondo è circa il 5% di quello dei 40 paesi più ricchi (ogni gruppo raccoglie un quarto della popolazione mondiale). Eppure questi paesi non sono iso-

---

milione di tutsi era già compiuto. Qualcuno ha detto che l'Onu potrebbe dare in appalto le proprie guerre, dato che ci sono agenzie che procurano truppe mercenarie ben addestrate e affidabili, come ad es., l'armata privata sudafricana 'Executive outcome', o l'americana Mpri (Military professional resources ink), che si dice abbia aiutato nel 1995 in modo decisivo i croati nelle Krajine.

lati da quelli industrializzati, anzi ai vecchi legami instaurati con il colonialismo, si sono aggiunti, con la globalizzazione, legami sempre più complessi ed articolati.

È interessante al riguardo quanto scrive P. Bairoch: "Tra gli importanti [miti] vi è quello del ruolo cruciale svolto nello sviluppo del mondo occidentale dalla colonizzazione o, più in generale, dal Terzo mondo." Egli sostiene che la disponibilità di materie prime e prodotti energetici a buon mercato ha certamente costituito un fattore importante per la crescita delle economie occidentali tra il 1955 e il 1973, ma che la situazione del secolo XIX e della prima metà del XX era molto diversa e che lo sviluppo dell'Occidente non è avvenuta grazie allo sfruttamento del Terzo mondo.[77]

---

77 A conferma della sua tesi confuta sinteticamente sette miti: "1. È molto probabile che il livello del reddito dell'Occidente intorno al 1700 non fosse più alto di quello del futuro Terzo mondo. 2. Non vi fu alcun deterioramento delle ragioni di scambio tra il 1870 e gli anni Trenta del XX secolo. Al contrario, poiché la produttività aumentò molto più rapidamente nell'industria manifatturiera dei paesi sviluppati, le ragioni di scambio dei beni primari, che costituivano il grosso delle esportazioni del Terzo mondo, migliorarono. Tuttavia, esse si deteriorarono negli anni Cinquanta e Ottanta. 3. Il rapido incremento demografico non è un fattore di minor conto dei problemi economici che il Terzo mondo ha di fronte. Se il rallentamento della crescita della popolazione non è un fattore decisivo dello sviluppo è certamente un grande ostacolo a questo sviluppo. 4. Le esportazioni di prodotti agricoli tropicali non sono la causa delle crescenti importazioni di alimentari che interessano vaste aree del Terzo mondo. Tra i due fenomeni non c'è nessuna relazione. Le ragioni della crescente importazione di cibo da parte del Terzo mondo sono più profonde. Esse si ricollegano a un rapido processo di urbanizzazione, combinato con una crescita molto lenta della produzione e della produttività agricola, come pure alla disponibilità di cereali a basso prezzo. 5. L'esportazione di beni primari non è una via al sottosviluppo. La maggior parte dei più ricchi tra i paesi sviluppati sono stati esportatori di beni primari. 6. Ritornando ai grandi eventi della storia mondiale, l'Occidente non fu affatto l'unica e neanche la maggior potenza coloniale: numerose altre civiltà furono più importanti sotto questo aspetto e durarono più a lungo. 7. In Occidente la tratta degli schiavi ebbe proporzioni colossali ma non fu, tuttavia, la più grande della storia mondiale; la tratta degli schiavi islamica iniziò prima, durò più a lungo e fu due volte più vasta." (*Economia e storia mondiale*, Garzanti, Milano, 2003, pp. 217-220).

Possiamo concludere questa digressione con gli ormai noti ragionamenti paretiani. Se gli uomini fossero esattamente simili gli uni agli altri e provassero tutti nello stesso tempo le stesse sensazioni, il problema della distribuzione sarebbe estremamente semplificato. La sua complicazione nasce dal fatto che si tratta di procurare il massimo del benessere a individui che differiscono per gusti, forze, qualità, attitudini, virtù, vizi e difetti; è per questo che si pone la questione dell'uniformità:

> Il problema dell'organizzazione sociale non può risolversi con declamazioni basate su un ideale più o meno vago di giustizia, ma solo con ricerche scientifiche, per trovare il modo di proporzionare i mezzi al fine, per ogni individuo, lo sforzo e la fatica alla soddisfazione, così che il minimo di fatica e di sforzo assicuri al maggior numero possibile di individui il massimo di benessere.[78]

78 *Sistemi*, pp. 568-571.

IX. Élites e circolazione

> Si potrebbe immaginare una società in cui la gerarchia fosse stabile; ma tale società nulla avrebbe di reale. In tutte le società umane, persino in quelle ordinate a caste, la gerarchia finisce col mutare; la differenza principale tra le società stando in ciò, che quel mutamento può essere più o meno lento o più o meno rapido. Il fatto, tante volte già rammentato, che le aristocrazie non durano, impronta tutta la filosofia delle nostre società. Esso pure è noto sin dai tempi più remoti. La storia delle società umane è, in gran parte, la storia dell'avvicendarsi delle aristocrazie.[1]

Uniformità nei diversi sistemi socio-economici

L'analisi dei sistemi socio-economici sviluppata nei *Systèmes* abbraccia – come nel costume metodologico paretiano – un periodo storico vastissimo. Con il rigore scientifico che lo contraddistingue,[2] Pareto va alla ricerca delle uniformità che si presentano nei diversi sistemi e nei diversi periodi storici e che serviranno poi come fondamenti per la successiva grande opera, il *Trattato di sociologia generale*.[3] È proprio

---

1 *Manuale*, VII, § 98.

2 Tale rigore lo si può cogliere, tra l'altro, da una lettera a Einaudi: "Togliere le note, toglierebbe il carattere al libro [*I sistemi socialisti*] che precisamente *non* ha scopo di propaganda, *non* si rivolge alla folla, *non* a dilettanti, ma tende ad avere un carattere *esclusivamente* scientifico." (Pareto a L. Einaudi, 10 marzo 1902; in *Epistolario*, vol. I, p. 446).

3 Ricercare le uniformità dal punto di vista dello scienziato non vuol dire negare alla realtà dei sistemi sociali ciò che Luhmann chiama autoriflessività e differenziazione. Dunque, la distinzione nei sistemi sociali, che Luhmann osserva nel tempo quando parla di 'interazioni situazionali', 'organizzazione', 'società', ci sembra implicita nella logica paretiana dei *Systèmes*. Allora, il concetto luhmanniano di sistema sociale non è molto diverso da quello paretiano (si veda il cap. III di questo volume), ed espressioni come 'il sistema sociale può riferirsi alla/e società', alle 'istituzioni

questa una delle componenti centrali della discussione paretiana nei *Systèmes,* che darà poi luogo in seguito alla teoria dei residui e delle derivazioni. La ricerca delle uniformità ci porta, dunque, a constatare in prima approssimazione che in ogni società, in ogni organizzazione, nel tempo e nello spazio, c'è sempre stata una minoranza governante e, di conseguenza, una maggioranza governata. In più, possiamo osservare che in ogni campo della società – economico, culturale, scientifico o intellettuale – alcuni individui sono arrivati a primeggiare sugli altri nei rispettivi settori di competenza. Pareto dà a questi gruppi di individui il nome di *élites* e dalla constatazione della loro esistenza sviluppa l'omonima teoria che cerca di spiegare i motivi e le modalità della loro formazione, circolazione e decadenza, e come queste élites influiscano sulle strutture sociali e sulla vita di una società. Già nel *Cours* dove non compare il termine *élite* ma vi è già il concetto e l'espressione 'soggetti scelti' intendendo "semplicemente individui la cui attività di vita è più intensa. Ma questa attività può esercitarsi tanto in bene quanto in male".[4] Alle medesime conclusioni arriva trenta-quarant'anni più tardi A. J. Toynbee senza – apparentemente – conoscere Pareto (almeno, non compare nell'indice dei nomi del compendio curato da Somervell nel 1950: *Le civiltà nella storia*): "corrono due opinioni tradizionali sul rapporto tra società e individuo: una rappresenta la società come un semplice aggregato di individui 'atomici', e l'altra considera la società come un organismo e gli individui come sue parti, inconcepibili se non come membri o 'cellule' della società cui appartengono. Si di-

---

dentro la società', o anche alle 'regole di comportamento', appaiono già dette in Pareto, anche se questi è lontano anni luce dal lessico del nuovo teorico dei sistemi in sociologia (si pensi, ad esempio, alla definizione dei sistemi sociali 'come strutture organizzate di comportamento', che a Pareto sarebbe apparsa ovvia). Lo stesso si può dire – sembra superfluo oggi affermarlo e non si capisce perché mai Luhmann abbia voluto specificarlo a cent'anni dai classici – per la considerazione che i sistemi sociali, a differenza di altri sistemi, riducono la complessità per mezzo della comunicazione di senso. In ogni caso, Luhmann sembra convenire quando afferma: "la sociologia può vantarsi di tradizioni interne alla propria disciplina: da ormai quasi cento anni, essa si rende conto della componente 'ideologica' delle teorie della società." (N. Luhmann, *Sistemi sociali*, Il Mulino, Bologna, 1990, p. 737).

4 *Cours*, § 1030.

mostra che entrambe queste opinioni sono insoddisfacenti, e quella vera è che la società è un *sistema di rapporti* [corsivo nostro] tra individui. Gli esseri umani non possono essere se stessi se non interagiscono col loro prossimo, e la società è il campo d'azione comune a un numero di esseri umani. Ma la 'fonte dell'azione' è negli individui. Ogni sviluppo origina da individui creatori o da piccole minoranze di individui [...]."[5] Come si vede una posizione tipicamente paretiana, anche se in Pareto l'azione delle minoranze o dell'individuo a livello micro ci sembra spiegata meglio. Per quanto attiene alle relazioni individuate da Pareto tra curva dei redditi, caratteri degli uomini e grado di influenza e potere, è opportuno ribadire che gli stessi individui non occupano le stesse posizioni nelle diverse curve; cosicché non ha senso affermare che elementi che occupano gli strati superiori nella curva che rappresenta, ad esempio, il talento poetico o la bontà di spirito, siano gli stessi che si trovano in alto nella curva della distribuzione della ricchezza. Ma se si osserva la disposizione degli uomini secondo il loro grado di influenza e di potere politico e sociale, allora, quasi sempre, saranno gli stessi soggetti a occupare le stesse posizioni in questa curva e in quella riguardante la distribuzione della ricchezza: ciò vale a dire che quelle classi cosiddette 'superiori' sono generalmente anche le più ricche.[6] Di qui discende il suggerimento di Pareto di separare la sostanza dalla forma. Le élites – o classi dirigenti o aristocrazia, come si vuol chiamarle – si manifestano in parecchi modi, secondo le condizioni della vita economica e sociale. Per comprendere gli avvenimenti storici bisogna appunto "separare la sostanza dalla forma". In questo caso:

---

5 A. J. Toynbee, *Le civiltà nella storia*, a cura di D. C. Somervell, Einaudi, Torino, 1950, p. 738.

6 "Supponiamo dunque che, in ogni ramo dell'umana attività, si assegni a ciascun individuo un indice che indichi la sua capacità, all'incirca come si danno i punti negli esami. [...] Facciamo dunque una classe di coloro che hanno gli indici più elevati [...] alla quale daremo il nome di *classe eletta* (*élite*). [...] Nel concreto, non ci sono gli esami per assegnare a ciascun individuo il suo posto in queste varie classi e si supplisce con altri mezzi: con certi cartellini che, alla meglio, raggiungono questo scopo." (*Trattato*, §§ 2027-2035) È evidente qui, e nel prosieguo del suo ragionamento, come Pareto adotti una impostazione simile a quella usata per definire l'ofelimità, detta poi utilità ordinale.

[...] la sostanza è il movimento di circolazione delle élite, la forma è quella che domina nella società dove il movimento ha luogo. Sarà una disputa di letterati in Cina, una lotta politica in Roma antica, una controversia religiosa nel Medio Evo, una lotta sociale ai nostri giorni. Un malcontento che insorgeva nel Medio Evo esprimeva allora il suo bisogno di riforma con considerazioni religiose ed attingeva i suoi argomenti dall'Evangelo; se insorgesse oggi, esprimerebbe lo stesso bisogno con delle teorie socialiste e attingerebbe i suoi argomenti da Marx.[7]

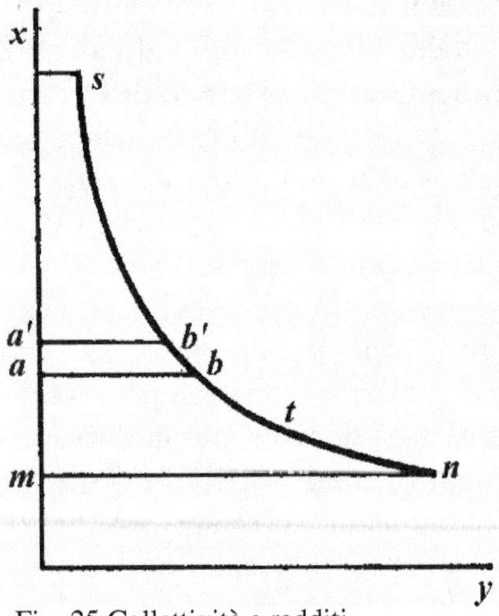

Fig. 25 Collettività e redditi

La relazione tra élites (o classi dirigenti) e decadenza è ormai un fatto incontrovertibile. Fino a quando l'equilibrio sociale è stabile, almeno la maggioranza della classe dirigente sembra essere dotata di determinate qualità (di vario genere, indipendentemente da un giudizio di valore) che la rendono adatta a governare. Esiste, però, un fatto estremamente importante per quanto riguarda la fisiologia sociale, intravisto da Pa-

7 *Sistemi*, pp. 168-169. Come si sa, le dispute insorte nel corso del Novecento, sono state numerose e spesso hanno attinto gli argomenti da Marx. Pareto è stato facile profeta. Ai giorni nostri si esprimono, tra l'altro, con le teorie social-ambientaliste di un N. Chomsky (Quotidiano *la Repubblica*, 26 gennaio 2001) o di altri, con un linguaggio pressoché identico: "Il Forum sociale mondiale offre un'opportunità di incontro senza precedenti alle forze popolari provenienti dalle aree più diverse, dai paesi più ricchi come da quelli più poveri, per sviluppare alternative costruttive, volte a difendere la stragrande maggioranza della popolazione mondiale dagli attacchi ai diritti umani fondamentali, e per porre mano allo smembramento di illegittime concentrazioni di potere, aprendo così spazi più ampi alla giustizia e alla libertà." Ma, ai giorni nostri si esprimono anche con le fuorvianti espressioni di 'scontro di civiltà' o 'conflitti di religione', che nascondono la sostanza, cioè la circolazione delle élites, anzi la lotta sanguinosa e i processi, in generale, di modernizzazione in quella vasta area entrata, circa dopo la seconda guerra mondiale, in un'epoca di torbidi.

reto già nel *Cours* e da altri, ed è che le élites non durano: tutte sono soggette, prima o poi, ad una decadenza più o meno rapida, dipendente dal livello raggiunto nella degenerazione. Consideriamo una collettività i cui redditi sono rappresentati dalla figura 25. "Possiamo raffigurarci la collettività stessa come rappresentata dalla superficie *m n t b s x a' a m,* in cui gli individui sono rappresentati dagli elementi della superficie stessa. Sappiamo che la forma della curva *n t b s* non varia se non molto lentamente e perciò quasi costante, in media, e per un tratto di tempo abbastanza breve. Ma tra gli individui che compongono l'aggregato sociale vi è mobilità, ascendente o discendente: alcuni si arricchiscono altri si impoveriscono. Movimenti abbastanza estesi agitano dunque l'interno della figura *m n t b s x a m*. È soltanto la forma della curva *n t b s* che si mantiene costante: la grandezza assoluta della figura può mutare e muta effettivamente."[8]

Ma, concretamente come si estinguono o decadono le élites? Quelle bellicose si estinguono a causa della guerra (si pensi all'Europa nei secoli passati); ma non è questa l'unica causa che le fa scomparire. Anche i periodi di pace sono interessati al movimento (abbastanza veloce) di circolazione delle élites. Come? Primo, per l'eccedenza delle morti sulle nascite; e, secondo, a causa della 'degenerazione' di parte degli individui che le compongono. Perciò, se vogliono persistere al potere, devono escludere questi individui e fare avanzare altri più adatti. Se la circolazione si arresta, o rallenta molto, l'élite viene travolta. Un ritardo nella circolazione può avere come effetto l'aumento considerevole del numero di elementi 'degenerati' o incapaci nelle classi che detengono il potere e l'aumento, dall'altra parte, del numero di elementi di qualità superiore delle classi subalterne. In tali condizioni, l'equilibrio sociale diventa instabile. Dall'esterno, una conquista o, dall'interno, una rivoluzione sconvolgono tutto, portando al potere nuove élites e stabilendo un nuovo equilibrio, che resterà stabile per un periodo più o meno lungo.[9] Nella storia, le vicende dell'impero bizantino costitui-

---

8 *Cours*, § 1002.

9 Un concetto analogo ci pare esprimere Luhmann, quando osserva che le varie forme di differenziazione sociale (egli aggiunge nella modernità; ma noi riteniamo, al contrario, che esse siano sempre operanti, non solo nella modernità), tutt'altro che

scono un esempio eccellente di ciò che abbiamo ora descritto. Oppure, la recente storia d'Italia, a partire dall'esplosione del terrorismo (ma anche prima, forse dalla metà degli anni Sessanta del secolo scorso) fino al sorgere della cosiddetta seconda repubblica, potrebbe essere interpretata secondo questo schema: un misto di spirito militare, di intrigo e di abilità politica, di demagogia, che conferma la posizione paretiana:

> Le élites si manifestano in parecchi modi, secondo le condizioni della vita economica e sociale. La conquista della ricchezza, presso i popoli commercianti e industriali, il successo militare, presso i popoli bellicosi, l'abilità politica e spesso lo spirito di intrigo e la bassezza di carattere, presso le aristocrazie, le democrazie e le demagogie, i successi letterari nel popolo cinese, l'acquisizione di dignità ecclesiale nel medioevo, ecc., sono altrettanti modi, coi quali si effettua la selezione degli uomini.[10]

Circa la mobilità ascendente delle classi subalterne, occorre considerare la prolificità e la selezione. Ai tempi di Pareto, l'apporto di nuovi

---

fonte di disordine, sono invece preziose per la creazione di ordine nella società e aggiunge che le relazioni impersonali garantiscono nuove forme di libertà, prima sconosciute all'umanità e, dunque, l'ordine sociale, a differenza di quanto – secondo Luhmann – pensa Parsons, può essere realizzato al dei fuori di valori condivisi e della conseguente integrazione.

10 *Sistemi*, p. 163. W. Sombart occupandosi delle medesime questioni, nella sua bella opera *Il Borghese*, intravede per quanto riguarda la natura dello spirito dell'impresa: il conquistatore, l'organizzatore e il mercante; e i seguenti tipi fondamentali dell'impresa capitalistica: i corsari, i signori feudali, i funzionari statali, gli speculatori, i commercianti, gli artigiani; e gli inizi dell'impresa: la campagna bellica, la proprietà terriera, lo Stato, la Chiesa. L'autore intende per spirito dell'impresa "il compendio di tutte le qualità psichiche necessarie per la felice esecuzione di un'impresa". E le qualità sono le seguenti: "capacità di concepire progetti, l'impulso a realizzare il progetto, capacità di condurre il suo piano sino in fondo." Occorrono cioè: "costanza, tenacia, risolutezza, forza, audacia." L'imprenditore "deve essere un uomo che punta tutte le sue carte per ottenere grandi risultati nelle sue imprese. Questa temerarietà lo avvicina al giocatore. Gli sono propri inoltre l'elasticità spirituale, l'energia intellettuale, lo slancio e la costanza della volontà" (*Il Borghese. Lo sviluppo e le fonti dello spirito capitalistico*, Longanesi, Milano, 1978, pp. 39-40).

elementi, indispensabili per la sussistenza dell'élite, veniva dalle classi cosiddette inferiori o subalterne e principalmente dall'ambiente rurale. Il fatto che i nuovi elementi provengano dalle classi inferiori, sembra dipendere dall'importante opera di selezione che avviene in queste classi, soprattutto per i bambini. Le classi ricche avevano ieri e hanno oggi pochi bambini e li salvano quasi tutti; le classi povere avevano e hanno molti bambini e riescono a salvare solo quelli particolarmente robusti. È lo stesso motivo, dice Pareto, per cui le razze perfezionate di piante e animali sono più delicate delle razze ordinarie. Gli orientamenti 'etici' che cercano di convincere le classi ricche ad avere più figli e gli 'umanitari' che, volendo evitare certi metodi di selezione, non si preoccupano di sostituirli con altri, lavorano, senza rendersene conto, per l'indebolimento della 'razza'. Se i ricchi avessero tanti figli probabilmente li salverebbero tutti, compresi i più deboli. Ciò farebbe crescere in proporzione il numero di elementi 'degenerati' o incapaci nelle classi superiori (ciò che accade, in una certa misura, oggi, in Occidente) e ritarderebbe l'ascesa dell'élites dalle classi inferiori. Se la selezione smettesse di esercitare i suoi effetti su queste, esse non produrrebbero più elementi d'élite e la qualità media della società si abbasserebbe notevolmente: "attualmente, nelle nostre società, l'apporto dei nuovi elementi, indispensabili all'*élite* per sussistere, viene dalle classi inferiori e principalmente dalle classi rurali. Queste sono il crogiuolo nel quale si elaborano, nell'ombra, le *élites* future. Esse sono come le radici della pianta, di cui l'*élite* è il fiore. Questo fiore passa e appassisce, ma è subito rimpiazzato da un altro, se le radici non sono intaccate."[11] Ma, attenzione all'ammonimento di Pareto, tanto più significativo oggi, in Europa, dove sembra si siano smarriti – in tanti gruppi dirigenti e purtroppo in una parte considerevole della popolazione, almeno quella più chiassosa – gli ideali e gli orientamenti che l'hanno resa unica nella storia del mondo:

---

11 Ibid., p. 134. Questi stessi concetti sono altrimenti detti da Luhmann, nella sua concezione evoluzionistica, come variazione (l'emergere dei sistemi locali sembra essere accidentale), riproduzione (per lo più attraverso la socializzazione) e selezione (capacità di adattarsi all'ambiente). Sono questioni, come si vede, all'ordine del giorno anche oggi in relazione ai destini dell'Occidente.

> Se le società europee dovessero modellarsi sull'ideale caro agli etici, se si giungesse a ostacolare la selezione, a favorire sistematicamente i deboli, i viziosi, gli oziosi, i male adattati, i 'piccoli e gli umili', come li chiamano i nostri filantropi, a spese dei forti, degli uomini energici, che costituiscono l'*élite*, una nuova conquista di nuovi 'barbari' non sarebbe affatto impossibile.[12]

La circolazione delle élites

Cominciamo col dire che per spiegare qualsiasi tipo di configurazione organizzativa o gerarchica possiamo fare riferimento *agli interessi perseguiti dagli individui*. Per conoscere gli interessi alla base del comportamento di un individuo, è necessario specificare quanto egli abbia investito in ognuna delle sue posizioni gerarchiche (ad esempio, secondo lo schema weberiano, nella classe, nel ceto, nel partito) e quali coalizioni, di volta in volta, si formeranno per difendere l'una o l'altra posizione. Ma gli individui sono interessati al *potere* e allo *status* e questi possono far capo a relazioni sociali distinte: lo stato, i partiti e le fazioni in un caso, le comunità e, specialmente, le religioni nell'altro. E vi è lotta in ciascuno di questi ambiti, dove le tante fazioni manovrano per avere il potere, il quale si stratifica anche al loro interno a seconda della forza posseduta e degli interessi perseguiti. I raggruppamenti di ceto o di élite lottano tra loro per questioni di precedenza e all'interno di ciascuno vi è una forma di differenziazione di status che genera conflitti e manovre, dato che, come abbiamo detto, ogni individuo è contemporaneamente interessato a beni di tipo economico, politico e di status. È

12 Ibid. Si è fatto di più, purtroppo. Pareto stesso sarebbe rimasto sconcertato: "C'è qui un odio di sé dell'Occidente che è strano e che si può considerare solo come qualcosa di patologico. L'Occidente tenta sì in maniera lodevole di aprirsi pieno di comprensione a valori esterni, ma non ama più se stesso; della sua storia vede oramai soltanto ciò che è deprecabile e distruttivo, mentre non è più in grado di percepire ciò che è grande e puro. L'Europa ha bisogno di una nuova – certamente critica e umile – accettazione di se stessa, se vuole davvero sopravvivere." (J. Ratzinger, "Europa. I suoi fondamenti spirituali ieri, oggi e domani"; in M. Pera, J. Ratzinger, *Senza radici*, Mondadori, Milano, 2005, pp. 70-71).

per questo che ogni organizzazione, ogni gerarchia è alle prese con il problema del controllo.

In Pareto non c'è una teoria dello Stato, essendo lo Stato "un'astrazione, poiché in realtà non esistono che degli uomini che governano e degli uomini che sono governati";[13] e ancora: "io non credo ai bisogni generali dello Stato. Secondo me, l'imposta è la somma che la gente che ha il potere fa pagare da coloro sui quali si estende tale potere [...] Per me non conosco l'entità detta Stato; conosco solo chi fa pagare e chi paga."[14] Vi è, invece, in luogo di quell'"entità metafisica", una teoria che noi abbiamo chiamato della 'comunità politica',[15] che trae spunto da una semplice constatazione: ogni società è divisa in due strati, "uno strato superiore, in cui stanno di solito i governanti, ed uno strato inferiore, dove stanno di solito i governati." Questo è per Pareto un fatto generale e indiscutibile,[16] nonostante le derivazioni che tentano di dissimularlo per mezzo di svariate teorie razionalistiche su 'quel che dovrebbe essere'. Non si può ragionare in modo scientifico della politica, se si trascura questo aspetto fondamentale dell'eterogeneità sociale, che si manifesta nel fatto che ogni società si presenta come un insieme eterogeneo, un'organizzazione con una gerarchia interna. Tale gerarchia è immancabile e persistente, provata dall'evidenza empirica che le società umane (e anche le non umane) non possono sussistere senza una gerarchia. Lo strato superiore è meno numeroso dello strato inferiore e costituisce una minoranza, anche nei regimi democratici. Si può designare questa minoranza con termini diversi: oligarchia, aristocrazia,

---

13 *Cours*, § 657.

14 Lettera a T. Martello, 18 marzo 1913; ora in *Epistolario*, vol. II, pp. 822-823.

15 Questo concetto è ampiamente trattato nella nostra dispensa *Lezioni di sociologia* (I) presso la Facoltà di Economia, Trento, a.a. 2001-2002.

16 Persino Dante nella *Divina Commedia* – ricorda Pareto – ha descritto il "succedersi delle élites, e, poeticamente, nota che Dio: /ordinò general ministra e duce /che permutasse a tempo li ben vani / di gente in gente e d'uno in altro sangue, /oltre la difension d'i senni umani; / per ch'una gente impera e l'altra langue, / [...] /Le sue permutazion non hanno triegue: / necessità la fa esser veloce/" (Inf. VII, 78-82 e 88-89). "E in tanti altri passi come: /Rade volte risurge per li rami / l'umana probitate; / ecc. ecc." (Purg. VII, 121-122). (Lettera a G. Prezzolini, 17 dicembre 1903, in *Epistolario*, vol. I, p. 507).

raggruppamento di ceto, ma Pareto utilizza di preferenza *élite*. L'eterogeneità comporta, ai fini dell'equilibrio sociale, la contrapposizione tra l'élites e le non-élites. Pareto si occupa di entrambi nella sua teoria generale dei residui e delle derivazioni; mentre ha rivolto la sua analisi distintamente, prima nei *Systèmes* e poi nel *Trattato,* alla composizione e al movimento delle prime per farne una teoria in sé compiuta, ma che comunque rientra, peraltro come parte importante, nella teoria generale. Comincia col rilevare che esistono tanti tipi di élites quante sono le attività umane. Riferendosi alla legge sulla distribuzione della ricchezza per generalizzarla, Pareto osserva che: "se si suppongono gli uomini disposti a strati secondo altri caratteri, per esempio secondo la loro intelligenza, la loro attitudine a studiare le matematiche, il loro talento musicale, poetico, letterario, i loro caratteri morali, ecc., si avranno probabilmente curve di forma più o meno simile a quella che abbiamo trovato per la distribuzione della ricchezza. Questa è una curva risultante da un numero abbastanza grande di caratteri, buoni o cattivi d'altronde, il cui insieme è favorevole alla riuscita dell'individuo che persegue la ricchezza, o che, avendola acquisita, la conserva."[17] Gli stessi individui, come abbiamo detto, non occupano gli stessi posti nelle stesse figure che, per ipotesi, siano state tracciate.

Esiste, ad esempio, una élite artistica, una scientifica, una religiosa, una erotica, una sportiva, una operaia, così come ne esiste una politica e una economica. Attenzione! Primo: è importante non giudicare le élites secondo le categorie del bene o del male, "vi può essere una élite di briganti,[18] come una di santi". Le società, i gruppi, le organizzazioni si riconoscono dalla qualità delle loro élites le quali determinano i destini più di qualsiasi altro fattore. Secondo: la sociologia paretiana svela che nessuna élite dura, essendo soggetta alla legge delle oscillazioni. Ciò si spiega con il fenomeno della selezione, precedentemente ricordato, che

---

17 *Sistemi*, p. 130.

18 "Non so perché ella dica di essere in disaccordo con me quando dice di briganti la nuova aristocrazia. Non ho mai detto il contrario, anzi ho avvertito esplicitamente che un'aristocrazia poteva essere un'aristocrazia di briganti. La maggior parte delle aristocrazie hanno principiato così." (Lettera a G. Prezzolini, 17 dicembre 1903, in *Epistolario*, vol. I, p. 508).

è prodotto dalla gerarchizzazione delle società. Abbiamo già visto che la selezione, fattore decisivo per l'equilibrio sociale (inteso, come abbiamo visto nel capitolo ad esso dedicato, in quanto sintesi di stabilità e movimento) avviene secondo differenti modalità: successo militare, intrigo politico, capacità strategiche, doti particolari, ecc.:

> Esiste un fatto di estrema importanza per la fisiologia sociale, ed è che le aristocrazie non durano. Esse sono tutte colpite da una decadenza più o meno rapida. [...] non solo le élites che si perpetuano per ereditarietà, ma anche, sebbene in grado minore, quelle che si reclutano attraverso la cooptazione. La guerra è una potente causa di estinzione delle élites bellicose. Anche durante la pace più profonda, il movimento di circolazione delle élites continua, anche le élites che non subiscono alcuna perdita con la guerra scompaiono, e spesso abbastanza rapidamente. Non si tratta solo dell'estinzione delle aristocrazie per l'eccedenza delle morti sulle nascite, ma anche della degenerazione degli elementi che le compongono; le aristocrazie non possono dunque sussistere che con l'eliminazione di questi elementi e l'apporto di nuovi.[19]

Certamente, una élite in ascesa – tutta protesa alla conquista di nuove posizioni e contrastata nelle sue aspirazioni – distrugge ricchezze e quanto si frappone al suo avanzamento; nel contempo però costituisce anche una forza poderosa di ripresa, ricostruzione e sviluppo dopo la vittoria. Dunque, l'élite è continuamente agitata da fluttuazioni e smottamenti al suo interno, con il risultato di sostituire tendenzialmente (e non sempre) gli individui con energia scarsa, o venuta meno, con altri più freschi e capaci. La teoria della circolazione delle élites (o, come dice più precisamente Pareto, "circolazione delle parti elette della popolazione")[20] è uno dei capisaldi del suo pensiero, che lo ha reso famoso quanto la legge sulla distribuzione della ricchezza e la teoria dei residui e delle derivazioni. Egli ha dimostrato che ogni società possiede una serie di élites per ognuna delle sue occupazioni, ma, per la dinami-

19 *Sistemi*, pp. 131-132.

20 *Manuale*, II, § 103. Nel *Cours* aveva precisato a scanso di equivoci che "chiunque abbia un po' frequentato gli operai sa che s'incontrano tra di loro individui ben più intelligenti di quel tale o tal altro scienziato onusto di titoli accademici" (§ 1000). Superfluo aggiungere che aveva pienamente ragione, come sa chiunque abbia frequentato ambienti accademici gravati da titoli e premi vari e relative prebende.

ca dello sviluppo e le difficoltà interne originate dall'eterogeneità dei suoi componenti, succede (oggi possiamo dire deduttivamente che è necessario) che tali élites non restino sempre le stesse. Le stanche élites devono rinvigorire i loro ranghi aprendosi a nuovi elementi apportatori di energie fresche. Se non lo fanno saranno costrette a cedere potere e direzione alle nuove élites, pronte a carpirlo anche ricorrendo alla violenza.[21] Le nuove élites vengono da classi e ceti fino a quel momento marginali, ma non estranei, anzi attenti alle dinamiche sociali e desiderosi di salire nella gerarchia sociale, con una forte volontà di riuscire, ormai perduta dalla élite al potere, intenta a godere dei privilegi precedentemente acquisiti. Esiste, dunque, una circolazione delle élites, confermata da tutta la storia passata, e qui Pareto esorta – in una lettera al giovane Ernesto Rossi – a intendere bene la sua posizione, soprattutto scientifica: "mi occupo esclusivamente di conoscere i fatti e le loro relazioni, senza la minima, la più lontana intenzione di fare propaganda, di persuadere, di favorire applicazioni, ecc. La circolazione delle *élites* è per me un semplice fatto di osservazione, non è per niente un dogma, neppure il *principio* di un sistema, ecc. I metafisici sono incapaci di intendere quest'indifferenza scientifica della scienza sperimentale."[22]

Un semplice fatto di osservazione, per dire che non ha alcuna intenzione (data l'esistenza in quei tempi di strampalate filosofie superomi-

---

21 Un ragionamento analogo ha portato i geologi della Cornell University B. Malamud, G. Morein, D. Turcotte ad individuare le cause degli incedi devastanti, come quello di Yellowstone del 1988 che distrusse seicentomila ettari di bosco. I dati relativi a 4284 incendi tra il 1986 e il 1995 nel territorio del Fish and Wildlife Service americano rivelarono l'esistenza di una legge della potenza. La regolarità geometrica era che al raddoppiare dell'area incendiata, la frequenza diminuiva di 2,48 e la legge valeva per ogni genere di incendi (i grandi incendi sono copie ingrandite dei piccoli con le medesime cause. Il ragionamento è proprio quello paretiano. Se si limitano gli incendi (come aveva deciso di fare il servizio forestale degli Stati Uniti), gli alberi si infittiscono, diventano vecchi con aumento della legna secca e del sottobosco. Gli incendi, come la circolazione delle élites, sono fattore indispensabile della dinamica dei boschi. Si veda M. Buchanan, *Ubiquità. Dai terremoti al crollo dei mercati: la nuova legge universale dei cambiamenti*, Mondadori, Milano, 2003, pp. 96-101.

22 Lettera a Ernesto Rossi, 14 settembre 1920; in *Epistolario*, vol. II, p. 1045.

stiche) di propalare filosofie antiscientifiche o, nel linguaggio giornalistico, reazionarie. Tanto più che, come abbiamo detto, se la gerarchia sociale è un fatto residuale e dunque persistente, i suoi elementi – al contrario – non sono inamovibili, ma soggetti al ricambio, spesso anche rapido. Infatti, è l'eterogeneità che produce l'equilibrio sociale, per mezzo della circolazione delle élites, che favorisce il ricambio tra individui di classi e ceti diversi. Roma antica ne è un esempio: favorendo continuamente nuove élites riuscì a perpetuare la propria supremazia. Attinse dapprima alle classi rurali, poi favorì le élites delle province e infine anche quelle barbare. Solo quando non riuscì più a rinnovare le proprie élites il suo potere finì. Espansione e sviluppo non conseguono, dunque, necessariamente da una gerarchia rigida, altrettanto però si può dire di un avvicendamento troppo rapido delle élites. Secondo Pareto, dappertutto il benessere delle nazioni è il risultato di una accorta proporzione tra una gerarchia non troppo rigida e un rinnovamento non troppo rapido. L'assoluta preponderanza di una rigida gerarchia congela la società e frena o arresta ogni sviluppo; la preponderanza di un ricambio tumultuoso o anche rapido rende la società instabile ed i suoi progressi effimeri. Certamente, ogni élite i cui privilegi si siano consolidati tende a chiudersi senza accorgersi che fa il proprio danno e quello della società, ma la stessa cosa avviene anche quando è troppo aperta.[23] Il fenomeno della circolazione delle élites è molte volte celato da diversi avvenimenti. Può essere lento, passare inosservato ed essere constatato soltanto a fatti avvenuti. Al contrario, talvolta si tende a considerare eventi come sommosse, rivoluzioni, dittature, dispotismi, ecc. in modo superficiale, per l'impressione suscitata, precludendosi così una più approfondita analisi. Certo, tali eventi possono essere indicatori o preludere ad un ricambio di élites, ma lo scienziato guarda a ciò che si cela dietro un evento spettacolare:

---

23 Una simile posizione, anche se espressa con altre parole, è quella di Thomas Kuhn, dove spiega i mutamenti storici con l'accumulo di tensione e la successiva liberazione: "sia nello sviluppo sociale che in quello scientifico, la sensazione di cattivo funzionamento che può portare a una crisi è un requisito preliminare di ogni rivoluzione." (*La struttura delle rivoluzioni scientifiche*, Einaudi, Torino 1999, p. 120).

> Lo stato mentale prodotto dall'accumularsi di ottimi elementi negli strati inferiori, di elementi decaduti negli strati superiori, si è spesso manifestato con teorie religiose, morali, politiche, pseudoscientifiche, sull'eguaglianza degli uomini. Onde segue questo fatto paradossale, che è appunto la disuguaglianza degli uomini che li ha tratti a proclamare la loro eguaglianza.[24]

Occorre fare attenzione alle ideologie. La circolazione delle élites è possibile per mezzo delle dissimulazioni o derivazioni più varie, cioè l'élite in formazione cela i propri obiettivi di potenza con mitologie, teologie, o con la proclamazione di ideali, come "la libertà, il suffragio universale, l'uguaglianza, la giustizia sociale, ecc." Pareto attribuisce molta importanza ai miti, consapevole del fatto che gli uomini sono particolarmente sensibili a tutto ciò che viene gabellato per rivendicazione morale; mentre non è altro che celata volontà di potenza.

Ancora, Pareto nota come gli stessi ideali che costituiscono una forza per l'élite in ascesa, possano diventare un motivo di debolezza per l'élite al potere, quando vengano accolti per sentimentalismo. Per questo motivo la borghesia, avendo accettato diversi obiettivi socialisti, ha indebolito la propria posizione, così com'era successo in passato alla nobiltà quando aveva simpatizzato con gli ideali borghesi:

> Un segno che quasi sempre annuncia la decadenza di un'aristocrazia, è l'invasione di sentimenti umanitari e di morbosa sensibilità, perché la rendono incapace di difendere le sue posizioni [...] Ogni élite che non è pronta a dare battaglia, per difendere le sue posizioni, è in piena decadenza; non le resta che lasciare il posto a un'altra élite, avente le qualità virili che a lei mancano. Semplice chimera, se crede che i princìpi umanitari che essa ha proclamato le saranno applicati: i vincitori faranno risuonare ai suoi occhi l'implacabile *vae victis*. La mannaia della ghigliottina si affilava nell'ombra quando, alla fine del secolo passato, le classi dirigenti francesi procuravano di sviluppare la loro 'sensibilità'. Quella società oziosa e frivola, che viveva nel paese da parassita, parlava, nelle cene eleganti, di liberare il mondo dalla 'superstizione e di schiacciare l'infame', senza sospettare che essa stessa stava per essere schiacciata.[25]

---

24 *Manuale*, VII, § 116.

25 Ibid., p. 154.

Pareto ha inoltre dimostrato come il fattore economico nel processo di circolazione delle élites venga utilizzato dagli uni come mezzo di difesa contro l'ascesa della nuova élite e dagli altri (l'élite in ascesa) come un'arma. Rifiuta, però, di attribuirgli un valore esclusivo, o comunque rilevante, giacché anche l'economia è pretesto per derivazioni. Di conseguenza, la circolazione delle élites deve essere ricondotta anch'essa ai residui, nel senso che i residui dell'élite in ascesa sono più potenti di quelli dell'élite in fase calante. Con questo, tuttavia, non si può concludere che l'élite in ascesa sia intrinsecamente superiore a quella che sta per essere rimossa dalla sua posizione. Una volta al potere, sarà anch'essa divisa tra i fautori della conservazione e i fautori del movimento, che intendono prolungare con innovazioni continue il cambiamento intervenuto.

Dunque, il passaggio dall'una all'altra élite non è nient'altro che il passaggio da un equilibrio ad un altro ed il nuovo equilibrio si manterrà come il precedente, cioè conciliando forze contrapposte. Si tratta di un processo infinito: nessuna élite trionferà definitivamente perché nessuna, una volta stabilitasi, è al riparo da nuove rivendicazioni e dalla ricerca di innovazioni. Nemmeno il socialismo sfuggirà (come di fatto non è sfuggito) a tale destino, dice Pareto, che riprenderà questa idea in modo ancor più generalizzante nel *Trattato*:

> le aristocrazie non durano. Qualunque ne siano le cagioni, è incontrastabile che dopo un certo tempo spariscono. La storia è un cimitero di aristocrazie.[26]

L'indebolimento della volontà di resistenza nelle classi dirigenti (specie delle classi dirigenti europee, oggi) e, ancor più, gli sforzi perseveranti che esse fanno, senza averne coscienza, per accelerare la propria rovina, danno oggi pienamente ragione a Pareto quando diceva che si tratta di uno dei fenomeni più interessanti del suo e – aggiungiamo noi – del nostro tempo in Occidente. Ma non è un fenomeno eccezionale: la storia ne fornisce parecchi esempi, come conferma anche Toynbee, e ne darà ancora.

---

26 *Trattato*, § 2053. Altre volte aveva detto in modo più sbrigativo: "Le aristocrazie finiscono di solito col suicidio." (*Manuale*, II, § 106).

Forza e violenza

> La contraddizione tra l'affermare perversa la dottrina che la forza produce il diritto, e lodevole la dottrina che la forza deve imporre il diritto, sfugge per la solita ragione che, nella logica del sentimento, due proposizioni contraddittorie possono sussistere insieme. Le derivazioni dell'accordo coi sentimenti fanno sì che una stessa proposizione è stimata perversa se è dei nemici, lodevole, se è degli amici. Ci sarebbe un modo di togliere la contraddizione e sarebbe di ricorrere ad una derivazione delle entità metafisiche (III-ε), o teologiche (III-ζ). Supponiamo che ci sia un'entità assoluta, quasi un dio, che ha nome *diritto*. È eretico l'asserire che questo dio è *creato* dalla *forza*, è ortodosso l'asserire che egli crea la forza, e quindi naturalmente se ne vale per imporre la sua fede.[27]

Da un punto di vista sociologico la relazione tra demagogia ed emozioni è basilare.[28] Un fattore molto importante nella circolazione delle élites è ciò che Pareto chiama il sentimento e che noi potremmo esprimere in diversi modi: passione, sensibilità, sensazione, impressione, percezione, pregiudizio, se siamo d'accordo sul concetto. Come abbiamo già detto in precedenza, e come Pareto ci fa notare più volte, gli uomini tendono a cercare spiegazioni logiche per le loro azioni, finendo per credere di essere mossi da alti principi e da nobili sentimenti (non è da escludere che in taluni casi sia così) ed è questo l'atteggiamento su cui fanno particolarmente leva le élites che vogliono impossessarsi del potere. Per conquistare l'appoggio delle popolazioni, esse elaborano dottrine intrise di sentimentalismo e basate su ragionamenti che Pareto chiama metafisici (anche qui basta intendersi sul con-

---

27 *Fatti e teorie*, ora in *Scritti sociologici*, p. 912.

28 "Forza e consenso, come si dimostra nel *Trattato di sociologia*, sono i fondamenti del governo. [...] Giova imitare Roma antica, non occuparsi di teologie o di ideologie, badare solo agli *atti*. Governare col solo consenso della maggioranza, sia pure grandissima, non si può, perché occorre tenere a segno i dissidenti. Governare con la sola forza, a lungo, neppure si può. Occorre dunque sapere se c'è il consenso, almeno implicito, dei più. [...] Lasciate gracchiare le cornacchie, *ma siate inesorabili* nel reprimere i *fatti*. Chi li vuol compiere sappia che la forza lo colpirà senza misericordia [...] e il più delle volte non si proverà neppure a compierli." (V. Pareto, "Pochi punti di un futuro ordinamento costituzionale", in *Giornale economico*, 25 settembre 1923; ora in *Scritti politici*, vol. II, pp. 796, 798).

cetto, poi si può chiamarli come si vuole), in grado di causare reazioni emotive che aumentano il consenso nei loro confronti e le aiutano a raggiungere il loro fine.[29]

Una volta al potere, la nuova élite si comporterà (ciò è ineluttabile nella teoria paretiana) come la precedente, abbandonando i grandi ideali e tradendo le aspettative della popolazione, o di quella parte che l'ha aiutata a conquistarlo. Sorgerà quindi un'altra élite pronta a lottare per il potere, che, allo stesso modo delle precedenti, farà leva sulle emozioni popolari per la sua scalata. Così, finché ci saranno elementi con le "giuste qualità virili" per sostituire le stanche élites in decadenza, si perpetuerà la circolazione, che rappresenta – non possiamo non concordare con Pareto – l'unico vero modo di selezione degli uomini e di miglioramento del benessere sociale (ci sembra inappropriata la definizione di cinismo che qualcuno vuole trovare in questa posizione).

Un segno che – come abbiamo già visto – quasi sempre annuncia la decadenza di un'aristocrazia, è "l'invasione dei sentimenti umanitari e di morbosa sensibilità, perché la rendono incapace di difendere le proprie posizioni".[30] La forza è cosa diversa dalla violenza che, invece,

---

29 "Il valersi dei sentimenti esistenti in una società, per conseguire un certo fine, non è intrinsecamente né di utile né di danno alla società; l'utile e il danno dipendono dal fine: se questo giova alla società, vi è un utile, se questo nuoce, vi è un danno (*Trattato*, § 2249)." (*Fatti e teorie*, ora in *Scritti sociologici*, p. 891). Fine che non è altro, se non spodestare l'élite al potere ed acquisirne i beni e i privilegi. Qui è in atto ciò che Luhmann chiama il meccanismo regolativo della doppia contingenza, vale dire quel processo mediante il quale gli individui nelle loro interazioni devono anche valutare l'orientamento che altri individui hanno nei loro confronti. Tale meccanismo regolativo sarebbe per Luhmann un principio ordinatore universale.

30 *Sistemi*, p. 154. È quel che accade oggi in Europa: "Soffia sull'Europa un brutto vento. Si tratta dell'idea che basta aspettare e i guai spariranno da soli, o che si può essere accondiscendenti anche con chi ci minaccia e potremo cavarcela. È lo stesso soffio del vento di Monaco nel 1938. Sembra un sospiro di sollievo, in realtà è un affanno e potrebbe essere un rantolo. Di chi, non sapendo più bene a quali principi dedicarsi, li mescola tutti un'accozzaglia retorica. Di chi decresce in popolazione. Di chi non è competitivo in economia. Di chi investe poco in ricerca. Di chi pensa che lo stato paternalistico e sociale sia un'istituzione gratuita. Di chi non intende assumersi le responsabilità conseguenti alla propria storia e al proprio ruolo. Di chi vuol essere un contrappeso senza sopportarne il peso. Di chi, chiamato a combatte-

accompagna spesso la debolezza. Ci sono individui e classi che, non avendo la forza di mantenersi al potere, usano una violenza odiosa e senza senso:

> Il forte non colpisce, se non quando è assolutamente necessario; ma allora niente lo ferma. Traiano era forte e non era violento; Caligola era violento e non era forte. Se un essere vivente perde i sentimenti che, in date circostanze, gli sono necessari per sostenere la lotta per la vita, è un segno certo di degenerazione, perché l'assenza di questi sentimenti porta, in un avvenire più o meno prossimo, all'estinzione della specie. L'essere vivente che teme di rendere colpo per colpo e di versare il sangue del suo avversario si mette, per ciò stesso, alla mercé del suo avversario.[31]

Il XX sec. ci ha offerto un nutrito numero di esempi di ciò, al punto che sembra superfluo perfino ricordarli. Siamo d'accordo con Pareto che l'indebolimento delle classi dette superiori, la loro rinuncia ad ogni resistenza, ed anzi i loro sforzi inconsapevoli per accelerare la propria rovina, sono uno dei fenomeni più interessanti, o – se si vuole – più inquietanti di ogni tempo. Un passaggio, rilevato anche da R. Aron nella prefazione al *Trattato* di Pareto, edito dalla Librairie Droz nel 1968,[32] è senz'altro significativo al riguardo:

> Ogni popolo che avrà orrore del sangue al punto di non sapersi difendere, diventerà prima o poi vittima di qualche popolo bellicoso. Non vi è, forse, sul nostro globo un solo palmo di terra, che non sia stato conquistato con la spada e dove i popoli occupanti non si siano mantenuti con la forza. Se i negri fossero più forti degli europei, sarebbero i negri a dividersi l'Europa, non gli europei l'Africa. Il 'diritto' che pretendono avere i popoli che si attribuiscono il titolo di 'civili', è del tutto ridicolo; o, per meglio dire, quel diritto non è che la forza.
>
> Finché gli europei saranno più forti dei cinesi, imporranno loro la propria volontà; ma se i cinesi, divenissero più forti degli europei, le posizioni sarebbero rove-

re, dice sempre che, se del caso, quella è l'extrema ratio, intendendo dire che quella ratio non deve essere usata mai." (M. Pera, "Il relativismo, il cristianesimo e l'Occidente"; in M. Pera, J. Ratzinger, *Senza radici*, Mondadori, Milano, 2005, p. 41).

31 Ibid., pp. 154-155.

32 Questa prefazione è possibile trovarla ora anche in R. Aron, *La politica, la guerra, la storia*, Il Mulino, Bologna, 1992, p. 202.

sciate, e non è affatto probabile che proteste umanitarie possano mai essere opposte con qualche efficacia a un esercito.[33]

Così, continua Pareto, nella società, il diritto, per essere una realtà, ha bisogno della forza. Del resto, il diritto ha avuto inizio con la forza di individui isolati ed ora continua con la forza della collettività. Dunque, è decisiva sempre la forza. Siamo qui in presenza di una precisa sociologia della forza. Il sentimento di *benevolenza* dell'uomo verso il suo simile – o *solidarietà,* come si esprime Durkheim, o *fredda fratellanza,* come la chiama M. Weber – che sta alla base della società non è affatto incompatibile, secondo Pareto, col principio della lotta e della lotta di classe. Una difesa, anche molto energica, dei propri diritti può andare perfettamente d'accordo con il rispetto di quelli del vicino. Ogni classe, se non vuole essere oppressa, deve avere la forza di difendere i propri interessi; ma ciò non significa che lo debba fare opprimendo altre classi. Al contrario, l'esperienza potrebbe insegnarle che uno dei mezzi

33 *Sistemi*, p. 155. Interessante a questo proposito una descrizione giornalistica: "Soweto è una ragnatela di contraddizioni [...] dove, sulle bancarelle della miseria, ci sono sì i sacchettini di scarafaggi essiccati e i rivoltanti pezzi di carne macellata non si sa quando, né dove, né da chi. Ma dove pure c'è spazio per due campi di golf, per migliaia di casette dai mattoni rossi, linde ed eleganti [...] che potrebbero benissimo venire traslocate in blocco in un quartiere neanche troppo periferico di Londra o di Toronto. Con una differenza sostanziale: che le casette linde ed eleganti di Soweto oggi sono rigorosamente difese da cani ben poco mansueti, da chilometri di filo spinato, da vigilantes dallo sparo facile." Poi il giornalista usa termini moralistici che, inquadrati in una teoria scientifica, non risultano certo come novità o tradimento: "Eccolo il tradimento più tradimento di tutti: i neri che si difendono dagli altri neri, i neri ricchi che, per immagine o convenienza, hanno scelto di abitare nella township più popolare al mondo, ma che tengono bene a distanza i neri più derelitti." (*Il Giornale*, 21 dic. 2002, p. 12). Ancora è significativo il titolo di un'inchiesta: "Sudafrica, da rivoluzionari a Paperoni. Sono diventati ricchissimi uomini d'affari alcuni leader dell'African national congress, il movimento che ha combattuto e vinto l'apartheid." E la stessa inchiesta continua: "E ora il discriminato diventa il bianco. Suscitano forti critiche le leggi che favoriscono l'accesso al lavoro della gente di colore. L'Employment equity act obbliga le imprese ad assumere chi è storicamente svantaggiato." (*Il Sole-24 Ore*, 17 agosto 2003, n. 224, p. 7) Come dice Pareto, sono i rapporti di forza e la base economica che generano il diritto.

migliori per difendere questi interessi è tener conto, con giustizia, equità e anche benevolenza, di quelli degli altri.[34]

Questo atteggiamento è certamente non solo rispettabile, ma anche auspicabile, di fatto è l'eccesso che diventa nocivo. I sentimenti di benevolenza degenerano spesso in sentimentalismi e di qui nascono le utopie che, secondo i loro autori, devono far regnare la felicità sulla terra.[35] Si ha così che i mezzi proposti per raggiungere il fine sono generalmente semplici, consistendo nell'eliminazione di quelle istituzioni che, esistendo insieme con i mali che si vogliono evitare, vengono considerate causa di questi mali: se l'uomo è infelice vivendo in società, allora, torniamo allo stato di natura e sarà così felice; dato che gli avari desiderano l'oro, sopprimiamo l'oro ed elimineremo l'avarizia; visto che il legame matrimoniale ha molti difetti, sostituiamolo con 'l'amore

34 "Accade la stessa cosa nelle questioni di patologia sociale. L'amore più ardente per il prossimo, il desiderio più vivo di essergli utile, non possono in alcun modo supplire al difetto di conoscenza, che ci impedisce di essere sicuri che le misure da noi proposte non avranno un effetto opposto a quello sperato e non finiranno per aggravare il male che vogliamo guarire." (*Sistemi*, p. 174) È ciò che oggi si dice 'effetti perversi' dell'azione sociale. Continua Pareto: "Ma le persone trascinate dalla passione mal sopportano che così si parli loro il linguaggio della ragione. Esse vogliono 'fare qualche cosa', non importa che cosa, e si indignano, del tutto in buona fede, contro la gente prudente che non cede a questo impulso." Questi concetti saranno poi generalizzati, nel *Trattato*, nelle due prime classi dei residui.

35 Un concetto sostanzialmente simile esprime Toynbee: "Se istituiamo il parallelo, troveremo nel formicaio e nell'alveare, come pure nella *Repubblica* di Platone o nel *Nuovo Mondo* di Huxley, le stesse evidenti caratteristiche [...] caste e specializzazione. [...] le Utopie sono statiche *ex hypothesi*. Poiché queste opere sono sempre programmi d'azione truccati nel travestimento di un'immaginaria sociologia descrittiva; e l'azione che esse mirano a suscitare è quasi sempre la 'fissazione', a un certo livello, di una reale società incamminata su una strada di decadenza [...]. Arrestare una discesa è il massimo cui la maggior parte delle Utopie aspirino, poiché di rado in una società si cominciano a scrivere Utopie se non dopo che i suoi membri hanno perduto ogni speranza di ulteriore progresso. Di qui nasce che in quasi tutte le Utopie – con la notabile eccezione di quell'opera del genio inglese [eccezione rimarcata anche da Pareto] che ha dato il nome a tutto quanto il genere – un equilibrio d'insormontabile stabilità è lo scopo a cui tutti gli altri fini sociali vengono subordinati e, se necessario, sacrificati." (*Le civiltà nella storia*, op. cit., pp. 245-246).

libero'.[36] Ogni epoca ha i suoi 'tic' e i conseguenti termini alla moda: "nel Medio Evo i più valorosi tremavano, se li si chiamava eretici, manichei, pagani, infedeli. Alla fine del secolo XVIII bisognava essere 'sensibile'. Al tempo della rivoluzione, in Francia, la 'virtù', il 'civismo', il 'sanculottismo' erano molto in onore. [...] Ai nostri giorni, il termine 'solidarietà' è divenuto di moda [come anche nei nostri giorni]; ha sostituito quello di 'fraternità', molto usato nel 1848, ma attualmente un po' fuor di moda. Ciascuno in verità intende la 'solidarietà' a suo modo, ma precisamente il senso vago dell'accezione favorisce l'impiego di questo e altri termini[37] simili. Vi è una smania veramente comica nell'usare questo termine, anche in accezioni che sembrerebbero ad esso completamente estranee. In Francia, ogni discorso ufficiale deve comprendere una o più volte il termine di 'solidarietà'; lo si trova anche nelle semplici *réclames* commerciali" [oggi costituisce un fiorente *business*].[38]

Probabilmente neanche Pareto avrebbe mai immaginato che il termine 'solidarietà' sarebbe non solo sopravvissuto cent'anni dopo le sue osservazioni, ma che sarebbe talmente penetrato nelle pieghe della società da diventare – come ormai si può facilmente constatare – abbondantemente stucchevole. Un altro esempio, a proposito di termini alla moda, può essere il socialismo detto 'scientifico',[39] che nasce appunto dal bisogno di dare una forma scientifica alle aspirazioni umanitarie. Nella "nostra epoca la forma scientifica è divenuta di moda, così come era un tempo la forma religiosa".

---

36 Salvo poi chiedere, come si fa oggi nelle società occidentali, una sorta di riconoscimento legale alle cosiddette 'unioni di fatto'. Richiesta concessa dalla maggior parte dei governi europei.

37 *Sistemi*, pp. 222-223.

38 ibid., p. 395.

39 Aveva ragione Pareto quando faceva notare che: "Sarà presto difficile trovare qualcuno che non si dica socialista. V'è un socialismo cristiano o protestante, un altro cattolico, un socialismo alla Tolstoi, parecchi generi di socialismo etico, un socialismo di Stato repubblicano, un altro demagogico, un altro monarchico, un altro, soprattutto in Inghilterra, *imperialista*, dei socialismi anarchici, dei socialismi letterari di varie specie." (ibid., p. 182).

La critica paretiana alle élites e alla cultura occidentali sarà rinnovata negli anni Quaranta del secolo ventesimo da J. A. Schumpeter, il quale denuncerà il ricorrente autolesionismo e i sensi di colpa, non immaginando cosa poi sarebbero diventati questi complessi alla fine dello stesso secolo e all'inizio di questo. E quali danni avrebbe provocato, specie in connessione con il forte, persistente ed ineliminabile *ressentiment* delle élites di una cultura da tempo ormai all'attenzione delle cronache.[40] L'attuale terrorismo, detto con una finzione espressiva 'internazionale', in generale è il prodotto, fra l'altro, dei sensi di colpa e autolesionismo occidentali e particolarmente europei, specie negl'intellettuali e particolarmente nell'ormai ampio proletariato intellettuale[41] interno, cinguettante con l'élite di un proletariato esterno.[42]

Forza ed élite

Una classe è rispettata in ragione della forza che possiede; dunque, se non ha cura dei propri interessi, come può pensare che se ne occupino altre classi, magari rivali? La storia ci insegna che solo le persone capaci di difendere la propria libertà hanno potuto conservarla; alle altre essa è stata ghermita. Del resto, anche se fosse stata loro conservata dalla pietà e il disprezzo dei forti, esse non saprebbero farne alcun uso.[43] Occorre, dunque, coraggio. Quando il mondo diventa incerto, quando ogni decisione diventa pericolosa, l'impulso è quello di fuggi-

40 Più precisamente una cultura e specialmente un'area geografica, da tempo entrata in un'epoca di torbidi.

41 "Non solo l'interesse e il calcolo spinge gli uomini a farsi partigiani di una dottrina; anche lo spirito di imitazione e molte altre cause, fra le quali non si potrebbe dimenticare, [...] l'esistenza di ciò che è stato chiamato un *proletariato intellettuale*." (*Sistemi*, p. 182).

42 Per la nozione di proletariato interno ed esterno si veda A. J. Toynbee, *Le civiltà nella storia*, op. cit., pp. 481-552. Questa pregevole opera pecca clamorosamente nei riferimenti fuori luogo a Mussolini, prodotto del momento storico in cui furono formulati.

43 Ibid., p. 774.

re, nascondersi, aspettando che passi la bufera.[44] Chi ha posizioni di responsabilità non può permetterselo. Prima della Seconda guerra mondiale il primo ministro inglese Chamberlain cercò a tutti i costi la pace con Hitler, concedendogli tutto quanto pretendeva. Churchill, che aveva capito, lo rimproverò con le celebri parole: "Doveva scegliere fra la guerra e il disonore. Ha scelto il disonore, avrà la guerra."

Non esiste alcun mezzo in grado di supplire alla mancanza di energia e di resistenza da parte dell'élite al potere. Quando un'élite affida esclusivamente al potere costituito la difesa dei propri interessi, finisce per perdere proprio le qualità che assicurano l'efficacia di questa difesa. Così, si può dire che in un paese l'evoluzione si compirà in un senso tanto più favorevole al benessere generale, quanto maggiori energie tutte le diverse classi sociali metteranno nel difendere i loro diritti e salvaguardare i loro interessi. Se una di queste classi 'diserta il suo posto di combattimento', non solo va verso la sua rovina, ma fa il male di tutta la nazione.[45] Pareto osserva che uno sciopero di 'capitalisti' sarebbe un'arma ben più temibile che uno sciopero di operai;[46] "ma per fare uso di un arma, non basta possederla, bisogna avere il coraggio di usarla, esattamente ciò che manca ai borghesi: [...] Bisogna notare che tutto l'apparato lacrimoso di sentimentalità e d'ascetismo della borghesia non l'ha minimamente migliorata, moralmente".[47] Le due élites diverse sono chiaramente riconoscibili: una piena di vigore che sorge; l'altra, infiacchita, che decade. Questa che non sa difendere i suoi diritti, sa, però, perfettamente usurpare quelli degli altri, "purché ciò avvenga con la frode e non con la forza".[48] Per esempio, essa si fa pagare

44 "[...] L'idea stessa di essere bersagli di una guerra fa paura [la guerra dichiarata all'Occidente]. Ma si è sicuri che proprio la paura non alimenti la mano dei belligeranti? Che l'arrendevolezza paghi? Che il risultato di un cedimento al ricatto non sia un altro ricatto e un altro cedimento? Che non sia preferibile e più utile mostrarsi invece fermi e decisi nella difesa delle nostre buone ragioni?" (M. Pera, "Il relativismo, il cristianesimo e l'occidente", in op. cit., p. 43).

45 *Sistemi*, p. 784.

46 Sappiamo la svolta che ha determinato la 'marcia dei quarantamila' quadri della Fiat a Torino negli anni Ottanta del secolo scorso.

47 *Sistemi*, p. 785.

48 Ibid.

dai contribuenti premi per certe produzioni, ottiene dazi doganali protettivi e ricorre all'aggiotaggio, per appropriarsi dei beni altrui:

> Molti credono che, se si potesse trovare una ricetta, per fare scomparire 'il conflitto fra il lavoro e il capitale', anche la lotta di classe scomparirebbe. È questa un'illusione, della specie numerosa di quelle, che confondono la forma con la sostanza. La lotta di classe non è che una forma della lotta per la vita, e ciò che si chiama 'conflitto fra il lavoro e il capitale' non è che una forma della lotta di classe. Nel Medio Evo si sarebbe potuto credere che, se i conflitti religiosi fossero scomparsi, la società sarebbe stata pacificata. Quei conflitti religiosi non erano che una forma della lotta di classe; sono scomparsi, almeno in parte, e sono stati sostituiti dai conflitti socialisti. Supponete che il collettivismo sia istituito, supponete che il 'capitale' non esista più [ciò che nel corso del XX sec. è accaduto], è chiaro che allora non sarebbe più in conflitto col lavoro; ma non sarà che una forma della lotta di classe, che sarà scomparsa: altre la sostituiranno. Conflitti sorgeranno fra le diverse specie di lavoratori dello Stato socialista, fra gli 'intellettuali' e i 'non-intellettuali', fra le diverse specie di politici, fra questi e i loro amministrati, fra innovatori e conservatori.[49]

Sembra proprio che non ci sia niente di nuovo. Pareto conclude con una domanda retorica, chiedendo se c'è chi creda sul serio "che l'avvento del socialismo inaridirà completamente la fonte delle innovazioni sociali, che la fantasia degli uomini non genererà più nuovi progetti, che l'interesse non spingerà certi uomini ad adottare progetti, nella speranza di conquistare un posto preponderante nella società"? Le risposte che si aspettava sono state poi date dalla storia del XX secolo e le possiamo sintetizzare con Landes: "Fino a tempi recenti, di tutti i mille e passa anni di quel processo che la maggior parte dell'umanità chiama progresso, l'elemento chiave – la forza propulsiva

---

49 Ibid., p. 787. In una nota Pareto anticipa quella che poi sarà la storia delle classi dirigenti del socialismo e del comunismo nel XX secolo, non solo fino alla caduta del muro di Berlino nel 1989, ma anche oltre, specie qui da noi in Italia e sotto i nostri occhi, giorno per giorno: "Parlando dei Congressi operai in Francia, Jean Bourdeau, *L'évol. du soc.*, p. 208, dice: La storia di questi congressi operai, che de Seilhac ha raccontato, è piena di accanite rivalità dei caporioni e di scissioni interminabili. In fondo, è una vera lotta di classe nello stesso seno del socialismo, fra l'elemento demagogico borghese e l'elemento operaio, fra gli 'intellettuali' e i 'manuelards'."

– è stato la civiltà occidentale e la sua diffusione: il suo sapere, le sue tecniche, le sue ideologie politiche e sociali, nel bene e nel male. Diffusione scaturita in parte dal dominio esercitato dall'Occidente (perché sapere e *know-how* significano potere), in parte dai suoi insegnamenti, in parte dall'emulazione."[50] In conclusione, la lotta per la vita o per il benessere è un fenomeno generale per gli esseri viventi e tutto quanto noi ne sappiamo ce la fa conoscere come uno dei fattori più potenti della conservazione e del miglioramento della specie (generalizzerà poi questi concetti nella quinta classe dei residui).[51] Una conclusione simile a quella posta alla fine del *Cours*. Non siamo d'accordo con Papafava quando afferma[52], nella sua peraltro ottima recensione ai *Systèmes* (una delle poche nel corso di cent'anni che meriti di essere ricordata), che i due volumi paretiani sono "un cimitero di speranze"; al contrario, ci sembra che dica esattamente ciò che egli stesso aggiunge subito dopo e cioè che "il mondo risuona più che mai di riformatori ed è fiorente di speranze". Dice bene, invece, e certamente Pareto sarebbe stato d'accordo e noi con lui, allorché continua: "e guai se non fosse così, guai se la storia insegnasse. L'ignoranza conserva l'umanità eternamente giovane." La storia insegna, ma a pochi, non ai più. Ed è per questo che si ripete. Perché i più restano eternamente giovani. Un modo di pensare che permise a Pareto nel suo ultimo scritto – nell'estate del 1923, un mese prima della morte – di prevedere lucidamente l'evoluzione del fascismo mussoliniano:

> Vi sono grandi correnti di sentimenti che mai scompaiono, sebbene possano apparire più o meno alla superficie. Di questo genere sono la corrente delle fede, e quella dello scetticismo, dell'ideale e del materialismo, delle religioni positive e del libero pensiero (che è poi anche esso una religione). S'inganna chi crede di poterle sopprimere. Sotto l'ideologia democratica scorreva la corrente del fascismo, che

50 D. S. Landes, *La ricchezza e la povertà delle nazioni*, op. cit. p. 542. Per una più ampia disamina di questi temi e dell'intera opera di Landes si veda il saggio di R. Vivarelli, "Problemi del nostro tempo nell'opera di David S. Landes", in *Rivista Storica Italiana*, a. CXV, 2003, pp. 240-284.

51 *Sistemi*, pp. 787-788.

52 F. Papafava, "Il secondo volume dei 'Systèmes socialistes' del Pareto", *Giornale degli economisti*, 1903, p. 461.

dilagò poi alla superficie. Ora, sotto di essa rimane la corrente avversa. Attenti a che, a sua volta, non dilaghi! Attenti a non darle forza con il volerla fermare del tutto! I peggiori nemici di un ordinamento sono coloro che vogliono spingerlo agli estremi.[53]

L'élite di governo

L'élite di governo è divisa per scopi di analisi in due categorie: da una parte coloro che, direttamente o indirettamente, hanno un ruolo notevole nel governo e sarà detta la classe eletta di governo, dall'altra tutti coloro che non rientrano in questa e sarà classe eletta non di governo. Pareto è interessato soprattutto alla prima (fig. 26), la quale non costituisce soltanto una aristocrazia, ma, il più delle volte, una 'oligarchia'. Nello stesso tempo in cui gestisce gli affari di un paese, essa lavora anche per sé, sia che rinforzi le sue strutture per accrescere la propria potenza, sia che i suoi membri si arricchiscano. Questa oligarchia può presentarsi storicamente in forme anche molto diverse: parlamento, comitato direttivo di un partito, ecc., ma sebbene tali raggruppamenti siano meno evidenti alla maggior parte della popolazione, l'oligarchia esiste comunque. Di fatto, nei suoi ranghi non bisogna contare soltanto i personaggi che adempiono a funzioni ufficiali, ma anche coloro che agiscono tra le quinte in quanto consiglieri, collaboratori e simili.

L'élite di governo può essere divisa nelle seguenti categorie: (*A*) gli uomini che seguono rigidamente certe regole di condotta, avendo ben presenti dei fini ideali; in generale, sono onesti, ma a volte anche fanatici e settari e tra loro sono i residui della classe seconda a prevalere. (*B*) gli uomini che hanno come obiettivo il proprio bene e quello dei loro clienti e che a loro volta sono distinti in: (*B-α*) uomini soddisfatti dal piacere del potere in sé e dagli onori che questo comporta e che lasciano ai propri clienti gli utili materiali e (*B-β*) uomini che ricercano utili materiali per sé e per i propri clienti. Sono gli appartenenti alla seconda categoria, presso i quali prevalgono i residui della classe prima, più adatti a governare rispetto ai precedenti (*A*), i quali "sono una zavorra, che peraltro

53 *Pochi punti di un futuro ordinamento costituzionale*, in op. cit., p. 799.

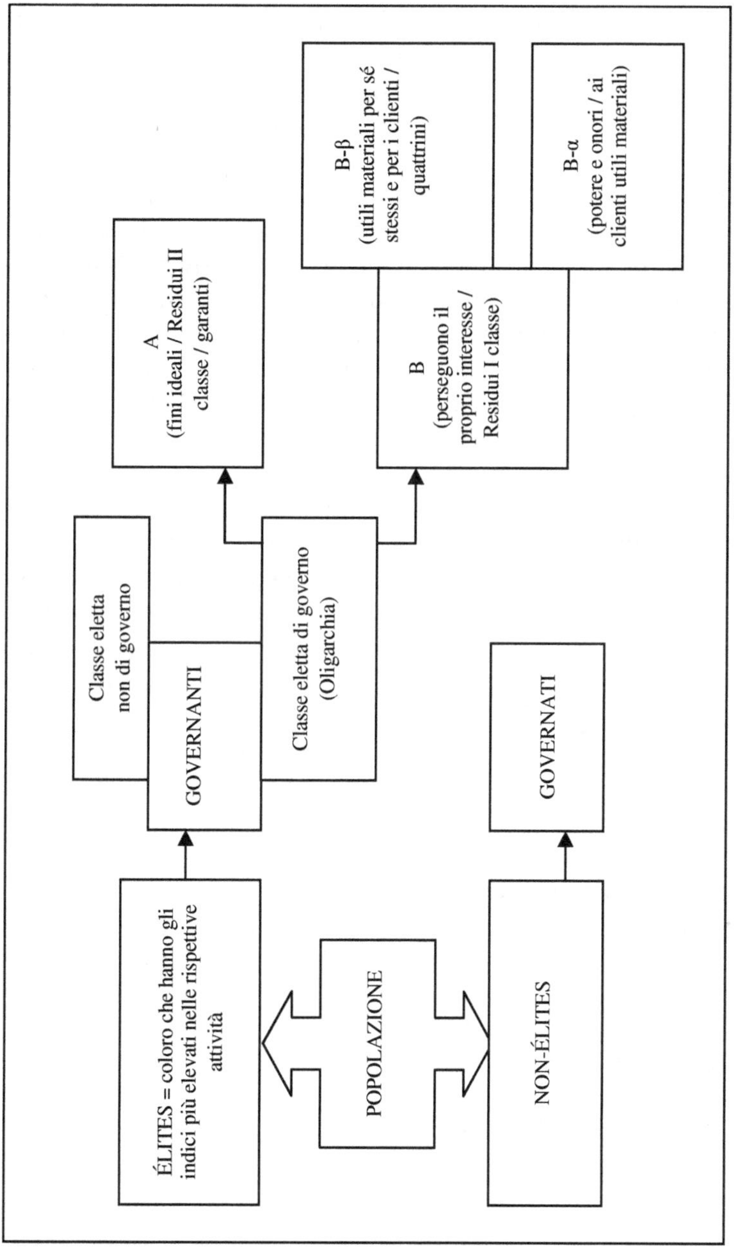

Fig. 26 Composizione delle classi elette

giova per dare una certa tinta di onestà al partito". I (B-α), in generale, passano per onesti e di conseguenza possono svolgere il ruolo di garanti, mentre i (B-β) passano per disonesti, sebbene il più delle volte costino al paese meno dei (B-α), la cui onestà personale copre spesso corruzioni e spoliazioni diverse.[54]

Ciò significa che la classe di governo non è più omogenea dello strato superiore in generale, né della società nel suo complesso. Da un punto di vista sociologico sarebbe dunque errato farle sempre credito di disegni accuratamente ponderati, come quelli indicati nei programmi: "l'inclinazione a personificare le astrazioni o anche solo a dare ad esse una realtà oggettiva fa sì che molti si figurano la classe governante quasi come una persona, o almeno come un'unità concreta, e suppongono che abbia un'unica volontà e che, mercé logici provvedimenti, rechi ad effetto i concepiti disegni."[55]

Pareto illustra questa eterogeneità tramite l'opposizione dei redditieri (R) e degli speculatori (S), che, in quanto tale, è senza dubbio tipica dei paesi capitalisti, ma che può essere rintracciata sotto altre forme in diversi regimi. In effetti, egli precisa che, malgrado certi tratti comuni, non c'è identità tra quelli che chiama redditieri e i conservatori e nemmeno tra gli speculatori e i progressisti o i rivoluzionari. Allo stesso modo, non si deve intendere la distinzione esclusivamente nel suo aspetto economico. La differenza tra le due categorie si riferisce in maggior misura ai residui: negli (R) predominano quelli della classe seconda e negli (S) quelli della prima. I redditieri sono prevalentemente conservatori, ostili alle novità e tra loro si trovano quelli che Pareto definisce gli 'abbarbicati'. Gli speculatori sono innovatori, internazionalisti, 'sradicati', poiché sempre alla ricerca di esercitare il proprio lavoro e realizzare buone operazioni dovunque sia più opportuno. Da una parte, si ha a che fare con esseri prudenti, timorosi, chiusi, che rifuggono dall'avventura ed evitano i rischi, esseri dai tenaci pregiudizi e dall'orizzonte limitato; dall'altra con esseri audaci, conquistatori, e-

54 *Trattato*, § 2268.

55 Ibid., § 2254. In questo senso anche C. Wright Mills è d'accordo. Si veda *The Power Elite*, New York, 1956.

suberanti, combattivi, pronti a recepire le novità, che non si perdono mai d'animo, capaci di diventare socialisti o anarchici, secondo che l'una o l'altra di queste correnti abbia delle possibilità di pervenire al potere. Redditieri e speculatori si trovano in tutte le classi superiori, di modo che la politica di un paese muta secondo che predominino gli uni o gli altri e, tuttavia, ognuna delle due categorie svolge un ruolo importante nella società: gli speculatori lavorano per lo sviluppo economico e sociale e quindi per il mutamento; i redditieri svolgono invece una funzione di stabilità, che opera un contenimento all'avventuroso muoversi della categoria degli speculatori. Se in una società prevalgono i redditieri, essa rimane immobile, come cristallizzata; se prevalgono gli speculatori manca di stabilità, è in uno stato di equilibrio instabile, che può anche essere distrutto da un lieve accidente. Oppure – come dice Pareto – nel primo caso un paese rischia di soffrire economicamente, nel secondo caso di soffrire politicamente. C'è da dire, tuttavia, che i tipi estremi sono rari, mentre i tipi intermedi sono più comuni.

L'opposizione tra i due gruppi può anche, all'occorrenza, tramutarsi in conflitto. L'unità delle classi dirigenti non esiste. Le élites combattono tra di loro e, in fondo, riflettono l'eterogeneità sociale. Pareto a questo punto è interessato al modo in cui esse si affannano ad ottenere il favore delle classi sottoposte, cioè dei governati. Modalità che è invariabile, in quanto si tratta del rapporto tra il potente e la clientela. È innegabile che anche la classe dirigente agisca sulla base di residui: "la classe governante adopera per mantenere il suo potere individui della classe governata, che si possono distinguere in due categorie, corrispondenti ai due mezzi principali con i quali tale potere si assicura, cioè una categoria usa la forza, come sarebbero i soldati, gli agenti di polizia, i bravi dei secoli passati; l'altra usa l'arte e, dalla clientela dei politicanti romani, giunge sino a quella dei politicanti nostri contemporanei."[56]

Ma è soprattutto degno di nota lo sfruttamento delle derivazioni (demagogia), sia per impadronirsi del potere, sia per mantenervisi. Spesso essa fa appello alla classe governata da un punto di vista istitu-

56 Ibid., § 2257.

zionale ed un altro mezzo consiste nel creare prosperità economica. Ma il modo più efficace è agire sulle idee ed in particolare sbandierare idee morali. Come abbiamo detto, l'aspetto etico è quello che maggiormente fa impressione sulle persone e sulle popolazioni ed è per questo che gli avversari, o i nemici religiosi o politici o economici sono volentieri accusati, a torto o a ragione, di venir meno alle norme della morale. È in nome di giustificazioni morali che si è legittimato il suffragio universale e in nome delle stesse norme si vuole imporlo ad altre popolazioni.[57] Così per l'idea di uguaglianza. Alle giustificazioni morali si aggiungono anche il diritto, il bene pubblico, ecc. Che cosa non si è scritto e non si scrive a proposito di quella finzione detta 'Stato di diritto', meglio detto da Pareto 'Stato etico' o, piuttosto, entità funzionale – poggiante sulla finzione della scolastica tripartizione dei poteri – alle varie fazioni (interne alle élites) di volta in volta dominanti. Quasi sempre dietro tutto ciò si cela una lotta di élites concorrenti. Anche la rivoluzione più cruenta è sempre e soltanto un mezzo per sostituire un'oligarchia ad un'altra oligarchia.

La legge ferrea dell'oligarchia di Michels

> Le classi inferiori hanno bisogno di una morale unitaria, la quale poi vale anche a lenire le loro sofferenze. Questa situazione ha fatto sì che nelle democrazie si è procurato di dare l'apparenza del potere al popolo, e la sostanza del potere ad una parte eletta, fin ora hanno prosperato solo le democrazie dove ciò si è potuto eseguire.[58]

La struttura di un'organizzazione si riferisce principalmente all'insieme delle relazioni di potere che intercorrono tra i suoi membri. La teoria fondamentale a questo riguardo è la 'legge ferrea dell'oligarchia' di Roberto Michels:

---

57 Ibid., § 2262.

58 *Manuale*, II, §§ 113, 115.

> Chi dice organizzazione, dice tendenza all'oligarchia. L'organizzazione ha nella sua fisionomia spiccati lineamenti aristocratici. [...] il formarsi di rami speciali di attività, la differenziazione politica che è conseguenza inevitabile dell'estendersi dell'organizzazione, induce i soci necessariamente a darsi una così detta direzione tecnica, ed a conferire qualsiasi potere deliberativo, come cosa che esige specifiche qualità di duce, ai soli capi. [...] L'organizzazione quindi spacca definitivamente ogni partito in una minoranza che governa ed una maggioranza che ne è governata. [...] Col crescere dell'organizzazione aumentano i compiti degli amministratori, mentre la possibilità di sorveglianza si restringe e l'ambito degli obblighi e delle diverse sfere d'azione si allarga, si divide e si suddivide ancora. [...] Il controllo democratico si ritrae nei limiti d'una sfera sempre più ristretta. Un numero ognora maggiore di funzioni, già esercitate dalle assemblee autonome e sovrane dei soci, passa nelle mani dei comitati. Così s'innalza un potente edificio, di struttura complessa. Il principio della divisione del lavoro si fa strada e le competenze si dividono e si suddividono. Si forma una gerarchia rigorosamente delimitata, con numerose gradazioni. La scrupolosa osservanza della via burocratica diventa l'articolo primo del catechismo in cui i doveri del partito sono annoverati. La tendenza burocratica ed oligarchica assunta dalla organizzazione dei partiti anche democratici è da considerarsi senza dubbio quale frutto fatale d'una necessità tecnica e pratica. Essa è il prodotto inevitabile del principio stesso dell'organizzazione.[59]

La teoria di Michels, valida per i partiti politici, è stata in seguito applicata anche ai sindacati, alle associazioni professionali e private e alle assemblee legislative, ecc. In sintesi, secondo tale teoria, coloro che prendono le decisioni sono relativamente pochi rispetto al numero totale degli aderenti. Un piccolo numero di affiliati tende a costituire un gruppo informale, o una cricca, le cui discussioni interne restano quasi del tutto estranee agli affiliati.[60] Ogni divergenza tende ad essere risolta

---

59 R. Michels, "La democrazia e la legge ferrea dell'oligarchia", in *Rassegna Contemporanea*, a. III, fasc. V, Roma, 1910; ora in R. Michels, *Potere e oligarchie*, Antologia 1900-1910, a cura di E. A. Albertoni, Giuffrè, Milano, 1989, pp. 499-501.

60 Ibid.: "Il formarsi d'un gruppo direttivo di professione conduce altresì ad un aumento considerevole della disparità di cultura che intercede fra i condottieri ed i condotti. Una lunga esperienza, basata sulla storia, insegna che gli elementi del dominio, esercitato dalla minoranza sulla maggioranza, vengono formati sopra ogni altra cosa, oltre dal fattore del denaro e del capitale – *la superiorità economica* – e dal fattore della tradizione e dell'educazione – *la superiorità storica* – del fattore della cultura formale – *la superiorità intellettuale*." (p. 503).

in privato, in modo che il gruppo egemone presenti all'esterno un fronte compatto e unitario. I dirigenti occupano le loro cariche per lunghi periodi di tempo: le forme democratiche vengono mantenute in vigore, ma i funzionari riescono a farsi rieleggere più volte. La selezione della dirigenza avviene dall'alto con la cooptazione di nuovi membri da parte del gruppo dirigente. A causa di quest'insieme di fattori i dirigenti sono, secondo Michels, poco influenzabili dalle opinioni e dalle richieste della base, e, dunque, i loro obiettivi tendono a divergere da quelli dei seguaci. Essi tendono a dare maggior peso a pratiche concrete, che rafforzano nell'organizzazione il proprio potere personale e sono per questo meno attaccati agli ideali che avevano dato vita al gruppo o all'organizzazione. Di conseguenza il conflitto è sempre presente – a volte latente e a volte aperto – fra dirigenti e affiliati a causa della divergenza di obiettivi e interessi. Solitamente sono i dirigenti a prevalere in questi conflitti, data la loro possibilità di mobilitare la maggioranza (normalmente amorfa) a loro sostegno. Con le parole di Michels: "chi dice organizzazione dice tendenza all'oligarchia":

> Ma vi è ancora un altro coefficiente, che contribuisce non poco a produrre il medesimo effetto. Il moderno partito politico è altresì un'organizzazione di guerra. Come tale, esso deve piegarsi alle leggi della tattica. Ora, la legge fondamentale della tattica è la prontezza alla battaglia, la indefessa preparazione alla lotta. Ora, democrazia e prontezza alla battaglia, sono concetti assolutamente inconciliabili. [...] Una grande organizzazione è, già di per sé, un meccanismo di molta pesantezza [...] la perdita di tempo che ne deriverebbe se si volesse spiegare alle masse i singoli problemi quotidiani che richiedono rapide decisioni, sia pur solo in modo che esse acquistino una capacità relativa a giudicarne, portano con sé l'impossibilità d'un regime democratico nella sua schietta forma originaria, giacché con questo non si potrebbe fare se non una politica di ritardi e di buone occasioni mancate [...] Così dunque – per motivi d'indole tecnico-amministrativa e di tattica – si va formando un corpo direttivo di professione, il quale, sulla base di procure, accudisce da padrone agli affari della massa. Le masse delegano un piccolo numero di singoli individui, che le rappresenta permanentemente.[61]

61 Ibid., pp. 501-502.

Sulle basi dell'approccio paretiano, Michels individua i meccanismi di base dell'agire politico (nelle comunità locali, governi regionali e nazionali, ecc.), fornendo uno strumento chiave per indagini sul potere locale, come su quello nazionale o sovranazionale:

> La naturale sete di dominio dei capi viene assecondata dal naturale bisogno della folla di venir guidata, nonché dalla sua indifferenza. Alle masse è proprio un profondo impulso al venerare delle persone. Nel loro primitivo idealismo, esse hanno bisogno di divinità terrestri, alle quali si attaccano di affetto cieco, quanto più aspramente la durezza della vita le afferra. Sovente questo bisogno di adorare è l'unico *rocher de bronze* che sopravviva alla metamorfosi delle loro convinzioni. Negli ultimi anni, gli operai delle fabbriche della Sassonia sono divenuti, da pii protestanti, socialisti-democratici. Può ben darsi che tale evoluzione abbia provocato in essi l'inversione di tutti i valori. Ma dalla parete del modesto abituro essi non tolsero l'obbligatorio ritratto di Lutero che per sostituirlo con quello di Bebel, appunto come nell'Emilia, ove i lavoratori della terra han subito la medesima evoluzione, l'immagine della santissima Madonna non cedette il posto che a quella dell'on. Prampolini, od a quella di Enrico Ferri il "flagellatore della camorra". Sotto le macerie del loro modo di pensare nel passato, la colonna trionfale del bisogno di adorare rimase in piedi ed intatta. [...] Tutte le parole usuali per esprimere il dominio della massa o dalla maggioranza, come sarebbero Stato, cittadinanza, rappresentanza popolare, partito, ecc., indicano soltanto un principio legale, soltanto un ideale, uno scopo, ma non un fatto reale ed esistente.[62]

In sintesi, la teoria michelsiana ritiene inevitabile nei regimi democratici moderni la formazione di oligarchie. Spiegando questa tendenza, produce una concezione sociologica della mente sia dal punto di vista dell'individuo che del gruppo. La legge o uniformità sociologica – scoperta nella sua analisi dei partiti politici, ma estensibile a qualunque organizzazione – è la seguente:

> L'organizzazione è la madre della signoria degli eletti sugli elettori. L'organizzazione di ogni partito rappresenta una potente oligarchia, basata su piede democratico [...]. Sulla base democratica s'innalza nascondendola la struttura oligarchica dell'edificio.[63]

---

62 Ibid., pp. 507-08 e 524.

63 Ibid., p. 515. Secondo P. Hoffman, "l'economista americano K. Arrow stupì [...] matematici ed economisti [circa quarant'anni dopo Pareto, Michels e pochi altri]

Le classi sociali

Il concetto di classe sociale e quello correlato di lotta delle classi, specialmente dopo gli studi sulla distribuzione della ricchezza e la scoperta della relativa curva asimmetrica, sono per Pareto nozioni complesse. Vari caratteri contribuiscono a costituire le classi sociali: può essere talvolta la nascita, una comunanza d'origine o di pratica religiosa, l'esercitare lo stesso tipo d'occupazione, ecc. Tuttavia, tra queste, grande importanza ha il diverso grado di ricchezza. Pareto non nega la marxiana coscienza di classe, ma non ammette che questa possa essere sufficiente a caratterizzare il fenomeno della classe, a causa dell'inevitabile scarto tra fatto oggettivo e fatto soggettivo. Infatti, la felicità e l'infelicità sono sentimenti essenzialmente soggettivi. Certo, al di sotto di un certo livello di povertà il fatto soggettivo si confonde col fatto oggettivo; ma, al di sopra di questo, non si può stabilire una corrispondenza perfetta tra il fatto soggettivo della felicità o dell'infelicità e il fatto oggettivo di una somma più o meno grande di ricchezza.

---

con una dimostrazione convincente del fatto che qualunque sistema di voto democratico concepibile può fornire risultati antidemocratici. La sconvolgente dimostrazione di Arrow, che si ispirava alla teoria dei giochi, suscitò immediati commenti negli ambienti accademici di tutto il mondo". Un anno dopo, nel 1952, P. Samuelson, vincitore poi di un premio Nobel per l'economia, si espresse in questo modo: "La ricerca della democrazia perfetta, da parte dei grandi intelletti della storia, risulta essere la ricerca di una chimera, essendo logicamente contraddittoria. Oggi gli studiosi di tutto il mondo – in matematica, politica, filosofia ed economia – stanno cercando di salvare il salvabile dopo la scoperta devastante di Arrow, la quale è per la politica matematica ciò che il teorema di K. Gödel del 1931 sull'impossibilità di dimostrare la non contraddittorietà è per la logica matematica." La dimostrazione di Arrow, detta 'teorema dell'impossibilità', in quanto dimostrava che la democrazia perfetta è impossibile, contribuì a fargli vincere il premio Nobel per l'economia nel 1972. "Le conseguenze della 'devastante scoperta' di Arrow, uno dei primi e più sorprendenti risultati della teoria dei giochi, sono ancora oggi avvertibili." Precisiamo che Hoffman non è un divulgatore qualsiasi. È "laureato ad Harvard nel 1978, caporedattore della rivista *Discover*. Ha una rubrica permanente su *Science Digest* e ha pubblicato vari libri di divulgazione matematica" (P. Hoffman, *La vendetta di Archimede, gioie e insidie della matematica*, Bompiani, Milano, 1990, pp. 217-218)

Come ogni altro raggruppamento, la classe è eterogenea; essa, infatti, si divide al suo interno non soltanto in ragione della divergenza degli interessi, ma anche della differenza dei residui che animano i suoi membri. Secondo Pareto è stata ed è nociva la confusione tra coloro che ricavano un frutto dai loro possessi e dai loro risparmi e gli imprenditori, chiamati indistintamente capitalisti, in quanto così non si riesce a spiegare il fenomeno economico e ancor meno il fenomeno sociale. In realtà, queste due categorie di persone hanno spesso interessi diversi, tra loro ancor più contrastanti di quelli che contraddistinguono i cosiddetti 'capitalisti' e i 'proletari'. La concezione di una rigida separazione delle classi può essere teorizzata per motivi di lotta politica, ma nella realtà sociale tra di esse esistono scambi e relazioni costanti e inevitabili. Infatti, dice Pareto, le classi sociali non sono del tutto separate neppure nei paesi ove esistono le caste, mentre nelle nazioni civili moderne avviene un'intensa circolazione tra le varie classi: "bisogna notare che la collettività indicata col termine di 'borghesia' non solo è lungi dal comprendere l'intera classe che volgarmente ha questo nome, ma che altresì non è omogenea; devesi scindere in più parti. Vi sono gli ingenui, che probabilmente ne costituiscono il maggior numero, e per essi vale il sin qui detto; vi sono poi i fanatici umanitari, i fedeli del 'divin proletariato', inoltre, i furbi e gli avveduti ricercatori del proprio bene; sono pochi ma operano più di tutti. Fra essi abbiamo i plutocrati, che vogliono commerciare con la Russia e ottenersi concessioni e privilegi, facendoli in parte pagare da contribuenti del proprio paese; poi i governanti che si studiano, con concessioni agli avversari, di ammansirli e di costituirsi maggioranze parlamentari, di raggiungere altri fini politici, come fa l'Inghilterra, che spera, forse invano, sottrarre i possessi asiatici alla propaganda bolscevica."[64]

Soltanto una teoria dogmatica e metafisica (qui Pareto si riferisce al socialismo e al marxismo) può dissociare ciò che nella realtà sociale si mescola in modo più o meno indistinto. Di fatto, la più evidente rivalità tra classi cela una accesa rivalità tra le élites; un'élite, cioè, si ap-

64 "Previsione di fenomeni sociali", *Rivista d'Italia*, 15 aprile 1922; ora in *Scritti sociologici*, p. 1127-1128.

poggia su una certa classe per indebolire o sconfiggere un'altra élite, la quale, per la sua situazione economica o per reazione, si erge a difesa di un'altra classe. Secondo le epoche e le circostanze, la lotta tra le élites prende spunto da rivalità religiose, o da rivalità economiche, o da rivalità di altro tipo. Pareto – in accordo con Marx – non ha alcuna difficoltà ad ammettere la realtà della lotta di classe, di cui si trovano le tracce in ogni pagina della storia; aggiunge però che essa non ha luogo soltanto tra due classi (proletari e capitalisti), ma si ritrova fra un'infinità di gruppi con interessi diversi e soprattutto fra élites che si contendono il potere.

Queste parti elette, come abbiamo visto, però non durano, ma si rinnovano continuamente e paradossalmente proprio per il valore che si annette all'uguaglianza tra gli esseri umani (che da un punto di vista scientifico è nullo), "oggettivamente parlando esso viene più volte usato come mezzo per sostituire un'aristocrazia con un'altra". Ha così luogo, tra l'altro per mezzo della rivendicazione ugualitaria, il fenomeno della circolazione. Tutto questo, date le premesse assiologiche di Pareto: "la società umana non è omogenea, essa è costituita da elementi che differiscono più o meno come il sesso, l'età, la salute, la forza fisica, ecc., ma anche per elementi meno importanti come le qualità intellettuali, morali, il coraggio [...] L'asserzione che vuole gli uomini oggettivamente uguali è quindi assurda."[65]

Élites e mobilità

In generale, Michels riteneva impossibile forzare la vita sociale in schemi; tuttavia, questo suo convincimento non gli impedì di creare delle generalizzazioni, ma solo in quei campi della vita sociale che presentavano un elevato grado di regolarità. In questi campi egli formulò principi e uniformità veramente nuovi e fertili. Il suo principio del 'destino delle classi politiche' e la sua legge (uniformità) relativa all'esistenza in tutte le classi – non importa quanto democratiche – di una éli-

65 *Manuale*, II, § 102.

te, sono esempi di generalizzazioni espresse ed analizzate nei numerosi scritti. Troviamo[66] analisi profonde (il linguaggio tipico dell'epoca non muta la sostanza) della incapacità delle 'masse' a governarsi, incapacità che porta alla formazione di una oligarchia dominante, non solo nei partiti ma anche nei paesi democratici. Un fenomeno che ha luogo anche quando i principi della democrazia tendono ad oscurare l'azione effettiva del principio gerarchico.

Prima di classificare i diversi tipi di leadership in relazione alla loro specifica morfologia, Michels vuole accertare e darsi ragione della stessa esistenza di una scissione insuperabile tra la minoranza che dirige e la maggioranza che è diretta. A questo scopo – come è ribadito varie volte sia nella *Sociologia del partito politico*, sia negli scritti che rispetto ad essa lo stesso Michels definisce 'preparatori' – egli si inserisce in quella grande tradizione – enormemente ricca di suggerimenti e di spunti – di rappresentazioni della politica che da Rousseau, Kant, attraverso le varie tendenze del socialismo francese e dell'anarchismo e Spencer, giunge, infine, a Pareto e Mosca, non senza prendere le distanze dai primi e agganciarsi specialmente agli ultimi due:

> E così ebbe origine una grande superstizione politica; quale essa sia, è stato espresso, con parole efficaci da H. Spencer: La grande superstizione politica del passato era il diritto divino del re. La grande superstizione politica presente è il diritto divino del parlamento. Sembra che l'Olio Santo sia inavvertitamente gocciolato su dalla testa di una sola persona sulla testa della moltitudine, ed abbia in tal modo tra-

66 *Zur Soziologie des Parteiwesens in der modernen Demokratie. Untersuchungen über die oligarchischen Tendenzen des Gruppenlebens*, Leipzig. 1911; trad. it., *La Sociologia del partito politico nella democrazia moderna. Studi sulle tendenze oligarchiche degli aggregati politici*, Utet, Torino, 1912; nella prefazione alla prima edizione chiarisce: "Io mi sono proposto questo compito con intenti puramente scientifici. Libero da ogni pregiudizio, mi sono lasciato influenzare solo dai dati che mi fornisce la vita sociale stessa. Anche se ho speso i miei anni migliori per la causa della democrazia, non ho esitato a sottoporla alla autopsia più severa." Non era un compito facile, come non lo è oggi ed è per questo, a scanso di equivoci che Michels premette alla prefazione detta, l'espressione: "Per amore della scienza in odio a nessuno", dato che diceva, vi sono individui – da evitare – che in materia politica o religiosa perdono immediatamente la serenità d'animo. Tali studi e preoccupazioni continueranno fino alla fine dei suoi giorni. Si veda *Studi sulla democrazia e sull'autorità* (1933).

> smesso il suo carattere sacro a questa, nonché alle leggi da essa stipulate (*The Man versus the State*). Imperocché ben prima di Spencer, spettatore della tragicommedia democratica nell'Inghilterra dell'Ottocento, il nocciolo della causabilità è stato indicato da un pensatore francese del Settecento, che visse anteriormente al sorgere delle istituzioni democratiche, ma che viene considerato dalla Storia priva di critica, quale padre spirituale della democrazia medesima, il Rousseau. Egli dice: prendre le terme dans la rigueur de l'acception, il n'a jamais existé de véritable démocratie, et il n'en existera jamais. Il est contre l'ordre naturel que le grand nombre gouverne, et que le petit soit gouverné (*Le contrat social*).[67]

È vero, peraltro, che Michels non si pone il problema dell'esistenza strutturale della leadership, secondo gli schemi elaborati da Pareto e Mosca, ma vi giunge attraverso una complessa e appassionata riflessione sul problema del partito politico, che fu tra l'altro sollecitata da una lunga esperienza di aderente ed osservatore del partito socialdemocratico tedesco e del partito socialista italiano.

Nei partiti organizzati gerarchicamente la leadership diventa un dogma, un dono divino, che rinforza la continua elezione e rielezione dei 'pochi scelti' dalle 'masse'. Anche nei partiti e nei paesi democratici che apparentemente negano questo principio, esiste una dittatura dei leader, che la democrazia formale, tuttavia, tenta di nascondere. La rapida circolazione dei leader inganna l'occhio inesperto circa il reale carattere dell'autorità nei paesi democratici, occultando il principio gerarchico, ineliminabile nello studio della mobilità sociale. Non sono le masse che rovesciano i leader, ma piuttosto, paretianamente, sono i nuovi leader, che traggono vantaggio dalle masse.[68] Michels sviluppò la tesi di Pareto della circolazione delle aristocrazie, tenendo anche presente la teoria di Gini. Come sappiamo, Pareto riteneva che la classe dominante in una popolazione venisse eliminata dal rimpiazzo graduale o dalla violenza scaturita dal tentativo di mantenere lo status quo a dispetto dei bisogni sociali. Michels in questo processo vede un a-

67 R. Michels, *Corso di sociologia politica*, Istituto editoriale scientifico, Milano, 1927, pp. 78-79.

68 Id., *Sul ricambio sociale in genere e su quello del dopoguerra in ispecie,* XII Congresso internazionale di sociologia, Bruxelles, 25-29 agosto 1935, i cui Atti furono pubblicati poi dal CISP, Roma, 1936.

malgama o una fusione: cioè non si forma una nuova classe con nuovi principi, ma la vecchia classe rimane alla guida, incorporando nuovi membri, cui conferisce posizioni di leadership, rese possibili anche dalla estinzione di alcune famiglie-guida. In questo modo, accettando e assimilando membri provenienti dalla classe politica creata dalla scienza e dalla ricchezza, secondo Michels, la nobiltà della vecchia Europa è riuscita a mantenersi al potere.

Pareto riteneva che la mobilità dell'aristocrazia o della classe dirigente fosse caratterizzata da una corrente ascendente e discendente, nella quale la seconda non era inferiore numericamente alla prima. Michels attenuò molto l'intensità della corrente discendente e in questo sembra essere d'accordo con Gini; ma si tratta di un accordo solo superficiale, in quanto secondo Gini la corrente discendente è in gran parte formata da individui appartenenti alle famiglie che sono biologicamente in fase discendente, mentre per Michels questo fenomeno ha un carattere specificatamente sociale ed economico. Infatti, egli ritiene possibile che una parte di queste persone declassate possa con successo competere con altri e riguadagnare così le precedenti posizioni. Inoltre, vanno evidenziate le diverse premesse su cui si fondano le teorie di Michels e Gini. Quest'ultimo, partendo da dati statistici, considera fondamentali per lo studio della mobilità sociale i fattori biologici e demografici, mentre per Michels la mobilità delle classi dirigenti è il prodotto di un gran numero di fattori interrelati, dei quali non è possibile indicare le cause prime o primarie.

Delle trasformazioni notevoli verificatesi nella composizione delle classi dominanti, particolarmente in Germania, Francia, Italia[69] e Russia nel dopoguerra, Michels si occupa anche in uno studio del 1934, che analizza i fattori che avevano determinato uno spostamento nella posizione relativa dei tre gruppi di cui – secondo lo studioso – si com-

69 Della trasformazione dell'élite italiana si occuperà H. D. Lasswell in collaborazione con Renzo Sereno, "Governmental and Party Leaders in Fascist Italy", in *The American Political Science Quarterly*, October 1937, pp. 914-929. Una nota precisa: "The term *élite* is used in no invidious or romantic sense. It designates those who exercise the most influence in a given situation in which influence is appraised, for purposes of analysis, in a determinate way."

pone in ogni tempo la classe dominante: economico, intellettuale, politico. Dalle sue analisi – alle quali sono premesse alcune considerazioni generali sulla teoria della formazione delle classi e sulla tesi paretiana della 'circolazione delle élites' – Michels trae la conclusione che, nel dopoguerra, questa legge ha trovato conferma (ad eccezione della Russia) piuttosto nel senso di una fusione della vecchia con la nuova classe dirigente, che non in quello della sostituzione dell'una da parte dell'altra; per quanto anche quest'ultimo fenomeno si sia verificato con un ritmo enormemente accelerato.

Di questo si parla nell'ultimo saggio,[70] prima della morte prematura per la scienza, dove, dopo una premessa sul concetto di classe sociale e sulle teorie che intorno ad esso sono state costruite, Michels conduce un primo studio sulle forze dissolvitrici del ceto dei dirigenti dell'economia, individuando moventi e fattori che determinano la eliminazione individuale di quella aristocrazia dirigente. È studiata ampiamente l'origine sociale dei ceti intellettuali (studenti universitari) nel primo dopoguerra e degli uomini eminenti della vita universitaria e della vita politica ed economica. Vengono poi esaminate le fluttuazioni determinatesi nel primo dopoguerra nelle classi cosiddette borghesi per effetto dei rivolgimenti monetari, i processi sociali avviati dai regimi autoritari, il problema degli sbocchi della gioventù e, infine, i processi di metabolismo sociale e le relazioni fra le classi e loro caratteri.[71]

Approfondendo alcuni aspetti della teoria paretiana,[72] Corrado Gini trova alla base del fenomeno del ricambio sociale la natalità differenziale delle diverse classi sociali, dovuta a cause biologiche e non già esclusivamente economiche e sociali. Questa spiegazione, suffragata da abbondanti dati storici e rilevazioni statistiche, si riconnette alla teoria ciclica della popolazione e ne forma anzi il punto di partenza e la

70 *Nuovi studi sulla classe politica. Saggio sugli spostamenti sociali ed intellettuali del dopoguerra* (1936).

71 Per il dopoguerra uno studio sul 'capitale finanziario italiano' è quello di A. Lippi, in cui si studiano i maggiori gruppi del capitale monopolistico italiano, la loro struttura e i legami personali, in A. Pesenti, *Manuale di economia politica*, Editori Riuniti, Roma, 1972, vol. II, pp. 40-46 e 307-374.

72 G. Levi della Vida, "La teoria della circolazione delle aristocrazie del Pareto e la teoria del ricambio sociale del Gini. Studio comparativo", in *Genus*, Roma, 1936.

base. La causa prima del ricambio sociale è rappresentata dal diverso accrescimento delle classi sociali,[73] dal fatto cioè che le classi alte si riproducono meno delle classi medie e queste meno delle classi basse. Tale differenza di natalità è stata calcolata in vari modi: confrontando la natalità in ambiente urbano (dove più abbondano elementi ricchi e con elevate posizioni sociali ed intellettuali) con la natalità in ambiente rurale; confrontando il tasso di natalità dei quartieri ricchi e di quelli poveri di una grande città, con l'esame delle statistiche delle successioni[74] e osservando le relazioni tra l'ammontare del reddito e del patrimonio e il numero dei figli per famiglia; studiando la natalità secondo la posizione e il grado di istruzione dei genitori; confrontando poi la natalità per circoscrizioni territoriali di diversa ricchezza. I risultati di queste statistiche sono concordi nel dimostrare che la natalità è correlata negativamente con la ricchezza, l'istruzione, l'alta posizione sociale, la nobiltà, la raffinatezza di vita, la residenza in città; in una parola, con tutti quei fattori che vengono considerati come indicativi del grado di civiltà.[75]

La minore natalità delle classi elevate e lo sviluppo crescente, nella società moderna, delle funzioni proprie a queste classi, fanno sì che si senta vivo e continuo il bisogno di nuovi elementi che la possano 'rinsanguare', occupando i posti lasciati vuoti dalle morti. Si forma così una vera corrente ascensionale, che porta negli strati superiori gli individui che per le loro capacità possono entrare a farne parte, a cui fa riscontro una corrente discendente, molto meno intensa della prima, di elementi scadenti o non all'altezza dei compiti da svolgere, che non hanno più le qualità adatte ai posti che occupano. Si ha un vero e proprio ricambio sociale.

Quindi, la differenziazione economica della società deriva in parte dalla prolificità delle famiglie, ma – a sua volta – la differenziazione economica e sociale concorre a determinare la diversa prolificità degli individui. Gini spiega l'azione dei fattori biologici sulla riproduttività

---

73 Si veda di C. Gini, "Il diverso accrescimento delle classi sociali e la concentrazione della ricchezza", in *Giornale degli Economisti*, gennaio 1909.

74 Id., *L'ammontare e la composizione della ricchezza delle Nazioni*, Torino, 1914.

75 Id., *I fattori demografici dell'evoluzione delle Nazioni*, Torino, 1911.

delle varie classi sociali, oltre che nelle opere già citate, anche nelle *Prime linee di patologia economica*, in cui, accanto al ciclo biologico, trovano posto altri due cicli, il ciclo demografico-economico e il ciclo politico delle forme di governo, che nelle precedenti opere non venivano separati e distinti da esso.[76]

Questa aggiunta apporta alla teoria dell'evoluzione ciclica della popolazione un notevole contributo, in quanto opera una separazione tra l'influenza dei diversi fattori – volontari, economici, biologici – sulla riproduttività, mostrando, nello stesso tempo, come i tre cicli siano tra loro interdipendenti.

I tre cicli, come abbiamo detto, sono: il 'demografico-economico' (in una nazione, man mano che essa progredisce, l'accumulazione di capitali materiali e personali si estende a strati sempre più larghi della popolazione, mentre si riduce il numero delle classi povere che contribuiscono maggiormente alla natalità); il 'politico delle forme di governo' (ai regimi autocratici, basati sul governo di un solo, succedono, in periodi di benessere economico, di prosperità e di progresso, regimi democratici in cui il potere è frazionato in un gran numero di mani. In generale i regimi autocratici sono caratteristici dei periodi di crisi, mentre quelli democratici sono caratteristici dei periodi di prosperità); il 'biologico' (da osservazioni statistiche appare probabile che le popolazioni umane non rimangano numericamente costanti nel tempo, né crescano indefinitamente, ma percorrano, nel loro sviluppo, una parabola).

Un'unica ricerca

Nel decennio (1895-1906) che intercorre tra il *Cours* e il *Manuale*, mentre svolge i suoi corsi di economia e sociologia, Pareto compie con i *Systèmes* (specialmente negli ultimi due capitoli del secondo volume) la critica più esauriente ed obiettiva del socialismo e del marxismo, e-

---

76 Id., *Prime linee di patologia economica*, IV ed., Milano, 1935; poi *Patologia economica*, V ed., Utet, Torino, 1954.

saminandone le derivazioni (o ideologie) e studiando lo sviluppo dei ceti che si andavano formando di pari passo alle credenze socialiste e per mezzo dell'organizzazione operaia e sindacale, cioè delle nuove aristocrazie;[77] sviluppando dunque in pieno le premesse sociologiche dei suoi precedenti studi economici. A cento anni dalla loro pubblicazione, i *Systèmes* mantengono inalterata la loro attualità, rappresentando ancora uno dei primi e più approfonditi studi scientifici compiuti sulle teorie utopiste, socialiste, liberiste (con la penetrante e sempre attuale critica agli sperperi delle democrazie) e sul movimento di quei ceti, pervenuti alla vita politica attraverso i partiti e le organizzazioni inizialmente operaie. Nei *Systèmes* – come nel *Cours* – viene perfezionato il metodo logico-sperimentale, che poi magistralmente applicherà nel *Trattato*. Qui, come del resto ribadirà anche in forma esplicita nel *Manuale*, pone le basi della distinzione tra azioni logiche e non logiche, cruciali poi per il *Trattato*. Compie un'analisi, secondo la teoria della *circolazione delle élites*, rilevando i movimenti ondulatori ritmici della società umana, che costituirà la conclusione delle acute, minuziose analisi esposte nel *Trattato* e tiene ben distinta la considerazione del valore sperimentale quasi nullo delle teorie metafisiche e teologiche dalla loro maggiore o minore utilità sociale.

I due volumi dei *Systèmes* non sono pervasi da amaro scetticismo, come qualcuno, pur altamente apprezzandoli, ha ritenuto; né, tantomeno, dallo scetticismo che prova il pensatore teoretico, vedendo disprezzate dagli uomini le verità ch'egli con tanta fatica crede di avere scoperto. Neppure vediamo lo scoramento dell'economista e del sociologo, che sanno quale danno provochino alle popolazioni le teorie pro-

77 Aveva ragione Borgatta: "Ma se pensiamo alle condizioni della letteratura [...] quando Pareto s'avviò agli studi economici (ultimo ventennio del secolo XIX), in cui si erano sovrapposte ai superstiti del liberalismo economico, le teorie storiche (che ad un contributo utile di ricerche induttive aggiungevano l'antiscientifica concezione della discontinuità delle leggi dei fenomeni nei diversi periodi storici e la negazione della proprietà generale delle azioni economiche), e le scuole socialiste, colossale costruzione sentimentale e fantastica, sorta ad orientare ed appoggiare il movimento d'ascesa delle nuove aristocrazie operaie, valutiamo l'importanza dell'affermazione del metodo scientifico." (G. Borgatta, "Vilfredo Pareto", *La Riforma Sociale*, Milano, 1923, p. 387).

fessate da tanti salvatori improvvisati del cosiddetto (allora) proletariato. Pareto è consapevole, peraltro, che è molto difficile limitare il male, ove fosse ritenuto male. Perché non si può. Il male esiste ed è insito nella natura umana, checché ne pensassero gli illuministi. Ha intravisto che opinioni e atti umani sono conseguenza di sentimenti che costringono gli uomini ad operare e pensare in quel dato modo, che ogni credenza poggia su un relativamente piccolo numero di precetti, spesso nettamente contrari ai risultati sperimentali e la sua preoccupazione è quella di esaminare questo patrimonio cerebrale che è presente in ogni uomo, in ogni società, "ammaestrato dall'esperienza a saper scomporre ogni fatto della storia nelle forze primitive di cui esso è la risultante". Siamo pienamente d'accordo con De Pietri-Tonelli: "non si può negare al sistema sociologico paretiano, che è l'ultimo dei grandi tentativi di dominare con le teorie il groviglio reale degli atti umani, il titolo di essere anche il più penetrante, il maggiore di tali tentativi ardimentosi. [...] Come Machiavelli, Pareto ha messo a nudo aspetti della vita umana che la generalità degli uomini ama tener coperti e molti hanno interesse ad avvolgere di veli. La sorte di Pareto sociologo potrebbe pertanto esser simile a quella di Machiavelli, malintesa sempre e seguita soltanto a distanza di secoli."[78]

Inoltre, concordiamo con Francesco Papafava quando, chiedendosi nel bel saggio sul *Giornale degli economisti*, quale sia l'effetto pratico dell'opera paretiana e come ne esca il lettore e se ne esca perfettamente scettico, risponde decisamente: "No; semplicemente più forte." Come siamo pienamente d'accordo quando continua col dire che: "i *Systèmes socialistes* sono un trattato di filosofia della forza. Clericale o giacobina, reazionaria o anarchica, collettivista o individualista, la fede politica del lettore resta, appunto perché il libro è scientifico e non politico, e perché i partiti sono malmenati tutti e ciascuno trova ampio conforto alle bastonature proprie nelle bastonature altrui."[79] Un libro "fremente di vita", allora come oggi. "Preso in mano il volume, non lo lascerete

78 A. De Pietri-Tonelli, *Scritti paretiani*, Cedam, Padova, 1961, pp. 40-41.

79 F. Papafava, "Il secondo volume dei 'Systèmes socialistes' del Pareto", *Giornale degli economisti*, 1903, pp. 467-468.

finché non l'abbiate finito. E finito, ricomincerete, studierete, mediterete. E quando lascerete il libro sarà il libro che non lascia voi. Vi perseguiterà come un incubo, vi roderà e, alla fine (convinto o no dall'autore) v'accorgerete che non siete più quel di prima."[80] Non si potrebbe dir meglio.

80 Id., "Il nuovo libro di Vilfredo Pareto", *Giornale degli economisti*, 1902, p. 85). Dice benissimo, ancora, Parafava, "pochi libri polemici scatenano come questo la furia del sentimento. È un Niagara di logica sul vulcano degli entusiasmi politici (immagini il lettore geologo gli effetti di un così spaventosamente secentistico cataclisma) e se avete sangue nelle vene finirete per ribellarvi alla tirannia della logica. Se (beato voi!) siete di statura da lottare con l'autore, chiamerete a raccolta tutta la vostra scienza storica ed economica e tenterete la ribellione virilmente. Possiate vincere! Ma per vincere occorre dimostrare che la logica dell'autore non è logica. Se non siete da tanto, compresa l'inanità delle proteste sentimentali, chinerete il capo. Ma dopo poche pagine griderete 'questo è troppo!'. Nuovo tentativo di ribellione, nuova sottomissione; e così avanti, sempre, fino alla fine. Di tanto in tanto sarete presi d'entusiasmo per la forza e la gioia del sapere e direte 'non c'è che la scienza'. Poi, vedendo quanto poco può la scienza, vi domanderete 'a che serve?' e sentirete freddo come leggendo psicologia materialista. Dunque non resta che impiccarsi? Non è assolutamente indispensabile".

PER UNA TEORIA GENERALE

X. Logica delle azioni

> Gli uomini si lasciano persuadere in principal modo dai sentimenti (residui), e quindi possiamo prevedere, il che poi è confermato dall'esperienza, che le derivazioni trarranno forza, non da considerazioni logico-sperimentali, od almeno non esclusivamente da queste, ma bensì da sentimenti.[1]

Prima della formulazione quasi definitiva del 1910 nella *Rivista Italiana di Sociologia*,[2] Pareto aveva proposto una classificazione delle azioni in due tipi: le azioni che hanno come scopo quello di procurare agli uomini il benessere materiale e che formano, almeno in parte, l'oggetto dell'economia politica e quelle indifferenti e, in certi casi, anche contrarie al benessere materiale, che derivano dal costume, dalla morale, dalla religione, ecc. Rammaricandosi per l'eccessiva semplificazione,

---

1 *Trattato*, § 1397. Il seguente capitolo che conclude il primo volume della nostra trilogia non vuole essere nient'altro che una introduzione al volume che seguirà (dove le tesi qui esposte saranno ampiamente discusse e ampliate), volendo solo qui illustrare il punto di approdo dello svolgimento scientifico paretiano a partire dalle sue premesse economico-sociologiche, discusse nei capitoli precedenti. Perciò coglieva nel segno L. J. Henderson quando osservava: "Pareto has himself described how his sociology grew out of his economics, and his social system may be precisely defined as the modification of his economic system by the introduction of the variables that he found he could no longer neglect in studying the phenomena. These variables are the manifestations of the sentiments, called by him residues, verbal elaborations, which he calls derivations, and social heterogeneity." (*Pareto's General Sociology. A Physiologist's Interpretation*, [1935], Russell & Russell, New York, 1967, p. 93).

2 V. Pareto, "Le azioni non logiche", in *Rivista Italiana di Sociologia*, maggio-agosto 1910, pp. 305-364. Una nota della Direzione dice: "Siamo grati all'illustre professore Vilfredo Pareto per averci favorito questo importante saggio che abbiamo tradotto dal francese in italiano, tratto da un corso di sociologia da lui tenuto all'Università di Losanna e che prossimamente pubblicherà per intero in volume". Si veda la ristampa anastatica completa dei 25 volumi della *Rivista Italiana di Sociologia* a cura e con un nostro studio introduttivo per i tipi dell'editore Schmidt Periodicals, Germany, 1992.

conseguenza dello stato della scienza del suo tempo, si sforzava subito dopo di essere più preciso, proponendo "un'altra maniera, un po' più razionale, di considerare i fenomeni":

> Le azioni umane possono avere per movente: a) il desiderio di ottenere un oggetto esteriore gradito o una certa quantità di energia (calore, luce, ecc); b) il piacere cagionato dall'azione considerata in sé stessa, sia direttamente, sia indirettamente, per l'idea degli effetti che essa trarrà seco; c) l'imitazione, o in altre parole, l'influenza, l'attrazione che esercita sopra un uomo l'esempio degli altri; d) l'inerzia, che deve intendersi non solo come una tendenza, la quale impedisce all'uomo di agire, se egli non vi è spinto da qualche motivo, ma anche come una tendenza, che lo muove a ripetere i suoi atti abituali; lo stato di movimento mantenuto dalla forza d'inerzia è spesse volte periodico o ritmico.[3]

Sottolineava le finalità puramente scientifiche ed analitiche di tali distinzioni, dal momento che di fatto nelle azioni umane hanno parte i diversi caratteri considerati. La classificazione, inoltre, non teneva conto di una variabile fondamentale, il tempo, e (come la maggior parte delle classificazioni) utilizzava differenze qualitative dove, in realtà, non vi sono che differenze quantitative.

È nel secondo capitolo[4] del *Trattato* che si occupa della definizione delle azioni logiche e non logiche e della loro classificazione. Il terzo capitolo studia le azioni non logiche nella storia delle dottrine, il quarto le teorie che trascendono l'esperienza (come la religione, la morale, il diritto, ecc.), il quinto le teorie pseudo-scientifiche. Ma cosa intende Pareto per azione logica e azione non logica? Sono logiche quelle azioni "che consistono in mezzi appropriati al fine, e che uniscono logicamente i mezzi al fine". Questa unione logica dei mezzi ai fini deve essere tale non solo per il soggetto che compie le azioni, ma anche per coloro che hanno cognizioni più estese.[5] L'azione non logica indica,

---

3 "Il compito della sociologia fra le scienze sociali", *Rivista Italiana di Sociologia*, luglio 1897, pp. 46-50.

4 Questo capitolo è il rifacimento del saggio presentato da Pareto per la rivista di Guido Cavaglieri, indicata nella nota 2.

5 *Trattato*, § 150. Dunque, l'interpretazione di Habermas che segue MacIntyre quando questi critica "le concezioni di Marx e Pareto, da un lato, e di Max Weber, dall'altro:

invece, tutte quelle azioni che non possono essere comprese nella definizione di azione logica e "che non vuol punto significare illogiche".[6] La distinzione tra questi due tipi di azione scaturisce, per così dire, dal seguente assunto:

> L'uomo, benché tratto ad operare da motivi non-logici, ha il piacere di legare logicamente le sue azioni a certi princìpi, e perciò egli ne immagina *a posteriori* per giustificare tali azioni. Così accade che un'azione *A*, la quale in realtà è effetto di una causa *B*, viene data, da chi quell'azione compie, come effetto di una causa *C*, spessissimo immaginaria. L'uomo che per tale modo inganna altrui con le proprie affermazioni, ha principiato con l'ingannare se stesso, ed egli crede fermamente quanto asserisce.[7]

Assunto, che costituì, fra l'altro, l'oggetto delle sue lezioni di economia politica e sociologia all'Università di Losanna. L'interesse di Pareto per la teoria dell'azione apparve molto presto nelle sue riflessioni scientifiche. Per quanto abbiamo potuto constatare fin dal 1872, quando, in un contributo per la fiorentina Accademia dei Georgofili a proposito della discussione sulla 'rappresentanza proporzionale', notava che l'economia politica, le 'nuove scuole economiche', come si diceva allora, "riconoscevano al metodo sperimentale vita e progressi", facendo attenzione però all'uso continuo, dato che "può talune volte farci dare in uno scoglio", che peraltro, più che dal metodo stesso, "dalla mente nostra le origini ritrae". Ciò avviene perché "nel porre in discussione i particolari quesiti, poi spesso dimentichiamo di prendere in esame que' princìpi più generali, dai quali, come logica conseguenza si potrebbero dedurre". Così [discutendo del] principio della rappresentanza proporzionale, è [bene avere] prima un chiaro e nitido concetto della migliore e più perfetta rappresentanza, e poi cercare i mezzi più

---

relativamente alle azioni sociali, sembrano accettare, tutti quanti, una relazione causale tra convinzioni soggettive e comportamento manifesto" (*Agire comunicativo e logica delle scienze sociali*, Il Mulino, Bologna, 1976, p. 123), ci appare, almeno per Pareto, fuorviante.

6 *Trattato*, § 150.

7 "Un'applicazione di teorie sociologiche", in *Rivista Italiana di Sociologia*, IV, 1900, p. 402.

adatti "per avvicinarci all'ambita meta". Giunge, dunque, ad una generalizzazione con l'osservazione che "per il solito errano gli uomini, non già per difetto nella forma logica del raziocinio, ma piuttosto perché false ne sono le premesse". In altri termini, "quando gli uomini differiscono d'opinione, ciò non avviene tanto per il loro vario modo di ragionare, quanto perché essi differiscono nelle proposizioni che stanno a base del loro giudizio"; ed aggiunge che "per lo più avviene che ciascuna parte avversa ammette quasi come indiscutibile ed assiomatica verità, il principio che forma il fondamento della sua opinione". Ecco che "è indispensabile sottoporre a severa disamina questi princìpi medesimi, per poter poi passare a ragionare delle più o meno giuste conseguenze che ognuno da essi vuol trarre".[8]

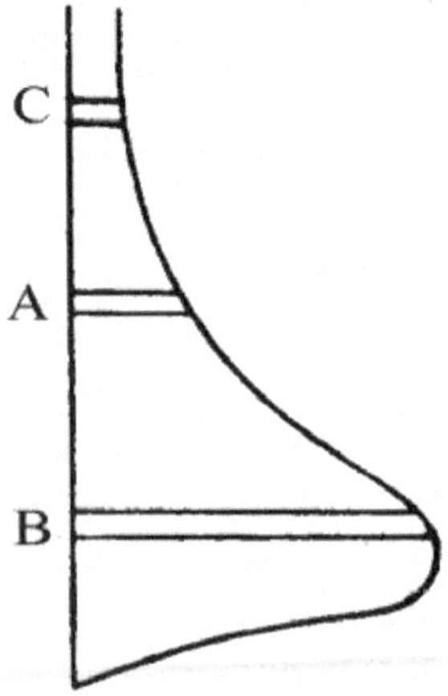

Fig. 27 Distribuzione delle azioni logiche e non logiche

Venticinque anni dopo, nel pieno della sua elaborazione sociologica a Losanna, scriveva a Maffeo Pantaleoni (17 maggio 1897): "il principio della mia sociologia, sta [...] nel separare le azioni logiche dalle non logiche e nel fare vedere che per il più degli uomini la seconda categoria è di gran lunga maggiore della prima. Se noi potessimo disporre gli uomini secondo la parte che nelle azioni, o *nei pensieri* loro, ha la logica, credo che avremmo una figura (fig. 27) simile a quella ottenuta per la ricchezza."[9] E, ancora in una lettera di qualche anno dopo, sempre a Pantaleoni (26 agosto 1900) leggiamo:

---

8 "Sulla rappresentanza proporzionale", ora in *Scritti politici*, vol. I, p. 34.

9 *LMP,* vol. II, p. 73. Così esplicita la figura: "[...] capirai che c'è gran differenza tra lo stare nello stato A dei milionari o tra lo stato B di chi ha 1200 fr. all'anno! Il tuo ragionamento torna a dire: 'Ma chi è milionario è sempre povero, di fronte a chi ha miliardi; dunque lo metto tra i poveri in B'. Adagio, chi è in A è povero riguardo a chi è in C, ma è ricco riguardo a chi è in B. Si costruisce la geometria ordinaria col *postulatum* di Euclide; ma se ogni dimostrazione fosse un *postulatum*, la geometria sarebbe un sogno."

> "[...] tu discorri della mia teoria delle azioni inconscie, ma il tuo operare ne è una splendida conferma [...] So che tutto ciò che ti dico non serve a nulla. È sempre una conferma della mia teoria delle azioni inconscie. Ma lo dico appunto perché anch'io in ciò non sono logico, opero inconsciamente. Ognuno di noi è spinto sulla propria via da una forza irresistibile. Ma cosa sono gli uomini! Tu non puoi nemmeno lasciare sola per una sera la sora Marcella [la moglie], e ti butti a capo fitto in una tremenda impresa, come è quella di combattere la monarchia italiana! [...]."[10]

La distinzione tra logica e non logica[11] trova la sua base nell'impostazione logico-sperimentale del problema dell'azione, per cui, partendo dalla definizione di ragionamento logico, che abbiamo visto prima, si è in grado di determinare la logicità o non logicità di un'azione, facendo riferimento al ragionamento che la sottende. Dunque, l'azione logica (detta altrimenti, in modo impreciso, razionale) è quella i cui mezzi sono adeguati agli scopi scelti. Per quanto riguarda questi ultimi, ha ragione Pareto nel precisare che la determinazione dei fini è un problema di valutazione, che segue le norme dell'utilità, della morale, o altro. Egli – come scienziato – è interessato ad un problema più limitato e cioè alla relazione tra lo scopo scelto, considerato come un dato, e i mezzi messi in opera per conseguirlo.

In sé l'azione logica e l'azione non logica sono pure astrazioni, dato che nella realtà i due tipi sono quasi sempre 'mescolati'. La medesima azione può comportare momenti logici e momenti non logici e, quindi, a seconda dei casi un'azione logica può divenire non logica e viceversa. Questa precisazione viene frequentemente ribadita da Pareto che già nel *Manuale* affermava: "una stessa azione può essere in massima parte non logica e in minima parte logica o viceversa."[12] Aggiungeva

---

10 Ibid., p. 331.

11 Sappiamo che sono stati mossi rilievi a questa distinzione, per esempio da Borkenau (G.-H. Bousquet, *Vilfredo Pareto, sa vie et son œuvre*, Paris, 1928, p. 31), il quale osserva che l'essere logica o non logica non può essere una qualità dell'azione, ma della deduzione, cioè non di chi fa l'azione ma di chi la osserva: l'esempio del suicidio ci sembra una risposta all'osservazione di Borkenau. Non vogliamo discutere qui tali osservazioni, peraltro di carattere terminologico e formale, e perciò continuiamo con ciò che Pareto ha effettivamente scritto.

12 *Manuale*, II, § 3. Per esempio le azioni di uno speculatore di borsa sono certamente logiche, ma dipendono anche, in minima parte, dal carattere dell'individuo, cioè da

ancora, ma purtroppo, salvo rare eccezioni, non è stato mai letto o capito bene, "che non-logico non vuol dire illogico"; cioè precisa, un'azione non logica può essere quanto di meglio sarebbe dato di trovare, con osservazione dei fatti e con la logica, per adattare i mezzi al fine; "ma quell'adattamento è stato ottenuto per altra via che quella di un ragionamento logico":[13]

> L'uomo ha una forte tendenza a figurarsi come logiche azioni non logiche.[14] La tendenza a figurarsi come logiche azioni non logiche diventa la tendenza, ugualmente errata, a considerare le relazioni tra i fenomeni come aventi la forma di relazione causa-effetto, mentre più spesso la relazione tra i fenomeni sociali è quella di mutua dipendenza. Le relazioni causa-effetto sono più facili da studiare di quelle di mutua dipendenza.[15]

---

sentimenti, emozioni, ecc. e in tal modo sono in parte non-logiche. Qui, nel secondo capitolo compare per la prima volta in modo esplicito e classificatorio: "1° Le azioni non-logiche; 2° Le azioni logiche."

13 Ibid. Nonostante le ripetute chiarificazioni di Pareto, in un sito Internet (del resto eccellente) dedicato a Pareto, si fanno definire allo stesso Pareto le azioni non logiche come un "ammasso di sciocchezze (*Trattato*, § 445)", estrapolando un passo dal paragrafo indicato, in cui Pareto si occupava di diritto naturale (in particolare come trattato da Selden, che si rifaceva al Talmud); Pareto concludeva con la frase: "se badiamo alla forma, tutte queste disquisizioni sul diritto naturale [di Selden, del Talmud, ecc., appunto] ci appaiono come un ammasso di sciocchezze. Se invece trascuriamo la forma, e guardiamo a ciò che essa ricopre, troviamo inclinazioni e sentimenti che operano potentemente per determinare la costituzione sociale".

14 Esempio: M. Horkheimer è convinto che la credenza superstiziosa nella stregoneria sia stata superata nel XVII e XVIII secolo, allorquando "gli uomini furono sempre più influenzati dai risultati della scienza moderna". Secondo il direttore della famosa Scuola di Francoforte "l'avvento del razionalismo cartesiano ebbe un'importanza decisiva", dato che "dimostrò [...] che la credenza precedentemente accettata nell'effetto immediato di fattori spirituali sulle cose corporali non è che un'illusione", e, dunque, Horkheimer conclude *logicamente*, cioè *figurandosi come logiche azioni non logiche*: "una volta eliminato questo dogma scientificamente insostenibile, furono distrutte le basi della credenza nella magia." (Si veda la Prefazione all'opera di Adorno, Frenkel-Brunswik, Levinson, Sanford, *La personalità autoritaria*, vol. I, Ed. di Comunità, Milano, 1982, p. 8).

15 *Manuale*, II, §§ 3-5.

Non diversamente, in sostanza, si esprimeva M. Weber quando faceva notare "che il pericolo di interpretazioni razionalistiche [nel linguaggio paretiano sarebbe la trasformazione cognitiva di azioni non logiche in azioni logiche] non sia fuori gioco, non deve tuttavia venir negato; qualsiasi esperienza ne conferma, purtroppo, l'esistenza". E questa affermazione è tanto più interessante in quanto conclude il seguente ragionamento: "la costruzione di un agire rigorosamente razionale rispetto allo scopo [azione logica] – per la sua evidente intelligibilità e per l'univocità che è connessa al suo carattere razionale – serve [...] alla sociologia [...] come 'tipo ideale' per intendere l'agire reale, influenzato da elementi 'irrazionali' di ogni specie (affetti, errori, ecc.) e considerato quale 'deviazione' [azione non logica] dal corso che avrebbe luogo nel caso di un atteggiamento puramente razionale. *In quanto tale,* [corsivo di Weber] e solamente per questo motivo di opportunità metodologica, il metodo della sociologia 'comprendente' risulta 'razionalistico'. Questo procedimento deve naturalmente esser inteso non come un pregiudizio razionalistico della sociologia, ma soltanto come uno strumento metodico – e non deve essere frainteso trasformandolo in una credenza nel predominio di fatto dell'elemento razionale nella vita [cioè dell'azione logica]. Infatti nulla viene asserito intorno alla misura in cui le considerazioni razionali rispetto allo scopo determinano nella realtà l'agire di fatto oppure no."[16]

Azioni logiche e non logiche

La molteplicità e diversità delle azioni nel tempo e nello spazio sono classificate, dunque, da Pareto nelle due grandi classi, a partire dalla definizione della prima classe, sulla quale fonda tutti i suoi ragionamenti. Diciamo subito che il fatto di poggiare ogni discussione scientifica sul metodo logico-sperimentale e sulla definizione di azione logica e di assegnare la prima classe dei residui all'istinto delle combinazioni, dovrebbe fugare ogni dubbio sul suo presunto antirazionalismo, nichi-

---

16 M. Weber, *Economia e società*, vol. I, Edizioni di Comunità, Milano, 1981, p. 6.

lismo, pessimismo et similia. Per tutto ciò si veda il primo capitolo del *Manuale*, dedicato ai 'principi generali' ed il secondo, in cui si espone una 'introduzione alla scienza sociale'; entrambi una vera propria summa metodologica, mai prima apparsa e secondo noi insuperata ancora oggi.[17]

Classe I: Azioni logiche. Perché un'azione sia logica, dunque, la relazione mezzi-fine nella realtà oggettiva deve corrispondere alla relazione mezzi-fine nella coscienza di chi agisce: *sì-sì* (*sì* da un punto di vista oggettivo, cioè "di coloro che hanno cognizioni più estese" – *sì* da un punto di vista soggettivo, cioè di colui che compie l'azione). In altre parole diremo che deve esserci coerenza tra i mezzi utilizzati e i fini perseguiti e, ancora, corrispondenza tra la realtà oggettiva e la coscienza soggettiva dell'attore. Ne deriva che un'azione si dice logica non perché il suo fine è considerato 'razionale', sensato o altro, ma perché si limita a raggiungere l'obiettivo (da questo punto di vista, allora, tralasciando altre considerazioni, che vedremo all'occorrenza, l'azione suicidale è un'azione logica quanto quella del geometra, dell'ingegnere, dell'imprenditore, o dello scienziato). Laddove coerenza e corrispondenza siano divergenti, non congruenti, ci troveremo nella seconda classe delle azioni paretiane.

Classe II: Azioni non logiche. Della classe seconda fanno parte le azioni non logiche, in cui il fine oggettivo differisce da quello soggettivo: "Sia *A* un fatto reale e *B* un altro fatto reale che stanno tra loro in relazione di causa ad effetto oppure di mutua dipendenza. Diremo *oggettiva* tale relazione. Ad essa corrisponde nella mente dell'uomo un'altra relazione *A'B'* che è relazione tra due concetti della mente umana e a questa relazione daremo il nome di *soggettiva*. Se troviamo esistere

17 Per una discussione generale sulla epistemologia e metodologia paretiana, in occasione del centenario della pubblicazione del *Manuale*, si veda un nostro saggio per la rivista dell'Istituto Luigi Sturzo di Roma: "Epistemologia e metodologia delle scienze sociali: per il centenario del *Manuale di economia politica* di Vilfredo Pareto", *Sociologia. Rivista quadrimestrale di scienze storiche e sociali*, n. 1, 2006, pp. 23-43.

nella mente degli uomini di una data società una certa relazione *A'B'*, possiamo ricercare: α) Quale sia l'indole di tale relazione soggettiva, se i termini *A'B'* hanno un significato preciso, se tra essi esiste, o non esiste, un nesso logico; β) Quale relazione oggettiva *AB* corrisponde a quella relazione soggettiva *A'B'*; γ) Come ha avuto origine e come viene determinata quella relazione soggettiva *A'B'*; δ) In qual modo la relazione *AB* si è trasformata nella relazione *A'B'*; ε) Quale effetto abbia sulla società l'esistenza di quelle relazioni soggettive *A'B'*, sia che corrispondano a qualche cosa di oggettivo *AB*, sia anche quando sono interamente immaginarie. Quando ad *AB* corrisponde *A'B'* i due fenomeni si svolgono parallelamente; l'ultimo nel caso in cui diventa un poco complesso, riceve il nome di 'teoria'. Si ritiene per vera[18] quando teoria ed esperienza procedono d'accordo. Non vi è, non vi può essere, altro criterio di verità di una teoria. Di nessun fenomeno naturale possiamo conoscere tutti i particolari, quindi la relazione *A'B'* sarà sempre incompleta rispetto alla relazione *AB*, poiché tali relazioni mai potranno interamente coincidere [...]."[19]

Dopo averle definite, Pareto discute di come le azioni non logiche talvolta siano in grado di conseguire un fine che potrebbe essere logico. Analizza le azioni non logiche negli animali (anticipando con ciò le odierne discipline della sociobiologia ed etologia) e negli uomini, la formazione del linguaggio umano e come negli uomini le azioni non logiche siano in parte manifestate dal linguaggio. Se le azioni non logiche hanno un così ampio spazio ed importanza, Pareto si chiede come le abbiano considerate altri studiosi e dimostra che spesso ne hanno tenuto conto implicitamente, ne hanno discusso riferendosi ad esse in

---

18 A questo punto Pareto rimanda ad un luogo in cui aveva definito i criteri di verità, come segue: le affermazioni si possono distinguere in due categorie. Nella prima (X), si pongono quelle affermazioni che possono verificarsi sperimentalmente; nella seconda (Y) quelle che non si possono verificare sperimentalmente, e che ancora si possono dividere in due, cioè: (Yα) le affermazioni non passibili di verifica nel presente ma che potrebbero averla nel futuro; (Yβ) le affermazioni che non hanno nel presente e neanche, molto probabilmente, nel futuro verifiche sperimentali (es. immortalità dell'anima, ecc.) (*Manuale*, I, § 36).

19 Ibid., II, §§ 6-7.

modo diverso, senza farne la teoria; altre volte hanno considerato solo casi particolari, senza risalire al caso generale. E, ancora, come l'imperfezione scientifica del linguaggio volgare (ma anche quello tecnico non ne è immune) contribuisca ad allargare le interpretazioni logiche di azioni non logiche.

Generi e specie delle azioni non logiche

La molteplicità delle azioni non logiche che costituiscono la II classe sono distinte da Pareto in quattro generi (al fine oggettivo si contrappone il fine soggettivo): *no-no, no-sì, sì-no, sì-sì;* e due specie del terzo e quarto genere: 3α, 4α (il fine oggettivo sarebbe accettato dal soggetto, se lo conoscesse), 3β, 4β (il fine oggettivo sarebbe respinto dal soggetto, se lo conoscesse).[20] Pareto precisa che: a) "il fine qui accennato è un fine diretto; la considerazione di un fine indiretto è esclusa"; b) "il fine oggettivo è un fine reale, posto nel campo dell'osservazione e dell'esperienza, e non un fine immaginario, posto fuori di questo campo. Quest'ultimo fine può essere invece un fine soggettivo".

1°) Il genere *no-no,* è caratterizzato dal fatto che i mezzi non corrispondono ad alcuno scopo, sia esso oggettivo o soggettivo, dato che non vi è alcun motivo che giustifichi l'azione. È un genere raro perché "gli uomini hanno una tendenza spiccatissima a dare una vernice logica alle loro azioni; esse passano dunque quasi tutte nel secondo e nel quarto genere. Molte azioni imposte dalla cortesia o dal costume potrebbero appartenere al primo genere. Ma molto spesso gli uomini adducono un motivo qualsiasi per giustificare le loro azioni, il che le fa passare nel secondo genere". È ovvio, pertanto, che una classificazione che tenda alla completezza deve contemplare anche questo genere.

2°) Il genere *no-sì,* contiene azioni molto comuni: coloro che agiscono si danno dei mezzi immaginari, che non corrispondono al fine oggettivo. È classico l'esempio tratto da quelle popolazioni o gruppi che

20 *Trattato*, §§ 151-155.

per invocare la pioggia eseguono rituali propiziatori.[21] Oppure, oggi, l'invocazione e la pratica di voler 'esportare' la democrazia. "Le operazioni magiche, quando non sono complicate con altre azioni, appartengono a questo genere. L'ascetismo sembra appartenervi anch'esso. I sacrifici dei Romani e dei Greci devono farne parte, almeno da quando non si presta più fede alla realtà dei loro miti."[22] Qui troviamo i comportamenti rituali e simbolici.

3°) Il genere *sì-no* contiene azioni non logiche in cui l'agente realizza oggettivamente lo scopo, ma senza averne soggettivamente coscienza: questo è il tipo puro di azione non logica. La formazione del linguaggio ne è un esempio: "sarebbe assurdo pretendere che la teoria grammaticale abbia preceduto la pratica del linguaggio, mentre l'ha certamente seguita; ed è senza averne coscienza che gli uomini hanno creato sottili teorie grammaticali."[23] Il cosiddetto tabù dell'incesto (detto altrimenti obbligo all'esogamia, cioè obbligo a contrarre matrimonio all'esterno del proprio gruppo) può costituire, a pensarci bene, un altro esempio: l'obiettivo viene conseguito attraverso l'evitamento di rapporti sessuali all'interno del proprio gruppo, senza averne coscienza, ossia attraverso un meccanismo, via via interiorizzato fin dall'orda primordiale, ritenuto vantaggioso sia per la sopravvivenza della specie, sia per l'alleanza che è possibile instaurare con altri gruppi nel fronteggiare difficili sfide.

4°) Il genere *sì-sì* riguarda quelle azioni che comportano una relazione tra scopo oggettivo e scopo soggettivo, ma in cui i mezzi impiegati conducono oggettivamente ad un risultato differente da quello soggettivamente desiderato. "La maggior parte degli atti politici compiuti in

---

21 Un altro esempio potrebbe essere quello degli indigeni dell'Isola di Pentecoste, nel Pacifico meridionale, i quali praticano il 'tuffo a terra'. Succede che durante questo importante rito religioso e della fertilità gli uomini si tuffano da una piattaforma di legno e bambù con corde elastiche fatte con liane legate alle caviglie. I capelli dei tuffatori arrivano a sfiorare il terreno per renderlo fertile e assicurare un buon raccolto di legname. Tra l'altro qui alcuni occidentali hanno preso l'idea del 'bungee jumping', diffusosi negli ultimi vent'anni del secolo scorso.

22 "Le azioni non logiche", in *Rivista Italiana di Sociologia*, op. cit., p. 314.

23 Ibid.

forza della tradizione, della pretesa missione di un popolo o di un uomo, appartengono a questo genere. Il re di Prussia Guglielmo I e l'imperatore dei francesi Napoleone III si ritenevano ambedue uomini 'provvidenziali'. Ma il primo credeva che la sua missione consistesse nel fare il bene e la grandezza del suo paese, il secondo credeva di essere destinato a fare il bene dell'umanità. Il primo fece azioni della specie 4α, il secondo della specie 4β. In generale gli uomini fissano per le loro azioni certe regole generali (morale, costume, diritto), dalle quali proviene un numero più o meno grande di azioni 4α e anche di azioni 4β."[24] Pareto qui ha in mente coloro che si considerano 'dediti al bene dell'umanità', politici, idealisti, rivoluzionari e simili in cui si vede chiaramente che i risultati delle azioni sono diversi dalle idee che li hanno mossi; ma sono compresi anche quegli imprenditori che in un regime di libera concorrenza con la riduzione dei costi conseguono l'obiettivo non voluto di ridurre i prezzi alla vendita, perché – dice Pareto – la concorrenza porta sempre all'uguaglianza tra i due termini:

> Occorre [...] osservare che, la concorrenza cacciando le imprese sulla linea delle trasformazioni complete, ne segue che, effettivamente, se si considera il fenomeno in media e per un tempo assai lungo, sono i consumatori i quali finiscono col godere la maggior parte dell'utile che ha origine da tutto quel lavorìo delle imprese. Per tal modo le imprese concorrenti riescono dove non intendevano minimamente andare. Ciascuna di esse badava solo al proprio guadagno, e dei consumatori si curava solo in quanto li poteva sfruttare; ed invece, mercé i successivi adattamenti e riadattamenti imposti dalla concorrenza, tutto quell'affannarsi delle imprese riesce di beneficio per i consumatori.[25]

Quindi, pur essendovi una evidente difformità tra le intenzioni e i risultati ('effetti perversi' o emergenti,[26] si dice oggi), nondimeno i mezzi, come è evidente, sono collegati ai fini:

---

24 Ibid.

25 *Manuale*, V, § 74.

26 Alcuni fanno risalire, nei tempi moderni, a B. De Mandeville (1670-1733) e alla sua *La Favola delle api*, una efficace illustrazione di questo effetto, e cioè che i vizi privati paradossalmente possono produrre il benessere pubblico. Per una buona trattazione si veda R. Boudon, *Effetti 'perversi' dell'azione sociale*, Feltrinelli, Milano, 1981. Boudon esordisce, (p. 11), con una citazione di K. Popper presa

> Né i democratici né i plutocrati dei popoli occidentali volevano la guerra, e, se questa fosse dipesa dal loro volere, non l'avrebbero mai fatta; ma la preparavano inconsapevolmente, mirando nelle loro dispute al tornaconto del momento, senza troppo curarsi dell'avvenire. Ciò accade spessissimo, e molti sono i casi in cui si vedono gli uomini politici riuscire dove mai più avrebbero voluto andare.[27]

E, altro esempio, se la ricchezza cresce secondo un ritmo più accelerato dell'aumento della popolazione, non c'è dubbio, secondo Pareto, che si constateranno i due effetti seguenti (o, almeno, uno dei due), come abbiamo visto nel cap. VIII: la disuguaglianza dei redditi diminuirà e il reddito medio della classe più povera della popolazione crescerà. Dunque, per ottenere una distribuzione più equa, non c'è che un mezzo: migliorare la produzione in modo che la crescita di ricchezza sia superiore alla crescita demografica:

> Gli sforzi operati dal socialismo di Stato al fine di cambiare artificiosamente tale ripartizione hanno come solo effetto di provocare una distruzione di ricchezza. Ottengono, in altri termini, un risultato diverso da quello al quale pur miravano: cioè, aggravano le condizioni delle classi povere anziché migliorarle; l'ineguaglianza dei redditi s'accresce oppure il reddito medio delle classi più povere diminuisce [...].[28]

---

dall'opera *Congetture e confutazioni*, in cui si dice che "[...] il compito principale delle scienze sociali teoriche [...] consiste nel determinare le ripercussioni sociali non intenzionali di azioni umane intenzionali", dove si vede che si tratta in realtà del 4° genere delle azioni non logiche. Ed è nel vero quando fa osservare, (p.13), che "quanto più gli effetti perversi sono frequenti nella vita sociale, tanto più sono rari nella analisi sociologica moderna". Tanto che dopo Marx solo pochi si sono occupati della questione e cita Merton, Coser e Crozier, ma dimentica Pareto. L'espressione 'effetti emergenti' è tipica della cosiddetta teoria della complessità di origine fisicista, i cui cultori pare non si rendano conto che la presunta nuova scienza non è altro che un nome nuovo per antichi anche se sempre attuali problemi. E che i presunti sofisticati metodi matematici, nell'applicazione in sociologia, si uniscono ad una concettualizzazione primitiva.

27 "La guerra e i suoi principali fattori sociologici", *Scientia*, marzo 1915, poi in *Fatti e teorie*; ora in *Scritti sociologici*, op. cit., p. 737.

28 "La courbe des revenues", in *Le monde économique*, 25 jullet 1896; ora in *Scritti sociologici*, pp. 108-110.

Anche le azioni di chi è soltanto un esecutore materiale di azioni logiche fanno parte di questo genere, dato che costui non fa altro che eseguire gli ordini ricevuti.

I generi di azioni non logiche 2° (*no-sì*) e 4° (*sì-sì*) sono i più diffusi perché soggettivamente si ritiene che ci sia coerenza tra mezzi utilizzati e fini perseguiti e dunque sono di capitale importanza per l'analisi sociologica. In conclusione, è bene ribadire chiaramente il senso profondo della classificazione paretiana, che non dà luogo ad equivoci: "I nomi dati a queste due classi non ci devono trarre in inganno. In realtà sono tutt'e due soggettive, perché ogni conoscenza umana è soggettiva, ed esse si distinguono non per una differenza di natura, ma per una somma più o meno grande di conoscenze di fatti."[29]

Un tentativo simile a quello paretiano lo troviamo nei 'tipi di azione' weberiani come applicazione del suo metodo idealtipico.[30] La definizione weberiana di azione è divenuta un modello:

---

29 "Le azioni non logiche", op. cit., p. 306. Nello stesso periodo in cui pubblicava il saggio sulle azioni non logiche Pareto scriveva a M. Millioud: "Vous ne me ferez pas le tort de croire que je pense que mon livre puisse avoir la moindre influence sur la marche des événements. Cela serait contraire à ma théorie des actions non-logiques. Je l'écrits, parce que cela me fait plaisir; comme cela me fait plaisir de boire un verre de bon vin. Ni plus, ni moins. Je voudrais revivre d'ici à quelques siècles. Alors, un rat de bibliothèque, découvrira mon livre, et il dira: 'un auteur, d'ailleurs parfaitement inconnu, a remonté le courant humanitaire, dans un temps où tout le monde le suivait. Il a suivi l'exemple de Lucien'." (Lettera a M. Millioud, 30 mai 1910; ora in *Epistolario*, vol. II, p. 697) Per uno studio della struttura dell'azione non logica in relazione alla teoria dell'utilità sociale si veda G. Pollini, "Residues and social utility: Elements of action theory in the sociology of Vilfredo Pareto", in *Revue européenne des sciences sociales*, 1994, v. 32, n. 98, pp. 165-176.

30 Il tipo ideale costituisce elemento fondamentale delle considerazioni sulla metodologia storico-sociale. Weber, come Vico, unì storia e sociologia, cioè fatti, azioni e la loro struttura, arrivando a dimostrare come si possano elaborare sociologicamente i materiali tratti dalla storia mediante procedure tipico-ideali appropriate, che potenziano la precisione metodologica. Il concetto di tipo ideale è a sua volta legato al concetto di comprensione, poiché ogni tipo ideale è un'organizzazione di rapporti intelligibili propri sia di un insieme storico, sia di una successione di avvenimenti: "esso rappresenta un quadro concettuale, il quale *non* è la realtà storica, e neppure la realtà 'vera e propria', ma tuttavia serve né più né meno come schema in cui

> Per 'agire' si deve intendere un atteggiamento umano (sia esso un fare o un tralasciare o un subire, di carattere esterno o interno), se e in quanto l'individuo che agisce o gli individui che agiscono congiungono ad esso un *senso* soggettivo. Per agire 'sociale' si deve però intendere un agire che sia riferito – secondo il suo senso, intenzionato dall'agente o dagli agenti – all'atteggiamento di *altri* individui, e orientato nel suo corso in base a questo. Come ogni agire, anche l'agire sociale può essere determinato: 1) *in modo razionale rispetto allo scopo*, da aspettative dell'atteggiamento di oggetti del mondo esterno e di altri uomini, impiegando tali aspettative come 'condizioni' o come 'mezzi' per scopi voluti e considerati razionalmente, in qualità di conseguenza; 2) *in modo razionale rispetto al valore*, dalla credenza consapevole nell'incondizionato valore in *sé* – etico, estetico, religioso, o altrimenti interpretabile – di un determinato comportamento in quanto tale, prescindendo dalla sua conseguenza; 3) *affettivamente*, da affetti e da stati attuali del sentire; 4) *tradizionalmente*, da un'abitudine acquisita.[31]

"Assai di rado l'agire, e in particolare l'agire sociale, è orientato esclusivamente nell'uno o nell'altro modo [l'azione concreta e reale è sintetica, dice Pareto]. Anche questi tipi di orientamento non costituiscono affatto, naturalmente, una classificazione esauriente dei modi di orientamento dell'agire, ma sono tipi concettualmente puri – creati per scopi sociologici [per motivi di scomposizione analitica] – ai quali l'agire reale si avvicina più o meno, o dei quali, ancor più di frequente, risulta mescolato. Soltanto il risultato può dimostrare l'opportunità per noi [cioè, la ricomposizione, la sintesi post-analitica]."[32] In questo senso, allora, la relazione sociale è per Weber "un comportamento di più individui *instaurato* reciprocamente secondo il suo contenuto di senso, e orientato in conformità. La relazione sociale *consiste* pertanto esclusivamente nella *possibilità* che si agisca socialmente in un dato modo (dotato di senso), quale che sia la base su cui riposa tale possibilità"

---

la realtà deve essere sussunta come *esempio*; esso ha il significato di un puro concetto-*limite* ideale, a cui la realtà deve essere *misurata* e *comparata*, al fine di illustrare determinati elementi significativi del suo contenuto empirico [...] Il tipo ideale rappresenta dunque il tentativo di concepire gli individui storici o i loro elementi particolari in virtù di concetti genetici." (M. Weber, *Il metodo delle scienze storico-sociali*, Mondadori, Milano, 1974, pp. 107-120).

31 Id., *Economia e società*, op. cit., pp. 4, 21-22.

32 Ibid., p. 23.

[Pareto dice che si osservano solo comportamenti esterni, passibili di osservazione ed esperienza, fini diretti insomma, con l'esclusione dei fini indiretti]. Weber non si spinge oltre queste pur capitali osservazioni.[33]

Peraltro, più recentemente si è cominciato ad ammettere che la nozione di razionalità non è agevolmente definibile, se non in casi particolari, dando implicitamente ragione a Pareto, che le preferiva la nozione di azione logica. Quando l'attore deve adottare una decisione in condizioni d'incertezza, in una situazione considerata strategica, può essere difficile per l'osservatore e per l'osservato determinare la linea d'azione più conforme all'interesse o alle preferenze dell'individuo agente. Vi sono situazioni strutturate in maniera tale da non permettere di definire esattamente la nozione di azione logica o la *Zweckrationalität* weberiana.[34]

D'altra parte anche tra gli economisti – che stentarono ad ammetterlo con Pareto – alcuni hanno riconosciuto, dall'opera di F. von Hayek in poi, che l'attore sociale agisce generalmente in una condizione di 'razionalità limitata', in quanto dispone soltanto di una piccola parte dell'informazione che gli sarebbe necessaria per agire – come essi dicono – 'razionalmente'.[35] Non potendo predeterminare le conseguenze

---

33 Per una discussione sulla classificazioni paretiana e weberiana si veda G. Pollini, "Classificazione delle azioni e tipologia dell'agire sociale: Pareto e Weber", in *Studi di Sociologia*, 1984, pp. 349-375.

34 Si vedano le considerazioni di G. Ferrari, "Una traccia praxeologica nell'analisi paretiana dell'azione", in E. Rutigliano (a cura di), *La ragione e i sentimenti. Vilfredo Pareto e la sociologia*, Franco Angeli, Milano, 1994, pp. 97-101.

35 C'è ancora chi ritiene che questi problemi siano stati scoperti di recente come ad esempio il premio Nobel J. C. Harsanyi, il quale scrive in un saggio del 1977: "[...] in alcune situazioni i modelli di comportamento razionale non saranno del tutto adeguati per analizzare il comportamento umano (ma potrebbero comunque diventarlo dopo opportune revisioni, ad esempio lungo le linee della teoria della razionalità limitata di Simon. È chiaramente una questione empirica quali tipi di situazione sociale ammettano, e in che misura, un'analisi in termini di modelli di comportamento razionale. Tuttavia, lavori recenti nella scienza politica, nelle relazioni internazionali e nella sociologia, indicano che la gamma di situazioni di questo tipo è molto più estesa di quanto non si credesse solo dieci anni fa." (*L'utilitarismo*, Il

delle linee d'azione che gli si offrono, l'individuo è dunque costretto a fidarsi della propria intuizione, delle proprie credenze, dei propri 'sentimenti' (Pareto), che sono, molto probabilmente, adottati da uno o più dei suoi 'gruppi di riferimento'. Dunque, tra gli attuali economisti, dopo cento anni, qualcuno tende timidamente[36] ad allontanarsi dal modello classico dell'*homo œconomicus*, considerato 'razionale', intendendolo piuttosto come tipo ideale (Weber), o come espediente euristico per scopi econometrici (del resto era già questa la posizione paretiana nel suo *Cours d'économie politique* del 1896).

Residui o stati psichici

Pareto va oltre, facendo vedere come nelle teorie non logico-sperimentali, vi sia una parte poco variabile (a),[37] ed una parte molto variabile (b). La prima è il principio che esiste nella mente dell'uomo, la

---

Saggiatore, Milano, 1994, p. 6) Harsanyi ignora che, non nei dieci anni precedenti il 1977, ma già nel *Cours* paretiano (1895-1896) avevano un posto centrale.

36 I più seri, timidamente. Poi ci sono quelli per così dire più sportivi, i quali dopo aver costruito carriere accademiche con il credo neoclassico, ora che il vento sembra soffiare in altre direzioni con salti acrobatici parlano di fallimento di quella teoria di cui sono stati i più dogmatici assertori.

37 "[...] le ere sono nuove solo di forma, mentre nella sostanza, sono punti corrispondenti a cime della curva continua del moto. Vi era, ragionando dal tetto in giù, un cristianismo prima di Cristo, un maomettismo prima di Maometto, una 'democrazia' prima della rivoluzione francese, un bolscevismo prima della rivoluzione del Lenin. Guardando in tal modo gli eventi, ponendosi deliberatamente fuori delle fedi è utile, indispensabile per la scienza sperimentale, e può essere, è spessissimo di danno per le opere. Lo scetticismo dà la teoria, la fede spinge all'operare, e di opere è costituita la vita pratica. I fini ideali possono essere ad un tempo assurdi ed utilissimi per le società; e ciò dovremo qui spesso ricordare, perché facilmente si trascura. Tale distinzione tra l'utilità della scienza sperimentale e l'utilità sociale è fondamentale; [...] non intendo [...] dare giudizio alcuno sul 'bene' o sul 'male' [...] come non saprei darlo sul fatto analogo della rovina dei signori feudali preparata dalle Crociate, né esortare la borghesia a mutare strada, né predicare per riformare costumi, gusti, pregiudizi, [...]." (*Trasformazione della democrazia*, ora in *Scritti sociologici*, pp. 920- 923).

seconda è costituita dalle spiegazioni date di tale principio e dell'operare di cui è origine.[38] È qui il punto di partenza della teoria generale dei residui e delle derivazioni, preceduta nel *Trattato* da una discussione sulle teorie che trascendono l'esperienza (cap. IV), in cui sottopone ad esame i termini di religione, diritto naturale, diritto delle genti, morale, retta ragione, giusto, onesto, ecc., per vedere se corrispondono a qualcosa di preciso. Analizza poi i materiali delle teorie ed i nessi con i quali sono congiunti, mostrando come la sociologia si occupi dei fatti, insegnando che l'ignoto si deve spiegare col noto, il presente serve a spiegare il passato e, subordinatamente, il passato serve a spiegare il presente. Ma cosa intende Pareto per residuo e derivazione?[39] Le azioni non logiche comportano due elementi, uno costante, che Pareto indica con la lettera (a), l'altro variabile che indica con la lettera (b): "la parte (a) corrisponde direttamente ad azioni non logiche; essa è l'espressione di certi sentimenti. La parte (b) è la manifestazione del bisogno di logica che ha l'uomo; essa corrisponde anche parzialmente

---

38 Una distinzione simile ci sembra di scorgere in K. R. Popper con la sua classificazione del "Mondo in tre subuniversi chiamati per semplicità Mondo 1, Mondo 2, Mondo 3." Con Mondo 1 si riferisce "all'universo delle cose fisiche". Con Mondo 2 ci pare si avvicini al concetto di residuo, allorché indica "in particolar modo le esperienze coscienti, come il piacere e il dolore, la speranza e la paura, e le aspettative; le percezioni di cose e di eventi, e i ricordi degli eventi del passato; l'esperienza di afferrare un ragionamento o di comprendere una teoria; e inoltre le esperienze inconsce (se esistono) come convinzioni o aspettative inconsce." Il Mondo 3 ci pare corrisponda alle derivazioni paretiane, stando alla definizione che ne dà Popper: "Con Mondo 3 voglio indicare i prodotti della mente umana. Esempi di oggetti importanti che appartengono al Mondo 3 sono le frasi dei linguaggi (orali, scritte o stampate); le teorie scientifiche, siano esse vere o false; i problemi scientifici; i quadri e altre opere d'arte; i lavori musicali; gli utensili e le altre invenzioni; le istituzioni sociali." ("Perché siamo liberi? Computer, mente, razionalità", in A. M. Petroni, R. Viale, *Individuale e collettivo. Decisione e razionalità*, R. Cortina, Milano, 1997, p. 5).

39 I capitoli sesto, settimo e ottavo del *Trattato* si occupano dei *residui*, mentre il nono e il decimo delle *derivazioni*. Le *proprietà dei residui e delle derivazioni* sono discusse nell'undicesimo capitolo. "I residui e le derivazioni che abbiamo ora considerati in sociologia si devono, in parte almeno, considerare come concetti analoghi a quello dell'ofelimità in economia." (*Trattato*, § 2078).

a sentimenti, ad azioni non logiche, ma li riveste con ragionamenti logici, o pseudo-logici. La parte (a) è il principio che esiste nella mente dell'uomo, la parte (b) sono le spiegazioni, le deduzioni di questo principio."[40]

Il separare, nei fenomeni, le parti costanti da quelle variabili è un'operazione difficile, ma di grande importanza. Di ogni fenomeno sociale va studiata la sostanza, cioè *sentimenti* e *interessi*, il modo con cui è stato indagato, e i ragionamenti che ne sono scaturiti. I sentimenti sono stati analizzati nel *Trattato*, arrivando a separare certi elementi che Pareto chiama *residui*; anche gli interessi sono stati analizzati, all'inizio prevalentemente come oggetto dell'economia politica, poi generalizzandoli in una classe (la V) dei residui. Se costante è la parte svolta da sentimenti e interessi, molto variabile è invece la forma sotto la quale questi appaiono o si manifestano:

> Se oggi, i popoli civili più non credono che il sole, ogni sera, si tuffi nell'oceano, hanno altre credenze che non più di questa si accostano alla realtà. Inoltre è naturale desiderio di non appagarsi del come, ma di ricercare anche il perché. Potrebbe dirlo, entro certi limiti, la scienza logico-sperimentale; ma poiché di tali limiti sono insofferenti gli uomini, che sprezzando il contingente mirano all'assoluto, e poiché la scienza sperimentale poco si è sempre usata e poco seguita ad usarsi nelle materie sociali,[41] ad essa si sostituiscono, per dare l'ambita risposta, pseudoscienze che interpretano i fatti con il sentimento, con i desideri, con i pregiudizi, con l'opera, spesso inconsapevole, degli interessi, e in tanti altri modi, tutti estranei alla scienza logico-sperimentale. Per tal modo hanno origine prodotti del pensiero, ai quali nella *Sociologia* [il *Trattato*] abbiamo posto il nome di derivazioni. Le derivazioni sono variabilissime, e spesso variopinte e fugaci come l'arcobaleno, ma sotto la varietà di forme si cela, come per gli altri fatti umani, una parte costante.[42]

---

40 *Trattato* § 798.

41 Abbiamo fatto notare altre volte come ciò non sia prerogativa delle sole scienze sociali. Le scienze della natura, una volte divenute – con ritardo – complesse, si stanno misurando con quei problemi che da sempre hanno afflitto le scienze sociali. Del resto, lo stesso Pareto in molti luoghi della sua opera fa notare incongruenze sperimentali nelle scienze naturali.

42 *Trasformazione della democrazia*, op. cit., pp. 920- 923. E continua: "non si curano di tale analisi né la metafisica, che ha principi assoluti, né l'empirismo, che si appaga di somiglianze superficiali. Esso, per spiegare i fenomeni presenti, cerca nel passato fenomeni eguali; non lo trova né li può trovare, perché la storia non si

I residui o stati psichici, in quanto elementi costanti (o comunque soggetti a lentissimo mutamento nel corso dei secoli) ed espressione non logica della natura umana, sono una realtà etologica ed un'astrazione concettuale e non hanno, beninteso, esistenza oggettiva.[43] I residui sono tra gli elementi che determinano l'equilibrio sociale, come abbiamo visto nel cap. IV di questo volume. Pareto li definisce come la manifestazione dei sentimenti; corrispondono a certi istinti ma non li comprendono tutti, sono mancanti di precisione.

Per meglio esprimere la procedura utilizzata nella classificazione dei residui, Pareto si rifà alle ricerche filologiche (come la sociologia, la linguistica stava diventando una scienza completamente sperimentale), in cui trova analogie con il suo metodo, dato che sono "dirette ad investigare le radici e le derivazioni dalle quali hanno origine i vocaboli di una lingua. Tale analogia non è artificiale; nasce dall'esservi in un caso e nell'altro prodotti dell'attività della mente umana, i quali hanno comunanza di procedimenti".[44] Si capisce meglio così la concezione dei residui come radici ricche di derivazioni. I residui sono distinti in classi, generi e specie e "mutano molto lentamente nelle classi, maggiormente nei generi".[45]

---

ripete mai, perché infinite sono le combinazioni che possono nascere dagli elementi delle azioni umane, e solo di queste combinazioni narra la storia. L'ordinamento sociale non è mai in perfetta quiete; è in un perpetuo divenire, ma il moto può essere più o meno veloce."

43 Secondo Franz Borkenau (*Vilfredo Pareto*, 1936, p. 33) i residui "are invariable and they are incapable of any further explanation". Per quanto riguarda i termini *sentimento* o *residuo*, sono espressioni utili in sociologia (analogamente al termine *forza* in meccanica), purché si intenda sempre correttamente il senso e "le realtà a cui corrispondono" (§ 1690). È una "descrizione degli elementi semplici dei fenomeni [...] Per amore di brevità, abbiamo posto un cartellino con un nome qualsiasi, a quegli elementi, e li abbiamo chiamati *residui*; altri analoghi cartellini abbiamo assegnati alle classi, ai generi, alle specie in cui si possono partire detti elementi (al solito, non c'è da ricavarsi nulla dall'etimologia dei nomi. Occorre riferirsi ai fatti che indicano)" ("Il fenomeno del bolscevismo", *Il Tempo*, 14 aprile 1919; poi in *Fatti e teorie*, ora in *Scritti sociologici*, p. 798).

44 *Trattato*, § 879.

45 "Il fenomeno del bolscevismo", in op. cit., p. 804. Secondo W. I. Thomas ogni attività concreta consiste nella soluzione di una situazione che comprende tre tipi di

Classi, generi e specie dei residui

"En général ma classification est loin d'être complete. Chaque jour apporte une nouvelle pierre à l'édifice de la science experimentale. Cette science est en un perpétuel devenir. [...] En général, les genres se mêlent dans les phénomènes concrets. Nous les séparons seulement par analyse."[46]

Classe I: *Istinto delle combinazioni*
Generi: (I-α) combinazioni in generale; (I-β) combinazioni di cose simili od opposte; *Specie:* (I-β 1) somiglianza od opposizione in generale; (I-β 2) cose rare ed avvenimenti eccezionali; (I-β 3) cose ed avvenimenti terribili; (I-β 4) stato felice unito a cose buone, stato infelice a cattive; (I-β 5) cose assimilate producenti effetti simili all'indole propria, rare volte opposti; (I-γ) operazione misteriosa di certe cose e di certi atti; *Specie:* (I-γ 1) operazioni misteriose in generale; (I-γ 2) nomi vincolati misteriosamente alle cose; (I-δ) bisogno di unire i residui; (I-ε) bisogno di sviluppi logici; (I-ζ) fede nell'efficacia delle combinazioni.

In questa classe Pareto discute della tendenza degli uomini a stabilire i rapporti e le relazioni più diverse tra idee e cose, in una parola a congetturare. È un "istinto potente nella specie umana, e che probabilmente è stato ed è valida cagione della civiltà" e, al tempo stesso, una delle forze che determinano l'equilibrio sociale. Grazie a questo residuo

---

dati: le condizioni oggettive, gli atteggiamenti preesistenti e la 'definizione della situazione'. Di conseguenza, l'individuo – in una data situazione – elabora i propri atteggiamenti e compie le proprie scelte di valore sulla base del seguente modello generale che chiama dei 'desideri' e che potremmo dire con Pareto dei 'bisogni': il desiderio di nuove esperienze, il desiderio di riconoscimento, il desiderio di dominio, il desiderio di sicurezza. Non sono altro che rispettivamente le classi di residui: I combinazioni, III manifestazione di sentimenti, IV socialità in cui vi sono i generi di uniformità e gerarchia, V integrità dell'individuo, che vedremo qui di seguito.

46 Lettera G.-H. Bousquet, 18 août 1922, ora in *Epistolario*, vol. II, p. 1090. Ibid., § 1388. Un utile e interessante studio comparativo tra le classi, generi e specie dei residui paretiani e lo schema AGIL è proposto da G. Pollini, "Dinamiche possibili nel sistema di azione sociale: il contributo di Vilfredo Pareto", in *Studi di Sociologia*, 1994, pp. 21-33.

l'uomo è portato a stabilire regole, a ragionare, giocare, innovare. "In sostanza vi è, per quanto riguarda la classe I: 1° una propensione alle combinazioni; 2° la ricerca delle combinazioni stimate migliori[47]; 3° la propensione a credere all'efficacia delle combinazioni. Inoltre vi è una parte passiva, in cui l'uomo subisce le combinazioni, ed una parte attiva, in cui le interpreta o le fa nascere. La propensione alle combinazioni, è un sentimento generale, indistinto [...]; lo si trova potente nei giuochi, che si osservano presso tutti i popoli. [...] Nei fenomeni concreti hanno parte anche residui di altre classi; e fra questi sono da notarsi i residui della II senza i quali le combinazioni della classe I sarebbero fuggevoli e inconsistenti. [...] In molti fenomeni, specialmente presso i popoli civili, si ha un misto di azioni logiche, di deduzioni scientifiche e di azioni non-logiche, di operazioni del sentimento."[48] Lo studioso disgiunge, per fini di analisi, ciò che in realtà è unito. In sintesi, l'istinto della combinazioni è quello dello sviluppo intellettuale, delle congetture e del cambiamento; come residuo esso dà alle combinazioni, alle innovazioni un carattere duraturo, persistente e quindi un'esistenza propria e indipendente. Medesima nella sostanza è la posizione di Weber: "anche il razionale, nel senso della 'coerenza' logica o teleologica di una presa di posizione intellettuale-teoretica o praticoetica, ha (e ha sempre avuto) un potere sugli uomini, anche se questo potere è sempre stato dappertutto limitato ed instabile rispetto alle altre forze della vita storica."[49]

---

47 Gabriel Tarde ritiene che le due principali molle dell'azione umana siano l'*imitazione* (si adotta un tipo o un altro di comportamento non solo perché conveniente o conforme alle proprie preferenze, ma anche perché è nuovo: sarebbero i residui paretiani I e IV-β) e la *consuetudine* (le tradizioni si conservano anche quando non sono vantaggiose e senza alcun significato per coloro per chi vi si sottopongono: sarebbero i residui paretiani della II classe).

48 *Trattato*, §§ 889-891.

49 M. Weber, *Sociologia delle religioni*, II vol., 'Osservazioni intermedie', Utet, Torino, 1976, p. 586. Oggi la cosiddetta teoria della complessità tratta tutto ciò, vale a dire l'instabilità, il cambiamento, le combinazioni, la congetturalità come cambiamenti significativi che avvengono fra il troppo e il troppo poco ordine, e dunque riaffermando ciò che già Pareto aveva spiegato, allorché faceva notare che, quando si è in presenza di troppo ordine, il sistema è ingessato e per esempio in campo so-

Classe II: *Persistenza degli aggregati.*
Generi: (II-α) persistenza delle relazioni di un uomo con altri uomini e con luoghi; *Specie:* (II-α 1) relazioni di famiglia e di collettività affini; (II-α 2) relazioni con luoghi; (II-α 3) relazioni di classi sociali; (II-β) persistenza delle relazioni dei viventi coi morti; (II-γ) persistenza delle relazioni di un morto e delle cose che erano sue mentre era in vita; (II-δ) persistenza di un'astrazione; (II-ε) persistenza delle uniformità; (II-ζ) sentimenti trasformati in realtà oggettive; (II-η) personificazioni; (II-θ) bisogno di nuove astrazioni.

Lo spirito umano – se così possiamo dire, per fini analitici – prima agisce, congettura, combina, poi, in seguito, riflette sui risultati. Le combinazioni trovate, se ritenute utili, costituiscono un aggregato di parti strettamente connesse, come fossero un unicum, per cui finiscono con l'acquisire una 'personalità' simile a quella di altri esseri reali. Spesso si possono riconoscere queste combinazioni per il fatto di possedere un nome proprio e distinto dalla semplice enumerazione delle parti. Il nome contribuisce a dare maggior consistenza al concetto della personalità dell'aggregato a causa del residuo per il quale si suppone che ad un nome corrisponda sempre una cosa. Dopo che l'aggregato si è formato, opera molto spesso un istinto che, in maniera più o meno forte, si oppone a che le cose così congiunte si disgiungano e se la separazione non può essere evitata, fa in modo di dissimularla, conservando il simulacro dell'aggregato.[50]

La persistenza degli aggregati, conferendo stabilità alle combinazioni formate dal residuo della prima classe, determina un rafforzamento di quanto è acquisito, delle comunità politiche, delle organizzazioni religiose[51], economiche ecc., in generale, delle istituzioni: "[...] abbiamo dato il nome di persistenza degli aggregati ad una classe di residui, tra i

---

cio-economico vi è stagnazione, allorché domina l'élite dei redditieri. Quando invece vi è troppo poco ordine, si produce instabilità come nei sistemi socio-economici in cui è predominante l'élite degli speculatori. Perciò, da un equilibrio all'altro o, come dicono i 'caos-complessologi', in condizioni lontane dall'equilibrio, i sistemi mutano in modi talvolta sorprendenti ma non casuali.

50 *Trattato*, §§ 991-992.

51 "Il fenomeno del bolscevismo", in op. cit., p. 799.

quali stanno i sentimenti religiosi, nonché molte altre credenze simili." A questo punto, una specificazione di Demarchi, in sintonia involontaria con Pareto, ci pare appropriata: "La loro persistenza ultrasecolare e la loro funzione pressoché inavvertita, che tra l'altro esclude finalità pratiche tangibili, ci impedisce di confondere queste idee conduttrici con le pregiudiziali ideologiche comuni [...] queste posizioni assiologiche matrici di più d'una ideologia, resistono all'usura del tempo oltre misura, pur senza che si possano dire metafisiche o costruzioni ontologiche. Con queste ultime le assiomatiche hanno in comune l'ossequio ai valori, ma a differenza di esse li proiettano nella storia e nell'avvenire, li colgono nella totalità psichico-mentale dell'uomo, senza tuttavia avere la pretesa di programmare mezzi necessari alla loro realizzazione controllabile, come è appunto, invece, il caso delle ideologie.

Si possono chiamare religioni, purché in questo concetto si sappia distinguere quanto v'è di perenne a lunghissima scadenza temporale, da quanto spesso v'è di ideologico e quindi a dimensione temporale controllabile. Nell'assiomatica corrente dei sociologi troviamo almeno tre di queste idee conduttrici. La più nota è la legge del divenire storico-sociale. Altra idea conduttrice è l'universalità del contrasto fra staticità e dinamicità. Terza idea conduttrice è la posizione di equilibrio del potere, fra estremi di totalitarismo e di caoticità."[52] Questo residuo, dunque, è alla base di ciò che volgarmente viene detto tradizione o conservazione. Le considerazioni qui esposte, unitamente a quelle della classe precedente, permetteranno a Pareto di scrivere le celebri pagine dedicate nel *Trattato* a imprenditori e risparmiatori e, in generale, agli speculatori e ai redditieri o – come propone meglio di chiamarli, per

---

52 F. Demarchi, *Paradigmatica e assiomatica in sociologia*, Edizioni Paoline, Roma, 1975, pp. 119-120. Medesima la posizione di P. L. Berger e T. Luckmann i quali, in un paragrafo in cui discutono dell'organizzazione sociale per la conservazione degli universi (persistenza degli aggregati, nel linguaggio paretiano), in una nota fanno notare che "[...] le legittimazioni supreme rafforzano l''inerzia' istituzionale (la fedeltà di Simmel), [a questo proposito si] cfr. sia Durkheim che Pareto", cioè "rafforzamento del tradizionalismo nelle azioni istituzionalizzate che vengono così legittimate, vale a dire un rafforzamento dell'inerente tendenza dell'istituzionalizzazione all'inerzia" (*La realtà come costruzione sociale*, Il Mulino, Bologna, 1969, p. 175).

sfuggire alla tirannia del linguaggio – gli (S) e gli (R), discusse nel cap. V di questo volume.

Classe III: *Bisogno di manifestare con atti esterni i sentimenti*
Generi: (III-α) bisogno di operare manifestantesi mediante combinazioni; (III-β) esaltazione religiosa.

Si tratta del bisogno di esteriorizzare i propri sentimenti o le proprie emozioni con i gesti più diversi. È un bisogno a volte tirannico: "Sentimenti potenti sono per lo più accompagnati da certi atti, che possono anche non essere in diretta relazione con questi sentimenti, ma che soddisfano il bisogno di operare." Gli atti con i quali i sentimenti si manifestano li rafforzano e possono anche farli nascere in chi ne fosse privo. È un fatto psicologico ben noto: se un'emozione si manifesta con un certo stato fisico, può accadere che la persona che si pone in questo stato faccia nascere in sé l'emozione corrispondente. Quindi, i residui di questa classe sono congiunti alle emozioni, ai sentimenti, alle passioni, con una catena complessa di azioni e di reazioni.[53]

Classe IV: *Residui in relazione con la socialità*
Generi: (IV-α) società particolari; (IV-β) bisogno di uniformità; *Specie*: (IV-β 1) uniformità ottenuta operando su se stesso; (IV-β 2) uniformità imposta agli altri; (IV-β 3) neofobia;[54] (IV-γ) pietà e crudeltà; *Specie:* (IV-γ 1) pietà di sé riflessa sugli altri; (IV-γ 2) ripugnanza istintiva per la sofferenza; (IV-γ 3) ripugnanza ragionata per le sofferenze inutili; (IV-δ) imporre a sé un male per il bene altrui; *Specie*: (IV-δ 1) esporre la vita; (IV-δ 2) fare parte altrui dei propri beni; (IV-ε) sentimenti di gerarchia; *Specie*: (IV-ε 1) sentimenti dei superiori; (IV-ε 2) sentimenti degli inferiori; (IV-ε 3) bisogno dell'approvazione della collettività; (IV-ζ) ascetismo.

Questa classe è costituita da residui che sono in relazione con la vita sociale e con la sua peculiare esigenza: l'uniformità ricercata per sé e

53 *Trattato*, §§ 1089-1091.

54 Noi abbiamo aggiunto "[...] e neofilia", come si vedrà nel II volume (Costanti dell'azione), che seguirà questo primo.

per gli altri. In questa classe Pareto pone anche i residui che sono in relazione con la disciplina, la gerarchia "se si ammette che i sentimenti corrispondenti siano rafforzati dal vivere in società. [...] D'altra parte la società è impossibile senza una qualche disciplina, e quindi l'istinto di socialità e quello di disciplina hanno necessariamente certi punti di contatto".[55]

Classe V: *Integrità dell'individuo e delle sue dipendenze*
Generi: (V-α) sentimenti che contrastano con le alterazioni dell'equilibrio;[56] (V-β) sentimenti di eguaglianza degli inferiori; (V-γ) restauro dell'integrità con operazioni attinenti agli individui di cui l'integrità è stata offesa; *Specie:* (V-γ 1) soggetti reali; (V-γ 2) soggetti immaginari od astratti; (V-δ) restauro dell'integrità con operazioni attinenti a chi l'ha offesa; *Specie:* (V-δ 1) offensore reale; (V-δ 2) offensore immaginario.

La classe V è costituita da residui che riguardano la difesa e la conservazione della persona e dei suoi beni e perciò può essere considerata complementare alla precedente. "Difendere le cose proprie, e procurarsene di accrescere la quantità, sono due operazioni che spesso si confondono", dunque, la difesa dell'integrità e lo sviluppo della personalità sono due operazioni molto simili che talvolta possono anche confondersi. I sentimenti che chiamiamo 'interessi' sono della stessa natura dei sentimenti a cui corrispondono i residui di questa classe; quindi, a rigore, dovrebbero stare in essa, ma Pareto ritiene che siano di tale importanza per l'equilibrio sociale, da rendere opportuna una loro trattazione separata.[57] Come scriveva Weber: "sono gli interessi (materiali ed ideali) e non le idee, a dominare immediatamente l'attività dell'uomo" anche se subito aggiungeva "le concezioni del mondo create dalle idee hanno spesso determinato, come chi aziona uno scambio ferroviario, i binari lungo i quali la dinamica degli interessi ha mosso tale attività."[58]

55 *Trattato*, § 1113.
56 Noi abbiamo aggiunto al *Genere* (V-α), la *Specie* (V-α 1): sentimenti di possesso.
57 *Trattato*, § 1207.
58 M. Weber, *Sociologia delle religioni*, op. cit., vol. I, p. 342.

Classe VI: *Residuo sessuale*

Per questa classe nel testo paretiano non compare alcun genere. "Il semplice appetito sessuale, benché operi potentemente nella razza umana, non ci deve occupare qui, per i motivi esposti al § 852. Dobbiamo soprattutto studiare il residuo sessuale di ragionamenti e di teorie. In generale questo residuo e i sentimenti dai quali trae origine si incontrano in moltissimi fenomeni, ma sono spesso dissimulati ma ai giorni nostri poi non tanto, specialmente presso i popoli moderni."[59] Infatti, sociologicamente sono interessanti allorché gli uomini elaborano una qualche filosofia o teoria, relative al comportamento nella sfera sessuale. Al § 852 ricordato, vediamo già una prima esplicitazione: "Se l'istinto sessuale tendesse solo ad avvicinare i sessi, non apparirebbe nelle nostre indagini. Ma tale istinto si ricopre spesso e si nasconde sotto la veste dell'ascetismo; c'è gente che predica la virtù per avere l'opportunità di fermare il pensiero sui congiungimenti sessuali." Quindi, esaminando i loro ragionamenti, troveremo "una parte (a) che corrisponde all'istinto sessuale ed una parte (b) che è un ragionamento col quale si ricopre." Pareto vuole dimostrare come questo residuo possa esistere in relazioni caste e innocenti, come sia all'origine della maggior parte della letteratura e delle arti e sia parte importante di varie religioni. È un residuo all'origine del culto femminile in varie culture religiose, così come è all'origine del 'peccato carnale', della tolleranza o interdizione della prostituzione. E invade oggi, anche in modo non velato, la letteratura che ai tempi di Pareto veniva chiamata edificante e oggi viene detta di 'informazione', o – peggio – 'scientifica': "I virtuosissimi nostri, che combattono il malcostume, lo fanno spesso in modo da far venire l'acquolina in bocca. Taccio di coloro che, col pretesto di istruire la gioventù, al fine di mantenerla casta, scrivono libri per ammaestrarla nei particolari dell'atto sessuale."

---

59 *Trattato*, § 1324.

Derivazioni o logica apparente

È bene dire subito che le derivazioni costituiscono il materiale adoperato nelle ricerche tanto dalle scienze non logico-sperimentali quanto da quelle logico-sperimentali. Ma precisiamo: mentre le prime (le scienze non logico-sperimentali) assegnano alle derivazioni il potere di operare direttamente sulle relazioni sociali, le seconde (le scienze logico-sperimentali) le considerano solo manifestazioni, anche se influenti, delle forze che operano nell'individuo e nella società, riproducendosi costantemente; e, dunque, ricercano le spinte, le forze a cui corrispondono più o meno rigorosamente tali derivazioni. "Appunto perché le derivazioni sono così riprodotte costantemente è utile classificarle e studiarle in sé."[60]

Le derivazioni (parte *b* o parte variabile dell'azione non logica) sono i "modi coi quali gli uomini mirano a dissimulare, mutare, spiegare, i caratteri che propriamente hanno certi loro modi di operare [...] Le derivazioni trarranno forza, non da considerazioni logico-sperimentali, od almeno non esclusivamente da queste, ma bensì da sentimenti".[61] Pareto ritiene che si possano sottoporre ad analisi le derivazioni dato che "c'è una morfologia delle derivazioni, come c'è una morfologia delle

60 *Fatti e teorie*, ora in *Scritti sociologici*, p. 911. Berger e Luckmann ribadiscono con espressione diversa la questione quando si occupano della "legittimazione come processo di 'spiegazione e 'di giustificazione' " e suggeriscono "sulle legittimazioni come 'spiegazioni' di confrontare l'analisi di Pareto delle 'derivazioni'. [...] legittimazione che comincia ad andare al di là dell'applicazione pragmatica e a diventare 'pura teoria'. [...] A questo punto la sfera delle legittimazioni comincia a raggiungere un certo grado di autonomia rispetto alle istituzioni legittimate e col passar del tempo può generare dei processi istituzionali suoi propri". In una nota aggiungono che "sia Marx che Pareto erano consapevoli della possibile autonomia di quelle che abbiamo chiamato 'ideologia' in Marx, e 'derivazioni' in Pareto" (*La realtà come costruzione sociale*, Il Mulino, Bologna, 1969, pp. 142, 144-145).

61 Con le derivazioni si passa, per usare l'efficace espressione di Kelsen, dal dualismo fra natura e società (residui), al dualismo fra realtà e ideologia (appunto le derivazioni). Si veda H. Kelsen, *Società e natura. Ricerca sociologica* [1943], Bollati Boringhieri, Torino, 1992.

lingue";[62] molte di esse si riproducono allo stesso modo fin dai tempi più antichi e, dunque – da questo punto di vista – sono costanti come i residui; così, ad esempio, ci sono derivazioni di autori latini molto simili a derivazioni di autori moderni.

In definitiva, l'uomo è, come si dice, istinto, bisogno, impulso ed anche ragione. In questo è d'accordo anche M. Weber quando afferma: "abbastanza spesso 'motivi' addotti e 'rimozioni' (cioè, in primo luogo, motivi non confessati) nascondono proprio all'individuo che agisce la reale connessione nella quale si dispiega il suo agire, di modo che anche testimonianze soggettivamente sincere hanno soltanto un valore relativo [proprio per questo motivo Pareto escludeva i fini indiretti, nella sua domanda: Le azioni hanno un fine logico? Il fine da considerare è quello diretto § 151]. In questo caso la sociologia si trova di fronte al compito di determinare questa connessione [...]."[63] La connessione sarà determinata dalla teoria paretiana. Se la logica, per astrazione, è espressione quasi pura dell'attività raziocinante e argomentativa, i residui, 'sentimenti diffusi e potenti' sono espressione degli istinti, o bisogni, o impulsi, o come li si vuol chiamare; anch'essi non di meno espressione dell'attività raziocinante e argomentativa (attività, al contrario della logica, per astrazione non pura). Peraltro, l'attività logica è anch'essa determinata da un residuo (classe prima, quinto genere, I-ε: bisogno di sviluppi logici) e quindi tra ragione e residuo vi è, per così dire, una continua disputa. Di qui nascono le derivazioni, con cui si indica la logica apparente che l'uomo tenta di conferire alle azioni il cui fondamento è un impulso di origine residuale. Le derivazioni celano (allo stesso soggetto e/o agli altri) i veri motivi sotto una complessa argomentazione che spesso viene detta imprecisamente, per fare breve il discorso, giustificativa o ideologica: "gli uomini si lasciano persuadere

---

62 Il nome "derivazione [...] è tratto da un'analogia con la morfologia greca e latina; ma da esso nulla c'è da ricavare; occorre riferirsi ai fatti, esclusivamente ai fatti con tal nome indicati" ("Il fenomeno del bolscevismo", in op. cit., p. 795).

63 M. Weber, *Economia e società*, vol. I, "La teoria delle categorie sociologiche", op. cit., p. 9. Nella stessa pagina più oltre aggiunge: "Gli uomini che agiscono sono molto sovente, di fronte a determinate situazioni, spinti da impulsi antitetici in conflitto tra loro, che noi 'intendiamo' nel loro complesso."

in principal modo dai sentimenti (residui), e quindi possiamo prevedere, il che poi è confermato dall'esperienza, che le derivazioni trarranno forza, non da considerazioni logico-sperimentali, od almeno non esclusivamente da queste, ma bensì da sentimenti. Nelle derivate il nocciolo principale è costituito da un residuo, o da un certo numero di residui, intorno al quale nocciolo si aggruppano altri residui secondari. Tale aggregato è fatto nascere, e, quando è nato, tenuto saldo da una forza potente, che è il bisogno che prova l'uomo di sviluppi logici, o pseudo-logici, il quale bisogno si manifesta coi residui del genere (I-ε)."[64]

Tuttavia, non tutte le azioni umane danno luogo a derivazioni. Pareto esclude infatti l'atto puramente istintivo e l'atto puramente logico: le "derivazioni fanno difetto ai due estremi, cioè per le azioni esclusivamente dell'istinto, e per le scienze logico-sperimentali; si incontrano nei casi intermedi".[65] La derivazione è caratterizzata da un ragionamento flessibile, spesso contorto logicamente, anche se appare forte e per questo foriero di dispute e infiniti contrasti verbali. Si presenta come l'elemento più importante di un'azione, mentre opera per dissimulare, celare ciò che è fondamentale: il residuo. Ancora, la derivazione è sfuggente; a differenza dei residui, che persistono come sono, mutando assai poco (se non alternandosi tra loro), le derivazioni variano e si diversificano a seconda delle circostanze: "mutano le derivazioni, rimangono i residui."[66] Allora, nota efficacemente Pareto, quando lo studioso di logica scopre l'errore di un ragionamento, o chiarisce un sofisma, la sua opera può ritenersi compiuta. È qui che inizia, invece, l'opera dello studioso di sociologia, che ricercherà perché mai tanti sofismi risultano così persuasivi da essere fatti propri. I sofismi, in quanto sottigliezze logiche, possono importare poco al sociologo se non acquistano popolarità. Mentre invece sono di impellente pertinenza sociologica i sofismi o le altre argomentazioni, anche ben condotte, che sono fatte proprie da una moltitudine. Perciò, dice Pareto – quasi per una divisione

64 *Trattato*, § 1397.
65 Ibid., § 1401.
66 Ibid., §§ 1454, 1598.

del lavoro scientifico – la logica si occupa del perché un ragionamento risulti errato, la sociologia del perché acquisisca un vasto consenso.[67]

Classi e generi delle derivazioni

Pareto distingue quattro classi di derivazioni,[68] cioè quattro modalità tattiche o anche strategie, cui si ricorre, consciamente o inconsciamente, per conferire una reale o apparente logica ai ragionamenti esplicativi o giustificativi, che provengono dai sentimenti. Queste quattro classi sono divise in generi, ma a differenza di quanto fa per i residui, qui i generi non si suddividono in specie. Vediamo le classi in breve.

Classe I: *Affermazione*
Generi: (I-α) fatti sperimentali, od immaginari; (I-β) sentimenti; (I-γ) misto di fatti e di sentimenti.

"Questa classe comprende le semplici narrazioni, le affermazioni di un fatto, le affermazioni di accordo con sentimenti, espresse non come tali, ma in modo assoluto, assiomatico, dottrinale. Le asserzioni possono essere semplici narrazioni od indicazioni di uniformità sperimentali; ma spesso sono espresse in modo tale che si è indecisi se esprimono solo fatti sperimentali, o se sono espressioni di sentimenti, o se partecipano di questo o di quel genere."[69]

---

67 Ibid., § 1411. Perciò l'auspicata, da N. Luhmann, "rivoluzione concettuale all'interno della sociologia: la sostituzione della teoria dell'azione con la teoria della comunicazione", costituendo la seconda il livello operativo elementare di un sistema (si veda "The Autopoiesis of Social Systemes", in *Essays on Self-Reference*, Columbia University Press, N.Y., 1990; *Sistemi sociali*, Il Mulino Bologna, 1990), è già stata compiuta ed è a disposizione. Cosa sono le quattro classi di derivazioni paretiane se non una teoria della comunicazione di livello operativo elementare di un sistema?

68 Noi abbiamo aggiunto una Classe V: prove matematico-statistico-quantitative.

69 *Trattato*, § 1420.

Classe II: *Autorità*
Generi: (II-α) autorità di un uomo, o di più uomini; (II-β) autorità della tradizione, di usi e di costumi; (II-γ) autorità di un essere divino, o di una personificazione.

"Qui abbiamo un modo di dimostrazione e un modo di persuasione. [...] In questa classe abbiamo diverse derivazioni che sono le più semplici dopo quelle della classe precedente." Si tratta dell'argomentazione condotta sulla base dell'autorità. Ad esempio, chi è investito di potere politico o di un particolare sapere tecnico, si autoattribuisce o gli viene attribuita analoga autorità in materie diverse da quella per la quale esercita il potere o la sua circoscritta conoscenza. L'autorità esibita o attribuita può essere di una persona (detta da Vico 'boria de' dotti'), di un'usanza o di un'idea (vi può essere anche inclusa la vichiana 'boria delle nazioni').[70]

Classe III: *Accordo con sentimenti, o con principii*
Generi: (III-α) sentimenti; (III-β) interesse individuale; (III-γ) interesse collettivo; (III-δ) entità giuridiche; (III-ε) entità metafisiche; (III-ζ) entità sovrannaturali.

"L'accordo è spesso solo con i sentimenti di chi accoglie la derivazione, e si gabella per un accordo coi sentimenti di tutti gli uomini, del maggior numero, degli onesti, ecc. Questi sentimenti poi si distaccano dal soggetto che li prova, e costituiscono principii."[71] Dunque, si conferisce ad un sentimento, innalzandolo, il rango di principio.

---

70 *Trattato*, § 1434. "Il dogmatismo e l'autoritarismo sono i maggiori pericoli per l'umanità" dice K. R. Popper, con ciò confermando le prime due classi di derivazioni paretiane: l'affermazione (dogmatismo) e l'autorità (autoritarismo). E questo è dovuto, nella scienza, secondo Popper, all'evoluzione che essa ha avuto creando "problemi pressanti ma imprevedibili. Uno di questi è la crescente fiducia riposta in autorità illegittime, quali quella del computer e quella che la gente incompetente attribuisce alla fisica" ("Perché siamo liberi? Computer, mente, razionalità", in op. cit., p. 5). In verità, il problema è antico per quanto riguarda il razionalismo fisicista, come ha ben dimostrato Vico, prima in *De nostri temporis studiorum ratione* (1708) e poi ancora nella *Scienza nuova* (1724).

71 *Trattato*, § 1464.

Classe IV: *Prove verbali*
Generi: (IV-α) termine indeterminato per indicare una cosa reale, e cosa indeterminata corrispondente ad un termine; (IV-β) termine indicante una cosa e che fa nascere sentimenti accessori, o sentimenti accessori che fanno scegliere un termine; (IV-γ) termine con più sensi, e varie cose con un sol termine; (IV-δ) metafore, allegorie, analogie; (IV-ε) termini dubbi, indeterminati, che non hanno corrispondenza nel concreto.

"Questa classe è costituita da derivazioni verbali ottenute per mezzo dell'uso di termini di senso indeterminato, dubbio, equivoco, e che non corrispondono alla realtà. Se si volesse intendere tale classificazione in un senso molto lato, essa varrebbe per quasi tutte le derivazioni che non corrispondono alla realtà, e quindi comprenderebbe quasi tutte le derivazioni [...] È bene dunque restringere il senso della definizione ai casi in cui il carattere verbale della derivazione è chiaramente evidente e prevale sugli altri. In questa classe hanno conveniente sede i sofismi logici [...] l'autore del ragionamento e coloro che lo accolgono s'intendono tra loro, per vicendevole accordo di sentimenti, al quale accordo, per un di più, aggiungono la veste del sofisma logico."[72] Accontentandosi di una logica formale, si passa capziosamente dalla cosa al termine e viceversa.[73]

Correlazione tra residui e derivazioni

Nel discutere, nell'XI capitolo, sulle 'proprietà dei residui e delle derivazioni', cioè della loro correlazione,[74] Pareto pone due problemi circa i rapporti reciproci tra residui e derivazioni e i loro effetti ai fini dell'utilità sociale. Ribadisce che i ragionamenti volgari credono che le derivazioni siano causa delle azioni umane e, talvolta, anche dei

72 Ibid., § 1543.
73 A questa classe Pareto ha dedicato tutto il capitolo X del *Trattato*, §§ 1543-1686.
74 L'XI capitolo va dal § 1687 al § 2059, e il XII, dedicato allo studio della 'forma generale della società', dal 2060 al 2411. Questi sono i due capitoli più lunghi del *Trattato*.

sentimenti; mentre in generale le derivazioni sono l'effetto dei sentimenti e delle azioni. Dunque, non è vero – come spesso si crede – che le derivazioni abbiano la capacità di incidere sui residui; succede esattamente l'opposto e perciò l'opera sulle derivazioni è di solito poco o per nulla efficace nel modificare i residui. Discute, ancora, i residui in relazione agli esseri concreti cui appartengono, la loro ripartizione e mutamenti nel complesso di una società e tra le diverse classi sociali. Ricorda che le classi dei residui sono poco variabili, i generi sono maggiormente variabili e il fenomeno ha forma ondulatoria. Si badi, dice Pareto, che nelle discipline non logico-sperimentali, argomentando con rigore logico, si può giungere a conclusioni in disaccordo con i fatti, o, al contrario, ci si può accostare a conclusioni molto prossime ai fatti, anche con ragionamenti logicamente difettosi, cioè lasciandosi guidare dai sentimenti.

Discute, infine, dei miti e in generale dei fini ideali e delle loro relazioni con gli altri fatti sociali. Lo studio così fatto è "un esempio della vanità sperimentale di certe dottrine congiunte ad una loro grande utilità sociale". Conclude con una analisi del concetto di 'interesse' e del fenomeno economico (economia pura ed economia applicata secondo la grande divisione che aveva posto nel *Cours*), suggerendo che "piuttosto che distruggere le teorie dell'economia, occorre recarvi aggiunte". L'esposizione e discussione della teoria della circolazione delle élite pone fine a questo lunghissimo capitolo, il più esteso del *Trattato*.

Nel cap. XII, dedicato alla 'forma generale della società', discute dei suoi elementi e dello stato di equilibrio; poi dell'ordinamento e delle proprietà del sistema sociale in ordine alla composizione dei residui e delle derivazioni e alla loro relazione con l'utilità. Prosegue con l'analisi di vari generi di interdipendenza e di utilità: massimo di utilità *di* un individuo o *di* una collettività; massimo di utilità *per* una collettività. Prende poi in considerazione un classico problema, quello dell'uso della forza nella società, occupandosi particolarmente della relazione tra classe governante e governata e uso dell'astuzia e della forza (si veda il cap. IX di questo volume): "L'opera dei governi è tanto più efficace quanto meglio sanno valersi dei residui che ci sono; è spessissimo vana quando attendono a volerli modificare." Dunque, "consenso e forza sono il fondamento dei governi". Continua prendendo in considerazione la stabilità e la mutabilità delle società e i cicli di interdipendenza dei fenomeni sociali (v. cap. III di questo volume). La democrazia, i governi moderni e i partiti politici con le varie proporzioni dei residui della classe I e di quelli della classe II, nel ceto governante e nei governati. Occupandosi, infine, dei periodi economici e periodi sociali (cap. IV di questo volume), discute della 'forma a onde dei fenomeni', come legge generale e delle oscillazioni di derivazioni in relazione con le oscillazioni sociali, argomento che prosegue nell'ultimo capitolo, il XIII, in cui conclude l'opera con una disamina teorica ed empirica dell'equilibrio sociale nella storia, dimostrando come "la scioltezza e l'irrigidire delle società siano fenomeni che si seguono vicendevolmente. È questo un caso particolare della legge generale dei fenomeni sociali, che hanno forma a onde".

I residui ai quali non bisogna attribuire – lo ripetiamo con Pareto – "esistenza oggettiva" sono elementi che determinano l'equilibrio sociale; cioè, nell'euristica paretiana, "i sentimenti manifestati dai residui sono fra gli elementi che stanno in relazione di mutua determinazione con l'equilibrio sociale".[75] Perché s'intenda maggiormente ciò che vuol dire, in una nota Pareto paragona la relazione tra il *sentimento* (*residuo*) e l'equilibrio sociale alla relazione tra il concetto di *ofelimità* e l'equilibrio economico e tra il concetto di *forza* e l'equilibrio meccanico. Noi osserviamo direttamente le derivazioni per mezzo del comportamento e del linguaggio. E non si deve credere che sia facile risalire dalla derivazione al residuo. I residui cambiano molto lentamente, mentre le derivazioni sono variabili, ma il bisogno di uniformità resta costante; per quanto, mediante le derivazioni, questa uniformità di volta in volta si aggreghi a fenomeni diversi. L'azione reciproca dei residui e delle derivazioni è così riassunta da Pareto: "i residui possono operare: (a) su altri residui; (b) sulle derivazioni. Similmente le derivazioni possono operare: (c) sui residui; (d) sulle derivazioni."[76]

75 *Trattato*, § 1690.
76 Ibid., § 1735.

Per esplicitare ulteriormente i concetti paretiani riportiamo due modalità espositive, tratte dal suo stesso pensiero: una (A) di carattere formale proposta nel *Trattato* e un'altra (B) di carattere applicativo, data in risposta ad una lettera a Bousquet, amico e allievo di Pareto:

(A). Tra i detti *D* e gli atti *A*, può esservi una relazione diretta *D A* (peraltro coloro che ragionano intorno ai fenomeni sociali considerandoli azioni logiche è la sola e unica relazione esistente). In realtà, precisa Pareto, la relazione è diversa da quella immaginata comunemente in quanto *D* e *A* hanno una comune origine in *O*, generalmente ignota alla quale si può dare un nome che può essere quello di 'sentimento', 'stato psichico', '*x*', o altro (beninteso assegnare un nome ad una cosa ignota non vuol dire conoscerla). Potremmo dire che *D* sono i residui e *A* le derivazioni aventi entrambi una comune origine in *O* ignota. Per trovare i residui stabiliamo teoricamente una relazione *A D*; viceversa per dedurre le derivazioni dai residui stabiliamo una relazione *D A*. È chiaro che la relazione effettiva è *O D, O A*. Volendo usare un'analogia linguistica diremo che *D* sono le radici e *A* i vocaboli di una lingua. Così in sociologia può accadere che si pervenga ad una conoscenza sia anche parziale dell'origine *O* tanto dei residui *D* quanto delle derivazioni, o atti *A*. Spesso però, come per il filologo, si conoscono solo le derivazioni o atti *A*. Di qui teoricamente risaliamo ai residui *D* e poi dai residui *D* deduciamo derivazioni ed atti; cioè ci occupiamo delle relazioni *A D* e *D A* (ma sappiamo che le relazioni effettive sono *O A* e *O D*. Dunque, come il filologo si ferma alle radici, così il sociologo si ferma ai residui. "Riguardo al modo di esprimerci, quando diciamo ellitticamente che i residui determinano gli atti, sostituiamo, per comodo di esposizione, la relazione *D A*, che è solo teorica, alla relazione pratica *O A*, *O*

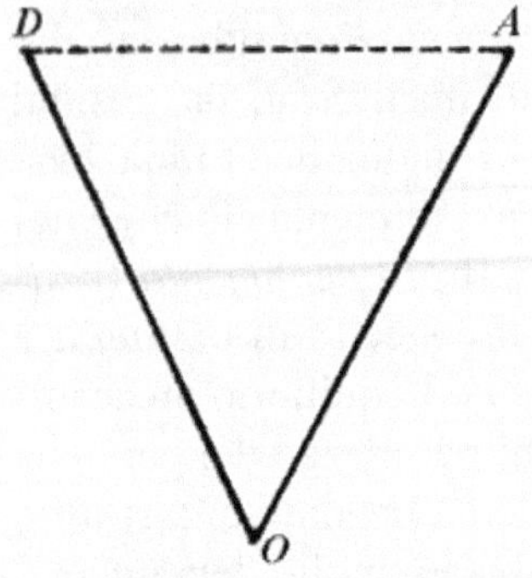

Fig. 28 Atti, residui e derivazioni

D ... [non] si deve dedurre alcuna conseguenza dalla proposizione che i residui *determinano* gli atti."[77]

(B). Je vais tâcher de répondre à vos questions.
C'est bien comme vous le dites : 1. Sentiments - 2. Résidus - 3. Manifestations - 4. Dérivations. Nous parvenons à la connaissance de ces chaînons, en commençant par le dernier. Exemples:

I-4 Œuvres de théologie - 3. Expressions de sentiments religieux - 2. Sentiments qui se trouvent au fond de ces expressions - 1. Etat d'esprit de l'individu. - Un chien et son maître. - 1. L'état 1 existe chez le chien. - 2. Attachement à son maître - 3. Aboîments joyeux - Mouvements du corps - 4. Manque chez l'animal. Très développé chez l'homme.

II-4. Discours des amoureux - Poésies - Romans, etc. - 3. Regards - Emotions en la présence de l'object aimé - Paroles y relatives - 2. Sentiments amoureux (Résidu sexuel) - 1. Attraction animale des sexes.

En général : 4. Prenez une catégorie d'œuvres littéraires - Ecartez les raisonnements (Dérivations) - Cherchez ce qui reste de commun. C'est 3 - Cherchez encore ce qu'ont de commun ces 3. C'est 2 - Quel état de l'individu (fort souvent commun avec l'animal) a pour conséquence 2. C'est 1.

Les classes I e II des résidus donnent *en gros* la forme *générale* de la Société. C'est pour cela qu'elles sont principalement considérées dans un traité de *sociologie générale.* Les autres classes apparaîtront dans les traités spéciaux, ... lorsque quelqu'un (pas moi), les écrira. Par exemple, pour l'étude du socialisme, la IV classe devient principale - Pour la littérature, la VI et la V, etc.

On ne se connaît jamais bien soi-même. Je suppose avoir suivi la marche que voici. L'étude des sciences naturelles par laquelle j'ai commencé, se résume dans la recherche des parties constantes des phénomènes variables. *Idem* pour la philologie. Impossible d'étudier le grec sans les radicaux, les racines - Sans m'en rendre compte d'abord, j'ai porté cette habitude dans l'étude des écrits de l'économie et de la

77 *Trattato*, § 1690 nota 2.

sociologie. - Je suis ainsi remonté à certains éléments moins variables. - Mis en goût l'en ai cherché d'autres, encore moins variables. - Je suis arrivé aux résidus. - En gros, j'ai donc suivi la voie 4-3-2-1. Ensuite j'ai voulu vérifier, voir si je ne m'étais pas trompe. J'ai donc essayé la voie 1-2-3-4.[78]

78 Lettera a G.-H. Bousquet, 23 août 1922; ora in *Epistolario*, vol. II, p. 1092.

INDICI

Indice degli autori

Indice degli argomenti

Mino B.C. Garzia

Political Communities and Calculus

Sociological Analysis in the Italian Scientific Tradition (1924-1943)

Bern, Berlin, Frankfurt am Main, New York, Paris, Wien, 1998. XI, 324 pp.
European University Studies: Series 22, Sociology. Vol. 322
ISBN 978-3-906760-53-7 / US-ISBN 978-0-8204-4200-6 pb.
sFr. 73.– / € 53.80 / €** 55.30 / € 50.30 / £ 33.– / US-$ 59.95*

* includes VAT – valid for Germany ** includes VAT – valid for Austria

The book is a critical introduction to the theories of the Italian scholars who, between 1924 and 1943 – the years from the access to power of fascism until its fall – made an important contribution to sociological thought, not only in Italy. The author argues that these numerous scholars developed a single body of sociological theory which was at least oriented towards a system, if not already set out as one. They can be considered as constituting a school in that they shared a common approach to certain central issues addressed by sociology since the end of the nineteenth century. The author highlights concerns which today can be traced back to the works of Pareto and to the *Rivista Italiana di Sociologia* edited by Guido Cavaglieri. One finds, in fact, closely interrelated concepts and applications as well as concepts proper to an empirical science and related to external reality. The arguments set forth in the book are supported by a systematic and wide-ranging bibliography.

Contents: History of sociology – Paretian paradigm – Statistics – Methodology – Italian sociology – Fascism – Political communities – Calculus.

The Author: Mino B.C. Garzia was born in Terra d'Otranto. He studied mechanics and mathematics in Lecce and graduated in sociology at the University of Trento. His numerous publications include a logico-mathematical introduction to sociology (Milan, 1984), an analytical model for the empirical-based study of political communities (Trento, 1986 and Milan, 1989), and an analysis of the apparent Tönnesian dichotomy conceived as infinite sets (Trento, 1988), the reprint of the *Rivista Italiana di Sociologia* (Germany, 1992). He is at present a lecturer in economic sociology at the Faculty of Economics of the University of Trento.

PETER LANG
Bern · Berlin · Bruxelles · Frankfurt am Main · New York · Oxford · Wien

Karl M. van Meter (ed.)

Interrelation between Type of Analysis and Type of Interpretation

Bern, Berlin, Bruxelles, Frankfurt am Main, New York, Oxford, Wien, 2003.
248 pp., num. fig. and tables
ISBN 978-3-906767-81-9 / US-ISBN 978-0-8204-5631-7 pb.
sFr. 60.– / € 41.40 / €** 42.60 / € 38.70 / £ 28.– / US-$ 45.95*

* includes VAT – valid for Germany ** includes VAT – valid for Austria

There is a vast variety of research methodologies and methods of analysis in sociology. Indeed, «research practice» – a major constituent of «invisible colleges» or «schools of thought» – is largely defined by choices of methodology, methods and types of interpretation. The aim of this book is to study this variety in its research applications in diverse sociological specialities and to analyze what types of methods are applied and in which context, why those particular methods, and not others, are used, and what those methods produce compared to results from other methods. Examining several cross-disciplinary and cross-national projects, the authors of this volume also demonstrate how these methods and results, while closely associated, are far from being scientifically determined. Using the metaphor of a «scientific language» to encompass research methodology and its practice in a social context, the authors explain that methodological communities function much like language communities with similar problems – such as «translation» from one community to another – but also benefit from the richness and diversity language brings.

Contents: Karl M. van Meter/Jean-Michel Berthelot: Introductory Synopsis – Marie-Ange Schiltz: Influence of the Choice of Statistical Analysis on Basic Operations in Survey Research: Coding and Selection of Variables – Alain Degenne: A Still Little Known Approach in Data Analysis: Boolean Techniques – Karl M. van Meter: Multimethod Analysis and Stability of Interpretation – Philippe Cibois: Interaction between a Research Environment and a Statistical Technique: The Tri-Deux Method – Michel Grossetti: Status and Formal Conception of Individual Social Trajectories in Sociological Analysis – Pauline Vaillancourt Rosenau: Post-Modern Analysis and Political Interpretation: Is Deconstruction Inherently Right-Wing or Left-Wing? – Jean-Michel Berthelot: Language and Interlanguage: Reflections on Modalities of Interrelationships between Analysis and Interpretation in Sociology – Karl M. van Meter: Conclusions & Future Research: A Structure for World Sociology.

PETER LANG
Bern · Berlin · Bruxelles · Frankfurt am Main · New York · Oxford · Wien